La Suite des temps

FRANÇOIS DOSSE

LA SAGA DES INTELLECTUELS FRANÇAIS

II. L'AVENIR EN MIETTES
(1968-1989)

nrf

GALLIMARD

INTRODUCTION

CONJURER LA CATASTROPHE

Les références complètes des ouvrages mentionnés en note sont données dans les sources citées situées en fin de volume, p. 639.

L'événement 68 relance les utopies et les folles espérances pla-
cées dans les potentialités de l'histoire. Le marxisme connaît alors
un regain d'intérêt et nourrit une pensée hypercritique, foncière-
ment contestataire. C'est aussi le grand moment du féminisme qui
reprend à son compte l'héritage de Simone de Beauvoir[1], tout en
s'en démarquant pour insister sur la singularité de la condition
féminine. Les intellectuelles de ce mouvement des femmes sont
alors aux avant-postes dans la théorisation d'un mouvement social
qui va profondément changer la société française. Puis peu à peu la
vague soixante-huitarde reflue, et les révélations des dissidents des
pays de l'Est, avec le temps fort que constituera en 1974 le témoignage de Soljenitsyne[2], vont décourager les intellectuels d'espérer
un futur meilleur, d'autant qu'à l'horizon même lointain aucune
expérience ne semble plus incarner les aspirations vers les potentialités révolutionnaires. Les boat people vietnamiens et le génocide
cambodgien viendront parachever la désespérance collective et
dissuader toute une génération de croire en un cours de l'histoire
émancipateur.

Avec la fin des Trente Glorieuses et la montée des inquiétudes
naît la conviction que le sens de l'histoire s'est inversé, l'assurance
de lendemains radieux cédant la place à l'attente et à la crainte d'une
catastrophe à venir qu'il convient de conjurer. La préoccupation

1. Beauvoir, 1949 (a).
2. Soljenitsyne, 1974.

majeure devient tout autre, comme le disait Albert Camus en 1957
à l'occasion de la remise du prix Nobel à Oslo : « Chaque génération, sans doute, se croit vouée à refaire le monde. La mienne
sait pourtant qu'elle ne le refera pas. Mais sa tâche est peut-être
plus grande. Elle consiste à empêcher que le monde se défasse[1]. »
Tous ces éléments contribuent dans les années 1980 à entériner la
crise d'historicité, caractérisée par une autre conscience du présent
tournant souvent à l'instantanéisme. En même temps, cette opacification de l'avenir est vécue par beaucoup comme un dégrisement,
un affranchissement libérateur de la chape de plomb qui pesait sur
la pensée. La crise du futur, que l'on s'en réjouisse ou qu'on la
déplore, modifie radicalement le rapport au passé, qui cesse d'être
conçu comme la ressource dans laquelle le présent va puiser pour
construire l'avenir. On se tourne alors vers un passé du présent
aussi indéterminé que pléthorique qui sert à nourrir le présent. Dans
ce nouveau contexte, la mémoire « n'est plus ce qu'il faut retenir
du passé pour préparer l'avenir qu'on veut ; elle est ce qui rend
le présent présent à lui-même[2] ». Comme le remarque François
Hartog, cette autosuffisance du présent, ou « présentisme », s'étend
aussi bien en direction du passé que du futur, portant à la fois la
responsabilité des dispositifs de précaution et le fardeau de la dette
et de l'entretien du patrimoine. Le présent « est à la fois tout (il
n'y a que du présent) et presque rien (la tyrannie de l'immédiat)[3] ».

Dans ce contexte, l'électrochoc de 1989 met un terme, non
à l'histoire comme l'a suggéré Fukuyama[4], mais à ce tragique
XXe siècle qui doit laisser place à un XXIe siècle ouvert sur de toutes
nouvelles conceptualisations pour penser un monde devenu autre,
contraint de se débarrasser des illusions d'hier et de reconstruire
un nouvel horizon d'attente. Le travail intellectuel n'en devient que
plus nécessaire en un moment où les choix ne se font plus entre le
noir et le blanc, mais plus souvent, comme le disait Paul Ricœur,
entre le gris et le gris. Faute de projet d'émancipation, la maîtrise
immodérée de l'environnement et la prolifération de moyens de

1. CAMUS [1957], 1997, pp. 17-18.
2. NORA [2002], 2011, p. 412.
3. HARTOG, 2003, p. 217.
4. FUKUYAMA, 1992.

destruction massive transforment le futur en menace pour l'équilibre de l'écosystème. Prométhée déchaîné peut se retourner contre ses maîtres sorciers et le souci de l'avenir se replier sur celui de préserver le patrimoine existant par des décisions conservatoires afin d'éviter des catastrophes d'ampleur planétaire. Une éthique du futur se substitue alors à une politique de l'utopie et trouve ses ressources chez le philosophe Hans Jonas et son « principe responsabilité[1] ».

Si l'intellectuel qui se met au service d'une cause historique est déjà mort depuis longtemps, l'intelligence hypercritique connaît alors une crise de langueur. Il n'est pas étonnant que l'on ait pu parler du « silence des intellectuels », accentué encore après 1981 et la victoire de la gauche politique avec un programme auquel n'adhèrent plus vraiment les intellectuels, qui s'approprient plutôt les thèses critiques du marxisme exprimées par Raymond Aron dès 1955 dans *L'Opium des intellectuels*[2]. La controverse suscitée par ce « silence » fut particulièrement bruyante. Pour Jean-François Lyotard, celui-ci annonce l'entrée du « tombeau des intellectuels[3] ». Maurice Blanchot, de son côté, est sorti de sa réserve coutumière pour mettre en garde contre l'idée d'un repos éternel des intellectuels, car, dans l'hypothèse où, comme les croisés partis « libérer le Christ dans le sépulcre vénérable », ils mettraient la main sur un tombeau qu'ils savent vide, ils ne seraient « pas au bout mais au commencement de leur peine, ayant pris conscience qu'il n'y aurait désœuvrement que dans la poursuite infinie des œuvres[4] ». Maurice Blanchot, constatant que le terme d'intellectuel a mauvaise réputation et devient de plus en plus source d'injures, entend persévérer dans une fonction critique qui interdit aux intellectuels de fuir leurs responsabilités : « Je ne suis pas de ceux qui déposent d'un cœur content la dalle funéraire sur les intellectuels[5]. » Il leur conseille de se tenir dans un espace de retrait du politique qui leur permette de penser l'action sociale et d'éviter ainsi la retraite. L'intellectuel est invité à rester un veilleur et à demeurer conscient de ses limites

1. JONAS, 1990.
2. ARON [1955], 2002.
3. LYOTARD [1983], 1984.
4. BLANCHOT, 1984, p. 4.
5. *Ibid.*, p. 5.

comme « l'obstiné, l'endurant, car il n'est pas plus fort courage que le courage de la pensée[1] ».

La naissance de la revue *Le Débat* en 1980 peut apparaître comme le signal ou le repère symbolique d'un retournement de la conjoncture intellectuelle. Cette nouvelle publication ne prétend plus être le support d'un système de pensée, d'une méthode à vocation unitaire, mais invite au passage d'un engagement politique à un engagement de type intellectuel. Substituant à une communauté d'opinion une communauté d'exigence, elle convie une pluralité d'auteurs aux convictions différentes dans ses colonnes, devenant ainsi un carrefour d'idées. Pierre Nora, son directeur, se pose alors la question « Que peuvent les intellectuels ? », pariant que le déplacement du centre de gravité de la littérature vers les sciences humaines est en train de s'inverser. Les sciences sociales ont compris que l'on parle un langage autre que celui que l'on croit parler, que l'on ignore les motifs pour lesquels on agit et que le point d'aboutissement échappe au projet initial. Si cette thèse a convaincu et s'est imposée, il importe désormais de construire un nouveau rapport au savoir, car « c'est à l'abri de la fonction critique que fonctionne à plein l'irresponsabilité politique des intellectuels[2] ».

Siècle de l'irresponsabilité ? Siècle des tragiques ou tragicomédie ? Raymond Aron reprochait au président Valéry Giscard d'Estaing d'« ignorer que le monde est tragique ». C'est une chronique des intellectuels français aux prises avec l'histoire en ce second XXᵉ siècle qui est ici contée, une manière d'honorer le passé et de lui construire un « tombeau » pour refaire place à de possibles réouvertures de projets d'avenir délestés des errements de ce passé.

Sans prétendre à quelque privilège dans la compétence interprétative, je me dois de me situer dans cette histoire comme appartenant à une génération qui a cru ne pas avoir à faire le deuil qui a conduit la génération précédente, celle de l'après-guerre, et parmi elle beaucoup d'historiens passés par le PCF (François Furet, Denis Richet, Jacques Ozouf, Mona Ozouf, Emmanuel Le Roy Ladurie…), à se séparer de l'objet de son adoration. Tout au contraire, il a fallu aussi passer par ce travail de deuil de ce qui a été pour

1. *Ibid.*, p. 6.
2. NORA, 1980 (a), p. 17.

beaucoup notre identité politique, celle de notre jeunesse, nourrie par une conviction inébranlable en des lendemains qui chantent, consacrant tous ses efforts à faire chanter l'histoire à l'occasion d'un prochain Grand Soir.

Il a fallu composer avec la mort de l'idée de rupture salvatrice au rythme des découvertes de ce qu'elle recouvrait. Dans une charge polémique, le chroniqueur du *Monde* Pierre Viansson-Ponté, à propos des éclats des nouveaux philosophes[1], a stigmatisé ces « enfants gâtés », ces « pauvres chatons égarés ». Il a en effet fallu vivre des « années orphelines[2] » et retrouver d'autres voies d'espérance. Le chemin suivi a été celui d'un laborieux travail de catharsis et d'anamnèse pour soumettre à la critique ce qui avait été objet de croyance et en saisir les limites et les apories, tout en évitant de s'abandonner aux trop fameux tournants à 180 degrés que connaît en général la vie intellectuelle française. En reprenant la belle métaphore de Michel de Certeau, on pourrait dire que les parcours singuliers que j'ai déjà retracés, ceux de Paul Ricœur, Michel de Certeau, Félix Guattari, Gilles Deleuze, Pierre Nora et Cornelius Castoriadis, sont un peu une manière d'honorer le passé en remettant à leur place ses illusions afin qu'elles ne viennent pas hanter le présent à notre insu. Accompagnant ces parcours biographiques, mes recherches sur l'évolution de l'école historique française, puis celle des sciences sociales en général, participaient à la quête d'une approche nouvelle qui sorte des facilités du réductionnisme. Le temps est venu de la synthèse sur toute cette période pour en mieux ressaisir les pulsions collectives.

✧

Cette chronique des grands enjeux qui ont mobilisé les intellectuels français entre 1944 et 1989, aux plans tant politique et culturel que théorique, fait apparaître la notion de génération comme éclairante, ainsi que Jean-François Sirinelli en a donné l'exemple dans sa thèse[3]. Les générations intellectuelles qui se sont succédé depuis

1. Viansson-Ponté, 1977, pp. 15-16.
2. Guillebaud, 1978.
3. Sirinelli, 1988.

l'après-guerre ont adhéré au moment existentialiste, puis structuraliste, pour finalement prendre un tournant que l'on peut qualifier de réflexif et porté sur le sens de l'action de l'homme[1]. Plus labile, éclatée en certaines circonstances historiques, la notion de génération se cristallise plus aisément lorsqu'elle définit l'identité collective autour d'un événement qui a fortement mobilisé les esprits. Il en a été ainsi de la génération révolutionnaire de 1789, puis de celles de 1830 et de 1848, des communards, des anciens combattants de la Première Guerre mondiale, de la Résistance. Si l'on suit les enseignements de Hegel interprétés par Kojève, 1968 n'ayant pas fait de victimes serait un non-événement — mais doit-on juger ce qu'est un événement à l'aune de ses seuls cadavres ? 1968 a bien été l'un de ces moments de cristallisation générationnelle[2]. Cet événement énigmatique sert ici de scansion majeure entre deux périodes, divisées en deux volumes, délimitant comme toute rupture un avant et un après.

Cet événement aura été, en ce qui me concerne, d'autant plus fort qu'à l'âge de dix-sept ans on n'a pas encore une vision stratégique d'ensemble de ce qui se passe, mais on traverse l'événement en recevant de plein fouet sa part subversive et créatrice. Mai 1968 a été perçu avec discernement par Michel de Certeau dans un texte écrit à chaud, dès le mois de juin[3]. Il a bien analysé ce qu'exprimait une génération qui ne se satisfaisait pas de la circulation marchande du sens et manifestait un esprit de fraternité, de sociabilité ouverte à la faveur d'un dégel de la parole, ouvrant portes et fenêtres des habitacles privés pour faire place à l'autre et au dialogue. Il en résultait un tremblement d'histoire, une révolte d'ordre essentiellement existentiel.

Pour ma part, cette irruption de l'année 1968 a été marquante, comme pour beaucoup, car en quelques mois j'ai eu l'occasion de vivre trois expériences intenses en divers lieux. D'abord en mai dans les rues de Paris, où ce mouvement qui « déplaçait les lignes » et libérait une parole confisquée mettait fin au cours magistral donné par un pouvoir qui imposait sa seule voie/voix. Alors que

---

1. Voir GAUCHET, 1988 (a) ; DOSSE [1995], 1997.
2. Voir HAMON et ROTMAN, 1987-1988.
3. CERTEAU, 1968.

je découvrais à peine, encore adolescent, la force irruptive de ce printemps, j'allais me trouver fortuitement au mois d'août 1968 à Prague, où je vécus les dix premiers jours de l'occupation par les troupes soviétiques. Voir des chars imposer leur loi, au nom du communisme, à un peuple unanime et réussir à briser cette résistance fut une deuxième leçon d'histoire précoce. Le troisième moment constitutif de cette année 1968 a débuté avec ma vie étudiante dans le microcosme très singulier de l'université expérimentale de Vincennes, haut lieu de la modernité et de fixation du gauchisme, placé à l'écart de la ville, en plein bois. S'il y eut un lieu de parole, ce fut bien celui-ci. Hors de tout académisme, l'université de Vincennes aura fait de la pluridisciplinarité sa religion. À une effervescence intellectuelle spectaculaire se joignait une agitation politique permanente avec l'idée que Mai 1968 n'était qu'une « répétition générale » d'une révolution à venir, très proche, dont il ne fallait pas manquer les débuts. Souhaitant donner une dimension collective à mon engagement politique, j'adhérai alors à la naissante Ligue communiste révolutionnaire (LCR) qui, en ce début 1969, comptait sur le campus un certain nombre de vedettes, parmi lesquelles Henri Weber, alors membre du bureau politique, qui deviendra sénateur, ainsi que l'ancien dirigeant des comités d'action lycéens (les CAL) de Mai 1968, Michel Recanati, lui aussi membre du bureau politique et qui se suicidera quelques années plus tard[1]. Pour notre génération, il a donc été impératif aussi de faire ce travail de deuil et de rejoindre ainsi, de manière différée, la génération qui nous a précédés.

✧

Cette histoire des intellectuels a été conçue comme une mise à l'épreuve des schémas d'explication réducteurs. Elle rend nécessaire une véritable cure d'amaigrissement des arguments explicatifs. Certes, un certain nombre d'outils méthodologiques sont utiles pour en rendre compte, mais ils ne peuvent être que des médiations imparfaites qui laissent échapper une bonne part de ce

---

1. Voir le très beau film que lui a consacré son ami Romain Goupil, qui a remporté la Caméra d'or au Festival de Cannes avec *Mourir à trente ans.*

qui fait le sel de l'histoire intellectuelle. Cette histoire constitue un domaine incertain, un entrelacs d'approches multiples auxquelles s'associe la volonté de redessiner les contours d'une histoire globale. Il en résulte une forme d'« indétermination théorique » que je postule comme un principe de recherche et de connaissance dans le domaine de l'histoire intellectuelle.

Cette indétermination renvoie à cet enchevêtrement nécessaire d'une démarche purement interne qui ne prendrait en considération que le contenu des œuvres et des idées et d'une démarche externe qui se contenterait d'une explication des contenus selon leur contexte. L'histoire intellectuelle n'est possible que si elle dépasse cette trompeuse alternative et pense ensemble les deux pôles. Il est donc vain d'envisager une chronique qui s'arrêterait au seuil des œuvres, à l'écart de leur interprétation, privilégiant les seules manifestations historiques et sociales de la vie intellectuelle.

L'étude des modes d'engagement politique des intellectuels est indispensable, mais elle ne rend que partiellement compte de la part majeure de l'activité intellectuelle elle-même, nourrie de visions du monde, de représentations, de pratiques portées par des écoles de pensée, de paradigmes au sens large qui inspirent des orientations convergentes liées à des moments singuliers. La prise en considération conjointe d'un point de vue à la fois interne et externe permet de témoigner de la complexité des situations et de se dégager des relations causales étroites comme celle, par exemple, qui préside à une logique du soupçon réduisant l'autre à son positionnement social, spatial, ou à sa personnalité psychologique. Une telle approche a trop servi des entreprises de disqualification et, portées par la paresse, celles-ci s'arrogent le droit de juger sans entendre, de méconnaître le contenu au nom de ce qui parle à son insu. Jean-François Sirinelli a justement mis en garde contre toute tentation d'évitement du « cœur de l'acte d'intelligence » dans des études qui se limiteraient à restituer les effets microsociaux des réseaux de sociabilité intellectuels : « Il y a bien un impératif catégorique de l'histoire des élites culturelles : celle-ci ne doit pas faire l'impasse sur l'étude des œuvres et des courants[1]. »

Une telle approche suppose une entrée dans le discours lui-même,

---

1. Sirinelli, 1997, p. 288.

une immersion dans les œuvres en même temps qu'une mise à distance dans un souci constant de compréhension de l'autre. C'est une telle attitude d'esprit qu'adopte par exemple Olivier Mongin, directeur de la revue *Esprit*, lorsqu'il publie un ouvrage couvrant la période 1976-1993[1]. Son mérite est de prendre au sérieux les acteurs de la vie intellectuelle, d'entrer à l'intérieur de leurs œuvres pour y repérer les enjeux théoriques opposant les divers courants qui animent la vie des idées. Car, comme le souligne Marcel Gauchet, « les idées n'engendrent pas plus la réalité historique qu'elles ne sont sécrétées par elle, elles sont dans l'histoire[2] ».

1. MONGIN, 1994.
2. GAUCHET, 1988 (a), p. 169.

PREMIÈRE PARTIE

L'ÉVÉNEMENT 68

Les clercs en ligne de mire

La contestation universitaire, particulièrement vive depuis le début de l'année 1968 sur le campus universitaire de Nanterre, débouche sur la constitution du Mouvement autonome du 22 mars, dont l'engagement majeur est le soutien au combat mené par les Vietnamiens. L'investissement et l'occupation des locaux administratifs par les étudiants réclamant la libération de Xavier Langlade, militant de la Jeunesse communiste révolutionnaire (JCR) arrêté lors d'une action contre l'ambassade américaine, constituent le premier acte transgressif auquel le Mouvement du 22 mars doit sa popularité immédiate. Les cours sont perturbés à Nanterre jusqu'au début de mai, et, lorsque l'historien René Rémond entreprend d'assurer le sien dans l'un des grands amphithéâtres de l'université, il trouve la salle occupée par les organisateurs de deux journées anti-impérialistes. Considérant que priorité doit être donnée à l'enseignement sur l'agitation politique, René Rémond refuse de s'incliner : « J'ai saisi le doyen Grappin d'une protestation : ce fait, joint à d'autres, l'a amené à demander à nouveau la fermeture de la Faculté. C'est cette fermeture effective au soir du jeudi 2 qui a entraîné le report des étudiants de Nanterre sur Paris le lendemain[1]. » À Paris, cette contestation prend une dimension nouvelle lorsque le recteur Roche, transgressant la « franchise universitaire[2] », fait appel à la police : « L'intervention des forces de police,

---

1. RÉMOND, 1976, pp. 265-266.
2. La « franchise universitaire » remonte au Moyen Âge, où fut accordé un statut

le 3 mai 1968, à la Sorbonne constitue, pour l'intelligentsia — les universitaires en particulier —, plus qu'une faute politique, la violation d'un "territoire sacré"[1]. » Cet impair suscite la réprobation de l'ensemble des universitaires et nourrit la popularité grandissante du mouvement, qui se heurte à des brutalités policières sidérantes en ces temps de paix civile.

La fermeture de la Sorbonne, l'arrestation et la condamnation des manifestants à des peines de prison ferme exacerbent la contestation, qui réclame avec insistance l'annulation de ces mesures. Dans un premier temps, les universitaires sont en première ligne dans la défense de leurs étudiants. Le lundi 6 mai promet d'être une nouvelle journée chaude. Cohn-Bendit et sept de ses camarades doivent comparaître devant une commission disciplinaire réunie à l'université de Paris. Une manifestation est prévue pour 10 heures, au moment où doit commencer l'audition des étudiants. Daniel Cohn-Bendit, Jean-Pierre Duteuil, Yves Fleisch et leurs camarades remontent confiants la rue Saint-Jacques, chantant l'Internationale, suivis d'une meute de journalistes. La commission, présidée par le directeur de l'École normale supérieure, Robert Flacelière, et comprenant les doyens des facultés ainsi que le recteur Roche, siège dans une Sorbonne vide, fermée par la police, dans une atmosphère irréelle : « En principe, les étudiants devaient comparaître un à un. Mais dès le début de la séance, commençait un rassemblement devant la Sorbonne[2]. » Comptant parmi les « avocats » des étudiants incriminés, Henri Lefebvre, Alain Touraine et Paul Ricœur sont présents à l'audience, qui tourne à la parodie avant de s'autodissoudre de manière peu glorieuse : « Vers 12 heures 30, le Président de séance m'a fait remarquer que, lui compris, nous ne restions plus que deux "juges" sur les cinq prévus, et que nous étions, de ce fait, hors d'état de prendre aucune décision. Le Recteur n'était pas reparu[3]. » À la sortie, devant les micros des journalistes, Cohn-Bendit peut lancer triomphant : « On s'est bien amusés. » La journée ne fait que commencer : elle est le prélude à

particulier aux universités grâce auquel elles échappaient au pouvoir temporel. Ainsi les forces de l'ordre ne pouvaient-elles y intervenir sans leur accord.

1. BRILLANT, 2003, p. 177.
2. GRAPPIN, 1993, p. 256.
3. *Ibid.*, p. 257.

la nuit d'affrontements la plus violente, qui fera plus de 400 blessés du côté des manifestants et 200 parmi les policiers. Tandis que le mal-être universitaire mue en « cataclysme national », comme l'avait craint Ricœur en 1964[1], un certain nombre d'enseignants du département de philosophie partagent les espoirs de changement radical des étudiants. C'est notamment le cas d'Henry Duméry, de Jean-François Lyotard et de l'ami de Ricœur, Mikel Dufrenne.

Dès le 7 mai, la solidarité avec les étudiants s'étend et rassemble des sensibilités politiques très diverses. L'appel à la solidarité publié dans *Le Monde* du 7 mai déclare « s'élever avec vigueur contre la violation du territoire universitaire dont la Sorbonne a été pour la première fois le théâtre[2] », attestant cet élargissement au monde intellectuel. Dans le même temps, pour éviter de laisser les étudiants seuls face aux forces de police, nombre d'universitaires manifestent à leurs côtés. Alors que la répression policière sévit et que le gouvernement ne cède sur aucune des revendications, un « Comité de soutien aux étudiants frappés par la répression » se constitue le 8 mai, formé pour l'essentiel des collaborateurs des *Temps modernes* et de ceux de l'ancienne revue *Arguments*, et en appelle à l'élargissement de la mobilisation et au soutien des travailleurs[3]. Même Raymond Aron, peu tendre par la suite avec le mouvement de Mai, critique une « fausse manœuvre du gouvernement[4] », qui éveille un élan de solidarité envers les « enragés ». Le 8 mai, cinq Prix Nobel signent conjointement dans un télégramme envoyé au président de la République : « Vous demandons instamment faire personnellement geste susceptible apaiser révolte des étudiants. Amnistie des étudiants condamnés. Réouverture des facultés. Profonds respects[5]. » Le 9 mai, malgré des interventions

---

1. RICŒUR [1964], 1991, p. 379.
2. Appel signé par le gaulliste de gauche David Rousset côtoyant le communiste Jean-Pierre Vigier, groupe où figurent aussi Colette Audry, Claude Aveline, Emmanuel Berl, Me Bernard, Daniel Guérin, Michel Leiris, Clara Malraux et Robert Merle (informations reprises de BRILLANT, 2003, p. 180).
3. On y retrouve en effet Simone de Beauvoir, Colette Audry, Jean-Paul Sartre, Michel Leiris, Jean-Pierre Vigier, Daniel Guérin, Robert Merle, André Pieyre de Mandiargues, Olivier Revault d'Allonnes et Kostas Axelos (*Le Monde*, 9 mai 1968).
4. ARON, 1968 (a).
5. Télégramme signé par cinq Prix Nobel : François Jacob, Alfred Kastler, André Lwoff, François Mauriac et Jacques Monod.

multiples appelant à l'apaisement, le ministère de l'Éducation nationale fait savoir que « la Sorbonne restera fermée jusqu'au retour au
calme[1] ». Les étudiants reçoivent le soutien d'un nouvel appel d'intellectuels, parmi lesquels de nombreux gaullistes de gauche[2], qui
demande la démission du recteur Roche, l'amnistie des étudiants et
la réouverture de la Sorbonne. Ils reçoivent aussi le soutien résolu
des surréalistes, qui dès le 5 mai distribuent un tract rédigé par leur
chef de file, Jean Schuster, au nom d'un « collectif d'avant-garde
contre la répression » : « Pas de Pasteurs pour cette rage[3] ! » Cette
explosion de la jeunesse avait été pressentie et souhaitée par le
mouvement surréaliste, qui se sent conforté par l'événement. On se
souvient que Jean Schuster avait déjà, avec Mascolo, réagi en 1958
au coup de force d'Alger en créant l'éphémère revue *Le 14 juillet*,
qui dénonçait une fascisation de la vie politique française. La revue
du mouvement surréaliste, *L'Archibras*, va se reconnaître pleinement dans la désacralisation de l'écrivain, dans le primat accordé à
l'imagination et à un autre rapport au réel comme mode de sortie de
l'aliénation. Peu avant les événements, les surréalistes réaffirmaient
que la mission de la pensée poétique était d'« offrir à l'homme le
pouvoir de prophétie ». Le mouvement qui s'exprime en Mai 68
est donc pour eux une divine surprise qui rouvre le champ des
possibles : « Il comble les attentes du mouvement autrefois incarné
par André Breton et en exauce le prophétisme[4]. »

Le 9 mai, toujours, Aragon croise les étudiants contestataires au
Quartier latin sous les quolibets, les insultes et les sifflets. Il incarne
le PCF honni par les étudiants, pilier parmi d'autres de l'ordre en
place et vecteur de tous les mensonges qui traînent sur le bloc de
l'Est. Aragon n'est donc pas vraiment en terrain conquis. Il doit sa
possibilité d'exprimer son soutien au mouvement étudiant à Daniel
Cohn-Bendit qui, faisant remarquer que même les traîtres peuvent
s'exprimer, obtient le silence : « On mesure le courage qu'il fallut

---

1. Rioux, Lucien, et Backmann, 1968, p. 170.
2. Appel signé par Charles d'Aragon, Emmanuel d'Astier de La Vigerie, Jean de
Beer, Mᵉ Bernard, Francis Crémieux, Jacques Dauer, Jacques Debû-Bridel, Joseph Kes-
sel, Albert-Paul Lentin, Joël Mordellet, Pierre-Henri de Mun, David Rousset, Philippe
de Saint Robert, Nicolas Martin (*Le Monde*, 10 mai 1968).
3. Gobille, 2018, p. 30.
4. *Ibid.*, p. 239.

à Aragon pour fendre la foule et lui servir son discours au milieu de l'hostilité générale[1]. » Devant la Sorbonne, Aragon réussit à dire qu'il soutient les étudiants et leur promet de leur ouvrir le prochain numéro des *Lettres françaises* : « Je suis avec vous ! Pensez ce que vous en voudrez. Je ferai tout pour vous amener le maximum d'alliés[2]. » Aragon tiendra sa promesse, apportant un soutien fervent au mouvement étudiant dans la livraison du 15 mai de la revue, où il publie des témoignages d'étudiants sur les violences policières, ainsi qu'une table ronde avec des militants du Mouvement du 22 mars et de l'Unef.

Un autre appel paru le même jour inscrit le mouvement étudiant dans un cadre plus global de contestation, laquelle a pris depuis quelque temps une dimension internationale. Le communiqué est publié dans *Le Monde* et signé par « Jean-Paul Sartre, Henri Lefebvre et un groupe d'écrivains et de philosophes ». La répression y est fermement dénoncée comme symptôme de la violence propre à toutes les sociétés contemporaines. Il en appelle à un refus radical qui seul peut éviter l'écueil de l'affadissement ou de la récupération. Dès lors, il est « d'une importance capitale, peut-être décisive, que le mouvement des étudiants, sans faire de promesses et, au contraire, en repoussant toute affirmation prématurée, oppose et maintienne une puissance de refus capable, croyons-nous, d'ouvrir un avenir[3] ».

La politique de force va prévaloir et provoquer la rupture décisive. Une ultime négociation a lieu en direct sur les ondes de Radio Luxembourg entre le recteur Chalin et le secrétaire général du Syndicat national de l'enseignement supérieur (Snesup), Alain Geismar, alors que chacun de part et d'autre des barricades retient son souffle. Chalin affirme qu'il n'est autorisé qu'à réitérer ce qu'a déjà dit le recteur Roche. L'affrontement devient inévitable et la manifestation du 10 mai, après que Louis Joxe, Premier ministre par intérim, eut donné l'ordre de faire évacuer le Quartier latin, se solde par de très nombreux blessés. Les efforts de concilia-

---

1. Forest, 2015, p. 740.
2. Aragon, cité par Gobille, 2018, p. 62.
3. Appel signé, entre autres, par Robert Antelme, Maurice Blanchot, Maurice Nadeau, Louis-René Des Forêts, Marguerite Duras, Jean Schuster, Michel Leiris, Claude Roy, Dionys Mascolo. Voir liste complète dans *Le Monde*, 10 mai 1968.

tion d'universitaires, comme Alain Touraine qui négocie avec le recteur Roche ou Jacques Monod, François Jacob, Alfred Kastler ou Antoine Ciulioli passant des appels téléphoniques pressants pendant la nuit, n'y pourront rien, la décision de l'affrontement l'emportera :

> Un illustre savant — que je connais et que j'admire — m'appela au téléphone, vers les trois heures du matin, pour me demander de faire cesser cette « boucherie ». « Mais de qui parlez-vous M. le Professeur ? des jeunes qui blessent les gardiens de la paix avec des pavés qui pourraient être des armes mortelles et qui dressent des barricades en plein Paris, ou des gardiens de la paix qui tentent de rétablir l'ordre[1] ? »

Cette nuit d'affrontements est particulièrement brutale et, au petit matin, on relève trois cent soixante-sept blessés parmi les manifestants et les forces de police. Miraculeusement, ou grâce au sang-froid et à la pondération du préfet de police de Paris, Maurice Grimaud, cette nuit des barricades s'achève sans qu'aucun mort soit à déplorer[2]. L'émotion est à son comble dans les milieux universitaires. Le lendemain, Jacques Monod soumet au vote une motion auprès de deux cents professeurs rassemblés en assemblée générale des Facultés des sciences de Paris et d'Orsay qui déclare que « le ministre de l'Éducation nationale n'a plus leur confiance[3] ». Il en est de même à la Sorbonne où l'on exige que les revendications des manifestants soient satisfaites : libération des étudiants détenus, réouverture de la Sorbonne, départ des forces de police du Quartier latin. Très vite, toutes les institutions universitaires entrent en révolte, jusqu'à l'ENA où les élèves votent une motion de réprobation contre les méthodes employées par les forces de l'ordre. La crise ouverte dépasse désormais le cadre universitaire. Des grèves ouvrières se déclenchent dans des secteurs de pointe comme Sud-Aviation, puis le mouvement s'étend à l'ensemble de la société française en grève et en crise de régime politique tout au long du mois de mai.

Les médias contribuent largement à donner son ampleur à l'événement. Pierre Nora prendra, en 1972, la mesure de la brèche

---

1. Fouchet [1971], pp. 248-249, 2003, pp. 189-190.
2. Voir Grimaud, 1977.
3. *Le Monde*, 15 mai 1968.

ouverte lors de Mai 68, qui voit surgir « l'événement monstre » dans l'histoire et consacre « le retour de l'événement[1] ». À l'origine de cette réflexion se trouve l'expérience elle-même qu'il traverse en accueillant un journaliste d'Europe 1 sur son balcon du boulevard Saint-Michel durant la nuit des barricades du 10 mai 1968. Pierre Nora assiste comme témoin direct aux explosions des grenades offensives accompagnées de leur écho infini. Il comprend surtout l'extraordinaire capacité d'amplification que possède le média radiophonique pour faire vivre cet événement dans un rapport d'immédiateté sur tout l'Hexagone, en ses lieux les plus reculés. Il en conclut que l'on ne peut séparer artificiellement un événement, à l'âge de la modernité, de ses supports de production et de diffusion. Loin de se tenir dans un rapport d'externalité, les mass media participent pleinement à la nature de ce qu'ils transmettent. C'est même grâce à eux que l'événement existe. Pour être, l'événement doit être connu, et les médias incarnent de plus en plus le rôle de vecteurs de cette prise de connaissance : « C'est aux mass media que commençait à revenir le monopole de l'histoire. Il leur appartient désormais. Dans nos sociétés contemporaines, c'est par eux et par eux seuls que l'événement nous frappe, et ne peut pas nous éviter[2]. » Le premier événement moderne, l'affaire Dreyfus, fut orchestré par la presse et lui doit tout, au point que l'on peut affirmer que sans la presse il y aurait eu, certes, un déni de justice, mais pas d'affaire nationale. À la presse s'est associée la radio, qui a joué un si grand rôle durant la Seconde Guerre mondiale, lorsque écouter Radio Londres était en soi un acte de résistance. C'est même parce qu'il a pris la mesure de cette puissance d'amplification qu'il éprouva à ses dépens tout au long du mois de mai 1968 que le général de Gaulle est parvenu à retourner radicalement la situation, le 30 mai, avec un discours musclé et uniquement radiodiffusé, porté par tous les transistors sur tous les lieux de travail en plein milieu d'après-midi, rappelant dans la conscience collective le fameux appel du 18 juin 1940. Avec le média télévisuel, cette centralité dans la fabrication de l'événement n'a cessé de croître. Les images des premiers pas de l'homme sur la Lune ont été l'oc-

1. Nora [1972], 1974.
2. *Ibid.*, p. 212.

casion d'un événement à dimension mondiale grâce à la télévision qui l'a retransmis en direct.

Le Monde et *Le Nouvel Observateur* ne cachent pas leur sympathie pour le mouvement étudiant. Ils dénoncent la politique répressive conduite par le gouvernement et ouvrent leurs colonnes aux intellectuels, qui expriment leur enthousiasme devant ce qui apparaît comme une réouverture de l'histoire. Dans le monde éditorial, l'euphorie est aussi à son comble chez quelques éditeurs. C'est le cas de Paul Flamand, qui a créé les éditions du Seuil avec Jean Bardet. Il traverse les événements de Mai 1968 avec passion : « Il n'était pas facile d'évoquer avec Paul ces journées du printemps 68. Il fut envoûté[1]. » Il y voit l'expression d'un désir de reconquête de sens par la nouvelle génération qui lui rappelle certainement ses premiers engagements personnalistes. Il s'enchante de ce débordement d'idées dans la rue, à l'écart du savoir académique confiné de l'université et en rupture avec celui-ci, car il n'a pas oublié que sa position de lettré autodidacte doit beaucoup aux rencontres, à l'échange fraternel de paroles. Il trouve des éditeurs dans sa maison pour accompagner le mouvement de réflexion, d'interprétation, de mise au point d'outils militants et des premiers dossiers factuels pour en construire l'histoire. C'est notamment le cas de Claude Durand, entré au Seuil en 1965 par la revue *Écrire* et la collection du même nom, dirigées par Jean Cayrol. Il crée en 1968 la collection « Combats » sur la base d'une remise en question de l'évolution par trop néo-universitaire de la maison, et accompagne les engagements les plus radicaux à travers le monde. Mais Claude Durand n'est pas seul à orchestrer au Seuil l'état d'esprit soixante-huitard. Jean Lacouture, malgré ses réticences profondes face au mouvement de Mai, s'en fait aussi le porte-parole dans sa collection « L'histoire immédiate », où l'on retrouve Alain Touraine, Pierre Vidal-Naquet ou encore Edgar Morin. Ce ne sont pas moins de cent publications qui vont ponctuer « l'esprit de Mai » jusqu'en décembre 1968. C'est même Le Seuil qui édite *Le Petit Livre rouge des citations du président Mao* dans des circonstances rocambolesques. La Chine n'ayant pas signé la convention universelle sur le droit d'auteur de 1952, ce best-seller est libre de droits. La question de son éventuelle

---

1. LACOUTURE, 2010, p. 198.

publication est discutée en comité de lecture du Seuil. La moitié du comité, emmenée par Luc Estang, s'étrangle de rage : comment peut-on publier un tel instrument de propagande d'un régime totalitaire ? Et d'ajouter que l'éthique éditoriale leur interdit d'en arriver là. Aurions-nous édité *Mein Kampf* ? L'autre moitié du comité considère au contraire qu'il est du devoir du Seuil de rendre public ce dont tout le monde parle, ce qui n'implique aucune adhésion aux thèses du Grand Timonier. Le ton monte, la situation risque de dégénérer, et au bout d'un moment le codirecteur du Seuil, Jean Bardet, s'éclipse. Il est allé apporter le texte à l'imprimeur. Ce coup de force permettant de l'écouler à quelque cent soixante-dix mille exemplaires, le consensus se reconstitue vite autour de la direction de la maison. Ces utopies de Mai suscitent l'enthousiasme de Flamand, qui a aussi l'intelligence de récupérer au Seuil, à la fin des années 1970, beaucoup d'orphelins de Mai, d'anciens militants d'extrême gauche recyclés[1]. Parmi ces jeunes contestataires qui se sont donné une culture liée à leurs espérances, Flamand retrouve des échos de son parcours en marge des institutions académiques.

Épicentre de cette effervescence dans l'expression des sans-voix et cette volonté de prendre la parole, l'éditeur François Maspero ne peut que vibrer au cœur du mouvement de Mai 1968. Sa maison et sa librairie sont alors plus que jamais considérées comme le lieu même d'énonciation de la nouvelle sensibilité qui émerge en ces temps de contestation frontale. La librairie est de nouveau, comme pendant la guerre d'Algérie, un poste d'affrontements. Le 6 mai, après la dispersion de la manifestation sur le boulevard Saint-Michel, de nombreux manifestants se réfugient dans la librairie La Joie de lire, poursuivis jusqu'à l'intérieur par la police, et essuient des jets de grenades libérant un gaz non identifié. Plusieurs libraires, dont Georges Dupré et Claire Grima, resteront aveugles plusieurs jours après un séjour à l'hôpital.

Au sortir de Mai 1968, Maspero peut se féliciter de l'indéniable succès de sa maison d'édition, dont les ventes et le nombre de col-

---

1. Au cours de ces années, les Éditions du Seuil recrutent Olivier Rolin, ancien dirigeant du service d'ordre de la Gauche prolétarienne, et Jean-Pierre Barou, ancien maoïste, un des fondateurs du journal *Libération*. Éric Vigne, qui vient aussi des milieux maoïstes, est recruté comme lecteur, et Olivier Bétourné, l'actuel directeur, est intégré comme adjoint de Jacques Julliard.

lections n'ont cessé de croître[1]. Le succès et l'afflux du public sont tels que les locaux de la librairie deviennent rapidement trop exigus. Maspero décide alors d'investir, s'endette, et avec l'aide de Jérôme Lindon achète un local en face de sa librairie, au 19 rue Saint-Séverin. Il y ouvre une seconde librairie qui expose les ouvrages de philosophie, les divers courants du marxisme, les sciences humaines, les livres de poche, ainsi que la bibliothèque étrangère, pendant que la librairie mère du 40 de la même rue regroupe la littérature, les arts et les revues. Porté par l'enthousiasme soixante-huitard, Maspero, tout en poursuivant l'édition de tous les courants du marxisme, adhère en 1969 à la Ligue communiste dirigée par Alain Krivine, section française de la IVe Internationale, une des organisations trotskistes la moins sectaire. Les publications militantes se multiplient, de nouvelles collections sont créées[2]. La radicalisation de l'orientation politique de la maison d'édition est clairement exprimée : « Au style largement ouvert (universitaire) des Éditions Maspero doit succéder un style plus directement politique, maintenant que la réputation de la maison est bien assise[3]. » Il entend faire de sa maison un lieu de confluence des diverses composantes de l'extrême gauche, aussi bien Togliatti, Castro que Mao, alors que tout ce monde politique était à l'époque terriblement cloisonné dans des frontières que l'on se gardait bien de franchir.

UN VENT DE RÉVOLTE QUI VIENT DE LOIN

Lorsque les événements de Mai 1968 éclatent, ébranlant sérieusement le gaullisme et donnant lieu au plus grand mouvement

---

1. Les tirages globaux passent de soixante-quatre en 1965 à trois cent soixante mille en 1968 pour atteindre sept cent soixante mille en 1971. Dans le même temps, le nombre de titres publiés passe de vingt-cinq en 1965 à soixante en 1968, puis à quatre-vingt-dix en 1971 (chiffres tirés de HAGE, 2010, p. 136).

2. « Livres rouges », « Classique rouge », « Poche rouge », « Marx ou crève », « Cahiers de la Quatrième internationale ».

3. François Maspero, procès-verbal de la réunion du directoire du 30 juin 1972, archives La Découverte, cité dans JOSEPH, 2010, p. 263.

social que la France ait connu, avec ses dix millions de grévistes et un pays paralysé pendant près d'un mois, tout le monde est surpris par la puissance de cette rupture. Ce vent de révolte s'est pourtant emparé d'une bonne partie de la jeunesse scolarisée depuis le milieu des années 1960. Certains petits groupes, certes très marginaux, en avaient décelé les signes avant-coureurs, comme Socialisme ou barbarie, qui édite une revue du même nom. Les quelques rescapés de ce périodique qui ne publie plus de numéros depuis 1965 et s'est autodissous en 1967, sidérés que ce qu'ils avaient analysé comme une apathie bien ancrée dans la durée se mue soudain en désir d'action et de création collective, avec une jeunesse plaçant l'imagination au pouvoir, suivent le mouvement avec ferveur.

Alors que toute une construction mythologique retiendra l'impact de l'Internationale situationniste sur l'éclosion de ce mouvement de contestation, la réalité se situe plutôt du côté de Socialisme ou barbarie. Daniel Cohn-Bendit, leader et symbole même de Mai 1968, figure emblématique et charismatique du Mouvement du 22 mars, en atteste. Étudiant en sociologie à l'université de Nanterre, il suit, entre autres, les cours d'Henri Lefebvre et d'Alain Touraine, et puise dans les arguments qu'il trouve dans *Socialisme ou barbarie* pour contester ce dernier : « Touraine discutait du développement de la société française et parlait de la fin du prolétariat et c'est là que je lui ai dit : "Vous feriez bien de lire *Socialisme ou barbarie*, car cette revue démontre que le prolétariat existe bien, que ce n'est pas un fantasme intellectuel"[1]. » Daniel Cohn-Bendit connaît la revue par son frère Gabriel, son aîné de neuf années, qui appartient alors à la minorité d'un groupuscule à majorité anarchisante qui entend réconcilier un marxisme ouvert avec les idéaux libertaires : « On a un peu puisé dans tout ce qui existait aux franges des grandes écoles plutôt totalitaires de la pensée, donc pour nous *Socialisme ou barbarie* a été très important[2]. »

De son côté, Socialisme ou barbarie a été l'un des premiers courants à faire écho en France aux événements de Berkeley de 1962-1963 comme révolte significative de la jeunesse contre

1. COHN-BENDIT, 1996.
2. *Ibid.*

l'ordre établi. Daniel Cohn-Bendit est séduit par la revue, dont
la conception du politique anticipe sur ce qui sera plus tard une
révolution culturelle, sans être récupérée à l'intérieur des schémas
traditionnels du marxisme-léninisme, et qui considère ces mouvements des campus américains comme des événements sociaux
d'un type nouveau. Dans son ouvrage *Le Gauchisme. Remède à la
maladie sénile du communisme*, paru juste après Mai 1968, Daniel
Cohn-Bendit souligne cette proximité entre les thèses de *Socialisme
ou barbarie* et ce qu'a exprimé la contestation soixante-huitarde :

> Le mouvement étudiant est révolutionnaire et non universitaire. Il
> ne refuse pas les réformes (son action les provoque…), mais il tente,
> au-delà des satisfactions immédiates, d'élaborer une stratégie qui
> permette le changement radical de la société. Ces thèses, exprimées
> dès 1963, par *Socialisme ou barbarie*, s'avèrent, à la lumière des
> événements récents, justes et inéluctables[1].

Daniel Cohn-Bendit confirmera cette influence à l'occasion d'un
débat public avec Castoriadis à Louvain en 1981 :

> Peu de gens comprendront pourquoi je suis gêné de parler après
> Castoriadis. S'il y a des gens qui m'ont influencé et m'ont évité de
> faire pas mal de conneries politiques avant que je commence à faire
> de la politique, ce sont des gens comme Castoriadis et ce groupe
> qu'il a mentionné, Socialisme ou barbarie, et aussi mon frère qui
> lisait cette revue et faisait, par ricochet, partie de leur groupe. Et,
> pour l'instant, je me trouve un peu dans la situation d'un marxiste
> qui aurait passé des années à lire Marx et qui, un soir, se trouve
> discuter avec Marx. Je vous assure que ce n'est pas facile […].
> Nous lisions *Socialisme ou barbarie*, nous puisions nos exemples
> dans l'histoire : les conseils ouvriers hongrois, les conseils ouvriers
> allemands[2].

Au cœur de cette révolution d'un type nouveau qu'il a appelée
de ses vœux sans discontinuer depuis l'après-guerre, Castoriadis,
esseulé, sans revue à sa disposition, s'emploie à réunir de nouveau
ses camarades dispersés pour leur soumettre un texte d'analyse à

---

1. ID., 1968, p. 49.
2. CASTORIADIS et COHN-BENDIT, 1981, pp. 50-53.

chaud des événements en cours. À une petite dizaine, les anciens membres de Socialisme ou barbarie se rassemblent à plusieurs reprises à son domicile pendant les mois de mai et juin 1968, discutant de son texte et se demandant s'il ne serait pas opportun de reprendre du service en relançant le groupe. Dans le bastion de la classe ouvrière, toujours à Renault-Billancourt en 1968, Daniel Mothé, porté par les événements, sort de l'isolement : il prend la tête du mouvement ouvrier qui décide de débrayer à la régie sans attendre les consignes syndicales.

Castoriadis, qui n'a pas encore la nationalité française, doit prendre garde à ne pas commettre de faux pas qui pourrait l'exposer à l'extradition : il ne signe pas son texte. Ne pouvant pas non plus le signer du nom d'un groupe défunt, il rédige, après discussions avec les membres du groupe, un tract sous le pseudonyme de Jean-Marc Coudray. Ce texte, au point vers le 20 mai, occupe un volume exceptionnel pour un tract : 26 pages. D'abord ronéotypé avec les moyens du bord, il est aussitôt diffusé comme texte d'intervention au cœur du mouvement. De son côté, Edgar Morin insiste surtout sur l'émergence d'une nouvelle force politique et sociale, celle de la jeunesse contestataire face aux adultes, dans une sorte de lutte de classes d'âge déclenchée contre l'autorité que donne l'expérience. Il reprend ses analyses à chaud dans *Le Monde*, qui les publie au mois de mai[1].

Peu après, dès le début de l'été 1968, le trio d'amis — Morin, Castoriadis et Lefort — publie *La Brèche* chez Fayard. Le livre est constitué des « tribunes » de Morin publiées en mai par *Le Monde*, du texte ronéotypé de Castoriadis signé Coudray, augmenté d'une seconde partie en vue de cette publication, et d'un texte de Claude Lefort. C'est très certainement, avec celle de Michel de Certeau, parue dans la revue *Études* en juin 1968, la meilleure analyse du mouvement, au plus près des acteurs. Le livre connaît aussitôt un grand succès : « Le nombre de lecteurs de *La Brèche* s'étend curieusement. Un petit mot d'Orengo m'annonce "une seconde réimpression"[2]. »

Dans sa contribution, Castoriadis, à l'écoute de ce qui se passe

---

1. MORIN, 1968 (a) et (b).
2. Claude Lefort, lettre à Castoriadis, 13 août 1968, archives Castoriadis.

et d'un sens en train de se construire, situe le mouvement de
Mai 1968 dans la lignée de ceux qui l'ont précédé : 1871, 1917,
1936, 1956…, sans pour autant rabattre la nouveauté sur la tradition, fût-elle révolutionnaire. Car, selon Castoriadis, « c'est la
première fois que, dans une société bureaucratique moderne, non
plus la revendication, mais *l'affirmation* révolutionnaire la plus
radicale éclate aux yeux de tous et se propage dans le monde[1] ». Il
voit dans l'explosion de ce mouvement l'émergence des potentialités de créativité contenues jusque-là par le système. Il exprime son
enthousiasme devant un mouvement qui a sa dynamique propre et
autonome, à l'abri des manipulations d'appareils, tous débordés et
en plein désarroi, ce qui atteste, selon lui, la justesse de l'analyse
portée par Socialisme ou barbarie, sans que le nom de ce courant
soit jamais cité. Pour lui, la ligne de fracture qui divise la société
moderne ne passe pas vraiment entre propriétaires et force de travail, mais entre dirigeants et exécutants. Castoriadis déplore en
revanche ce qu'il connaît bien pour l'avoir vécu de l'intérieur du
mouvement trotskiste : la routinisation idéologique des groupes
d'extrême gauche enfermés dans leur dogme, incapables de rien
faire d'autre que « redérouler interminablement les bandes magné-
tophoniques enregistrées une fois pour toutes qui leur tiennent lieu
d'entrailles[2] ».

Dans le même ouvrage, Claude Lefort insiste sur la nouveauté
de l'événement survenu : « L'événement qui a secoué la société
française, chacun s'essaye à le nommer, chacun tente de le rapporter à du connu, chacun cherche à en prévoir les conséquences… En
vain[3]. » Il l'interprète comme un mouvement de contestation des
relations hiérarchiques et de la division entre dirigeants et exécutants, séparation que Socialisme ou barbarie avait déjà diagnosti-
quée comme constitutive du système bureaucratique. En revanche,
si Castoriadis considère que Mai 1968 relève d'une révolution
manquée, avortée faute d'organisation, Lefort y voit plutôt une
révolte réussie, conjuguant audace et réalisme, dans la mesure
où, selon lui, le pouvoir n'est pas à prendre mais à contester. On

---

1. Castoriadis [1968], 2008, p. 122.
2. *Ibid.*, p. 131.
3. Lefort, 2008, p. 45.

retrouve sa théorie de l'indétermination du pouvoir politique dans une démocratie, du rassemblement autour d'un lieu vide. Mai 68, « révolution politique pour Castoriadis, appuyée par l'organisation d'un mouvement révolutionnaire orienté vers la prise du pouvoir, révolution symbolique pour Lefort[1] ».

Un foyer particulier d'effervescence naît en 1968 sur le campus de Caen, où Lefort est maître de conférences en sociologie depuis 1966. Il demande à un jeune et brillant socio-économiste, Alain Caillé, de devenir son assistant. Ce dernier prépare alors une recherche destinée à déconstruire le mythe de la planification en tant qu'« idéologie de la bureaucratie », thèse très proche de celles de Socialisme ou barbarie, qu'il découvre avec le plus grand intérêt. Tout le campus de Caen, à l'exception des historiens, sous l'influence de Pierre Chaunu, fermement attachés à la défense du pouvoir en place, a basculé dans le camp de la contestation à partir d'un acte de parole déterminant de Lefort. Le 12 mai, Alain Caillé déjeune avec lui lorsqu'ils entendent à la radio que la police pourrait intervenir dans les universités. Alors que deux à trois mille étudiants sont rassemblés en assemblée générale (AG), Lefort intervient et annonce en deux minutes la nécessité de s'organiser, d'occuper les locaux, de se barricader ; tout le monde s'y met. À Caen, l'étudiant le plus doué et le plus apprécié de Lefort est Marcel Gauchet. Né en 1946 dans le village de Poilley, dans la Manche, il est le fils d'un cantonnier et d'une couturière. Il entre en 1961 à l'École normale d'instituteurs de Saint-Lô, et a seize ans lorsqu'il rencontre Didier Anger, militant actif de l'École émancipée qui l'initie aux thèses défendues par son organisation, Pouvoir ouvrier, issue de la scission avec Socialisme ou barbarie en 1963. Son premier acte politique est une grève de la faim pour protester contre la répression policière du métro Charonne en 1962. Le milieu très politisé de l'École normale, scindé entre les communistes et ce petit groupe antistalinien réuni autour de Daniel Anger, ouvre Marcel Gauchet à la lecture de *Socialisme ou barbarie*, dont les numéros, malgré la scission, sont considérés comme des documents sacrés et pieusement conservés comme tels. Marcel Gauchet découvre les

---

1. Antoine Chollet, « Claude Lefort et Cornelius Castoriadis : croisements théoriques autour de Mai 1968 », texte dactylographié communiqué à l'auteur, p. 10.

articles de Castoriadis sous les noms de Chaulieu ou de Cardan, notamment son fameux article sur les rapports de production en Russie, qu'il considère dès sa lecture comme un texte fondateur.

Le primat du politique pousse Marcel Gauchet à une véritable boulimie de savoir. Il se lance dans la préparation de trois licences en même temps : en philosophie, histoire et sociologie. Cherchant à radicaliser sa rupture avec la vulgate marxiste, il estime que Lefort est trop attaché à Marx, qui représente encore l'essentiel de son enseignement. Marcel Gauchet n'hésite pas à jeter le bébé avec l'eau du bain, soit Marx avec Staline : c'est du côté de l'histoire qu'il voit la possibilité d'une véritable réponse, en pensant à la construction d'une théorie de l'histoire alternative. Mai 1968 comble de joie Marcel Gauchet, qui reconnaît là l'expression même de sa pensée depuis un moment. Il participe pleinement au mouvement dans sa composante dominante, spontanéiste, et fait la navette régulière entre Caen et Paris, réjoui de l'ébranlement des appareils institutionnels, qu'ils soient gaullistes ou communistes. Autour de Marcel Gauchet, toute une bande d'étudiants de Caen sont sur la même longueur d'onde : Marcel Jaeger, Jean-Pierre Le Goff, Paul Yonnet, Pierre Boisard...

À Nanterre, dans le département pléthorique de sociologie, véritable abcès de fixation du malaise estudiantin, aux débouchés les plus incertains et les moins engageants, la figure du professeur Alain Touraine domine. Ce dernier privilégie dans le savoir qu'il transmet le rôle de l'action et les possibles du changement, la fonction des individus et des catégories sociales dans ces transformations. Il établit un parallèle entre les mouvements étudiants des années 1960 et les mouvements ouvriers du XIXᵉ siècle, valorisant ainsi l'institution universitaire comme lieu décisif du changement. Sa critique de la société française au nom d'une nécessaire modernisation se trouve en phase avec une bonne partie du mouvement étudiant, véritable mouvement social auquel il consacrera dès 1968 son ouvrage *Le Mouvement de mai ou le communisme utopique*[1]. L'autre personnalité du campus nanterrois dispensatrice d'un savoir critique est le philosophe Henri Lefebvre. Son enseignement à Nanterre est centré sur une critique de la société sous ses divers

1. TOURAINE, 1968.

aspects. Son mérite essentiel est d'avoir su dépasser le seul niveau économiciste pour inclure dans son analyse les divers aspects de la vie quotidienne de la population : son cadre de vie, l'urbanisme, les croyances. Henri Lefebvre fait fonctionner les concepts de forme, de fonction et de structure sans privilégier aucun d'entre eux, et reproche aux structuralistes de faire prévaloir le dernier au détriment des autres niveaux d'analyse. D'abord au CNRS, puis à la faculté de Strasbourg, lieu de naissance du situationnisme et de l'opuscule *De la misère en milieu étudiant*, de 1958 à 1963, Henri Lefebvre est nommé à Nanterre en 1964 dès la création de l'université. Son travail critique y est relayé par ses deux assistants : Jean Baudrillard et René Lourau. On retrouve un syncrétisme similaire chez Jean Baudrillard, inscrit en thèse de troisième cycle avec Pierre Bourdieu en 1966-1967, dont le travail critique se rapproche beaucoup de celui de Roland Barthes. Dans la continuité du travail inachevé des *Mythologies*, Jean Baudrillard poursuit ce décapage critique de l'idéologie de la société de consommation dans une perspective sociosémiologique en publiant en 1968 *Le Système des objets*[1] et en 1969 un article dans *Communications*, où il critique la notion usuelle de besoin, de valeur d'usage des objets de consommation, pour lui substituer leur fonction de signe[2].

Le département de philosophie de Nanterre est lui aussi dominé par deux personnalités à l'écoute de la jeunesse : Paul Ricœur et Emmanuel Levinas, partisans d'une approche phénoménologique. Quant au département de psychologie, deux de ses enseignants sur quatre, Didier Anzieu et Jean Maisonneuve, sont des praticiens de la psychologie sociale clinique, entourés d'assistants ayant une expérience en dynamique de groupe, et se référant à des théoriciens essentiellement américains : Jacob Levy Moreno, Kurt Lewin, Carl Rogers. Publiant alors sous le pseudonyme d'Épistémon, Didier Anzieu voit dans la contestation grandissante à la faculté de Nanterre une extension de cette dynamique de groupe : « Ce que le psychologue social concevait comme la dynamique des groupes restreints devenait brusquement dynamique des groupes généralisés[3]. »

---

1. BAUDRILLARD, 1968.
2. ID. [1969], 1982.
3. ÉPISTÉMON (Didier Anzieu), 1968, p. 33.

LA REVANCHE DE SARTRE

Accès de fièvre existentielle de la part d'une jeunesse exigeante, ce mouvement représente pour Sartre une revanche qu'il savoure d'autant plus qu'on avait cru pouvoir l'enterrer deux années plus tôt, lorsque Michel Foucault le présentait en bon philosophe du XIXe siècle. Comme l'écrit Épistémon (Didier Anzieu) : « L'émeute étudiante de Mai a expérimenté pour son propre compte la vérité de la formule sartrienne : "Le groupe, c'est le commencement de l'humanité"[1]. » De fait, l'analyse sartrienne de l'aliénation des individus pris dans le pratico-inerte et valorisant leur capacité à imposer la liberté par l'engagement, se constituant en groupes en fusion dans une dialectique qui pousse à sortir de la sérialisation, de l'atomisation, permet de mieux comprendre cette irruption du mouvement de Mai 1968.

Le mouvement de Mai ne s'y trompe pas, et le seul grand intellectuel admis à parler dans l'amphithéâtre de la Sorbonne au cœur des événements est Jean-Paul Sartre, réconcilié avec la jeunesse. Le 20 mai, il prend la parole dans une université occupée jour et nuit par les étudiants depuis une semaine : « À l'annonce de la venue de Sartre, des milliers de jeunes prirent littéralement d'assaut ce magnifique lieu aux bois dorés ; et comme rien ni personne ne pouvait plus les empêcher d'y entrer en surnombre, ils bravèrent toutes les consignes de sécurité[2]. » C'est la liesse, une communion exceptionnelle, des questions fusent de tous côtés, et Sartre se prête à l'exercice dans une cohue indescriptible. La curiosité et l'enthousiasme sont tels que des haut-parleurs sont installés dans les couloirs et dans la cour centrale de la Sorbonne, où de nombreux groupes sont massés pour entendre la voix de Sartre. Oubliées, ses années de compagnon de route du PCF, entre 1952 et 1956. Il soutient le mouvement de contestation des étudiants, critique les positions prises par le PCF et la CGT, leur oppose le mode de démocratie directe pratiqué par le Mouvement du 22 mars et

---

1. *Ibid.*, p. 83.
2. COHEN-SOLAL, 1985, p. 589.

affirme le caractère révolutionnaire de la situation. Sur les ondes de la radio, il explique qu'il ne reste plus aux jeunes que la violence pour s'exprimer dans une société qui refuse le dialogue avec ceux qui ne veulent pas du modèle adulte qu'on leur présente. À la veille de la fameuse nuit des barricades du 10 mai 1968 paraît dans *Le Monde* un texte signé Jean-Paul Sartre, Maurice Blanchot, André Gorz, Pierre Klossowski, Jacques Lacan, Henri Lefebvre, Maurice Nadeau qui prend clairement parti pour le mouvement étudiant :

> La solidarité que nous affirmons ici avec le mouvement des étudiants dans le monde — ce mouvement qui vient brusquement, en des heures éclatantes, d'ébranler la société dite de bien-être parfaitement incarnée dans le monde français — est d'abord une réponse aux mensonges par lesquels toutes les institutions et les formations politiques (à peu d'exceptions près), tous les organes de presse et de communication (presque sans exception) cherchent depuis des mois à altérer ce mouvement, à en pervertir le sens ou même à tenter de le rendre dérisoire[1].

Le 20 mai, *Le Nouvel Observateur* fait paraître un débat entre Sartre et le porte-drapeau du mouvement de Mai, Daniel Cohn-Bendit. Le dialogue est à front renversé, le philosophe se mettant à l'écoute du jeune étudiant contestataire et renonçant à toute position de surplomb. Loin de se présenter comme un donneur de leçons, il se fait journaliste, simple intervieweur : « Pouvez-vous obtenir des "aménagements" qui introduisent réellement des éléments révolutionnaires dans l'université bourgeoise — qui fassent, par exemple, que l'engagement donné à l'Université soit en contradiction avec la fonction principale de l'Université dans le régime actuel : former des cadres bien intégrés au système[2] ? » Concluant l'entretien, Sartre exprime son soutien sans réserve à l'icône de Mai : « Quelque chose est sorti de vous, qui étonne, qui bouscule, qui renie tout ce qui a fait de notre société ce qu'elle est aujourd'hui. C'est ce que j'appellerai l'extension du champ des possibles. N'y renoncez pas[3]. »

1. *Le Monde*, 10 mai 1968.
2. SARTRE, 1968 (b).
3. *Ibid.*

Pour tous ceux qui, comme Sartre, avaient été débordés par la vague structuraliste, c'est la divine surprise ! Eux sont en phase avec la jeunesse contestataire qui fait vibrer les cordes de l'histoire et dément par l'action le statisme auquel on voulait la réduire. C'est le cas de tout l'ancien groupe de la revue *Arguments*. Jean Duvignaud, qui enseigne alors à l'Institut de philosophie de Tours, « monte » à Paris. Pour bien montrer qu'il s'agit avant tout d'une fête, il met avec Georges Lapassade un piano dans la cour de la Sorbonne. Pendant une quinzaine de jours, il parcourt la Sorbonne « libérée » avec Jean Genet, annonçant tout de go devant un parterre médusé et un Jean Genet sidéré, dans le grand amphithéâtre, « la fin et la mort du structuralisme ».

L'histoire, à force d'avoir été niée, semble nier sa propre négation, et Épistémon annonce que Mai 1968 « n'est pas seulement l'émeute étudiante à Paris [...], c'est aussi l'acte de décès du structuralisme[1] ». En novembre, Mikel Dufrenne, qui plaide ouvertement *Pour l'homme*, confirme : « Mai a été la violence de l'histoire dans un temps qui se voulait "sans histoire"[2]. » Le gel du temps qu'Edgar Morin désignait comme triomphant lorsqu'il liquida sa propre revue *Arguments* en 1962 laisse place au printemps, et sur les murs se multiplient les inscriptions qui font l'apologie de l'imagination, de la spontanéité et de l'expression des diverses formes du désir. Cette bouffée d'air collective ne s'en prend pas seulement aux arbres du Quartier latin. Derrière les voitures renversées, ce sont les codes qui sont visés, pulvérisés. C'est le retour fracassant du refoulé : le sujet, le vécu et cette parole, éliminée par le structuralo-épistémisme au profit de la langue, se déploient alors dans un flot ininterrompu.

L'ébranlement que constitue Mai 1968 pour l'édifice structuraliste peut aussi se lire dans le désarroi que connaissent ses icônes. Au cœur des événements, Algirdas Julien Greimas rencontre, au Collège de France, Lévi-Strauss qui ne cache pas son dépit : « C'est fini ! Tout projet scientifique est remis pour vingt ans », lui dit-il. Dans ce climat délétère, Lévi-Strauss, de manière très gaullienne, décide de se retirer du Collège de France en attendant d'être rap-

1. Épistémon, 1968, p. 31.
2. Dufrenne, 1968.

pelé aux affaires : « Quand j'ai perçu des grincements, je me suis retiré chez moi sous divers prétextes et les ai livrés à eux-mêmes. Il y eut une huitaine de jours d'agitation interne, et puis on est venu me chercher[1]. » Pour le père du structuralisme, Mai 1968 se présente comme une descente aux enfers, l'expression d'une dégradation universitaire, d'un déclin entamé depuis la nuit des temps, de génération en génération. Il n'en aura retiré que la confirmation de sa conception pessimiste d'une histoire qui n'est jamais que l'avancée d'un long déclin vers la disparition ultime.

Quant à Algirdas Julien Greimas, grand maître de la sémiotique la plus scientifique, tout aussi persuadé que le projet scientifique en prend pour vingt ans, il s'apprête à connaître une période difficile. Pendant trois ans, il est réduit au silence dans son propre séminaire sur les sciences du langage, et le groupe qui s'est constitué autour de lui entre 1964 et 1968 se disperse.

DU BOUGÉ DANS LES STRUCTURES

S'il y a bien une « pensée 68 », une pensée en phase avec le mouvement de 68, celle-ci ne se trouve pas vraiment chez les tenants du structuralisme, mais plutôt du côté de ses adversaires : Jean-Paul Sartre, Edgar Morin, Jean Duvignaud, Claude Lefort, Henri Lefebvre, Cornelius Castoriadis... La remise en cause de la domination du structuralisme par Mai 1968 est telle que *Le Monde* publie en novembre de la même année un dossier sur le thème : « Le structuralisme a-t-il été tué par Mai 1968 ? », dans lequel interviennent Épistémon (Didier Anzieu), Mikel Dufrenne et Jean Pouillon, ce dernier jouant les casques bleus. Sous le titre « Réconcilier Sartre et Lévi-Strauss », il accorde à chacun un territoire spécifique et bien délimité : une méthode ethnologique pour l'un, une philosophie pour l'autre, qui, ne se situant pas sur le même plan, ne peuvent se confronter ou s'opposer[2].

1. LÉVI-STRAUSS, 1988 (a), p. 114.
2. POUILLON, 1968.

Personne n'est vraiment épargné. Si la contestation touche à la racine de la théorie structurale, elle s'attaque aussi à certains de ses représentants perçus comme des mandarins, même s'ils n'ont jusque-là conquis que des positions périphériques. Un jour, Catherine Backès-Clément arrive d'une AG de philosophie et lit une longue motion de trois pages se terminant par : « Il est évident que les structures ne descendent pas dans la rue. » Ce constat sonnant comme le glas est écrit au tableau noir, vivement et largement commenté devant Greimas. Le lendemain matin, celui-ci, qui avait assisté à la naissance de la formule, trouve une grande affiche collée à la porte : « Barthes dit : Les structures ne descendent pas dans la rue. Nous disons : Barthes non plus[1]. » En attribuant ces propos à Barthes, alors qu'il était absent de la discussion, le mouvement s'attaque au structuralisme en général, ressenti comme la science des nouveaux mandarins, ceux de la nouvelle génération.

Quant à Althusser, on sait quel usage en fait le mouvement : « Althusser à rien ». L'explosion de Mai semble davantage illustrer les thèses du jeune Marx, qui dénonce l'aliénation dont souffre l'humanité. Michel Foucault, pour sa part, se trouve à Sidi Bou Saïd, près de Tunis, lorsque éclate Mai 1968. Il y écrit *L'Archéologie du savoir*. Décalé par rapport à l'événement, il ne rentre à Paris que quelques jours à la fin de mai et, voyant passer un cortège étudiant, confie au directeur du *Nouvel Observateur*, Jean Daniel : « Ils ne font pas la révolution, ils sont la révolution[2]. » Au printemps 1968, certains de ses étudiants de l'université de Tunis sont arrêtés et torturés par le régime. Foucault intervient fermement pour les défendre auprès des autorités, aide activement à la mobilisation pour leur libération, et met son jardin à la disposition des militants pour qu'ils puissent imprimer leurs tracts. Inquiété par la police en civil, frappé par celle-ci sur la route qui le conduit à Sidi Bou Saïd, Michel Foucault, totalement impliqué dans l'action contre la répression, vit lui aussi l'effervescence estudiantine. Pour ce philosophe plutôt réformateur — il a participé à l'élaboration de la réforme universitaire de Christian Fouchet — depuis sa rupture déjà ancienne avec le PCF, c'est une mutation décisive : « Là, en

1. Anecdote reprise de CALVET, 1990, p. 204.
2. FOUCAULT, propos rapportés dans ÉRIBON, 1989, p. 204.

Tunisie, j'ai été amené à apporter une aide concrète aux étudiants. […] J'ai dû en quelque sorte entrer dans le débat politique[1]. »

En ce printemps 1968 naît donc un nouveau Michel Foucault, qui incarne les espérances et les combats de la génération étudiante de Mai. Ces événements l'incitent à réintroduire la pratique dans un horizon jusque-là purement discursif. Il est désormais de tous les combats, de toutes les résistances contre les diverses formes d'exercice disciplinaire. N'occupant alors aucun lieu de pouvoir en France, Foucault aura échappé à la contestation antimandarinale, et vivra une osmose heureuse avec le mouvement dès l'automne 1968, à son retour à Paris.

Le plus souvent, les maîtres-penseurs des années 1960 restent quasi aphasiques en ce mois de mai 1968, au grand étonnement de l'historien Marc Ferro, soulevé d'enthousiasme par le mouvement : « Voir ceux qui figuraient les grands penseurs de l'époque, Claude Lévi-Strauss, Roland Barthes et Raymond Aron, devenir des âmes mortes ! Ils n'osaient plus s'exprimer. Ils étaient abasourdis[2]. » Fernand Braudel se trouve, comme Foucault, décentré au moment de Mai. Il n'en revient pas, au retour de sa tournée en Amérique, lorsque son disciple et fidèle secrétaire de la rédaction de la revue des *Annales*, Marc Ferro, suggère en AG que Braudel puisse se représenter comme président de la VIᵉ section de l'École pratique des hautes études (EPHE) pour un mandat renouvelable une fois : « Là, il m'a jeté un coup d'œil furieux. C'était de la trahison d'utiliser le mot renouvelable : la présidence, pour Braudel, c'était à vie[3]. »

Il est paradoxal que des avant-gardes se retrouvent à la fois portées par le mouvement de Mai 68 et prises en défaut sur leurs orientations théoriques. C'est le cas de la revue *Tel Quel*, qui cherche à incarner la quintessence de la modernité. La revue de Sollers défend alors la ligne d'un « textualisme » strict, à l'écart de tout référent, adhérant totalement au paradigme structuraliste, tournant le dos à l'histoire et au sujet. De plus, *Tel Quel* cultive alors des liens avec le PCF et la CGT, cherchant une reconnaissance du

---

1. *Ibid.*, p. 207.
2. FERRO, 2011, p. 338.
3. *Ibid.*

côté du parti de la classe ouvrière. Cette proximité politique va placer la revue en retrait des événements de Mai. Sollers critique même un discours « révolutionnariste » stérile condamné à rester un « psycho-socialisme sans prise directe avec l'analyse des forces et des rapports de production, sans conscience nette de la lutte des classes[1] ». Ce positionnement fait éclater l'avant-garde littéraire et théorique et surgir une nouvelle revue, *Change*, publiée chez le même éditeur, Le Seuil. Le projet de cette nouvelle revue remonte en fait à l'automne 1967, date à laquelle Jean-Pierre Faye quitte le comité de rédaction de *Tel Quel*. Néanmoins, le premier numéro de *Change*, qui paraît en octobre 1968, porte la marque de la rupture de Mai. La revue de Jean-Pierre Faye prend immédiatement la mesure de l'ébranlement que constitue l'événement sur le paradigme structuraliste et déclare dès son numéro inaugural qu'elle va lutter contre « la dictature structuraliste de *Tel Quel*[2] ».

LA FRONDE DES PROTESTANTS

Les jeunes protestants constituent un milieu particulièrement contestataire. Ils s'en prennent à la génération des aînés, celle des barthiens[3]. Les jeunes frondeurs leur opposent un « christianisme irréligieux », revendiquent de « vivre l'Exode » et reprochent à leurs maîtres d'être restés enfermés dans l'ecclésiologie. Pourtant la marque barthienne n'est pas absente de cette controverse. Elle s'inspire surtout du premier Barth, notamment chez les elluliens, où elle trouve des motifs d'inspiration. Cette référence au Barth des débuts, à son radicalisme théologique, peut ainsi se conjuguer avec une volonté radicale de renverser les idoles. Toute cette jeune génération de protestants transpose sa contestation sur la société

---

1. SOLLERS, 1968, pp. 94-95.
2. GOBILLE, 2018, p. 284.
3. Karl Barth (1886-1968) est un théologien suisse, auteur d'une monumentale *Dogmatique* qui a eu une grande influence sur le monde protestant dans l'après-Seconde Guerre mondiale. Il rappelle, par son christocentrisme, l'altérité absolue de Dieu par rapport au monde temporel.

critiquée dans sa globalité. La revue *Le Semeur*, publiée depuis 1902 par la Fédération française des associations chrétiennes d'étudiants (FFACE), la « Fédé », devient l'expression d'une radicalité contestatrice au sein de la mouvance protestante.

En 1966 et 1967, c'est Jean Baubérot qui anime *Le Semeur*, où il figurait déjà comme collaborateur principal. Il vient de participer à la fondation en 1965 d'un petit groupe politique dont l'existence sera éphémère, le Centre révolutionnaire d'intervention et de recherche (Crir), groupant d'anciens de la tendance italienne de l'Union des étudiants communistes (UEC). Il envisage *Le Semeur* comme une composante à part entière de l'extrême gauche, militant pour une révolution « politique, culturelle et éthique (vie quotidienne) », multipliant les « maquis idéologiques[1] ». Le modèle révolutionnaire devient de plus en plus prégnant, même dans la génération des aînés. Un numéro de la revue *Christianisme social* de 1967 porte ce titre significatif : « 1517, 1917, 1967 », revendiquant à la fois Luther et Lénine comme les deux précurseurs de la révolution à faire.

Si la jeune génération a tendance à exercer son esprit critique et caustique pour secouer les aînés, Ricœur est non seulement épargné, mais souvent revendiqué par les jeunes contestataires du *Semeur*. Alors président du Christianisme social, il n'incarne pas du tout l'orthodoxie barthienne pour ces jeunes protestants qui n'hésitent pas à attaquer au vitriol tout ce qui représente l'establishment. La plupart des professeurs de la faculté de théologie protestante de Paris, barthiens, passent un mauvais quart d'heure. Jean Bosc doit répondre à l'interpellation provocatrice de Jean Baubérot et Pierre Encrevé, croisés sur le boulevard Arago, qui lui lancent : « Dites-nous, sur quel nuage il est, Dieu le père[2] ? »

Lorsque éclate le mouvement étudiant nanterrois, Ricœur n'est pas surpris. Il se sent même d'emblée en phase avec les aspirations exprimées par les étudiants. L'agitation a déjà gagné tout le campus de Nanterre lorsque le 30 avril 1968 plus d'un millier d'étudiants sont réunis dans l'amphithéâtre D1, où Daniel Cohn-Bendit propose de profiter de la réunion du conseil de la faculté

1. Baubérot, 1967, pp. 633-640.
2. Dosse, 1997, p. 463.

pour demander aux professeurs élus d'aller libérer les camarades arrêtés par la police pour avoir distribué des tracts. Ces derniers, une fois relâchés, font leur apparition en héros dans l'amphi. Pendant ce temps, au conseil de la faculté, une vingtaine de professeurs signent une pétition exigeant des sanctions exemplaires : « Une petite minorité, en revanche, où figurent Paul Ricœur et Alain Touraine, préconise le dialogue. Le doyen Pierre Grappin, abattu, déchiré, tangue. Le navire lui échappe[1]. » L'université de Nanterre est fermée sur décision de son doyen à partir du 2 mai 1968. Une information judiciaire est ouverte contre Cohn-Bendit et quelques autres responsables du Mouvement du 22 mars. Les affrontements se déplacent alors dans le Quartier latin. Le meeting anti-impérialiste prévu ne pouvant se tenir à Nanterre, il a lieu à la Sorbonne le 3 mai et se transforme en manifestation contre la répression et pour la réouverture de Nanterre. La police pénètre dans la Sorbonne et embarque tous les militants présents dans la cour intérieure. Cette intervention met le feu aux poudres. Spontanément, les étudiants se regroupent, forment de multiples cortèges qui harcèlent les forces de l'ordre au cri de « Libérez nos camarades ! ». C'est la première nuit des barricades, totalement improvisée : les militants les plus chevronnés, les « meneurs », sont embarqués dans des paniers à salade.

Cette explosion fait l'objet d'une analyse à chaud par Ricœur dans *Le Monde* les 9, 11 et 12 juin 1968. Il y voit l'expression d'une révolution culturelle propre aux sociétés industrielles avancées et reprend le thème déjà évoqué à plusieurs reprises de la perte progressive de sens dans la société moderne. Selon lui, cette révolution s'en prend tout autant au capitalisme qu'à la bureaucratie. La tension reste vive et doit être préservée entre la voie réformiste et la voie révolutionnaire : « Nous sommes entrés dans un temps où il faut faire du réformisme *et* rester révolutionnaire. Tout l'art du législateur, dans les temps prochains, sera de mettre en place des institutions légères, révocables, réparables, ouvertes à un processus interne de révision et à un processus externe de contestation[2]. » Ricœur remet en cause la relation hiérarchique ins-

---

1. HAMON et ROTMAN, 1987, p. 442.
2. RICŒUR [1968], 1991, p. 381.

tituée entre enseignants et enseignés. Il reconnaît l'asymétrie de ce lien et les difficultés de son institution, tout en tenant à rappeler que l'étudiant apporte quelque chose : des aptitudes, des goûts, et surtout un projet d'accomplissement personnel. Il se livre là à une pratique de l'écoute dont ses propres étudiants ont largement fait état. Il considère en effet profondément que l'enseignant continue à apprendre ; il le conçoit même comme « enseigné » par ses élèves. Porteur de convictions, d'une tradition, l'enseignant institue un rapport de pouvoir qui rend nécessaire la prise en compte de sa contestation potentielle. La conflictualité sous-jacente à la relation pacifiée de l'enseignement doit donc donner lieu à la mise en place d'institutions régulatrices de ces conflits. L'instauration de commissions paritaires d'enseignants et d'étudiants chargées de discuter des formes et contenus des enseignements devrait en être une des illustrations. Pour permettre une meilleure adéquation entre la demande des étudiants et l'offre des enseignants, il convient de réaliser une autonomie réelle, de pratiquer une pluralité de méthodes, déjà souhaitée en 1964, afin de briser le carcan administratif, les situations de monopole, de bousculer une institution sclérosée et de libérer l'initiative en accordant une priorité aux structures de base de la vie universitaire que sont les « départements ».

En juin 1968, l'université doit satisfaire deux impératifs apparemment contradictoires : « l'exigence de gestion en commun par les enseignants et par les enseignés » et « l'exigence de contestation, c'est-à-dire de critique et de création[1] ». C'est cette dialectique délicate de la réforme et de la révolution qui, à ce moment-là, constitue l'utopie de Ricœur, une manière d'être un réformiste hardi pour rester révolutionnaire. L'objectif étant de permettre à la révolution culturelle de poursuivre son cours et de l'aider à diffuser sa force propulsive hors de l'université, à transformer les rapports hiérarchiques dans le monde industriel et à ouvrir sur un monde nouveau qui puisse changer la vie.

Cette analyse court cependant le risque de ne pas être audible dans le contexte de juin 1968. Rejetée avec dédain par tous les tenants de la manière forte, partisans de juguler la « rébellion » des jeunes à coups de bâton pour assurer la défense des autorités

1. *Ibid.*, p. 394.

en place, elle est interprétée du côté des contestataires comme une manœuvre de récupération, une entreprise destinée à émousser les initiatives qui visent à provoquer des ruptures irréversibles afin de casser l'institution, de la terrasser et de changer toute la société sur le modèle du Grand Soir révolutionnaire.

LES CATHOLIQUES SUR LE PONT

« Le Christ, seul révolutionnaire », pouvait-on lire sur les murs de la Sorbonne en plein Mai 1968 parmi les innombrables graffitis contestataires. Déjà fortement engagés dans un processus de transformation commencé avec la préparation du concile Vatican II, puis approfondi et prolongé pour beaucoup par leur participation au mouvement tiers-mondiste et de soutien au peuple vietnamien, de nombreux catholiques se sont sentis immédiatement en phase avec le mouvement de Mai 1968. L'ouvrage du théologien Harvey Cox *La Cité séculière*, publié au début de 1968, qui considère le processus de sécularisation comme une chance pour la vie chrétienne et non comme un obstacle à surmonter, est un best-seller. Le prêtre Jean Cardonnel rejoint ce point de vue et le radicalise en se faisant le défenseur d'une théologie de la libération qui connaîtra un grand succès en Amérique latine[1]. On assiste à des phénomènes de radicalisation spectaculaires, comme celui de la revue *Frères du monde*, qui passe du soutien à la cause vietnamienne à une adhésion au maoïsme, intitulant son numéro spécial de janvier 1968 « Foi et révolution ». Plus représentatif et tout aussi radical, un colloque se tient le 25 mars 1968 à Paris sur le thème « Christianisme et révolution », qui conclut à une légitimation de la violence révolutionnaire et à la nécessité impérieuse de remettre en question le mode de fonctionnement de l'autorité ecclésiale[2].

---

1. CARDONNEL, 1968 (a).
2. À cette occasion, plusieurs revues chrétiennes prennent position sur la légitimité de la lutte révolutionnaire : *Témoignage chrétien*, *Christianisme social*, *Économie et humanisme*, *Lettre*, *Frères du monde*, *Terre entière*, *Idoc* (informations reprises de PELLETIER, 2002, p. 32).

Alors que le Mouvement du 22 mars, avec Daniel Cohn-Bendit et ses camarades, envahit la salle du conseil de l'université de Nanterre pour protester contre l'arrestation d'étudiants contestataires, « le même jour au palais de la Mutualité, sur une tribune placée devant un large drap rouge frappé d'une croix blanche, le dominicain Jean Cardonnel prêche une conférence de Carême. Dehors, la foule se presse pour entrer[1] ». Ce prêche de Jean Cardonnel, qui n'est pas un marginal mais une grande figure intellectuelle, dénonce la persistance des injustices. Dominicain, il collabore régulièrement à *Frères du monde*. Ordonné prêtre en 1947, il se lie avec des prêtres-ouvriers dans les années d'après-guerre, puis dénonce publiquement la torture en Algérie. Lorsqu'il revient en 1966 d'un long séjour d'enseignement au Brésil, il campe sur des positions tiers-mondistes et commence à publier des brûlots dans lesquels il exprime sa vive critique de l'institution ecclésiale. À son livre, *Dieu est mort en Jésus-Christ*[2], publié en 1967, le conseil permanent des évêques réplique : « Dieu est toujours vivant dans le Christ ressuscité[3]. » Dans ce carême, et comme en écho aux événements nanterrois, Jean Cardonnel s'en prend vivement à la hiérarchie, dénonçant les chefs et les professeurs qui « ne voient les hommes qu'en forme de sujets et d'enseignés[4] ». Les dominicains sont particulièrement à la pointe de la contestation en ce mois de mai 1968, d'autant que nombre d'entre eux sont déjà très engagés dans le soutien aux mouvements latino-américains, comme le père Paul Blanquart, qui a participé au Congrès des intellectuels à La Havane en janvier 1968 et signé avec trois prêtres un manifeste pour l'engagement dans la « lutte révolutionnaire anti-impérialiste[5] ».

Quant à la hiérarchie catholique, elle reste prudente. Le nouvel archevêque de Paris vient tout juste de succéder au cardinal Veuillot, disparu le 14 février 1968. Mgr Marty, archevêque de Reims, n'est en effet intronisé que le 2 mai, à Notre-Dame. Sa

---

1. RAISON DU CLEUZIOU, 2012, p. 297.
2. CARDONNEL, 1968 (a).
3. *La Documentation catholique*, n° 1514, 7 avril 1968, col. 603-606.
4. CARDONNEL, 1968 (b), p. 20.
5. Déclaration signée Paul Blanquart, Mgr Guzman, Juan Carlos Zaffaroni et Pedro de Excurdia et citée dans *Signes du temps*, n° 4, avril 1968, p. 12 (informations reprises de RAISON DU CLEUZIOU, 2012, p. 298).

nomination suscite l'étonnement, y compris pour lui-même qui, issu d'une famille d'agriculteurs aveyronnais, ne souhaitait pas particulièrement porter une telle charge : « Mgr Marty fait figure d'un provincial "débarqué à Paris". De fait, la décision pontificale l'a lui-même surpris[1]. » On entendra son intervention sur les ondes de RTL au cours de la nuit des barricades, le 11 mai, à 3 heures 50 du matin : « Je lance un appel au calme. Il faut que la violence s'arrête immédiatement. Je demande à tous ceux qui portent une responsabilité d'un côté ou de l'autre de se rencontrer à nouveau. Il faut arriver rapidement à une solution juste. Nous sommes tous concernés. » Si ce message fait montre de sa sensibilité aux événements de Mai, il lui sera reproché par l'aile radicale de l'Église la neutralité de son ton. À l'inverse, dans son éditorial du 16 mai, Georges Montaron, directeur de *Témoignage chrétien*, se fait le porte-parole de l'insatisfaction des chrétiens progressistes devant une position aussi réservée : « Sa démarche était empreinte de charité et néanmoins, objectivement, il volait au secours de l'ordre établi représenté ce soir-là par la police. Surtout, aucun geste n'accompagnera sa déclaration [...]. L'archevêque comme la grande majorité des chrétiens n'étaient pas [...] dans le coup[2]. » Le désarroi ressenti par la hiérarchie catholique, prise en étau entre un ordre établi qu'elle ne veut pas remettre en question et la contestation d'une jeunesse en quête de sens qui pourrait rejoindre son exigence spirituelle, suscite un commentaire critique d'Henri Fesquet, le journaliste du *Monde* qui couvre le domaine religieux : « L'Église hiérarchique semble avoir peu à dire à cette jeunesse qui est d'autant plus en droit de lui reprocher ses silences qu'elle ne cesse de parler depuis le concile de présence au monde[3]. » Le mécontentement qui couve dans les mouvements laïcs d'obédience catholique est d'autant plus grand que les étudiants chrétiens ont été immédiatement concernés par la répression exercée par le pouvoir. Dès le 3 mai, la police interpelle Jean Clément, le président du Centre Richelieu, cœur de la communauté catholique de la Sorbonne. Il est condamné le 5 mai à deux mois de prison, alors qu'il ne participait même pas

---

1. BARRAU, 1998, p. 29.
2. MONTARON, 1968.
3. FESQUET, 1968.

à la manifestation, mais passait par là pour se procurer des livres de chant en vue du pèlerinage de Chartres ! C'est évidemment l'indignation dans les rangs des huit mille étudiants catholiques au retour de leur pèlerinage. Un communiqué est signé par la Mission étudiante, l'Action catholique universitaire (ACU), l'Action catholique des grandes écoles (ACGE) et la Jeunesse étudiante chrétienne (JEC). Peu après, le 7 mai, « les responsables et aumôniers des communautés catholiques de plusieurs facultés de l'Université de Paris se solidarisent avec la triple revendication des étudiants (libération des étudiants emprisonnés, réouverture de la Sorbonne, retrait des forces de police du Quartier latin)[1] ». Les militants des organisations chrétiennes participent largement au mouvement de Mai 1968, avec deux pôles particulièrement actifs : le Centre Saint-Guillaume, l'aumônerie de Sciences-Po, et le Centre Saint-Yves de la rue Gay-Lussac, une communauté de dominicains dirigée par Henri Burin des Roziers. Le courant chrétien donne aussi quelques porte-drapeaux au mouvement nanterrois, comme Patrick Viveret, militant de la JEC, ou Nicolas Boulte, secrétaire du Comité Vietnam national (CVN). Lors de la manifestation du 13 mai, des prêtres et des pasteurs se retrouvent unis derrière une banderole : « Chrétiens solidaires des étudiants ». Le 21 mai, de nombreuses personnalités des mondes catholique et protestant lancent un « appel aux chrétiens » qui revendique haut et fort sa solidarité avec les mouvements étudiants et ouvriers en cours et invite les chrétiens à les rejoindre : « La présence des chrétiens à la révolution suppose et requiert la présence de la révolution à l'Église, à ses modes de vie et à ses habitudes de pensée, dans leurs expressions tant collectives qu'individuelles[2]. » Le 22 mai, un nouvel « appel de personnalités chrétiennes » est publié pour « faire une nouvelle société[3] ». Le contenu est plus politique que moral, proche des thèses de la CFDT et annonciateur d'un courant qui comptera dans les années 1970, celui de la deuxième gauche : « Le but politique à atteindre est une transformation des rapports sociaux et des formes de pouvoir telle que soient effectivement reconnus, à tous les niveaux de la société,

---

1. Barrau, 1998, p. 36.
2. « Appel aux chrétiens », voir Brillant, 2003, p. 359.
3. Voir liste des signataires dans Serrou, 1968, pp. 76-77.

l'autonomie des personnes et des groupes, leur droit de contester, leur droit de participer aux décisions qui les concernent[1]. » Certains lieux sont transformés en foyers de contestation et de débat, comme le Centre Saint-Yves, qui accueille jour et nuit un forum permanent sous la banderole « Les chrétiens et la révolution ». Les militants chrétiens qui y participent peuvent y retrouver Georges Casalis, Robert Davezies ou Paul Blanquart. De ces rencontres naît le Comité d'action pour la révolution dans l'Église (Care), qui se fait connaître par quelques actions d'éclat comme l'interruption de la messe de la Pentecôte à Saint-Séverin, le 2 juin 1968, ou de la cérémonie religieuse au temple de la rue Madame, le 16 juin, par un lancer de boules antimites aux cris de « Vous êtes la naphtaline de la terre[2] ». L'Église résiste cependant à cet esprit de Mai et se retrouve la proie d'une contestation grandissante en tant qu'institution conservatrice. L'archevêque de Paris, interrogé le 22 mai sur « le silence » de l'Église, confie sa perplexité. Dans sa réponse, il laisse pourtant échapper une phrase qui conforte les protestataires : « Si les institutions passent, Dieu seul est absolu [...] Dieu n'est pas conservateur. » Alors que Mgr Marty se contente de rappeler le primat de l'ordre divin sur l'ordre terrestre, c'est une interprétation politique qui en est faite. Comme le souligne Grégory Barrau, l'épisode de la nuit du 10 mai révèle bien l'ambivalence de la position de la hiérarchie catholique.

De son côté, la revue jésuite *Études* s'engage pleinement dans le mouvement. Son directeur, Bruno Ribes, profondément choqué par le silence qui avait accompagné la guerre d'Algérie, s'était promis, en prenant la responsabilité de la revue, d'intervenir en cas d'événement majeur. La Compagnie de Jésus était en effet restée atone pendant ce qu'on appelait officiellement « les événements », alors que les chrétiens progressistes s'alarmaient de l'usage de la torture. Le numéro de janvier 1963 ouvre de nouvelles rubriques, comme « Perspectives sur le monde » ou « Situations et positions », et exprime sa volonté de « prendre conscience des grands courants de notre époque ». Bruno Ribes, qui entend bien recouvrer une parole sur les événements politiques, pressent d'ailleurs assez tôt

---

1. « Faire une nouvelle société », *Christianisme social*, n°s 3-4, 1968, pp. 225-227.
2. Cité dans PELLETIER, 2002, p. 39.

que le feu couve sous l'ennui dont parle Pierre Viansson-Ponté dans *Le Monde* du 15 mars 1968. Dès octobre 1967, le doyen Vedel le tient informé de l'agitation qui gagne le campus de Nanterre et, en décembre 1967, *Études* commence à rendre compte des diverses manifestations de la crise étudiante. En février 1968, Ribes se rend sur le campus de Nanterre pour se mettre à l'écoute des meneurs étudiants. Il décide de programmer des articles sur la Révolution qui, préparés un peu plus tôt, paraissent dans le numéro du 1er mai 1968, soit deux jours avant l'explosion décisive au Quartier latin.

Au cours des événements de Mai 1968, la rue Monsieur, haut lieu des jésuites à Paris, devient un des centres de la contestation. C'est sur cet îlot jusque-là plutôt tranquille que se réunit le service d'ordre des étudiants de la Sorbonne, pris en charge par le département d'histoire, avec la participation de Dominique Julia ; on y compte quelques jeunes jésuites de la maison. Au plus fort de l'agitation, Bruno Ribes reçoit des personnalités politiques importantes qui entrent discrètement dans son bureau par une porte dérobée. En tant que directeur d'*Études* et supérieur de la rue Monsieur, Ribes est conseiller auprès de l'évêque aux armées, Mgr Jean Badré, et reçoit des invitations en langage crypté, l'évêque réunissant régulièrement quatre des sept colonels qui dirigent les régiments stationnés autour de Paris. Durant tout le mois de mai 1968, Certeau est à l'écoute du mouvement, partagé entre la Sorbonne et l'Odéon, avec une préférence pour le théâtre. Rue Monsieur, on collationne, on confronte les informations, les impressions ; une réflexion collective s'ébauche à chaud sur l'événement.

C'est dans ce climat que Certeau écrit un article pour le numéro d'*Études* qui paraît au début du mois de juin et constitue très certainement l'une des analyses les plus lumineuses sur le sens des ébranlements en cours. Cet article commence par une phrase qui va faire fortune, au point d'être citée par Edgar Faure à l'Assemblée nationale, puis par Georges Pompidou dans ses Mémoires : « En mai dernier, on a pris la parole comme on a pris la Bastille en 1789[1]. » Cette définition de la nature de l'événement se situe dans le prolongement des longues discussions collectives de la rue Monsieur sur l'opposition qui sépare une révolution par les

---

1. CERTEAU [1968], 1994, p. 40.

idées comme 1789 et une révolution par la parole comme 1968. Bruno Ribes reconnaît dans son éditorial que l'ampleur de la crise déconcerte tout le monde et en appelle au discernement nécessaire, à une compréhension de l'intérieur. Il indique très clairement dans quel camp il se situe : « Étudiants ou salariés, ces jeunes se lancent aveuglément à la reconquête de leur dignité d'hommes, stimulant leurs aînés. Nous prendrons rang à leurs côtés[1]. » Les supérieurs de la Compagnie ne réagissent pas hostilement, bien au contraire, à cette prise de position, d'autant que Jean-Yves Calvez, provincial depuis 1967 et spécialiste, entre autres, de Marx, est lui aussi acquis à la cause étudiante.

Miraculeusement, dans une France paralysée depuis un mois, le numéro d'*Études* sort en librairie dès le 2 juin 1968 et peut jouer un rôle au cœur de l'événement auprès de ses acteurs. L'analyse qu'en donne Certeau est celle d'un mouvement qui s'oppose frontalement à l'anonymat progressif d'une société de consommation transformant l'individu en simple client. Saisissant pleinement la force existentielle de l'expression de la contestation, il y retrouve sa propre aspiration à ne jamais se laisser enfermer dans quelque identité que ce soit. La créativité, l'imagination et la pluralité qui s'expriment sans tabous en ce mois de mai lui insufflent un enthousiasme non dénué de lucidité sur les limites d'une expression essentiellement négative : « Une vie insoupçonnée surgissait. Certes, la prise de parole a la forme d'un refus. Elle est protestation. Nous le verrons, c'est sa fragilité que de ne s'exprimer qu'en contestant, de ne témoigner que du négatif. Peut-être est-ce également sa grandeur[2]. » La fameuse foule solitaire de la modernité trouve là le moyen de devenir une foule poétique. En cette circonstance exceptionnelle, un papillon de la Sorbonne retient l'attention de Certeau : « Le poète a dégoupillé la parole. » Certeau cherche à décrypter le sens de cet « indicible » de la révolution de Mai afin que la question posée à l'ensemble de la société ne se perde pas dans les réajustements de celle-ci. Il saisit bien la tension à l'œuvre entre l'exigence nouvelle et inattendue d'une génération qui exprime son insatisfaction et le langage ancien qu'elle emprunte pour s'expri-

---

1. RIBES, Bruno, 1968.
2. CERTEAU [1968], 1994, p. 41.

mer en revenant à un passé trotskiste, fouriériste, existentialiste ou sauvage.

Il dévoile déjà les entreprises de récupération scientiste qui ne vont cesser de se développer et qui, du point de vue des sciences sociales, entendent enfermer l'« hérésie », l'aberrant, dans des schèmes d'intelligibilité pour en réduire la force d'interrogation en confortant leur légitimité disciplinaire : « Reste que les intéressés, eux, sont nombreux à ne pas s'y reconnaître : ils refusent de s'expliquer comme ils sont expliqués[1]. » Certeau donne là une leçon de méthodologie aux sciences humaines en les mettant en garde contre le recours aux grilles préétablies de lecture d'événements qui, par nature, débordent les cadres institués et doivent être lus à partir de leur processus d'innovation : « Un événement n'est pas ce qu'on peut voir ou savoir de lui, mais ce qu'il devient. Cette option ne se comprend que dans le risque, et non par l'observation[2]. » Un langage nouveau fait effraction, devient inaugural et échappe aux syntaxes en usage. S'il est légitime de reconnaître des emprunts au passé dans l'événement nouveau et d'invoquer autant Petrograd que la Commune de Paris, on ne peut en aucune manière réduire ce qui survient à une simple reconfiguration de l'ancien. Certeau critique cette tentation des historiens ou sociologues qui en viendraient à prétendre que rien ne s'est passé, à finalement nier l'existence même du nouveau. Ceux-ci n'auraient pas compris que la mise en scène est l'événement lui-même.

Il ne faudrait cependant pas en conclure que tous les jésuites de France sont à l'unisson avec ce diagnostic, même au 15 de la rue Monsieur. Le philosophe Xavier Tilliette ne retrouve ses repères que lorsque le général de Gaulle reprend l'initiative le 30 mai 1968. Dans la salle commune, alors que les pères assemblés suivent attentivement les résultats des élections législatives de juin 1968 qui vont provoquer un raz-de-marée gaulliste à l'Assemblée nationale, le père Tilliette, exaspéré par les commentaires désobligeants accompagnant l'annonce de l'élection de candidats gaullistes, s'écrie : « Silence, les vaincus ! »

---

1. *Ibid.*, p. 48.
2. *Ibid.*, p. 51.

UNE RÉVOLUTION PAR L'ESTHÉTIQUE

L'éclosion de la révolte de Mai est souvent associée à la radicalité de l'Internationale situationniste, à son iconoclasme, à son sens de la provocation, de l'insolence et de l'impératif d'imagination « qui s'empare d'une partie de la jeunesse[1] ». Ce petit groupe qui s'est autoproclamé avant-gardiste va se trouver un porte-parole en la personne de Guy Debord, soucieux de construire tout de suite sa légende et sa statue en cumulant le prestige de la critique radicale de la culture avec celui de la radicalité politique dans le petit cénacle de l'Internationale situationniste (IS). Dans le contexte historique de la radicalisation et de la contestation d'une jeunesse scolarisée, notamment estudiantine, l'IS se fait connaître en 1966 par l'affaire de Strasbourg. Le groupe s'est emparé du bureau de l'Association fédérative générale des étudiants de Strasbourg (Afges) et donne le ton du scandale dans *Nouvelles*, son bulletin local de l'Unef. L'IS a décidé de faire paraître une brochure qui se veut provocatrice et deviendra célèbre, *De la misère en milieu étudiant considérée sous ses aspects économique, politique, psychologique, sexuel et notamment intellectuel et de quelques moyens d'y remédier*. À l'automne 1966, pour donner le plus d'écho à leurs thèses, les situationnistes ont par ailleurs décidé de faire un coup d'éclat lors de la cérémonie d'inauguration de la chaire de psychosociologie d'Abraham Moles. Ce dernier fait les frais du jet de tomates de « l'opération Robot » : « Je pense que les cent crétins qui étaient là en parleront partout, comme d'un événement tout de même extraordinaire[2]. » Ce mouvement sera surtout connu par *La Société du spectacle* de Guy Debord et par le *Traité de savoir-vivre à l'usage des jeunes générations* de Raoul Vaneigem, tous deux parus en 1967. Le *Traité* et *De la misère* sont des sources d'inspiration pour un certain nombre de collectifs marginaux, mais très actifs : « Les situationnistes ont donc d'emblée des émules parmi les protagonistes de Mai 68. Mais leur organisa-

---

1. BRILLAND, 2003, p. 73.
2. Debord, lettre à Mustapha Khayati, 27 octobre 1966, citée dans TRESPEUCH-BERTHELOT, 2015, p. 278.

tion n'entre en scène qu'à partir de l'occupation de la Sorbonne par les étudiants le 13 mai[1]. » Cette entrée en scène est scellée par un accord avec le Comité des Enragés de Nanterre et par l'occupation de la salle Cavaillès de la Sorbonne, rebaptisée salle Jules-Bonnot. Les tracts du Comité Enragés-Situationnistes appellent à l'occupation immédiate de toutes les usines de France et à la formation de conseils ouvriers. Les situationnistes fondent avec leur mouvance à la mi-mai un comité pour le maintien des occupations, mais à la mi-juin, devant la menace policière, les animateurs principaux du mouvement s'enfuient chez Raoul Vaneigem, en Belgique, pour faire un bilan du mouvement. Le noyau parisien bénéficie de quelques têtes de pont en province, mais son impact immédiat sur le milieu étudiant est d'autant plus limité que l'IS professe une fondamentale défiance à l'égard du milieu étudiant et cultive son côté « blousons noirs politisés » : « Nous nous considérons comme honorés par le fait que ce terme de "situ" […] comportait certaines connotations évoquant le vandale, le voleur, le voyou[2]. » Au moment de la décomposition du mouvement en juin, les situationnistes se retrouveront ainsi aux côtés de ceux que l'on a appelé les Katangais[3]. Entre-temps, ils ont dispensé leur conception de l'expression esthétique, détournant les évidences de la doxa pour les tourner en ridicule. Pourtant, sur le moment, contrairement à ce qu'affirme Emmanuelle Loyer qui évoque une langue novatrice, leur capacité imaginative est plutôt à la remorque d'un mouvement qui les dépasse : « Les mots d'ordre de Mai 68 les plus poétiques ne sont pas d'origine situationniste[4]. » En revanche, ils ont été prompts à construire leur légende dès la fin de l'été 1968 pour contredire les récits qui ne leur donneraient pas un rôle moteur dans les événements. À quatre, Guy Debord, Mustapha Khayati et René Riesel réfugiés à Bruxelles chez Raoul Vaneigem, ils rédigent un récit qui raconte leur geste épique au cœur du mouvement de Mai[5]. L'éclosion de la contestation révélerait la manifestation de la justesse de leurs thèses sur l'aliénation, dont la

---

1. Debord, cité dans Trespeuch-Berthelot, 2015, p. 364.
2. Debord, 1969, p. 26.
3. En 1968, les Katangais étaient des militants d'extrême gauche spontanéistes. Militarisés, ils organisèrent plusieurs occupations, comme celle de la Sorbonne.
4. Trespeuch-Berthelot, 2015.
5. Viénet, 1968.

prise de conscience a même affecté « la canaille qui s'employait à renforcer le positif du monde dominant[1] », visant dans un même lot de détestation les professeurs de lycée, les employés de banque, des sociétés d'assurance et des grands magasins comme ceux de l'ORTF. Ce que Mai porte de créativité, d'imagination, de dimension poétique et de critique de la société productiviste est mis au crédit de l'IS : « Le droit à la paresse, non seulement dans des inscriptions populaires comme "Ne travaillez jamais" ou "Vivre sans temps mort, jouir sans entraves", mais surtout dans le déchaînement de l'activité ludique [...] Chacun put mesurer ainsi la somme d'énergie créatrice galvaudée dans les périodes de survie, dans les jours condamnés au rendement, au shopping, à la télé, à la passivité érigée en principe[2]. » Cette disposition à la créativité s'est accompagnée, selon les situationnistes, d'une généralisation et d'une banalisation de la création artistique : « Quant à la critique du projet artistique, ce n'était pas chez les commis-voyageurs du happening ni chez les raclures d'avant-garde qu'il fallait la chercher, mais dans la rue, sur les murs et dans le mouvement général d'émancipation qui portait en lui la réalisation même de l'art[3]. » Ce n'est pourtant qu'après coup, une fois l'événement 68 passé, que se révélera le contenu subversif de la conjonction opérée dans ce courant entre le gauchisme politique et la contre-culture.

Les origines de ce mouvement remontent au lettrisme, au mouvement CoBrA (acronyme de Copenhague-Bruxelles-Amsterdam) et au réseau tout à fait séminal d'Asger Jorn, ainsi qu'à la sociabilité singulière d'artistes marginaux dans le Paris du quartier de Mabillon dans les années 1950. L'IS, qui se veut d'abord et avant tout une avant-garde artistique, opère en 1961 un tournant radical sous l'impulsion de Guy Debord, qui en fait un mouvement de nature politique. Avant ce tournant politique, il s'agissait d'un petit creuset de démarches convergentes qui se voulaient avant-gardistes et se sont regroupées en 1957 en une Internationale situationniste. L'aîné du groupe, Asger Jorn, naît en 1914 au Danemark et devient peintre. Engagé dans la résistance pendant la Seconde Guerre mon-

1. *Ibid.*, p. 130.
2. *Ibid.*, pp. 141-142.
3. *Ibid.*, p. 147.

diale, il est alors militant communiste. Il démissionne du PC en 1948 et s'emploie à fédérer les avant-gardes artistiques, lançant avant l'IS pas moins de quatre mouvements internationaux, restant toujours très lié aux artistes de CoBrA et écrivant dans leur revue pour stigmatiser tant la figuration que l'abstraction et leur substituer l'expérimentation : « Notre expérimentation cherche à laisser s'exprimer la pensée spontanément, hors de tout contrôle de la raison[1]. » À cet initiateur se joint une composante néerlandaise autour de Constant Nieuwenhuys, né à Amsterdam en 1920, qui a reçu de 1939 à 1941 la formation de l'Académie des beaux-arts, s'est lié dans l'après-guerre aux surréalistes à Paris, créant en 1948 la revue *Reflex*, et a participé au mouvement CoBrA, fondé à la fin de l'année 1948. C'est à ces diverses composantes que Guy Debord, le cadet de cette mouvance, né en 1931, se joindra avec ses amis du Quartier latin au début des années 1950, réussissant à les fédérer dans une Internationale situationniste en 1957 à l'occasion d'une réunion dans un village de Ligurie, Cosio d'Arroscia, qui se déroule dans une ambiance festive et très alcoolisée : « Nous sommes restés saouls pendant une semaine. C'est ainsi que l'Internationale situationniste a été créée[2]. » Quant au contenu théorique des bases de la nouvelle organisation, il est essentiellement préparé par Guy Debord et se présente comme un manifeste culturel d'inspiration essentiellement marxiste : « Nous pensons d'abord qu'il faut changer le monde. Nous voulons le changement le plus libérateur de la société et de la vie où nous nous trouvons enfermés. Nous savons que ce changement est possible par des actions appropriées[3]. »

LA BANDE DE FÉLIX GUATTARI

Lorsque la contestation se généralise, Félix Guattari, psychanalyste à La Borde, dans le Loir-et-Cher, et directeur du Cerfi (Centre

---

1. JORN, « Discours aux pingouins », dans Gérard BERRÉBY dir., 1985, p. 65.
2. RUMNEY, 1999, p. 43.
3. Debord, cité dans BERRÉBY dir., 2004, p. 1.

d'études, de recherches et de formation institutionnelles), un collectif de chercheurs en sciences humaines, est comme un poisson dans l'eau. Le déplacement des espérances révolutionnaires, pour lequel il œuvre depuis ses *Thèses de l'opposition de gauche*, vers le mouvement étudiant conçu comme fer de lance de la lutte sociale et seul capable de contourner les appareils bureaucratiques se déroule sous ses yeux. Bien qu'informé par sa bande de ce qui se passe depuis quelques mois sur le campus de Nanterre, Guattari est stupéfait par le caractère spontané de cette éclosion : « Quand 68 éclate, j'ai l'impression de marcher au plafond. J'ai un sentiment étrange, total. Je me retrouve dans cette Sorbonne où je me faisais chier, l'amphithéâtre Richelieu […]. Inouï, c'est une expérience inouïe. Je n'ai rien vu venir et je n'ai rien compris. En quelques jours je réalise[1]. » Dès avril 1968, Guattari, intrigué, est venu à l'université de Nanterre pour prendre le pouls d'un mouvement qui a déjà son porte-drapeau charismatique en la personne de Cohn-Bendit, lequel cumule talent de tribun, humour dévastateur et sens inné de l'opportunité. Guattari rentre à La Borde, où il vit et travaille, et bat le rappel des troupes en invitant les médecins, les moniteurs, les stagiaires ainsi que les patients à venir renforcer les rangs de la révolution en marche sur le pavé parisien.

Parmi les « faits d'armes » de Guattari et sa bande durant le mois de mai, l'occupation rue d'Ulm de l'Institut pédagogique national lancée par les enseignants de la FGERI (Fédération des groupes d'études et de recherches institutionnelles), qu'il a créée en 1965, et des situationnistes. Guattari, qui est proche de Fernand Oury, le fondateur de la pédagogie institutionnelle, connaît bien les questions liées à ce sujet, et ses amis de la FGERI ont pour habitude de travailler avec les chercheurs de cet institut, alors que les militants de base du mouvement ignorent jusqu'à son existence : l'occupation de ses locaux leur semble un peu saugrenue. Avec l'occupation du Théâtre de France de l'Odéon, c'est le symbole de la culture officielle française qui est visé. Guattari est de la partie et met au service de la prise de l'Odéon tout le dispositif de savoir-faire de la FGERI, ses médecins, ses divers réseaux de militants. Beaucoup travaillent dans les hôpitaux et ont rempli leurs voitures de

---

1. Félix Guattari, entretien avec Danièle Linhart, archives Imec, 1984.

bandages, de mercurochrome, d'antibiotiques, tandis que d'autres se sont occupés du ravitaillement alimentaire nécessaire pour tenir un hypothétique siège. Après la grande manifestation du 13 mai, l'Odéon est pris d'assaut le 15, à 23 h 45 : le mouvement s'empare ainsi, sans faire de casse, d'une scène où artistes et intellectuels, tels que Julian Beck et son Living Theatre, ainsi qu'une foule d'anonymes prendront la parole. Dans le hall d'entrée, le commando de tête inscrit en rouge cet avertissement : « Quand l'Assemblée nationale devient un théâtre bourgeois, tous les théâtres bourgeois doivent devenir des assemblées nationales ! » Jean-Jacques Lebel, Daniel Cohn-Bendit et Julian Beck expliquent devant un parterre enthousiaste qui a pris place dans les confortables sièges de l'orchestre et des balcons qu'il ne s'agit pas de confisquer le théâtre de Barrault-Renaud, mais de le rendre au public. Jean-Louis Barrault, directeur du théâtre, et Madeleine Renaud tentent d'expliquer aux occupants que leur théâtre est un lieu d'avant-garde qui a représenté des pièces comme le *Rhinocéros* d'Eugène Ionesco ou *Oh les beaux jours* de Beckett, *Des journées entières dans les arbres* de Marguerite Duras, ou encore *Les Paravents* de Jean Genet, mais ce plaidoyer se heurte à un refus radical de transiger, au point que « Jean-Louis Barrault en vient à ratifier sa propre destitution en proclamant dramatiquement, à la troisième personne, qu'il n'est plus le directeur du théâtre mais un comédien comme un autre, et que "Jean-Louis Barrault est mort"[1] ».

Progressivement, l'ensemble des salariés rejoint le mouvement de contestation, notamment après la nuit des barricades du 10 mai, dans un pays totalement paralysé par la grève, la plupart des usines étant occupées par leurs ouvriers. Alors que la règle, en dehors de la journée du 13 mai, est celle de la séparation entretenue par les appareils du PCF et de la CGT entre la contestation estudiantine et le monde ouvrier, le Groupe jeunes de l'usine automobile d'Hispano-Suiza, qui a déjà ébranlé la hiérarchie des responsables de la bureaucratie syndicale, peut cette fois se manifester à découvert. Son responsable, Jo Panaget, grand ami de Guattari, demande aux militants du Cerfi un coup de main à Hispano, à La Garenne-Colombes. L'usine est, comme partout, bouclée par le PCF et la

---

1. GOBILLE, 2018, p. 81.

CGT. Devant la porte d'entrée, une grande place sert de forum permanent de discussions où les militants du 22 mars viennent distribuer des tracts, animer des débats et informer sur ce qui se passe dans les campus. Le groupe des amis de Guattari vient aider matériellement les ouvriers en grève, qui demandent aux responsables de pouvoir discuter dans un cadre plus institutionnalisé à l'intérieur de l'usine. Un compromis est trouvé et quelques étudiants du mouvement peuvent entrer dans le local du comité d'entreprise. Les représentants de l'appareil constatent alors avec stupéfaction que les ouvriers de la base n'hésitent pas à prendre la parole et à exprimer une révolte particulièrement radicale : « Ils se sont mis à parler très violemment en disant : qu'est-ce qu'on fout là ? On devrait tous descendre dans la rue pour manifester. Avec une telle violence et une telle intensité que les types de l'appareil en ont été complètement affolés[1]. » Le lendemain, les cadres syndicaux, retenant la leçon, préparent la réunion et monopolisent la parole : les portes de l'usine se sont vite refermées sur les éléments extérieurs.

À la fin du mois de mai, le vent tourne avec le discours fracassant du général de Gaulle de retour de Colombey et de Baden-Baden et la grande démonstration gaulliste sur les Champs-Élysées. Guattari dénonce alors les tentatives de récupération lancées par les groupuscules d'extrême gauche de toutes obédiences, qui en profitent pour recruter les forces vives du mouvement. Il espère préserver le Mouvement du 22 mars avec sa spontanéité, sa créativité transgressive, et voir vivre tous les comités apparus au cours de la mobilisation tant sur les lieux de travail que dans les quartiers. La pensée du 22 mars « doit défendre le droit pour les comités de base de rester indépendants de toutes les structures prétendant les chapeauter[2] ». Guattari y reconnaît le type de groupe qu'il appelait de ses vœux : « Ce qui est exceptionnel avec le 22 mars n'est pas qu'un groupe ait pu ainsi tenir son discours sur le mode de l'association libre, mais qu'il ait pu se constituer en "analyseur" d'une masse considérable d'étudiants et de jeunes travailleurs[3]. »

1. Débat du Groupe jeunes d'Hispano avec Félix Guattari, enregistrement le 29 juin 1968, transcription dactylo transmise par Jo Panaget.
2. GUATTARI [1968], 2003, p. 211.
3. ID. [1968], 1972, p. 217.

Le matin du 6 juin 1968, les affrontements se déplacent à l'usine de Flins-sur-Seine, dans les Yvelines, où un millier de CRS et de gendarmes mobiles investissent les lieux à 3 heures du matin, encerclant l'usine Renault. Les ouvriers, en grève depuis dix-neuf jours, refusent malgré les accords de Grenelle de reprendre le travail. Pour faire face à cette offensive policière massive, les quelques ouvriers esseulés qui ont échappé à l'encerclement quittent leurs braseros et se rendent à Paris pour chercher de l'aide. Ils vont aux Beaux-Arts, contactent le groupe du 22 mars et les comités d'action parisiens. La mobilisation générale est décrétée et un rassemblement est prévu le lendemain matin, 7 juin, à 5 heures près de l'usine. Bien que des barrages de police soient mis en place aux portes de Paris pour empêcher les militants parisiens d'atteindre Flins, beaucoup parviennent à échapper à la vigilance policière et les affrontements se multiplient aux abords du périmètre interdit avec des poursuites à travers champs et de part et d'autre de la Seine. La journée se termine tragiquement avec le premier mort de Mai 1968, le jeune lycéen Gilles Tautin.

De son côté, Félix Guattari prend sa voiture pour se rendre à Flins :

> À Flins, j'ai pris en stop des types très jeunes. On discute : qu'est-ce que vous faites ? On est étudiants. Étudiants en quoi ? Ils hésitent. Eh bien… à la Sorbonne. C'étaient de très jeunes ouvriers, peut-être des apprentis. Ce n'était pas pour bluffer qu'ils se disaient étudiants, c'était parce qu'ils ne pouvaient s'accorder la dignité d'aller se battre que s'ils se considéraient comme des étudiants[1].

En juin 1968, Guattari estime que les deux événements les plus significatifs du mouvement, qui a montré sa capacité à briser les ententes de façade, ont eu lieu à Flins et à Sochaux : « À Flins et à Sochaux, la CGT et les flics étaient affolés : ils dénonçaient en commun les "éléments incontrôlables"[2]. » À Sochaux, le 11 juin, l'intervention musclée de la police dans l'usine occupée se solde par la mort de deux ouvriers, dont un abattu par balle. Le déplacement

1. *Ibid.*, p. 221.
2. *Ibid.*, p. 223.

des étudiants sur le terrain même des luttes ouvrières porte une valeur transgressive : les frontières bien gardées entre les deux mondes ont été franchies.

L'onde de choc de Mai 1968 ne peut pas ne pas ébranler la clinique de La Borde. Nombreux sont ceux qui ne cessent de faire la navette entre les manifestations parisiennes et la clinique. La radicalité de la contestation antiautoritaire revient frapper comme un boomerang cet univers construit contre toute forme d'ankylose institutionnelle. À La Borde, en effet, la révolution est permanente, quotidienne ; les groupes constitués n'ont qu'une existence éphémère afin d'éviter la bureaucratisation, et les patients occupent des postes de responsabilité aux côtés des infirmiers sans ordre hiérarchique. Ce petit monde avant-gardiste ne peut rester à la traîne d'un mouvement qu'il a soigneusement préparé. Un comité de grève se constitue dans la clinique et une liaison est assurée avec les établissements psychiatriques du Val-de-Loire. Des contacts sont pris avec les usines de Blois, Vendôme et Romorantin. Les nombreux stagiaires venus de Paris et recrutés par Guattari assurent la jonction avec la capitale et mettent leurs 2 CV à disposition pour approvisionner la clinique en tissant des liens avec les paysans des environs. Pour les pensionnaires, le mois de mai est celui d'une implication plus forte dans les tâches matérielles d'une clinique souvent désertée par ses professionnels, qui se consacrent à leurs tâches militantes. Des mises en cause radicales venant du personnel se font entendre : « Du mouvement viennent d'insistantes questions. Que faites-vous à Cour-Cheverny ? La folie vous paraît-elle un phénomène politique ? Pourquoi la psychiatrie ? Quels sont les droits des malades, leurs pouvoirs ? Guérir, qu'est-ce que c'est[1] ? » Le mouvement de Mai pousse La Borde de la psychothérapie institutionnelle aux limites de l'antipsychiatrie qui se développe alors avec les thèses de Laing, de Cooper, de Basaglia, selon lesquelles l'institution elle-même est à abattre. Mais ces positions sont considérées comme irresponsables par le maître des lieux, Jean Oury, qui veille au grain pour conserver son instrument de travail malgré la contestation dont il fait l'objet. D'où ses sentiments partagés sur cette période qui a, selon lui, produit des effets funestes sur le devenir de la psychiatrie.

---

1. POLACK et SIVADON-SABOURIN, 1976, p. 54.

Gilles Deleuze n'est pas un militant révolutionnaire comme son futur ami Guattari. Ils ne se connaissent pas encore et leurs préoccupations paraissent alors bien éloignées. À y regarder de plus près, pourtant, cet événement, qu'ils vivent chacun à sa manière, prépare leur rencontre. En mai 1968, Deleuze, qui enseigne à l'université de Lyon, est tout de suite réceptif à la contestation étudiante. Il est un des rares professeurs de l'université à déclarer publiquement son soutien, à participer aux assemblées générales et aux manifestations des étudiants lyonnais. Il est même le seul du département de philosophie à faire acte de présence dans le mouvement. Il sympathise et se tient à l'écoute. Sans Mai 1968, la rencontre de Deleuze avec Guattari qu'a organisée le psychiatre Jean-Pierre Muyard n'aurait pu avoir lieu[1]. L'événement 68 a opéré chez eux comme une rupture instauratrice. Suivant l'enseignement de Joë Bousquet, beaucoup invoqué en 1967 par Deleuze, leur première œuvre commune, *L'Anti-Œdipe*, parue en 1972, s'enracine dans le mouvement de Mai ; elle porte la marque du bouillonnement intellectuel de la période. Commentant la publication de ce premier ouvrage commun, Guattari confirme cet ancrage : « Mai 1968 a été un ébranlement pour Gilles et pour moi, comme pour tant d'autres : nous ne nous connaissions pas, mais ce livre, actuellement, c'est quand même une suite de Mai[2]. »

DES RÉSISTANCES À MAI

Tous les intellectuels ou universitaires n'ont pas pour autant approuvé le mouvement de Mai 1968. Le philosophe Jean Guitton, titulaire à la Sorbonne d'une chaire d'histoire de la philosophie depuis 1955, est effrayé par ce qu'il qualifie de véritable tempête. Dans ce havre de paix, il pensait être à l'abri des bourrasques, protégé par son système de franchise. Alors qu'il considère sa salle de cours comme le « saint des saints[3] », voici qu'elle se trouve

---

1. Voir DOSSE, 2007.
2. DELEUZE et GUATTARI [1972], 2003, p. 26.
3. GUITTON, 1988, p. 119.

transformée en nursery : au discours socratique qu'on pouvait y entendre se sont substitués les cris des enfants réclamant leur bibe-ron : « On respirait des odeurs fades, on y entendait des vagisse-ments. Les statues de Pasteur et de Victor Hugo, dans la cour de la Sorbonne, étaient couvertes de drapeaux noirs[1]. » Si certains auraient pu en rire, Jean Guitton se sent déporté de l'histoire, du savoir, il se dégage comme une odeur de boue, d'absurdité, qu'il ne peut supporter : « Quelle impression déconcertante que de voir tout d'un coup s'installer dans le lieu de l'esprit ce que la Bible appelle le *thiamat*, le tohu-bohu, le chaos, l'informé et le vide des premières origines [...]. Était-ce un carnaval, un psychodrame, une kermesse[2] ? »

C'est à Sciences-Po que Pierre Nora vit les événements de Mai 1968, qui vont transformer la vénérable institution de la rue Saint-Guillaume en un éphémère « Institut Lénine ». Le drapeau rouge flotte sur ce foyer de formation de l'élite française. L'am-phithéâtre Boutmy est rebaptisé amphithéâtre Che Guevara, et lors de la grève générale du 13 mai, l'assemblée générale décrète l'occupation des locaux — le pouvoir change provisoirement de mains. Il est tenu par une commission paritaire qui comprend autant d'enseignants élus que d'étudiants. Pierre Nora traverse ces boule-versements avec humour. Alors qu'un climat d'angoisse se répand parmi nombre de responsables, les événements lui font plutôt l'effet d'un gaz hilarant. À l'inverse de Jean Guitton, voir le drapeau noir sur la tête de Taine et le drapeau rouge sur celle de Boutmy le fait beaucoup rire, par-devers soi.

Avec plusieurs collègues, dont Raoul Girardet, Pierre Joxe, Gérard Vincent et Jean-Pierre Chevènement, Pierre Nora passe quelques nuits dans le bureau du directeur, Jacques Chapsal, qui ne vit nullement cette période avec sérénité et humour. Barricadé dans son bureau, il refuse tous les appels au dialogue avec les étu-diants. L'aile réformatrice ne cesse de lui conseiller de descendre et d'engager la discussion, mais ce serait pour lui le comble du déshonneur dans cette fonction qu'il habite avec une dignité soli-taire. Lorsque ses protecteurs lui demandent comment il réagirait à

---

1. *Ibid.*, p. 120.
2. *Ibid.*, p. 119.

une intrusion des agitateurs dans son bureau, Chapsal répond que si qui que ce soit, parmi cette horde, franchit la porte de son bureau, il lui opposera l'acte de nomination délivré par Maurice Thorez en 1945. Sa garde rapprochée l'en dissuade aussitôt : le PCF n'est pas vraiment en odeur de sainteté au cœur de Mai 1968. Mais Jacques Chapsal poursuit : qu'on entre vraiment dans son bureau, « jusque-là », précise-t-il en désignant sa table — il ouvre un tiroir, en sort un revolver, le brandit devant lui : « Alors là ! pas pour eux, mais pour moi », et de le pointer sur sa tempe. « Surtout pas ! » répond une nouvelle fois le chœur. Dans ce tumulte, Chapsal ne se dérobe pourtant pas à ses responsabilités : il vient chaque jour à Sciences-Po. Un groupe d'enseignants assure la liaison entre le bureau de Jacques Chapsal et le rez-de-chaussée, restant à l'écoute des étudiants contestataires tout en essayant de calmer le jeu pour renouer le dialogue.

À l'université de Caen, où l'agitation bat son plein en mai, seul le département des historiens, qui a trouvé en Pierre Chaunu l'intransigeant prêt à tenir tête au mouvement, et si c'est nécessaire à imposer le rétablissement de l'ordre *manu militari*, se trouve épargné :

> Un jour, dans un amphithéâtre où pendant plusieurs mois j'avais fait un cours sur l'Espagne et les origines de l'antisémitisme, arrive une bande qui commence à chahuter pour m'empêcher de faire mon cours. Là, je dis : « Qu'est-ce que c'est que ça ? C'est un chant révolutionnaire, on va chanter *La Marseillaise*, et on les fout dehors au son de *La Marseillaise* ! » Tout l'amphithéâtre entonne *La Marseillaise* et on les fout dehors, on les sort[1].

En mai 1968, Raymond Aron, de son côté, aura été plus qu'un spectateur engagé. Dans ses éditoriaux du *Figaro*, il s'oppose radicalement à l'agitation montante. Tout à fait conscient du malaise universitaire, il n'a pas attendu Mai pour critiquer le système d'organisation de l'enseignement supérieur. Mais la solution qu'il préconisait, appelant au renforcement de la sélection à l'entrée de l'université, ne pouvait recevoir l'assentiment des étudiants.

---

1. CHAUNU, 1994, p. 93.

N'étant plus professeur à la Sorbonne, Aron se tient tout d'abord dans l'expectative. Inquiet de la montée des affrontements, il participe après la nuit des barricades du 10 mai à une réunion avec Claude Lévi-Strauss, Charles Morazé, Jean-Pierre Vernant et quelques autres pour condamner la violence. Il en ressort un communiqué qui « exprime sa consternation devant le rétablissement de l'ordre effectué dans les premières heures du 11 mai » et demande une « loi d'amnistie[1] ». La semaine suivante, il embarque pour les États-Unis, où il est invité à prononcer plusieurs conférences : « De loin, je suivis avec anxiété la multiplication des grèves, des manifestations et des émeutes. Le 20 mai, je n'y tins plus et décidai de revenir en France, en m'excusant de ne pas honorer l'engagement pris à l'égard de l'American Jewish Committee[2]. » Cette Commune estudiantine lui inspire « une répulsion immédiate : on ne discute pas des goûts et des couleurs[3] ». Ses positions relèvent du rejet le plus profond. Il récuse l'idée même de révolution, dont il dénonce le caractère d'altérité absolue : « C'est l'irruption des barbares, inconscients de leur barbarie[4]. » Il assimile ce désir révolutionnaire, dont il déplore le caractère répétitif dans l'histoire française, à un véritable virus qui gangrène la société de l'intérieur. Il compare la situation de 1968 à l'aune de cette incapacité qu'ont montrée les Français depuis 1789 à stabiliser un régime démocratique en proie à d'incessants soubresauts, faute de consensus viable. Quant aux acteurs de la révolte de 68, Aron les voit comme des fantômes sortis des rêves du socialisme utopique du XIXᵉ siècle, jouant un répertoire déjà connu mais, comme dirait Marx, en une reprise qui relève de la farce : « M. Sauvageot ou M. Geismar agissaient et parlaient comme des meneurs de la Commune de Paris de 1789 et 1790, comme les meneurs improvisés de février 1848, dans une conjoncture tout autre[5]. » Cette pâle imitation de l'histoire, ces propos, ces actions inspirés d'une situation à jamais révolue les condamnent à n'être que les acteurs malgré eux d'un canular grotesque. Au-delà de la farce, Mai 1968 serait l'expression d'une

---

1. Brillant, 2003, p. 192.
2. Aron [2003], 2010, pp. 611-612.
3. Id., 1968 (c), p. 14.
4. *Ibid.*, p. 13.
5. *Ibid.*, p. 35.

pathologie, qu'Aron explique par les effets de la surpopulation estudiantine parisienne dans des locaux qui ne sont plus appropriés à la massification des cours : « Nous savons que les rats et beaucoup d'autres animaux, à partir d'une densité excessive dans un espace donné, manifestent tous les signes de dérèglement que nous rattachons, dans le règne humain, à la névrose[1]. » Dans ces conditions, la civilisation se doit de réagir de la manière la plus résolue qui soit pour venir à bout de ce tumulte animalier risquant de la faire basculer dans la barbarie. C'est dire à quel point le retour en force du général de Gaulle à la fin de mai et son triomphe électoral réjouissent Aron. Une fois passé l'effroi de la vague révolutionnaire, il juge les événements de manière un peu moins crispée. Il n'y voit plus qu'une manifestation carnavalesque, un psychodrame passager, une révolution à la fois anachronique et futuriste, annonçant une société postindustrielle dans une France encore insuffisamment modernisée. D'abord inquiet, il est pleinement rassuré à l'écoute de l'allocution radiodiffusée du Général le 30 mai et s'écrie « Vive de Gaulle ! ». Alors qu'il n'a jamais été un fervent gaulliste, il se rend avec Kostas Papaïoannou sur les Champs-Élysées, où la foule se rassemble.

Les prises de position de Raymond Aron suscitent un nouveau choc frontal entre les deux « petits camarades ». Dans une tribune parue le 19 juin dans *Le Nouvel Observateur*, Sartre réagit vivement à l'engagement d'Aron, ce mandarin qui ne s'est jamais remis en question :

> Quand Aron vieillissant répète indéfiniment à ses étudiants les idées de sa thèse, écrite avant la guerre de 1939, sans que ceux-ci qui l'écoutent puissent exercer sur lui le moindre contrôle critique, il exerce un pouvoir réel, mais qui n'est certainement pas fondé sur un savoir digne de ce nom [...]. Je mets ma main à couper que Raymond Aron ne s'est jamais contesté et c'est pour cela qu'il est, à mes yeux, indigne d'être professeur[2].

Et d'en appeler à prendre la Bastille Aron pour que le roi se retrouve nu : « Il faut, maintenant que la France entière a vu

1. *Ibid.*, p. 54.
2. SARTRE, 1968 (a).

de Gaulle tout nu, que les étudiants puissent regarder Raymond Aron tout nu. On ne lui rendra ses vêtements que s'il accepte la contestation[1]. » Les étudiants d'Aron, notamment Pierre Hassner et Jean-Claude Casanova, prennent l'initiative d'une lettre collective publiée dans *Le Nouvel Observateur*, de protestation contre cette attaque[2]. Sartre n'est pas le seul à s'indigner des positions d'Aron. L'historien Pierre Vidal-Naquet, proprement scandalisé, lui fait savoir par courrier sa stupeur : « Vous m'avez dit un jour — non sans raison — que lors de toutes crises on voyait les Juifs se déchirer entre eux. Je trouve pénible que vous réserviez vos coups les plus durs à Cohn-Bendit, à Geismar et à Morin[3]. » L'historien sait qu'il touche là un point sensible et enfonce le clou en un moment où les lignes de clivage sont poussées à leur paroxysme.

En juin 1968, Aron s'engage au point de prendre l'initiative de créer un organisme de sauvegarde de l'institution universitaire. « Peut-être le moment est-il venu, contre la conjuration de la lâcheté et du terrorisme, de se regrouper, en dehors de tous les syndicats, en un vaste comité de défense et de rénovation de l'université française[4]. » Dans cet appel publié dans *Le Figaro*, il demande à ceux qui partagent ses inquiétudes de lui écrire pour l'aider à mettre en place ce comité. L'idée fait tache d'huile dans le lectorat du quotidien, et Aron reçoit une multitude de lettres : « Ce fut en réalité chez Aron lui-même, quai de Passy, que s'installa une petite équipe composée d'Emmanuel Le Roy Ladurie, Alain Besançon, Jean Baechler, Kostas Papaïoannou, Annie Kriegel, Roland Caillois et Jean-Marie Carzou, qui s'efforcèrent de trier et dépouiller les milliers de lettres qu'il reçut[5]. » L'association mise en place le 21 juin, présidée par Aron, avec Gérard Lagneau pour secrétaire général et Claude Polin pour trésorier[6], n'aura pourtant qu'une existence très éphémère.

1. *Ibid.*
2. Sans titre, *Le Nouvel Observateur*, 3-9 juillet 1968, lettre signée Jean Baechler, Yvon Bourdet, Jean-Claude Casanova, Alfred Grosser, Pierre Hassner, Serge Hurtig, Pierre Kende, Jacques Lautman, Raymonde Moulin, Pierre Nora, Kostas Papaïoannou et Alain Pons.
3. Pierre Vidal-Naquet, lettre à Raymond Aron, 13 juin 1968, archives personnelles de Raymond Aron, citée dans BAVEREZ, 2006, p. 512.
4. ARON, 1968 (b).
5. BAVEREZ, 2006, p. 509.
6. Elle a pour principaux responsables des relations ave les universités François

Si Aron s'est porté au secours du général de Gaulle au cœur de la tempête de Mai 1968, que dire des intellectuels gaullistes comme son ministre de la Culture, André Malraux, qui le 30 mai s'époumone sur les Champs-Élysées, clamant pour qui veut l'entendre que de Gaulle n'est pas seul. Malraux, qui avait été mis à contribution par le président pour reprendre en main l'Odéon, demande à Jean-Louis Barrault, alors directeur du théâtre, de faire couper l'électricité par EDF et le téléphone par les PTT, ce que refuse Barrault avec cette repartie théâtrale : « Serviteur, oui. Valet, non[1] ! » Cela lui coûtera son poste. Malraux le démet de ses fonctions en août. Le ministre de la Culture, analysant l'événement comme plus sérieux que ce qu'en a dit Aron, l'interprète comme l'expression d'une crise de civilisation et acquiesce à la suggestion du président le 23 mai lors du Conseil des ministres d'organiser un référendum : « Oui, c'est le référendum et rien d'autre qui s'impose. Le choix doit être fait par le pays : c'est ou bien la réforme, que vous seul avec votre gouvernement pouvez conduire, ou bien la révolution. C'est simple et le peuple comprendra[2]. » On sait que cette initiative sera un coup d'épée dans l'eau et ne permettra pas à de Gaulle de reprendre la main. Il faut attendre son départ pour une destination inconnue — on apprendra plus tard qu'il s'agissait de Baden-Baden — puis son retour à l'Élysée pour que le chef d'État retrouve la maîtrise de la situation, porté par ses supporters.

Pour François Mauriac, qui considère que de Gaulle incarne la grâce, la traversée de Mai 1968 est pénible. Manifestement choqué par le déchaînement de la répression lors de la nuit des barricades du 10 mai, il signe avec d'autres un appel contre la violence policière : « Rien ne pouvait être pire qu'un affrontement du pouvoir avec la jeunesse étudiante ; c'était à la fois faire le jeu des meneurs qui méditaient une opération politique d'envergure et trahir les autres qu'il fallait protéger contre la tentation de la violence[3]. » Mauriac se réfugie dans l'écriture d'*Un adolescent d'autrefois*, qui

Bourricaud, Michel Crozier, Francis Balle, Raymond Boudon, Jacqueline de Romilly, Jean Bastié, Julien Freund, Georges Gusdorf, Roland Caillois, François Crouzet et Michel Haar (informations reprises de BAVEREZ, 2006, p. 310).

1. Jean-Louis Barrault, cité dans TODD [2001], 2002, p. 765.
2. André Malraux, cité dans *ibid.*, p. 767.
3. MAURIAC, François, 1993, p. 76.

paraîtra dix mois plus tard. Catastrophé de voir son héros sombrer, il n'est pas pour autant rassuré par son discours du 24 mai, dans lequel il annonce la tenue d'un référendum sur la participation. Son retour de Baden-Baden le 30 mai et la vivacité de son allocution, dont chaque mot frappe comme une balle, ranime sa flamme gaullienne. Au soir de sa vie, Mauriac se retrouve au bras de Maurice Schumann sur les Champs-Élysées, saluant la renaissance de la Vᵉ République et de son Général : « J'ai vu […] sur cette place dont chaque pierre est saturée d'histoire des fleuves humains se déverser, et au-dessus d'eux le drapeau tricolore, insulté depuis tant de jours par celui de l'anarchie[1]. »

LA CULTURE D'ÉLITE SOUS LE FEU DE LA CRITIQUE

La contestation est particulièrement radicale dans la sphère culturelle. Dans le cinéma, on va même vivre un Mai avant mai, puisque cette contestation commence dès février 1968 avec « l'affaire Langlois », qui fait grand bruit. En 1936, Henri Langlois crée une institution qui deviendra culte pour tous les cinéphiles, et notamment pour les partisans de la Nouvelle Vague, la Cinémathèque française. Le 9 février 1968, le ministre de la Culture, André Malraux, fait nommer son successeur en la personne de Pierre Barbin, semble-t-il sous la pression du ministre des Finances, Pierre Moinot. Mais Langlois est un monstre sacré, un personnage adulé, et la mesure est dénoncée comme une tentative de mainmise étatique sur le cinéma, notamment sur le CNC (Centre national du cinéma), qui suscite un tollé de protestations : « Une décision surprenante », titre Le Monde, tandis que Françoise Giroud écrit dans L'Express que « la plus belle vitrine des Affaires culturelles vient de voler en éclats ». Un comité de défense de la Cinémathèque se met en place, présidé par le cinéaste Jean Renoir. Dès le lendemain, de nombreux réalisateurs, parmi les plus vénérés du public, annoncent

---

1. ID., 1968 (a).

le retrait immédiat de leurs films de la Cinémathèque française[1]. Une série d'actions spectaculaires sont décidées pour s'opposer à cette éviction. Le 14 février, un appel à manifester sur l'esplanade du Trocadéro réunit trois mille personnes qui écoutent l'appel des « enfants de la Cinémathèque » lu par Jean-Pierre Léaud et Jean-Pierre Kalfon. Elles seront dispersées par les forces de police : « La manifestation se poursuit, elle est chargée et matraquée avec une violence qui surprend tout le monde, on soigne plusieurs blessés légers, dont Truffaut, Godard, Bertrand Tavernier[2]. »

Le 25 février, le leader de la gauche François Mitterrand dépose une question écrite à l'Assemblée nationale. Il demande pourquoi Malraux a fait « procéder, dans des conditions particulièrement choquantes, à l'éviction du directeur de la Cinémathèque française, auquel le cinéma doit, depuis un quart de siècle, la sauvegarde de ses créations[3] ». Le radical de gauche Henri Caillavet fait de même au Sénat. Malraux justifie sa décision par le caractère désastreux de la gestion de Langlois, qui aurait mis en péril des milliers de bobines entreposées dans un état catastrophique. Il est en effet attesté que Langlois veille jalousement et amoureusement sur son trésor cinéphilique et refuse qu'on vienne y pénétrer : « Il règne sur des quantités faramineuses de films, qui lui ont été confiés par des cinéastes du monde entier, et dont nul — pas même lui, disent ses critiques — ne connaît ni le nombre, ni l'état, ni le contenu, ni l'emplacement[4]. » Mais Malraux n'a pas mesuré à quel point l'homme, par-delà ses erreurs de gestionnaire, a incarné le cinéma pour toute une génération de cinéastes et de cinéphiles, et qu'il ne pouvait donc pas s'attaquer à lui sans causer de graves dégâts. Les projections qu'il organise régulièrement dans les salles du musée Guimet, puis rue d'Ulm, et depuis 1963 au palais de Chaillot ont été le lieu même de formation de toute cette génération.

L'affaire prend une ampleur nationale. Le 22 mars, à Grenoble, Pierre Mendès France, aux côtés de François Truffaut, Claude Lelouch, Philippe de Broca et Michel Simon, anime un meeting de

---

1. Cette décision est prise par les plus grands réalisateurs du moment, voir FRODON, 1995, p. 223.
2. *Ibid.*, p. 227.
3. François Mitterrand, cité dans TODD [2001], 2002, p. 756.
4. FRODON, 1995, p. 222.

soutien à Langlois à l'initiative du PSU local. Finalement, Malraux cède à la protestation générale le 21 avril et annonce qu'un organisme public sans représentants de l'État s'occupera de la Cinémathèque, ce qui permet à l'assemblée générale des adhérents de la Cinémathèque de réélire Henri Langlois.

Mais le mois de mai commence, avec ses affrontements successifs, et le milieu des cinéphiles, déjà rompu aux actions spectaculaires, n'entend pas se contenter de ce recul et de la réouverture de la Cinémathèque rue d'Ulm. La mobilisation du milieu se déplace du côté du prestigieux Festival de Cannes, contraint de suspendre les projections durant vingt-quatre heures. De nombreux cinéastes demandent, par solidarité avec les étudiants, que leur film soit retiré de la compétition[1]. Robert Favre Le Bret, le délégué général, cherche une porte de sortie en proposant la poursuite d'un festival qui renoncerait au palmarès. La contestation dure et rend impossibles les projections ; Jean-Luc Godard et François Truffaut se suspendent aux rideaux pour empêcher leur ouverture pendant que d'autres occupent le plateau, jusqu'à ce que Favre Le Bret soit contraint de renoncer et de déclarer la clôture du festival. À ce moment, l'ensemble de la profession est en grève, et c'est dans ce contexte que s'ouvrent le 17 mai les états généraux du cinéma français (EGCF). Le CNC est sur la sellette et les états généraux en déclarent la suppression dans leur publication, *Le cinéma s'insurge*, qui rassemble les noms des trois cent quatre-vingt-cinq premiers signataires de la pétition contre le CNC.

Avec la remise en cause de la politique théâtrale, c'est toute la politique malrucienne qui devient objet de critique et de rejet. Le Théâtre de France se transforme instantanément en lieu de meetings ininterrompus jour et nuit et devient pendant un mois un haut lieu de l'expression contestataire où l'on refait la société en faisant le procès de la culture bourgeoise[2]. Il faut attendre la mi-juin pour que le gouvernement reprenne l'Odéon en arguant des destructions commises par une bande de Katangais. En plein été,

---

1. « Le 18 mai, Truffaut et d'autres cinéastes présents sur la Croisette, Godard, Malle, Lelouch, Albicocco, Berri, Resnais, Polanski, mais aussi les Tchèques Milos Forman et Jan Nemec, l'Anglais Richard Lester, l'Espagnol Carlo Saura demandent à retirer leur film de la compétition » (BAECQUE [DE], 2008, p. 319).

2. Voir BOUYER, 1968, et RAVIGNANT, 1968.

la contestation perdure et se radicalise encore, se déplaçant vers le Festival d'Avignon, et faisant cette fois le procès de la politique incarnée par Jean Vilar qui, depuis qu'il dirige le Théâtre national populaire (TNP), entend mettre à la portée du grand public les trésors du répertoire. On l'accuse de s'être transformé en valet de la culture bourgeoise. Alors qu'il avait mis au point un programme particulièrement moderne avec les Ballets du XXᵉ siècle de Maurice Béjart et la troupe du Living Theatre dirigée par Julian Beck et Judith Malina, il est la cible d'attaques virulentes. Il s'était pourtant ouvert à la culture underground, aux expériences les plus novatrices en matière de théâtre collectif et politique, mais le foyer du mouvement de Mai s'est porté en Avignon et frappe sur toutes les têtes en position d'exercer un pouvoir. Vilar voit donc fleurir à ses dépens les affiches qui tapissent les murs de la ville et s'en prennent au « Papape ». On peut même découvrir un surprenant slogan : « Vilar, Béjart, Salazar » ! « Les échauffourées dans les rues et sur la place de l'Horloge se multiplient, les CRS chargent à plusieurs reprises. Le Festival est devenu un meeting permanent[1]. » De la place de l'Horloge à la place des Carmes, l'effervescence est à son comble. Le public est appelé à investir la scène et le théâtre se déplace dans la rue. On revendique un théâtre gratuit, populaire, innovant, spontané et critique : « La contestation s'enrichit de quelques postures spécifiquement avignonnaises : le lâcher de pintades dans la cour d'honneur (une spécialité de Georges Lapassade, surnommé le "Docteur Lapintade") ; le déshabillage express devient un acte militant, une pratique de provocation et de scandale[2]. » Comme l'écrit Claude Roy dans *Le Monde* du 21 août, les contestataires font payer à Jean Vilar l'échec politique et social du mouvement de Mai.

Entre-temps, un autre foyer de contestation s'est ouvert au théâtre de la Cité de Villeurbanne à l'initiative de Gabriel Monnet, directeur de la maison de la culture de Bourges, d'Hubert Gignoux et de Roger Planchon. Pendant trois semaines, du 21 mai au 14 juin, une quarantaine de directeurs de maisons de la culture, de centres dramatiques ou de troupes permanentes se réunissent

---

1. LOYER et BAECQUE [DE], 2007, p. 232.
2. LOYER, 2008, p. 399.

en conclave pour débattre de la fonction de l'activité théâtrale. Il résulte de ces délibérations une « Déclaration du comité permanent de Villeurbanne » qui dresse un bilan d'échec de la politique de démocratisation de l'accès à la culture et souligne l'aggravation de la coupure entre ceux qui ont accès à la culture et les autres. Faisant leur autocritique et mettant en cause la politique malrucienne, les signataires de la déclaration de Villeurbanne s'en prennent à la culture « héréditaire, particulariste, bourgeoise » qu'auraient véhiculée les maisons de la culture[1]. Ils s'engagent à rétablir un lien dialectique entre action théâtrale et action culturelle en impliquant ce qu'ils appellent le « non-public » et en se plaçant dans une perspective de contestation positive[2].

Cette radicalité, qui se retrouve dans tous les domaines artistiques, est portée à son paroxysme dans les arts plastiques, d'autant que l'École des beaux-arts, avec la création de son atelier populaire, s'est transformée en haut lieu de créativité et de mobilisation. Le 14 mai, lorsque débute l'occupation des Beaux-Arts, un peintre et sculpteur, Guy de Rougemont, propose de mettre en place un atelier de sérigraphie au service des luttes en cours. Beaucoup de peintres viennent mettre leur talent au service de cette initiative[3]. Les premiers contacts entre artistes, étudiants et critiques d'art se sont noués à la Sorbonne où, à l'initiative de Jean Duvignaud et de Georges Patrix, s'est mis en place un Comité d'agitation culturelle afin de réfléchir à la place de l'art dans la société et de mettre en cause les liens tissés entre création artistique et lois du marché. Constatant que ce n'est pas au public d'aller à l'art, mais à l'art d'aller au-devant du peuple, ils vont employer leur créativité à la conception d'affiches. Après une semaine de débats, le Comité se transforme en Groupe d'action d'arts plastiques réunissant peintres et galeristes solidaires du mouvement. De nombreuses actions spectaculaires sont alors organisées qui visent notamment tout ce qui prétend incarner la modernité : « Le 18 mai, un certain nombre de peintres et de critiques d'art réunis à la Sorbonne se mettent en marche vers le Musée national d'art moderne, avec la ferme

---

1. « Déclaration de Villeurbanne », in ABIRACHED (dir.), 1994, p. 197.
2. Cette déclaration est signée par la jeune garde théâtrale, voir LOYER, 2008, p. 398.
3. Voir BRILLANT, 2003, p. 299.

intention de procéder à sa fermeture[1]. » Trouvant portes closes, les manifestants collent sur les murs du musée des affiches : « Fermé pour cause d'inutilité ». D'autres choisissent de boycotter les expositions ; certains vont jusqu'à essayer de retirer leurs toiles.

Les architectes et les urbanistes expriment eux aussi leur profond malaise : ils dénonçaient déjà depuis un moment un enseignement coupé des réalités et instrumentalisé par les logiques marchandes et spéculatives, et décident donc de se joindre à l'explosion de Mai[2] : « Dans la soirée du 20 mai, un millier d'architectes — enseignants et élèves — tiennent, dans la cour de l'École, une assemblée générale et adoptent une motion[3]. » Celle-ci décide à la fois l'occupation illimitée des locaux de l'Ordre des architectes et sa dissolution, entérinée le 22 mai lors de la réunion de mille deux cents architectes qui constituent le « Mouvement du 22 mai », lequel se donne pour ambition de favoriser une politique de socialisation du temps, de l'art et de l'espace et de démystifier la nature de classe de ce qui est mis en pratique. Tous, urbanistes, architectes et artistes peintres, considèrent qu'il faut parvenir à une véritable mutation dans la manière d'aborder la création en faisant en sorte que l'ambition de « l'art *pour* tous » devienne celle de « l'art *par* tous »[4]. Le marché de l'art, qui s'apparente au marché boursier en ce qu'il transforme l'œuvre d'art en produit marchand tout en réservant à une élite sélectionnée le statut social d'artiste, est passé au crible de la critique. Les artistes sont donc sommés de renoncer à leurs privilèges et de mettre leur savoir-faire à la portée de tous en faisant descendre l'art dans la rue. Plusieurs revues, comme *Archibras* ou *Phases*, expriment l'effervescence créatrice des étudiants des Beaux-Arts.

Les écrivains ne sont pas non plus les derniers à entrer dans la danse contestataire. Le 18 mai, ils prennent position en tant que tels par la voix du Comité national des écrivains, qui fait paraître un communiqué exprimant sa solidarité avec les étudiants. Au même moment, une réunion se tient à la Sorbonne. Elle rassemble une

1. *Ibid.*, p. 294.
2. GODET, 1968.
3. BRILLANT, 2003, p. 297.
4. MOULIN, 1968, p. 134.

cinquantaine de romanciers, philosophes et critiques qui constituent un Comité d'action étudiants-écrivains révolutionnaires (CAEE)[1]. Ce Comité non seulement se donne pour tâche de soutenir le mouvement social en plein essor, mais entend aussi transformer la relation entre éditeurs et auteurs, et donc « réviser les conditions d'exploitation des écrivains par les éditeurs, en accord avec tous les travailleurs du Livre, pour aboutir à une nouvelle définition économique et sociale du rapport de l'écrivain avec la société[2] ». Puisque chaque profession se doit de s'en prendre à un lieu symbolique pour l'occuper, les écrivains choisissent pour cible l'hôtel Massa, siège de la Société des gens de lettres, assailli le 21 mai par des écrivains pensant ainsi rejouer la prise du palais d'Hiver[3]. De leur nouveau QG, les occupants constituent une Union des écrivains et lancent un appel : « Les écrivains soussignés ont décidé d'occuper les locaux de la Société des gens de lettres [...]. Ils décident de fonder dans les anciens locaux de la Société une Union des écrivains, en étroite liaison avec les étudiants et les travailleurs du Livre. Ouverte à tous ceux qui considèrent la littérature comme une pratique indissociable du procès révolutionnaire actuel, cette Union sera un centre permanent de contestation de l'ordre littéraire établi[4]. » Les écrivains contestataires se dotent d'un bureau provisoire[5]. À Censier, Jean Duvignaud, en compagnie de Michel Leiris, lance un des slogans les plus connus de Mai 1968 : « Soyons réalistes, demandons l'impossible ! » Se constitue un Comité d'action écrivains-étudiants-travailleurs, qui se réunit alternativement à Censier et à la Sorbonne, où l'on retrouve Marguerite Duras, Maurice Blanchot, Dionys Mascolo et d'autres écrivains qui se mobilisent en soutien de cette jeunesse contestataire. Leurs prises de positions, relayées par Maurice Nadaud dans *Les Lettres nouvelles*, auront

1. Voir BRILLANT, 2003, p. 267.
2. *Le Monde*, 23 mai 1968.
3. Parmi ces écrivains, on compte Michel Butor, Nathalie Sarraute, Jean-Pierre Faye, Jacques Roubaud, Yves Buin, Jean Duvignaud et Maurice Roche.
4. « Appel de l'Union des écrivains », 21 mai 1968, dans GOBILLE, 2018, p. 99.
5. Ce bureau provisoire est composé de Philippe Boyer, Yves Buin, Michel Butor, Henri Deluy, Jean-Pierre Faye, Jean-Claude Montel, Maurice Roche, Paul Louis Rossi, Jacques Roubaud, Nathalie Sarraute, Franck Venaille, Pierre Guyotat, Jean Duvignaud, Alain Jouffroy, Eugène Guillevic.

un large écho. La commission « Nous sommes en marche » du Comité d'action de Censier proclame dans ses thèses : « À partir de la créativité de chacun une nouvelle culture et une nouvelle idéologie sont fondées[1]. » Le 26 mai, les membres de ce comité se déclarent « solidaires des jeunes gens en colère, "enragés" d'hier, "blousons noirs" aujourd'hui. Contre toute tentative de ségrégation à l'intérieur du mouvement, nous qui avons participé aux actions attribuées à une prétendue pègre, nous affirmons que nous sommes tous des émeutiers, que nous sommes tous la pègre[2] ». Au sein de ce comité, Maurice Blanchot joue un rôle d'inspirateur des analyses diffusées :

> « Révolution [...] plus philosophique que politique, plus sociale qu'institutionnelle, plus exemplaire que réelle ; et détruisant tout sans rien de destructeur, détruisant, plutôt que le passé, le présent même où elle s'accomplissait et ne cherchant pas à se donner un avenir, extrêmement indifférente à l'avenir possible, *comme si le temps qu'elle cherchait à ouvrir fût déjà au-delà de ces déterminations usuelles*[3]. »

Maurice Blanchot revient de loin. Chroniqueur d'extrême droite dans les années 1930[4], il a aussi été maréchaliste au début de la guerre, avant d'être sollicité par Jean Paulhan pour contrebalancer les positions collaborationnistes de Drieu la Rochelle dans *La Nouvelle Revue Française* (NRF). De son côté, Michel Leiris ouvre aux étudiants qui tentent de se protéger des poursuites des CRS son appartement du quai des Grands-Augustins. Celui-ci devient le quartier général d'un journaliste du *Figaro* qui s'en sert pour transmettre ses messages à son journal durant la nuit d'affrontements du 24 mai, au milieu d'âpres discussions entre trotskistes et maoïstes. Le mouvement entraîne dans son sillage un Jean Genet qui, soigneusement resté jusque-là à l'écart de la politique, avait même refusé de signer le Manifeste des 121, et dont la pièce *Les Paravents* constituait surtout une défense de l'individualisme, et

---

1. Thèse 47 du Comité d'action de Censier, citée par GOBILLE, 2018, p. 18.
2. BAYNAC, 1978, p. 220.
3. *Ibid.*, p. 221.
4. Voir BIDENT, 1998, pp. 49-232.

non l'expression d'un soutien à la cause algérienne. En mai 1968, il suit Daniel Cohn-Bendit contre les propos calomniateurs du secrétaire du PCF, Georges Marchais, et écrit un article tout à la gloire du leader du Mouvement du 22 mars :

> Cohn-Bendit est à l'origine, poétique ou calculée, d'un mouvement qui est en train de détruire, en tout cas de secouer, l'appareil bourgeois et, grâce à lui, le voyageur qui traverse Paris connaît la douceur et l'élégance d'une ville qui se révolte. Les autos, qui sont sa graisse, ont disparu, Paris devient enfin une ville maigre, elle perd quelques kilos, et pour la première fois de sa vie, le voyageur a comme l'allégresse, en rentrant en France, et la joie de revoir des visages qu'il a connus ternes, enfin joyeux et beaux[1].

L'Union des écrivains qui se constitue se dote d'un bureau provisoire dont la présidence est assurée par Michel Butor. Elle bénéficie du ralliement de plus d'une cinquantaine d'écrivains (il y en aura jusqu'à cent cinquante en juin) qui approuvent et soutiennent cette initiative[2]. De la même manière que les artistes s'attaquent à la notion d'artiste coupé du public, les écrivains mobilisés s'en prennent à ce qu'ils désignent comme le « mythe » de l'écrivain, et à la frontière supposée le séparer de son lectorat :

> La place de l'écrivain d'aujourd'hui n'est pas dans les « Congrès littéraires », celle du cinéaste n'est pas dans les « Festivals » : il s'agit en effet de créer les lieux de rencontre où les intellectuels refuseront de considérer les autres comme un « public », et où ils s'efforceront d'établir de nouvelles formes de communication avec tous les travailleurs sans exception. Et aussi de changer les « rôles »[3].

---

1. GENET [1968], 1993, pp. 498-499.
2. Parmi lesquels, entre autres, Jean-Paul Sartre, Simone de Beauvoir, Jean Cayrol, Claude Roy, Michel Leiris, Maurice Nadeau, André Pieyre de Mandiargues, Max-Pol Fouchet, Marguerite Duras…, voir COMBES, 1984, p. 268.
3. JOUFFROY, 1968.

2

La contestation

LE FOND DE L'AIR EST ROUGE

Avec l'élection d'une chambre bleu horizon en juin 1968, certains croient que la récréation est terminée et que le cours normal des choses va reprendre comme si rien ne s'était passé, d'autant que le désaveu de la contestation exprimé dans les urnes est particulièrement cuisant pour ceux qui mettent en question le gaullisme. Il n'en est rien. L'ombre de Mai plane sur le début des années 1970 avec une intensité qui va jusqu'à susciter des changements de fond dans bien des domaines : la place des femmes, les relations entre adultes et jeunes, enseignants et enseignés, les rapports avec la justice, la question du travail et de l'environnement. Dans tous les secteurs de la société, la question de l'autorité est battue en brèche par la revendication de la prise de parole et du désir de participer aux décisions de manière plus collective. Toute l'activité intellectuelle et culturelle subit l'onde de choc.

En premier lieu, le marxisme, qui a déjà connu un engouement chez un nombre croissant d'intellectuels avec la théorie althussérienne, devient, plus que jamais, la langue commune qui s'impose à tout partisan d'un changement de société. Certes, des positions plus nuancées s'exprimeront, mais celles de la plupart des intellectuels de gauche, encore largement dominants, reposent implicitement sur un soubassement marxiste. Le souffle de 68 suscite même un renforcement de la conviction marxiste avec l'idée que le vent de

l'histoire souffle dans le bon sens et qu'il suffit de se placer dans
sa direction. Cette croyance fait les beaux jours des groupuscules
qui prolifèrent dans l'après-Mai, trotskistes ou maoïstes exerçant
alors une réelle attraction sur les intellectuels qui se substitue à
celle qu'exerçait le PCF, affaibli par l'existence d'un nouveau pôle
sur sa gauche. Pour ces groupes, Mai 1968 n'a été qu'une répétition
générale de ce qui va inéluctablement advenir : la révolution qui ne
peut qu'être imminente[1]. Un regain de foi dans le cours de l'histoire,
exprimé par les deux leaders trotskistes des Jeunesses communistes
révolutionnaires (JCR), Henri Weber et Daniel Bensaïd, redonne
vie à la conviction léniniste d'un détonateur et d'un embrasement
à venir. Du côté maoïste, on n'est pas loin d'un schéma similaire
avec l'ouvrage collectif *Vers la guerre civile*, qui décrète la révolution imminente : « Sans vouloir jouer aux prophètes : l'horizon 70
ou 72 de la France, c'est la révolution [...]. Voici les premiers
jours de la guerre populaire contre les exploiteurs, les premiers
jours de la guerre civile[2]. » De son côté, Daniel Cohn-Bendit, à la
différence des marxistes-léninistes, privilégie dans ses analyses le
principe de l'autonomie, qu'il reprend au courant Socialisme ou
barbarie en valorisant la composante libertaire et autogestionnaire
du mouvement[3] : « Nourrie des classiques du marxisme, la jeune
intelligentsia contestataire ne doute donc pas du caractère éminemment révolutionnaire du mouvement[4]. »

La contestation post-soixante-huitarde emprunte largement au
discours marxiste pour s'exprimer, et trouve dans l'althussérisme
le moyen de réconcilier adhésion au marxisme et désir de rigueur
scientifique. Il en est ainsi, parmi bien d'autres, de l'apprenti philosophe André Comte-Sponville, alors lycéen de dix-huit ans, qui
perd la foi, quitte la Jeunesse étudiante chrétienne (JEC) et adhère
au « parti de la classe ouvrière ». Avant d'entrer en khâgne, il lit
Althusser pendant ses vacances, ce qui bouleverse pour longtemps
son rapport à la philosophie : « Ces deux livres [*Pour Marx* et
Lire le Capital...] me firent l'effet d'une révélation fulgurante, qui

---

1. BENSAÏD et WEBER, 1968.
2. GEISMAR, JULY et MORANE, 1969, pp. 16-17.
3. COHN-BENDIT, 1968.
4. BRILLANT, 2003, p. 442.

m'ouvrait comme un nouveau monde[1]. » André Comte-Sponville devient, comme beaucoup de sa génération, marxiste d'obédience althussérienne, frappé par la rigueur d'Althusser dans sa dimension tragique, quasi janséniste : « Il était mon maître, et l'est resté[2]. »

Pendant que la jeunesse estudiantine se nourrit des thèses althussériennes, Althusser et les siens restent pourtant discrets. Il faut attendre les années 1972 et 1973 pour les voir revenir sur le devant de la scène éditoriale, soit au moment où la gauche classique se recompose autour du programme commun et où le gauchisme politique reflue dans les marges. Ce retour en force s'effectue avec la publication rapprochée de la *Réponse à John Lewis* en 1972 (Maspero), *Philosophie et philosophie spontanée des savants* en 1973 (Maspero) et *Éléments d'autocritique* en 1973 (Hachette). Le phénomène éditorial est remarqué au point que le philosophe, iconoclaste au sein de son propre parti, le PCF, se voit enfin officiellement reconnu par celui-ci en 1976, lorsque *Positions* paraît aux Éditions sociales, reprenant plusieurs articles qu'il avait publiés entre 1964 et 1975. Cette consécration au sein du PCF fait suite à celle, au sein de l'université, du nouveau professeur, qui vient de soutenir sa thèse d'État à Amiens (juin 1975), sur travaux, faute d'avoir mené à bien un premier projet présenté en 1949-1950 à Jankélévitch et Hyppolite et portant sur « Politique et philosophie au XVIIIᵉ siècle ». Malgré cette consécration universitaire tardive, Althusser restera jusqu'au bout « caïman » à l'ENS d'Ulm, soit préparateur à l'agrégation de philosophie.

La naissance en 1973 de la collection « Analyse » chez Hachette, dirigée par Althusser, déjà responsable chez Maspero de la collection « Théorie » depuis 1965, illustre ce regain d'intérêt pour les thèses althussériennes. En 1976, la revue *Dialectiques* lui consacre un de ses numéros, dans lequel Régine Robin et Jacques Guilhaumou expriment leur dette affective et intellectuelle : « C'était pour moi le moment de la respiration. [...] Pour tous les deux, tout simplement la possibilité de faire de l'histoire. [...] Althusser nous obligeait à relire les textes[3]. » Pour ces historiens, il incarne la

---

1. COMTE-SPONVILLE [1988], 1989, p. 174.
2. *Ibid.*, p. 177.
3. ROBIN et GUILHAUMOU, 1976, p. 38.

brèche qui permet de casser la gangue stalinienne, de renverser les tabous de la vulgate marxiste mécaniste en ouvrant sur un possible déblocage discursif.

Cet althussérisme triomphant des années 1970 n'est pourtant pas le même que celui des ouvrages du milieu des années 1960. Il fait écho à l'événement 68 et à son défi (« Althusser à rien ») en se déplaçant de la théorie vers l'analyse, comme l'indique le nom même de la nouvelle collection créée chez Hachette. Par ce glissement, il annonce le passage d'un point de vue purement théorique et spéculatif à une prise en compte de « l'analyse concrète d'une situation concrète », sans pour autant se condamner à l'empirisme, en partant de catégories conceptuelles. La conjoncture et le terrain précis d'investigation doivent désormais être étudiés à partir de la théorie marxiste : les althussériens descendent de leur tour d'ivoire et renoncent à la simple exégèse des textes de Marx pour se confronter au réel.

En 1970, c'est dans cette perspective qu'Althusser définit un vaste programme de recherche avec son article « Idéologie et appareils idéologiques d'État[1] ». Il différencie les « appareils répressifs d'État », qui s'appuient sur la violence pour assurer la domination, des « appareils idéologiques d'État (AIE) », qui incluent la famille, les partis, les syndicats, l'information, la culture, les institutions scolaires ou les Églises et perpétuent l'assujettissement à l'idéologie dominante, la soumission à l'ordre établi.

Althusser assigne à l'école une position stratégique centrale dans la mise en place du dispositif hégémonique de la société capitaliste moderne, comme l'avait déjà suggéré Gramsci : « C'est l'appareil scolaire qui a, en fait, remplacé dans ses fonctions l'ancien appareil idéologique d'État dominant, à savoir l'Église[2]. » Althusser déplace l'étude de l'idéologie comme simple discours à celle de l'idéologie comme pratique, ce qui rapproche ses positions de celles de Michel Foucault en 1969, lorsque ce dernier invoque la nécessaire ouverture du discursif sur les pratiques non discursives, et leur articulation réciproque. L'idéologie recouvre donc pour l'un et l'autre une existence matérielle : elle s'incarne dans des

1. ALTHUSSER [1970], 1976.
2. *Ibid.*, p. 93.

lieux institutionnels. Althusser fonde même sa démarche sur une ontologisation de l'idéologie, considérée comme catégorie anhisto-rique : « L'idéologie n'a pas d'histoire[1]. » Renversant les positions de la vulgate qui voyait en l'idéologie une simple excroissance déformante du réel, Althusser la considère au contraire comme une structure essentielle exprimant le rapport des hommes à leur monde : « Je reprendrai mot pour mot l'expression de Freud et j'écrirai : l'idéologie est éternelle, tout comme l'inconscient[2]. »

Althusser ouvre ainsi un vaste chantier au courant qu'il repré-sente. Ainsi, dès 1971, Christian Baudelot et Roger Establet ana-lysent le mode de sélection à l'œuvre dans l'institution scolaire avec la publication de *L'École capitaliste en France* (Maspero). Establet, l'un des auteurs de *Lire le Capital*, s'est, au contraire du groupe de philosophes ulmiens, très vite tourné vers la sociolo-gie et a appris la statistique. Suivant la double impulsion donnée par Althusser et Bourdieu, ce dernier avec *Les Héritiers*, Establet teste avec Baudelot l'hypothèse des appareils idéologiques d'État pour en mesurer la validité statistique dans l'univers scolaire. En ce début des années 1970, tout le champ des sciences humaines semble adopter le discours althussérien, qui apparaît comme moyen de fédérer toutes les disciplines et tous les savoirs régionaux autour d'une ambition théorique : ouvrir sur une totalisation conceptuelle proposant une grille d'analyse capable de rendre compte de la diversité du réel par-delà les compartimentages habituels.

Cette adoption des concepts althussériens comme grille de lec-ture du réel est manifeste dans la revue *Tel Quel*, qui se donne à la fin de 1968 pour ambition de construire une « théorie d'en-semble ». Au découplage arbitraire entre deux genres, « roman » et « poésie », Marcelin Pleynet oppose une approche du parcours textuel qui s'inspire directement des trois « généralités » expo-sées par Althusser : « généralité 1 (généralité abstraite, travaillée), la langue ; généralité 2 (généralité qui travaille, théorie), archi-écriture ; généralité 3 (produit du travail), le texte[3] ». La dialecti-sation de la théorie et de la pratique à l'œuvre chez les telquéliens

1. *Ibid.*, p. 98.
2. *Ibid.*, p. 101.
3. PLEYNET [1968], 1980, p. 102.

se réfère non à une réduction d'un des termes à l'autre, mais à la définition que donne Althusser de la théorie comme forme spécifique de la pratique, augurant une science nouvelle : l'écriture. « Le texte est à la fois un processus de transformation surdéterminé par l'économie scripturale et, selon la formule d'Althusser, une "structure à contradictions multiples et inégales"[1]. »

On retrouve aussi ce désir de totalisation dans le groupe qui crée en 1973 la revue *Dialectiques*. Le noyau fondateur de cette revue se situe dans la double filiation de Jean-Toussaint Desanti, par son désir d'explorer concrètement les divers champs de scientificité, et d'Althusser, par sa volonté d'articulation des divers niveaux du savoir. *Dialectiques* tient son originalité de son haut niveau de conceptualisation, de son indépendance militante et de son refus de toute inféodation. La revue connaît un vif succès, et elle construit sans support éditorial un efficace réseau de distribution qui lui permet de dépasser parfois les dix mille exemplaires. Le projet naît dans l'immédiat après-68 à Saint-Cloud, où se réunit un petit groupe de normaliens : Pierre Jacob, David Kaisergruber et Marc Abélès. Tous trois membres à l'époque du PCF, ils ont immédiatement des ennuis avec la direction du Parti, qui les convoque devant sa plus haute instance, le bureau politique.

Dès après 1968 et jusqu'au début des années 1970, la radicalité de la critique théorique accompagne une radicalisation des affrontements et une contestation persistante sur les campus universitaires. Les heurts avec les forces de police restent vifs et nombreux. L'université de Vincennes, abcès de fixation des diverses familles gauchistes, en est l'exemple paroxystique, mais les autres universités sont aussi le théâtre de sévères affrontements car les étudiants protestataires refusent de se laisser enfermer dans le mode de participation que leur propose le ministre de l'Éducation nationale, Edgar Faure, qu'ils accusent de vouloir récupérer le mouvement de Mai.

En 1970, à Nanterre, le cycle provocation-répression se poursuit jusqu'à la caricature. Le climat de la rentrée n'est pas vraiment serein, car les contestataires de Mai 1968 entendent bien en découdre cette fois avec le pouvoir dans le secret espoir que

---

1. SOLLERS [1968], 1980, p. 78.

l'automne offrira ce dont Mai a avorté : la révolution. Les temps sont plutôt à l'idée que les élections sont des « pièges à cons », une simple manœuvre de marginalisation des avant-gardes révolutionnaires. En phase avec les idées de Mai, Ricœur ne peut être soupçonné de s'opposer au mouvement. Ayant fait le choix de quitter la Sorbonne pour Nanterre afin d'y instituer un véritable dialogue entre les diverses parties de la communauté éducative, il apparaît comme le mieux placé pour rechercher les voies d'un consensus autour de l'idée d'élections. Le nouveau conseil de gestion doit se doter d'un doyen de l'université des lettres et sciences humaines, selon les termes de la réforme d'Edgar Faure. Son choix se porte sur Ricœur le 18 avril 1969. René Rémond, déjà connu et reconnu comme le grand spécialiste des consultations électorales, est quant à lui désigné responsable du département d'histoire : il fait figure d'expert en stratégie politique auprès du philosophe, de spécialiste pragmatiste auprès du sage. En janvier 1970, des heurts éclatent à la faculté de droit, et le feu s'étend vite à la faculté de lettres.

La tension est de nouveau extrême sur le campus de Nanterre lorsque, le 26 janvier, Ricœur, fatigué de cumuler les soucis propres à la présidence de l'université, auxquels s'ajoutent son enseignement et les quatre-vingts thèses qu'il dirige cette année-là, descend à la cafétéria pour y prendre un café. Il se hâte dans le couloir du rez-de-chaussée couvert de graffitis, salué comme toujours par les lazzis de quelques groupes de spontanéistes, échappant de justesse à une « interception » tentée par une vingtaine d'étudiants. Mais ces derniers attendent son retour et en profitent pour entasser papiers et détritus dans une poubelle. Lorsque Ricœur réapparaît, ils lui crachent au visage et lui renversent le contenu de la poubelle sur la tête. Décidé coûte que coûte à ne pas céder à ces nouvelles provocations, Ricœur retire la poubelle et se rend dans l'amphithéâtre pour donner son cours. Arrivé sur l'estrade, il déploie ses papiers et carnets comme à son habitude, puis se ravise : « Non, je ne peux pas faire cours », lance-t-il à ses étudiants, qui ignorent ce qui vient de se passer. Sans rien ajouter, il range ses cahiers et quitte l'amphithéâtre à la stupéfaction générale. Cette fois, les provocateurs ont gagné : ils cherchaient à tester ses limites et ils les ont enfin trouvées. Non que le doyen souhaite porter plainte et entrer dans l'engrenage désiré par la petite minorité qui s'en est prise à lui,

mais il est victime d'un malaise. Fragile sur le plan cardiaque, il
se verra imposer par son médecin un repos d'une quinzaine de jours,
du 3 au 17 février. Ricœur sera mal conseillé par ses proches, qui
veulent voler à son secours et manifester à grand bruit. Une large
publicité est assurée à l'événement, qui fait vite la une de la presse.
Au lieu de provoquer le sursaut espéré, il suscite la risée générale,
et cette image indélébile du doyen coiffé d'une poubelle va lui
coller à la peau.

L'apaisement ne revient pas sur le campus. Le 12 février, un
syndicaliste CGT de Renault, venu prêter main-forte aux étudiants
communistes contre les maoïstes, est presque laissé pour mort par
ces derniers avec une double fracture du crâne : il restera huit
jours dans le coma. Au retour de son « congé forcé », Ricœur est
consterné par la tournure qu'ont prise les événements et craint que
les violences perpétrées ne finissent par entraîner mort d'homme
dans le domaine universitaire dont il est responsable. Alors que
toute solution policière lui répugne, Ricœur ne peut ni ne veut
prendre le risque de couvrir un homicide. Le conseil délibère et
prend la décision, majeure, de « banaliser » le campus, dont chacun mesure la gravité puisqu'elle revient à renoncer à la franchise
universitaire et à livrer le maintien de l'ordre aux forces de police.

Ce cocktail redoutable mêlant policiers et étudiants sur un campus devait exploser un jour, ce qui arrive dès le 3 mars avec des
affrontements d'une singulière violence. Alors que des militants
d'extrême droite d'Union-Droit sont venus de l'extérieur afin
de protéger la tenue d'examens partiels prévus en sciences économiques, les contestataires d'extrême gauche pénètrent dans le
bâtiment de la faculté de droit et les en délogent. La plupart des
militants d'extrême droite devront leur salut aux forces de l'ordre.
Ils se protègent en se repliant derrière la police. Les premières
pierres volent. Peu après débute l'assemblée générale à la faculté
de lettres. Vers 16 heures, la foule étudiante, très nombreuse, sort
de l'amphithéâtre B-2 au cri de « Les flics hors du campus ! ».
Les forces de l'ordre prennent position sur les voies qui longent
les facultés et l'affrontement généralisé commence. Les étudiants
les bombardent à l'aide de tous les projectiles possibles, vidant
les salles de cours de leurs chaises, des cendriers, des pieds de
tables. De leur côté, les policiers répliquent en renvoyant les

projectiles et en tirant des grenades lacrymogènes en direction des étudiants. René Rémond assiste affligé et impuissant au « spectacle ». Tout ce qui reste à faire est d'empêcher que la police ne pénètre à l'intérieur des locaux universitaires :

> Découvert du bureau décanal, au second étage du bâtiment administratif, le spectacle était d'une beauté fascinante et presque irréelle [...]. Aux avant-scènes, quelques centaines d'activistes de la contestation [...] se démenant comme des démons, couraient sur les terrasses d'où ils criblaient de projectiles divers les forces de l'ordre massées en contrebas [...]. Au pied des bâtiments, rangés en formations compactes et régulières, leur casque et leur heaume en plastique les faisant ressembler à des chevaliers du Moyen Âge, étincelant au soleil, plusieurs centaines de policiers[1].

René Rémond est en contact permanent avec le cabinet du ministre de l'Éducation comme avec celui de l'Intérieur, ainsi qu'avec la préfecture, car la pression en faveur d'un assaut à l'intérieur des bâtiments est d'autant plus forte que les policiers apprécient peu la position dans laquelle ils se trouvent, canardés sans droit de poursuite et sans autre ressource que de ramasser leurs blessés : soixante au terme de cette journée du 3 mars. Vers 19 heures, alors que la tension semble retomber et que les deux facultés se vident dans la nuit tombante, les quelques centaines d'étudiants encore présents se dirigent vers le restaurant universitaire, où sont déjà attablés ceux qui sont restés indifférents aux heurts de la journée. Les policiers, dont le degré d'exaspération est à son paroxysme, poursuivent les étudiants qui se réfugient précipitamment à l'intérieur du restaurant. Ils cassent les vitres, tirent à l'intérieur leurs grenades lacrymogènes et délogent les étudiants, asphyxiés par les gaz. Sitôt sortis, les assiégés sont accueillis à coups de matraque, les policiers s'acharnant sur ceux qui tombent à terre aux cris d'« À mort les étudiants ! », décidés à transformer les ambulances arrivant sur le campus en « corbillards ». Il faudra l'intervention des gendarmes mobiles pour servir de force d'interposition et mettre les étudiants à l'abri de la fureur répressive. Les forces de police, déchaînées, s'en prennent aux voitures stationnées

---

1. RÉMOND, 1979, p. 116.

sur le parking, brisent les vitres à coups de matraque, crèvent les pneus et cabossent les carrosseries. Au total, outre les dégâts matériels, on relèvera 187 blessés !

Ricœur fait passer un communiqué dans lequel il critique la précipitation avec laquelle les pouvoirs publics ont cru bon d'employer les forces de l'ordre :

> Je désapprouve la hâte avec laquelle la banalisation a été réalisée. Aucune consultation ne l'a précédée concernant le choix du moment opportun et les modalités de son application. Son exécution immédiate par la police, sous la forme d'une démonstration de force donnant lieu à une irruption dans les bâtiments universitaires sans réquisition préalable de ma part, a privé cette mesure des effets que le conseil en attendait sur le plan de la sécurité[1].

Cette mise au point n'empêche pas la rumeur de courir : Ricœur a appelé la police ! Il est le responsable du carnage !

La contestation de la jeunesse scolarisée, issue des universités et des lycées, va émailler ces années de secousses exacerbées par des bavures policières multiples. Richard Deshayes, jeune instituteur maoïste de Vive la révolution (VLR), perd son œil droit, cisaillé par un tir tendu d'un fusil lance-grenades, avant d'être piétiné par une brigade spéciale de police. Chaque acte de répression du pouvoir suscite un large mouvement de solidarité de la part des lycéens, prompts à descendre dans la rue. En 1971, Gilles Guiot, élève des classes préparatoires au lycée Chaptal à Paris, arrêté le 9 février au moment de la dispersion d'une manifestation, est condamné à trois mois de prison ferme pour flagrant délit de « violences à agent ». La condamnation de ce lycéen apolitique suscite une forte réaction de masse qui aboutit à sa relaxe. Autre « bavure » policière, celle qui touche en mai 1971 le journaliste du *Nouvel Observateur* Alain Jaubert. Sortant d'un restaurant avec son épouse, il est embarqué dans un car de police, passé à tabac, conduit à l'hôpital avec deux traumatismes, puis devant un juge qui lui signifie une inculpation de coups et blessures à agents de la force publique. Toute la profession des journalistes se mobilise

---

1. RICŒUR, Paul, 1970.

et six cents d'entre eux manifestent devant le ministère de l'Intérieur pour demander la démission de Raymond Marcellin. Le point d'orgue de la contestation lycéenne est atteint en 1973 lors des manifestations contre l'entrée en vigueur de la loi Debré, votée en 1970, qui supprime les sursis militaires des étudiants.

En ce début des années 1970, une bonne partie de la jeunesse scolarisée dans les lycées comme dans les universités se trouve plus ou moins sous l'influence de petits groupes d'extrême gauche très actifs, très présents sur le terrain, diffusant largement leur propagande. Il s'agit des organisations trotskistes et maoïstes qui se sont reconstituées après les dissolutions prononcées au mois de juin 1968. Du côté trotskiste, la Ligue communiste, fondée en 1969, jouit d'un rayonnement certain, comptant en son sein des leaders qui ont marqué l'explosion de Mai comme Henri Weber, Alain Krivine, Daniel Bensaïd et Michel Recanati, leader des comités d'action lycéens en 1968. La famille trotskiste ne se réduit cependant pas aux frankistes[1] de la Ligue, on trouve aussi les lambertistes, ceux de l'OCI (Organisation communiste internationaliste) et de son organisation de jeunesse, l'AJS (Alliance des jeunes pour le socialisme), auxquels s'ajoutent les militants de Lutte ouvrière et les pablistes[2]. Les composantes maoïstes sont tout aussi diverses, entre le PCMLF (Parti communiste marxiste-léniniste de France), la GP (Gauche prolétarienne) et VLR. L'esprit contestataire est de règle, il est constamment entretenu, et les mobilisations sont encadrées par des organisations qui se situent à la gauche du PCF. À l'occasion de la commémoration du centenaire de la Commune de Paris, en 1971, nombre de manifestations ont lieu qui sont l'occasion de revendiquer les communards de 1871 comme les inspirateurs de la Commune étudiante de 68 et de ses suites : « Les cortèges au mur des Fédérés sont le moment où chaque organisation s'emploie à faire une démonstration de force, ainsi qu'un moment de formation des jeunes militants[3]. » Tandis que de leur côté, le 16 mai 1971, les

1. Pierre Frank, membre du secrétariat de la IVe Internationale et dirigeant de la section française.

2. Michel Raptis, dit Pablo, cheville ouvrière de l'unité des divers courants trotskistes pendant la Seconde Guerre mondiale qui a permis la création du Parti communiste internationaliste en 1944.

3. VIGREUX, 2014, p. 219.

trotskistes de la Ligue et de Lutte ouvrière mobilisent un cortège international de trente mille jeunes au Père-Lachaise, c'est au tour du PCF, le 23 mai, d'y rassembler cinquante mille personnes.

La contestation prend souvent une tournure violente ou spectaculaire, notamment avec l'attaque d'un commissariat et de plusieurs fourgons de police par les maoïstes de la GP à Marseille, en novembre 1969. Pour faire face à la répression, la GP durcit sa stratégie et crée une organisation paramilitaire, la Nouvelle résistance populaire (NRP). À ces provocations, le pouvoir répond par des mesures accrues de répression et adopte une loi anticasseurs qui ouvre la voie à une justice expéditive. Les deux directeurs du journal maoïste *La Cause du peuple*, Jean-Pierre Le Dantec et Michel Le Bris, sont arrêtés en juin 1970 après l'interdiction en mai de la GP par une décision prise en Conseil des ministres.

En réaction naît une organisation nouvelle qui mêle plusieurs générations, dont celle des résistants, le Secours rouge. L'appel est signé, entre autres, par Charles Tillon, André Marty et Jean-Paul Sartre, son icône, qui présente la nouvelle organisation devant la presse le 19 juin 1970. Cette organisation entend opposer à la politique répressive du pouvoir un front unitaire des formations politiques de l'extrême gauche pour sensibiliser l'opinion publique aux décisions attentatoires à la liberté d'expression. Se donnant pour ambition d'intervenir chaque fois que l'exercice des libertés, de la justice et de l'égalité est en cause, le Secours rouge mène de multiples opérations en ce début des années 1970. Les plus marquantes sont celles qui parviennent à populariser des actions de grève de la faim entreprises par des militants politiques incarcérés et réclamant le respect des droits du prisonnier. Ces grèves de la faim reçoivent le soutien d'un certain nombre d'intellectuels, parmi lesquels Pierre Vidal-Naquet, Paul Ricœur et Alfred Kastler, qui obtiennent une audience auprès du garde des Sceaux.

L'amélioration des conditions de vie des travailleurs immigrés dans des foyers insalubres constitue un autre front de lutte. C'est ainsi qu'après la mort par asphyxie de cinq Africains dans un foyer à Aubervilliers est menée la « bataille d'Ivry » en 1970. Après leurs obsèques, un groupe qui comprend Marguerite Duras, Jean Genet, Maurice Clavel et Pierre Vidal-Naquet occupe le siège du CNPF, le syndicat patronal, pendant qu'un autre groupe, où sont associés Jean-

Pierre Faye, Michel Leiris et Jérôme Peignot, soutient des Maliens en grève de loyer vivant dans une ancienne usine dans des conditions épouvantables, sans eau ni électricité : « Une demi-heure plus tard, une vingtaine de cars de police encerclent l'usine. Les occupants sont emmenés, menottes aux poings, et la silhouette de Michel Leiris entourée de deux CRS en tenue de combat apparaît bien chétive sur les images tournées par un reporter de la télévision[1]. »

L'EMBARDÉE MAO

« Je ne suis pas mao » : c'est ainsi que Jean-Paul Sartre commence son avant-propos au livre de Michèle Manceaux *Les Maos en France*, qui paraît en 1972[2]. S'il prend soin de le préciser, c'est qu'il pratique en ce début des années 1970 un compagnonnage actif avec ce courant, et notamment avec la GP et l'un de ses dirigeants, Benny Lévy, dit Pierre Victor. Dans cet avant-propos, Sartre souscrit aux trois grandes particularités qui singularisent selon lui le courant maoïste français : le fait de renouer avec la violence révolutionnaire, son spontanéisme et le caractère antiautoritaire de sa contestation, qui donne un tour moral à l'action révolutionnaire. Sans être mao, Sartre voit dans ce courant une pratique qui incarne l'avenir :

> Les partis classiques de la gauche en sont restés au XIXe siècle, au temps du capitalisme concurrentiel. Mais les maos, avec leur praxis antiautoritaire, apparaissent comme la seule force révolutionnaire — encore à ses débuts — capable de s'adapter aux nouvelles formes de la lutte des classes, dans la période du capitalisme organisé[3].

Pendant ce temps, la GP multiplie les coups d'éclat, comme l'opération Fauchon de mai 1970, au cours de laquelle une vingtaine de militants ont dévalisé cette épicerie fine réputée particulièrement onéreuse pour redistribuer leur butin dans les bidonvilles

1. ARMEL, 1997, p. 666.
2. SARTRE, 1972, p. 7.
3. *Ibid.*, p. 15.

de Nanterre. Leur tract dénonce le scandale : « Nous ne sommes pas des voleurs, nous sommes des maoïstes. Salaire moyen d'un OS : 3,50 francs l'heure. Un kilo de foie gras : 200 francs, soit soixante heures de travail. Un kilo de cake : 18,50 francs, soit six heures de travail… Alors ? Qui sont les voleurs ? » Le groupe se rend ensuite dans les bidonvilles de Saint-Denis et dans un foyer de travailleurs à Ivry pour offrir aux habitants médusés et ravis caviar, langoustes, foie gras, marrons glacés, alcools de luxe… Cette action retentit au-delà de ce qu'espérait le groupuscule, certains organes de presse saluant même l'action justicière de ces « Robins des Bois » modernes. L'affaire fait d'autant plus de bruit qu'une jeune étudiante en sociologie de vingt ans est arrêtée au cours de cette opération sauvage et se voit condamner à treize mois de prison ferme : « Qui donc met en péril la démocratie ? » s'indigne Françoise Giroud dans *L'Express*[1]. L'arrestation des directeurs de *La Cause du peuple* Michel Le Bris et Jean-Pierre Le Dantec précipite l'engagement de Sartre auprès des maoïstes. Il préside leur meeting de protestation à la Mutualité le 25 mai 1970, puis porte témoignage au palais de justice : « Les poursuites sont incomplètes, elles devraient s'exercer contre moi », déclare-t-il au président. Jean-Pierre Le Dantec est condamné à un an de prison, Michel Le Bris à huit mois, et le gouvernement prononce le jour même l'interdiction de la GP. Le 30 mai, c'est au tour de l'ancien secrétaire du Snesup en mai 1968, Alain Geismar, d'être emprisonné à la Santé. Sartre décide de réagir et, le 4 juin, prend l'initiative de créer une Association des amis de *La Cause du peuple*. La scène sera immortalisée par les photographes : Sartre avec ses amis distribuant à la criée dans les rues de Paris le journal maoïste interdit : « Demandez *La Cause du peuple*… » Le ministre de l'Intérieur, Raymond Marcellin, habituellement prompt à arrêter tout vendeur à la sauvette du journal maoïste et à le traduire devant la Cour de sûreté de l'État, n'ose pas s'en prendre à celui que le général de Gaulle qualifie d'« intouchable », accréditant ainsi involontairement la démonstration que voulaient faire les maos : il y a bien inégalité devant la justice, deux poids et deux mesures en fonction de sa position de classe. Jouissant de cette immunité,

---

1. Marzorati, 2012, p. 60.

Sartre devient le directeur de *La Cause du peuple*, puis d'autres journaux de la mouvance maoïste comme *Tout !*, *La Parole au peuple* et *Révolution !*.

À l'occasion du procès d'Alain Geismar, le 21 octobre, Sartre va encore plus loin. Il décide de ne pas se présenter à la barre des témoins, où il est attendu, et se contente d'envoyer un télégramme à la dix-septième chambre correctionnelle expliquant que, les jeux étant faits, il préfère témoigner dans la rue. L'image de Sartre prenant la parole, le 21 octobre, devant le lieu symbolique des usines Renault de Billancourt est dans toutes les mémoires. Elle illustre la légende de celui qui a tout fait pour ne pas désespérer Billancourt et qui appelle maintenant à la libération de Geismar : « Lui, ce petit bonhomme portant sur un pull blanc un blouson de peau et tricot beige et, sur ce blouson, une canadienne à col de fausse fourrure, debout sur un tonneau de fuel, et parlant, un micro à la main, devant des ouvriers, à la sortie des usines Renault-Billancourt[1]. » En décembre 1970, déplaçant ses interventions vers le milieu ouvrier et suivant en cela la stratégie de la GP, Sartre préside à Lens un tribunal populaire mis en place par le Secours rouge du Nord, qui entend juger de la responsabilité des Houillères du Nord dans la mort de seize mineurs des suites d'un coup de grisou.

L'engagement de Sartre se poursuit avec la création en 1972 de *Libération*, appelé à devenir un quotidien national de première importance. À côté du petit cercle des maoïstes se trouve aussi le fervent catholique Maurice Clavel. Dans les réunions préparatoires, Michel Foucault, Claude Mauriac et le cinéaste Alexandre Astruc sont aussi présents. Benny Lévy, voulant élargir le cercle pour faire de ce journal autre chose qu'un simple organe maoïste, va débaucher pour l'entreprise le journaliste Philippe Gavi et ses camarades : « D'un côté les maos purs et durs. De l'autre, la "bande à Gavi"[2]. » Ces derniers, Yves Hardy, Aline Isserman, Philippe Nahoun et Sylvie Péju, sont qualifiés de « nietzschéens » par les maos. Benny Lévy fait revenir Serge July de Bruay-en-

1. Cohen-Solal, 1985, p. 613.
2. Guisnel, 1999, p. 33.

Artois[1], qui devient le porte-parole des maos dans une rédaction qui compte en son sein des journalistes professionnels : Claude Mauriac, Philippe Simonnot, Claude-Marie Vadrot, Évelyne Le Garrec, Jacqueline Remy. Sartre, désigné directeur de la publication, entend s'impliquer de sa plume et émet le désir d'écrire un article dès le numéro d'essai qui paraît après le premier tour des élections législatives de mars 1973 : « Il vient rue de Lorraine pour écrire son papier, accompagné par Simone de Beauvoir et Liliane Siegel, sa fille adoptive. Sur cette consultation, son point de vue n'est pas très différent de celui des maoïstes, que l'on peut réduire à la fameuse formule : "Élections, piège à cons". Il entend donc prôner l'abstention pour le second tour[2]. » Surprise, Philippe Gavi, recruté comme journaliste, qui n'est pas maoïste, décide, au titre de cofondateur du journal, de ne pas publier cet appel au boycott, à l'heure où les partis du programme commun de la gauche commencent à représenter une alternative crédible à la droite.

L'engouement pour la Chine en pleine Révolution culturelle porté par le succès phénoménal du *Petit Livre rouge*, qui rassemble toute une série de citations du président Mao, est alors au zénith. Le mythe chinois va jusqu'à affecter la mode vestimentaire avec le succès du col Mao. On s'enthousiasme devant l'héroïsme d'un peuple qui surmonte tous les défis, porté sur le grand écran par Joris Ivens et Marceline Loridan dans un documentaire de douze heures à la gloire de la Révolution culturelle, *Comment Yukong déplaça les montagnes*, tourné de 1971 à 1975 et diffusé en salles à partir de 1976. Comme il y eut le voyage en URSS avec les récits du retour, témoignages émerveillés par la découverte d'un nouveau monde, porteur du sens de l'histoire, le voyage en Chine, au cours de ces années, va attirer nombre d'intellectuels. Ces premiers voyageurs sont bien sûr étroitement contrôlés : ils doivent être considérés comme des amis patentés de la Chine populaire et leur séjour est pris en charge par l'agence chinoise de voyages, la Luxingshe, l'équivalent de ce que fut Intourist en URSS. L'impression qui l'emporte est la fascination, même à droite. Alain Peyrefitte, en publiant *Quand la Chine s'éveillera...*

---

1. Voir note 4, p. 105.
2. Guisnel, 1999, p. 41.

le monde tremblera au retour d'une mission parlementaire partie enquêter sur la Révolution culturelle, produit instantanément un best-seller[1]. Le directeur des services de politique étrangère du *Figaro*, Roger Massip, revient lui aussi de son périple avec un témoignage au titre évocateur : *La Chine est un miracle*. Du côté de la gauche, c'est le témoignage d'une intellectuelle italienne, Maria-Antonietta Macciocchi, journaliste de *L'Unità*, organe du PCI, qui fait événement. Partie en Chine avec son époux, Alberto Jacoviello, en 1970, elle publie en 1971 *De la Chine*[2] : « Par les polémiques qu'il suscite à sa sortie, par "l'affaire" qu'il engendre, ce récit de voyage inaugure à maints égards ce que l'on peut nommer l'épopée de la geste maophile[3]. » Dans le climat de curiosité vis-à-vis de l'Orient rouge, ce livre qui fait l'apologie de l'expérience chinoise est accueilli par un concert d'éloges. Cette chronique d'un séjour effectué entre octobre et décembre 1970 dans une Chine fantasmée en paradis terrestre s'accorde à l'esprit du temps. La conclusion qu'elle tire de son incursion au cœur de la Révolution culturelle, malgré le culte de Mao, comme elle le constate elle-même, qui n'a jamais été aussi intense et les slogans, les affiches invitant le peuple à reconnaître la proximité entre Marx, Mao et Staline, est que Mao n'a jamais été stalinien : « Mao a été et reste léniniste à cent pour cent. C'est justement pour cette raison qu'il a pu s'opposer à toute "transposition mécanique", qu'il a pu *ne pas être stalinien*[4]. » L'ensemble du témoignage ressemble au récit d'un rêve éveillé au cours duquel l'auteur assimile tout ce qu'on lui dit avec l'ingénuité d'un enfant : « Pékin m'apparaît ainsi comme la capitale de l'austère pureté révolutionnaire, la capitale d'une société d'hommes égaux. Les rues sont parcourues sans trêve par des cortèges politiques : les enfants vont à l'école en groupes, portrait de Mao et tambours en tête[5]. » À ses yeux, le peuple chinois est sans péché. À partir de ce postulat, elle peut s'émerveiller que les ouvriers refusent une augmentation de salaire et se passent d'organisations syndicales tout à fait superflues ou

1. Peyrefitte, 1973.
2. Macciocchi, 1971.
3. Hourmant, 1997, p. 19.
4. *Ibid.*, p. 538.
5. *Ibid.*, p. 39.

que les paysans mettent en pratique la philosophie et la pensée de Mao pour travailler la terre.

> Elle avait, par exemple, rapporté avec émerveillement le témoignage de la dirigeante d'une commune paysanne où toutes les plantations furent, une année, dévastées par la grêle. Grâce au renfort de l'Armée populaire de libération et de la lecture consciencieuse du *Petit Livre rouge*, « les champs, disait cette militante éclairée, se sont de nouveau couverts de verdure. Notre lutte pour transformer la nature, guidée par la pensée de Mao qui nous incite à être décidés en tout, a été victorieuse »[1].

On retrouve dans son livre les mêmes naïvetés que les intellectuels occidentaux invités, et encadrés, dans l'Union soviétique des débuts ou encore à Cuba au début des années 1960 répétaient déjà à l'envi, ce qui ne laisse pas de susciter le scepticisme des sinologues qui débattent dans *Esprit*. Macciocchi, à qui la revue a communiqué les passages la concernant, répond vertement qu'elle ne voit là que banalités polémiques, et déclare en toute modestie : « Je renvoie le lecteur à mon article paru dans *Tel Quel* de mars 1972, sur sinophilie et sinophobie, mon *Anti-Dühring* en quelque sorte[2]. » Et d'ajouter qu'elle œuvre pour l'éclatement de la vérité sur la Chine : « J'ai tâché de rétablir, contre les mystifications et les calomnies, un peu de vérité sur la Révolution culturelle[3]. »

Seul le PCF fait exception : dans le contexte de dénonciation quotidienne du révisionnisme soviétique au pays de Mao, il ne peut approuver ce positionnement. Antoine Casanova et Jacques de Bonis donnent le ton, condamnant la presse bourgeoise qui encense ce livre et dénonçant un complot contre la vraie patrie du socialisme. À l'occasion de la Fête de *L'Humanité*, le PCF refuse d'exposer le livre de Macciocchi. L'affaire éclate : Philippe Sollers, l'allié d'hier, devenu compagnon de route du PCF, et sa revue *Tel Quel* prennent fait et cause pour Macciocchi. La Chine exerce sur l'équipe une fascination grandissante et Sollers s'est mis à traduire les poèmes de Mao :

---

1. BONCENNE, 2015, p. 19.
2. MACCIOCCHI, 1972, p. 81.
3. *Ibid.*, p. 83.

Sollers, quant à lui, est quant à la Chine on ne peut plus bouleversé (au point de prendre des leçons de chinois). Il m'écrit (je retrouve cinq ou six de ses lettres, d'octobre 1966 à janvier 1967) que notre combat n'a plus lieu de se poursuivre autre part qu'au plan politique, qu'il faut se régler sur la Chine, que la révolution n'a pas tant à se fixer qu'à devenir une manière d'être, que la *violence* est à l'ordre du jour[1].

Sollers proteste avec véhémence dans les colonnes du *Monde* contre l'interdit qui frappe Macciocchi :

Aucun intellectuel d'avant-garde, et plus encore aucun marxiste ne peut, semble-t-il, rester indifférent devant cette mesure. *De la Chine* représente aujourd'hui un admirable témoignage sur la Chine révolutionnaire mais encore une ressource d'analyse théorique qu'il serait illusoire de croire refouler. [...] Le travail de Maria-Antonietta Macciocchi a devant lui toute l'histoire[2].

Cette affaire finit de convertir l'équipe de *Tel Quel* au maoïsme militant, et le numéro 47 de la revue, à l'automne 1971, s'ouvre sur une citation de Mao : « Entre la culture nouvelle et les cultures réactionnaires, une lutte à mort est déclenchée. » Dans ce même numéro, *Tel Quel* rend publiques les « Positions du Mouvement de juin 1971 », qui s'achèvent par cette proclamation : « À bas le dogmatisme, l'empirisme, l'opportunisme, le révisionnisme ! Vive la véritable avant-garde ! Vive la pensée Maotsetoung ! » Comme l'écrit Philippe Forest, « du jour au lendemain, le bureau de la rue Jacob se couvre de "dazibaos"[3] ». La conversion est totale et radicale. *Tel Quel* se transforme en organe culturel maoïste, reprenant à son compte la vulgate de la lutte à mort entre les deux lignes : celle, révolutionnaire, de Mao et celle, droitière, révisionniste, du PCF. Cette bataille trouve en Sollers son « Grand Timonier ». Au printemps 1972, la revue publie un numéro double exclusivement consacré à la Chine.

1. THIBAUDEAU, 1994, pp. 124-125.
2. SOLLERS, 1971.
3. FOREST, 1995, p. 385.

La jonction est faite avec *Les Cahiers du cinéma*, qui vivent aussi à partir du milieu des années 1960 leur traversée maoïste. Ils incarnent une position ultrathéoricienne, lacano-althussérienne, à peine modérée par la ligne populaire du *Petit Livre rouge* du président Mao, et se détournent résolument du cinéma bourgeois. Cette ligne provoque la rupture avec François Truffaut, qui fait supprimer son nom des *Cahiers* à partir de 1970. Les ventes s'en ressentent[1]. En ce début de décennie se constitue un « Front Q » — pour culturel — qui regroupe *Tel Quel*, *Cinéthique* et *Les Cahiers*, ces derniers menant de violentes campagnes contre Yves Boisset, Louis Malle, Jean-Louis Bertuccelli et autres cinéastes dits bourgeois. Seuls trouvent grâce Jean-Marie Straub et Jean-Luc Godard, « JMS » et « JLG ». C'est ainsi que l'année 1972 sera pour la revue l'année Godard, qui voit son film *Tout va bien* porté aux nues.

La ligne maoïste de *Tel Quel* provoque un certain nombre de départs de la revue, comme ceux de Denis Roche, Jean-Louis Baudry et Pierre Rottenberg. Ces ruptures ne font que renforcer l'ancrage mao. Les membres de la revue rencontrent à l'automne 1972, après un nouveau numéro consacré à la Chine, le groupe Foudre (issu de l'Union des communistes de France marxiste-léniniste), fondé par Alain Badiou, avec Bernard Sichère, Sylvain Lazarus et Natacha Michel. Même si cette réunion n'aura pas de prolongement, elle est significative de l'évolution des telquéliens. Au printemps 1974, une délégation de *Tel Quel* se rend en voyage officiel en Chine. C'est ainsi que Philippe Sollers, Julia Kristeva, Marcelin Pleynet, Roland Barthes et François Wahl découvrent à leur tour la société de leurs rêves. Ils prennent l'avion le 11 avril pour un périple de près de trois semaines très encadré par l'agence Luxingshe. Sans laisser le temps à ce groupe d'intellectuels de prendre du repos, les visites s'enchaînent de manière continue dans les usines, universités, hôpitaux, musées, imprimeries... Si Barthes, habitué à privilégier le hasard des rencontres, trouve ce rythme particulièrement pesant, Sollers, lui, vit un rêve éveillé. Il est transporté, passionné par ce qu'il découvre. Cependant, ce voyage fait tomber bon nombre

---

1. Entre 1968 et 1973, la diffusion des *Cahiers* passa de quinze mille exemplaires (abonnements et ventes au numéro) à trois mille quatre cent trois ! (chiffres repris de Baecque [de], 1991, p. 225).

d'illusions, et la tonalité des récits du retour est plutôt empreinte de déception, notamment chez Julia Kristeva et François Wahl. Roland Barthes, qui n'a cessé de manifester son malaise durant ce voyage trop contraint, revient pourtant avec la vision d'une Chine paisible, contrastant avec les projections militantes venues d'ailleurs : « Un peuple (qui, en vingt-cinq ans, a déjà construit une nation considérable) circule, travaille, boit son thé ou fait de la gymnastique solitaire, sans théâtre, sans bruit, sans pose, bref sans hystérie[1]. » François Wahl est lui aussi très critique. Il considère que ce qu'il a vu relève d'une version plus orientale du modèle soviétique et regrette que la Chine nouvelle se coupe ainsi de son glorieux passé[2]. Cette mise à distance critique n'est pas du goût de Sollers qui « réplique vertement dans le numéro 59 [de *Tel Quel*] en contredisant François Wahl point par point[3] ». D'autres intellectuels font le déplacement : Alberto Jacoviello, Alberto Moravia, Charles Bettelheim, Alfred Max, Claudie et Jacques Broyelle, Colette Modiano, René Duchet, Michelle Loi, K.S. Karol, Gaston Martineau. Hormis le couple Broyelle qui reviendra avec un regard lucide, ils en rapportent des témoignages apologétiques.

UNE NOUVELLE FIGURE D'INTELLECTUEL

Au cœur de l'affrontement de Mai 1968, Sartre a été porté comme icône du mouvement, revenant sur la scène centrale de la contestation après le long purgatoire des années 1960. Dans l'après-68, une nouvelle figure de l'intellectuel tend à prendre sa place, accompagnant les infléchissements militants : avec Michel Foucault, la question d'un renversement frontal du pouvoir en place n'est plus à l'ordre du jour. Il s'agit à présent de multiplier les axes d'opposition à la logique de l'État sur des fronts dits secondaires, là où il est possible d'obtenir des avancées. Foucault conteste la

---

1. BARTHES, 1974, cité dans ARTIÈRES et ZANCARINI-FOURNEL, 2008, p. 499.
2. WAHL, François, 1974.
3. SAMOYAULT, 2015, p. 506.

posture de surplomb de l'intellectuel qui incarnerait les valeurs universelles et définit une nouvelle figure, celle de l'intellectuel spécifique qui parle à partir d'un savoir, d'une position singulière. L'intellectuel n'est plus alors supposé capable de parler de tout, mais doit se limiter à son domaine de compétence. Dans la relation savoir/pouvoir, la vérité n'est plus à dévoiler, mais à resituer dans l'articulation entre l'exercice d'une autorité et ce sur quoi elle s'appuie. Il s'agit de connecter les dispositifs du pouvoir sur les corps (le biopouvoir) avec les formations discursives. Foucault exprime, au niveau spéculatif, et non plus à partir d'un terrain ethnographique, ce désir de bousculer l'universalisme : « Je rêve de l'intellectuel destructeur des évidences et des universalités[1]. » Au combat sartrien, optimiste pour la liberté, Foucault oppose une microphysique de la résistance topique aux pouvoirs, une tâche intellectuelle, circonscrite par les délimitations précises de son champ particulier du savoir. Il pressent la fin de l'intellectuel universel pour lui substituer celui qui décrit l'impensé des catégories officielles de la connaissance par une transgression permanente des limites.

On assiste à l'historicisation des catégories et à la fin de toute référence à l'universel. À cette systématique, il faut ajouter la disparition du nom de l'auteur, de son existence signifiante. L'auteur doit s'effacer derrière les lois du langage, il n'est qu'un pôle exécutant d'une composition qui ne lui appartient pas. Quant à l'intellectuel, il limite son rôle à celui d'un rôdeur dans les marges, d'un démineur de préjugés, d'un destructeur de mythes. En ces temps de soupçon, l'intellectuel renonce à l'idée qu'il pourrait émaner de lui une vision globalisante du monde, au nom d'une conscience représentante et représentative de l'universalité. Pour Foucault, « l'intellectuel spécifique » occupe une place singulière à partir de laquelle il peut acquérir une certaine légitimité, partiale et partielle, sans pouvoir prétendre, à la manière de Sartre, dire la vérité cachée : « L'intellectuel n'a plus à jouer le rôle de donneur de conseils. Le projet, les tactiques, les cibles qu'il faut se donner, ce sont à ceux-là mêmes qui se battent et se débattent de les trouver[2]. »

1. Foucault [1977], 1984.
2. Id. [1975 (a)], 1994 (a), p. 759.

L'intellectuel renonce à incarner l'universel, tout en poursuivant son travail critique de dévoilement, en utilisant ses compétences et connaissances de terrain pour montrer que la réalité des choses est tout autre que ce qu'on en dit :

> Le rôle de l'intellectuel consiste, depuis un certain temps déjà, à rendre visibles les mécanismes de pouvoir répressif qui sont exercés de manière dissimulée. À montrer que l'école n'est pas seulement une manière d'apprendre à lire et à écrire et de communiquer le savoir, mais aussi une façon d'imposer[1].

Ayant renoncé au monde des idées générales, il lui revient désormais de se faire plus efficace dans un domaine particulier où il se trouve lié à des gens engagés dans une pratique sociale.

En 1976, c'est à l'occasion d'un entretien pour une revue italienne que Foucault précise « ce qu['il] appellerai[t] l'intellectuel spécifique par opposition à l'intellectuel universel. Cette figure nouvelle a une autre signification politique : elle a permis, sinon de souder, du moins de réarticuler des catégories assez voisines qui étaient restées séparées[2] ». Foucault vise évidemment là les postures adoptées tant par Sartre que par Aron, ainsi que celle, plus ancienne, de l'écrivain sacralisé. Il fait coïncider la rupture historique, même si la mutation a été inconsciente lors de la Seconde Guerre mondiale, avec les expériences du physicien atomiste Oppenheimer, porteur d'un savoir à la fois spécifique et d'une portée planétaire, qui s'est trouvé redevable auprès de la société du fait de son savoir scientifique. Si Oppenheimer se trouve encore à la charnière des deux types d'intellectuels, la part du spécialiste va vite prévaloir à partir de liens transversaux dans des réseaux de sociabilité qui sortent l'intellectuel de son isolement romantique : « Ainsi les magistrats et les psychiatres, les médecins et les travailleurs sociaux, les travailleurs de laboratoire et les sociologues peuvent chacun en leur lieu propre, et par voie d'échanges et d'appuis, participer à une politisation globale des intellectuels[3]. » Considérant que l'idéal-type de l'intellectuel universel est né dans la catégorie du juriste-notable,

1. ID. [1975 (b)], 1994 (a), p. 772.
2. ID. [1976 (b)], 1994 (b), pp. 154-155.
3. *Ibid.*, p. 155.

Foucault voit la nouvelle conception de l'intellectuel spécifique s'enraciner dans la figure du savant-expert, et particulièrement dans deux disciplines qui auraient formé les viviers les plus féconds de cette apparition : la biologie et la physique, ce nouveau paradigme impliquant le passage de la sacralisation de l'écriture littéraire à celle du savoir savant. Ce mouvement se serait notamment développé à partir de 1960, au rythme de la modernisation accélérée. En 1976, Foucault juge qu'il convient de réélaborer cette figure de l'intellectuel spécifique prenant une place croissante dans la société : « L'important, je crois, c'est que la vérité n'est pas hors pouvoir ni sans pouvoir [...]. La vérité est de ce monde [...], chaque société a son régime de vérité, sa politique générale de vérité : c'est-à-dire les types de discours qu'elle accueille et fait fonctionner comme vrais[1]. » En retrait de la tension althussérienne entre idéologie et science, Foucault assigne une fonction quelque peu différente aux intellectuels spécifiques, celle de traquer la vérité sous les logiques de pouvoir selon des topiques spécialisées, dans une démarche de dévoilement néanmoins similaire.

Au début des années 1970, cette orientation philosophique connaît un prolongement politique avec la création par Foucault du Groupe d'information sur les prisons (GIP) et l'engagement de Deleuze à ses côtés. Le GIP naît à l'occasion de l'interdiction de la GP, décidée par le ministre de l'Intérieur, Raymond Marcellin, en mai 1970. Le pouvoir, qui durcit alors sa politique de répression de l'agitation gauchiste dans l'après-68, envoie en prison de nombreux militants de l'organisation dissoute, comme Alain Geismar. En septembre 1970, des militants emprisonnés se lancent dans une grève de la faim de vingt-cinq jours, réclamant un statut de prisonnier politique qu'ils n'obtiendront pas. En janvier 1971 démarre une nouvelle grève de la faim plus largement soutenue par l'opinion. Une audience requise par Alfred Kastler, Paul Ricœur et Pierre Vidal-Naquet auprès du garde des Sceaux, René Pleven, permet d'obtenir la promesse qu'une commission soit constituée afin de statuer sur la condition carcérale. Enfin, après trente-quatre jours de jeûne pour certains, « les avocats Henri Leclerc et Georges Kiejman annoncent le 8 février 1971, dans une conférence de presse à

1. *Ibid.*, p. 158.

la chapelle Saint-Bernard, la suspension de la grève de la faim[1] » et la mise en place d'un régime spécial de détention. Au cours de cette conférence de presse, trois intellectuels de renom, Michel Foucault, Pierre Vidal-Naquet et Jean-Marie Domenach, le directeur d'*Esprit*, annoncent la création d'un Groupe d'information sur les prisons.

Dans un premier temps, ce groupe directement issu du courant maoïste se donne pour objectif de protéger de l'arbitraire les militants poursuivis de la GP. Les anciens de la GP avaient en effet créé une Organisation des prisonniers politiques (OPP) sous la responsabilité de Serge July, puis de Benny Lévy. Le GIP va néanmoins rapidement prendre son autonomie et se détacher de l'organisation maoïste. Sans l'en avoir préalablement informé, Daniel Defert, l'un des initiateurs du mouvement, avance le nom de Foucault pour s'occuper d'une commission d'examen de la situation dans les prisons. Celui-ci accepte et, « fin décembre, il réunit à son domicile ceux qu'il jugeait capables ou de constituer ou de préparer une commission d'enquête sur les prisons[2] ». La méthode d'investigation est mise au point : l'avocate Christine Martineau prépare un livre sur le travail en prison et a déjà réalisé avec la philosophe Danielle Rancière un questionnaire qu'il faut maintenant faire parvenir aux détenus : « Notre modèle était l'enquête ouvrière de Marx[3]. » À l'initiative de Foucault, quelque peu échaudé par les enquêtes populaires menées par les militants maoïstes après 68[4], ce projet de commission se transforme, et le GIP s'organise de manière totalement décentralisée : un groupe par prison. Très vite, le modèle parisien fait tache d'huile dans les

1. ARTIÈRES, QUÉRO et ZANCARINI-FOURNEL, 2005, p. 28.
2. DEFERT, 2005, p. 317. Parmi la vingtaine de personnes réunies autour de Michel Foucault, citons, entre autres, Daniel Defert, Casamayor, Jean-Marie Domenach, Louis Joinet, Frédéric Pottecher, Christian Revon, Jean-Jacques de Felice, Christine Martineau, Danielle Rancière et Jacques Donzelot.
3. *Ibid.*, p. 318.
4. Notamment par l'affaire de Bruay-en-Artois en 1972. On a retrouvé non loin des corons de Bruay le corps dénudé et mutilé d'une adolescente de seize ans, Brigitte Dewèvre, fille d'un mineur. Le juge Pascal décide très vite d'inculper un notable local, le notaire Pierre Leroy. Le quotidien maoïste *La Cause du peuple* estime que seul un cochon de bourgeois peut être à l'origine d'un tel crime, un notable « partouzard », « qui a mangé, à lui seul, 800 grammes de viande le soir du crime », marié avec « la châtelaine », « seule à Bruay à manger de la langouste ». Un tribunal populaire se met en place au nom de la nécessaire justice populaire.

prisons de province. Deleuze est aussitôt séduit par ce type d'organisation à la fois guidée par une résistance pratique, effective, rompant avec toutes les formes d'appareil bureaucratique centralisé et se définissant comme une microstructure : « Le GIP a développé un des seuls groupes gauchistes qui ait marché sans centralisation [...] Foucault a su ne pas se conduire en chef[1]. »

Prétextant une tension grandissante depuis la mutinerie dans la prison de Clairvaux en septembre 1971, qui s'est terminée par la prise en otage d'un gardien et d'une infirmière par deux prisonniers, Buffet et Bontems, le garde des Sceaux décide cette année-là, à titre de sanction collective et pour apaiser l'inquiétude des gardiens, de supprimer les colis de Noël pour l'ensemble des détenus. Cette décision attise le feu de la contestation dans les prisons : durant l'hiver 1971-1972, on comptabilise trente-deux mouvements de révolte, dont certains vont jusqu'à la destruction des cellules et à l'occupation des toits. À la centrale de la prison de Toul, de violents affrontements font une quinzaine de blessés parmi les détenus. Le soir de Noël, le GIP organise devant la prison de la Santé à Paris une manifestation à laquelle participent Foucault et Deleuze.

Outre les actions concernant les prisons, le GIP se mobilise pour des affaires de répression et à caractère raciste. À l'automne 1971, un jeune Algérien malmène la gardienne de son immeuble à la Goutte-d'Or. Son mari, Daniel Pigot, voit la scène, décroche son fusil et tue Djellali Ben Ali, accidentellement dit-il, prétextant que le jeune homme avait tenté de violer son épouse. Le contexte de tension raciale croissante dans le quartier est révélé par cette affaire et des manifestations dénoncent un crime raciste. Lorsque le gardien d'immeuble, passé en jugement, est condamné à la peine très indulgente de sept mois de détention, Foucault prend l'initiative d'un Comité Djellali chargé de mener l'enquête[2]. Le 27 novembre 1971, Sartre et Foucault prennent la tête d'un rassemblement à la Goutte-d'Or au nom d'un « appel aux travailleurs du quartier », signé par Gilles Deleuze, Michel Foucault, Michel Leiris, Yves Montand, Jean

---

1. DELEUZE, 1986.
2. Le comité Djellali se composait, entre autres, de Gilles Deleuze, Michel Foucault, Jean Genet, Michel Leiris, Jean-Paul Sartre, Simone de Beauvoir, Yves Montand, Marianne Merleau-Ponty, Monique Lange et Michèle Manceaux.

Genet, Jean-Paul Sartre, Simone Signoret. Claude Mauriac s'étonne que l'on présente l'un à l'autre Michel Foucault, avec lequel il se trouve, et Sartre qui vient d'arriver pour la manifestation. Ils se rencontrent en effet pour la première fois et vont prendre successivement la parole dans la rue : « Sartre est pathétique, là, marchant devant nous à un sacrifice qui lui est une fois de plus refusé, paratonnerre efficace, mais grâce à qui, pourtant, nous montrons à ces Algériens terrorisés qu'il est possible de leur parler et de les défendre publiquement en plein quartier de la Goutte-d'Or[1]. »

Ces interventions militantes de 1971 et 1972 permettent à Deleuze et Foucault de nouer un dialogue portant sur la manière dont ils définissent les tâches nouvelles des intellectuels par rapport au pouvoir. C'est au cours d'un entretien de 1972 que Deleuze reprend la formule de Guattari : « Nous sommes tous des groupuscules[2]. » Deleuze voit dans le GIP l'expression d'un nouveau type d'organisation capable de renouveler les rapports entre théorie et pratique en les resituant dans un cadre concret, local et partiel : « Pour nous l'intellectuel théoricien a cessé d'être un sujet, une conscience représentante et représentative[3]. » De son côté, Foucault considère que le rôle de l'intellectuel comme incarnation du discours de vérité est dépassé : la démocratisation de la société a permis à chaque catégorie sociale d'exprimer au mieux ses insatisfactions sans avoir besoin du relais des intellectuels. Ces derniers doivent se concentrer sur la lutte contre les formes de pouvoir, en délimiter les foyers, et en retracer la généalogie.

CONTESTATION DE L'AUTORITÉ ECCLÉSIALE

La brèche de Mai 1968 trouve aussi des prolongements dans l'Église parmi les laïcs et les religieux qui contestent eux aussi

---

1. MAURIAC, Claude, 1993, p. 194.
2. DELEUZE et FOUCAULT [1972], 1994, p. 289.
3. *Ibid.*, p. 289.

une certaine forme de hiérarchie et œuvrent pour une fraternité et une collégialité plus grandes des décisions : « Ce qui est étrange, c'est la forte trace après coup de ce moment dans la conscience et la biographie même de ceux qui, comme moi, n'avaient pas été aux premières loges[1]. » Le bulletin animé par Jacques Chatagner, Michel Clévenot et André Mandouze, *La Lettre*, exprime cette sensibilité chrétienne touchée par les exigences de Mai 1968. Un groupe de prêtres fonde en novembre 1968 le mouvement Échanges et dialogue et adopte en janvier 1969 un manifeste qui recueille six cent cinq signatures ; ces derniers « contestent la figure du clerc séparé des hommes et revendiquent pour le prêtre le droit au travail salarié, au mariage et à l'engagement politique. Ils critiquent le principe de l'autorité hiérarchique[2] ». Ils profitent de l'effervescence de la contestation antiautoritaire pour réclamer une démocratisation de l'institution ecclésiale et l'avènement d'une nouvelle figure de prêtre « déclergifié ».

Parmi eux, Robert Davezies, un des premiers prêtres-ouvriers, qui a été emprisonné pour son soutien à la cause algérienne, est un des plus engagés, et il milite en ce début des années 1970 au Secours rouge. D'autres, religieux ou laïcs, entreprennent de changer leur mode de vie en s'engageant dans des communautés informelles, qui se retrouveront en diverses occasions pour dresser un bilan et échanger leurs expériences. En octobre 1970, *Témoignage chrétien* organise à Bourges le premier de ces rassemblements, qui réunit cinq cents personnes sur le thème « Pour une Église solidaire de la libération des hommes ». L'abbaye de Boquen joue ce rôle en Bretagne autour de son prieur Bernard Besret. Michel Clévenot est assez représentatif de ces chrétiens en recherche[3] : aumônier national de la JEC jusqu'en 1972, il est appelé à travailler avec les dominicains aux Éditions du Cerf, où il crée plusieurs collections et publie la célèbre *Lecture matérialiste de l'Évangile de Marc* de Fernando Belo[4].

Mai 68 ne suscite cependant pas que l'adhésion. Comme dans

1. Schlegel, 2008, p. 65.
2. Rousseau, 2008, p. 637.
3. Clévenot, 1989.
4. Belo, 1974.

l'ensemble du pays, une réaction de crispation et de peur pousse certains chrétiens à se replier sur la défense de la tradition. À partir de 1970, une mouvance intégriste se regroupe ainsi derrière Mgr Lefebvre contre les décisions de Vatican II, accusé de livrer l'Église au protestantisme. Ce courant ira jusqu'à la rupture en 1976 en se constituant en contre-Église.

Une décision de Rome accentue le désarroi de ceux qui ont cru au changement et relance la contestation contre l'autorité ecclésiale. En effet, l'encyclique *Humanae vitae*, signée par Paul VI le 25 juillet 1968 et rendue publique le 29 juillet, condamne les moyens non naturels de contraception et se déclare donc opposée à la pilule contraceptive. Cette encyclique prend à rebours l'évolution de la société française, qui vient d'adopter la loi Neuwirth en 1967, autorisant l'usage des contraceptifs. C'est aussi le moment où le courant féministe réclame l'émancipation des femmes, condamnées jusque-là à n'incarner que le deuxième sexe : « On imagine mal aujourd'hui la violence des réactions à l'encyclique *Humanae vitae*[1]. » Avant sa promulgation, une commission avait été chargée de réfléchir à la question de la contraception, et, parmi trois projets, le pape choisit finalement le plus rigoriste. Le directeur d'*Études*, le jésuite Bruno Ribes, se trouve alors à Rome où il a un entretien avec Paul VI, qui lui demande de commenter favorablement l'encyclique. De retour à Paris, personne ne voulant s'engager sur ce terrain, Bruno Ribes écrit un article très pondéré qui lui vaut les foudres du pape et une convocation au Vatican.

Tous les catholiques n'entrent pas en dissidence, et beaucoup suivent le pape dans sa condamnation de la contraception moderne. *La Croix* et *Le Figaro* se font les chantres de l'encyclique. Le père Riquet, jésuite, écrit dans le second : « Le pape ne croit pas que le bonheur et le progrès de l'humanité puissent s'obtenir par le miracle d'une pilule[2]. » Dans le même quotidien, Jean Guitton justifie lui aussi le bien-fondé d'une encyclique que François Mauriac évoque à son tour dans son « Bloc-notes » du *Figaro littéraire* du 16 septembre[3]. Tout en reconnaissant que les objections

1. SCHLEGEL, 2008, p. 68.
2. RIQUET (s.j.), 1968.
3. SEVEGRAND, 1995, p. 313.

à *Humanae vitae* sont « très fortes », l'académicien confesse : « [Si le pape avait approuvé la contraception,] c'eût été un coup dur pour ma foi, parce qu'à mes yeux la ligne aurait été franchie qui sépare l'armature de la Sainte Église [...] du monde moderne tel qu'il est devenu[1]. » Jacques Nobécourt, correspondant du *Monde* à Rome, se montre plus circonspect et témoigne du désarroi que suscite la décision du pape : « Toutes les analyses constatent en effet que, traitant d'un point particulier relevant apparemment de la pure discipline, l'encyclique contient en germe des réorientations théologiques, le retour à une conception ancienne de la famille et des risques de rupture du corps de l'Église[2]. »

La droite catholique salue naturellement avec ferveur l'acte d'autorité pontifical, à l'image de *La France catholique* du 2 août, qui titre avec éclat : « Non à la dégradation de l'amour ». Plus surprenante est l'adhésion à l'encyclique de Maurice Clavel, engagé dans tous les combats gauchistes, qui s'en fait le défenseur passionné dans les colonnes du *Nouvel Observateur*. En définitive, *Témoignage chrétien* est le seul hebdomadaire catholique à prendre ouvertement position contre le Vatican en publiant un éditorial du dominicain François Biot, « Une déception pour beaucoup ». Une autre voix connue du grand public s'élève contre l'encyclique, celle de l'abbé Oraison. À l'occasion d'un grand débat sur les ondes d'Europe 1, il déclare : « Il faut attendre les mois d'octobre et de novembre pour lire dans quelques revues catholiques déclarées ou d'inspiration chrétienne comme *Esprit* des articles contestant ouvertement l'encyclique[3]. » Le directeur de cette dernière revue, Jean-Marie Domenach, y dénonce en effet une décision en contradiction avec le message de Vatican II et qui sème le trouble.

Confortée par les événements de Mai 1968, la critique de l'Église comme institution grandit aussi bien parmi les catholiques, notamment à *Témoignage chrétien*, que chez les protestants du Christianisme social, de la Cimade, de Jeunes Femmes et de la Mission populaire. En 1969, les initiatives se multiplient pour créer des structures de dialogue et d'action communes entre chrétiens de

---

1. MAURIAC, François, 1968 (b).
2. NOBÉCOURT, 1995, p. 296.
3. SEVEGRAND, 1995, p. 302.

toutes obédiences. La revue *Christianisme social* adopte une ligne révolutionnaire, qui place le président du mouvement, Ricœur, en situation délicate à l'égard des instances dirigeantes de l'Église réformée : pour lui, la ligne révolutionnaire doit simplement nourrir un projet de réforme radicale, alors que, pour beaucoup, les voies chinoise ou cubaine laissent présager Mai 1968 comme une répétition générale du Grand Soir.

Dans une intervention de 1970, Ricœur se démarque des illusions de ceux qui amalgament les institutions en un bloc indivis et répressif appelé « pouvoir ». Cette stratégie du dévoilement ne peut que déboucher sur une logique d'affrontement violent. Dans l'autre camp, une tentation réactive se porte craintivement vers le maintien du statu quo et la défense de l'ordre. Récusant une telle alternative, Ricœur préconise une attitude adulte faite d'écoute et de discernement. Sans nier son inclination pour les expériences de dissidence, il ne se dérobe pas à son rôle d'adulte et s'applique à discerner les attitudes créatives et les virtualités de chaque situation. Il prône une stratégie de brèches, consistant à repérer les fissures du système pour y introduire toujours plus d'autogestion. Une telle approche se démarque des grands mythes politiques.

La publication du *Christianisme éclaté* en 1974 est l'occasion d'une confrontation entre Jean-Marie Domenach, initiateur avec Michel Foucault du GIP, défenseur sourcilleux de l'indépendance de sa revue vis-à-vis de Rome, et le jésuite Certeau[1]. Il apparaît vite que celui qui tient le discours le plus critique vis-à-vis de l'Église n'est pas celui que l'on croit. Face à Certeau, Domenach fait figure de défenseur de la tradition, constamment déstabilisé par les audaces toujours plus poussées du jésuite. Lorsque le premier évoque l'invention et le recommencement nécessaires des pratiques croyantes, le second lui oppose l'importance du lien au passé. Lorsque Certeau parle de décomposition des signes, Domenach rectifie en invoquant la primauté de la vie sur l'activité destructrice de la critique. Devant l'insistance de Certeau sur le caractère particulier de l'histoire du christianisme et sur l'altérité, Domenach fait au contraire porter l'attention sur l'universalité de son message.

Certeau fait l'analyse d'un christianisme qui déserte de plus en

1. Certeau et Domenach, 1974.

plus les lieux traditionnels de l'expérience religieuse et prolifère dans des espaces profanes. Il constate la désaffection avancée à l'égard des pratiques religieuses, la crise de fréquentation des lieux de culte, la désagrégation d'une institution ecclésiale réduite aux marges devant un processus accéléré de sécularisation de la société. En cette seconde moitié du XXe siècle, la désarticulation du dire et du faire que Certeau a prise pour objet d'étude à propos du XVIIIe siècle est spectaculaire et s'amplifie encore depuis les années 1970 : « La constellation ecclésiale se dissémine au fur et à mesure que ses éléments se désorbitent. Elle ne "tient" plus, parce qu'il n'y a plus une articulation ferme entre l'acte de croire et des signes objectifs[1]. » La substance du message chrétien, qui a perdu son lieu, son propre, est récupérée par la société sous une forme esthétisante, en convertissant la spiritualité en supplément d'âme décoratif. Les témoignages de la révélation ont subrepticement laissé la place au constat de l'état de ruines admirables d'un monde à jamais révolu. Reprenant à son compte la thèse de Kolakowski[2], Certeau évoque la multiplication des chrétiens sans Église :

> Cela veut dire que l'institution chrétienne se lézarde, telle une maison désaffectée : des croyants la quittent par la fenêtre ; des récupérateurs entrent par toutes les portes. Ce lieu est traversé par des mouvements de toute sorte. On l'utilise à toutes fins. Il ne définit plus un sens et n'est plus l'indicatif social d'une foi[3].

Certeau oppose à la voie d'une Église diffusant une vérité qu'elle incarnerait une perspective fondée sur une dynamique de questions issues des champs de l'activité sociale, propre à la dimension évangélique. À un sens autour d'un corps de vérité, il préfère les chemins de traverse des pratiques signifiantes. Le sens évangélique n'est plus un lieu, « il s'énonce en termes d'instaurations et de déplacements relatifs aux lieux effectifs, hier religieux, aujourd'hui civils[4] ». À la question de Domenach de savoir s'il faut refonder l'Église, Certeau répond :

1. *Ibid.*, p. 12.
2. KOLAKOWSKI, 1969.
3. CERTEAU et DOMENACH, 1974, pp. 11-12.
4. CERTEAU, 1974, p. 89.

Quant à l'hypothèse d'un christianisme congédié par l'Histoire, elle est ouverte. Il se peut que le christianisme ou, plus généralement, la religion soit seulement une figure historique des grands problèmes de l'homme en société, et que d'autres lui succèdent aujourd'hui. L'hypothèse n'est ni nouvelle ni téméraire. Depuis le XVIIIᵉ siècle, c'est une thèse, une affirmation[1].

L'advenue de Jésus comme le départ de ses disciples supposent une coupure instauratrice, un déplacement de la relation : la conformité à la loi fait place à une « conversion vers l'autre, non plus une fidélité, mais une foi[2] ». C'est à ce sursaut mystique de dépossession de soi et d'ouverture à l'autre qu'invite Certeau, soit à la sortie de son lieu d'origine, par une itinérance, un exil, un impossible arrêt. Le langage du croire s'inscrit dans les thèmes de la faiblesse, du périssable, de la rature et de la disparition, et Certeau reprend à son compte l'expression des mystiques d'une écriture croyante comme « goutte d'eau dans la mer », s'incorporant à la société civile séculière.

Cette goutte d'eau va faire quelques vagues, d'autant que le livre bénéficie d'un large écho dans la presse et rencontre un lectorat important. La tension au sein de la Compagnie de Jésus est d'autant plus forte que Certeau est lu avec enthousiasme par la jeune génération de jésuites marquée par le mouvement de Mai 1968. C'est le cas de Guy Petitdemange, étudiant en théologie à Fourvière à partir de 1970 puis professeur de théologie à Lyon, qui met en place, à partir de 1972, un séminaire avec des étudiants de Fourvière. Pour animer les débats, il fait appel à un certain nombre de jésuites ; seul Certeau non seulement répond positivement, mais participe à toutes les réunions, qui se tiennent alternativement à Fourvière et à Grenoble, au rythme élevé de trois à quatre journées par mois. Ce séminaire compte une quinzaine de participants, parmi lesquels se retrouvent Jean-Louis Schlegel, Guy Lafon, Bruno Revesz, Christian Mellon, Pierre Lardet, qui s'interrogent sur les frontières entre théologie et philosophie, entre foi et non-foi, sur le corps ou encore

1. *Ibid.*, pp. 74-75.
2. *Ibid.*, p. 94.

sur les relations entre théologie et psychanalyse. Dans ce groupe, les thèses défendues par Certeau sont particulièrement bien accueillies. Elles mettent en lumière la crise réelle que traversent non seulement l'institution ecclésiale, mais la Compagnie elle-même : en témoigne le lieu même de Fourvière qui connaît une véritable hémorragie avec le départ massif de jeunes jésuites prenant soudain la clé des champs une fois arrivés au terme de leur long parcours de formation de quinze ans.

L'IMPASSE DE LA VIOLENCE

Au printemps 1972, lorsque l'aérolithe qu'est *L'Anti-Œdipe* s'écrase sur le continent du savoir et sur le monde politique, quatre années se sont écoulées depuis l'explosion de Mai 1968, et l'ouvrage en porte encore la marque et l'effet de souffle, sinon de soufre. La situation est de plus en plus tendue entre le pouvoir et les maoïstes depuis la condamnation en octobre 1970 d'Alain Geismar à deux années de prison. Par mesure de représailles, les maoïstes, dotés de leur organisation paramilitaire, la NRP, enlèvent un député de la majorité, Michel de Grailly, qui réussit à s'échapper. Olivier Rolin plonge dans la clandestinité, dirige les opérations et menace : « Nous ferons plus. Ce seront les premières exécutions de tortionnaires, de policiers fascistes. Mais nous ne frapperons que la poignée de tortionnaires les plus haïs, ceux qui ne peuvent s'amender. Nous frapperons de manière chirurgicale[1]. » En 1972, le mouvement de Mai vit encore dans les esprits et l'agitation reste quotidienne, tout en se heurtant à une répression de plus en plus sévère. La GP emprunte graduellement la voie de la violence assumée. En janvier, la direction des usines Renault licencie deux ouvriers maoïstes, qui entament devant l'usine une grève de la faim. La mobilisation allant en s'essoufflant, la direction de la GP décide de mener une incursion violente à l'intérieur de l'usine. Les militants maoïstes franchissent les grilles et se heurtent aux vigiles.

---

1. Olivier Rolin, cité dans MARZORATI, 2012, p. 63.

Pierre Overney, militant de la GP de vingt-trois ans, gourdin à la main, fait face à Jean-Antoine Tramoni, un agent de sécurité, qui sort son revolver et le menace, s'il ne recule pas, de tirer. Le coup part et Overney s'écroule. Le gauchisme politique réussit, en cette occasion dramatique, à transcender ses divisions, rassemblant deux cent mille personnes le 4 mars 1972 lors de l'enterrement de Pierre Overney. La tentation d'un certain nombre de groupes d'extrême gauche de compenser leur faible implantation par l'exercice de la violence est réelle, mais faible en regard de la dérive terroriste chez nos voisins allemands et italiens. En réaction à l'assassinat de Pierre Overney, la NRP organise l'enlèvement de Robert Nogrette, cadre chez Renault, chargé à la régie de l'embauche. Répercuté par les médias, cet enlèvement devient une affaire nationale. Olivier Rolin, qui l'a organisé, confie à la victime qu'elle n'a rien à craindre, qu'il n'est pas question de la tuer. Elle est en effet relâchée quarante-huit heures plus tard.

Le sort tragique du militant révolutionnaire Pierre Goldman, né en 1944 à Lyon d'une famille juive résistante et communiste, symbolise les violences du temps :

> Dans mon berceau il y avait des tracts et des armes qu'on y dissimulait. Peu après ma naissance, ma mère fut appelée à Grenoble pour y remplacer un responsable que les Allemands avaient fusillé. Elle m'emmena avec elle. De cette époque je n'ai pas de souvenir, mais je conserve, je le sais, la marque de ce combat et j'ai erré pour en retrouver la saveur. Si j'ai voulu être mort, si j'ai vécu dans la mort, c'est aussi que j'ai voulu, désiré, obscurément, dans l'opacité d'une passion viscérale, vivre un temps impossible où j'étais mort parce que je n'étais pas né, un temps où, né, je n'existais cependant pas encore tout à fait[1].

À cinq ans, son père l'enlève à sa mère qui retourne en Pologne : « Je ne sais pas si mon père m'a repris parce qu'il m'aimait. Je sais qu'il ne voulait pas que son fils vive dans un pays où des millions de Juifs avaient été exterminés[2]. » Au milieu des années 1960, il s'engage auprès de l'Union des étudiants communistes (UEC) et,

1. GOLDMAN, 1975, p. 31.
2. *Ibid.*, p. 32.

en 1968, part rejoindre les forces révolutionnaires au Venezuela, puis en Colombie. De retour en France en septembre 1969, il se lie avec le milieu du gangstérisme et participe à trois hold-up. Arrêté en avril 1970, il est accusé de l'assassinat de deux pharmaciennes lors d'un braquage boulevard Richard-Lenoir. Quand il nie avoir participé à ce braquage, *Libération*, le nouveau quotidien à dominante maoïste, vient à son secours et défend sa cause[1]. Le 5 mai 1976, les jurés concluent à son innocence dans cette affaire. Il sort de prison en octobre après avoir purgé la peine encourue pour les attaques à main armée qu'il a reconnues. Il ne profite pourtant pas longtemps de la liberté ; il est assassiné le 20 septembre 1979.

Quant à la famille trotskiste, en particulier la Ligue communiste dirigée par Alain Krivine, elle connaît aussi son moment de tentation militariste en s'opposant frontalement et à deux reprises à l'organisation d'extrême droite Ordre nouveau : en mars 1971 et en juin 1973, sur le même théâtre d'opérations du Palais des expositions de la porte de Versailles, pour empêcher par la force la tenue de meetings d'extrême droite. La violence des affrontements avec la police provoque la dissolution de la Ligue comme d'Ordre nouveau à l'été 1973. Cette dérive militaire, assumée par l'ancien meneur des Comités d'action lycéens en Mai 1968, Michel Recanati, condamné à la prison à l'issue de la dernière manifestation, prend fin en même temps que la vie de ce dernier, qui se suicide.

RENAISSANCE DE L'EXTRÊME DROITE

La persistance de la contestation de l'ordre établi après l'explosion de Mai 1968 suscite la réaction de l'extrême droite, qui recrute pour faire face au gauchisme. Après avoir retrouvé sa place durant la guerre d'Algérie en s'appuyant sur le sentiment d'attachement à la présence française sur le territoire algérien et en associant son combat à celui de l'OAS, l'extrême droite est marginalisée par sa politique de la terre brûlée et la détermination de la politique

1. KRAVETZ, 1974.

gaulliste. La force de l'éruption de Mai 1968, qui draine une idéologie contestataire d'extrême gauche, réveille l'autre extrême, qui se porte garant de la défense de la tradition, de l'enracinement de souche, des valeurs éternelles. L'extrême droite déploie une stratégie plus unitaire qui favorise la résurgence de cette idéologie. En 1969, un certain nombre de groupuscules se retrouvent dans une organisation commune, Ordre nouveau, qui tient son premier meeting en 1970 et compte en 1972, lors de son deuxième congrès, quatre mille sept cents membres. Ce mouvement est tout de suite dénoncé comme une renaissance du fascisme par les militants d'extrême gauche. Pour sortir de la marginalité, un regroupement s'opère sous la bannière d'un parti qui prend le nom de Front national et se dote de porte-parole comme Jean-Marie Le Pen, Pierre Durand, Alain Robert, Roger Holeindre, François Brigneau et Pierre Bousquet. Ce mouvement va bénéficier de la dissolution d'Ordre nouveau par le gouvernement en 1973 et entamer une progression constante.

Le phénomène vraiment nouveau est le réarmement idéologique de l'extrême droite. Certains intellectuels de ce courant considèrent que la seule manière de l'emporter sur la gauche est de la combattre sur le plan des idées, de la doctrine. Sur ce plan, depuis l'après-guerre, l'hégémonie idéologique s'est située à gauche, au point que la notion même d'intellectuel de gauche apparaissait à certains redondante : il ne pouvait y avoir d'intellectuels que de gauche. Pour mener ce combat des idées, une nouvelle organisation est créée, le Grece (Groupement de recherche et d'études pour la civilisation européenne), dont la première réunion nationale a lieu début mai 1968, et dont les statuts sont déposés en janvier 1969. On assiste donc paradoxalement, au moment même où la France est gagnée par une fièvre d'extrême gauche, à l'émergence d'une droite extrême qui se remparde idéologiquement pour se doter d'un « corpus idéologique aussi cohérent que possible[1] ».

Le Grece bâtit ainsi un système idéologique tout à fait original en regard des valeurs transmises par la droite traditionnelle. Il emprunte même fortement à son adversaire de gauche ; il se revendique ainsi du penseur marxiste italien Gramsci, qui a montré que le

---

1. Benoist (de), Alain, 1979 (a).

pouvoir politique doit s'appuyer sur une position hégémonique sur le plan idéologique et culturel. Ces intellectuels d'extrême droite empruntent aussi à la gauche son antitotalitarisme, son antiracisme, son antifascisme, selon une ligne qui se présente comme une troisième voie « définie par le double rejet de l'individualisme et du totalitarisme[1] ». Malgré ses efforts pour construire une perspective novatrice, le Grece reste dans un premier temps dans la confidentialité la plus absolue, ne regroupant qu'une poignée de militants autour de la revue *Nouvelle École* et de son directeur, l'idéologue Alain de Benoist, qui écrit alors sous le pseudonyme de Robert de Herte[2]. Au fil des années 1970, cet organisme va prendre de l'importance, diversifier ses activités, ses publications, intervenir dans les domaines les plus débattus. Outre *Nouvelle École*, le Grece publie *Éléments* et consacre des numéros spéciaux à des thèmes grand public comme l'avortement, le régionalisme, le tiers-monde, le paganisme… Il met également en place un centre de formation pour les étudiants, un ciné-club, organise des universités d'été et des expositions.

La stratégie de conquête d'Alain de Benoist, le doctrinaire du mouvement, consiste à reprendre à la gauche un certain nombre de positions, en leur donnant un tout autre sens. C'est le cas par exemple avec le thème différentialiste, qui a alimenté la pensée anticoloniale des intellectuels de gauche : le Grece reprend cette posture à son compte pour combattre les doctrines universalistes, et en premier lieu le projet libéral, qui selon Alain de Benoist « interdit la mise en œuvre de tout projet historial de civilisation[3] ». La seconde hydre à renverser est le marxisme, qui « reproduit sous une forme laïque la théorie chrétienne de l'histoire[4] ». Il en résulte une défense du thème de l'enracinement qui passe par l'exacerbation du différentialisme culturel. En guise d'antidote aux prétentions des religions monothéistes et de leurs succédanés laïcisés, Alain de Benoist défend le paganisme et toutes les formes de polythéisme

---

1. CHEBEL D'APPOLLONIA, 1988, p. 321.
2. Ses principaux animateurs sont Roger Lemoine, Dominique Gajas, Jean Mabire, Jacques Bruyas, Michel Marmin, Jean-Claude Valla (secrétaire général de 1974 à 1978) et surtout Alain de Benoist (*ibid.*, pp. 321-322.)
3. BENOIST (DE), Alain, 1982, p. 19.
4. ID. [1979], 1988, p. 324.

contre toutes les pensées de l'Un. Ce courant est porteur d'une
conception élitiste de la société et de l'évolution historique contre
« les idéologies égalitaires niveleuses[1] ». Pour mener cette offensive idéologique, Alain de Benoist mobilise sa lecture personnelle de Nietzsche, qui n'a bien sûr pas grand-chose à voir avec
celle d'un Foucault ou d'un Deleuze, mais aussi de Guillaume
d'Ockham, de Joseph de Maistre, de Martin Heidegger ou d'Ernst
Jünger, ainsi que les travaux de généticiens pour démontrer que
l'inégalité entre les hommes trouve sa source dans les différences
entre leurs patrimoines génétiques. L'habileté de ce courant aura
été de disséminer ses idées-forces dans un certain nombre de *news
magazines* grand public comme *Le Figaro Magazine* et de réaliser
des connexions avec la droite politique classique en lui donnant
un semblant de solidité : « Lors des élections de 1974, le nouveau
secrétaire général du Grece, Jean-Claude Valla, a demandé aux
militants de la Nouvelle Droite de voter pour Valéry Giscard d'Estaing au second tour[2]. » Incontestablement, ce courant sert de vivier
à idées pour une droite politique qui retrouve une vivacité et une
vitalité qui s'étaient perdues dans les méandres des compromissions
avec l'occupant durant la Seconde Guerre mondiale.

1. Grece, 1977, p. 182.
2. CHEBEL D'APPOLLONIA, 1988, p. 326.

3

Changer la vie

VIVRE L'UTOPIE

En cet immédiat après-Mai 68, un certain nombre de pensées hétérodoxes et radicales qui se donnent pour objet d'aller à la racine des problèmes à traiter connaissent une vogue certaine et deviennent sources d'inspiration à la fois pour perpétuer une pensée critique et pour modifier son mode de vie. C'est dans ce contexte qu'advient le « phénomène Illich », comme l'appelle Frédéric Gaussen dans *Le Monde* du 11 avril 1972, tant les tirages réalisés par ses publications sont élevés pour des ouvrages théoriques. La première moitié des années 1970 est jalonnée par le succès retentissant de ses ouvrages : *Libérer l'avenir* (1971), *Une société sans école* (1971), *Énergie et équité* (1973), *La Convivialité* (1973), *Némésis médicale* (1975)[1]. Avant Mai déjà, Illich avait retenu l'intérêt de nombreux intellectuels chrétiens pour sa remise en question de Vatican II. Parmi les passionnés d'Illich, Paul Flamand, directeur du Seuil, son éditeur, voit en son œuvre la possible concrétisation de nombreuses espérances humanistes. « Prélat des Tropiques », comme le qualifie Jean Lacouture, Illich dispense alors son enseignement à Cuernavaca, au Mexique, où il a créé un Centre pour la formation

---

1. Chiffres de vente de ces ouvrages parus au Seuil : *Libérer l'avenir*, 18 290 ; *Une société sans école*, 151 665 ; *Énergie et équité*, 23 057 ; *La Convivialité*, 65 915 ; *Némésis médicale*, 64 575 (chiffres repris de TABET, 2012, p. 92).

interculturelle (CIF), qui deviendra le Cidoc (Centre intercultu-
rel de documentation) en 1966 et fonctionnera jusqu'en 1976, lui
permettant de jeter les bases d'un monde plus approprié à l'épanouissement de l'homme. La fascination exercée par Illich sur Paul
Flamand remonte au début des années 1960 — bien avant qu'il
ait acquis cette notoriété dans le monde intellectuel français —,
comme l'atteste ce regret exprimé par l'éditeur de n'avoir pu le
rencontrer lors d'un de ses voyages à New York :

> Monseigneur, quand je suis allé à New York le printemps dernier,
> j'ai essayé de vous rencontrer, mais on m'a dit que vous n'étiez
> pas aux États-Unis à ce moment-là. Je l'ai fort regretté, vous le
> pensez bien [...]. Est-ce que je puis vous aider ? Et comment ?
> Vous savez en quelle pensée nous nous réunissons, et j'aimerais que
> vous comptiez sur moi pour tout ce qu'il vous semblera possible
> de me demander[1].

Né en 1926 en Autriche, Ivan Illich se lance dans des études
d'histoire et soutient une thèse sur Toynbee à Salzbourg. En Italie,
il étudie la cristallographie à l'université de Florence et la théologie à la Grégorienne de Rome. Véritable polyglotte, il parle le
serbo-croate, l'italien, l'allemand, ainsi que le français et les langues anciennes : « Par la suite, et toujours en situation, il apprend
l'hindi, le portugais, et s'exerce à bien d'autres langues, comme
le japonais[2]. » Il se destine à la prêtrise et obtient un poste à la
paroisse portoricaine de New York à partir de 1951, mais de nombreux désaccords avec la hiérarchie ecclésiale l'amènent à partir
en 1960 pour rejoindre le Mexique, où il fonde le CIF l'année suivante. Il devient alors une des figures de proue du tiers-mondisme
catholique. Lorsqu'il est convoqué par la Congrégation pour la
doctrine de la foi à Rome, le directeur d'*Esprit*, Jean-Marie Domenach, s'indigne : « Nous subissons les contrecoups de cent ans de
dogmatisme et particulièrement des mœurs répressives qui s'étaient
installées dans l'Église catholique à la fin du règne de Pie XII[3]. »

---

1. Paul Flamand, lettre à Ivan Illich, 19 septembre 1961, Imec, fonds des Éditions
du Seuil.
2. PAQUOT, 2005, p. 9.
3. DOMENACH, 1969.

Illich est démis de ses fonctions ecclésiastiques, mais conserve sa qualité sacerdotale et les vœux qui lui sont liés.

À l'écart des institutions, animée par le désir de changer la vie, l'œuvre d'Illich séduit une bonne partie de la génération des baby-boomers à l'ombre de Mai 1968, en poursuivant la quête de valeurs en marge de celles de la société de consommation et de son modèle productiviste. Illich s'en prend à chaque institution pour montrer que, loin de réaliser ce pour quoi elle existe, elle échoue à sa vocation. Il en est ainsi de l'école qui devrait enseigner et bride les potentialités des jeunes générations, comme de l'hôpital qui devrait soigner et transmet des maladies mortelles. Dans le contexte de contestation de l'école et de l'université et de l'aspiration à un nouveau rapport entre maître et élève en ce début des années 1970, les thèses d'Illich font florès. Sa pensée répond parfaitement à l'émergence de ce que l'on appelle alors des fronts secondaires autonomisés par rapport à la dimension politique globale, qui ne s'en prennent pas directement au pouvoir politique mais le détournent en engageant des batailles essentiellement culturelles et sociétales : « La marche en avant sera reprise par ceux qui n'entendent pas se soumettre au déterminisme, apparemment inévitable, des forces et des structures de l'âge industriel. Notre liberté et notre pouvoir d'action se définissent par notre volonté d'assumer la responsabilité de l'avenir[1]. » Comme le souligne Alexeï Tabet : « Dès lors, l'action politique qu'il préconise doit s'originer dans un refus du pouvoir[2]. »

Les éditions du Seuil et *Esprit* jouent un rôle majeur dans la diffusion des thèses d'Illich, qui publie successivement dans la revue « L'envers de la charité » en mai 1967, « Métamorphose du clergé » en octobre 1967, « "Birth control" et conscience politique » en juin 1969, « Pour en finir avec la religion de l'école » en décembre 1970, « Comment éduquer sans école ? » en juin 1971. *Esprit* consacre des dossiers entiers à la réflexion sur sa pensée[3]. Jean-Marie Domenach exprime son enthousiasme dans ses édi-

---

1. ILLICH, 1971 (a), pp. 15-16.
2. TABET, 2012, p. 29.
3. *Esprit* consacre son numéro de mars 1972 au dossier « Illich en débat » et son numéro de juillet-août 1973 à « Avancer avec Illich ».

toriaux et cherche à faire des émules, comme lorsqu'il organise en 1974 un débat autour de la pensée d'Illich[1] au Centre catholique des intellectuels français (CCIF). Définitivement déçu par le concile Vatican II, Domenach, qui cherche de nouvelles raisons d'espérer, trouve en Illich une ressource essentielle pour penser le temps présent, et chacune de ses rencontres avec lui « renforce cette séduction fascinée[2] ».

Sa pensée trouve aussi des relais dans la rédaction du *Nouvel Observateur*, en particulier grâce à André Gorz qui écrit dans les colonnes de l'hebdomadaire sous le pseudonyme de Michel Bosquet. Entre Gorz et Illich, une complicité amicale se noue autour de leur passé, qui présente quelques ressemblances : « Tous deux naissent à Vienne, André Gorz en 1923 et Ivan Illich trois ans plus tard. Le premier est fils d'un marchand de bois juif autrichien converti au catholicisme, le second est le petit-fils, du côté maternel, d'un juif converti au catholicisme qui avait fait fortune dans le négoce du bois en Bosnie[3]. » Nombreux sont les intellectuels à avoir été à jamais marqués par cette rencontre et cette pensée. C'est le cas de Thierry Paquot, éditeur, philosophe de l'urbain, auteur d'un très grand nombre d'ouvrages, qui a préfacé ses œuvres et est devenu l'un de ses amis[4]. Le premier cercle des fidèles est peu nombreux, mais passionné. On y trouve notamment le philosophe Jean-Pierre Dupuy. « Ma rencontre avec Ivan Illich au début des années 1970 a été décisive pour mon itinéraire intellectuel et pour ma vie tout court », confie ce dernier, qui est devenu son disciple[5] et se rend régulièrement au Cidoc de Cuernavaca, où il apprécie particulièrement le climat informel et convivial des débats qui s'y tiennent en permanence sur un site exceptionnel, au pied des volcans Popocatepetl et Chimalhuacán, depuis l'heure du petit déjeuner, à 5 heures du matin, jusqu'à l'heure tardive du coucher, et auxquels participaient jusqu'à deux cents personnes.

Le Seuil confie à Jean-Pierre Dupuy la responsabilité d'une nouvelle collection illichéenne : « Techno-critique ». Il y relaie

---

1. SOLÉ, 1974.
2. TABET, 2012, p. 43.
3. *Ibid.*, p. 39.
4. PAQUOT, 2005 ; voir aussi ID., 2012.
5. DUPUY, 2007.

sa critique radicale de la société industrielle, traquant les effets de contre-productivité de la gestion technocratique, qui accouche de ce paradoxe que « les gens passent de plus en plus de temps à essayer d'en gagner[1] ». Illich tente de sortir de ce cercle contre-productif de la modernité technologique avec le langage tragique du religieux, de la déesse de la vengeance (Nemesis) qui punit les hommes coupables de démesure (*hubris*). De son côté, Jean-Pierre Dupuy pense que l'épistémologie peut apporter une réponse à ces dysfonctionnements. C'est grâce à Illich qu'il fait une série de rencontres décisives, notamment celle de Heinz Von Foerster, le pionnier de la cybernétique. En 1976, celui-ci suggère, après avoir pris connaissance à Cuernavaca des thèses d'Illich, d'utiliser la théorie des automates pour modéliser la contre-productivité. Il anime alors le centre de recherches interdisciplinaires de l'université de l'Illinois, et Dupuy s'intéresse particulièrement à son enquête sur les relations entre corps et esprit — ce qui relève de la mémoire et ce qui relève de la perception — à partir d'observations faites lors de simulations informatisées ou sur des réseaux d'automates. Foerster conseille à Dupuy de rencontrer deux biologistes : Henri Atlan et Francisco Varela. Dupuy renoue ainsi avec sa formation initiale, et se connecte à un éminent club de pensée, le « groupe des dix »[2], dont Henri Atlan est un membre actif. Depuis son bureau du Seuil, Dupuy organise pendant deux ans un vaste réseau de chercheurs intéressés par le thème de l'auto-organisation qui réunit physiciens, mathématiciens et politiques, en vue de la préparation de la « décade » du 10 au 17 juin 1981 à Cerisy[3], dans la Manche. Grâce à ce colloque, il réconcilie les deux cultures. On y retrouve ce que Pierre Rosanvallon, présent à Cerisy, appellera la « galaxie auto », dans laquelle la deuxième gauche, en rupture avec les appareils et en quête d'une culture nouvelle, dialogue avec les scientifiques : « Toutes ces recherches sont difficilement dissociables et, pour

---

1. ID., 1982, p. 86.
2. Constitué en 1967, le « groupe des dix » regroupait en réalité dès l'origine plus de dix membres : Robert Buron, Henri Laborit, Edgar Morin, Jacques Robin, René Passet, Alain Laurent, Jacques Sauvan, Jack Baillet, Gérard Rosanthal, Jean-François Boissel, David Rousset et Bernard Weber. Il s'élargit au début des années 1970 à Joël de Rosnay, Jacques Attali, Jacques Piette et Henri Atlan. Le groupe a cessé ses activités en 1979.
3. Actes réunis dans DUMOUCHEL et DUPUY (dir.), 1983.

des raisons tant conceptuelles que sociologiques, elles forment un tout, une quasi-discipline, soutenue par une quasi-communauté[1]. »

Ce que l'on va appeler la deuxième gauche, moins confiante dans les vertus de l'État et plutôt tournée vers les initiatives locales, prenant ses distances avec la doxa marxiste, trouve aussi en Illich une source d'inspiration au moment où la gauche renaît de ses cendres avec le congrès du PS à Épinay en 1971 et le programme commun de la gauche de 1972. En valorisant les logiques propres de ce que l'on appelle de plus en plus la société civile, cette deuxième gauche rocardienne définit une troisième voie entre les tenants du capitalisme sauvage et les tenants du tout-État. Les intellectuels de la CFDT comme Pierre Rosanvallon se nourrissent des thèses critiques d'Illich sur la contre-productivité. C'est aussi le cas de Patrick Viveret, qui appartient à la génération marquée par Mai 1968, soutient la deuxième gauche autogestionnaire et lance avec Rosanvallon la revue *Faire* en 1975 pour renouveler la culture politique. Peu après, il publiera un ouvrage qui se donne Illich comme icône[2].

Selon Illich, il s'agit de déconstruire le mythe de la maîtrise rationnelle totale en montrant qu'arrivée à un certain degré de développement l'institution créée pour en être le support se retourne contre elle-même et pervertit sa finalité en devenant un obstacle à la réalisation de son ambition première. Une telle approche critique sur les institutions se trouve d'autant plus en phase avec la génération post-68 qu'Illich oppose au modèle de la société de consommation une attitude de résistance personnelle et préconise de vivre concrètement et sans attendre une vie faite de renoncement, d'opérer un retour à la sagesse ancienne. « L'*askêsis*, que l'on traduit en français par "ascèse", signifie certes "austérité", mais désigne aussi, chez Homère, le travail de l'artisan, et, chez Thucydide, l'exercice, en particulier physique[3]. » Sa critique des institutions vise leur propension à créer de méga-outils qui au lieu de libérer l'homme de ses contraintes aggravent son état de dépendance. D'où le nécessaire sursaut de réarmement intellectuel et moral que peut produire l'*askêsis*. Faisant une distinction entre l'espoir qui trouve

---

1. *Ibid.*, p. 13.
2. Viveret, 1976.
3. Paquot, 2005, p. 22.

son enracinement dans une confiance portée à la bonté de la nature et les espérances que suscitent les transformations humaines, Illich déplore que « l'*ethos* prométhéen a[it] maintenant étouffé l'espoir. La survie de la race humaine dépend de sa redécouverte en tant que force sociale[1] ».

Illich jette les bases d'une écologie politique qui n'en est qu'au début d'une longue destinée. Il met en garde contre l'épuisement des sols que provoque l'agriculture moderne et considère que la création de besoins toujours nouveaux conduit droit à un enfer terrestre. La situation est d'autant plus dramatique que « nous ne disposons d'aucun coupe-circuit pour prévenir l'holocauste écologique[2] ». Deux *ethos* se font face, celui de l'insatiabilité de la modernité marquée par la démesure, l'idéal prométhéen entretenu par le saccage du milieu physique, la polarisation sociale et la passivité psychologique, et l'*ethos* incarné par le frère de Prométhée, Épiméthée, qui a donné naissance à l'arche de l'humanité.

Avec la publication en 1975 de *Némésis médicale*, Illich connaît un grand succès, mais soulève aussi une vive controverse. Les professionnels de la santé sont pour la plupart scandalisés par cette thèse affirmant que les progrès de la médecine rendent de plus en plus malade. La presse se fait le support de nombreux témoignages de médecins qui s'y opposent, au point d'ébranler l'éditeur d'Illich. « Il est certain que ce livre inquiète, déconcerte », écrit Paul Flamand à son auteur[3]. L'accueil accordé aux publications d'Illich en France, après ce tir de barrage nourri de toute une profession qui s'est sentie agressée, se détériorera peu à peu.

Herbert Marcuse est une autre figure tutélaire de la première moitié des années 1970 dont l'œuvre n'a circulé en France jusqu'à Mai 1968 que par le biais de la presse et des revues. L'adéquation entre ses thèses et la brèche constituée par Mai 1968 suscite un engouement pour son œuvre, découverte par beaucoup comme une théorisation après coup des événements de Mai. Certains bons connaisseurs de son œuvre, comme Jean-Michel Palmier, font

---

1. Illich, 1971 (b), p. 173.
2. *Ibid.*, p. 180.
3. Paul Flamand, lettre à Ivan Illich, 17 juin 1975, Fonds du Seuil, Imec, cité dans Tabet, 2012, p. 67.

tout de suite le lien entre la pensée marcusienne et Mai 68 et contribuent ainsi fortement à la faire connaître et à la diffuser. Dès la fin 1968, Palmier publie dans la collection de poche « 10/18 » une *Présentation d'Herbert Marcuse*[1], puis entreprend d'écrire une énorme somme sur *Marcuse et la nouvelle gauche*[2].

Né à Berlin en 1898 dans une vieille famille juive, Marcuse a pris part à la révolution spartakiste de 1919, mais n'a jamais adhéré au KPD, le Parti communiste d'Allemagne. Après une thèse de doctorat soutenue sous la direction de Heidegger, il entreprend à Francfort des recherches avec Adorno sur l'autorité et la famille. Juif et marxiste, il est contraint à l'exil par la montée du nazisme. Après un long périple qui le fait passer de la Suisse à Paris, il s'établit finalement aux États-Unis en 1934 et enseigne successivement à Columbia, Harvard, Boston, achevant sa carrière universitaire en Californie, à l'université de San Diego. Ses deux grands ouvrages, que la jeunesse étudiante contestataire allemande et italienne s'appropriera avec un temps d'avance sur les Français, sont *Éros et civilisation*, publié en 1955 aux États-Unis et en 1963 en France[3], et *L'Homme unidimensionnel*, publié en 1964 aux États-Unis et en 1968 en France[4].

Les hésitations de Jérôme Lindon, directeur des Éditions de Minuit, à publier ce dernier ouvrage, qui sera pourtant un best-seller, sont révélatrices de la confidentialité de son œuvre avant Mai 1968. Lorsqu'il reçoit le manuscrit de *L'Homme unidimensionnel*, il le fait porter à Paul Flamand avec un petit mot amical en lui précisant qu'il s'agit du texte d'un auteur qu'il a déjà publié, mais qu'il le trouve un peu « pâteux ». S'il s'est décidé à le lui envoyer, c'est parce qu'il peut éventuellement intéresser le Seuil. Paul Flamand lit le manuscrit et, sans en parler autour de lui, le renvoie à Lindon en lui disant : « Mon cher Jérôme, si j'étais vous, je regarderais à deux fois et je le publierais quand même. » L'ouvrage, édité à l'orée de Mai 1968, le 28 avril, se vend au rythme de mille exemplaires par semaine. Critique acerbe à la fois de la

1. Palmier, 1968.
2. Id., 1973.
3. Marcuse [1955], 1963.
4. Id. [1964], 1968.

société de consommation capitaliste et de la société bureaucratique
soviétique, Marcuse devient une ressource essentielle pour toutes
les pensées utopistes et une justification pour toutes les tentatives
de vie communautaire.

Nourri de Freud et de Marx, Marcuse se fait critique du pessimisme exprimé par Freud dans *Malaise dans la civilisation*. Selon
lui, il faut penser avec Freud et opposer la théorie freudienne elle-
même à la thèse que défend le fondateur de la psychanalyse lorsqu'il
affirme qu'il ne peut y avoir de civilisation que répressive. Dans cet
ouvrage, Freud défend en effet l'idée d'un assujettissement permanent de l'homme à ses instincts sur lequel s'étaye la civilisation. Or,
selon Marcuse, « la propre théorie de Freud fournit des arguments
pour mettre en question sa thèse[1] ». Il s'appuie sur les travaux de
Margaret Mead, qui montrent qu'une éducation non répressive permettrait d'éviter la plupart des conflits névrotiques que connaissent
les jeunes Occidentaux. Non loin d'Illich, Marcuse en appelle à la
mort de Prométhée et à la résurrection d'Orphée, renversement qui
permettrait d'écarter les valeurs du travail, de la force, de la violence
au profit de celles de l'amour, de la joie, du chant.

Après cette critique de Freud au nom du freudisme, Marcuse s'en
prend à Marx pour montrer que la société moderne a fini par intégrer le prolétariat en lui promettant une élévation de son niveau de
vie, alors qu'il devait jouer un rôle moteur pour réaliser le monde
nouveau et opérer la rupture révolutionnaire. Dans *L'Homme unidimensionnel*, Marcuse montre comment la contestation, sous toutes
ses formes, a disparu d'une société dans laquelle la course à la
consommation prédomine et conduit l'ensemble du corps social
à une certaine uniformisation : « L'originalité de notre société
réside dans l'utilisation de la technologie plutôt que de la terreur
pour obtenir la cohésion des forces sociales dans un mouvement
double : un fonctionnalisme écrasant et une amélioration croissante
du standard de vie[2]. » Marcuse, faisant ce constat, se demande s'il
se trouve encore des forces capables de penser un avenir qualita-
tivement autre et de rompre avec un système qui conduit massivement à un processus de désublimation délégitimant toute forme

---

1. Id. [1955], 1963, p. 16.
2. Id. [1964], 1968., p. 16.

alternative d'imaginaire social. Les gens ne se reconnaissent plus que dans les marchandises produites, que ce soient leur voiture, leur équipement de cuisine ou leur chaîne de haute-fidélité : « La thèse de Marcuse consiste à affirmer que seuls ceux qui vivent en marge de cette société ont un idéal encore authentiquement révolutionnaire. Tel est le cas des Noirs américains, des combattants d'Amérique latine, des étudiants américains et européens[1]. »

Forts des thèses marcusiennes, de nombreux jeunes choisiront dans l'après-Mai 68 la voie de cette marginalité radicale en rompant avec le système et en expérimentant une voie alternative, celle que l'on a qualifiée d'utopie communautaire[2], changeant ainsi la vie ici et maintenant, sans attendre d'hypothétiques Grands Soirs révolutionnaires. Sans devenir un phénomène très massif, la multiplication des petites communautés de vie tant rurales qu'urbaines au début des années 1970 est suffisamment importante pour susciter l'intérêt des pouvoirs publics à partir de l'été 1971. Le ministère de l'Intérieur se penche sur la question pour en mesurer l'étendue et surveiller de près une situation qui ne doit pas dégénérer en foyers révolutionnaires. En 1973, au moment où ces tentatives de vie communautaire sont le plus développées, les rapports de police et de gendarmerie font état de trois cents groupes différents intégrant mille six cents personnes, et davantage encore si l'on inclut le nombre beaucoup plus élevé des intermittents de la vie communautaire qui ne font que passer, notamment pendant la période estivale. Si l'ampleur de ce mouvement de fond est difficile à évaluer, on estime qu'il a touché entre cinq mille et dix mille personnes. La plupart de ces groupes sont en quête d'autres valeurs, valorisent une nouvelle forme de fraternité, pratiquent la non-hiérarchie, l'égalitarisme dans les moyens, une liberté des échanges, y compris sexuels, et pour les communautés rurales une forme d'autosubsistance permettant de rester à l'écart des groupes capitalistiques[3].

Une autre caractéristique de cette période de quête d'une vie plus communautaire, plus fraternelle, est le succès des grands ras-

---

1. PALMIER, 1968, p. 125.
2. LACROIX, Bernard, 1981.
3. Voir HERVIEU-LÉGER, 1979.

semblements de la jeunesse autour de concerts de musique pop. Le plus spectaculaire est le concert de Woodstock, dans l'État de New York, qui devait réunir cinquante mille spectateurs en plein mois d'août 1969 et en voit déferler cinq cent mille, venus écouter Jimi Hendrix, Santana, Richie Haven, Joe Cocker... Une semaine plus tard, sur l'île anglaise de Wight, trois cent mille jeunes viennent voir Joan Baez, Donovan, Leonard Cohen...

Le philosophe protestant Jacques Ellul est une autre figure de la critique de la technostructure qui marque la nouvelle génération en ce début des années 1970. Il a surtout influencé les milieux chrétiens avec sa critique véhémente de la société technicisée. Marginal dans la vie intellectuelle française, provincial resté fidèle à Bordeaux, il reste un penseur atypique, inclassable, transgressant les frontières disciplinaires. Contestataire et excellent connaisseur de l'œuvre de Marx, il valorise la posture critique. Dans les années 1930, il rejoint le courant personnaliste, dont il représente, avec son ami Bernard Charbonneau, l'aile libertaire. Juriste de formation, Ellul devient dans l'après-guerre professeur de sciences politiques à l'université de Bordeaux. Ses nombreux écrits relèvent de deux ordres distincts : théologique, d'une part, et sociologique, d'autre part. Il pourfend la suprématie acquise par la technique et les menaces qu'elle fait peser sur l'humanité.

Dès 1954, Ellul dénonce le processus d'autonomisation de la technoscience et l'illusion de la séparabilité des « moyens » et des « fins »[1]. Il critique la subordination totale de l'homme aux moyens dont il s'est doté pour maîtriser la nature, le renversement par lequel la société subit le pouvoir implacable d'une technologie moderne devenue autonome et sur laquelle l'homme n'a plus prise. Ellul finit par penser que la technique n'est plus contrôlée par personne, qu'elle s'est à ce point autonomisée qu'aucune catégorie sociale ne peut plus la contenir. De plus en plus adepte de la décroissance, démystifiant ce qu'il dénonce comme de fausses valeurs, Ellul se fait le chantre d'une autre voie qui doit remettre l'homme au centre et lui permettre de changer la vie[2]. Il se trouve en phase avec Illich et Castoriadis, nouant avec ce dernier une correspondance soute-

1. ELLUL, 1954.
2. ID., 1965 et 1972.

nue[1]. Il devient un référent majeur pour toute une génération de jeunes intellectuels marqués par le mouvement de Mai, comme Jean-Claude Guillebaud qui a fait ses études à Bordeaux et a été l'élève d'Ellul avant de devenir son ami, son éditeur, et dont les nombreux ouvrages portent la marque d'Ellul. C'est même lui qui organise la rencontre entre Castoriadis et Ellul en 1981 :

> Je viens d'envoyer à la fabrication un livre de Jacques Ellul que nous publierons en mars prochain, *La Métamorphose du prolétaire*. Dans ce livre non seulement Jacques Ellul vous rend un hommage vibrant à plusieurs reprises, manifeste une communauté de pensée avec vous, mais « dialogue » avec Castoriadis largement, notamment dans la dernière partie. Vous vous doutez que cette rencontre m'a fait plaisir [...]. Il m'est venu l'idée d'organiser un déjeuner à trois, avec Jacques Ellul. Qu'en dites-vous[2] ?

Jean Baubérot, qui dirige *Le Semeur*, la revue de la « Fédé » protestante, à partir de 1965, est lui aussi marqué par la pensée ellulienne, tout en s'en tenant à distance de par son engagement après Mai 1968 dans le mouvement maoïste VLR (Vive la révolution). Olivier Abel, qui deviendra professeur de philosophie à l'Institut protestant de théologie, est à son tour influencé par Ellul comme il l'a été, et même plus encore, par Paul Ricœur. Au-delà du petit cercle des protestants, Ellul étend le rayonnement de ses thèses auprès d'un nombre important de personnalités appartenant à d'autres obédiences : Noël Mamère, José Bové, Didier Nordon, Serge Latouche[3].

L'AUTOGESTION

Dans un premier temps, si Mai 1968 ne parvient pas à faire éclore un changement politique, la brèche qu'ouvre cet événement

---

1. Voir DOSSE, 2014.
2. Jean-Claude Guillebaud, lettre à Cornelius Castoriadis, 1er décembre 1981, archives Castoriadis, Imec.
3. Voir ROGNON, 2012.

produit du moins des effets sur le climat social, et la contestation, persistante dans les premières années 1970, se nourrit d'exigences nouvelles. Tant dans les campagnes que dans les villes se manifeste une aspiration à mieux contrôler son cadre de vie, à participer activement à la maîtrise de son temps de travail, à ne plus se contenter d'exécuter des ordres extérieurs. Un mot-valise, « autogestion », cristallise cette espérance et semble devoir régir la vie quotidienne dans les sphères publique et privée.

Cet idéal autogestionnaire est porté au sommet par ce qu'on appelle la deuxième gauche, à l'écart des solutions étatistes, et par des théoriciens qui cherchent une voie médiane entre réforme et révolution. André Gorz, intellectuel d'autant plus influent qu'outre la publication de ses ouvrages il est devenu la cheville ouvrière de la revue de Sartre, *Les Temps modernes*, et collabore, sous le pseudonyme de Michel Bosquet, au *Nouvel Observateur*, publie régulièrement des analyses sur la situation sociale et défend les positions critiques de Marcuse et d'Illich. En mai 1968, Marcuse et Gorz approuvent totalement le mouvement étudiant. Gorz découvre avec fascination après 1968 l'œuvre d'Ivan Illich, qu'il publie dans *Les Temps modernes* dès novembre 1969. Si les thèses d'Illich sont avant tout diffusées par les milieux catholiques et *Esprit*, André Gorz et avec lui *Le Nouvel Observateur* restent dans un premier temps sur la réserve, jusqu'à ce que Jean Daniel confie à Gorz un texte d'Illich à traduire, « Réoutiller la société », pour le publier dans *Le Nouvel Observateur*. Il s'agit d'une première ébauche d'un essai qui sera publié en 1973, *La Convivialité*[1]. « Il ne fait pas de doute qu'Illich a beaucoup compté pour Gorz et qu'à partir des années 1970 celui-ci s'est pénétré des catégories illichiennes[2]. » Leur aspiration à un monde autogéré leur est commune et passe par une critique radicale des effets délétères de la technostructure. Dans son ouvrage *Réforme et révolution*, écrit pour l'essentiel avant 1968 mais publié en 1969, André Gorz, qui conteste les thèses d'une intégration de la classe ouvrière dans les structures capitalistiques, se trouve conforté par la brèche de Mai 1968, qui a montré la voie à suivre, celle de la valorisation de toutes les formes de stimula-

1. ILLICH, 1973.
2. GIANINAZZI, 2016, p. 174.

tion des initiatives pour se doter d'objectifs à la fois réalisables et disruptifs :

> « L'autodétermination à la base des objectifs et des méthodes de lutte, l'autogestion de la lutte elle-même, grâce au débat permanent, aux comités d'atelier et d'usine, aux comités de grève, élus et révocables, sont autant d'expériences émancipatrices révélant à la classe ouvrière sa souveraineté possible[1]. »

Ce thème autogestionnaire est repris et porté comme idéal par la CFDT, très active dans un certain nombre de conflits sociaux qui expriment cette volonté d'un meilleur contrôle sur la gestion des entreprises par les travailleurs eux-mêmes. Cette nouvelle radicalité qui contourne l'obstacle de l'État est aussi portée par *Esprit*. Jean-Marie Domenach voit là un nouvel horizon d'attente qui lui apparaît comme le prolongement du personnalisme : « Le retour sur l'exigence de participation des travailleurs à la gestion de l'outil de production confirme à cet égard le constat d'échec du projet modernisateur[2]. » Daniel Mothé, ancien membre de Socialisme ou barbarie, ouvrier chez Renault, participe en ce début des années 1970 au « Journal à plusieurs voix » d'*Esprit*. Il dénonce les effets funestes de la taylorisation, conférant un sens plus large à la notion d'autogestion, celui de la volonté exprimée par les travailleurs de se voir reconnus dans leur dignité et de ne plus se contenter d'être de simples exécutants. Un courant autogestionnaire au sein de la CFDT s'organise et regroupe la tendance rocardienne du nouveau Parti socialiste, né à Épinay en 1971. Pierre Rosanvallon y joue un rôle majeur en tant que conseiller économique du secrétaire général de la CFDT, Edmond Maire, rédacteur en chef de la revue de l'organisation syndicale, *CFDT Aujourd'hui*, et animateur d'une collection de livres militants, « Objectifs ». C'est lui qui demande à Daniel Mothé d'écrire le premier de la série, *Militant chez Renault*. À la CFDT, Rosanvallon côtoie Marcel Gonin, ancien ouvrier de la Manufacture d'armes de Saint-Étienne qui a fréquenté le Cercle Saint-Just, où il a fait la connaissance de Lefort et de Castoriadis. Il signale justement

1. Gorz, 1969, p. 23.
2. Boudic, 2005, p. 338.

à Pierre Rosanvallon un certain Castoriadis qui vient de publier en 1973-1974 toute une série de « 10/18 ». À l'époque, la CFDT se réclame d'un programme autogestionnaire et se trouve souvent à l'origine des mouvements sociaux les plus avancés, comme celui de l'usine Lip. Rosanvallon nourrit sa réflexion sur l'autogestion de la lecture de Castoriadis et invite ses lecteurs à prendre connaissance de *L'Institution imaginaire de la société*[1] pour mieux comprendre la dialectique de l'institué en tant qu'ordre établi et de l'instituant comme « contestation en train de germer[2] ». L'institution est à comprendre comme la résultante d'incessants compromis entre ces deux pôles : « *L'Institution imaginaire de la société* de Castoriadis peut d'ores et déjà être considéré comme un livre fondateur. Il présente une analyse magistrale de la difficulté du marxisme à se saisir de la question du pouvoir et plaide pour une société qui s'auto-institue en s'émancipant des schémas positivistes[3]. » Cette aspiration autogestionnaire vise, au-delà du monde de l'entreprise, à faire valoir le désir d'approfondissement de la démocratie, de partage des décisions, de remise en question des rapports hiérarchiques. L'autogestion devient alors un mot-totem qui recouvre des idéaux variés et une notion qui « fonctionne enfin comme le terme fédérateur de lectures, de sensibilités et d'orientations relativement diverses[4] ». La référence à l'autogestion sert aussi à Jean-Marie Domenach pour maintenir un équilibre dans sa rédaction entre les tenants d'une posture radicale et révolutionnaire et ceux qui cherchent à définir une voie réformatrice. De nombreux conflits sociaux éclatent au début des années 1970 à l'écart des appareils syndicaux, suscitant la défiance de la CGT et le soutien de la CFDT. Ils affectent le plus souvent des zones sans tradition de lutte ouvrière, des secteurs récemment industrialisés, à peine sortis de la ruralité, et des catégories jusque-là marginalisées, comme les femmes, les OS, les immigrés : « Ce phénomène s'accompagne d'un durcissement des pratiques, qui s'exprime par le recours plus fréquent à l'illégalité : occupations, séquestrations, violences, sabotages[5]. »

1. Castoriadis, 1975.
2. Rosanvallon, 1976, p. 92.
3. *Ibid.*, p. 184.
4. *Ibid.*, p. 339.
5. Georgi, 2008. Voir aussi Vigna, 2007, pp. 51-52.

La grève avec occupation d'usine au Joint français, filiale de la CGE (Compagnie générale d'électricité), à Saint-Brieuc en mars 1972, est significative de ce type de mouvement. En zone rurale, cette usine implantée en 1962 emploie mille personnes, dont 60 % de femmes, qui n'ont jamais débrayé. Moins payés pour le même travail que leurs camarades de la région parisienne, ils décident d'occuper leur usine. On leur envoie les gendarmes mobiles, qui les délogent sans ménagement. La situation est bloquée, les OS refusant de reprendre le travail avant d'avoir obtenu satisfaction de leurs revendications : augmentation de leur salaire horaire de 70 centimes et paiement d'un treizième mois. Le patron refusant toute concession, la grève s'éternise et la solidarité s'organise dans la région : « Les agriculteurs des environs leur apportent des légumes, du beurre, des œufs, des volailles. Les meetings et les galas de soutien rassemblent chaque fois des milliers de personnes[1]. » Le conflit du Joint français prend alors une dimension nationale et la CGE choisit l'épreuve de force, menaçant de fermer l'usine si le travail ne reprend pas. Tout Saint-Brieuc se mobilise, et cinquante-cinq prêtres de la région se réunissent et déclarent :

> « Les impératifs économiques si souvent mis en avant ne sauraient justifier ni le mépris de la dignité des personnes, ni le refus du dialogue, ni la méconnaissance des organisations syndicales et professionnelles, ni l'intervention des forces de police, ni l'exploitation économique des régions défavorisées[2]. »

La mobilisation se renforce et la petite ville de Saint-Brieuc voit défiler le 18 avril quelque dix mille personnes pour soutenir les ouvriers du Joint français, qui après huit semaines de conflit obtiennent, le 8 mai, ce qu'ils revendiquaient.

Deux grandes luttes, particulièrement longues et devenues hautement symboliques de cette exigence autogestionnaire, parviennent l'une et l'autre à transformer une situation singulière et locale en bataille de dimension nationale et à unir à leur cause de nombreux intellectuels et une bonne partie de l'opinion publique.

---

1. MARZORATI, 2012, p. 90.
2. Déclaration de cinquante-cinq prêtres, citée dans *ibid.*, pp. 90-91.

En 1971, la première partie de bras de fer avec l'État s'engage en plein monde rural, sur le plateau du Larzac, où le ministre de la Défense, Michel Debré, entend agrandir le camp militaire en le faisant passer de trois mille à dix-sept mille hectares, expropriant ainsi cent trois agriculteurs, éleveurs de brebis, producteurs de roquefort. Ces paysans reçoivent le soutien de l'évêque de Rodez, de la FDSEA de l'Aveyron, mais aussi d'une myriade d'organisations d'extrême gauche. Forts de ces soutiens, ils signent le 28 mars 1972 un pacte : le serment de rester unis dans leur détermination à ne pas céder leurs terres et à faire obstacle au projet d'extension du camp militaire. Parmi eux, Pierre Burguière, un des responsables du mouvement, qui a vingt-huit ans en 1971, souligne l'impact différé de Mai 1968 sur le mouvement de révolte du Larzac : « Disons que Mai 1968 est passé sur le Larzac dans les années 1970. Nous, notre Mai 1968, on l'a fait au moment de la lutte du Larzac, et donc avec tout ce que ça veut dire aussi par rapport à notre éducation chrétienne[1]. » Le pouvoir restant ferme, les paysans du Larzac décident de riposter par des actions spectaculaires et non violentes comme le lâcher de troupeaux de moutons sur la place de la mairie de la commune de La Cavalerie, puis sur le Champs-de-Mars, au pied de la tour Eiffel, en octobre 1972 : « Une grande manifestation est organisée avec un convoi de tracteurs qui convergent vers Paris. À chaque ville étape, les paysans sont accueillis par des comités de soutien[2]. » Arrivé à Paris, le cortège est accompagné d'une foule de Parisiens, impressionnante, silencieuse. En août 1973, ce sont près de cent mille personnes qui se retrouvent sur le plateau du Larzac pour soutenir une lutte devenue exemplaire. La cause des paysans du Larzac est soutenue par un nombre croissant de comités qui se constituent dans soixante-quinze départements du pays. Malgré ces soutiens, en 1981 les paysans du Larzac en lutte depuis 1971 sont à bout de force et le candidat Giscard d'Estaing leur signifie que sa réélection mettrait un terme à leurs prétentions. C'est le succès de Mitterrand en mai 1981 qui assure la victoire de leur combat.

L'autre lutte symbolique est ouvrière. Elle commence en 1973

---

1. Pierre Burguière, cité dans BRUNEAU, 2008, p. 345.
2. VIGREUX, 2014, p. 246.

chez les salariés de l'usine d'horlogerie Lip, à Besançon. Quelques années plus tôt, Fred Lip a tenté un plan d'économies : souhaitant fermer quelques ateliers, il se heurte alors à un front syndical uni qui l'oblige à céder sa place en février 1971 à un nouveau patron, Jacques Saint-Esprit. Le blocage subsiste, car le plan de restructuration impliquerait des licenciements parmi les mille trois cents salariés. Les banques n'accordant plus de crédit, Jacques Saint-Esprit part à son tour, relayé par deux administrateurs provisoires. En réaction à l'annonce d'un plan de licenciement de quatre cent quatre-vingts travailleurs, les salariés séquestrent les deux administrateurs. On découvre une petite note manuscrite dans le porte-documents d'un des responsables : « 480 à dégager ». Les CRS interviennent pour libérer les administrateurs. Dès le lendemain, les salariés occupent l'usine et décident d'autogérer la fabrication des montres Lip : « Charles Piaget, Raymond Burgy, Roland Vittot, Jeannine Pierre-Émile et Michel Jeanningros lancent la grève et l'occupation de l'usine[1]. » Les ouvriers et ouvrières s'emparent des soixante-cinq mille montres en stock comme butin de guerre et font eux-mêmes tourner l'usine et ses chaînes de fabrication : « Le mouvement devient un laboratoire de l'utopie autogestionnaire[2]. » Toute la ville, solidaire, se porte aux côtés des Lip. Le 15 juin, les rideaux des magasins restent fermés et les cloches de l'église sonnent le tocsin pendant que le maire prend la tête d'un cortège de manifestants. Le caractère exemplaire de cette lutte s'appuie sur un réseau national de soutien. Nombre d'intellectuels défendent activement « les Lip », et viennent voir comment se déroule concrètement cette expérience d'autogestion. Parmi ces intellectuels, Maurice Clavel, particulièrement impliqué dans ce conflit, lui consacre un ouvrage[3] :

> J'étais allé aux usines Lip de Palente le 23 juin 1973, cinq jours après que les ouvriers, maîtres des lieux et de leurs instruments de travail, eurent décidé de produire et de vendre eux-mêmes, à l'émerveillement du peuple, à la stupeur de l'État, à l'épouvante du patronat. Je fus peut-être remué plus que tout autre, et par l'audace

1. *Ibid.*, p. 248.
2. Pelletier, 2002, p. 270.
3. Clavel, 1974.

naturelle de leur acte, et par l'immense richesse interne des êtres, qui allait croissant. Je l'écrivis comme je pus dans *Libération*[1].

Ce catholique passionné qu'est Clavel adhère totalement à ce mouvement porteur d'une dimension métaphysique. Le démantèlement de l'usine Lip provoque une vive réaction de l'archevêque de Besançon, Mgr Lallier : « Ce n'est pas possible, ce n'est pas humain de maintenir les travailleurs dans une telle ignorance du lendemain[2]. »

Pendant plus de sept mois, les ouvriers de l'entreprise organisent des ventes « sauvages » partout en France pour appuyer le mouvement, qui a trouvé en Charles Piaget, militant syndicaliste de la CFDT et militant politique au PSU, son chef charismatique. La composante chrétienne est très forte dans ce mouvement, dont de nombreux militants, comme Charles Piaget, sont issus de la Jeunesse ouvrière chrétienne (JOC) et le principal animateur du comité d'action est un dominicain, Jean Raguenès : « Il faisait partie de la communauté du centre Saint-Yves en mai 1968, lorsque celui-ci était l'un des principaux lieux de la contestation étudiante chrétienne à Paris[3]. » Le 29 septembre 1973, une marche sur Besançon est organisée et cent mille manifestants se retrouvent dans les rues de la ville pour soutenir « les Lip ». La presse de gauche s'enthousiasme : « Un rêve devenu réalité », titre *Libération* ; « Plus jamais comme avant », avance *Le Nouvel Observateur*. Le contexte général se prête particulièrement à la popularité de cette lutte : dans le même temps, la jeunesse scolarisée se mobilise pleinement contre la loi Debré qui supprime les sursis militaires des étudiants. Finalement, c'est un patron de gauche, proche du PSU et numéro deux de Publicis, Claude Neuschwander, qui reprend l'entreprise fin janvier 1974 au terme d'un protocole d'accord avec la majorité des salariés.

---

1. *Ibid.*, p. 9.
2. Mgr Lallier, cité dans MARZORATI, 2012, p. 92.
3. PELLETIER, 2002, p. 271.

VINCENNES ENTRE SCIENCE ET UTOPIES

En plein bois de Vincennes, à côté d'un champ de tir, le ministère de la Défense rétrocède pour un temps limité un terrain de la Ville de Paris, qui y bâtit en toute hâte une université expérimentale, ouverte dès la rentrée universitaire 1968-1969. Cette université nouvelle, Paris VIII, doit être l'anti-Sorbonne, un véritable concentré de modernité ; sa vocation est de sortir des sentiers battus et d'ouvrir des perspectives scientifiques originales. Vincennes fait de la pluridisciplinarité sa religion et récuse les cursus traditionnels de préparation aux concours nationaux pour privilégier la recherche. À quelques exceptions près, le cours magistral est proscrit : la parole doit circuler dans les groupes des « unités de valeur » qui travaillent dans de petites salles de cours. L'académisme et la tradition doivent rester à la porte de cette université qui se veut résolument contemporaine, ouverte aux technologies les plus sophistiquées et aux méthodes les plus avancées des sciences de l'homme pour assurer la rénovation des anciennes humanités.

Puisque la modernité s'est identifiée au structuralisme, Vincennes sera structuraliste. Elle symbolise même le triomphe institutionnel de ce courant de pensée jusque-là marginal, qui fait ici son entrée par la grande porte. L'aménagement intérieur de la faculté est fabuleux, c'est un véritable joyau de la couronne d'un régime gaulliste usé qui s'offre là une vitrine : de la moquette partout, un téléviseur relié à une régie centrale dans chaque salle de cours, un décor signé Knoll, le tout sans les bruits de la ville, dans un cadre verdoyant troublé seulement par les tirs lointains des conscrits à l'entraînement.

Les éléments les plus contestataires du mouvement de Mai trouvent refuge à Vincennes. On y croise beaucoup de maoïstes en mal de gardes rouges, qui ont tendance à considérer ce microcosme comme le centre du monde ou à limiter celui-ci au campus de l'université. Les forces vives de la contestation de 68 se donnent rendez-vous dans cet univers confiné, ouaté, où l'agitation peut s'épanouir à l'abri de la société, en toute liberté : ses échos arrivent émoussés à ses destinataires, trop heureux d'avoir circonscrit le mal au milieu d'une forêt qui en constitue le cordon sanitaire. Une génération est néanmoins passée par là pour y acquérir les armes de la critique, et en 1980 le pouvoir finira par exorciser le danger de ce brasier en rasant le tout à coups de bulldozers pour réinstaller l'université sur la plaine Saint-Denis. À Vincennes, le projet de modernisation et de faculté-vitrine tombe vite en déshérence : l'université, asphyxiée par l'absence de budget suffisant, est laissée aux limites de la clochardisation. Privée de moyens matériels convenables, victime de détériorations quotidiennes et en proie à un afflux d'inscriptions excédant largement sa capacité d'accueil[1], Vincennes, dont les plafonds sont défoncés par des étudiants cherchant à savoir si la police n'y aurait pas installé des micro-émetteurs, devient vite un terrain vague. Le lieu sera cependant toujours animé par le désir des enseignants et des étudiants, tous jalousement attachés à préserver les libertés conquises, la qualité des échanges et la parole émancipée, acquis fondamental de Mai, de poursuivre l'expérience. Derrière la vitrine, l'agitation des militants affairés d'un côté et l'hédonisme affiché des autres, il y a les travaux et les jours, le labeur souterrain qui se veut le plus moderne, le plus scientifique de toutes les universités de lettres de l'Hexagone, et aspire à un rayonnement international. Si Paris n'est pas la France, Vincennes pourrait être le monde.

Incarnation de la modernité, de la pensée épistémologique ou structuraliste, trois chauves devisent ensemble sur le campus de Vincennes, prenant un malin plaisir à se promener autour du bassin central sous le regard ébahi des étudiants : le philosophe Michel Foucault, le linguiste Jean-Claude Chevalier et le littéraire Pierre Kuentz. Avec d'autres, ils incarnent le succès du structuralisme, l'aboutissement d'un long combat qui, grâce aux barricades, ouvre sur la réalisation d'un rêve impossible : une université littéraire réconciliée avec la science, qui fait la part belle à la pensée structurale.

Le professeur contacté par le ministre de l'Éducation nationale, Edgar Faure, pour devenir doyen de Vincennes n'est autre que Jean

---

1. Créé pour sept mille cinq cents étudiants, avec une superficie prévue de 30 000 mètres carrés, le centre en accueille huit mille deux cents dès 1969-1970, sur 16 000 mètres carrés, soit 2 mètres carrés par étudiant.

Dubois, maître d'œuvre à Nanterre et chez Larousse du programme structuraliste en linguistique, et membre du PCF réputé pour son ouverture d'esprit. Il accepte de s'occuper de la mise en place d'un département de linguistique, et se rétracte pour le reste. Ce sera le doyen de la Sorbonne, l'angliciste Raymond Las Vergnas, qui va se charger de l'installation de cette nouvelle université et solliciter Hélène Cixous, Bernard Cassen et Pierre Dommergues pour constituer un noyau cooptant et diriger l'équipe constitutive :

> Autour de moi, les enthousiastes ne se font guère prier. Je demande à Jacques Derrida d'être mon conseiller (secret : il n'est pas nommé, mais reconnu par Las Vergnas). Par lui, j'assure aussi le recrutement de la commission d'experts, un cercle savant qui est garant de la qualité des recrutés, et parmi lesquels on verra Georges Canguilhem, ou Roland Barthes[1].

Dans l'urgence d'une rentrée à assurer au plus vite, le plan établi par Hélène Cixous et son équipe est soumis à Las Vergnas, qui le transmet au ministère, qui l'approuve. Il reste à le déployer : « Comment fais-je ? Je téléphone, j'écris, je rencontre : cela commence légendairement avec Michel Foucault. Ces jours-là, venant de Tunisie, il traverse Paris, décidé à quitter le Vieux Monde, direction États-Unis. Je l'appelle. Je lui fais le Récit. Il répond aussitôt oui à la Forêt pensante[2]. » En octobre 1968, une commission d'orientation d'une vingtaine de personnalités se réunit sous sa présidence, parmi lesquelles Roland Barthes, Jacques Derrida, Jean-Pierre Vernant, Georges Canguilhem, Emmanuel Le Roy Ladurie... Très vite, une douzaine de personnes sont désignées pour former le noyau cooptant qui se charge de la nomination de l'ensemble du corps enseignant : professeurs, maîtres assistants et assistants de la faculté.

Les nominations respectent une certaine cohérence, privilégiant le courant structuraliste. En sociologie, les deux membres du noyau cooptant sont Jean-Claude Passeron et Robert Castel, soit les deux branches du structuralisme sociologique : bourdieusienne avec Pas-

---

1. CIXOUS, 2009, p. 22.
2. *Ibid.*, p. 22.

seron et foucaldienne avec Castel. À l'occasion d'une assemblée générale (AG) à la Sorbonne en novembre 1968, le sociologue Georges Lapassade fait part à Castel de son désir d'enseigner à Vincennes. Il s'entend répondre que les sociologues forment une équipe qui a besoin de maintenir sa cohérence épistémologique : « Plus tard, Jean-Marie Vincent et Serge Mallet, tous deux sociologues, se sont également heurtés à une espèce de "veto" du même département[1]. » Dans le département de sociologie, Nicos Poulantzas incarne une sociologie althussérienne de haut vol. Dans celui de philosophie, c'est Michel Foucault qui s'occupe des nominations ; en littérature française, c'est Jean-Pierre Richard ; en linguistique, Jean Dubois, Jean-Claude Chevalier et Maurice Gross. Et, grande première, l'université compte un département de psychanalyse, sous la responsabilité du second de l'organisation lacanienne : Serge Leclaire.

Le grand projet est de faire de Vincennes un petit MIT, une université à l'américaine, un modèle de modernité, une enclave au rayonnement international dont l'ambition affichée est l'interdisciplinarité. La réalisation est loin du modèle, faute de moyens matériels, mais aussi parce que l'investissement des enseignants à l'intérieur de l'université n'est pas du tout le même en France qu'aux États-Unis, même si les professeurs passent à Vincennes plus de temps qu'ailleurs : la réunionite est la maladie infantile de cette université. C'est surtout dans les AG et les comités d'action que les professeurs les plus actifs sont présents, et finalement, malgré quelques tentatives, les contacts transversaux entre disciplines et entre spécialistes sont assez peu nombreux. Quant aux échanges avec les étudiants, certes pratiqués dans les unités de valeur — ce qui est déjà exceptionnel —, ils se font surtout à la cafétéria.

On mesure la force d'attraction de Vincennes au nombre d'étudiants qui ont quitté leur université d'origine, insatisfaits du savoir qui leur était transmis. Ils arrivent boulimiques dans cet univers de rêve où ils peuvent passer d'un département à l'autre sans cloison à traverser. Les étudiants salariés et les non-bacheliers de Vincennes peuvent envisager un cursus universitaire en nocturne : la faculté fonctionne jusqu'à 22 heures pour leur permettre de suivre les

---

1. Georges Lapassade, cité dans Debeauvais (dir.), 1976, p. 219.

enseignements. Pour eux, c'est la nuit. Ils seront la légende et la fierté de cette université hors du commun, ainsi de ce chauffeur-livreur qui profite de ses arrêts à la faculté pour s'inscrire au département d'histoire, y suivre le cursus et décrocher l'agrégation.

Le rayonnement de la linguistique est alors à son zénith, et les enseignants ont de nombreux étudiants pour diffuser un savoir particulièrement difficile et technique. C'est cette scientificité qui oriente le choix de la nouvelle génération soixante-huitarde. Cette fascination pour la démarche scientifique se conjugue alors très bien avec l'engagement marxiste vécu comme la science de l'action politique. Une des orientations qui caractérise ce département est la sociolinguistique, qui connaît un essor spectaculaire dans l'après-68. Pierre Encrevé, spécialiste de ce domaine, est recruté par Maurice Gross pour l'enseigner, ainsi que la phonologie. Assistant d'André Martinet, professeur à la Sorbonne, Pierre Encrevé confie à Gross qu'il s'est brouillé avec lui, critère suffisant pour être embauché : « Gross lui dit : "Je n'ai pas besoin de savoir si vous êtes un bon phonologue ou pas, je vous engage" [...]. Car Vincennes sera une machine de guerre contre la Sorbonne, Censier et Martinet[1]. »

Si le département des lettres, en principe moins « scientifique », se trouve d'emblée dévalué au regard des linguistes, il contribue pleinement à la modernité structuraliste. Les partisans de la nouvelle critique que l'on retrouve là ont participé au milieu des années 1960 aux grandes rencontres de Strasbourg, de Besançon, et envisagent l'étude de la littérature à partir du paradigme structural et des techniques linguistiques. L'interdisciplinarité et la modernité sont les deux mamelles de ce nouveau département, animé par Henri Mitterand, Jean-Pierre Richard, Claude Duchet, Jean Levaillant, Pierre Kuentz, Jean Bellemin-Noël, Lucette Finas… Soucieux de ne pas se limiter au champ traditionnel de la littérature, les littéraires de Vincennes s'ouvrent largement à une approche interdisciplinaire, notamment en direction des psychanalystes et des historiens, selon les deux modèles d'analyse freudien et marxiste revisités par le structuralisme auxquels adhèrent la plupart des enseignants du département : « Le champ de ces études n'est pas

---

1. Voir DOSSE, 1992, p. 190.

limité par principe à la littérature française ni même à l'expression "littéraire"[1]. »

L'annonce la plus spectaculaire est incontestablement la nomination à la tête du département de philosophie d'une des étoiles du structuralisme : Michel Foucault. Responsable du recrutement, il sollicite d'abord son ami Gilles Deleuze qui, trop malade, ne rejoindra Vincennes que deux ans plus tard. Michel Serres suit aussitôt Foucault dans l'aventure vincennoise. À l'automne 1968, Foucault s'adresse à l'École normale supérieure de la rue d'Ulm par l'intermédiaire des *Cahiers pour l'analyse* avec un objectif précis : celui de recruter pour Vincennes parmi les althusséro-lacaniens. C'est ainsi qu'il réussit à convaincre Judith Miller, Alain Badiou, Jacques Rancière, François Regnault. La tonalité dominante est structuralo-maoïste, même si quelques autres nominations permettent d'échapper à la coupe exclusive des « maos », notamment celles d'Henri Weber, de la Ligue communiste, et d'Étienne Balibar, althussérien, membre du PCF. Pour permettre à l'ensemble de fonctionner sans heurts, Foucault sollicite un homme de concorde : François Châtelet, récemment converti à la cause structuraliste.

Le chaudron vincennois vibre aux accents d'une révolution ininterrompue, et le département de philosophie annonce lors de son AG constitutive du 11 décembre 1968 la ligne à suivre. Sa vocation n'est pas de « fabriquer des chiens de garde » mais de poursuivre la lutte politique et idéologique. L'exercice de la philosophie doit se plier étroitement à cet impératif. Les tâches du département définies en mars 1969 se fixent pour ambition de saisir la nature exacte du « front philosophique », d'étudier la science comme enjeu de la lutte des classes, et de contribuer ainsi à « l'implantation dans les masses étudiantes de la prépondérance théorique du marxisme-léninisme[2] ». La première année vincennoise (1968-1969), directement adossée au mouvement de Mai, est rythmée par la préparation active de la révolution à venir qui semble pour demain, avec les cours de Jacques Rancière sur « Révisionnisme-gauchisme » et

---

1. DEBEAUVAIS (dir.), p. 116.
2. Proposition d'orientation sur l'enseignement de la philosophie, mars 1969, Nanterre, BDIC (Bibliothèque de documentation internationale contemporaine), archives « Vincennes ».

« Formation du concept d'idéologie », de Judith Miller sur « La révolution culturelle », d'Alain Badiou sur « La contradiction chez Hegel et Marx » et « La lutte idéologique », d'Étienne Balibar sur « Science des formations sociales et philosophie marxiste »[1].

Le pouvoir, qui a bien voulu concéder à Mai 1968 et à la contestation étudiante ce concentré révolutionnariste, commence en janvier 1970 à s'alarmer de la radicalité dont fait preuve ce département de philosophie si éloigné des normes académiques. Le ministre de l'Éducation nationale, Olivier Guichard, dénonce en janvier 1970 le caractère « marxiste-léniniste » des enseignements philosophiques de Vincennes et l'attribution trop laxiste des unités de valeur aux étudiants. Le département de philosophie se voit privé de l'habilitation nationale de ses diplômes. Foucault proteste et justifie l'orientation très engagée des philosophes vincennois : « La philosophie ne doit pas consister simplement en un commentaire des textes canoniques et scolastiques » ; elle doit être « une réflexion sur le monde contemporain, donc nécessairement politique[2] ».

Ce début de l'année 1970 est également marqué par l'affaire Judith Miller, qui va encore accentuer le caractère marginal des philosophes vincennois. Dans un entretien accordé à *L'Express*, cette militante de la Gauche prolétarienne (GP) déclare benoîtement : « Certains collectifs se sont décidés pour un contrôle des connaissances au moyen d'une copie, d'autres ont opté pour l'attribution du diplôme à tout étudiant qui pensait l'avoir[3]. » Cette annonce provocatrice suscite une réaction immédiate. Le 3 avril 1970, Judith Miller reçoit une lettre du ministre mettant un terme à son affectation dans le supérieur et la renvoyant dans le secondaire. Cette expulsion provoque l'occupation de l'université le 22 avril 1970 et son évacuation à 1 heure du matin par la police, qui embarque à Beaujon cent quinze personnes, dont cinquante enseignants. À cette tension, il faut ajouter un climat de surenchère qui a encore pour cible privilégiée le département de philosophie, conquis par la GP et ses figures de proue : Judith Miller en martyre, ou Gérard

---

1. Informations reprises de SOULIÉ, 1998, p. 51.
2. FOUCAULT, 1970.
3. MILLER, 1970.

Miller, qui dirige les troupes militantes de l'organisation. Ce dernier débarque en pleine réunion du département de philosophie, invitant ses membres à participer à sa campagne de masse dans le métro, cherchant à déborder « sur sa gauche » le clan Badiou et son groupe Foudre. De son côté, Badiou affiche un dazibao qui se veut encore plus radical que les positions incendiaires de Judith Miller : « Auront leurs UV ceux qui auront condensé toute leur pensée philosophique dans un bombage ou dans une inscription murale, ceux qui ne sont jamais venus mais qui ainsi ont montré par leur absence un détachement louable des choses de ce monde et une méditation profonde. »

Au cours de l'année 1970, Foucault quitte Vincennes, non pas comme le bruit en a couru sur le campus parce qu'il aurait été relégué dans un collège du secondaire, mais parce qu'il vient d'être élu professeur au Collège de France. Il laisse la direction du département à François Châtelet, seul professeur en titre capable de faire naviguer ce vaisseau fantôme. Celui-ci doit faire face à une grave crise d'un département qui prend l'eau de toutes parts et connaît une véritable hémorragie de ses effectifs étudiants, en train de fondre au soleil de l'Orient rouge : quatre cent seize inscrits en philosophie la première année (1968-1969), deux cent quarante-sept en 1970-1971, deux cent quinze en 1971-1972, soit la perte de la moitié des effectifs alors que dans le même temps l'université passe de sept mille neuf cents étudiants en 1968 à douze mille cinq cents en 1971-1972[1].

C'est dans ce contexte de crise aiguë, de batailles intramaoïstes pour la conquête d'une position hégémonique, que Deleuze arrive à l'automne 1970 et consacre ses premiers cours à des thèmes quelque peu en décalage avec l'esprit ambiant : « Logique et désir » et « Logique de Spinoza ». Il se trouve néanmoins immédiatement en phase avec son public, sans pour autant céder sur le contenu très philosophique de son enseignement, qui ne subit aucune instrumentalisation politique. Sa notoriété déjà acquise lorsqu'il arrive à Vincennes, son talent hors pair de pédagogue et la rumeur qui court dans Paris sur le caractère exceptionnel de son cours vont lui valoir tout de suite un très vaste auditoire. On se presse pour

1. Chiffres repris de SOULIÉ, 1998, p. 57.

l'entendre dans la petite salle où il donne son cours du mardi, refusant jusqu'au bout de se couper de ses étudiants et donc d'officier dans un amphithéâtre. Deleuze, qui ne quittera Paris VIII déplacé à Saint-Denis que pour prendre sa retraite à la fin de l'année 1986-1987, est aussitôt séduit, conquis par son public composite : « C'était un public d'un nouveau type qui mélangeait tous les âges, venant d'activités très différentes, y compris des hôpitaux psychiatriques comme malades. Public le plus bigarré et qui trouvait une unité mystérieuse dans Vincennes[1]. » Cette diversité au sein de son public convient magnifiquement à l'enseignement transversal de Deleuze, qui entend déborder le corpus classique de la philosophie pour l'ouvrir sur les sciences et les arts. Pour lui, Vincennes accomplit un saut dans le temps et parvient à une certaine forme de modernité. Il accueille des étudiants venus du monde entier, attirés par la qualité de ses publications et fascinés par sa personnalité : « Des vagues, tout à coup il y a eu cinq ou six Australiens qui étaient là on ne savait pas pourquoi. Les Japonais, c'était constant : quinze ou vingt tous les ans, les Sud-Américains[2]. » Son public compte aussi bon nombre de non-philosophes.

Au-delà du département de philosophie, Foucault intervient dans la mise en place du Centre expérimental. Il souhaite surtout écarter les psychologues au profit des psychanalystes, qui pourraient ainsi fonder à eux seuls un département autonome, disposant de tous les crédits et responsable des nominations au sein de celui-ci. L'idée d'un tel département, mis en place par Foucault, vient en fait de Jacques Derrida. C'est Serge Leclaire qui en prend la direction. Une brouille ayant déjà éclaté entre Lacan et Derrida, ce dernier empêchera le gourou de la psychanalyse de trouver à Vincennes un débouché universitaire solide. Alors que Foucault prend le département de philosophie, l'autre étoile du structuralisme sera privée du département de psychanalyse.

Si Lacan reste en marge de Vincennes, le lacanisme s'y introduit massivement et amène la psychanalyse à faire son entrée officielle au sein d'une université littéraire : les enseignants sont tous membres de l'École freudienne de Paris (EFP) et n'animent pas

1. DELEUZE, 1997, lettre P., « Professeur ».
2. *Ibid.*

moins de seize séminaires. On y retrouve Serge Leclaire, Michèle Montrelay, François Baudry, René Tostain, Jacques Nassif, Jean Clavreul, Claude Rabant, Luce Irigaray, Claude Dumézil, Michel de Certeau et Jacques-Alain Miller. C'est là que bat le cœur de l'université, et pas uniquement parce que la création de ce département constitue l'innovation la plus marquante de cette période. La GP règne en effet en maître sur le campus, et c'est la famille Miller qui en assure la direction locale : Jacques-Alain, Judith, sa femme, qui enseigne la philosophie, et son frère Gérard, qui s'occupe de l'organisation politique. Gérard Miller fait face à la concurrence acharnée d'un autre mouvement maoïste, qualifié de « mao-spontex » (la tendance spontanéiste des maoïstes) par la Ligue communiste : le Comité de base pour l'abolition du salariat et la destitution de l'université, animé par Jean-Marc Salmon. Le rayonnement de ce département de psychanalyse est tel qu'il siège en forum permanent. Inscrits ou pas, nombreux sont ceux qui viennent le visiter pour la beauté du spectacle : il se passe tous les jours quelque chose de nouveau. Le sommet est atteint lorsque Lacan, invité par le département de philosophie, se rend à Vincennes, le 3 décembre 1969, pour y tenir une séance de son séminaire dans l'amphi 1, où se pressent les plus contestataires du campus, ravis à l'avance de pouvoir se payer « le » Lacan. La confrontation est surréaliste, digne de Dali :

> — J. Lacan (*un chien passant en l'estrade qu'il occupe*) : Je parlerai de mon égérie qui est de cette sorte. C'est la seule personne que je connaisse qui sache ce qu'elle parle — je ne dis pas ce qu'elle dit — car ce n'est pas qu'elle ne dise rien : elle ne le dit pas en paroles. Elle dit quelque chose quand elle a de l'angoisse — ça arrive —, elle pose sa tête sur mes genoux. Elle sait que je vais mourir, ce qu'un certain nombre de gens savent aussi. Elle s'appelle Justine [...]. *Intervention* : Hé, ça va pas ? Il nous parle de son chien ! — J. Lacan : C'est ma chienne, elle est très belle et vous l'auriez entendue parler. [...] La seule chose qui lui manque par rapport à celui qui se promène, c'est de ne pas être allée à l'université[1].

---

1. Séminaire de Jacques Lacan, 3 décembre 1969, Vincennes, extraits d'un compte rendu fait par Bernard Marigot, *in* DEBEAUVAIS (dir.), 1976, p. 267.

Le maître n'est en effet plus seul sur l'estrade, un perturbateur monte, et commence à se déshabiller. Lacan l'encourage à aller jusqu'au bout : « Écoutez, mon vieux, j'ai déjà vu ça hier soir, j'étais à l'*Open Theatre*, il y a un type qui faisait ça, mais il avait un peu plus de culot que vous, il se foutait à poil complètement. Allez-y, mais allez-y bien, continuez, merde[1]. » L'assistance exige du maître une critique de la psychanalyse, du discours universitaire, et une autocritique en règle, comme en Chine pendant la Révolution culturelle. Mais Lacan répond aux agitateurs que l'opération révolutionnaire ne peut qu'aboutir au discours du maître : « Ce à quoi vous aspirez comme révolutionnaires, c'est à un Maître. Vous l'aurez [...]. Vous jouez la fonction des ilotes de ce régime. Vous ne savez plus ce que ça veut dire ? Le régime vous montre. Il dit : "Regardez-les jouir" [...]. Bien. Voilà. Au revoir pour aujourd'hui. Bye. C'est terminé[2]. »

Lacan supporte de moins en moins bien l'autonomie et le pouvoir qu'a gagnés Serge Leclaire à Vincennes, dont il se sent exclu. Serge Leclaire, qui souhaitait faire du département de psychanalyse un département à part entière, libéré de la tutelle des philosophes et assurant la délivrance de ses unités de valeur, est alors attaqué de toutes parts : mis en cause par Alain Badiou qui l'accuse d'être un agent de la contre-révolution, il est désavoué par l'EFP, dont des membres débarquent sur le campus pour dénoncer cet alignement hérétique sur des normes universitaires, tandis que Lacan de son côté attise le feu, encourageant chacun à abandonner Serge Leclaire. Jean Clavreul succède à Serge Leclaire à la tête du département, mais il se contente d'expédier les affaires courantes, laissant à chacun le champ libre.

Quelques petites années plus tard intervient le second acte : celui de la normalisation et de la mise au pas du département sous la férule de la direction de l'EFP, donc de Lacan, par gendre interposé. En 1974, Jacques-Alain Miller se voit confier la direction des enseignants de psychanalyse de Vincennes. Roger-Pol Droit ébruite l'affaire de cette prise de pouvoir dans *Le Monde* et la qua-

---

1. Cité dans ROUDINESCO, 1986, p. 561.
2. Séminaire de Jacques Lacan, 3 décembre 1969, *in* DEBEAUVAIS (dir.), 1976, p. 271.

lifie d'épuration, dénonçant l'esprit vichyssois de l'entreprise[1]. Le putsch fait quelques vagues, et l'on peut en juger au contenu d'un tract signé par Gilles Deleuze et Jean-François Lyotard qui dénonce une « opération stalinienne », véritable première en matière universitaire, la tradition interdisant à des personnes privées d'intervenir directement dans l'université pour y procéder à des destitutions et nominations : « Tout terrorisme s'accompagne de lavage : le lavage d'inconscient ne semble pas moins terrible et autoritaire que le lavage de cerveau[2]. » Désormais normalisé par le Husák local, Jacques-Alain Miller, le département de psychanalyse de Vincennes soutient Lacan dans une stricte orthodoxie. En 1969, Lacan avait prévenu : « vous trouverez votre maître » ; si les étudiants croyaient naïvement qu'il pensait à Pompidou, il parlait de lui. La psychanalyse vincennoise redevient alors une structure d'ordre qui aura eu raison de l'agitation pour restaurer la hiérarchie.

Dans les autres départements de Vincennes, les conflits de pouvoir sont moins aigus : on espère mener les confrontations dans la pluridisciplinarité. C'est l'objectif affiché du département d'histoire, qui vise à détruire l'illusion qu'il existerait une science historique acquise, et qui s'interroge sur l'objet même de cette discipline en confrontant ses méthodes avec celles des autres sciences sociales.

Cette pluridisciplinarité est également à l'origine d'un département nouveau dans une université littéraire, celui d'économie politique. Le projet a été préparé par André Nicolaï, qui pourtant n'enseignera pas à Vincennes. Le département, s'arrêtant au seuil de la licence, n'assurera finalement que les deux premières années. Au moment où triomphe l'économétrie, autrement dit la mathématisation du langage économique, ce département d'économie politique, largement ouvert à une réflexion d'ordre historique, sociologique, philosophique et anthropologique, partant du postulat qu'il n'y a pas d'économie pure, fait figure d'exception. Michel Beaud, qui dirige ce département, estime renouer avec la tradition de l'économie politique du XVIIIe siècle. Même la géographie, discipline quelque peu sinistrée dans la hiérarchie des savoirs, revêt

---

1. Droit, 1974.
2. Deleuze et Lyotard [1974], 1976, p. 272.

à Vincennes des aspects innovants avec l'enseignement d'Yves Lacoste, qui crée la revue *Hérodote*. Celle-ci fera autorité dans la mise en intelligibilité des relations entre les logiques spatiales et les logiques de pouvoir, notamment militaires[1].

L'autre grande innovation à succès de Vincennes est la création d'un département de cinéma, qui connaît une affluence spectaculaire : mille deux cents étudiants, dont plus de cinq cents en dominante. S'il assure un apprentissage technique à la manière de l'Idhec (Institut des hautes études cinématographiques), ce département s'inscrit essentiellement dans une perspective critique et contribue à l'épanouissement de la sémiologie naissante du cinéma. L'œuvre de Christian Metz devient la source d'inspiration essentielle du travail théorique de Paris VIII. Michel Marie applique notamment à *Muriel*, le film de Resnais, la méthode du découpage en unités discrètes, les plus fines possibles : l'analyse textuelle permet de rechercher les unités pertinentes, minimales, du langage cinématographique.

Un autre département très novateur, celui d'urbanisme, est créé tout à fait fortuitement par le géographe Jean Cabot. Ce sont quatre cent trente et un étudiants qui s'y inscrivent à l'automne 1968, en majorité issus des Beaux-Arts. Ils contestent l'implantation de ce département dans l'université de Dauphine, moins propice à l'expression de leurs idéaux gauchistes. Il n'était pas prévu de le mettre en place à Vincennes, mais l'administration, devant l'afflux des demandes, enregistre les inscriptions pour un département fantôme qui sera finalemenent créé en 1969 par l'administrateur provisoire du Centre expérimental de Vincennes.

Discours scientifique d'un côté, discours délirant de l'autre, parfois portés successivement par les mêmes : c'est la double réalité vincennoise, qu'illustre bien le moment de folie particulier atteint dans les années 1970 avec le groupe Foudre, patronné par Alain Badiou et animé par Bernard Sichère. Ce groupe maoïste se veut un noyau d'intervention culturelle, et ne recule pas devant la manière terroriste : il inscrit à son actif l'interdiction de la projection sur le campus du film de Liliana Cavani *Portier de nuit*. Sa cible privilégiée est une enseignante, pourtant grande admiratrice

---

1. Voir LACOSTE, 1976.

de la Chine, Maria-Antonietta Macciocchi. Cette intellectuelle et militante italienne, qui travaille alors en collectif sur le fascisme, se voit accusée de fascisme, de vouloir transformer son unité de valeur en officine de propagande, pour avoir, entre autres, projeté *Le Juif Süss*. Bien que son objectif soit de comprendre pourquoi les masses ont adhéré au fascisme, c'en est trop pour les maoïstes, convaincus que la pureté du peuple ne peut être altérée d'aucune façon. Lorsque Macciocchi arrive à l'université de Vincennes, où elle enseignera comme assistante du département de sociologie entre 1972 et 1980, elle y découvre une grande banderole sur laquelle est inscrit en caractères noirs sur fond rouge : « Pi-Ling-pi-Kong-pi-Macchiocchi », ce qui signifie : « Contre Lin-Piao, contre Confucius, contre Macchiocchi ». Ce qui était de bon augure, et la suite fut à la hauteur :

> Ceux qui s'étaient baptisés Groupe Foudre marxiste-léniniste (tendance Lin Piao) : ils arrivaient chaque vendredi, jour de ma leçon, ponctuels, garçons et filles, pour mettre ma salle sens dessus dessous. Ils heurtaient rythmiquement chaises et tables, en hurlant, par exemple : « La révisionniste à la porte ! » et même « La Ritale à la porte ! » […] « Macchiocchi fasciste. » Puis ils lançaient les chaises en l'air, contre les murs, et les livres, tandis que d'autres lisaient, hurlaient dans ce vacarme infernal, la feuille chinoise, *Renmin ribao*, faisaient sauter les plombs des compteurs électriques pour nous empêcher de projeter les films sur le fascisme[1].

Le sommet du délire est atteint en mars 1976, lorsque le groupe Foudre diffuse un tract intitulé « Boules qui roulent n'émoussent pas masses » :

> Hélas ! Nous ne reverrons plus l'illustre Pythonisse du Monde Occidental, celle qui nous faisait tant rire ! […] Un jour, elle crut trouver la solution — pourquoi chercher dans la réalité alors qu'elle avait une boule de verre ! Excellente chiromancienne, selon qu'elle penchait sa boule vers l'Orient ou vers l'Occident, elle voyait apparaître des moustaches, sans très bien savoir si elles étaient de Staline ou de Hitler, mais qui se terminaient toutes en queue de ces poissons

---

1. MACCIOCCHI, 1983, pp. 392 sqq, citée dans SOULIÉ (dir.), 2012, p. 337.

qui croisent, disait-elle, dans l'archipel du Goulag. Un jour, elle crut voir passer en rêve un Vaisseau-Fantôme et sentit les galons du Commandant Sollers lui pousser la tête, elle se regarda sérieusement dans la glace et elle se trouva belle. Ce fut la fin, elle devint bègue et confondit tout, le marxisme et la psychanalyse, les assassins et les étudiants, la paranoïa et la paranoïa, l'encre et le foutre, les barricades et le divan de M. Dadoun, le Marquis de Sade et les camps de concentration, le fascisme et les groupes marxistes-léninistes[1].

Vincennes la Folie ? Au-delà du folklore et du défoulement délirant d'un désir impuissant à incarner un peuple absent, ce fut surtout Vincennes la Structuraliste.

RÉVOLUTION DANS LES PRATIQUES CULTURELLES

La contestation en Mai 1968 de la politique culturelle de Malraux et de son caractère jugé élitiste conduit le gouvernement, au début des années 1970, à un infléchissement de cette politique, dont le maître d'œuvre, de 1971 à 1973, est Jacques Duhamel. Renonçant aux grandes déclarations lyriques et aux spectaculaires actions malruciennes, Jacques Duhamel préfère parler de « développement culturel » en profondeur pour réaliser un véritable élargissement du public en favorisant les initiatives locales : « Convaincu qu'en la matière plus rien ne se décrète et que la liberté doit régner, il efface la censure, installe des Drac, délégations régionales du ministère plus proches du terrain, met les collectivités locales face à leurs responsabilités, aide à la création[2]. » À partir de 1971, avec Jacques Duhamel, le volontarisme unitaire de Malraux fait place à une politique plus proche du terrain, s'appuyant davantage sur la diversité des projets d'équipement culturel. Pris en étau entre le désir d'un retour à l'ordre et la critique radicale soixante-huitarde,

---

1. Tract diffusé en mars 1976, signé PCC. Jacques Prévert, groupe Foudre d'intervention culturelle, 4 mars 1976, reproduit dans DEBEAUVAIS (dir.), 1976, pp. 275-276.
2. BERSTEIN et RIOUX, Jean-Pierre, 1995, p. 288.

« les initiatives et les discours de Jacques Duhamel à la tête du ministère sont indissociables d'une volonté de décrispation politique[1] ». La notion même de « développement culturel » devient le mot de passe de l'époque, le vecteur d'une politique de compromis, de négociation entre élus, artistes, créateurs et animateurs.

Au début des années 1960, une étude précise sur l'état des pratiques culturelles des Français, dont la nécessité se faisait ressentir, s'impose dans le cadre de la planification, impliquant le ministre, Malraux, et le commissaire général au Plan, Pierre Massé. En 1963, Jacques Delors charge Augustin Girard de mettre en place une cellule d'étude et de recherche sur l'action culturelle, qui voit le jour en 1965. Girard la présente comme « à mi-chemin entre la plaisanterie et le sacrilège[2] » : la culture se trouve prise dans une réflexion qui peut paraître iconoclaste au regard d'une vision romantique peu coutumière de la prise en compte de paramètres économiques et sociaux. Dans l'après-68, la culture des professionnels est qualifiée de « bourgeoise » et présentée, conformément aux schémas d'analyse althussériens, comme un pur produit des appareils idéologiques d'État. Quant aux études sur les pratiques culturelles, elles font apparaître le rêve de Malraux d'une culture pour tous comme un horizon toujours aussi lointain. Les données statistiques montrent en effet que « la diffusion de la "culture noble" : sorties au théâtre, au musée, au concert, ne touche toujours qu'une minorité[3] ». Une vaste réflexion est alors lancée par le ministère des Affaires culturelles, où un groupe d'étude intégré à la commission du VIe Plan, animé par le poète Pierre Emmanuel, associe des personnalités de tendances politiques très diverses[4]. Parallèlement, le petit service d'étude animé par Augustin Girard mobilise un certain nombre d'intellectuels réunis au sein d'un Conseil supérieur de développement culturel que Jacques Duhamel décide d'instituer à la demande de Pierre Emmanuel. Augustin Girard est ensuite dési-

---

1. Urfalino, 1996, p. 250.
2. Girard, Augustin [1993], 1999, p. 42.
3. Mollard, 1999, p. 105.
4. Figurent notamment dans cette commission présidée par Pierre Emmanuel : Paul Teitgen, Jack Ralite, Sylvain Floirat, Jean-Marie Domenach, Aimé Maeght, Hubert Dubedout, François-Régis Bastide, Claude Mollard, René Dumont, André Chamson, Jean Maheu, Philippe Saint-Marc et Pierre Schaeffer.

gné comme membre du Conseil supérieur de développement culturel mis en place par l'arrêté du 19 octobre 1971, et ce groupe devient la source d'inspiration majeure des travaux de la commission du VIᵉ Plan en tant que structure chargée de penser en termes de finalités et de points de rencontre de multiples réseaux, ce qui implique d'être au contact des demandes concrètes du terrain, des collectivités locales, et d'accepter des projets d'équipements culturels diversifiés[1].

Augustin Girard, cheville ouvrière de cette période marquée par la personnalité d'un Pierre Emmanuel faisant figure de « vice-ministre[2] », relaye les intentions de son ministre en plaçant à un haut niveau ses ambitions dans ce domaine : « Le développement culturel n'est donc plus désormais pour les sociétés et pour les individus un luxe dont ils pourraient se passer, l'ornement de l'abondance : il est lié aux conditions mêmes du développement général[3]. » C'est dans ce contexte que, séduit par la personnalité de Certeau, Girard lui demande de préparer avec lui et Geneviève Gentil un colloque européen qui doit se tenir au printemps 1972 à Arc-et-Senans, dans le Doubs, sur le thème « Prospective du développement culturel[4] ».

Étonnamment, cet homme des marges qu'est Certeau devient la source essentielle d'inspiration de la politique culturelle conduite par le gouvernement français dans les années 1970. Ce colloque d'Arc-et-Senans réunit une vingtaine de participants, chercheurs de diverses disciplines représentant une dizaine de pays. Son objectif est de préparer la réunion des ministres de la Culture européens de juin 1972 à Helsinki pour y définir les bases de stratégies à long terme en matière de politique culturelle. Au début du colloque, le constat est établi d'une crise générale de la culture, liée à toute une série de tendances lourdes de la société qui vont du mode d'urbanisation à l'émiettement du travail, en passant par la complexification et la bureaucratisation de l'organisation sociale. L'idée novatrice de cette réunion consiste à briser la séparation entre la politique culturelle et son substrat social.

---

1. Voir sur ce point Gayme, 1995.
2. Mollard, 1999, p. 135.
3. Girard, Augustin, 1972.
4. *Analyse et prévision*, numéro spécial *Prospective du développement culturel*, Futuribles, octobre 1973.

Le titre du rapport préparatoire de Certeau, « La culture dans la
société[1] », est significatif d'une conception devenue globalisante de
la culture qui ne doit plus être envisagée comme simple pellicule,
expression d'un phénomène d'élite. La définition que donne Certeau de la notion même de culture est très large : elle désigne tout
à la fois les traits de l'homme cultivé — « c'est-à-dire conforme au
modèle élaboré dans les sociétés stratifiées par une catégorie qui a
introduit ses normes là où elle imposait son pouvoir[2] » —, un patrimoine d'œuvres à préserver, ainsi que la compréhension du monde
spécifique à un milieu ou à un temps donnés, les comportements,
institutions, idéologies et mythes constitutifs de cadres de référence
(les *patterns of culture*), l'acquis en tant que distinct de l'inné et
enfin tout un système de communication de plus en plus prégnant.

Certeau dresse le tableau de la crise culturelle que traverse l'Europe en insistant sur l'hypertrophie des institutions culturelles dont
la tendance à s'éloigner des acteurs de la vie encourage les comportements attentistes. Plutôt que de dresser un constat de déploration,
il entreprend d'élargir le champ des possibilités stratégiques d'action. S'écartant des analyses dominantes à l'époque sur le dévoilement à large échelle des entreprises de manipulation idéologique,
il privilégie la singularité du terrain et des groupes engagés dans
une dynamique de mutation, de transformation du quotidien : « Il
n'est possible de dire le sens d'une situation qu'en fonction d'*une
action entreprise* pour la transformer[3]. » Aux articulations institutionnelles, les actions les plus efficaces seront celles qui sortent
des modèles, renonçant à quelque exemplarité. À la dialectique
propre à l'action culturelle qui visait jusque-là à répondre à des
besoins supposés intangibles, doit se substituer la constitution de
laboratoires d'expérimentation sociale. L'objectif, dont la réussite
nécessite une politisation de la culture, est d'éviter que la créativité
ne soit reléguée dans les marges d'une société productiviste qui en
ferait un simple loisir, un supplément de sens superfétatoire.

Le ministre des Affaires culturelles, Jacques Duhamel, présent
lors de ces journées d'Arc-et-Senans, est à l'écoute, et son interven-

1. Certeau [1973], 1993.
2. *Ibid.*, p. 167.
3. *Ibid.*, p. 181.

tion au terme des travaux témoigne de sa détermination à relayer au plus haut niveau l'analyse et les suggestions qui en ressortent. Elles deviennent la source d'inspiration de sa politique :

> Imaginer, découvrir les lieux d'articulation, définir les initiatives, préciser quelles sont les actions institutionnelles dont Michel de Certeau a parlé, voilà ce qui me semble indispensable et à court terme, car les jeunes — dans aucun pays et sûrement pas dans le mien — n'attendront pas des années maintenant que l'on puisse réinventer ce qui sera leur culture[1].

Définissant le rôle de l'État en matière culturelle, Jacques Duhamel énonce les maîtres mots qui vont guider son action : créativité et non pas reproduction, activité et non pas consommation, responsabilité et non pas facilité, pluralité et non pas unicité, communication et non pas conservation. Comme le note Claude Mollard : « Le nouveau ministre se réclame de la "culture au pluriel" chère à Michel de Certeau, beaucoup plus que d'une vision savante de la culture[2]. »

La grande réalisation de ce milieu des années 1970 est l'ouverture du centre Georges-Pompidou au cœur de Paris, grand centre d'art contemporain auquel tient particulièrement le président Georges Pompidou. Le Centre de création industrielle (CCI), né en 1969 à l'initiative de François Mathey et François Barré, s'installe au Centre Beaubourg et devient le fer de lance de l'art contemporain : « La vocation du CCI s'est immédiatement affichée comme vocation critique[3]. » Prônant une lecture critique de la marchandise et de la consommation et engageant sa prospection au cœur des éléments de la vie quotidienne, le CCI crée une revue en 1975, *Traverses*, qui se veut résolument pluridisciplinaire et dont la direction de la publication est confiée par François Mathey à Huguette Le Bot et François Barré[4]. Avec ce Centre, s'il s'agit encore d'une

---

1. Jacques Duhamel, *Analyse et prévision*, numéro spécial *Prospective du développement culturel*, octobre 1973, pp. 155-156.
2. MOLLARD, 1999, p. 281.
3. LAUXEROIS, 1996, p. 134.
4. Le comité de rédaction de *Traverses* à la parution de son premier numéro est composé de Jean Baudrillard, Michel de Certeau, Gilbert Lascault et du mari d'Huguette Le Bot, l'historien d'art Marc Le Bot.

réalisation parisienne, la politique culturelle de Jacques Duhamel trouve des points d'application dans le rayonnement des théâtres de la banlieue parisienne et des grandes villes de province. C'est le grand moment où les metteurs en scène créatifs et les festivals rencontrent les théâtres décentralisés[1].

Sur les écrans, les films projetés au début des années 1970 sont encore très inspirés par la contestation soixante-huitarde, le désir d'un changement de vie et la volonté d'exprimer un point de vue politique. En 1972, dans *Tout va bien*, film culte des *Cahiers du cinéma*, Jean-Luc Godard, mettant en scène Yves Montand et Jane Fonda, fait le récit d'une occupation d'usine et de la séquestration d'un patron. De son côté, Marin Karmitz filme une grève dans *Coup pour coup* en 1971, tout comme Chris Marker à l'usine Rhodiacéta de Besançon en 1967 pour son film *À bientôt j'espère*, qui sort sur les écrans en 1968. À ce cinéma militant se juxtapose un cinéma plus grand public mais tout aussi politique, comme celui de Costa-Gavras, qui connaît avec *Z* un grand succès en 1969 en dénonçant la dictature des colonels en Grèce. En 1971, le cinéaste suisse Alain Tanner porte au plus haut sur l'écran la sensibilité de la nouvelle génération avec *La Salamandre* et ses acteurs fétiches : Bulle Ogier, Jean-Luc Bideau et Jacques Denis. C'est aussi le moment où le public français découvre, avec la sortie en 1973 du *Dernier Tango à Paris* de Bernardo Bertolucci et de *La Grande Bouffe* de Marco Ferreri, que la société de consommation et les actes sexuels sont représentés côté italien avec autant d'audace et de causticité.

L'heure est aussi à l'exacerbation du discours critique qui pousse au plus loin l'esprit de dérision des dessinateurs de *Hara-Kiri* et de *Charlie Hebdo*. La une de ce dernier lors de la disparition du général de Gaulle fait scandale et restera dans les mémoires : « Bal tragique à Colombey : 1 mort ». Certains périodiques naissent pour relayer la volonté de développer toute une contre-culture à la fois

---

1. Jean Dasté à Saint-Étienne, Jack Lang et le Festival international de Nancy, Marcel Maréchal à la Cothurne de Lyon, sans oublier la banlieue parisienne, particulièrement riche de créativité, avec Ariane Mnouchkine et son Théâtre du Soleil à la Cartoucherie de Vincennes, Pierre Debauche aux Amandiers de Nanterre, René Allio au théâtre de la Commune d'Aubervilliers… Sans oublier le Berliner Ensemble, fondé par Bertolt Brecht, dont la tournée en France en 1970 connaît un grand succès.

révolutionnaire et festive, communautaire et individuelle : « *Actuel*
annonce ce monde parallèle. Les thèmes orientalistes, hédonistes,
beat, underground s'y agrègent dans une contre-culture bariolée[1]. »
Ce périodique est lancé par Jean-François Bizot, revenu enthousiaste de son séjour aux États-Unis durant l'été 1969 et qui entend
importer en France le succès que connaît chez les Américains la
culture underground. D'autres choisissent des lignes de fuite et font
de grands voyages vers l'Inde, vers Katmandou ou sur la route 66
pour traverser d'est en ouest le continent nord-américain et échapper au conformisme de la société de consommation. On assiste à
un engouement certain pour la culture, relevant soit de la quête de
novation, soit de la quête de racines, débuts d'un goût patrimonial
qui ne cessera de croître au fil des années 1970 et 1980.

---

1. DELANNOI, 1990, p. 117.

4

« *La pensée 68* »

L'ANTI-ŒDIPE

Un des effets les plus féconds de Mai 1968 sur le plan intellectuel aura été la rencontre en 1969 de Félix Guattari et Gilles Deleuze. À ce moment-là, Guattari, membre de l'École freudienne, participe pleinement au rayonnement du structuralisme dans sa version psychanalytique. Deleuze, désireux de sortir des limites de l'histoire de la philosophie, est très sensible à l'effervescence en cours dans les sciences humaines. La figure du schizophrène ne cesse de l'interroger sous sa forme clinique comme sous sa forme littéraire. Ni l'un ni l'autre ne peuvent se satisfaire d'une simple adhésion aux thèses dominantes de l'époque. Dès avant leur rencontre, on peut considérer que leurs positions s'opposent déjà vivement au structuralisme. En 1969, lorsque Guattari prend la parole devant le parterre de l'École freudienne de Paris, il a déjà rompu avec l'évolution formaliste et logiciste de Lacan. Il n'est plus le successeur présumé du Maître, qui lui a préféré son gendre Jacques-Alain Miller et son cercle ulmien, à l'origine en 1966 des *Cahiers pour l'analyse*. Guattari prononce une conférence dont le titre à lui seul est évocateur de la cible visée : « Machine et structure[1] », et aurait pu tout aussi bien s'intituler « machine contre structure ». Dans cette intervention, Guattari repère les angles

---

1. GUATTARI [1969], 2003.

morts de la grille d'analyse structurale ; la notion de machine qu'il
avance comme opératoire est destinée à penser le refoulé du structuralisme, à l'articulation des processus de subjectivation et de
l'événement historique. C'est le premier texte de Guattari qui se
réfère à Deleuze. Il ne le connaît pas encore, mais il a lu et apprécié sa thèse, *Différence et répétition*, et *Logique du sens*, qu'il cite
d'emblée en se réclamant de sa définition de la structure. Partant
des thèses de Deleuze, Guattari ressent la nécessité, en recourant à
cette notion de machine, de faire appel à un élément différenciant
qui réintroduise de l'événement et du mouvement : « La temporali-
lisation pénètre la machine de toutes parts et on ne peut se situer
par rapport à elle qu'à la manière d'un événement. Le surgissement
de la machine marque une date, une coupure, non homogène à
une représentation structurale[1]. » On est saisi ici par la proximité
de leurs positions et de leurs discours dès avant leur rencontre.
Guattari se fait le porte-parole d'une philosophie de l'événement
qui constitue le thème majeur de *Logique du sens*.

Si Guattari a trouvé matière à arguments dans les deux ouvrages
publiés par Deleuze en 1968 et 1969, c'est que leur orientation
philosophique se distingue du paradigme dominant sans partage à
cette époque. Dans sa thèse, *Différence et répétition*, Deleuze se
montre vigilant vis-à-vis de toute tentation structuraliste de réduire
l'événement à l'insignifiance. Il plaide au contraire pour le refus du
choix entre structure et événement, et pour leur articulation : « Pas
plus qu'il n'y a d'opposition structure-genèse, il n'y a d'opposition
entre structure et événement, structure et sens[2]. » Deleuze reconnaît
néanmoins au structuralisme sa capacité à être un « théâtre des multiplicités[3] » qui, loin de chercher une synthèse idéale de recognition,
de représentation adéquate de l'identitaire, traque les problèmes au
sein même des mouvements d'expérimentation.

L'« agencement Deleuze-Guattari » qui se met en place au cours
de l'année 1969 va radicaliser leur posture critique respective, au
point qu'elle prend une tournure nettement polémique au début
des années 1970. Les premiers mots de *L'Anti-Œdipe* sont signifi-

1. *Ibid.*, p. 241.
2. DELEUZE, 1968, p. 247.
3. *Ibid.*, p. 248.

catifs d'un refus de toute clôture structurale, même s'ils prennent acte de l'absence de pertinence du « Je », au profit de logiques machiniques polymorphes. Ils affirment le primat absolu des multiplicités par rapport au binarisme structural. *L'Anti-Œdipe*, conçu comme une véritable machine de guerre contre le structuralisme, va fortement contribuer à l'accélération de la déconstruction du paradigme engagée depuis 1967-1968 en le faisant exploser de l'intérieur.

Au formalisme des études structurales, Deleuze et Guattari opposent, par leur écriture commune elle-même, le contrepoint de l'expérimentation. En ce début des années 1970, leur projet est d'opposer les sciences sociales au paradigme structural. Pour le défaire, ils s'appuient notamment sur une relecture des avancées réalisées par l'anthropologie, la sémiotique, la psychanalyse et l'histoire lorsque ces disciplines empruntent des chemins de traverse par rapport au schéma structural. Selon Deleuze et Guattari, les machines sont de tous ordres : techniques, cybernétiques, de guerre, économiques, signifiantes, désirantes, institutionnelles, mais aussi littéraires. C'est un véritable mot de passe qui se propose de déloger le précédent de « structure ». La machine devient tellement centrale que lorsque Deleuze publie une nouvelle édition de son *Proust et les signes* en 1970, il ajoute une seconde partie intitulée « La machine littéraire », incluant une description des « trois machines » de *La Recherche*.

Alors que *L'Anti-Œdipe* s'ouvre par un chapitre consacré aux machines désirantes, le concept est abandonné quelques années plus tard dans *Mille Plateaux*, très certainement parce qu'il aura fait son office d'ébranler la notion de structure, qui dès lors n'a plus besoin d'être mise en cause en 1980 : le paradigme structuraliste n'est plus qu'un souvenir. Le concept de transversalité de Guattari est en revanche plus largement utilisé pour mieux saisir les coupures de flux par lesquelles se définit la machine désirante. La traversée des sciences humaines pratiquée dans les deux volumes de *Capitalisme et schizophrénie* par Deleuze et Guattari aura été une manière de faire exploser le paradigme structuraliste pour libérer les multiplicités, les singularités de leur clôture.

La machine désirante doit se frayer un chemin dans les structures pour déstabiliser le signifiant-maître défendu par les lacaniens.

L'interprétation psychanalytique se déploie à partir de la notion de manque premier, d'absence, alors que les coupures subjectives, véritables coupures de flux, partent au contraire selon nos auteurs d'un trop-plein. Épistémologiquement à côté de son objet, la psychanalyse est de plus stigmatisée comme entreprise de normalisation, de répression, poursuivant l'œuvre de renfermement et de repli sur soi qu'avait augurée la psychiatrie au XIXᵉ siècle : « Au lieu de participer à une entreprise de libération effective, la psychanalyse prend part à l'œuvre de répression bourgeoise la plus générale[1]. » La schizo-analyse entend reconnecter l'inconscient au social et à la politique. La grille de lecture œdipienne relèverait à la fois d'une forme de réductionnisme mécaniste et d'une démarche de simple application. L'appareillage structural du lacanisme se donnerait en fait pour fonction de refouler le désir, de faire en sorte d'y renoncer et de parfaire ainsi au plan thérapeutique l'œuvre de l'appareil de répression : « En lui tendant le miroir déformant de l'inceste (hein, c'est ça que tu voulais ?), on fait honte au désir, on le stupéfie, on le met dans une situation sans issue, on le persuade aisément de renoncer à "soi-même"[2]. » Remettre le désir en mouvement, le rendre productif devient la fonction première de la machine désirante, qui doit se substituer à la structure œdipienne enfermante. Encore faut-il défaire l'unité structurale postulée de la machine. La différence se situe au niveau des machines molaires et des machines moléculaires, l'essentiel étant que le désir soit de l'ordre de la production, que celle-ci s'effectue à l'échelle micro ou macro. Or, l'unité structurale autour de la théorie du manque impose un ensemble molaire : « C'est cela, l'opération structurale : elle aménage le manque dans l'ensemble molaire[3]. »

La publication de *L'Anti-Œdipe* fait événement, l'ouvrage apparaît comme un concentré de ce que l'on peut appeler « la pensée 68 ». Les premières lignes de l'ouvrage donnent une idée d'un style qui n'est plus celui de l'académisme universitaire :

> Ça fonctionne partout, tantôt sans arrêt, tantôt discontinu. Ça respire, ça chauffe, ça mange. Ça chie, ça baise. Quelle erreur d'avoir dit

---

1. ID. et GUATTARI, 1972, p. 59.
2. *Ibid.*, p. 142.
3. *Ibid.*, p. 366.

le ça. Partout ce sont des machines, pas du tout métaphoriquement :
des machines de machines, avec leurs couplages, leurs connexions.
Une machine-organe est branchée sur une machine-source : l'une
émet un flux, que l'autre coupe. Le sein est une machine qui produit
du lait, et la bouche, une machine couplée sur celle-là[1].

L'ouvrage trouve immédiatement un large public — le premier
tirage est épuisé en trois jours —, et la presse se fait l'écho de ce
succès spectaculaire pour un livre difficile, significatif de l'esprit
du moment. *Le Monde* consacre deux pages à l'ouvrage, et Roland
Jaccard, qui présente le dossier, considère qu'il revêt des aspects
prophétiques dans sa visée de schizophréniser la société. Le grand
article de présentation est laissé à un ami de Deleuze, son ancien
étudiant à la Sorbonne dans les années 1950, l'écrivain Rafaël
Pividal, alors professeur de philosophie à Paris VII. Il salue un
livre qui reprend les interrogations sur la pertinence du discours
psychanalytique d'un Reich et d'un Marcuse, en les resituant dans
le contexte historique du capitalisme. Il rappelle que l'invocation de
la schizophrénie ne consiste pas à faire l'apologie de la maladie du
même nom, mais à valoriser une machine qui, « au lieu d'organiser
les lettres de l'alphabet pour faire des mots, décompose les mots
pour faire un alphabet. Picasso n'a pas fait autre chose. Mais ce
seront Beckett, Kafka et Artaud qui vont servir d'exemple[2] ». François Châtelet, ami et collègue de Deleuze à Vincennes, témoigne
de son enthousiasme devant ce qu'il voit comme le combat d'un
nouveau Lucrèce, dans son effort d'intelligibilité pour comprendre
ce qui pousse les hommes à combattre pour accroître leur servitude.
À cette question majeure, il est deux réponses données, l'une par
Marx, l'autre par Freud, et « c'est à elles que Deleuze et Guattari s'attaquent, non pour les attaquer, mais pour leur rendre cette
force que le pliage idéaliste veut leur retirer[3] ». Dans son luxueux
domicile de la rue Clauzel, dans le IXe arrondissement de Paris,
François Châtelet organise une réunion qui dure toute la nuit avec
Deleuze, Guattari et une trentaine de personnes. En revanche, dans
les mêmes colonnes du *Monde* la tonalité est franchement critique

1. *Ibid.*, p. 7.
2. Pividal, 1972.
3. Châtelet, 1972.

du côté du psychanalyste André Green et du psychiatre Cyrille Koupernik, qui estime que le remède préconisé par Deleuze est pire que le mal : « Ce par quoi Deleuze remplace l'Œdipe, c'est-à-dire finalement par un désir biologique inhumain, anhumain, protopersonnel, me paraît à tout prendre plus redoutable. C'est l'image en miroir de l'entropie qui a hanté Freud[1]. » Dans *Le Figaro*, Claude Mauriac, engagé dans les luttes du Groupe d'information sur les prisons aux côtés de Michel Foucault, Jean-Marie Domenach et Gilles Deleuze, juge le « livre considérable » : « Il faut le lire, le relire, le méditer, en attendant les réactions qu'il ne manquera pas de susciter[2]. » Dans *L'Express*, Madeleine Chapsal insiste sur sa radicalité, sur son intention révolutionnaire dans un coup de balai qui n'oublie aucun recoin. Et ce livre, « plein d'images et d'imagination, fait rêver. Une fois l'espace libéré par leurs soins, Deleuze et Guattari s'installent en son centre et commencent à déballer leurs nouveautés. Il y en a pour tous les goûts[3] ». À *La Quinzaine littéraire*, Maurice Nadeau organise autour des deux auteurs un débat animé par François Châtelet avec le psychanalyste Serge Leclaire, le psychiatre Horace Torrubia, l'ethnologue Pierre Clastres, ainsi que Roger Dadoun, Rafaël Pividal et un étudiant, P. Rose. La confrontation de trois heures est retranscrite sous la forme de soixante pages dactylographiées, dont des extraits sont publiés par le journal. Deleuze et Guattari s'expliquent sur la manière dont ils ont conçu ce travail commun. La discussion reste cordiale, nullement polémique. Serge Leclaire, représentant de la psychanalyse, est lacanien, mais l'opposition n'est pas frontale : *L'Anti-Œdipe* fait une place particulière à un article de Serge Leclaire sur « La réalité du désir[4] », considéré comme précurseur dans l'idée d'un inconscient-machine.

Quant aux grandes revues intellectuelles, elles aussi accordent une large place à *L'Anti-Œdipe*. *Critique* confie la recension de l'ouvrage à Jean-François Lyotard et à René Girard. Le premier exprime son admiration devant ce torrent qui déplace des eaux

1. KOUPERNIK, 1972.
2. MAURIAC, Claude, 1972.
3. CHAPSAL, 1972.
4. LECLAIRE, 1970.

volumineuses : « C'est un pantographe qui prend l'énergie électrique sur la ligne de haute tension et permet de la transformer en rotation de roues sur les rails, pour le voyageur en paysages, en rêveries, en musiques, en œuvres à leur tour transformées, détruites, emportées[1]. » Jean-François Lyotard met en garde les lecteurs contre l'interprétation erronée que peut susciter le titre de l'ouvrage de Deleuze et Guattari : il n'annonce pas un livre polémique et destructeur, mais se présente comme une affirmation, un acte positif, positionnel. Le livre subvertit surtout ce qu'il ne critique pas — le marxisme — et charrie quelques cadavres comme le prolétariat, la lutte des classes ou la plus-value. De son côté, René Girard, tout en admettant avec Deleuze et Guattari qu'il ne faut pas voir dans la petite enfance le lieu d'émergence de toute pathologie sociale, est plus critique vis-à-vis d'un ouvrage qui n'accorde aucune pertinence au mythe et à la tragédie. Il ne les suit pas dans leur stigmatisation de la croyance religieuse et estime qu'ils énoncent en fait « une nouvelle forme de piété, particulièrement éthérée, en dépit des apparences[2] ». S'il approuve leur volonté de rendre compte d'un certain délire sociétal, il en donne une autre grille de lecture qu'il ne cesse de développer dans son œuvre, celle du désir mimétique en deçà de toute représentation et de tout objet singulier, car c'est le désir du désir de l'autre[3]. À partir de ce modèle, René Girard renonce à tout ancrage physiologique ou psychique du désir ainsi qu'à tout pansexualisme pour placer le désir mimétique sur le seul plan du devenir réciproque. À cet égard, il rejoint le nietzschéisme de Deleuze et Guattari : « À la différence de Freud qui reste empêtré dans ses pères et ses mères, Nietzsche est le premier à détacher le désir de tout objet[4]. » En définitive, René Girard considère que Deleuze et Guattari font la part trop belle à Œdipe qui sort intact de leur brûlot et même grandi : *L'Anti-Œdipe* lui-même est « œdipianisé de toute évidence jusqu'au nombril, puisque tout entier structuré sur une rivalité triangulaire avec les théoriciens de la psychanalyse[5] ».

1. LYOTARD [1972], p. 925.
2. GIRARD, René, 1972, p. 961.
3. ID., 1961.
4. ID., 1972, p. 965.
5. *Ibid.*, pp. 976-977.

La revue *Esprit* accorde aussi une grande importance à la parution de *L'Anti-Œdipe*, qui fait l'objet d'un dossier constitué d'une présentation plutôt favorable des thèses majeures de l'ouvrage[1]. Les psychanalystes Jean Furtos et René Roussillon reprochent à Deleuze et Guattari d'appauvrir leur sujet en oubliant le niveau molaire pour valoriser le seul niveau moléculaire : il aurait été plus utile d'articuler ces deux niveaux. De son côté, le sociologue Jacques Donzelot fait l'apologie de ce qu'il nomme « une antisociologie[2] ». Il voit l'ouvrage comme la juxtaposition de blocs erratiques de savoirs qui font caillot dans le flux de son écriture. Avec *L'Anti-Œdipe*, la psychanalyse doit subir l'assaut de la pensée nietzschéenne. En dépassant les oppositions frontales entre descriptions fonctionnalistes et analyses structurales, mais aussi entre infrastructures et superstructures, et en résistant à la tendance à éluder la question de l'État, Deleuze et Guattari parviennent à échapper à un certain nombre d'apories habituelles propres aux analyses sociales. Au lieu de se demander sans réussir à répondre : « Qu'est-ce que la société ? », les auteurs de *L'Anti-Œdipe* ont le mérite de poser une question interpellative : « Comment vivons-nous en société ? Question concrète qui en entraîne d'autres : où vivons-nous ? Comment habitons-nous la terre ? Comment vivons-nous l'État[3] ? » Jean-Marie Domenach, directeur d'*Esprit*, boucle le dossier avec un article plus critique, même s'il recommande la lecture de *L'Anti-Œdipe* comme une distraction. Selon lui, son inventivité est roborative et on s'y amuse plus que chez Lacan : « Laissons-nous aller un moment à cette drôlerie. On n'a plus tellement d'occasions de rire[4]. » Mais rire n'est pas souscrire, et Domenach refuse de se plier à ce qu'il estime être une technique du matraquage à coups de formules assénées sans démonstration et répétées à satiété : « Je sais bien : critiquer au nom de la logique un livre qui se présente comme une apologie du discours délirant apparaît inadéquat[5]. » Quant à leur théorie du désir, pourquoi pas, mais le désir n'est

1. Furtos et Roussillon, 1972.
2. Donzelot, 1972.
3. *Ibid.*, p. 849.
4. Domenach, 1972, p. 856.
5. *Ibid.*, p. 857.

jamais défini : « Je reproche à ce livre, faute d'avoir affronté le mal, de s'être dérobé devant la souffrance. On peut dire par jolie métaphore "machine désirante" ; il est plus difficile de dire "machine souffrante"[1]. »

Huit ans après la publication de *L'Anti-Œdipe*, Deleuze regarde pourtant cet événement éditorial comme un échec. Mai 1968 et ses rêves s'éloignent de l'horizon, laissant un goût amer à ceux qui ont été transportés par l'espérance et se trouvent rattrapés par les relents du conservatisme. C'est cette amertume qu'exprime Deleuze à Catherine Backès-Clément :

> *L'Anti-Œdipe* est après 68 : c'était une période de bouillon-nement, de recherche. Aujourd'hui il y a une très forte réaction. C'est toute une économie du livre, une nouvelle politique, qui impose le conformisme actuel. [...] Le journalisme a pris de plus en plus de pouvoir sur la littérature. Et puis, une masse de romans redécouvrent le thème familial le plus plat, et développent à l'in-fini tout un papa-maman : c'est inquiétant, quand on se trouve un roman tout fait, préfabriqué, dans la famille qu'on a. C'est vraiment l'année du patrimoine, à cet égard *L'Anti-Œdipe* a été un échec complet[2].

Dans le contexte de violentes tensions du début des années 1970, la publication de *L'Anti-Œdipe* est l'un des temps forts de cristalli-sation d'un mouvement qui aurait pu dériver vers le terrorisme pour enrayer la phase de reflux dans laquelle il se trouvait pris à partir de 1972. La disparition de l'organisation la plus proche de la tentation terroriste, la Gauche prolétarienne (GP), en novembre 1973 n'est-elle pas significative des effets dissolvants, décapants de la schizo-analyse sur la paranoïa militante ? On ne peut l'affirmer, mais si la théorie du désir a contribué à éteindre la pulsion collective de mort de cette jeunesse militante maoïste, elle aura fait œuvre utile. La machine de guerre qu'étaient devenus la GP et Benny Lévy, alias Victor, son chef le plus en vue, est une des cibles favorites de Guattari, qui écrit dans son *Journal* en 1972 : « Décidément, la GP est devenue une bien grande chose ! [...] Ces maos sont les ennemis irréductibles du mou-

1. *Ibid.*, p. 863.
2. DELEUZE [1972], 2003, pp. 162-163.

vement révolutionnaire dans ce qui est son essence : la libération de l'énergie désirante [...]. La sournoiserie de Victor est inépuisable[1]. »

Fin 1974, Robert Linhart, autre leader maoïste, ne s'y trompe pas lorsqu'il attaque Guattari et sa bande du Cerfi dans *Libération* sous le titre « Gauchisme à vendre ? ». Derrière les attaques de personnes, il dénonce les effets délétères de *L'Anti-Œdipe*. L'ouvrage est mentionné dès le sous-titre de son acte d'accusation : « Conséquences inattendues de *L'Anti-Œdipe* ou comment j'ai appris à être un bon vendeur et à ne plus m'en faire[2] ». Serge July, directeur du journal, cautionne l'opération au nom d'une nécessaire critique de l'après-gauchisme au moment où le giscardisme y emprunte certaines de ses idées :

> Ce n'est plus un secret pour personne. Le fameux « changement » giscardien puise ses idées dans la contestation [...]. D'autant qu'un certain nombre de gauchistes jouent le jeu. Avec cet article de Robert Linhart, c'est toute une rubrique qu'il faut ouvrir et tenir sur les destins de l'après-gauchisme[3].

Robert Linhart considère *L'Anti-Œdipe* comme la source de tous les maux du maoïsme agonisant. Le livre autoriserait notamment la relecture de Freud à la lumière des enseignements de Taylor pour faire avaler aux prolétaires qu'ils réalisent leur désir en produisant : « Que l'ouvrier parvienne à "prendre son pied" en serrant les boulons, et il sera révolutionnaire[4]. »

L'ouvrage trouve par contre en Foucault un allié de poids. *L'Anti-Œdipe* revêt à ses yeux un statut tout à fait singulier, celui d'une fulgurance qui doit être appréciée pour sa faculté affectante :

> Je pense à [...] *L'Anti-Œdipe*, qui n'est pratiquement référé à presque rien d'autre qu'à sa propre et prodigieuse inventivité théorique ; livre, ou plutôt chose, événement, qui est parvenu à faire s'enrouer jusque dans la pratique la plus quotidienne ce murmure pourtant longtemps ininterrompu qui a filé du divan au fauteuil[5].

1. Félix Guattari, journal, notes, 1er avril 1972, archives Imec.
2. LINHART, Robert, 1974.
3. JULY, 1974.
4. LINHART, 1974.
5. FOUCAULT [1976 (a)], 1994 (b), pp. 162-163.

Enthousiaste, Foucault rédige la préface de l'édition américaine de l'ouvrage, parue en 1977[1]. Il voit dans ce qu'il estime être un grand livre se déployer un art de vivre sur trois registres : *ars erotica, ars theoretica, ars politica* : « Je dirais que *L'Anti-Œdipe* (puissent ses auteurs me pardonner) est un livre éthique, le premier livre d'éthique que l'on ait écrit en France depuis assez longtemps[2]. » Foucault repère trois types d'adversaires à ce livre : les professionnels de la révolution qui professent l'ascétisme pour faire triompher la vérité ; les techniciens du désir que sont les psychanalystes et sémiologues qui traquent sous les signes les symptômes ; et enfin le vrai ennemi, le fascisme, non seulement comme type de régime politique, mais comme ce qui couve en chacun de nous. Le mérite essentiel de cet ouvrage est d'offrir à ses lecteurs une introduction à la vie non fasciste, dont Michel Foucault retient quelques principes fondamentaux. Parmi ceux-ci, la mise en garde contre les attraits du pouvoir qui implique de résister à toute forme de renfermement unitaire, de favoriser l'action, la pensée et le désir en les faisant proliférer, et de s'affranchir de la catégorie du négatif. Véritable guide de nature à modifier la vie quotidienne de chacun, *L'Anti-Œdipe* ne doit cependant pas être lu comme la nouvelle théorie « si souvent annoncée : celle qui va tout englober, celle qui est absolument totalisante et rassurante[3] ».

1. ID. [1977], pp. XI-XIV, 1994, pp. 133-136.
2. *Ibid.*, p. 134.
3. *Ibid.*

5

Les sursauts de l'historicité

LA « NOUVELLE HISTOIRE »

Qui aurait imaginé qu'en 1975 une publication issue de la prestigieuse, austère et savante collection créée par Pierre Nora en 1971, la « Bibliothèque des histoires », deviendrait un véritable best-seller ? C'est pourtant le cas avec l'ouvrage d'Emmanuel Le Roy Ladurie *Montaillou, village occitan*, qui atteint le tirage cumulé peu habituel pour un historien universitaire de trois cent mille exemplaires. Si Le Roy Ladurie exploite là un document exceptionnel — les registres de l'évêque de Pamiers à partir desquels il restitue la vie ordinaire de ce petit lieu d'Ariège au début du XIVᵉ siècle en un récit enlevé et magistral —, on s'explique mal un tel engouement. En ce milieu des années 1970, favorable à un retour en force des historiens, et en particulier à une approche de l'histoire marquée par le regard ethnographique tourné vers les profondeurs de la société française en son passé le plus lointain, s'exacerbe le goût pour une forme d'exotisme de l'intérieur, par-delà la coupure de ce monde que nous avons perdu. Avec ce succès, Pierre Nora porte au premier plan l'un des principaux acteurs de l'école des Annales, auteur d'une thèse sur *Les Paysans de Languedoc*, héritier de Fernand Braudel, dont il prend la succession au Collège de France en 1973. C'est le moment où les historiens des Annales, et notamment ceux qui promeuvent l'histoire des mentalités, prennent le relais des ethnologues.

La fécondation structurale de la nouvelle histoire à laquelle on assiste ralentit la temporalité jusqu'au point de quasi-immobilité. L'événementiel est refoulé dans l'ordre de l'épiphénomène ou du feuilleton au profit de ce qui se répète, se reproduit. L'approche de la temporalité privilégie les longues plages stationnaires, et lorsque Emmanuel Le Roy Ladurie prend la succession de Braudel au Collège de France, il intitule sa leçon inaugurale : « L'histoire immobile[1] ». Selon lui,

> depuis près d'un demi-siècle, de Marc Bloch à Pierre Goubert, les meilleurs historiens français, systématiquement systématiseurs, ont fait du structuralisme en connaissance de cause, ou quelquefois sans le savoir, mais trop souvent sans que ça se sache[2].

Il affiche, en cette occasion solennelle, son admiration pour les méthodes structuralistes appliquées par Lévi-Strauss aux règles de parenté et aux mythologies du Nouveau Monde. S'il circonscrit l'efficacité de celles-ci à d'autres cieux, il retient pour l'historien l'idée qu'il faut appréhender la réalité à partir d'un petit nombre de variables, en construisant des modèles d'analyse.

L'événement-rupture de Mai 1968 a ébranlé l'antihistoricisme du structuralisme des débuts, ouvrant largement le chantier des investigations possibles à une histoire déjà rénovée par les *Annales*, mais réconciliée avec le point de vue structural, plus attentive aux permanences qu'aux mutations, plus anthropologique que factuelle. Les historiens, exclus dans les années 1960 d'une actualité intellectuelle qui portait davantage d'intérêt aux avancées des linguistes, des anthropologues et des psychanalystes, prennent alors leur revanche. C'est le début d'un véritable âge d'or auprès d'un public qui assure le succès des publications d'anthropologie historique. Cette adaptation du paradigme structural au discours historien est notamment orchestrée par la nouvelle direction de la revue des *Annales*, où une jeune génération d'historiens (André Burguière, Marc Ferro, Jacques Le Goff, Emmanuel Le Roy Ladurie et Jacques Revel), à laquelle Braudel passe la main en 1969, délaisse les horizons de

1. Le Roy Ladurie [1973], 1978.
2. *Ibid.*, p. 11.

l'histoire économique au profit d'une histoire tournée vers l'étude des mentalités.

En 1971, cette nouvelle équipe fait paraître un numéro spécial de la revue dont le thème, « Histoire et structure », traduit bien le souhait de réconcilier ces deux termes qui se donnaient comme antinomiques, mariage du feu et de l'eau. La participation auprès des historiens de Claude Lévi-Strauss, Maurice Godelier, Dan Sperber, Michel Pêcheux ou Christian Metz montre que le temps des combats est révolu, et qu'on assiste au contraire à une concertation étroite entre historiens, anthropologues et sémiologues. Une vaste alliance se noue, porteuse d'un ambitieux programme de recherches communes qui sera d'une grande fécondité tout au long de la décennie. André Burguière, qui présente le numéro, perçoit bien le mouvement de reflux du structuralisme, affecté par le grand chambardement de 1967-1968, et y voit l'occasion pour les historiens de ramasser la mise. Il défend pour la discipline le programme d'un structuralisme ouvert, bien tempéré, capable de faire la démonstration que les historiens ne se contentent pas de percevoir le niveau manifeste de la réalité, comme le disait Lévi-Strauss en 1958, mais s'interrogent aussi sur le sens caché, sur l'inconscient des pratiques collectives, au même titre que les anthropologues.

Fernand Braudel avait déjà proposé la longue durée comme moyen d'accès à la structure pour la discipline historique et comme langage commun à toutes les sciences sociales. André Burguière va plus loin en traçant les lignes d'un programme d'histoire culturelle, d'anthropologie historique, qui doit permettre de s'installer sur le terrain même des études structurales, celui du symbolique. C'est dans ce domaine privilégié que l'efficace de la méthode structurale pourra se déployer le plus facilement, et les historiens des Annales vont défendre en 1971 une forme de structuralisme adaptée à leur discipline. André Burguière brandit même haut et fort l'étendard : « Un peu de structuralisme éloigne de l'histoire, beaucoup de structuralisme y ramène[1]. » Après le défi lancé par les anthropologues aux historiens, l'anthropologisation du discours historique conduit

---

1. Burguière, 1971, p. VII.

en ce début des années 1970 à l'entente cordiale. Lévi-Strauss, invité en 1971 à l'émission des Annales sur France Culture, « Les Lundis de l'histoire », reconnaît, à l'occasion d'un débat avec Fernand Braudel, Raymond Aron et Emmanuel Le Roy Ladurie : « J'ai le sentiment que nous faisons la même chose : le grand livre d'histoire est un essai ethnographique sur les sociétés passées[1]. »

Les historiens se plongent dans les délices de l'histoire froide, des permanences, et l'historiographie privilégie à son tour la figure de l'Autre par rapport à l'image rassurante du même. Les historiens des Annales, en prônant une histoire structuralisée, se donnent pour ambition de réussir cette fédération des sciences humaines que souhaitait Durkheim au profit des sociologues, en captant le modèle structural et en faisant de l'histoire une discipline nomothétique et non plus idiographique. Après le degré zéro de la phonologie découvert par Jakobson, le degré zéro de la parenté de Lévi-Strauss et le degré zéro de l'écriture de Barthes, Le Roy Ladurie trouve à son tour le degré zéro de l'histoire : cette « croissance démographique zéro[2] » permet à l'historien d'accéder aux grands équilibres stables. Sa nouvelle tâche ne consiste plus à mettre l'accent sur les accélérations et les mutations de l'histoire, mais sur les permanences qui vont dans le sens de la reproduction des équilibres existants. C'est ainsi que les agents microbiens apparaissent sur l'avant-scène comme facteurs décisifs de stabilisation de l'écosystème. C'est « plus profondément encore dans les faits biologiques, beaucoup plus que dans la lutte des classes, qu'il faut chercher le moteur de l'histoire massive, du moins pendant la période que j'étudie[3] ».

L'homme pris dans la nasse se trouve tout aussi décentré que dans la perspective structurale, et ne peut que se donner l'illusion du changement. Tout ce qui relève des grandes cassures de l'histoire est à relativiser au profit des grandes tendances, même si elles relèvent d'une histoire sans les hommes[4]. Le Roy Ladurie termine sa leçon inaugurale sur une note optimiste pour la discipline historique, qu'il voit de nouveau conquérante :

1. Lévi-Strauss, 1971.
2. *Ibid.*, p. 16.
3. *Ibid.*, p. 9.
4. Voir Dosse [1987], 2010.

L'histoire, qui fut pendant quelques décennies de semi-disgrâce la petite Cendrillon des sciences sociales, retrouve désormais la place éminente qui lui revient. [...] Elle était simplement passée de l'autre côté du miroir pour y traquer l'Autre à la place du Même[1].

À l'école de l'histoire froide, certains, comme François Furet, ont déjà trouvé l'antidote nécessaire pour se libérer de l'engagement communiste. La structuralisation de l'histoire devient le levier capable de sortir du marxisme, de la dialectique, pour leur substituer la scientificité : « L'histoire des inerties n'est pas seulement une bonne discipline, mais c'est aussi une bonne thérapeutique contre une vision de l'historicité héritée de la philosophie des Lumières[2]. »

En 1968, lorsque Michel Foucault écrit *L'Archéologie du savoir* en Tunisie, il tente de répondre aux multiples objections faites aux thèses de son grand succès, *Les Mots et les choses*, et aux questions posées par la nouvelle génération althussérienne du Cercle d'épistémologie de la rue d'Ulm, qui vient de choisir la pratique politique, l'engagement et la rupture avec l'appareil du PC. Le grand chambardement qui précède Mai 1968 et se poursuit au-delà favorise l'éclatement du structuralisme. Foucault, qui cherche avec cet ouvrage le moyen de conceptualiser sa démarche et de prendre ses distances avec ses positions structuralistes d'hier, s'engage dans une voie singulière en suggérant une nouvelle alliance avec les historiens de la nouvelle histoire, les héritiers des Annales. Par ce rapprochement, Foucault s'installe désormais sur le territoire des historiens, et travaille avec eux. Cette orientation sera la source de nombreux malentendus, car Foucault s'engage dans la discipline historique comme Canguilhem traitait la psychologie, pour la déconstruire de l'intérieur, à la manière de Nietzsche. Il expose lui-même les infléchissements de sa pensée qui vont l'éloigner de ses travaux antérieurs. *L'Histoire de la folie* privilégiait à l'excès le « sujet anonyme de l'histoire » ; dans *Naissance de la clinique*, le recours « à l'analyse structurale menaçait d'esquiver la spécificité

---

1. Le Roy Ladurie [1974], 1978, p. 34.
2. Furet (dir.), 1971.

du problème posé[1] » ; dans *Les Mots et les choses*, le manque de cadre méthodologique explicite a pu laisser penser à des analyses en termes de totalités culturelles. Ce cadre méthodologique manquant à ses travaux, c'est justement l'objet de *L'Archéologie du savoir*, dont la forme première fut celle d'une préface pour *Les Mots et les choses*. Cet ouvrage porte encore la marque du structuralisme triomphant de 1966, même si, entre la première version et la publication en 1969, de multiples changements sont intervenus dans la conjoncture intellectuelle et que Foucault a profondément remanié sa pensée. Le plus spectaculaire de ces revirements est l'abandon du concept qui semblait organiser les coupures à l'œuvre dans *Les Mots et les choses*, l'*épistémè*, qui disparaît de *L'Archéologie du savoir*. Il est symptomatique que Foucault emploie une terminologie proche de l'histoire pour caractériser sa démarche, sans pour autant se poser comme historien : il se définit comme archéologue, parle de généalogie, et tourne autour de la discipline historique pour se situer dans un en-dehors de l'histoire, ce qui explique les rapports pour le moins ambigus, et souvent conflictuels, avec la corporation des historiens.

Les interlocuteurs privilégiés auxquels s'adresse Foucault en 1968-1969 sont en fait les althussériens de la seconde génération, ceux qui n'ont pas participé à *Lire le Capital* et s'intéressent plus à la dimension politique de l'engagement philosophique qu'à la définition d'un cadre méthodologique commun à la rationalité contemporaine. Cette génération (Dominique Lecourt, Benny et Tony Lévy, Robert Linhart, etc.) est en rupture avec le premier althussérisme. Pour ces militants qui ont fait le pas de l'engagement politique — souvent maoïste —, il reste un problème en suspens, celui de la praxis, de la pratique. Or, la novation majeure de *L'Archéologie du savoir* consiste justement à prendre en considération ce niveau de la pratique à partir de la notion de pratique discursive afin d'infléchir le paradigme structural hors de la seule sphère du discours, en le rapprochant du marxisme. Cette notion de pratique « établit une ligne de partage décisive entre *L'Archéologie du savoir* et *Les Mots et les choses*[2] ». La rupture essentielle avec

---

1. FOUCAULT, 1969 (a), p. 27.
2. LECOURT, 1972, p. 110.

le structuralisme se situe en effet dans cette affirmation nouvelle selon laquelle « les relations discursives ne sont pas internes au discours[1] ». Cette position ne signifie pas pour autant que Foucault quitte le champ discursif, qui reste l'objet privilégié, mais qu'il est envisagé comme pratique, dans les limites de son existence, qu'il ne faut pourtant pas rechercher dans une extériorité du discours : « Ce ne sont pas pourtant des relations extérieures du discours qui le limiteraient. [...] Elles sont [les relations discursives] en quelque sorte à la limite du discours[2]. »

Foucault justifie cette historicisation du paradigme structural en s'appuyant sur le parcours réalisé par les historiens des Annales, qui ont abattu radicalement leurs trois idoles traditionnelles : le biographique, l'événementiel et l'histoire politique. L'ouverture de son *Archéologie du savoir* témoigne de l'intérêt majeur qu'il porte à l'orientation nouvelle des historiens :

> Voilà des dizaines d'années maintenant que l'attention des historiens s'est portée, de préférence, sur les longues périodes comme si, au-dessous des péripéties politiques et de leurs épisodes, ils entreprenaient de mettre au jour les équilibres stables et difficiles à rompre[3].

Cette histoire presque immobile retient l'attention de Foucault, qui place en exergue de son travail théorique le tournant épistémologique entrepris par les Annales en 1929. Le document, selon lui, change de statut ; alors que l'historien d'hier transformait les monuments en documents, l'histoire nouvelle « transforme les documents en monuments[4] ». La filiation des Annales est explicitement revendiquée par Foucault pour définir la nouvelle tâche de l'archéologue du savoir : « Ce que Bloch, Febvre et Braudel ont montré pour l'histoire tout court, on peut le montrer, je crois, pour l'histoire des idées[5]. » Cette nouvelle alliance permet à Foucault de dépasser l'alternative entre méthode structurale et devenir his-

---

1. FOUCAULT, 1969 (a), p. 62.
2. *Ibid.*
3. *Ibid.*, p. 9.
4. *Ibid.*, p. 15.
5. ID., 1969 (b).

torique, en présentant la nouvelle histoire comme une des figures possibles des recherches post-structuralistes.

À partir du tournant de 1968-1969, l'explosion de l'histoire nouvelle est spectaculaire, et les ouvrages qui s'inscrivent dans sa filiation prennent le relais des publications psychanalytiques et anthropologiques. En 1974, le nombre de volumes consacrés à l'histoire est six fois plus important qu'en 1964, et les positions clés laissent apparaître une prépondérance absolue des Annales. Cet engouement pour l'histoire s'inscrit dans une certaine continuité avec l'intérêt suscité par l'anthropologie dans les années 1960. Il s'agit toujours de découvrir la figure de l'Autre, non en des lieux lointains, mais à l'intérieur même de la civilisation occidentale, dans les profondeurs de son passé. La sensibilité historique de cette période se porte vers l'étude des mentalités, et évacue l'événement au profit de la permanence, du calendrier répété de la geste quotidienne de l'humanité dont les pulsations sont réduites aux manifestations biologiques ou familiales de son existence : la naissance, le baptême, le mariage, la mort. Depuis sa position d'éditeur, Pierre Nora accompagne et orchestre ce retour en grâce des historiens, décidant de lancer en 1971 chez Gallimard sa collection, la « Bibliothèque des histoires ». Les historiens, qui jusque-là s'étaient sentis en marge de l'effervescence structuraliste, prennent désormais le train en marche, avec l'avidité et le triomphalisme des retardataires. La connexion essentielle par laquelle le structuralisme féconde le champ d'investigation des historiens passe par l'œuvre de Michel Foucault et par les rapports privilégiés qu'il entretient avec son ami et éditeur Pierre Nora, chez Gallimard. Le titre même de la collection que lance Pierre Nora, la « Bibliothèque des histoires », souligne l'infléchissement épistémologique réalisé.

L'histoire, qui s'écrit désormais au pluriel et sans majuscule, renonce à son programme de synthèse pour mieux se redéployer vers les multiples objets qui s'offrent à son regard sans limites. Pierre Nora élabore un texte de présentation de la collection très marqué par la philosophie foucaldienne : « Nous vivons l'éclatement de l'Histoire. Des interrogations nouvelles, fécondées par les sciences sociales voisines, l'élargissement au monde entier d'une conscience historique longtemps demeurée le privilège de l'Europe ont prodigieusement enrichi le questionnaire qu'adressent au passé les historiens. [...] L'histoire a changé ses méthodes, ses découpages et ses objets... » La multiplication de ces objets nouveaux, la dilatation du territoire de l'historien semblent autant de signes d'un triomphe de l'histoire et en même temps du renoncement à l'idée d'un sens continu en voie d'accomplissement.

Pierre Nora avait tenté de faire précéder le lancement de sa collection d'un livre manifeste, petit ouvrage synthétique condensant les positions théoriques défendues par une nouvelle histoire à promouvoir. Il en parle à Michel Foucault, à François Furet et à Emmanuel Le Roy Ladurie. L'initiative prend une ampleur inattendue : Pierre Nora, ayant besoin d'être secondé dans son travail d'éditeur, fait appel à Jacques Le Goff, un des directeurs de la revue des *Annales*, qui se rapproche alors de Gallimard. Celui-ci s'engage avec un tel enthousiasme, sollicitant de si nombreux collègues de la VIᵉ section de l'École pratique des hautes études (EPHE), qu'il transforme l'idée d'un petit ouvrage manifeste en trois gros volumes de la collection « Bibliothèque des histoires », *Faire de l'histoire*, dont il prend la direction avec Pierre Nora. C'est une énorme somme qui paraît en 1974, une véritable charte pour la nouvelle histoire, avec une forte présence de l'école des Annales et de son comité de direction — parmi les contributeurs, on compte, outre Jacques Le Goff, le codirecteur de l'entreprise, d'autres directeurs de la revue : Emmanuel Le Roy Ladurie, Marc Ferro, Jacques Revel, André Burguière[1]. Pierre Nora résiste néanmoins au désir de Jacques Le Goff d'adopter pour titre « La nouvelle histoire » : il ne s'agit pas là d'un manifeste de l'école des Annales, si brillante fût-elle.

Une autre voie d'historicisation du paradigme structural s'est incarnée dans le programme d'anthropologie historique conduit par Jean-Pierre Vernant. Il regroupe autour de lui une grande équipe pluridisciplinaire qui va renouveler le regard sur la Grèce antique et se faire connaître sous le nom d'école de Paris. Paradoxalement, ce nouveau centre de recherches comparées sur les sociétés anciennes, dénommé Centre Gernet, ne comporte pas d'hellénistes, outre Vernant, lors de sa constitution[2] : « Ni mon œuvre propre,

---

1. Nora et Le Goff (dir.), 1974 : I. *Nouveaux problèmes* ; II. *Nouvelles approches* ; III. *Nouveaux objets*.
2. L'équipe créatrice du Centre Gernet est constituée, entre autres, de Jean-Pierre

ni ma vie, ni ma personne ne peuvent être séparées de l'équipe.
J'ai été continûment porté par le travail et les recherches de tous
ceux que, moi aussi peut-être, du même élan, j'entraînais[1]. » Cette
quête implique de sortir d'un certain nombre de catégories philosophiques atemporelles pour se confronter cette fois à l'histoire,
à partir d'une démarche de type anthropologique. C'est ce que
réalise Jean-Pierre Vernant, venu de la philosophie ; en 1948, il
est même rattaché à la commission de philosophie du CNRS et
s'intéresse à la catégorie du travail dans le système platonicien.
Engagé dans cette perspective, il découvre les limites du mode de
problématisation qui est habituellement projeté en partant d'une
réalité contemporaine : on transpose trop souvent dans le passé
un outillage mental anachronique. Il souligne qu'il n'y a pas chez
Platon de mot pour exprimer la notion de travail, et ce manque
le conduit à historiciser sa démarche. Dans son premier ouvrage,
Les Origines de la pensée grecque, paru en 1962, il montre ainsi
que l'on passe entre le VIIIe et le VIe siècle av. J.-C. d'un univers
mental à un autre[2].

Parti en quête de la notion de travail, Vernant trouve surtout
l'omniprésence du phénomène religieux. Helléniste, il devient
l'élève et le disciple de Louis Gernet, qui a écrit une anthropologie du monde grec et dont la démarche globalisante, dans la
lignée de Marcel Mauss et de son « fait social total », va représenter l'ambition théorique toujours présente de ses travaux. À la
fin des années 1950, après avoir historicisé son objet, Vernant le
structuralise avec sa lecture du mythe hésiodique des races. À ce
stade, en 1958, Vernant analyse les mythes grecs « sur le modèle
que proposent Lévi-Strauss et Dumézil[3]. Il ajoute aussitôt : « J'ai
donc procédé en structuraliste conscient et volontaire[4]. » Ce pre-

---

Vernant, son directeur, de spécialistes de Rome comme Jean-Paul Brisson, d'assyrio-
logues comme Elena Cassin, Paul Garelli, puis Jean Bottéro, de sinologues comme
Jacques Gernet, d'orientalistes comme Paul Lévy, puis Madeleine Biardeau et Charles
Malamoud, d'égyptologues comme Jean Yoyotte et d'anthropologues comme André-
Georges Haudricourt, Georges Condominas, puis Maurice Godelier, auxquels viendront
se joindre des africanistes.

   1. VERNANT [1996], 2000.
   2. ID., 1962.
   3. ID., 1987.
   4. *Ibid.*

mier travail structuraliste sur le mythe des races a débuté par une note sur la Grèce dans laquelle Dumézil posait le problème de la trifonctionnalité. Cette filiation dumézilienne est importante pour Vernant, qui quitte la VIᵉ section de l'EPHE, où il travaillait depuis 1958, pour intégrer la Vᵉ section en 1963 grâce à Georges Dumézil. Il entretient avec lui des échanges fréquents sur ces questions :

> Un jour de 1973, sortant de chez lui, je descendais l'escalier lorsque, de l'étage où il m'avait, selon son habitude, raccompagné jusqu'au pas de la porte, il me héla : « Monsieur Vernant, Monsieur Vernant ! » Je me retournai, je remontai quelques marches. « Monsieur Vernant, me dit-il, vous avez pensé au Collège ? » Je restai un moment abasourdi. « Moi ? répondis-je, pas du tout. — Eh bien, certains y ont pensé pour vous. Allez voir Claude Lévi-Strauss. » Ce que je fis. Lévi-Strauss me reçut plus chaleureusement que je n'aurais pu le rêver. Il se chargea de présenter ma candidature devant l'assemblée des professeurs[1].

Confronté à la candidature de Jacqueline de Romilly, il échoue de peu lors de cette première tentative, mais quelques mois plus tard, à la faveur de la libération d'une nouvelle chaire, cette fois sans concurrent, Vernant, présenté par son collègue de l'EPHE André Caquot, est facilement élu.

En 1975, Vernant fait donc son entrée au Collège de France, et avec lui une branche du structuralisme, l'anthropologie historique, se retrouve au sommet de la légitimation. Avec Vernant, Clio n'est pas en exil, bien au contraire : ce qui le passionne, c'est le mouvement, le passage d'un stade à un autre, et la psychologie / anthropologie historique qu'il prône relève d'une science du mouvement, et non de la volonté d'enfermer l'histoire dans un quelconque statisme. À ce titre, une de ses autres références majeures est Marx, qu'il considère comme le véritable ancêtre du structuralisme, mais pas le Marx d'Althusser, celui de l'après-coupure épistémologique, du procès sans sujet, alors que le sujet est justement l'objet privilégié de l'attention de Vernant.

Par ailleurs, Vernant englobe tous les aspects de la vie des Grecs pour les penser ensemble, à rebours d'une tendance à dégager du

1. Iᴅ., 2004, p. 64.

réel une certaine catégorie de phénomènes pour en examiner la logique interne et immanente. Héritier d'une ambition globalisante, celle de Louis Gernet, il n'envisage pas son domaine de recherche de prédilection, la religion, comme une entité séparée, tout au contraire. C'est ainsi qu'il analyse une instance peu présente dans les études structurales, l'organisation politique, dont il étudie l'avènement grâce aux réformes de Clisthène à Athènes. À l'organisation gentilice se substitue le principe territorial dans la nouvelle organisation de la Cité : « Le centre traduit dans l'espace les aspects d'homogénéité et d'égalité, non plus ceux de différenciation et de hiérarchie[1]. » À ce nouvel espace qui instaure la *polis* correspond un autre rapport à la temporalité, et la création d'un temps civique. L'avènement de la philosophie grecque, de la raison, ne résulte pas, selon Vernant, de purs phénomènes contingents, celle-ci est bien « fille de la Cité[2] ».

En mai 1973, un colloque organisé à Urbino, en Italie, sur le mythe grec, destiné à confronter le structuralisme français à d'autres courants d'interprétation des mythes, permet à Vernant de préciser sa vision du structuralisme. L'école sémiotique de Paris, avec Joseph Courtès et Paolo Fabbri, y est fortement représentée. Jean-Pierre Vernant est là, ainsi que son école d'anthropologie historique : Marcel Detienne y fait une communication sur « Mythe grec et analyse structurale : controverses et problèmes », Jean-Louis Durand sur « Le rituel du meurtre laboureur et les mythes du premier sacrifice », et Vernant lui-même sur « Le mythe prométhéen chez Hésiode ». C'est l'occasion d'une confrontation au sommet avec l'école italienne d'Angelo Brelich et le courant empiriste britannique de Geoffrey Stephen Kirk. Dans son intervention finale, Vernant défend fermement la cohérence de la démarche de son école et, après avoir observé que les études de cas présentées ont dû apaiser les craintes exprimées d'une évacuation de l'histoire, il poursuit en revendiquant hautement le programme structural :

> Le structuralisme n'est pas pour nous une théorie toute faite, une vérité déjà constituée et que nous irions chercher ailleurs pour l'ap-

---

1. ID. [1965], 1971, t. I, p. 209.
2. *Ibid.*, t. II, p. 124.

pliquer ensuite aux faits grecs. Nous tenons compte certes des changements de perspective que les études mythologiques comme celles de Claude Lévi-Strauss ont apportés dans les dernières années, nous en testons la validité dans notre domaine, mais sans jamais perdre de vue ce que le matériel sur lequel nous travaillons comporte de spécifique[1].

Aux critiques sévères adressées à la communication de Marcel Detienne, qui lui objectent que le sacrifice grec résultait des rituels de la chasse et que le mythe d'Adonis était issu d'une ancienne civilisation de cueilleurs autrefois présente en Grèce, Vernant oppose la défense ardente de l'approche structurale :

> Je voudrais poser à Kirk une question : Suffit-il de baptiser Histoire une reconstruction dont le moins que l'on puisse dire est qu'elle est purement hypothétique, pour se trouver du coup rassemblé dans le camp des prudents, des positifs ? Situer des mythes du sacrifice dans l'ensemble du contexte religieux grec, comparer des versions multiples de diverses époques au sein d'une même culture pour tenter de dégager des modèles généraux, de mettre en lumière un ordre systématique : est-ce plus aventureux que de cheminer allègrement du néolithique à la Grèce du Vᵉ siècle ? [...] À mes yeux, cette histoire-là relève au mieux de la science-fiction, au pire du roman d'imagination[2].

Vernant fait école, et un groupe de chercheurs, où se retrouvent Pierre Vidal-Naquet, Marcel Detienne, Claude Mossé, Nicole Loraux et François Hartog, inscrivent leurs travaux dans son sillage. Cette recherche anthropologique sur le matériau historique débouche notamment sur une œuvre collective en 1979, dirigée par Detienne et Vernant, *La Cuisine du sacrifice en pays grec*. Les auteurs y interrogent la vie quotidienne des Grecs, leurs pratiques culinaires, à la manière de Lévi-Strauss, non par exotisme, mais afin de montrer que, dans le mode de fonctionnement de la société grecque, le sacrifice est œuvre de pacification, de domestication de la violence. Dans cette société démocratique, il concerne tout

---

1. ID., 1973, « Intervento conclusivo », pp. 397-400.
2. *Ibid.*

le monde dans les limites de la citoyenneté, qui s'arrête à la gent masculine. Les femmes restent exclues de ce rite comme de la condition de citoyen. Si elles s'emparent des instruments sacrificiels, c'est pour les transformer en armes meurtrières, castratrices. La découpe de la viande consommée revient au seul homme, qui sert les morceaux à son épouse. La signification du sacrifice offre un accès privilégié à la société grecque. Lévi-Strauss reconnaît dans ces travaux une grande similitude avec ses propres observations sur les mythes américains : « Les travaux de Jean-Pierre Vernant, Pierre Vidal-Naquet, Marcel Detienne semblent montrer qu'il y a dans la mythologie grecque certains niveaux où on se retrouve presque de plain-pied avec la pensée américaine[1]. » La découverte passionnée des diverses figures de l'altérité, de l'Autre, permet de réaliser cette symbiose de deux modes d'approche que sont l'anthropologie structurale et l'anthropologie historique dans cette investigation de l'envers de la Raison occidentale, et constitue un défi majeur pour le philosophe.

---

1. LÉVI-STRAUSS [1972], 1979, pp. 174-175.

6

Le féminisme

1970, LE MLF

L'effet de souffle de Mai 1968 donne lieu à un mouvement qui a révolutionné la société française : le Mouvement de libération des femmes. Pour la jeune génération issue de l'explosion de Mai qui l'anime, tout commence en cette année de naissance du MLF. En juillet 1970, la revue *Partisans* publie un dossier spécial : « Libération des femmes, année zéro ». C'était oublier la mobilisation des organisations de femmes au cours des années 1950 et 1960 et l'apport de Simone de Beauvoir. Il est cependant incontestable que les jeunes femmes de 1970, empruntant à Mai 1968 un mode d'action spectaculaire et usant de la dérision, donnent un souffle nouveau à ce qui va être qualifié de deuxième vague du mouvement féministe, où l'on retrouve, comme pour la première vague, les intellectuelles en première ligne.

La première action marquante est le fait d'une petite poignée de femmes, pas même une dizaine, qui ont décidé de célébrer, le 26 août 1970, le cinquantième anniversaire du suffrage féminin aux États-Unis. Malgré le climat de torpeur estivale qui règne sur Paris en ce mois d'août, elles conviennent, en alertant la presse, de s'en prendre à un haut lieu symbolique de la nation, la tombe du Soldat inconnu. À peine sorties du métro, elles déploient des banderoles : « Il y a plus inconnu encore que le Soldat inconnu : sa femme » et déposent une gerbe de fleurs. Quand la police fait monter les neuf contestataires dans les fourgons, les photographes sont là pour immortaliser l'instant, qui deviendra légendaire pour le mouvement à venir. Les meneuses de l'opération étaient pourtant quelque peu dépitées de se retrouver si peu nombreuses. Une étudiante venue de Berkeley se souvient :

> Quand nous sommes arrivées à l'Arc de Triomphe, j'ai entendu Christine Delphy dire, un peu déçue : « On est qu'huit. » Et moi j'ai compris : « On est cuites, comme les carottes ! » Puis la neuvième est apparue […]. Nous portions quatre banderoles, dont une qui proclamait : « Un homme sur deux est une femme ». Un des policiers qui était là m'a arrêtée, a examiné mon passeport et m'a dit : « Vous pensez vraiment, vous qui êtes américaine, qu'ici, en France, un homme sur deux n'est pas viril ? »[1]

Cette poignée de contestataires — Cathy Bernheim, Monique Bourroux, Julie Dassin, Christine Delphy, Emmanuelle de Lesseps, Janine Sert, Margaret Stephenson, Monique Wittig et Anne Zelensky — est particulièrement motivée.

En 1967, Anne Zelensky fonde avec Jacqueline Feldman le FMA (Féminin, Masculin, Avenir), qui entend radicaliser les positions du MDF (Mouvement démocratique féminin), dirigé par Andrée Michel, Colette Audry et Yvette Roudy et lié à la FGDS (Fédération de la gauche démocrate et socialiste) de François Mitterrand, considérée comme trop réformiste et suspecte d'éluder les problèmes majeurs des femmes touchant à leur corps. Elles dénoncent frontalement l'ordre patriarcal, dont l'institution du mariage et les normes de la sexualité dans la société capitaliste constituent les fondements. Ce groupe radical est rejoint par la jeune sociologue Christine Delphy. Lorsque Mai 1968 éclate, le FMA se sent encouragé dans sa contestation des normes masculines dominantes et se radicalise encore en s'appropriant l'idéologie marxiste ambiante. L'organisation modifie le contenu de son sigle : FMA veut désormais dire « Féminisme, Marxisme, Action ». Ce petit groupe qui se retrouve comme un poisson dans l'eau dans la Sorbonne occupée en plein Mai 1968 y organise le premier meeting féministe qui s'avère être un grand succès.

---

1. Étudiante américaine citée dans BARD, 2010, pp. 8-16.

De Mai 1968 naît un autre groupe, tout aussi radical, mais plus marqué par la psychanalyse et la référence à Lacan, qui joue un rôle majeur dans l'émergence du mouvement des femmes. Il réunit l'écrivain Monique Wittig et sa sœur Gille, Antoinette Fouque, Françoise Ducrocq, Josiane Chanel, Margaret Stephenson, Marcia Rothenburg et Suzanne Fenn. Du fait de la présence de ses militantes américaines, il est très inspiré par les Women's Lib, mouvements de libération des femmes aux États-Unis en plein essor. Quant au sigle MLF, il est inventé à chaud par la presse qui rend compte des actions des contestataires féministes de la Sorbonne, de Vincennes et de l'Arc de Triomphe. Cette dénomination connaît un tel succès qu'elle fait l'objet d'un litige entre les divers courants qui en revendiquent l'invention. Antoinette Fouque ira même jusqu'à déposer le sigle officiellement.

En janvier 1968, Antoinette Fouque rencontre Monique Wittig, écrivaine reconnue, lauréate du prix Médicis pour l'*Opoponax*[1], qui vient de traduire *L'Homme unidimensionnel* de Marcuse[2]. Elle enseignera de 1976 à sa mort en 2003 les French and Women's Studies aux États-Unis : « Elle était certainement mieux informée que moi des mouvements comme celui des Black Panthers, que j'ignorais : j'étais antiaméricaine, c'était la trace du communisme de mon père, je ne savais rien des États-Unis[3]. » C'est Monique Wittig qui convainc Antoinette Fouque de se rendre à la Sorbonne le 13 mai, où elles créent le Comité révolutionnaire d'action culturelle (Crac), qui se donne pour fonction de diffuser l'art d'avant-garde et de réunir intellectuels, artistes, ouvriers et femmes : « Sont venus au Crac Maurice Blanchot, Marguerite Duras, Nathalie Sarraute, André Téchiné — qui tournait alors son premier film —, Dominique Issermann, Danièle Delorme, Bulle Ogier, Marc'O, Pierre Clémenti, et bien d'autres[4]. » Selon Antoinette Fouque, sans ce mouvement étudiant, il n'y aurait pas eu de mouvement de libération des femmes. En même temps, elle ressent, comme d'autres, un intense malaise dans ce moment de contestation qui privilégie des valeurs virilistes,

1. WITTIG, 1964.
2. MARCUSE, 1968.
3. FOUQUE, 2009, p. 40.
4. *Ibid.*, p. 41.

guerrières et machistes, et déplore que les femmes se trouvent prises
entre le fusil et le phallus : « L'expérience de la Sorbonne nous a très
vite appris, à Monique et moi, que si nous ne posions pas nos propres
questions, en terrain libre, nous serions asservies ou exclues[1]. » De ce
malaise naît le désir de se retrouver entre femmes dans l'immédiat
après-Mai. À partir d'octobre 1968, un groupe d'une quinzaine de
femmes mobilisées se réunit presque quotidiennement à la Sorbonne,
autour de Monique Wittig et Antoinette Fouque, pour parler de leur
vie intime et des problèmes liés à la sexualité : « Monique et moi
étions stupéfaites : nous découvrions la réalité et l'ampleur d'une
souffrance dont personne ne parlait ouvertement à l'époque[2]. » Ce
groupe essaime, noue des contacts à l'étranger et se donne pour tâche
de consolider ses assises théoriques en s'appuyant sur des textes
d'Engels, Marx, Freud, Marcuse et de toute la pensée avant-gardiste
des années 1960. Le fonctionnement de ces groupes est alors fondé
sur le principe de la non-mixité pour faciliter la parole féminine et
libérer son identité de toute entrave masculine.

Dans le climat agité de 1970, ces femmes vont jouer leur partition autonome. En octobre, alors que le leader maoïste Alain Geismar est en prison et comparaît devant la Cour de sûreté de l'État,
un groupe d'une quarantaine de jeunes femmes s'enchaînent devant
la prison de la Petite-Roquette et distribuent un tract affichant la
singularité de leur condition : « Prostituées, voleuses, avortées,
ménagères, filles mères, homosexuelles, hétérosexuelles, manifestantes, militantes, nous sommes toutes sœurs. Chaque fois que
nous sommes nous-mêmes, nous sommes hors la loi[3]. » Elles sont
conduites au commissariat du IIe arrondissement, où les policiers
ne savent pas vraiment comment réagir à leurs chants, leurs lazzis
et leurs éclats de rire.

La cause des femmes devient à ce point décisive que le magazine *Elle* décide d'organiser les « états généraux de la femme »,
qui doivent se clore par un grand rassemblement au Palais des
congrès, après avoir distribué quatre-vingt mille questionnaires

---

1. FOUQUE, 1990, p. 131.
2. FOUQUE, 2009, p. 42-43.
3. Tract des militantes du Mouvement de libération des femmes et du Comité liberté,
19 octobre 1970, cité dans PICQ, 1993, p. 18.

visant à mesurer l'opinion féminine en France : « Quelques féministes parviennent à se glisser dans le cocktail de présentation
à la presse. Elles entourent le micro et dénoncent la prétention
de *Elle* à représenter toutes les femmes et la "mystification" que
constitue le questionnaire[1]. » Elles revendiquent hautement le droit
des femmes à la maîtrise de leur propre corps : « Qui est le plus
apte à décider du nombre de vos enfants ? Le pape qui n'en a
jamais eu, le président qui a de quoi élever les siens, le médecin qui respecte plus la vie d'un fœtus que celle d'une femme,
votre mari qui leur fait guili-guili le soir en rentrant, vous qui les
portez et les élevez[2] ? » Au questionnaire de *Elle*, les féministes
répondent par un pastiche. Par exemple, la question de *Elle* : « À
votre avis, les femmes sont-elles plus douées, moins douées, aussi
douées que les hommes pour conduire une voiture ? » devient :
« À votre avis, le double chromosome X contient-il le gène du
double débrayage ? », ou encore : « Une féministe est-elle schizophrène, hystérique, paranoïaque, homosexuelle, ou simplement
méchante[3] ? » En cette année 1970, Anne Zelensky et Jacqueline
Feldman, venues proposer à Maspero un ouvrage sur le mouvement
des femmes, se voient confier la responsabilité d'un numéro double
de la revue *Partisans* consacré à la cause des femmes. Centré sur
le rapport entre sexualité et révolution, il rend compte des mobilisations américaines contre la domination masculine[4]. On y trouve
les traductions de textes de féministes américaines de la côte Est,
comme les Bread and Roses (« du pain et des roses »), un groupe
de Boston, ou les Redstockings (« bas rouges ») de New York.
Dans le climat pourtant très porté par la vogue de la psychanalyse,
Freud est objet de critiques pour avoir privilégié le modèle de la
sexualité masculine, une sexualité phallique, et ignoré la sexualité
féminine[5]. De son côté, Christiane Rochefort s'en prend à un autre
mythe, celui de la frigidité féminine[6].

---

1. *Ibid.*, p. 21.
2. « *Elle* et elles », *Politique-Hebdo*, n° 7, 19 novembre 1970, cité dans PICQ, 1993,
p. 23.
3. *Ibid.*, pp. 22-23.
4. SALO et MCAFFEE, 1970.
5. KOEDT, 1970.
6. ROCHEFORT, Christiane, 1970.

IDENTITÉ OU ÉGALITÉ ?

Une importante ligne de clivage oppose la manière dont Simone de Beauvoir avait posé le problème de l'émancipation des femmes et celle de la jeune génération de l'après-1968. Le combat de Simone de Beauvoir s'inscrivait dans une perspective universaliste et existentialiste, invitant les femmes à se battre pour la reconnaissance d'une égalité pleine et entière avec les hommes, au nom d'une mise en cause du postulat d'une essence féminine quelconque. La plupart des mouvements des années 1970 insistent au contraire sur une singularisation de la féminité et sur la nécessité pour la société globale d'admettre un différentialisme laissant la place à une identité proprement féminine. Presque tous ces mouvements pratiquent la non-mixité pour mieux faire ressortir cette identité jusque-là muette et opprimée. Dans ce temps fort de la radicalisation, deux orientations divergentes se manifestent. D'un côté, il convient de se libérer de la traditionnelle vocation de la maternité et de dénoncer avec la plus grande virulence l'homme comme l'incarnation du despote. De l'autre, s'il faut affirmer l'identité féminine, celle-ci ne doit pas abandonner sa dimension maternelle qui en fait justement sa singularité.

Le groupe d'Antoinette Fouque, très marqué par Lacan et enthousiasmé par l'effervescence idéologique en cours, prend le nom de Psychanalyse et politique, dit aussi « Psychepo ». Il connaît un rayonnement certain. Antoinette Fouque établit un lien très fort entre l'explosion de Mai, qu'elle comprend comme l'expression d'un cri, et l'émergence du mouvement des femmes, où « c'est d'abord le cri qui est venu et le corps avec le cri[1] ». À la veille de Mai 1968, Antoinette Fouque est professeur de lettres, en troisième année de doctorat sur la notion d'avant-garde littéraire sous la direction de Roland Barthes. Déjà engagée dans un travail de lectrice et de critique pour François Wahl aux Éditions du Seuil, évaluant l'intérêt de manuscrits portant sur la linguistique et la psychanalyse, elle ne terminera pas sa thèse[2]. Elle a toujours voué la plus grande

1. Fouque, 1990, p. 126.
2. Id., 1995.

admiration à sa mère, qui ne savait ni lire ni écrire : « Ma mère est la femme la plus intelligente que j'aie connue, la plus indépendante. Elle avait une sorte de génie de la liberté sans violence. Sa pensée était sans cesse en mouvement[1]. » Non seulement elle ne rejette pas la maternité, mais elle l'assume et exprime sa joie à la naissance de sa fille en 1964, malgré le risque élevé de lui transmettre une maladie congénitale qui s'attaque à sa motricité :

> Ce que je perdrai en marche, je le gagnerai en approche de ce qui, du plus loin que je me questionne, me préoccupe [...]. Je suis née fille et re-née femme d'avoir enfanté une fille, assumant ainsi, malgré l'oppression de toutes les institutions symboliques (renforcées par le dictat d'un certain féminisme), le destin psychophysiologique de mon sexe[2].

Antoinette Fouque se révèle très critique des positions de Simone de Beauvoir, qui a tendance à dévaloriser la vocation maternelle de la femme. Selon elle, la revendication égalitaire fait l'impasse sur la différence irréductible de la femme. Elle conteste aussi la conception freudienne, renforcée par Lacan, d'une sexualité nécessairement phallique puisque, pour la psychanalyse, on ne naît pas femme, mais garçon ou garçon châtré : « Dans cette perspective l'identité "féminine" ne peut être qu'une identité dérivée et négative puisque déterminée par l'absence ou l'insuffisance d'un équivalent pénien (selon Freud et Lacan)[3]. » Récusant la réduction de la femme à son utérus, soit, étymologiquement, à ce qui est en arrière, prénatal, et appelle donc à une régression, elle préfère le terme de femelle, qui pour elle donne à entendre l'œuvre de corps ou de chair qui spécifie la femme en tant que telle. Ce n'est pas le travail domestique ou la maternité, contrairement à bien d'autres féministes, qui soulève la protestation d'Antoinette Fouque, mais le fait que la société ne considère pas ces activités et englobe la femme au foyer dans la population dite inactive. À ce titre, son courant se singularise en critiquant la revendication d'une identité dite neutre au nom de l'égalité souhaitée :

1. ID., 1990, p. 129.
2. *Ibid.*, pp. 59-60.
3. *Ibid.*, p. 61.

Pour produire de la vie, symboliquement et réellement, ne faut-il pas que l'Un se mette en relation avec l'Autre ? Les apôtres du grand Neutre, qui occupent en ce moment la scène médiatique occidentale, amalgament à dessein la réclamation d'une reconnaissance de la différence des sexes et les manifestations des nationalismes séparatistes et autres intégrismes qui se font jour un peu partout dans le monde[1].

Pour Antoinette Fouque, il y a incommensurabilité de la condition féminine, qui se révèle notamment par la grossesse et permet l'expérience de l'autre. En ce début des années 1970, la plupart des conceptions féministes dénoncent l'infériorisation de la femme, réduite à ses fonctions maternantes et domestiques. Ainsi, pour la sociologue Colette Guillaumin, les femmes ne sont pas seulement dominées, mais « appropriées » : « [Guillaumin] parle de "sexage" comme d'un esclavage[2] », et refuse l'idée que la féminité serait porteuse de qualités dites naturelles, ne voyant dans cette rhétorique qu'un discours de légitimation de l'exploitation. Les positions de la sociologue Christine Delphy sont similaires. Elle publie en 1970 un texte à l'énoncé évocateur : *L'Ennemi principal*, qu'elle reprendra plus tard comme titre d'un ouvrage en deux volumes[3]. Elle désigne le système patriarcal comme adversaire numéro un : « Pour Christine Delphy, le mariage est l'équivalent de l'esclavage et du servage : l'épouse, le serf, l'esclave doivent donner au maître toute leur capacité de travail et ce maître peut en user comme bon lui semble[4]. » Poussant jusqu'à l'extrême l'opposition aux hommes, à la sexualité masculine, et encourageant les tendances homosexuelles, elle est, avec Monique Wittig et quelques autres, à l'origine de la création en 1971 des « Gouines rouges », appelant les lesbiennes à échapper à la domination masculine. Monique Wittig l'exprime clairement : « L'hétérosexualité est le régime politique sous lequel nous vivons, fondé sur l'esclavagisation des femmes [...]. Le lesbianisme pour le moment nous fournit la seule

---

1. *Ibid.*, p. 70.
2. MOSSUZ-LAVAU, 2009, p. 180.
3. DELPHY, 1998 et 2001.
4. MOSSUZ-LAVAU, 2009, p. 181.

forme sociale dans laquelle nous puissions vivre libres[1]. » Comme le souligne Florence Rochefort, « libération sexuelle et amour des femmes incitent à une homosociabilité dont les frontières avec l'homosexualité se révèlent souvent poreuses. Mais il est difficile de surmonter les clivages internes quand des homosexuelles du mouvement souhaitent de plus en plus spécifier leur démarche et leurs revendications, jusqu'au séparatisme complet pour certaines[2] ».

Dans ces années 1970, parmi les intellectuelles différentialistes qui ont marqué le mouvement des femmes, Luce Irigaray insiste sur la différence irréductible de la femme par rapport à l'homme. Elle rompt avec l'horizon neutre de l'universalisme, et entend elle aussi affirmer la singularité féminine[3]. Masculin et féminin, selon elle, opposent deux modes de rapport au monde, le premier privilégiant l'abstraction, l'horizon d'un infini dans un transcendant toujours différé, l'autre au contraire situant l'expression féminine dans le concret de l'horizon de perception, dans l'ici et le maintenant de la jouissance de l'existence. Désireuse d'exalter la singularité féminine, l'écrivain Annie Leclerc va encore plus loin avec la publication en 1974 de *Parole de femme*[4]. Elle y fait l'apologie de la vie de femme, qui se manifeste par le plaisir de la grossesse, de l'allaitement, des règles, du travail domestique que l'on fait en chantant, par opposition au destin masculin qui renvoie à son envers négatif : « Non, c'est pas une vie que d'être un homme […]. Parce que quand on est un homme, il faut être viril, et cela sans répit, car la moindre défaillance compromettrait le tout[5]. »

Autre égérie du Mouvement de libération des femmes, cheville ouvrière de la création du Centre expérimental de Vincennes, Hélène Cixous marque aussi ce moment :

> Je vis une longue jeune femme au corps mince dont le visage me rappelait irrésistiblement celui de Néfertiti, que j'avais tant aimé découvrir à Berlin au musée de Dalhem en 59 : pommettes saillantes, bouche petite, œil noir cerné de khôl, et le crâne bien

1. Wittig [1980], 2001, pp. 13 et 52.
2. Rochefort, Florence, 2008, p. 541.
3. Irigaray, 1984.
4. Leclerc, Annie, 1974.
5. *Ibid.*, p. 109.

visible sous une haute coiffe. Hélène ne portait pas la coiffe de la reine d'Égypte, mais elle avait son cou et les cheveux très courts, presque rasés[1].

Hélène Cixous propose à Catherine Clément de participer au premier enseignement d'études féminines en France, à l'université de Vincennes.

Tout un courant féministe acquiert d'ailleurs un certain prestige jusqu'aux États-Unis, où l'on peut suivre l'évolution du mouvement à travers les écrits de la triade que Christine Delphy nomme ironiquement les « trois Grâces », ou la « Sainte Trinité »[2] : Julia Kristeva, Hélène Cixous et Luce Irigaray, qui ont en commun d'appartenir au monde intellectuel universitaire et d'entretenir un rapport étroit avec la psychanalyse. Associées, dans son mode d'expression féminin, à ce qu'on appelle aux États-Unis la French Theory, soit la pensée de Barthes, Derrida, Foucault, Lacan…, ces trois figures prolifiques du féminisme français, en rupture avec l'égalitarisme de la génération précédente, insistent sur la différenciation féminine. Cette nouvelle génération fait en général silence sur l'apport de Simone de Beauvoir ou la critique sévèrement. Hélène Cixous, qui défend l'idée d'une écriture spécifique aux femmes à l'occasion d'un article paru dans *L'Arc*, « Le rire de la méduse » — qu'elle reprendra dans un ouvrage qui lui emprunte son nom —, ne fait aucune allusion à Simone de Beauvoir, omission d'autant plus significative que ce texte prend place dans un numéro consacré à la compagne de Sartre[3]. À la disparition de Simone de Beauvoir en 1986, Antoinette Fouque « profite de l'événement pour déclarer son implacable hostilité envers l'auteur du *Deuxième Sexe*[4] », dénonçant dans ses thèses un universalisme aussi haineux et intolérant que réducteur de tout autre. Luce Irigaray pratique aussi l'évitement de Simone de Beauvoir, ne mentionnant nulle part dans *Le Speculum* son rôle de pionnière[5]. En revanche, elle stigmatise le phallocratisme de Freud, qui ne voit dans la petite fille qu'un petit

1. Clément, 2009, p. 220.
2. Bard, 2012 (a), p. 147.
3. Cixous [1975], 2010.
4. Moi, 1995, p. 293.
5. Irigaray, 1974.

homme ne pouvant devenir femme que comme homme diminué, avec un pénis atrophié : « Plus envieux et jaloux, parce que moins bien doté. Sans attrait pour les intérêts sociaux partagés par les hommes. Un petit homme qui n'aurait d'autre désir que d'être, ou de rester, un homme[1]. » Le devenir-femme, selon Freud, serait la reconnaissance de l'atrophie phallique. Pour Luce Irigaray, le féminisme beauvoirien vise à supprimer la différence des sexes et s'inscrit à ce titre dans une démarche quasi criminelle assimilable à la préparation d'un nouvel holocauste ! « Vouloir supprimer la différence sexuelle, c'est appeler un génocide plus radical que tout ce qui a pu exister comme destruction dans l'Histoire[2]. » Beauvoir, pire que Goebbels ! Si l'on ne trouve pas ce genre d'excès sous la plume de Julia Kristeva, on cherchera en vain des références à Simone de Beauvoir. Lorsqu'en 1990 elle choisit *Les Samouraïs* pour titre de son roman, c'est bien sûr en contrepoint des *Mandarins*, pour signifier le passage à une autre époque et à d'autres figures d'identification. Le samouraï évoque une coupure violente, alors que le mandarin renvoie à l'institué.

LE COMBAT POUR L'IVG

Par-delà les divergences entre égalitaristes et tenants de la singularité féminine, toutes les féministes se retrouvent dans un même mouvement d'émancipation visant à conquérir la maîtrise de leur corps et à imposer la conception de la maternité comme choix et non comme fatalité organique. Deux combats s'enchaînent. Le premier autour de l'accès à la contraception moderne, en particulier la pilule, dont l'usage s'est déjà répandu grâce à la loi Neuwirth de 1967, se heurtant à de solides résistances, dont celle de Rome, où le pape en condamne l'utilisation dans l'encyclique *Humanae vitae*. Le second est le grand combat de ces années 1970 qui porte sur le droit à l'interruption volontaire de grossesse, alors que l'avortement

1. *Ibid.*, p. 26.
2. *Ibid.*, p. 13.

est encore considéré comme un crime. La situation devient d'ailleurs de plus en plus intolérable puisque à cette criminalisation se
greffe l'injustice sociale, les femmes de milieux populaires se résig-
nant à une maternité non souhaitée ou prenant le risque de mettre
en danger leur propre vie en recourant à des moyens peu fiables,
alors que celles qui disposent de moyens financiers vont se faire
avorter en Suisse, en Angleterre ou ailleurs. Dans son article 317,
le Code pénal prévoit des condamnations allant de six mois à deux
années de prison et de cent à cinq mille francs de l'époque pour
les femmes qui avortent.

L'événement retentissant de ce combat prend pour support
Le Nouvel Observateur qui publie le 5 avril 1971 « la liste des
343 Françaises qui ont eu le courage de signer le manifeste "Je me
suis fait avorter"[1] ». Ce manifeste réussit à rassembler autour de
cette cause des courants multiples : « La revendication de l'avortement libre et gratuit *fait mouvement* : elle fait converger des militantes aux parcours biographiques et politiques divers et contribue
à rendre le MLF naissant visible sur la scène publique française[2]. »
Cette initiative qui balaie les clivages générationnels et politiques
fait clairement passer la cause des femmes du strict terrain de la
revendication civique à l'affirmation plus radicale de la volonté de
maîtriser son corps et sa sexualité. Le texte proclame :

> « Un million de femmes se font avorter chaque année en France.
> Elles le font dans des conditions dangereuses en raison de la clan-
> destinité à laquelle elles sont condamnées alors que cette opération,
> pratiquée sous contrôle médical, est des plus simples. On fait silence
> sur ces millions de femmes. Je déclare que je suis l'une d'elles. Je
> déclare avoir avorté. De même que nous réclamons le libre accès aux
> moyens anticonceptionnels, nous réclamons l'avortement libre[3]. »

L'initiative est lancée conjointement par des féministes du MLF
et les journalistes du *Nouvel Observateur* Nicole Muchnik, Michèle
Manceaux et Katia D. Kaupp. Ces dernières souhaitent s'appuyer
sur des personnalités pour donner le plus grand retentissement

---

1. Pour la liste complète des 343, voir Sirinelli [1990], 1996, pp. 475-479.
2. Pavard, 2012, p. 135.
3. Manifeste des 343, *Le Nouvel Observateur*, 5-11 avril 1971.

possible à ce manifeste, alors que les militantes souhaitent surtout recueillir la signature d'anonymes. Un compromis est trouvé, et les féministes mobilisent leur carnet d'adresses pour recueillir des signatures de têtes d'affiches comme d'inconnues. On y retrouve ensemble Anne Zelensky, Christine Delphy, Anne de Bascher, le « groupe avortement », ainsi que Simone de Beauvoir, Delphine Seyrig, Christiane Rochefort. On note aussi parmi les pétitionnaires artistes, cinéastes et actrices engagées comme Agnès Varda, Françoise Fabian, Nadine Trintignant, Marie-France Pisier, Bernadette Lafont, Jeanne Moreau, Ariane Mnouchkine, Brigitte Fontaine.

L'impact est immédiat et spectaculaire. La couverture du *Nouvel Observateur*, dont le tirage s'élève alors à trois cent cinquante mille exemplaires, fait l'effet d'une bombe : « *Le Monde* reprend l'information en première page ; *Europe 1* au journal de huit heures ; *Charlie hebdo*, "journal bête et méchant", se demande : "Qui a engrossé les 343 salopes ?" L'avortement, sujet tabou s'il en est, devient soudain celui dont tout le monde parle[1]. » *Le Monde* et *Politique Hebdo* publient le même jour la liste des 343, et pour André Fontaine, qui y consacre son éditorial du *Monde*, ce manifeste fera date. Se déclarant hors la loi, les 343 défient le pouvoir de faire respecter les règles établies, faute de quoi le cadre juridique devra être modifié. Elles dénoncent le danger que l'on fait courir aux femmes sans moyens qui mettent leur vie en péril :

> De la tringle à rideau à la branche flexible du saule [...], de la baleine de parapluie au fémur de poulet [...]. Tout ce qui pique, perce, embroche, perfore a été utilisé, dit une thèse de médecine. Les accidents ne sont pas rares, les séquelles fréquentes (notamment stérilité secondaire). Deux cent cinquante à trois cents femmes meurent chaque année de complications « post-abortum »[2].

Ce manifeste suscite une intense mobilisation autour du « groupe avortement » du MLF, qui tient une permanence quotidienne aux Beaux-Arts pour recueillir l'afflux de nouvelles signatures. Cet

1. Picq, 1993, p. 56.
2. « Je me suis fait avorter », dossier établi par Jean Moreau (enquête de Michèle Manceaux, Nicole Muchnik, Mariella Righini, François-Paul Boncour), *Le Nouvel Observateur*, 5 avril 1971.

acte de désobéissance civile expose moins les vedettes du cinéma
et les intellectuelles que les inconnues à des mesures de rétorsion
de l'État : certaines signataires subissent en effet des poursuites
judiciaires. Pour répondre à ce danger et protéger ces femmes,
Gisèle Halimi, avocate signataire du manifeste des 343, accompagnée de Simone de Beauvoir, crée l'association Choisir, qui
entend lutter contre toutes les formes de réglementation réprimant
l'avortement, pour en assurer la liberté et la gratuité. « Son slogan : "La contraception : mon choix. L'avortement, mon ultime
recours. Donner la vie : ma liberté", nous traça le programme de
nos luttes[1]. » Elle se donne également pour mission d'assurer la
défense juridique de toute personne poursuivie pour son action en
faveur de l'avortement. Cette association, qui réunit les militantes
du MLF autour de quelques vedettes comme Simone de Beauvoir, Gisèle Halimi et Delphine Seyrig, se dote d'un secrétariat
national de seize membres, dont l'historienne Rita Thalmann[2], qui
en devient secrétaire générale. À partir de 1973, Choisir fait de
l'abrogation de la législation sur l'avortement son combat principal
et compte en 1977 plus de mille cinq cents membres.

À ce manifeste des 343 s'en ajoute un second, lui aussi publié
par *Le Nouvel Observateur*, où deux cent cinquante-deux médecins
dénoncent une loi qui, par son incohérence, les rend coupables de
« non-assistance à personne en danger » et complices d'une politique de discrimination fondée sur l'argent. Ils se prononcent pour
la liberté sans restriction de l'interruption volontaire de grossesse.
Le MLF accentue la pression sur le pouvoir en multipliant réunions
publiques et manifestations. La première, qui a lieu le 20 novembre
1971, inaugure une série de démonstrations tout à fait originales, par
leur caractère festif et ironique, par rapport aux défilés traditionnels :

> Pas de drapeaux rouges mais des foulards fleuris. Pas de service
> d'ordre, pas de mégaphone scandant des slogans. Ceux-ci dansent
> au vent sur des ballons multicolores : « Nous sommes toutes des
> avortées. Travail, famille, patrie, y en a marre. Contraception, avor-
> tements libres et gratuits. » Un groupe d'enfants, hissés sur une

---

1. HALIMI, 2002, p. 297.
2. THALMANN, 2004.

voiture fleurie, se laisse transporter. Maquillés, hilares, ils sont les rois : « Enfants désirés, enfants aimés. Pas d'enfants à la chaîne, pas de chaînes pour les enfants. Nous aurons les enfants que nous voulons[1]. »

Le cortège est estimé à quatre mille personnes, et ce n'est qu'un début prometteur : les rangs des manifestantes, qui vont vite grossir, obtiendront gain de cause en 1975. Entre-temps, le mouvement se dote d'un journal, *Le torchon brûle*, dont le premier numéro paraît en mai 1971 avec un tirage de trente-cinq mille exemplaires et les suivants à un rythme aléatoire, même si cet organe de presse et de lutte se déclare « menstruel ». Animé par des militantes venues des groupes gauchistes, Vive la révolution (VLR) ou la Gauche proléta-rienne (GP), il s'ouvre aux autres composantes du mouvement. À la manière soixante-huitarde, *Le torchon brûle* manie la provocation. Sa deuxième livraison est inculpée d'outrage aux bonnes mœurs pour « deux photos, illustrant un article traduit de l'américain, "Le con est beau !", montrant un sexe de femme. Au repos sur l'une, il est sur la seconde transfiguré par l'excitation[2] ».

Les milieux progressistes chrétiens soutiennent la cause des femmes dans leur volonté de contrôler leur corps. C'est le cas de la revue jésuite *Études* qui, avec son directeur Bruno Ribes, prend part à la controverse. Elle multiplie les prises de positions en faveur de la dépénalisation de l'avortement : « Sous l'impulsion de Bruno Ribes, les *Études* prennent position. Quelle est la responsabilité du législateur en la matière ? Quelle place l'avortement tient-il dans la société ? L'embryon est-il déjà un être humain ? Recourir à l'avorte-ment, est-ce commettre un infanticide ? En janvier 1973, les *Études* publient un manifeste, "Pour une réforme de la législation française relative à l'avortement", signé d'une quinzaine de personnalités, dont Bruno Ribes qui a, en outre, rédigé le chapeau qui introduit le texte[3]. »

En revanche, les milieux traditionalistes, inquiets, s'opposent fer-mement à toute libéralisation du droit à l'avortement. Le contre-feu est allumé en janvier 1971 par Jérôme Lejeune, médecin et profes-

---

1. Picq, 1993, p. 70.
2. *Ibid.*, p. 115.
3. Avon et Rocher, 2001, p. 229.

seur de génétique fondamentale à la faculté de médecine de Paris, qui crée l'association Laissez-les-vivre. Pour lui, comme pour son collègue le docteur Paul Chauchard, l'être humain commence à la conception, à la rencontre de deux cellules sexuelles. Cette association multiplie les publications, les réunions, et réussit à rallier à son combat, outre quelques médecins et juristes, l'historien Pierre Chaunu, ardent défenseur de la cause Laissez-les-vivre :

> C'est une des choses dont je suis le plus fier. C'est moi qui ai fondé l'Association des universitaires pour le respect de la vie. J'ai tout de suite dit qu'on allait se battre pour l'honneur dans un combat perdu d'avance. Mais il fallait qu'il y en eût pour dire que la vie humaine commence à la conception et que tuer un enfant dans le ventre de sa mère est un crime[1].

Le manifeste des 343 suscite en effet une vive réaction des opposants à l'IVG, et l'association Laissez-les-vivre rappelle ses positions à l'occasion de son congrès de novembre 1971. Ses membres « déclarent être résolument décidés à s'opposer par tous les moyens légaux à toute modification de la législation qui pour des raisons sociales, thérapeutiques ou eugéniques s'attaquerait au respect dû à la vie en élargissant les conditions de l'avortement légal[2] ».

Avec le procès de Bobigny, un cas judiciaire, dont l'avocate Gisèle Halimi, cofondatrice de Choisir, décide de se charger pour en faire un temps fort de la lutte, illustre magistralement la cause des femmes favorables à l'interruption volontaire de grossesse. L'affaire à plaider est en soi un véritable scandale, significatif de la double peine dont sont victimes nombre de jeunes femmes. L'accusée qui comparaît au tribunal en octobre 1972 est une adolescente de dix-sept ans, Marie-Claire Chevalier, violée par un camarade de classe qui la dénonce lorsqu'il apprend qu'elle a avorté clandestinement. Sa mère, célibataire, élève ses trois enfants avec son maigre salaire de poinçonneuse dans le métro. Le gynécologue accepte de procéder à une opération, moyennant 4 500 francs, alors que le salaire de Mme Chevalier n'est que de 1 500 francs par mois.

---

1. CHAUNU, 1994, p. 104.
2. Résolutions du congrès national de Laissez-les-vivre, 6 novembre 1971, cité dans PAVARD, 2012, p. 149-150.

Compte tenu du coût de l'opération, elle décide de recourir à une « avorteuse » qui intervient pour la somme de 1 200 francs. L'opération se déroule mal et l'adolescente doit subir à cinq reprises en quelques jours la pose d'une sonde artisanale et l'utilisation d'un spéculum, qui déclenchent une hémorragie nécessitant une hospitalisation de trois jours. À la veille du procès, le MLF appelle à une manifestation de soutien à l'Opéra qui est durement réprimée. Le cas devient alors un enjeu national. La jeune accusée revendique son acte et affirme : « Je ne voulais pas d'enfant dans ces circonstances. Je n'étais pas prête. J'ai choisi. » Gisèle Halimi conduit ce procès selon une stratégie habile qui vise à lui donner le plus grand retentissement possible en le retournant contre la loi. Outre Simone de Beauvoir, qui se mobilise et expose son point de vue devant le tribunal[1], Gisèle Halimi fait témoigner à la barre un certain nombre de personnalités. Malgré des désaccords internes, elle recourt aussi à des témoignages masculins, comme ceux du député Michel Rocard, de Jacques Monod et François Jacob, Prix Nobel de physiologie et de médecine et professeurs au Collège de France, et du biologiste Jean Rostand, membre de l'Académie française. Aux côtés de Simone de Beauvoir, viennent aussi au procès la comédienne Delphine Seyrig ou encore la vice-présidente du Planning familial, Simone Iff.

Dans leurs dépositions, François Jacob et Jacques Monod contestent l'argument de Jérôme Lejeune selon lequel la vie commencerait dès la conception. Pour eux, cette thèse est absurde sur le plan tant anthropologique que biologique : « Je pense que la personnalité humaine est liée très précisément à l'activité du système nerveux central, c'est-à-dire à la conscience », affirme François Jacob. À la question du président qui demande comment se manifeste la conscience et émet l'hypothèse que ce serait par les battements du cœur, Monod répond :

> Justement pas. À l'heure actuelle, et je reprends l'argumentation sur laquelle se base la circulaire ministérielle, il est hors de

---

1. Outre sa déposition au procès de Bobigny, Beauvoir rédigera la préface de l'ouvrage qui livre au public les pièces du procès, ajoutant une nouvelle infraction au cadre légal, défiant les autorités judiciaires par ce qui apparaît à tous comme un acte délictueux : *Avortement, une loi en procès*, 1973.

doute que l'activité du système nerveux central se manifeste par
des signes objectifs, ce que l'on appelle l'électroencéphalogramme.
C'est pourquoi on autorise maintenant le prélèvement d'organes, sur
un homme ou une femme qui n'est pas mort d'après les définitions
antérieures de la mort. Son cœur bat, la circulation fonctionne, mais
l'électroencéphalogramme est plat[1].

Le médecin Paul Milliez est sollicité par Gisèle Halimi pour
témoigner au procès. Il lui explique qu'il est hostile à l'avortement, mais il est à ce point scandalisé par la situation dans
laquelle se trouve la famille incriminée qu'il se fait un devoir
d'intervenir : « Toutes les semaines, je voyais défiler des femmes
qui partaient ou revenaient de La Haye ou de Londres pour
un avortement, parce qu'elles avaient trouvé de l'argent et la
filière [...]. J'étais indigné. Il ne serait pas dit qu'aucun médecin
n'irait prendre la défense de ces malheureuses[2]. » Au tribunal,
Paul Milliez déclare au juge que si la jeune fille poursuivie
était venue lui demander conseil, il l'aurait aidée à trouver une
solution. Sa déposition fait scandale parmi les responsables de
l'ordre des médecins, devant lequel il est appelé à comparaître
afin de s'en expliquer avec son président, Bernard Lortat-Jacob,
et le ministre de la Santé, Jean Foyer : cette incartade lui vaut
un blâme public.

Simone de Beauvoir accuse une loi inique qui a été conçue pour
opprimer les femmes. Non seulement elle affirme avoir avorté à
plusieurs reprises, mais elle ajoute : « Ce que je fais depuis longtemps aussi et fréquemment, j'aide les femmes qui viennent me
demander de les aider à avorter, je leur donne de l'argent ou je leur
en prête et je leur donne des adresses et même quelquefois je leur
prête mon domicile pour que l'intervention ait lieu dans de bonnes
conditions[3]. » En réalité, si Beauvoir a bien aidé à la pratique de
l'avortement, elle n'a elle-même jamais avorté : « Je n'ai jamais
été enceinte, comment aurais-je pu avorter ? [...] Mais il revenait
à des femmes comme moi de prendre ce risque au nom de celles

1. François Jacob, déposition au procès de Bobigny, in *Le Procès de Bobigny* [1973],
2006, pp. 103 et 104.
2. MILLIEZ, 1980, p. 267.
3. Simone de Beauvoir [1973], 2006, p. 127.

qui ne pouvaient pas l'assumer[1]. » La stratégie de Gisèle Halimi se révélera payante. Non seulement Marie-Claire, l'adolescente mise en cause, est relaxée, mais ce procès marque une étape décisive dans l'opinion publique. La loi de 1920 ne sort pas indemne de ce procès et l'on ne peut plus penser l'IVG après Bobigny comme avant. Même *Paris Match*, que l'on ne peut soupçonner de connivence avec le MLF, consacre un reportage à des femmes qui se rendent dans des cliniques spécialisées londoniennes pour se faire avorter, afin de dénoncer un système à deux vitesses : « L'Angleterre pour les riches, le tribunal pour les pauvres. » Dans les colonnes du journal, on peut lire : « Lentement, péniblement, il semble qu'une page des *Misérables* soit en train de se tourner. » Le soir du verdict, deux mille personnes, à l'appel de Choisir, fêtent l'événement à la Mutualité.

Une fois cette bataille gagnée, la lutte s'intensifie et s'enrichit de nouvelles organisations, comme le Mouvement pour la liberté de l'avortement et de la contraception (MLAC), créé en 1973, qui rassemble plus largement hommes et femmes, militants associatifs, politiques et syndicaux dans ce combat commun[2]. Monique Antoine, avocate, en assure la présidence ; Simone Iff, du Planning familial, et Jeannette Laot, de la CFDT, en sont vice-présidentes. Cette organisation se dote d'une charte qui se fixe trois objectifs : la diffusion la plus large de l'information en matière sexuelle, la liberté de la contraception pour tous, et la liberté de l'avortement, qui passe par l'abrogation de la loi de 1920. Cette charte constitue un compromis entre « le vocabulaire classique de l'extrême gauche et de la gauche » et « le discours féministe »[3].

Le MLAC, qui joue le rôle qu'a eu dans la période précédente le Planning avec la contraception, s'appuie sur une nouvelle méthode, celle de Harvey Karman. Ce psychologue américain, militant pour la liberté de l'avortement, a trouvé dans les années 1950 le moyen de pratiquer l'IVG par aspiration, méthode simple et sans danger si elle est pratiquée dans les huit premières semaines de la grossesse. Des permanences du MLAC sont tenues pour recevoir les femmes :

1. Simone de Beauvoir, citée dans BAIR, 1990, p. 634.
2. Voir ANTOINE, 1988.
3. ZANCARINI-FOURNEL, 2003.

La queue s'allonge sur le trottoir, tourne le coin de la rue Geoffroy-Saint-Hilaire. Le local explose. La permanence se transporte au Jardin des plantes. Et la clandestinité s'organise en public. Le MLAC doit répondre à une demande énorme, accueillir, trouver des solutions collectives [...]. Trois voyages par semaine vers l'Angleterre, deux vers la Hollande. Le MLAC enquête sur les cliniques, sélectionne les plus sérieuses, les moins coûteuses, les plus accueillantes[1].

Le MLAC trouve un local rue Vieille-du-Temple et essaime partout en France : l'association rassemble alors cent soixante-neuf comités locaux implantés dans soixante-treize départements, plus présents dans les villes qu'en milieu rural.

Ce combat pour l'avortement voit revenir en première ligne Simone de Beauvoir, devenue la cible de critiques de plus en plus acerbes de la part de nombreux courants du féminisme de la deuxième vague. Les animatrices d'un mouvement qui la considèrent comme représentative d'un passé révolu la surnomment « Momone » avec affection — elle est leur mère à toutes — mais aussi condescendance. De son côté, Simone de Beauvoir qualifie ces féministes de la nouvelle génération de « bonnes femmes ». La distance et l'écart générationnel sont évidents. Beauvoir a soixante-deux ans, alors que l'aile marchante du MLF, issue pour l'essentiel du baby-boom, a une trentaine d'années. Ce qui n'empêche pas Beauvoir de s'investir dans ce combat des femmes pour la maîtrise de leur corps à un moment où le couple Sartre-Beauvoir se rapproche des maos. Sartre dirige *La Cause du peuple* et Beauvoir *L'Idiot international*, le journal fondé par Jean-Edern Hallier : « Au moment où les féministes étaient nombreuses à rompre politiquement avec les gauchistes, Beauvoir s'en rapprochait de plus en plus[2]. »

Malgré ces orientations divergentes, Beauvoir, à la rentrée 1970, demande à rencontrer les leaders féministes. Le rendez-vous est pris dans un café de Montparnasse : « C'est elle qui avait voulu nous voir. Voir à quoi ressemblaient ses héritières en somme. L'entrevue

1. Picq, 1995, p. 156.
2. Chaperon, 2012, p. 87.

avait été courte[1]. » Une seconde rencontre a lieu, à la demande cette fois d'Anne Zelensky, pour le lancement du manifeste en faveur de l'avortement libre. Beauvoir y participe activement : « Chez Simone nous avons rédigé un Manifeste, dans lequel nous déclarions que nous avions subi un avortement[2]. » Elle se retrouve alors aux avant-postes des célébrités qui s'engagent et donnent la plus grande visibilité à ce manifeste : « La chronique du sexisme ordinaire et les numéros spéciaux des *Temps modernes*, qui ont duré de 1974 jusqu'au début des années 1980, présentaient aussi une autre forme de collaboration privilégiée[3]. » Beauvoir apprécie particulièrement la liberté de ton, la causticité de cette chronique tenue par les féministes de la nouvelle génération. Elle s'amuse de cette écriture insolente qui contraste avec le sérieux habituel des contributions publiées dans la revue de Sartre : « J'avais l'obligation et la responsabilité, ayant écrit *Le Deuxième Sexe*, ayant exprimé mes convictions dans la littérature engagée, de me mettre au service de la cause des femmes[4]. » En partageant ce combat des féministes, Beauvoir prend des distances avec ses positions d'antan : « Tout ce que je peux constater, et qui m'a amené à modifier mes positions du *Deuxième Sexe*, c'est que la lutte des classes proprement dite n'émancipe pas les femmes[5]. » Son adhésion au mouvement des années 1970 est à la fois tangible et distanciée. Elle accepte l'utilisation de son nom et de sa notoriété pour servir le mouvement, sans pour autant participer aux multiples réunions et assemblées générales de ce dernier. Néanmoins, elle rencontre régulièrement le MLF : « Toutes les participantes soulignent sa modestie : elle n'adoptait jamais une position d'autorité. Les échanges pouvaient être vifs, les désaccords importants, mais elle ne cherchait pas à imposer son point de vue[6]. »

Autour d'elle se retrouvaient, outre Anne Zelensky, l'avocate Gisèle Halimi, Christine Delphy, sociologue, directrice des *Questions féministes*, Monique Wittig, auteure notamment du très beau

---

1. ZELENSKY-TRISTAN, 2005, p. 54.
2. MONTEIL, 2002, p. 307.
3. CHAPERON, 2012, p. 89.
4. Simone de Beauvoir, citée dans BAIR, 1990, p. 630.
5. BEAUVOIR, 1972.
6. CHAPERON, 2012, p. 94.

livre *Le Corps lesbien*, Delphine Seyrig, habillée en pantalons et non
plus en robe longue comme dans *L'Année dernière à Marienbad*
[…]. J'attendais d'elle qu'elle nous transmette son savoir et son
expérience. Mais, à ma grande surprise, elle interrogeait l'une, puis
l'autre, sur la meilleure campagne à mener pour la libéralisation de
l'avortement[1].

Cette mobilisation de la société civile, animée par quelques
intellectuelles de renom, trouve un débouché sur le plan politique.
En 1973, le Parti socialiste dépose sur le bureau de l'Assemblée
nationale une proposition de loi élaborée par Choisir qui reste lettre
morte. En 1974, la gauche échoue avec la candidature de François
Mitterrand, battu de peu par Valéry Giscard d'Estaing, qui tient
un discours nouveau sur les femmes. Il crée un secrétariat d'État
à la condition féminine, confié à Françoise Giroud, personnalité de
gauche qui s'est prononcée pour l'avortement libre[2]. Le dossier doit
néanmoins être traité par Simone Veil, ministre de la Santé, et seule
femme ministre en titre. Un rapport sur la question est demandé
à Henry Berger qui, en quatre mois d'auditions, entend le point
de vue de quarante-deux organisations. Simone Veil, convaincue
qu'une réforme s'impose, présente devant les députés un premier
projet de loi : « Le débat sur la contraception prépare celui sur
l'avortement. Avec une loi libérale sur la régulation des naissances,
on peut espérer lutter contre l'avortement en évitant que ce dernier
ne soit utilisé comme un moyen de contraception[3]. » Le texte est
dès lors soigneusement élaboré, et des informations sont diffusées
avant l'examen parlementaire[4]. Les réactions d'une partie de la
majorité politique ne se font pas attendre. Claude Labbé, président
du groupe gaulliste UDR, déclare que « l'UDR s'opposera à tout
projet de type permissif ». À rebours de sa majorité, Simone Veil
doit faire des concessions pour gagner la bataille en ralliant à elle
une partie au moins des députés de droite. La loi n'imposera à
aucun médecin ni aucune sage-femme de désavouer ses convictions
en pratiquant l'IVG et ne se présentera que comme banc d'essai de

1. Monteil, 2002, p. 306.
2. Giroud, 1972.
3. Pavard, 2012, p. 244.
4. Ferenczi, 1974.

cinq années au terme desquelles un bilan sera établi pour savoir s'il faut la proroger, l'amender ou l'abandonner. En face, la campagne se fait de plus en plus violente et Laissez-les-vivre, qui tient son troisième congrès en novembre 1974, dénonce « le scandale de cette politique de meurtre à l'essai proposée pour cinq ans », ainsi que « l'hypocrisie qui consiste à qualifier d'humaine une loi qui tue et de juste, une loi qui renverse le droit et les valeurs essentielles de notre civilisation[1] ».

Le 26 novembre 1974, Simone Veil présente à l'Assemblée nationale son projet de loi de légalisation, sous certaines conditions, de l'IVG. Le climat est particulièrement tendu et la contre-campagne de Laissez-les-vivre accentue la pression sur les députés. L'association compare l'IVG à un « permis légal de tuer » qui représente une menace pour la race blanche au moment où le monde connaît une explosion démographique sans précédent. Elle appelle tous les médecins à boycotter la loi et à exprimer leur refus de participer au massacre perpétré par des brigades d'avorteurs professionnels recrutés par l'État. Décidée à ne pas céder à ce chantage, Simone Veil effectue un rappel à la loi et souligne que le Conseil de l'ordre des médecins sera tenu de la faire appliquer. Elle possède en outre un atout majeur, celui d'être à la fois une femme au pouvoir, une mère de famille et, qui plus est, une ancienne déportée d'Auschwitz. À tous ces titres, elle peut difficilement passer pour ce dont certains l'accusent. Convaincue qu'aucune femme n'envisage de gaieté de cœur l'acte d'avorter, elle transcende les clivages politiques pour s'assurer une solidarité féminine jusque dans les rangs de la gauche la plus radicale. Elle n'en est pas moins la cible d'attaques ignominieuses, comme celle qu'elle a pu lire dans un journal local et qui la désigne comme « héroïne du crime, déportée à seize ans pour des raisons que nous ignorons, mais qui porta trois embryons[2] ».

Le vote se déroule dans la nuit du 28 au 29 novembre 1974, et Simone Veil remporte un beau succès, d'autant que la famille politique à laquelle elle appartient, la droite, a voté majoritairement contre son projet de loi : seuls cinquante-cinq des cent soixante-

1. FRAPPAT, 1974.
2. Cité dans PAVARD, 2012, p. 271.

quatorze députés de l'UDR se sont ralliés à sa loi sur l'IVG, vingt-six réformateurs et centristes sur cinquante-deux et sept non-inscrits sur dix-neuf. En revanche, elle obtient le soutien de toute la gauche avec cent cinq députés radicaux et socialistes sur cent six et la plupart des soixante-quatorze députés communistes. La loi Veil est donc adoptée par deux cent quatre-vingt-quatre voix contre cent quatre-vingt-neuf. Promulguée le 17 janvier 1975, elle réussit à franchir l'obstacle que soixante-dix-sept députés conduits par Jean Foyer ont dressé en déposant un recours devant le Conseil constitutionnel.

Avec l'adoption de la loi Veil, cette année 1975, consacrée par l'ONU Année internationale de la femme, se présente sous les meilleurs auspices pour la cause féminine. Une série de grandes manifestations doit culminer dans une rencontre internationale à Mexico au début de l'été 1975. Le président Giscard d'Estaing demande à sa secrétaire d'État Françoise Giroud d'organiser une rencontre en France. Un grand rassemblement est prévu au début de mars au Palais des congrès qui doit se dérouler sur trois journées, avec près de deux mille femmes venues de toute la France et des pays francophones. Le MLF proteste contre ce qu'il considère comme une récupération qui tourne à la mascarade. Martine Storti, journaliste féministe arrivée fin 1974 à *Libération*, couvre cet événement, qui rompt avec la radicalité des luttes menées jusque-là : « Du "beau monde", il y en avait samedi après-midi pour inaugurer ces trois journées : pas mal de membres du gouvernement français, des délégations étrangères, des invitées bien habillées, bien sages[1]. » Le président Giscard ouvre le bal avec un discours ouvertement favorable au mouvement d'émancipation des femmes :

> Au commencement était l'esclavage et la première esclave fut la femme. Les femmes n'ont pas attendu 1975 pour prendre conscience de leurs problèmes et 1975 ne suffira pas à résoudre ceux-ci [...]. La promotion des femmes est inéluctable, et beaucoup de choses restent à changer pour que les femmes deviennent les principales responsables de leur descendance.

---

1. STORTI [1975], 2010, p. 37.

Son allocution est cependant perturbée par des militantes des Jeunesses communistes qui jettent parmi les spectateurs des milliers de tracts dénonçant la démagogie de son programme. Le président, imperturbable, poursuit, allant même jusqu'à proclamer, avec Mao Tsé-toung, que les femmes soutiennent la moitié du ciel : « Les femmes ne représentent pas seulement la moitié de la population. Elles mettent au monde la totalité de la population. »

Quant au MLF, il a décidé de boycotter le Palais des congrès et de concentrer ses forces sur la manifestation du 8 mars, où les slogans ironiques font florès : « 1975 : année de la femme. 1976 : année du chien, le plus fidèle ami de l'homme. 1977 : année du cheval : la plus noble conquête de l'homme. » Cette Année internationale de la femme s'achève en France par un numéro de l'émission culte « Apostrophes » que Bernard Pivot lui consacre sous le titre humoristique et provocateur : « Encore un jour et l'Année de la femme, ouf, c'est fini ! », avec la participation de Françoise Giroud, qui doit répliquer sur le plateau à un défilé de propos machistes et misogynes, tels ceux de Marcel Jullian affirmant qu'« une femme, c'est plus agréable à regarder qu'à écouter », ou d'Alexandre Sanguinetti considérant que « les militantes féministes sont des frustrées ». C'est aussi en 1975 que Coline Serreau porte sur les écrans cette nouvelle parole féminine avec son film *Mais qu'est-ce qu'elles veulent ?*, dans lequel elle met en scène des femmes de toutes conditions témoignant de la course d'obstacles qu'elles sont contraintes de mener leur vie durant.

Si l'Année internationale de la femme s'achève en effet le 31 décembre 1975, la cause des femmes continue d'être portée par un mouvement qui voit dans l'arrivée de François Mitterrand à l'Élysée une nouvelle occasion d'être entendu. Il crée un ministère du Droit des femmes et le confie à Yvette Roudy, féministe de la première heure. Dès sa nomination, Yvette Roudy sollicite, par l'entremise de Colette Audry et de Michelle Coquillat, une rencontre avec Simone de Beauvoir : « Je nourrissais une grande admiration pour celle qui nous a dotées dès 1949 de l'analyse la plus complète, la plus approfondie, la plus scientifique de la question des femmes[1]. » Tenant à son indépendance et méfiante à

---

1. ROUDY, 2002, p. 300.

l'égard des institutions, Beauvoir se laisse peu à peu convaincre de collaborer à la bonne marche de ce nouveau ministère. Elle accepte de participer à une commission chargée de dresser l'état des lieux en matière de droits de la femme en France, à condition de ne pas en prendre la responsabilité : « Elle prit l'habitude de se rendre une fois par semaine au ministère — les dîners d'ordre plus privé se passaient chez moi et je la faisais prendre et ramener chez elle à chaque fois[1]. » Au fil de ces rencontres, une amitié naît entre Yvette Roudy et Simone de Beauvoir, qui prennent le temps de se retrouver en tête à tête hors des allées du pouvoir. Beauvoir devient durant cette période la discrète cheville ouvrière du petit groupe de pilotage du ministère, ne voulant assumer aucune fonction directrice, mais menant de fait de nombreux travaux qui renouvellent en profondeur la manière de poser la question des femmes. Elle joue un rôle majeur dans la mise au point du projet de loi antisexiste, qui devait offrir aux associations féministes la possibilité de se pourvoir en justice lorsqu'elles considèrent que l'image de la femme transmise sur la voie publique porte atteinte à sa dignité — ce qui exige d'elle une ténacité sans faille tant l'initiative déchaîne de violentes diatribes et des pamphlets moqueurs : « Simone de Beauvoir savait se battre pour des idées et pour celles qui représentaient ces idées. Elle était là à chaque fois que la bêtise humaine et cette forme de fascisme que nous appelons le sexisme se sont manifestées[2]. »

UNE ÉCRITURE FÉMININE / FÉMINISTE ?

Ce temps fort de la mobilisation des femmes s'accompagne d'une recrudescence d'ouvrages écrits par des femmes et, une fois définie l'existence d'une écriture féminine, de la création de maisons d'édition et de collections animées par des femmes et s'adressant à un lectorat essentiellement féminin. Dès les années 1960, les études menées par des femmes sur la condition féminine se

1. *Ibid.*, p. 301.
2. *Ibid.*, p. 303.

multiplient[1]. Le jésuite Xavier Tilliette note même en 1965 dans la revue *Études* qu'une révolution aux effets imprévisibles travaille le monde féminin : « Une élite de femmes s'avance résolument à la recherche de leur être ; et le chemin déjà frayé permet tout juste de mesurer celui qui reste à parcourir[2]. » Le mouvement de Mai 1968 radicalise cette quête. La femme objet d'étude devient sujet de sa propre histoire, dans ses visées émancipatrices.

Le groupe Psychanalyse et politique, émanant du MLF et animé par Antoinette Fouque, porte son combat féministe sur le terrain de l'édition en 1974, lorsqu'il est acquis que la bataille pour l'IVG est gagnée :

> Il m'était apparu que l'action politique de l'après-Mai 68 était une impasse, qu'il n'y aurait pas de révolution, que certain(e)s iraient vers le terrorisme et d'autres vers le libéralisme. J'ai donc essayé d'orienter mon mouvement vers la culture et la création. L'existence des éditions Des femmes, que j'ai créées en 1973, était là pour prouver que si « la femme n'existe pas », et si parler et écrire n'est pas neutre, alors il y a une création sexuée et une écriture sexuée[3].

Parmi leurs premières publications, les éditions Des femmes mettent en circulation le livre de l'Italienne Elena Gianini Belotti *Du côté des petites filles*, qui, entre sa parution en 1974 et 1987, se vend à près d'un demi-million d'exemplaires. Ce best-seller donnera son nom à une collection de livres pour enfants. Au terme d'une enquête sociologique dans les familles, les crèches et les écoles, cet ouvrage, paru à Milan en 1973, montre comment de puissants stéréotypes, mettant en relief des qualités différentes, toujours à l'avantage du sexe masculin, sont projetés dès la petite enfance sur les filles et les garçons. Les éditions Des femmes, soucieuses de leur indépendance et de leur collégialité — même si derrière l'égalitarisme proclamé se déploie le charisme d'Antoinette Fouque, la véritable patronne de la maison —, émanent d'une SARL constituée fin 1972, dont les parts sont réparties entre vingt

---

1. CHOMBART DE LAUWE, 1962 ; MICHEL et TEXIER, 1964 ; SULLEROT, 1965 et 1968.
2. TILLIETTE, 1965.
3. FOUQUE, 2009, p. 70.

et une femmes. Son existence doit surtout à Sylvina Boissonnas, ancienne militante de VLR, descendante de la famille Schlumberger.

En cette même année 1974, naissent la première librairie Des femmes et un journal qui durera deux ans, *Le Quotidien des femmes* : « Les librairies Des femmes, à Paris, d'abord, puis à Marseille et à Lyon, étaient des plaques tournantes des luttes, en même temps que des lieux culturels[1]. » Cette maison d'édition spécifique aux femmes trouve aussitôt son public et acquiert même, grâce aux traductions, une notoriété internationale. Ses animatrices jouent la diversité, mettant sur le marché du livre à la fois des études sociologiques, des textes d'ordre autobiographique, des témoignages, des romans, de la poésie, des ouvrages militants, des inédits et des classiques, comme Anaïs Nin ou Virginia Woolf, ou encore des icônes qui incarnent le combat féministe du moment, comme Julia Kristeva ou Hélène Cixous. Les éditions Des femmes contribuent aussi à faire connaître au lectorat français des publications étrangères comme, en 1977, *La Petite Différence et ses grandes conséquences*, de l'Allemande Alice Schwarzer, dont l'objet est la sexualité féminine, diffusé à plus de trente mille exemplaires, ou, en 1975, *Crie moins fort, les voisins vont t'entendre*, de l'Anglaise Erin Pizzey, sur le thème du silence qui pèse autour de la violence faite aux femmes battues, qui atteindra vingt-cinq mille exemplaires. Dans ces premières années des éditions Des femmes, Victoria Thérame devient l'un des symboles de la politique éditoriale. Refusée par les autres maisons d'édition, elle réussit là à conquérir un large lectorat avec deux publications en 1972 et 1975, qui « remportent un franc succès auprès du public avec vingt mille exemplaires pour *Hosto Blues* et quinze mille pour *La Dame au bidule*. Ces deux livres sont des récits romancés de sa vie d'infirmière pour le premier et de chauffeur de taxi pour le second, le bidule étant l'insigne lumineux qui se trouve sur les voitures taxi[2] ». Dans une conférence de presse tenue en 1974 pour présenter la naissance de la maison, il est question de publier le refoulé des maisons d'édition dites bourgeoises.

1. *Ibid.*, p. 71.
2. PAVARD, 2005, p. 128.

Le succès est tel que chaque éditeur crée sa propre collection féminine. Avant même la création du MLF, les éditions Denoël-Gonthier avaient créé en 1964 une collection « Femmes » animée par Colette Audry. Le jeune éditeur Gonthier voulait d'abord la confier à Beauvoir, qui n'a pas donné suite, suggérant le nom de son amie Colette Audry, icône du combat pour l'émancipation des femmes dans les années 1960, qui la dirigera jusqu'en 1977. La politique éditoriale suivie s'inscrit dans une filiation étroitement beauvoirienne : « Nous avons voulu rendre aux femmes un miroir à mille faces : voyez votre vie ; regardez-vous et connaissez-vous. Cette collection vous appartient. Qu'elle vous aide à devenir ce que vous pouvez être et à mettre à votre tour votre empreinte sur ce monde, pour le plus grand bien des hommes et des femmes[1]. » Pour Colette Audry, il est impératif de ne pas éditer des ouvrages qui tiendraient pour acquise une essence féminine ou qui accepteraient la condition féminine existante. La collection se veut cependant ouverte à des textes très différents. Soixante-neuf ouvrages sont publiés par Colette Audry : des portraits, des itinéraires, des enquêtes ou des essais plus théoriques, allant dès les premières publications de *La Civilisation du kibboutz* de Clara Malraux à la traduction par Yvette Roudy de *The Feminine Mystic* de Betty Friedan ou au récit de Marie-Thérèse qui raconte sa vie dans *Histoire d'une prostituée*. La radicalisation du combat des femmes après Mai 1968 sort Colette Audry de l'isolement éditorial. En 1973, les éditions Horay créent la collection « Des femmes en mouvement », animée par Suzanne Horer. Stock crée « Elles-mêmes » en 1973, animée par Claude Daillencourt et Jacqueline Demornex, qui publie des témoignages vécus, puis en 1976 « Femmes dans leur temps », qui se consacre à des personnages féminins historiques, et en 1978 « Femmes », qui entend traiter de problèmes de société. En 1976, Grasset crée « Le temps des femmes », sous la responsabilité de Danièle Granet, Catherine Lamour et Nina Sutton. En 1977, les Éditions de Minuit lancent « Autrement dites », dirigée par Luce Irigaray. Même les livres de poche se mettent au féminisme, avec les éditions 10 / 18 qui créent « Le féminin futur », collection d'essais sous la direction d'Hélène Cixous et Catherine Clément.

---

1. AUDRY [1964], pp. 126-127, citée dans LIATARD, 2010, p. 342.

Ce mouvement ascendant connaît son apogée en 1978 avec la création simultanée de plusieurs collections « Femme ». Se mettent sur les rangs : Syros avec « Mémoire de femmes » animée par Huguette Bouchardeau, Le Seuil avec « Libre à elles » animée par Catherine Erhel, les Presses de la Renaissance avec « Questions de femmes » qui s'appuie sur des enquêtes pour traiter de la situation de la femme dans la société contemporaine, et enfin La Pensée sauvage qui publie des témoignages dans « Espaces féminins ». *Le Bulletin du livre* du 25 mai 1979 enregistre, pour la seule année 1978, 145 nouveautés sur les femmes[1]. Ces ouvrages sont autant de supports décisifs pour transmettre la mémoire des femmes jusque-là muette. Dans le même temps, d'autres mémoires, ouvrières, paysannes, des sans-voix en général, tentent de faire entendre la légitimité de leur cause.

Du travail d'accumulation des traces d'une mémoire des femmes à la question de savoir si celles-ci peuvent prendre place dans l'histoire, il n'y a qu'un pas que des historiennes ont franchi. Il n'est pas anodin que Michelle Perrot, qui avait déjà soutenu sa thèse sur les ouvriers, ait joué un rôle moteur dans l'émergence d'une histoire des femmes. Maître assistante à la Sorbonne au moment de Mai 68, Michelle Perrot s'engage dans l'aventure de l'université nouvelle Paris VII, créée en 1970. C'est là qu'elle entreprend un travail collectif autour de l'histoire des femmes, consacrant à partir de 1973 le séminaire qu'elle anime avec Fabienne Bock et Pauline Schmitt à cette question : « Les femmes ont-elles une histoire ? » Cette innovation suscite des résistances : « Le 7 novembre, dans une salle comble, surchauffée par la présence d'étudiants gauchistes hostiles au cours parce qu'ils estimaient que s'occuper des femmes, c'était se détourner de la révolution, Andrée Michel ouvrit le feu par un exposé sur "La femme et la famille dans les sociétés développées", en opposant deux "modèles", traditionnel et moderne[2]. »

Dès le départ, Michelle Perrot conçoit le féminisme dans la perspective d'un apport à l'histoire d'une dimension nouvelle qui ne vient pas se substituer à la dimension masculine, et elle invite de nombreux spécialistes historiens comme Pierre Vidal-Naquet,

1. Informations reprises de Pavard, 2005, p. 169, et annexe 3, p. 207.
2. Perrot, 1998, pp. XI-XII.

Jean-Louis Flandrin, Emmanuel Le Roy Ladurie à intervenir à son séminaire pour éclairer ce qu'a été la condition féminine aux époques dont ils sont spécialistes. À la rentrée universitaire 1973, un séminaire s'ouvre à Aix-Marseille sur « La condition féminine » à l'initiative d'Yvonne Knibiehler. Cette historienne n'a jamais cédé, ni sur son combat féministe ni sur la question de la maternité qu'elle entend assumer de concert. Elle raconte comment la prise en charge de sa carrière d'historienne et de mère de famille n'a été possible qu'au prix d'une vigilance de chaque instant[1]. Elle fait la connaissance en 1971 de Christiane Souriau qui, installée à Aix, prépare une thèse sur la presse maghrébine et s'intéresse au sort réservé aux femmes en terre d'islam ainsi qu'en Europe : « Nous avons décidé de réunir un groupe en vue de créer dans l'université un enseignement concernant les femmes[2]. » Ce groupe pluridisciplinaire devient opérationnel à la rentrée 1973 et s'ouvre à qui le désire, sans condition d'inscription ni de diplôme, sans la sanction d'examens : « Jamais rien de pareil n'avait été tenté : nous bousculions les traditions les plus sacrées de l'Université française[3]. » Le succès est au rendez-vous, et avec lui une possible institutionnalisation et une reconnaissance en 1976 par les instances de l'université sous le nom de : Centre d'études féminines de l'université de Provence (Cefup).

À Paris, Michelle Perrot ressent la nécessité de faire vivre un lieu d'expression proprement féminine et crée en 1974 avec sa collègue du département de langue et civilisations anglo-américaines Françoise Basch le Groupe d'études féministes (GEF) : « Là, nous nous retrouvions entre femmes (c'était une décision délibérée) pour discuter, âprement parfois, de problèmes plus brûlants[4]. » Dans ce cadre, elle prend contact avec des représentantes des Women's Studies.

À partir de 1978, un pôle d'historiennes se met en place à l'École des hautes études en sciences sociales (EHESS) autour de Christiane Klapisch, Arlette Farge, Cécile Dauphin, Pierrette Pézerat,

---

1. Knibiehler, 2007.
2. *Ibid.*, p. 168.
3. *Ibid.*, p. 170.
4. Perrot, 1998, p. xiii.

bientôt rejointes par d'autres chercheuses. C'est de la fusion de ce groupe avec le GEF que naît toute une série d'initiatives, comme la revue *Pénélope. Cahiers pour l'histoire des femmes* qui paraît de 1979 à 1985, le colloque de Saint-Maximin en 1983 sur le thème « Une histoire des femmes est-elle possible ? » : « Dans ses premières œuvres, l'histoire des femmes a été surtout une "histoire du féminin", souvent décrite dans une situation d'isolement, rejetée et repliée sur elle-même, ne prenant pas en compte les problématiques historiennes générales[1]. » Comme l'atteste le colloque de Toulouse de 1982 sur le thème « Femmes, féminisme et recherches », qui réunit sept cent cinquante participantes et cent quarante communications, l'étude de l'histoire des femmes s'ouvre sur l'interdisciplinarité.

Dans un second temps, l'histoire des femmes sort du ghetto et élargit son horizon de recherche. Elle débouche, entre autres, sur la grande entreprise éditoriale qu'est la publication au Seuil des cinq volumes d'une *Histoire des femmes en Occident*, dirigée par Michelle Perrot et Georges Duby, qui paraît entre 1990 et 1992. Au point de départ de cette somme, se trouve le lancement réussi par les éditions italiennes Laterza d'une traduction des cinq volumes de l'*Histoire de la vie privée* dirigée par Georges Duby et Philippe Ariès. Laterza demande à Duby de coordonner une *Storia della Donna*, et ce dernier réussit à convaincre Michelle Perrot de diriger l'entreprise avec lui. Elle mobilise tout son réseau d'historiens des deux sexes qui vont synthétiser et diffuser plus de quinze années de recherches[2] :

> L'histoire des femmes, en posant la question des relations entre les sexes, revisitait l'ensemble des problèmes du temps : le travail, la valeur, la souffrance, la violence, l'amour, la séduction, le pouvoir, les représentations, les images et le réel, le social et le politique, la création, la pensée symbolique. La différence des sexes se révélait d'une grande fécondité. Ce fil d'Ariane parcourait le labyrinthe du temps[3].

1. Zancarini-Fournel, 2010, pp. 208-209.

2. Cette *Histoire des femmes en Occident* rassemble soixante-dix collaborateurs et se déploie en cinq volumes, dirigés respectivement par Pauline Schmitt (t. I), Christiane Klapisch-Zuber (t. II), Arlette Farge et Nathalie Davis (t. III), Geneviève Fraisse et Michelle Perrot (t. IV) et Françoise Thébaud (t. V).

3. Perrot, 1998, pp. XVI-XVII.

En 1998, Françoise Thébaud fait paraître *Écrire l'histoire des femmes*[1], qui retrace la course d'obstacles parcourue par une génération d'historiennes pour conduire ce domaine de recherche à la reconnaissance académique. Elle souligne le rôle moteur de la lutte menée par le MLF dans cette conquête. Que ce soit chez Michelle Perrot ou Françoise Thébaud, on saisit néanmoins le souci de ne pas se laisser enfermer dans une opposition binaire entre domination masculine et asservissement féminin, qui « simplifie à l'excès les rapports entre les hommes et les femmes, négligeant les phénomènes de compensation, de consentement, de ruse, de séduction, de désir[2] ». D'où l'orientation vers une histoire plus relationnelle des rapports entretenus au travers du temps entre hommes et femmes.

Autre réseau de réflexion du féminisme, *Les cahiers du GRIF* (Groupe de recherche et d'information féministes) ont été constitués autour de Françoise Collin en novembre 1972. Au point de départ, il s'agissait d'un simple numéro de revue qui, tiré à mille exemplaires, posait cette question : le féminisme pour quoi faire ? Épuisé en très peu de temps, il est réimprimé, et l'équipe initiatrice décide de poursuivre : « La première série des *Cahiers* est née ainsi du souci de donner la parole à celles qui ne l'avaient pas, qui ne l'avaient jamais eue. D'où la fécondité extraordinaire de ces années dans l'ivresse des commencements[3]. » Les livraisons de la revue, préparées par des réunions préalables ouvertes à un public nouveau, deviennent des moments d'intense sociabilité.

Avec retard, la notion de genre trouve finalement un terrain de prédilection dans l'Hexagone, car des préventions ont accompagné son acculturation : « Cette avancée épistémologique a permis que se développe une lecture sexuée des événements historiques, l'histoire de la construction du masculin et du féminin et une histoire relationnelle du rapport entre les hommes et les femmes, articulée avec les notions de pouvoir et de domination[4]. » L'article fondateur

1. THÉBAUD, 1998.
2. ID., 2004, p. 316.
3. COLLIN, 2001, p. 196.
4. ZANCARINI-FOURNEL, 2010, pp. 213-214.

de l'Américaine Joan W. Scott « Genre, une catégorie utile de l'analyse historique », traduit en français en 1988, n'est pourtant vraiment utilisé en France qu'à la fin des années 1990, suscitant un renouvellement majeur des études féministes :

> Donnant au concept une définition plus politique et culturelle que sociologique, elle cherche à comprendre comment fonctionne le principe hiérarchique de partition, comment les sociétés différencient les hommes et les femmes, comment se construit le savoir culturel sur la différence des sexes et quels sont ses effets de pouvoir[1].

Cette perspective portée par une nouvelle revue d'historiennes voit le jour en 1995 avec *Clio. Histoire, femmes et sociétés*, animée par Françoise Thébaud et Michelle Zancarini-Fournel, éditée par les Presses du Mirail, à Toulouse.

L'usage du terme de genre, qui vient de l'anglais « *gender* », met cependant un certain temps à s'acclimater au contexte français. Dans cette assimilation progressive, l'établissement de liens avec les universitaires américaines a beaucoup compté. On assiste en effet depuis les années 1970 à une explosion des départements de Women's Studies — le premier voit le jour à San Diego en 1969 —, dont le nombre ne cesse de croître : cent cinquante en 1975, trois cents en 1980 et quatre cent cinquante en 1985[2]. Comme le souligne Rebecca Rogers, les échanges appelés de leurs vœux par les Françaises trouvent un écho, car les revues féministes américaines de l'époque, comme *Feminist Studies* ou *Signs*, évoquent régulièrement les chercheuses françaises et se réfèrent notamment à Julia Kristeva, Luce Irigaray et Hélène Cixous, considérées outre-Atlantique comme les voix féminines de la *French Theory*. Michelle Perrot, qui consacre un colloque à Aix-en-Provence en 1975 au thème « Les femmes et les sciences humaines », déclare souhaiter « vivement qu'une historienne américaine puisse nous renseigner sur l'essor, l'importance, les formes d'action, des *Women's Studies*[3] ». Dans les années 1990, le concept de *gender*, cette fois pleinement acculturé, se diffuse largement en France.

---

1. Thébaud, 2004, p. 317.
2. Rogers, 2004, p. 103.
3. Michelle Perrot, citée dans Thébaud, 1998, p. 48.

La révolution la plus importante ayant affecté la société française dans la seconde moitié du XXᵉ siècle est bien cette révolution du féminin, comme le souligne en 2015 Camille Froidevaux-Metterie. Une révolution souterraine, non violente, à la manière de la seconde révolution française observée par le sociologue Henri Mendras et qualifiant la fin de la France des terroirs : « La ligne de séparation pluriséculaire entre une sphère privée féminine et une sphère publique masculine s'est progressivement effacée au point de disparaître dans la période récente. Le processus à l'œuvre a été celui d'une désexualisation des rôles et des fonctions[1]. » Cette fin de partie qui avait comme soubassement la bipartition sexuelle redistribue les cartes en laissant place à une toute nouvelle configuration dans laquelle hommes et femmes sont conçus comme des sujets abstraits en même temps que dans leur singularité sexuée, participant à une société réorganisée en trois ordres : « le public-politique, le privé-social et l'intime[2] ». Adoptant une démarche qui entend dépasser le clivage entre les deux vagues du féminisme, celle, beauvoirienne, qui nie les différences entre les sexes au nom de l'universalisme, et celle du MLF, marquée par l'affirmation de la singularité du féminin et donc d'une différence irréductible, Camille Froidevaux-Metterie pense que, une fois réalisé le travail de déliaison du corps féminin de toute nécessité organique de procréation, cela

> ne dispense pas de réfléchir au sens qu'il continue de revêtir pour celles qui l'habitent. Ce qui a changé, cependant, ce sont les modalités de l'expression sexuée de soi. D'une part, c'est désormais librement et subjectivement que chacun cherche à définir son *identité*, à distance de toute fatalité sociale ou naturelle [...]. Par ailleurs, puisqu'il s'agit désormais de choix, celui-ci apparaît très largement ouvert. Il y a mille façons d'exprimer sa singularité sexuée[3].

L'œuvre de Françoise Héritier, qui a succédé à Lévi-Strauss à la direction du laboratoire d'anthropologie sociale du Collège de France, prolonge le combat de Beauvoir dans son souci de

1. Froidevaux-Metterie, 2015, p. 11.
2. *Ibid.*, p. 12.
3. *Ibid.*, pp. 359-360.

démontrer qu'il ne faut pas naturaliser la différence entre féminin et masculin :

> Il s'agit de débusquer, dans des ensembles de représentations propres à chaque société, des éléments invariants dont l'agencement, bien que prenant des formes diverses selon les groupes humains, se traduit toujours par une inégalité considérée comme allant de soi, naturelle. « Les progrès de la raison sont lents, les racines des préjugés sont profondes », écrivait Voltaire. Ce sont ces racines que je voudrais exposer aux regards, à défaut de pouvoir les extirper[1].

1. Héritier, 1996, p. 9.

PARTIE II

UN TEMPS DÉSORIENTÉ

7

Paris-Prague

Lorsque, dans la nuit du 20 août 1968, les forces du pacte de Varsovie envahissent la République tchécoslovaque, un nouveau coup est porté à l'espérance socialiste pour tous ceux qui, communistes ou compagnons de route du PCF, pensaient possible le « socialisme à visage humain » dont se réclamaient les instigateurs du printemps de Prague, pour l'essentiel des intellectuels et artistes qui, pour une fois, avaient réussi à entraîner tout l'appareil du PC tchèque sous la houlette de son secrétaire général, Alexander Dubček. Si le choc ressenti par les intellectuels en France est moins fort que celui de 1956, qui avait opposé frontalement l'appareil du PC et l'armée russe aux conseils ouvriers, c'est parce que le PCF adopte une résolution exprimant sa réprobation de la décision des Soviétiques. Cette invasion n'en suscite pas moins un profond bouleversement en une période où les liens entre intellectuels français et tchèques sont intenses et se renforcent encore à la faveur de l'engouement généré par les réformes entreprises par Dubček.

Le sentiment d'analogie entre les deux printemps, celui de Mai à Paris et celui de Prague, vient renforcer l'onde de choc de l'invasion soviétique, d'autant que nombre d'intellectuels communistes français apprécient peu la politique de la direction de leur parti, resté à la traîne du mouvement de Mai. Certains découvrent avec une sympathie non dissimulée l'émergence à la gauche du PCF d'une force politique autonome en phase avec le mouvement de contestation. La critique des méfaits de la bureaucratie est à l'ordre du jour dans les deux capitales et le courant d'espérance, après

le raz de marée gaulliste de juin 1968, se reporte sur la tentative
tchèque de se libérer du carcan soviétique. Le PCF suit les événements du printemps de Prague avec prudence : sans condamner
les mesures de démocratisation prises par le parti frère, il souligne
qu'elles doivent conforter la démocratie socialiste et ne surtout pas
léser les intérêts soviétiques. La tension devenant grandissante avec
l'URSS, le secrétaire général du PCF, Waldeck Rochet, cherche à
jouer les médiateurs et enjoint aux Russes de ne pas avoir recours à
la force. Se rendant à Moscou à la mi-juillet, il annonce au bureau
politique la tenue prochaine d'une réunion de tous les Partis communistes d'Europe, puis se rend à Prague pour prêcher la prudence.
La tentative de conciliation de Waldeck Rochet est anéantie par les
Soviétiques, qui refusent la perspective d'une réunion au sommet
et souhaitent maintenir le cadre des rapports bilatéraux avec les
pays frères du pacte de Varsovie. Contre toute attente, en août,
le bureau politique du PCF, surpris par la décision de Brejnev,
exprime, fait sans précédent, sa « réprobation » dans un communiqué. Ce terme sera aussitôt nuancé par le comité central réuni le
22 août, qui lui substituera celui de « désapprobation ». La direction du PCF, par le biais du comité central, s'est vite reprise pour
s'aligner sur les Soviétiques. Dès cette résolution, le PCF met en
avant l'inquiétude ressentie depuis un moment devant l'évolution
de la Tchécoslovaquie, conduite par un Parti communiste irrépro-
chable mais guetté par une « Allemagne de l'Ouest revancharde
et expansionniste » qui menace la communauté des pays socialistes. Le 2 septembre, après une dizaine de jours d'occupation,
les Soviétiques contraignent les Tchèques à la soumission sous
le couvert d'un accord. Sans le dire encore, la normalisation est
en marche, et le PCF suivra sans faille. Comme le fait remarquer
Pierre Grémion, « c'est, sans conteste, dans les rangs de la nouvelle
gauche, incarnée alors par le PSU, dont le secrétaire général est
Michel Rocard, que se manifestera le plus de sympathie à l'égard
des révisionnistes tchécoslovaques[1] ». L'extrême gauche issue de
Mai 1968 en France, pour qui la condamnation de l'invasion soviétique relève de l'évidence, ne se sent pas pour autant vraiment
concernée par un conflit qui semble opposer deux fractions de la

1. Grémion, 1985, p. 74.

bureaucratie, toutes deux très loin du rêve d'une démocratie directe. Daniel Cohn-Bendit exprime bien cette distance, considérant que choisir entre Moscou et Prague n'a pas plus de sens que de choisir « l'eau à Mantes ou la menthe à l'eau[1] ».

L'ONDE DE CHOC

Le ciel tombe par contre sur la tête d'un certain nombre d'intellectuels communistes. Dans la revue pourtant orthodoxe *La Nouvelle Critique*, le désarroi est général : Gérard Belloin se souvient avoir été « abasourdi », Maurice Goldring « catastrophé », pendant que Jacques de Bonis ressent de la « répulsion » et songe à s'engager s'il le faut dans des Brigades internationales pour venir au secours de ses camarades tchèques[2]. C'est dans le mensuel *Démocratie nouvelle*, la très officielle revue du PCF dont le directeur est Jacques Duclos, que les remous sont les plus importants. Le rédacteur en chef, Paul Noirot, qui avait déjà publié un numéro de *Démocratie nouvelle* sous le titre « Pour servir à l'histoire de Mai 68 », dont la tonalité n'avait rien à voir avec les positions officielles du Parti, est ulcéré par l'invasion soviétique en Tchécoslovaquie. Il prépare un numéro pour l'automne qui, en approfondissant la condamnation, permettra au lecteur de mieux connaître la situation et les positions du PC tchèque. Alors que Paul Noirot prépare ce numéro exclusivement consacré au dossier tchèque sous le contrôle tatillon de Jacques Denis, assisté de Francette Lazard, qui a remplacé Pierre Villon coupable d'avoir été proche des idées de Mai, on lui signifie en octobre que la direction du PCF a décidé de « suspendre la publication de *Démocratie nouvelle* ». Jacques Duclos réunit le comité de rédaction pour l'informer qu'en raison de problèmes financiers la direction du Parti doit renoncer à cette publication, croyant ainsi réduire ses intellectuels réfractaires au silence. C'est compter sans la détermination de Paul Noirot, qui

---

1. Cohn-Bendit, 1968, p. 86.
2. Jacques de Bonis, entretiens (1992), dans Matonti, 2005, p. 309.

a déjà avalé assez de couleuvres et de contre-vérités. À peine bouclé le dernier comité de rédaction, Paul Noirot réunit autour de lui un certain nombre de collaborateurs de la revue, tous communistes, et un certain nombre de ses compagnons non communistes comme Jacques Berque, Serge Fischer, Albert-Paul Lentin et Jean-Maurice Hermann : « Ensemble, nous décidons, suivant la formule rythmée de Mai, de continuer le combat[1]. » Il est convenu de lancer une revue indépendante du PCF, mais qui ne cherche pas le conflit avec lui. Paul Noirot entreprend de convaincre Roland Leroy, membre du bureau politique et du secrétariat, que le Parti n'a rien à craindre d'une revue qui reste dirigée par des communistes. Mais il sait bien que la direction ne supportera pas cette initiative qui institue un comité de rédaction réunissant dix-neuf communistes au sein d'un aréopage de trente-huit personnes, parmi lesquelles on compte des socialistes, des membres du PSU et des chrétiens progressistes.

C'est ainsi que naît le projet d'un mensuel qui prend le nom de *Politique aujourd'hui*. Le premier appel à la création de cette revue qui entend réhabiliter le politique reçoit un bel accueil : plus de deux cents intellectuels de renom, dont la moitié de communistes[2]. Devant cet affront, Roland Leroy avertit Paul Noirot que le bureau politique interdit à tout membre du Parti de participer à cette entreprise « fractionnelle et subversive », sous peine d'exclusion. Malgré ces menaces, *Politique aujourd'hui* fait paraître son premier numéro en janvier 1969, très centré sur la Tchécoslovaquie. Avant même sa parution, Jacques Chambaz dénonce dans *L'Humanité* la naissance d'une revue « irréaliste, aventureuse et antirévolutionnaire ». Le bureau politique et le secrétariat y vont aussi de leurs condamnations respectives, ce qui assure un beau retentissement médiatique. *Politique aujourd'hui* se vend à plus de quinze mille exemplaires et recueille plus de mille abonnements dès sa parution : « Le PCF entreprend alors systématiquement de déraciner cette plante vénéneuse qui prend si vite[3]. » Les cellules de ceux

---

1. NOIROT, 1976, p. 312.
2. Parmi les communistes, figurent tous ceux qui, depuis 1956, font partie des oppositionnels, tout en restant à l'intérieur du PCF, comme Victor Leduc ou Jean-Pierre Vernant, mais aussi ceux qui n'étaient pas sortis jusque-là des chemins balisés, voir LEDUC, 1985, p. 332.
3. NOIROT, 1976, p. 316.

qui participent à cette entreprise sont chargées de statuer sur leur sort, de les faire revenir à la raison, celle de la direction, et, en cas d'échec, de les exclure du Parti. Dans l'équipe rédactionnelle, seul Gilbert Badia décide de rentrer dans le rang pour éviter l'exclusion. Les autres font de la résistance, ainsi que plusieurs cellules qui refusent l'oukase de la direction. En revanche, la cellule Sorbonne-Lettres, depuis longtemps sous haute surveillance, dissoute par deux fois pour indiscipline, prononce l'exclusion de l'historienne Madeleine Rebérioux et de Paul Rozenberg. Dans cette cellule, l'historien Jean Bruhat, bouleversé par l'invasion de la Tchécoslovaquie — il a autrefois bataillé contre ce qu'il avait qualifié de diktat de Munich —, « un pays dont le destin n'avait cessé de [l]e préoccuper[1] », exprime publiquement son soutien à la revue. Il voit dans le printemps de Prague l'occasion que s'accomplissent enfin ses espérances déçues du tournant de la déstalinisation de 1956. Dans la cellule Sorbonne-Lettres, un autre universitaire, Antoine Culioli, soutient lui aussi l'initiative de Paul Noirot. Le secrétaire de cellule, François Hincker, cherche à sortir de l'impasse et à sauver cette cellule en privilégiant le débat, mais le secrétaire adjoint de la fédération de Paris, Henri Fiszbin, veille au grain. La cellule finit par placer ses membres devant le choix entre la fidélité au Parti et le soutien à *Politique aujourd'hui*. Devant cette alternative, certains doivent céder au chantage, comme Jean Bruhat : « Ne voyant aucune issue en dehors du parti, je m'incline devant la sommation qui m'est faite[2]. » De son côté, Paul Noirot est exclu par sa cellule et reçoit une lettre ubuesque de son secrétaire de section lui expliquant qu'il est exclu pour avoir essayé par son vote de convaincre sa cellule de refuser son exclusion ! Victor Leduc, ancien responsable de l'idéologie du Parti, devenu depuis un habitué des oppositions internes, voit débarquer dans sa cellule un responsable de la hiérarchie réclamant sa tête pour son soutien à *Politique aujourd'hui* : « Je fais remarquer que cela me rend jaloux, car je n'ai pas bénéficié d'un tel lancement pour *Raison présente*. Une fois de plus, ma cellule se refuse à me sanctionner[3]. » La direc-

---

1. Bruhat, 1983, p. 218.
2. *Ibid.*, p. 221.
3. Leduc, 1985, p. 332.

tion reviendra à la charge et obtiendra finalement gain de cause, excluant cet ancien cadre dirigeant qui fait lui aussi le lien entre les deux printemps : « Survenue dans la foulée de nos déceptions de Mai 68, l'affaire tchèque sonnera pour la plupart d'entre nous le glas de nos espoirs de rénovation[1]. » L'helléniste Jean-Pierre Vernant, proche de Victor Leduc et engagé au PCF pour résister au nazisme, a toujours conservé un regard critique et soutient lui aussi l'initiative de Paul Noirot. Il rompra peu après, lorsque, en 1970, Georges Marchais sera nommé secrétaire général du Parti : « Non, Marchais, c'est trop ! Je reçois un jour une convocation de mon ex-cellule, j'y vais : "Examen du cas du camarade Vernant." Je leur dis : "Il ne faut pas vous fatiguer, il n'y a plus de camarade Vernant, puisque je n'ai pas repris ma carte"[2]. » Pourtant Jean-Pierre Vernant est militant communiste depuis les années 1930, entré en communisme à l'occasion d'une rencontre qu'il a faite en 1932 lors de ses vacances d'été à Saint-Jean-de-Luz. Il se rapproche alors d'un groupe de garçons et de filles venus de Russie et réfugiés en France : « Unie et diverse, cette bande à laquelle je me joins m'est proche et le restera à la fois par tout ce qu'elle partage en commun avec moi et par ce qu'elle m'apporte de différent, d'insolite dans ses façons d'être, ses manières de vivre, de penser, de s'exprimer[3]. » C'est dans ce groupe qu'il rencontre celle qui deviendra sa femme, Lida, qui avait alors quatorze ans et lui, dix-huit : « Nous nous sommes mariés en 1939. Et c'est avec elle, et à travers elle, par ses yeux et sa voix que j'ai connu la culture russe[4]. »

De ces deux printemps avortés, celui de Prague et celui de Paris, naît avec *Politique aujourd'hui* un pôle intellectuel à la gauche du PCF regroupant des courants très divers, communistes dissidents, socialistes et chrétiens progressistes, dont Paul Blanquart et Philippe Roqueplo. Devant le succès du mensuel, il est question dès 1970 de lancer un hebdomadaire, ce qui nécessite des moyens financiers. L'appel lancé trouvant un réel écho, *Politique hebdo* sort dans les kiosques le 8 octobre 1970 : « Le journal connaît

1. *Ibid.*, p. 333.
2. Vernant, 1996, p. 579.
3. *Ibid.*, pp. 13-14.
4. *Ibid.*, p. 14.

un assez beau succès de départ, puisque nous vendons le premier numéro à près de quarante mille exemplaires[1]. » Passé l'effet de curiosité, le tirage tombe autour de vingt mille, ce qui est élevé, mais insuffisant sur le plan financier. L'hebdomadaire, au bord du dépôt de bilan, lance un ultime appel au secours au printemps 1971 sous le titre « Huit jours pour sauver *Politique hebdo* », suivi d'un afflux impressionnant de souscriptions directes, au-delà de toutes les espérances des initiateurs de l'appel.

Si le second coup de Prague attire ce nouveau pôle intellectuel autour de *Politique aujourd'hui* et de *Politique hebdo*, il ébranle aussi fortement la vitrine culturelle du PCF, où Louis Aragon et Pierre Daix règnent sur *Les Lettres françaises*. L'hebdomadaire culturel du PCF a vécu à l'unisson du printemps de Prague, et les liens entre les intellectuels tchèques et *Les Lettres françaises* sont quasi organiques : la publication française est peu à peu devenue l'ambassadrice de l'Union des écrivains tchécoslovaques et de son organe, *Literarny Listy*. L'écrivain Antonin Liehm, au nombre des amis tchèques du couple Louis Aragon-Elsa Triolet, leur envoie une carte postale dès le 22 août pour leur annoncer que « l'inimaginable est arrivé ». Aragon, alors en vacances, est voisin de François Nourissier, chez qui il vient passer chaque jour ses communications téléphoniques avec les cadres du Parti et ses collaborateurs des *Lettres françaises* : « Il se déchaîne contre les Soviétiques, Elsa les appelle "les nazis de Moscou". Nourissier fait partie des témoins qui attestent que Louis se serait tué si les instances communistes françaises n'avaient pas condamné l'action soviétique[2]. » L'éditorial des *Lettres françaises* rapporte le 28 août ces propos de son directeur : « J'écoute des bruits lointains, c'est toute ma vie, ce qu'elle fut, qui est en cause[3]. » Aragon, particulièrement sensibilisé par la situation de la Tchécoslovaquie, a apporté le manuscrit de *La Plaisanterie*, premier roman de Milan Kundera, et le préface chez Gallimard. Il paraît peu de temps après l'invasion, le 27 septembre 1968. Cette préface lui permet d'exprimer avec véhémence son opposition à l'intervention soviétique en Tchécoslovaquie. Il com-

---

1. Noirot, 1976, p. 321.
2. Juquin, 2013, p. 621.
3. Éditorial (signé LF), *Les Lettres françaises*, 28 août 1968.

pare la situation de ce pays d'Europe à celle de famine et de guerre
qui sévit au Biafra : « Je me refuse à croire qu'il va se faire là-bas
un Biafra de l'esprit. Je ne vois pourtant aucune clarté au bout de
ce chemin de violence. Mais quand je lis ce roman dont je parle,
il me semble en inventer une[1]. »

De son côté, Pierre Daix, qui a épousé en troisièmes noces en
décembre 1967 la fille du couple Artur et Lise London, Françoise,
a des liens familiaux avec ce pays et compte de nombreux amis
tchécoslovaques connus pendant la guerre comme résistants communistes au camp de Mauthausen. Début avril 1968, il publie un
reportage laudatif sur le printemps de Prague[2]. Il ressent l'invasion soviétique comme un scandale, est quelque peu rassuré par la
réprobation exprimée par son parti, puis s'en détache à mesure du
soutien de plus en plus évident qu'affiche le PCF à la politique de
normalisation conduite sous la férule des Russes, puis du nouveau
secrétaire général du parti tchèque, Husák. Aragon s'occupant de
moins en moins des *Lettres françaises* depuis la mort d'Elsa, Daix
en profite pour se porter aux côtés des intellectuels tchèques : « La
nouvelle de la mort de Kurt Pany à Prague, succombant à un second
infarctus, désespéré par l'occupation illimitée de son pays, me rendit
encore plus intraitable. Pany m'avait sauvé la vie et j'imaginais son
calvaire après le 21 août 1968[3]. » Invité par l'université Charles-IV,
il se rend à Prague en mars 1969, après le suicide par le feu de l'étudiant Jan Palach, auréolé de sa publication de soutien au printemps
de Prague[4]. Gardant encore espoir, alors que Dubček vient d'être
démis de ses fonctions, que la normalisation ne brisera pas toute
résistance des intellectuels, il constate que *Listy*, tout en subissant
la censure, continue à publier Kundera, Vaculík, Mucha ou Klíma.
Peu de temps après, il doit pourtant se rendre à l'évidence et s'en
indigne dans l'éditorial qu'il signe le 21 mai 1969 dans *Les Lettres
françaises* : « C'en est fini. *Listy* est définitivement interdit[5]. » Signe
de l'intensité des relations culturelles entre les deux pays, le dernier numéro de la revue de l'Union des écrivains tchécoslovaques

1. ARAGON, 1968, p. 292.
2. DAIX, 1968 (b).
3. ID., 1976, p. 435.
4. ID., 1968 (a).
5. ID. [1969], 1974, p. 275.

consacre une page à des traductions de poèmes français contemporains, avec des textes de Saint-John Perse, René Char, Michel Leiris, Henri Michaux, Pierre Seghers, Yves Bonnefoy, Jacques Prévert. Pierre Daix traduit chez Christian Bourgois le témoignage du dramaturge Pavel Kohout sur le printemps de Prague et, pour lui assurer plus de retentissement, publie la préface qu'il a écrite pour l'ouvrage dans *Les Lettres françaises* du 5 mai 1971 : « Ce journal de Kohout est là pour nous remettre en mémoire ce que Lautréamont écrivait à la veille de la Commune : *toute l'eau de la mer ne suffirait pas à laver une tache de sang intellectuelle*[1]. »

Le PCF supporte de plus en plus mal l'autonomie conquise par *Les Lettres françaises*, mais ne veut pas faire de Pierre Daix un martyr en l'excluant, et Louis Aragon est aussi intouchable dans le Parti que Sartre l'est dans la République gaullienne. Il faut néanmoins réduire au silence cette publication encombrante. Alors que Pierre Daix s'attendait à une attaque frontale, les moyens utilisés seront ceux d'une offensive souterraine, biaisée. Le Parti commence par organiser le vide autour du cercle des *Lettres françaises*, considéré comme pestiféré : « Ceux des journalistes de *L'Humanité* qui me parlaient encore devaient se cacher de leurs chefs[2]. » Roland Leroy oblige Aragon à se séparer d'un précieux collaborateur, Émile Copfermann, qui joue par ailleurs un rôle majeur dans la politique éditoriale de François Maspero, et la basse besogne de son licenciement revient à Pierre Daix : « Aragon me dit tout de go que c'était à choisir : ou je renverrais Copfermann, ou c'était la liquidation des *Lettres françaises*[3]. » Copfermann prenant les devants en démissionnant, cette première estocade manque sa cible. L'offensive se déplace sur Claude Olivier, chef de rubrique des *Lettres françaises*, risquant l'exclusion par sa cellule, mais Pierre Daix hausse le ton, menaçant la direction du Parti de rendre publique sa tentative de saborder *Les Lettres françaises* si l'on s'en prend à son collaborateur. En août 1972, il revient dans son journal sur la blessure de l'invasion soviétique, quatre ans plus tôt, immédiatement recouverte de la chape de plomb de la normalisation :

1. ID. [1971], 1974, p. 294.
2. ID., 1976, p. 437.
3. *Ibid.*, p. 437.

« Les bombes américaines n'atteignent pas l'espoir des peuples. C'est lui qui est blessé en Tchécoslovaquie quatre ans après le 21 août 1968. Comme est mise en cause l'alliance entre les intellectuels et la classe ouvrière, alliance sans laquelle Marx n'a plus de sens[1]. » Dans un éditorial de 1972, Aragon dénonce la répression menée en Tchécoslovaquie qui a conduit le fils du surréaliste Vítězslav Nezval au suicide. Ce numéro des *Lettres françaises*, destiné à être mis en vente à la Fête annuelle de *L'Humanité*, en septembre, n'est pas du goût de Georges Marchais et Roland Leroy, qui le font savoir à Aragon. Cette mini-guérilla prend fin peu après, en octobre 1972, avec la liquidation des *Lettres françaises* par la direction du Parti, qui prétexte des raisons d'équilibre financier. Dans l'ultime numéro, Aragon confie : « J'ai gâché ma vie et c'est tout[2]. » Pierre Daix rappelle ce que représentaient *Les Lettres françaises* dans la vie d'Aragon : « Chaque numéro à quoi il participait était son enfant. Quand le parti communiste lui a enlevé son journal [...]. Je ne l'avais jamais vu, même le soir de la mort d'Elsa, aussi désemparé. Physiquement atteint. On lui arrachait un morceau de sa vie. De sa chair[3]. » En même temps, Aragon n'a pas un mot de réprobation contre cette suppression.

Cette décision n'empêchera pas Pierre Daix de poursuivre un combat déterminé auprès des écrivains tchécoslovaques :

> Tant que le joug de l'oppression pèsera sur la Tchécoslovaquie, personne ne sera vraiment libre en Europe. Les gens de ma génération se sont dit une première fois cela lors de la honte de Munich, honte qui fut redoublée quand Hitler entra dans Prague [...]. Au temps de Munich, nous étions sûrs que nous en finirions un jour avec l'oppression hitlérienne [...]. Mais devant l'oppression qui pèse aujourd'hui sur Prague, sur Brno, sur Bratislava, quel est donc le sens de l'histoire ? Comment faire pour rendre signification au socialisme[4] ?

Le traumatisme du 21 août 1968 crée un effet de souffle jusqu'au sein du bureau politique du PCF qui aboutira à l'exclusion du

1. ID. [1972], 1974, p. 294.
2. ARAGON, 1972.
3. DAIX, 2013, pp. 218-219.
4. ID. [1974], 2013, p. 308.

philosophe officiel du Parti, Roger Garaudy. Ce dernier avait déjà
émis des critiques sur le dialogue avec les intellectuels chrétiens
et exprimé ses insatisfactions en mai 1968, jugeant la direction
du Parti trop timorée vis-à-vis du mouvement étudiant. La crise
tchécoslovaque constitue pour lui un nouvel objet de critique,
même s'il exprime celle-ci avec prudence, regrettant que le PCF
ne manifeste pas suffisamment sa solidarité avec les Tchécoslovaques, et espérant par ailleurs dans un entretien accordé au *Nouvel Observateur* en septembre 1968 que la situation évolue : « Je
vous répondrai avec Lénine qu'il ne faut pas ériger son impatience
en principe théorique [...]. Je comprends le souci de la majorité
de mes camarades de la direction du parti de ne pas bousculer le
pot de fleurs au moment où les roses sont en train de pousser[1]. »
Roger Garaudy pense encore convaincre la direction du Parti en
revenant sur sa première impulsion, qui fut de réprouver l'invasion soviétique, mais le cap pris, désormais, est celui du soutien à
la politique de normalisation. À la conférence mondiale des Partis communistes qui se tient à Moscou en 1969, le PCF entérine
même le principe de non-ingérence dans les affaires internes de la
Tchécoslovaquie, tout en laissant au nom de la normalisation se
déployer sans protestation la politique de répression des partisans
du printemps de Prague. Le PC italien se distingue en revanche des
autres partis du pacte de Varsovie en exprimant son désaccord avec
cette ligne et trouve en Roger Garaudy un relais de ses positions
en France. Ce dernier publie en effet en 1969 un ouvrage dans
lequel il rompt le silence et assume une critique similaire : « Si je
suis aujourd'hui contraint à rendre public ce débat, c'est que mes
suggestions, depuis plus de trois ans, n'ont jamais pu briser le huis
clos du BP [bureau politique] et du CC [comité central][2]. » S'appuyant sur les enseignements qu'il tire des deux printemps, Roger
Garaudy préconise de transformer le centralisme démocratique et
s'ouvre à l'idée d'autogestion. Lors du XIXe Congrès du PCF en
1970, dans un silence de plomb, il prend la parole pour défendre ses
thèses : il sera exclu du bureau politique deux semaines plus tard.
    Même la très officielle revue des intellectuels du PCF, *La Nou-*

---

1. GARAUDY, 1968.
2. ID., 1969, p. 15.

velle Critique, qui a pour mission d'incarner l'avant-garde, est ébranlée par les événements en Tchécoslovaquie. Appuyant d'abord ceux
qui, au sein de la direction du Parti, soutiennent le printemps de
Prague, elle défend fermement l'orientation de Dubček, dont le discours du 1er avril 1968 devant le comité central est publié en supplément de la revue. Après l'invasion, le dossier tchécoslovaque remplit
les colonnes et inspire nombre d'analyses, dont celles de Pierre
Juquin et d'André Gisselbrecht, qui ne partagent en rien la doxa en
vigueur au Parti d'une intervention préventive devenue nécessaire.
Ces articles posent problème à la direction. Celui de Pierre Juquin,
d'une extrême prudence, insiste simplement sur les voies nationales
d'accès au socialisme. Celui de Gisselbrecht est plus ouvertement
critique, dans la mesure où il « s'attache à développer le contenu du
socialisme à visage humain, à partir notamment de la reprise des travaux de R. Richta et d'O. Sik, dont, selon son témoignage, il a pris
connaissance par un livre paru en Allemagne et par ses entretiens
lors de son voyage, notamment avec l'écrivain, proche de Milan
Kundera, Antonin Liehm[1] ». Gisselbrecht est convoqué par Roland
Leroy, qui dénonce dans son article une apologie à peine dissimulée de la politique de Dubček. La direction impose à *La Nouvelle
Critique* de modifier son orientation au nom d'un nécessaire combat
à la fois contre la ligne Garaudy, qualifiée de liquidatrice du Parti,
et contre la ligne conservatrice de Jeannette Thorez-Vermeersch.

Du côté des intellectuels qui ne sont pas liés au PCF, l'opposition à l'invasion de la Tchécoslovaquie va de soi, même si le
degré de désespérance est moindre : on ne se fait pas d'illusions
sur ce qui se passe de l'autre côté du rideau de fer. Certains ont
néanmoins regardé l'expérience du printemps de Prague avec beaucoup de ferveur, comme André Gorz qui couvre l'événement dans
Les Temps modernes. N'ayant pas adhéré à toutes les réformes en
cours, il met en garde contre des évolutions qui substitueraient simplement le pouvoir de la technocratie à celui de la bureaucratie[2]. En
avril 1968, il consacre un numéro au dossier de la Tchécoslovaquie
dans lequel on peut lire des articles d'Antonin Liehm, Milan Kun-

---

1. MATONTI, 2005, p. 316.
2. GORZ, 1967. Peter Deli confirme ce manque d'enthousiasme de Gorz par rapport
au printemps de Prague (DELI, 1981, pp. 284-285).

dera, Franco Bertone, Ilios Yannakakis, et un entretien avec Ludvík Vaculík. « A. Gorz cherche à disculper les Tchèques du soupçon que l'on sent peser sur eux : ce sont des libéraux. Ce ne sont pas des libéraux, écrit Gorz, ce sont de vrais marxistes qui luttent contre une bureaucratie économique. Ainsi basculent-ils du côté de la bonne cause : la lutte contre la bureaucratie par le retour à Marx[1]. » Cette ambivalence de Gorz à l'égard du régime se dissipe lorsqu'il s'exprime sous son pseudonyme de journaliste, Michel Bosquet, dans les colonnes du *Nouvel Observateur*. Même si elle prend une certaine distance critique avec l'expérience tchèque, la revue de Sartre condamne avec fermeté l'invasion soviétique, commise « de sang-froid[2] ».

Depuis les années 1950, *Esprit* poursuit ses relations avec les intellectuels des pays d'Europe de l'Est qui s'opposent au totalitarisme. Paris est le lieu de prédilection de nombreux exilés tchécoslovaques. On y compte la présence, entre autres, d'Antonín Liehm, éditeur de *La Lettre internationale*, de Jan Vladislav, du peintre Jiří Kolář, du poète Petr Král, de Věra Linhartová et bien sûr de Milan Kundera : « Dans le contexte politique français, l'apport de Pavel Tigrid[3] fut important, même si, en tant que "passeur", il préférait éviter le devant de la scène[4]. » Avec la publication d'un dossier consacré à « L'autre Europe », le numéro d'*Esprit* de février 1968 est significatif de cette volonté de s'ouvrir sur la situation de l'autre côté du rideau de fer. Pour Jean-Marie Domenach, directeur de la revue, la rupture décisive date de 1956. Alors qu'il avait rompu avec tout philocommunisme à l'occasion du procès Rajk[5], l'invasion soviétique vient confirmer à ses yeux les méfaits d'un pouvoir bureaucratique qu'il est nécessaire de combattre. *Esprit* proteste et dénonce le processus de normalisation, qu'il assimile à un vaste procès collectif : « Il y a un procès en cours en Tchécoslovaquie. Un procès énorme, probablement lui aussi sans précédent. Un procès intenté non aux individus mais à un vaste pays tout entier[6]. »

1. GRÉMION, 1985, pp. 90-91.
2. *Les Temps modernes*, n° 266, août-septembre 1968.
3. TIGRID, 1968 et 1969.
4. RUPNIK, 2010, p. 135.
5. Voir tome I, pp. 187 sqq.
6. « Procès de Prague : tentative collective d'analyse comparée », *Esprit*, juin 1970.

Pour certains comme Peter Deli, comparant les chocs de 1956 et de 1968, Budapest a été autrement important que Prague, ce à quoi souscrit toute une génération de communistes : « Edgar Morin pensait que l'impact de la révolution hongroise avait été plus grand que celui de la Tchécoslovaquie, aussi bien sur les intellectuels communistes que non communistes en France[1]. » Certes, le premier grand séisme remonte à 1956, mais sa réplique de 1968 est loin d'être négligeable.

« L'AVEU »

Un ouvrage et un film vont cristalliser ce moment de rupture en donnant à lire et à voir les mécanismes mêmes du totalitarisme : *L'Aveu* d'Artur London et son adaptation au cinéma par Costa-Gavras, qui vont fortement contribuer à la prise de conscience de ce qui se passe en Europe de l'Est sous le couvert de la construction du socialisme. C'est Pierre Nora, à ses débuts chez Gallimard, qui a la chance de recevoir ce manuscrit qui va connaître un succès retentissant, et qu'il publie dans sa collection « Témoins ». Pierre Daix, directeur des *Lettres françaises* et gendre d'Artur London, le lui apporte en août 1968, au lendemain de l'invasion soviétique en Tchécoslovaquie, alors que l'actualité dramatique met une nouvelle fois en scène le coup de Prague de 1948, accompagné de son funeste cortège de procès.

Le couple Yves Montand et Simone Signoret, engagé depuis longtemps aux côtés du PCF, lit avec stupeur le témoignage d'Artur London, rescapé du procès Slánský[2]. Découvrant le mécanisme des procès truqués, des aveux arrachés sous la torture, ils vont mettre tout leur talent d'acteurs au service de la dénonciation de ces pratiques, incarnant magnifiquement à l'écran, en 1970, le couple London. Le spectacle de ce calvaire et la puissance d'incarnation de Montand et Signoret contribueront fortement à ouvrir les yeux

---

1. Deli, 1981, p. 280.
2. Voir David, 1990, pp. 202-203.

des intellectuels français : « J'avoue que devant l'extraordinaire don de soi d'Yves Montand dans ce film, on a quelque peine à parler d'interprétation, là où il se dépasse en tant qu'être humain, revivant une page de notre histoire[1]. »

L'itinéraire de London a quelque chose d'exemplaire. Né en 1915 à Ostrava dans une famille d'artisans juifs, il entre à quatorze ans aux Jeunesses communistes, est emprisonné à plusieurs reprises pour ses activités militantes et doit se faire soigner de la tuberculose à Moscou en 1934. En 1937, peu de temps après qu'a éclaté la guerre d'Espagne, il s'engage dans les Brigades internationales jusqu'à la chute de la Catalogne, puis poursuit sa résistance au fascisme en France, où il est arrêté en août 1942 et déporté au camp de Mauthausen. Après le coup de Prague, en 1948, il est nommé vice-ministre des Affaires étrangères de Tchécoslovaquie, mais la bolchevisation du début des années 1950 place aux postes de commande des hommes liges et élimine les responsables multiculturels et polyglottes. Artur London, en ligne de mire, est arrêté en janvier 1951, jugé dans le procès du « Centre de conspiration contre l'État dirigé par Slánský », condamné à perpétuité en novembre 1952, et finalement libéré en février 1956. Il quittera son pays en 1963 pour s'installer en France.

Son manuscrit décrit avec minutie et émotion les techniques d'extorsion des aveux et l'implacable processus d'autoaccusation et d'anéantissement de l'identité individuelle, alors qu'il est comme beaucoup sous le choc du 21 août 1968, qui voit l'invasion de la Tchécoslovaquie par les chars soviétiques. Pierre Nora reçoit Artur London accompagné de sa femme, Lise London, qui lui dit : « J'ai déjà demandé à Aragon de faire la préface » ; « Madame, dans ces conditions, je ne publie pas le manuscrit », lui rétorque immédiatement Pierre Nora[2], au grand étonnement de Lise London, pour qui Aragon est le grand héros de la geste communiste et de sa dissidence vigilante. Artur London, qui s'était jusque-là tenu à un silence énigmatique, prend la parole et tranche : « Lise, tais-toi, Monsieur Nora est en train de dire tout haut ce que je pense tout bas[3]. »

1. Chapier, 1970.
2. Nora, 2000, p. 16.
3. *Ibid.*, p. 17.

Le démarrage du livre est cependant difficile. Ce brûlot fait peur et son auteur reste discret, à distance de ce qu'il appelle la presse bourgeoise, rappelant à chaque occasion qu'il conserve toute sa foi dans le projet communiste. La première réaction enthousiaste vient de François Nourissier qui, ayant eu communication des épreuves par Aragon, publie dès décembre 1968 un article dans *Les Nouvelles littéraires*. Il faut néanmoins attendre quelques mois avant que les langues se délient et que la presse en rende compte sous les plumes de Simone de Beauvoir, Claude Lanzmann, Julien Besançon, Guy Dumur et Milan Kundera, lequel défend ardemment *L'Aveu* dans *Les Lettres françaises* du 12 février 1969. Quant à la réaction de *L'Humanité*, une mise au point, rompant le silence du mépris qui entourait jusque-là la publication du livre, contribue, involontairement, à son succès. Artur London rapporte en effet que le secrétaire général du Parti, Waldeck Rochet, lui aurait dit : « Tu es le seul à avoir pu faire un livre comme celui-là. » S'il se trouvait ainsi conforté et légitimé par la direction du PCF, c'était oublier le revirement opéré par celle-ci sur l'intervention soviétique d'août 1968 : peu de temps après, *L'Humanité* précise dans un encadré : « Le secrétaire général du PCF dément qu'il ait jamais pu dire d'un livre quelconque que son auteur était le seul à...[1] », éveillant l'intérêt pour le livre en question.

Le film de Costa-Gavras, en 1970, est l'occasion de relancer le livre de façon spectaculaire. En décembre de la même année, son éditeur l'informe que l'édition française a traversé le rideau de fer : « J'ai appris que l'édition française a pénétré dans les Démocraties populaires et ne cesse de circuler de main en main. Je vous en parlerai de vive voix lorsque nous nous verrons. De l'avis unanime, son existence est un coup sérieux porté aux survivances du stalinisme, aux nostalgiques du passé[2]. »

Pierre Nora, revenant sur le succès éditorial de l'ouvrage, écrira plus tard que c'est « un événement historique aussi important, à sa manière, en France, que le Rapport Khrouchtchev, au XXe Congrès du PCUS, en 1956 — qu'il a contribué à accréditer —, et que *L'Archipel du Goulag*, en 1976, dont il a préparé l'effet[3] ».

---

1. *Ibid.*
2. Artur London, lettre à Pierre Nora, 4 décembre 1970, archives Pierre Nora.
3. Nora, 1997, p. 7.

En janvier 1970, au moment où l'adaptation de *L'Aveu* sort sur les écrans, un comité d'intellectuels français, qui prend le nom de « Comité du 5 janvier » — c'est le 5 janvier 1968 qu'Alexander Dubček succède à Antonín Novotný à la tête du PC tchécoslovaque —, manifeste son adhésion au programme du printemps de Prague. Ce comité, qui se donne pour objectif de lutter contre la normalisation en cours sous le régime de Husák, expose ses positions dans une Déclaration du 5 janvier 1970 : ses membres établissent un lien entre leur combat contre la régression en cours du côté de Prague et leur combat pour l'émancipation socialiste en France. Parmi eux se trouvent de nombreux compagnons de route du PCF et quelques membres du Parti qui entendent mettre l'accent sur le premier moment de réprobation du 21 août afin de peser sur son orientation. Le Comité organise un meeting à la Mutualité en novembre 1970, présidé par Charles Tillon, qui bénéficie du soutien d'un large éventail d'organisations de gauche et d'extrême gauche, parmi lesquelles le PSU et la Ligue communiste. Pour faire face au renforcement de la répression en Tchécoslovaquie, il lance un appel en mai 1972 pour alerter l'opinion publique : « Des hommes et des femmes sont suspectés, surveillés, poursuivis, emprisonnés, jetés au secret des prisons d'État, parce qu'ils symbolisent l'espoir d'un peuple qui, malgré les rigueurs de l'occupation et de la police, ne consent pas à se renier[1]. » Cet appel connaît un profond retentissement chez les intellectuels français, recueillant pas moins de deux mille sept cent trente signatures fin janvier 1973[2]. Prolongeant ce succès, le Comité organise un nouveau meeting à la Mutualité le 26 octobre 1972, largement soutenu par la gauche, à l'exception du PCF et de la CGT. L'ancien directeur de la télévision tchécoslovaque du temps du printemps de Prague, Jiri Pelikan, prend la parole.

---

1. « Appel pour les victimes de la répression en Tchécoslovaquie », comité du 5 janvier, *Le Monde*, 28-29 mai 1972.
2. Parmi les signataires, on peut relever les noms de personnalités représentatives de nombreux courants progressistes. Voir la liste complète dans Christofferson, 2009, pp. 220-221.

8

L'affaire Soljenitsyne

L'autre grande brèche dans l'horizon radieux du futur communiste va être ouverte, non par une révolution comme en 1956 en Hongrie, ni par une invasion comme en 1968 à Prague, mais par la publication d'un ouvrage qui fait l'effet d'une bombe nucléaire, *L'Archipel du Goulag*. L'onde de choc provoquée par les révélations de Soljenitsyne est spectaculaire, même si des informations sur le totalitarisme du monde soviétique sont connues depuis bien longtemps par tous ceux qui s'intéressent à la réalité soviétique. Dès les années 1920, Trotsky dénonce la dictature stalinienne et stigmatise la dégénérescence d'un système bureaucratique de nature criminelle, ce qu'il paiera de sa personne en 1940 en se faisant assassiner à coups de piolet par un envoyé de Staline. Nombreux sont ensuite les témoignages qui révèlent les procès, les camps, jusqu'aux *Récits de la Kolyma* de Varlam Chalamov, dont la première édition — tronquée — paraît en France en 1969. Mais une cécité particulière, conjuguée à un effort parallèle — incarné notamment par Althusser — pour penser la théorie du socialisme sans tenir compte de sa réalité, tend à occulter toute véritable réflexion sur les enseignements historiques à tirer de la funeste expérience soviétique. La révolte de Mai 1968 et son discours largement emprunté au marxisme le plus pur empêchent de reconnaître la réalité totalitaire, pourtant spectaculairement confirmée une nouvelle fois en août 1968 lors de l'invasion de la Tchécoslovaquie. Le bain marxiste et la gangue d'une conception binaire du monde divisé en deux blocs, ainsi que la conviction d'un sens inscrit du processus historique, sont autant d'ingrédients du leurre de l'URSS qui perdure, non comme réalisation d'un paradis terrestre, mais comme expression, fantasme d'une aurore historique ouverte par la révolution d'octobre 1917.

LA SORTIE DE L'UNIVERS CARCÉRAL

Il aura fallu qu'un martyr du système concentrationnaire soviétique fasse entendre sa voix avec une détermination hors du commun pour qu'enfin un certain nombre de fausses certitudes s'écroulent. D'où vient celui qui a occupé en France ce rôle d'écrivain témoin de son siècle et qui a temporairement renoué avec la figure de l'intellectuel prophétique, à la manière de Sartre, mais avec un tout autre message ? Alexandre Issaïevitch Soljenitsyne est né à Kislovodsk, dans le Caucase, au lendemain de la révolution, en novembre 1918. Il ne connaîtra pas son père, qui meurt la même année d'une septicémie, et vit modestement avec sa mère qui exerce un travail de sténodactylo à Rostov. Tôt attiré par la littérature, il entreprend néanmoins des études de sciences exactes — mathématiques et physique —, tout en suivant par correspondance les cours de l'Institut de philosophie, de littérature et d'histoire de Moscou. Lorsque l'URSS entre dans le second conflit mondial, il a presque vingt-trois ans. Engagé dans l'Armée rouge comme simple soldat, il gravit les échelons et devient lieutenant, puis capitaine, avant d'être décoré en 1943 de l'ordre de la Guerre patriotique. Jusque-là intégré au moule idéologique du régime, il émet en 1945 certaines critiques dans une correspondance toute privée avec l'un de ses amis qui est interceptée par le NKVD, la police politique stalinienne. Dans cette lettre, Soljenitsyne critique le pacte germano-soviétique de 1939, met en doute les capacités stratégiques d'un Staline resté sourd à toutes les mises en garde contre l'imminence du plan Barbarossa d'invasion de l'URSS par Hitler, et accuse Staline d'avoir affaibli l'Armée rouge en multipliant les purges destructrices des capacités militaires du pays. Immédiatement arrêté, il commence sa vie de paria. Au terme de l'affaire, instruite par la redoutable Loubianka, siège du quartier général du KGB, il est incarcéré pour une année à la prison des Boutyrki, puis transféré en 1947 près de Moscou dans un laboratoire pour ingénieurs-détenus, où ses conditions de détention s'adoucissent. En 1949, il subit un nouveau durcissement du régime : cette fois, il est déporté pour être rééduqué à Ekibastouz, au Kazakhstan, où on l'affecte à des travaux de maçonnerie. En février 1953, quelques semaines seulement avant la disparition de Staline, il est envoyé en « exil perpétuel » à Kok-Terek, toujours au Kazakhstan. On lui découvre un cancer de l'estomac, soigné à l'hôpital de Tachkent et dont il guérit quasi miraculeusement. En 1956, il bénéficie de l'ère nouvelle de déstalinisation. Réhabilité par le Tribunal suprême de l'URSS, il s'installe à Riazan, près de Moscou, où il enseigne les sciences physiques.

Il commence alors à écrire ses témoignages du monde carcéral, *Le Premier Cercle* et *Une journée d'Ivan Denissovitch*. En 1961, il propose ce dernier ouvrage pour publication à la prestigieuse revue *Novy Mir* par l'intermédiaire de son ami Kopelev. Il est invité à Moscou par le directeur de la revue, le poète Tvardovski, mais il faudra la lecture et l'approbation de Nikita Khrouchtchev en personne pour qu'*Une journée d'Ivan Denissovitch* soit publiée en 1962 : « C'est ainsi que l'ex-bagnard, l'écrivain souterrain devient, du jour au lendemain, un écrivain officiel, célébré non seulement dans son pays — il est ainsi présenté au premier secrétaire du parti lors d'une réception au Kremlin — mais dans le monde entier, où la nouvelle de cette publication est largement répercutée[1]. » L'ouvrage paraît dès 1963 dans sa traduction française, avec une préface élogieuse de Pierre Daix qui compare l'univers dépeint par Soljenitsyne à l'aune de sa propre expérience de déporté au camp nazi de Mauthausen. Pierre Daix pense que l'on est désormais définitivement sorti de ce système et que communisme va pouvoir se conjuguer avec liberté. Plus tard, une fois sa rupture consommée avec le PCF, il dira de sa préface de 1963 qu'elle fut un mélange « d'audaces mesurées et de concessions à la logomachie stalinienne ».

Le tournant de 1964, qui entraîne le renversement du numéro

---

1. HALLEREAU, 1999.

un soviétique et son remplacement par Brejnev, va cependant faire chuter celui qui était devenu l'une des incarnations de la politique de déstalinisation : Soljenitsyne et ses amis sont alors étroitement surveillés. Le KGB perquisitionne chez ses proches et y saisit ses manuscrits. Bon connaisseur des méthodes bureaucratiques, Soljenitsyne déjoue les recherches de la police en disséminant les chapitres de *L'Archipel du Goulag* qu'il est en train d'écrire. En 1966, le procès des écrivains Andreï Siniavski et Jules Daniel le convainc définitivement de l'urgence de mener une dissidence ouverte face à un régime implacable : « En 1967, juste avant l'ouverture, le 22 mai, du IVe Congrès de l'Union des écrivains, il adresse aux délégués une lettre publique dans laquelle il dénonce la censure ainsi que les persécutions dont il est l'objet[1]. » Défiant le pouvoir, il se présente alors en animal blessé, le veau qui se heurte au chêne du pouvoir soviétique. Il prévient qu'une bête à terre peut devenir dangereuse, même si une telle joute semble opposer David à Goliath. Ses romans étant interdits en URSS, Soljenitsyne contourne l'obstacle en les faisant publier en Occident. En 1968, il publie *Le Pavillon des cancéreux* et *Le Premier Cercle*. Ce dernier reçoit en France le prix Médicis du meilleur roman étranger. François Mauriac propose Soljenitsyne pour le prix Nobel, qu'il obtient en 1970, sans pouvoir être présent lors de la cérémonie de Stockholm, de peur de ne pouvoir rentrer dans son pays.

En France, Claude Durand crée au Seuil en janvier 1968 une nouvelle collection prémonitoire, « Combats », dans laquelle il publie un recueil de textes d'Alexandre Soljenitsyne, *Les Droits de l'écrivain*. Ce n'est qu'une première et modeste banderille posée par celui qui va devenir le détenteur des droits mondiaux de l'illustre dissident russe. En 1972 paraît au Seuil son roman *Août 14*, qui assoit sa réputation. Durant l'été 1973 le KGB tombe sur un manuscrit au titre énigmatique, *L'Archipel du Goulag*, caché chez une citoyenne russe, Elisabeth Voronianskaïa. On la retrouvera pendue le lendemain de la perquisition. Prenant connaissance du brûlot, le pouvoir soviétique intime l'ordre à Soljenitsyne de ne communiquer en aucun cas son manuscrit à l'Ouest, or celui-ci circule déjà depuis deux ans de l'autre côté du rideau de fer,

---

1. *Ibid.*

jusqu'aux États-Unis. De nouveau incarcéré, Soljenitsyne autorise depuis sa prison la publication de son livre en russe et en traduction. En octobre 1973, Luc de Goustine, responsable des secteurs Allemagne et pays de l'Est au Seuil, se trouve alors à la foire de Francfort et doit prendre une décision délicate au cours d'enchères sur le manuscrit de *L'Archipel du Goulag* qui font monter le prix si haut qu'il téléphone à Jean Bardet et Paul Flamand, qui se trouvent alors en comité de lecture. Il reçoit le feu vert et l'emporte. Même si le chiffre avancé par Le Seuil n'est pas le plus élevé, la réputation et l'identité de la maison font la différence. Claude Durand se voit confier le soin de gérer l'affaire : on lui demande de prendre contact avec maître Heeb, avocat à Zurich, qui informe l'éditeur qu'il va recevoir un manuscrit volumineux intitulé *L'Archipel du Goulag*, aussitôt mis en traduction. En cette année 1973, le terme de Goulag est encore très énigmatique, et dès son retour Claude Durand tente d'en savoir davantage. Il prend un atlas pour situer ce fameux archipel sur le territoire soviétique sans parvenir à le localiser. L'ouvrage paraît en russe à Paris le jour de Noël 1973, et la version française en mai 1974, avec un premier tirage exceptionnel de plusieurs centaines de milliers d'exemplaires.

Entre-temps, Soljenitsyne a lancé le 12 février 1974 son « appel de Moscou » à résister au règne du mensonge. Arrêté dès le lendemain, il est une nouvelle fois envoyé en prison. Mais son rayonnement international est tel que le pouvoir soviétique ne peut le réduire au silence entre quatre murs. Il est d'abord banni, puis expulsé de son pays et conduit de force en République fédérale allemande. Une trentaine d'intellectuels français signent une pétition en guise de protestation et font remarquer qu'une telle décision contrevient d'évidence à la convention de Genève de 1952 sur le droit d'auteur, signée par l'URSS, dont le préambule prône le respect des droits de la personne humaine et l'ouverture à la diffusion des œuvres de l'esprit[1]. Accueilli à Cologne par le Prix Nobel Heinrich Böll, Soljenitsyne s'installe pour un an à Zurich, où il rencontre tous les éditeurs étrangers, très mécontent de la circulation

---

1. Parmi les signataires, on trouve, entre autres, René Cassin, Jean Daniel, Jean-Marie Domenach, Max-Pol Fouchet, Claude Roy, Jean-François Revel, Alfred Sauvy, Pierre Dumet, Nathalie Sarraute, René Barjavel, Philippe Sollers et Pierre Daix.

sauvage de ses manuscrits, des éditions pirates, des traductions non contrôlées et douteuses. C'est donc à Zurich que Claude Durand rencontre pour la première fois Soljenitsyne avec Paul Flamand et son éditeur russe, Nikita Struve. Après avoir écouté ses récriminations et ses menaces de ne plus rien publier, Claude Durand propose de centraliser la gestion des affaires de Soljenitsyne et crée à cette fin une structure éditoriale au sein du Seuil consacrée au sort international de l'œuvre du célèbre dissident soviétique : il y emploie tout son temps libre pendant deux ans. Lorsqu'il quitte Le Seuil pour Fayard, Soljenitsyne le suit, et Claude Durand sera l'agent mondial de Soljenitsyne pendant trente-cinq ans.

SÉISME EN FRANCE

Dans la vie intellectuelle française, la découverte de cet itinéraire de martyr du communisme dans le contexte de reflux révolutionnaire consécutif à Mai 1968 donne toute son ampleur au séisme de l'affaire Soljenitsyne. Le PCF, qui reste la force dominante de la gauche, est engagé dans un programme de gouvernement avec le nouveau Parti socialiste né du congrès d'Épinay et emmené par François Mitterrand, qui a compris que la bonne stratégie pour faire gagner la gauche résidait dans cette alliance et non dans la division pratiquée par la SFIO. L'attelage de gauche en est ébranlé, car le Parti socialiste doit désormais ménager son allié. Par-delà les considérations politiciennes du court terme, on ne trouve plus à l'horizon de réenchantement de l'histoire possible, comme ce fut le cas en 1956 avec les luttes anticoloniales et en 1968 avec la montée continue de la contestation de la jeunesse dans le monde.

Le tir de barrage du PCF pour isoler et discréditer Soljenitsyne n'attend pas la publication de son ouvrage en France. En août 1973, Yves Moreau, de *L'Humanité*, considère que les déclarations de Soljenitsyne participent d'une « campagne hostile à la détente[1] ». Dès la parution de *L'Archipel du Goulag* en russe en décembre 1973,

---

1. MOREAU, 1973.

le PCF, par la voix du journaliste Serge Leyrac, dénonce le décalage entre les faits relatés, qui sont anciens, et le moment de la
publication, ces pratiques ayant été clairement condamnées par
le PCUS lors de son XXe Congrès, en 1956, comme une violation de la légalité socialiste. Il s'étonne de ce qu'il estime relever
d'un « matraquage publicitaire » alors que l'ouvrage n'est encore
disponible qu'en langue russe. Pour le PCF, qui le répète dans
son communiqué du bureau politique du 18 janvier 1974, il s'agit
de pratiques définitivement révolues en URSS : s'en prendre au
Parti ne peut donc relever que d'un complot. La direction du Parti
oppose classiquement à l'effet de souffle que va créer la parution
de l'ouvrage la fameuse stratégie de la forteresse assiégée. Après
avoir essayé de banaliser le propos en affirmant qu'il ne révèle rien
et concerne une époque révolue, le PCF s'attaque à la personne
de Soljenitsyne, dont il s'agit de discréditer le message percutant
et l'enquête fouillée. Serge Leyrac compare Soljenitsyne au général Vlassov, condamné pour trahison au cours de la guerre contre
le nazisme. Le secrétaire général du Parti relaie l'accusation à la
télévision française : « La seule chose nouvelle que nous trouvons
dans l'ouvrage de cet écrivain admiré du monde capitaliste, c'est
un éloge du traître Vlassov[1]. » Serge Leyrac s'étonne que l'on
puisse penser que Soljenitsyne ne jouit pas de toutes les libertés
possibles dans la patrie du socialisme : « Dans le même moment
où il crie à la répression, Soljenitsyne se fait photographier dans
son appartement à Moscou avec ses deux enfants émouvants. Il se
multiplie en conférences de presse, en déclarations, en appels, en
communications téléphoniques avec l'étranger[2]. » Si l'arrestation et
l'expulsion de Soljenitsyne balaient la rhétorique de Serge Leyrac,
l'éditorialiste de *L'Humanité* René Andrieu n'en est nullement
troublé. Il comprend et approuve : « Ce qui est certain, et il ne
l'ignorait pas, c'est que l'État soviétique, pas plus que n'importe
quel État, ne pouvait accepter qu'un citoyen refuse de se soumettre
à la loi commune[3]. »

Le PCF, non content de relayer les calomnies qui courent en

---

1. Georges Marchais, cité dans *Le Monde*, 3 février 1974.
2. LEYRAC, 1974.
3. ANDRIEU, 1974.

URSS sur Soljenitsyne, entend mobiliser tous les compagnons de route pour étendre entre ce dernier et l'opinion publique française un véritable cordon sanitaire. L'argument est celui de la défense de l'unité de la gauche, et de la détente internationale après la fin de la guerre du Vietnam. Cette campagne use des manœuvres habituelles : intimidation et menace de dénonciation de tous les thuriféraires de l'écrivain russe — traîtres au camp de la gauche et anticommunistes primaires. *France nouvelle*, l'hebdomadaire du PCF, se fait l'organe privilégié de cette campagne préventive alors que le livre ne circule pas encore dans sa version française. Les chrétiens progressistes de *Témoignage chrétien* se laissent circonvenir, et Maurice Chavardès, reprenant à son compte les arguments du PCF, dénonce la « meute des anticommunistes de tous poils[1] » et soutient que les dissidents disposent d'une certaine liberté d'expression[2].

Mais le PCF se heurte aux résistances d'une presse progressiste qui a longtemps été la cible de ses campagnes. La revue *Esprit*, par la voix de son directeur, Jean-Marie Domenach, réagit vivement au bannissement de Soljenitsyne, y voyant des similitudes avec « l'affaire Dreyfus : ce n'est pas seulement une erreur judiciaire, c'est un crime du gouvernement contre l'honneur d'un peuple[3] ». Domenach prévient en même temps les communistes qu'il ne s'en laissera pas compter, comme cela a pu être le cas dans le passé : « Que va faire la Gauche française ? Depuis plusieurs semaines, le Parti communiste avait lancé une campagne de mise à l'index du *Nouvel Observateur*, d'*Esprit* et des *Temps modernes*. Mais ces excommunications n'impressionnent plus que quelques socialistes obsédés par la promesse de succès électoraux[4]. »

Dans le numéro d'*Esprit* de juillet-août 1974, Hélène Zamoyska fait l'éloge de *L'Archipel du Goulag* dès sa parution en français. Elle salue en Soljenitsyne un grand écrivain, rappelant que son ouvrage se présente comme « un essai d'enquête artistique » fidèle à la mission exprimée par son auteur lors de la remise de son prix

1. CHAVARDÈS, 1974.
2. ID., 1973.
3. DOMENACH, 1974 (c), p. 392.
4. *Ibid.*, p. 393.

Nobel, à savoir la transmission d'un message d'envergure universelle. Elle salue aussi l'historien et le savant qui a mené une enquête minutieuse, croisé ses sources, même si son récit relate une expérience personnelle :

> Il en parle en connaissance de cause. Les traces de cette histoire sont encore brûlantes dans sa chair et dans son âme. Aussi est-ce toute sa sensibilité d'homme meurtri et métamorphosé par la souffrance qui confère à son étude un ton frémissant et passionné et une éloquence douloureuse qui manie tour à tour, avec un art incomparable, l'ironie la plus cinglante, l'intensité dramatique, la puissance et l'éclat des images[1].

Hélène Zamoyska insiste sur l'apport majeur de cette publication, qui révèle, contre tout ce qui se dit jusque-là, que le monde concentrationnaire n'est pas une création du stalinisme : il a été mis en place par Lénine lui-même dès les débuts du nouveau pouvoir et légalisé comme tel. Soljenitsyne montre comment l'impensable devient réalité avec le processus d'extorsion des aveux dans un mécanisme d'écrasement où « l'homme n'a donc plus de valeur en soi. Il est un cobaye sur lequel on fait des expériences, une marionnette[2] ». Elle salue enfin une fresque impressionnante et attend, si les faits relatés sont mensongers, les démentis, étayés par des preuves : « Terrifiant et admirable, *L'Archipel du Goulag*, écrit à la mémoire des millions d'êtres broyés dans les camps, prouve que la barbarie concentrationnaire n'a pas réussi à éteindre chez tous le sens de la dignité humaine, de la droiture de la conscience[3]. » Ces mots qui frappent fort témoignent de l'engagement plein et entier de la revue aux côtés de Soljenitsyne, expulsé de son pays natal, dans son combat contre le système concentrationnaire. Pour le directeur d'*Esprit*, qui affirme que « le temps des inquisitions est passé[4] », il n'est pas question de céder d'un pouce. Très certainement en pleine remise en question après l'époque du compagnonnage avec le PCF, supposant une certaine dose d'aveuglement sur ce qui se

1. ZAMOYSKA, 1974, p. 138.
2. *Ibid.*, pp. 140-141.
3. *Ibid.*, p. 147.
4. DOMENACH, 1974 (c), p. 393.

passait à l'Est, il appelle de ses vœux à une relation de proximité entre intellectuels de l'Est et de l'Ouest : « Puissions-nous écouter à temps les réfugiés, les bannis, qui arrivent chez nous portant le message d'un destin qu'une fois déjà, pour son malheur, l'Europe avait cru pouvoir ignorer[1]. » Si Soljenitsyne n'est pas le premier à révéler l'existence d'un monde concentrationnaire, il est manifestement celui qui brise des tabous au sein de la gauche progressiste non communiste. Depuis l'affaire Rajk, l'emprise exercée par le PCF sur *Esprit* est sérieusement ébranlée, mais la retenue qui prévalait autrefois par crainte d'être taxé d'anticommunisme dit primaire laisse cette fois la place à une dénonciation réitérée chaque mois. La revue consacre désormais systématiquement une page à la problématique antitotalitaire.

Du côté des progressistes, *Le Nouvel Observateur* et son directeur Jean Daniel subissent une pression d'autant plus forte de la part de la direction du PCF qu'en cette année 1974 la gauche unifiée autour du programme commun suscite de nouveaux espoirs. Le maillon fort de cet attelage PCF-PS reste alors la composante communiste, dont les forces militantes et le poids électoral demeurent supérieurs. Aux yeux des dirigeants communistes, *Le Nouvel Observateur* a déjà commis l'affront, sur la question tchécoslovaque, de condamner sans ménagement l'invasion soviétique, allant jusqu'à faire sa couverture du mois d'août sur « Le crime des Russes[2] ». Le conflit devient ouvert et violent lorsque Jean Daniel prend fait et cause pour Soljenitsyne. Il est sous le choc de sa lecture : « L'homme, l'écrivain, le combattant, le prophète qui émergent avec ce Soviétique hors du commun, transforment toutes mes façons d'appréhender la politique[3]. » Son engagement auprès du dissident soviétique est total. Pour Jean Daniel, une ligne de clivage partage désormais deux camps, ceux qui sont derrière Soljenitsyne et les autres, mais le problème est délicat : cette ligne traverse et divise l'union de la gauche. Le PCF s'empare de l'argument pour dénoncer derrière Jean Daniel et son journal des diviseurs qui entendent saboter les chances de la gauche de parvenir

---

1. *Ibid.*, p. 395.
2. *Le Nouvel Observateur*, 26 août 1968.
3. DANIEL, 2002, p. 294.

au pouvoir. Dès le début de l'année, l'acte d'accusation est dressé par la direction du PCF à l'encontre de l'hebdomadaire : « *Le Nouvel Observateur* est nostalgique de la division de la gauche française, comme toujours à la pointe de l'entreprise antisoviétique et anticommuniste[1]. » La volonté d'intimidation prend un caractère solennel avec un communiqué officiel du bureau politique déclarant que *Le Nouvel Observateur* « s'y montre sous son vrai jour d'organe avant tout antisoviétique, anticommuniste et diviseur de la gauche[2] ». Deux jours plus tard, le 5 février, c'est *France nouvelle* qui publie un dossier de quatre pages contre *Le Nouvel Observateur* avec la participation de Jacques de Bonis, Jean Elleinstein, Alain Decaux et Max-Pol Fouchet. Le journal de Jean Daniel risque de se retrouver très seul au milieu de cette campagne d'intimidation. Avant Soljenitsyne, ce genre de dénonciation frappait celui qui était visé de tétanie. La peur de se faire excommunier du camp de la gauche réduisait au silence, ou du moins incitait à tempérer un certain nombre de vérités, mais la situation a changé. François Mitterrand publie un article qui ne fait aucun doute sur son soutien sans faille au directeur du *Nouvel Observateur* : « Je le considère comme un vecteur indispensable à la diffusion des idées qui constituent le fonds commun de la gauche[3]. » Cela soulage l'angoisse de Jean Daniel, qui n'entend pas céder au chantage et réitère son soutien sans réserve à Soljenitsyne, conforté par nombre de ses collaborateurs du journal, qui pour beaucoup viennent du PCF et en connaissent bien le fonctionnement interne, puis ont rompu ou ont été mis dehors.

Jean Daniel déplore le caractère souvent timoré des réactions à l'ouvrage de Soljenitsyne : « Chacun se sent obligé de se justifier, de recourir à des cautions, de rappeler son passé. Avant de saluer Soljenitsyne, il faut, si j'ose dire, montrer patte rouge, parce que l'important, n'est-ce pas, c'est de ne pas être traité d'antisoviétique, d'anticommuniste et de diviseur de la gauche[4]. » Edgar Morin prévient Jean Daniel que la joute va être redoutable :

1. LEROY, 1974.
2. Communiqué du bureau politique du PCF, cité dans *Le Monde*, 3 février 1974 ; repris dans HOURMANT, 1997, p. 70.
3. MITTERRAND, 1974.
4. DANIEL, 1974.

Je reçois un pneumatique d'Edgar Morin. Il veut m'assurer qu'il sera avec moi dans l'épreuve qui va commencer. L'épreuve ? Je n'ai aucunement le sentiment qu'il s'en annonce une. Edgar m'avertit que je me suis mis dans une situation dangereuse : « Ça va cogner de tous côtés sur toi. Il faut que tu t'armes jusqu'au blindage. Il faut que tu continues, mais ce sera de plus en plus dur. » Comment la campagne des communistes pourrait-elle donc être plus violente qu'elle ne fut ? Edgar sait de quoi il parle. Les coups vont en effet commencer de pleuvoir. J'ai accepté et même sollicité d'être traité en ennemi ? On prendra mes mots à la lettre. C'est le déchaînement[1].

Les colonnes du *Nouvel Observateur* deviennent le lieu de la dénonciation du Goulag, que ce soit sous la plume de Jean Daniel, de Maurice Clavel ou des nouveaux philosophes qui trouvent dans l'hebdomadaire un moyen de diffuser leurs thèses : « Michel Bosquet et Maurice Clavel me signalent, sans se concerter, qu'un jeune philosophe, ancien maoïste, fait une lecture très proche de la mienne. C'est André Glucksmann[2]. » Le journal s'ouvre à ce dernier, qui y publie le 4 mars 1974 un article qui fait grand bruit, « Le marxisme rend sourd », et dénonce la gêne d'une gauche qui tient au fait qu'un « comité central fonctionne déjà dans nos têtes ». Le 24 juin 1974, l'affrontement se porte même sur les écrans de télévision à l'occasion de l'émission de Bernard Pivot « Ouvrez les guillemets », qui réunit, pour débattre de *L'Archipel du Goulag*, Jean Daniel, André Glucksmann, le directeur de *La Nouvelle Critique*, Francis Cohen, Max-Pol Fouchet, Olivier Clément, Alain Bosquet et l'éditeur de la version russe de l'ouvrage, Nikita Struve. Le directeur du *Nouvel Observateur* déplore le décalage entre la force historique du témoignage de Soljenitsyne et la médiocrité des réactions qu'il suscite. Il ajoute que la lecture de Soljenitsyne l'a tourmenté comme s'il découvrait un « second Holocauste ». Alors que le PCF fait pression sur *Les Temps modernes* et *Esprit* pour modérer les ardeurs du *Nouvel Observateur*, il suscite l'effet inverse, Jean-Marie Domenach affirmant son soutien résolu

1. ID., 1979, p. 192.
2. *Ibid.*, p. 195.

et sa totale solidarité « dans cette résistance à la mini-terreur[1] ». Dans cette opposition tenace du directeur du *Nouvel Observateur* aux injonctions communistes, s'il y a, comme le dit Pierre Grémion, une part qui tient à l'idiosyncrasie de Jean Daniel, faite de ce « mélange de courage et de susceptibilité écorchée[2] », les collaborateurs de l'hebdomadaire, qui sont pour partie d'anciens communistes, comme Edgar Morin, François Furet, Gilles Martinet, Claude Roy ou Emmanuel Le Roy Ladurie, le suivent résolument.

La revue *Tel Quel* est aussi fortement ébranlée par le témoignage de Soljenitsyne. Jacques Henric voit même dans *L'Archipel du Goulag* une analyse qui révèle le fonctionnement de l'univers concentrationnaire : « Soljenitsyne, en dépit de sa méconnaissance de la théorie freudienne, est un des premiers analystes de la société soviétique et du fascisme que celle-ci inaugure[3]. »

Les Temps modernes, avec un peu de retard par rapport aux autres publications, réagissent sous la plume de Pierre Rigoulot en juillet 1976[4]. Il analysera plus tard dans un livre les réactions des Français au Goulag[5]. S'il affirme qu'il faut relativiser l'idée d'un avant et d'un après-Soljenitsyne dans la prise de conscience des camps en URSS, il souligne le caractère exceptionnel de la sortie de *L'Archipel du Goulag* : cette réalité regardée jusque-là de biais, de manière soupçonneuse, peut enfin être regardée de face. Soljenitsyne a soulevé le rideau de fer qui empêchait la vérité d'éclater. Comme le souligne Pierre Rigoulot, si l'on trouve déjà le terme de Goulag sous la plume de Pasternak dans *Le Docteur Jivago*, chez Barton, Mora ou encore Zwierniak, Soljenitsyne lui donne une ampleur toute nouvelle qui interdit de le minimiser[6]. Jeannette Colombel, autre

---

1. DOMENACH, 1974 (a).
2. GRÉMION, 1985, p. 288.
3. HENRIC, 1976, p. 95.
4. RIGOULOT, 1976.
5. ID., 1991.
6. À l'encontre de cette thèse, l'universitaire américain Michael Christofferson entend démontrer que les intellectuels français de gauche se sont servis de Soljenitsyne, qui ne leur aurait rien appris sur un univers concentrationnaire déjà bien connu, pour mener une campagne contre le PCF par peur du succès donné comme probable du programme commun en 1978 ! Au terme d'un curieux syllogisme dont la prémisse désigne comme totalitaire ce qui renvoie au socialisme, il est aisé pour l'auteur de montrer que les antitotalitaires sont « contre la gauche » (CHRISTOFFERSON, 2009).

collaboratrice des *Temps modernes*, s'exprimera dans *Libération* pour une « défense de gauche de Soljenitsyne[1] ».

La campagne du PCF se solde donc par un échec flagrant auprès des intellectuels, même si elle contraint son allié, le PS, à adopter sur la question un ton prudent. Elle provoque la rupture définitive avec Pierre Daix, à qui on avait déjà retiré la tribune des *Lettres françaises*, et qui décide en 1974, à bout de patience, de renoncer à sa carte lorsqu'il découvre que *L'Humanité*, loin de s'alarmer de l'expulsion de Soljenitsyne, titre ironiquement : « Soljenitsyne prend des vacances en Suisse » : « J'ai décidé que la coupe était pleine[2]. » Selon Pierre Daix, c'est Elsa Triolet qui a convaincu Aragon d'ouvrir les yeux sur la réalité soviétique et la nécessité de découvrir, de lire Soljenitsyne.

Le PCF aura cependant réussi, non pas à museler, mais à tenir à l'écart de la polémique *Le Monde*, qui fait montre d'une curieuse prudence en titrant « Soljenitsyne se rend en Allemagne fédérale » pour annoncer son expulsion d'URSS. Le quotidien se livre en outre à un curieux jeu d'équilibriste, donnant d'une part la parole à Piotr Rawicz, ancien déporté d'Auschwitz, qui commente *L'Archipel du Goulag* et loue la faculté de Soljenitsyne à dévoiler l'essence même du système de nature concentrationnaire commun au nazisme et au communisme, publiant d'autre part dans le même numéro, et pour faire bonne mesure, trois auteurs pour lesquels le bilan de l'URSS est globalement positif : Francis Cohen, Basile Kerblay et Erik Egnell.

Sans lien avec la campagne menée par le PCF pour discréditer Soljenitsyne, Alain Bosquet, intellectuel reconnu, écrivain, poète et journaliste au *Monde*, publie en 1974 un violent pamphlet contre l'écrivain soviétique, *Pas d'accord Soljenitsyne !* Né en 1919 à Odessa, en Ukraine, d'origine russe, Alain Bosquet, de son vrai nom Anatole Bisk, s'attaque à Soljenitsyne sur le plan littéraire : « Ce naturalisme, ce "devoir" que l'on retrouve à chaque page font de vous un écrivain du XIXᵉ siècle attardé, coriace, puissant, mais singulièrement limité pour saisir les contradictions de son temps[3]. » Cet argument sera repris par le

---

1. COLOMBEL, 1973.
2. DAIX, 1976, p. 443.
3. BOSQUET, 1974, pp. 12-13.

secrétaire général du PCF, Georges Marchais, qui, péremptoire, affirmera que Soljenitsyne, ce n'est pas bien écrit... Alain Bosquet, allant beaucoup plus loin dans la diatribe, remet par ailleurs en cause les sources de Soljenitsyne, et l'accuse de céder à la haine pour monter un réquisitoire unilatéral : « Vous avez réuni de quoi condamner non point une police, non point un gouvernement, mais un peuple tout entier[1]. » Il dénonce en Soljenitsyne « un monstre d'orgueil et de prétention » et un « obsédé » qui se prend pour un prophète d'une liberté dont il aurait une « conception surannée » : « Vous étiez le Robespierre des consciences, le Saint-Just du comportement civique, le Fouquier-Tinville des attitudes mentales. Par bonheur, votre seule arme est la plume, dont les excès ont fini par donner raison aux mesures prises contre vous[2]. »

L'événement Soljenitsyne ne fait qu'encourager les intellectuels libéraux à défendre leurs thèses et les convainc de saisir cette occasion pour briser l'hégémonisme idéologique et culturel dont jouit la gauche depuis la Libération. Dans la revue *Contrepoint*, créée en mai 1970 pour conduire une critique en règle du marxisme, Louis de Villefosse, en 1974, ne cesse de tempêter contre le silence invraisemblable des intellectuels devant ce qui relève d'un crime contre l'humanité. C'est lui qui va rétablir la vérité sur le massacre de Katyń. En 1973, la revue publie, sous le titre « L'esprit de Munich domine le siècle », un large extrait du discours qu'aurait prononcé Soljenitsyne à Stockholm s'il avait pu s'y rendre. Elle transcrit ensuite les débats organisés par la télévision française sur Soljenitsyne. Évidemment, la publication de Soljenitsyne et l'écho qu'elle produit sont vécus comme une divine surprise. Jean Blot, Jean Laloy et Georges Nivat rendent compte de l'événement : « *Contrepoint* s'engage vigoureusement dans ce qui deviendra dès le printemps 1974 l'affaire Soljenitsyne[3]. » En 1976, cependant, la revue est en perte de vitesse. Une nouvelle génération entend bien reprendre le flambeau, déterminée à mener le nécessaire et désormais populaire combat contre le totalitarisme, et à faire barrage à la

1. *Ibid.*, p. 17.
2. *Ibid.*, p. 20.
3. GRÉMION, 1995, p. 602.

perspective de l'arrivée au pouvoir en 1978 d'une gauche encore largement dominée par les communistes.

Jean-Claude Casanova, professeur à l'Institut d'études politiques de Paris (IEP), conduit l'équipe rédactionnelle qui crée la revue *Commentaire* en mars 1978. Pierre Manent et Marc Fumaroli, bientôt rejoints par Alain Besançon, occupent les postes de rédacteurs en chef[1]. À la faveur du combat antitotalitaire, qui rassemble de plus en plus d'intellectuels, la nouvelle revue sort du confinement, malgré un nombre d'abonnés modeste (autour de deux mille cinq cents), grâce à un réseau relationnel et institutionnel qui en fait un porte-voix. Comme le note Rémy Rieffel[2], la revue étend ses ramifications de l'IEP à l'EHESS en passant par le Collège de France, et ouvre ses colonnes à des personnalités de la deuxième gauche. Dans l'édition, ce courant bénéficie de positions fortes avec les collections « Liberté de l'esprit » de Raymond Aron et « Archives des sciences sociales » de Jean Baechler chez Calmann-Lévy, « Pluriel » de Georges Liébert chez Hachette, « Preuves » chez Julliard/Plon, ainsi que de la publication d'un nombre croissant d'ouvrages par Jean-François Revel chez Laffont. Éditorialiste à *L'Express*, Jean-François Revel publie en 1976 un brûlot dénonçant les dangers sous-jacents au programme commun d'un totalitarisme dont la perversion fait place à la tentation : « Existe-t-il en nous un désir d'être gouvernés de façon totalitaire ? C'est une hypothèse qui expliquerait bien des comportements, bien des discours et bien des silences[3]. » Jean-François Revel fait le pronostic de la progression du totalitarisme dans le monde, qui semble inexorable, et dénonce la stratégie du PS en France, soumis aux oukases communistes et porteur d'un programme qui emprunte à la voie totalitaire pour sortir du capitalisme.

1. « Le comité de rédaction, quant à lui, présidé par Raymond Aron, est sans surprise par rapport à celui de *Contrepoint* : les différentes strates du cercle aronien s'y sont en quelque sorte superposées. Parmi les plus anciens, on note la présence de Philippe Ariès, François Fejtö, Raoul Girardet, etc. ; dans la catégorie intermédiaire, celle d'Alain Besançon, François Bourricaud, Pierre Hassner, Annie Kriegel, Kostas Papaïoannou ; parmi les plus "récents", Jean-Claude Lamberti, Georges Liébert, Michel Prigent, etc. » (informations reprises de RIEFFEL, 1993, p. 253).

2. *Ibid.*
3. REVEL, 1976 (a), p. 22.

L'arrivée en France d'universitaires d'Europe centrale fuyant le totalitarisme renforce encore le dynamisme de ce pôle. En 1976, à l'occasion du vingtième anniversaire de la révolution hongroise et du révisionnisme polonais, un colloque international est organisé à Paris par Pierre Kende et Krzysztof Pomian. Kende, collaborateur hongrois de la revue *Contrepoint*, qui suit le séminaire de Raymond Aron, a réalisé le livre blanc sur le procès Nagy. Pomian, quant à lui, historien d'origine polonaise, déporté avec sa famille en Sibérie, où il a passé sa jeunesse, et privé de poste en 1968, décide d'émigrer en France en 1973 : « Il a été en Pologne l'assistant du philosophe Leszek Kołakowski jusqu'à l'expulsion de celui-ci du parti ouvrier polonais, en 1966. À son arrivée à Paris, Pomian a été en contact avec le Comité international contre la répression, animé par un trotskiste, Jean-Jacques Marie[1]. » Ce colloque contribue à cristalliser un pôle antitotalitaire qui déborde les limites du courant aronien en réunissant autour des deux initiateurs d'Europe de l'Est aussi bien Raymond Aron que Jean-Marie Domenach, François Fejtö, Pierre Hassner, François Furet, Annie Kriegel, Claude Lefort, Branko Lazitch, Jean-Jacques Marie ou Gilles Martinet.

En avril 1975, Soljenitsyne, incarnant la figure de l'intellectuel rédempteur pour certains, pour d'autres le diable, le Mal, fait son apparition sur le petit écran télévisuel à l'occasion de l'émission littéraire de Bernard Pivot, où il est invité à débattre avec Jean Daniel, Jean d'Ormesson et Pierre Daix. C'est la consécration :

> En un peu plus d'une heure, Alexandre Issaïevitch Soljenitsyne a frappé l'ensemble de l'opinion française au cœur et la gauche française à la tête. Il a ému et troublé. Si l'on voulait savoir ce que signifie ce mot galvaudé de « charisme », un ascendant qui s'impose dans l'instant, un magnétisme qui accompagne la formulation des idées les plus simples, il n'y avait qu'à regarder Soljenitsyne à la télévision[2].

Celui qui est au cœur des polémiques depuis déjà quelques années est auréolé de sa condition de martyr. Le rayonnement dont

1. GRÉMION, 1995, p. 610.
2. DANIEL [1975], 2002, p. 509.

il bénéficie est à la hauteur du calvaire qu'il a subi. Ses mots ne peuvent que frapper les esprits lorsqu'il se présente ainsi : « Toute ma détermination d'homme et d'écrivain vient de ce que j'ai été un bagnard. » Peu après cette émission, l'historien François Furet pose cette question lancinante : Soljenitsyne ne s'est-il pas arrêté en chemin en limitant la matrice totalitaire à Lénine et au léninisme ? Ne faudrait-il pas remonter jusqu'à Marx, se demande Furet, célébrant un avant et un après-Soljenitsyne : « Seul Soljenitsyne a su donner à son combat un caractère d'universalité politique et [...] seul il a réussi à réincarner un très vieux modèle de l'histoire européenne, celui de l'intellectuel qui triomphe du pouvoir. Dès lors, il avait gagné. Exilé, il a vaincu Brejnev[1]. »

Par-delà la puissance de ce témoignage, le contexte dans lequel est parue la traduction française de *L'Archipel du Goulag* a beaucoup facilité l'accueil réservé à ce livre-événement qui devient un best-seller : à la fin de 1974, le premier tome a déjà été vendu à six cent mille exemplaires. En 1974 le gauchisme est en pleine déroute et la gauche classique française progresse dans le cadre du programme commun signé en 1972 : plus de grand soir révolutionnaire, plus de petit matin enchanteur de sortie de crise à attendre. Au moment où le chômage progresse, où les espérances révolutionnaires s'éloignent, l'« effet Goulag » montre que si l'on ne peut imputer à Marx la responsabilité du Goulag, comme certains s'empresseront de le faire, le marxisme ne peut plus se penser sans le cortège funèbre de ses réalisations concrètes dans l'histoire de l'humanité. La crise est profonde : il devient impossible d'invoquer un simple dérapage, les excès du culte de la personnalité, ou une simple saturation de bureaucratie... pour sauver le système.

Par ailleurs, la fin en 1975 de la guerre du Vietnam, qui a radicalisé toute une partie de la jeunesse mondiale, offre un contexte favorable à la réévaluation des valeurs portées par les démocraties européennes ; une nouvelle logique binaire tend à s'imposer, qui oppose de plus en plus la démocratie au totalitarisme. L'« effet Goulag » est maintenant décisif et reconnu comme tel, au-delà de ceux qui n'ont pas attendu 1974 pour s'émouvoir et s'engager contre ce système. Peu à peu, les combats menés ciblent la défense

---

1. Furet, 1975.

des droits de l'homme que l'on avait tendance, avant cette période, à qualifier de formels. L'énorme somme de la mémoire collective recueillie par Soljenitsyne de 1958 à 1967 ne permet plus de recourir à ce genre de subterfuge. L'Occident qui reçoit l'auteur de *L'Archipel*, banni d'URSS en février 1974, se met à l'écoute des voix qui lui parviennent peu à peu de l'autre côté du rideau de fer, de ceux qu'on enferme dans les hôpitaux psychiatriques pour avoir réclamé le respect des droits de l'homme : Vladimir Boukovski, Leonid Pliouchtch... Le marxisme reflue au rythme de l'arrivée de ces dissidents et de l'horreur dévoilée de ce qu'ils ont vécu.

En 1977, la révélation de ce que vient d'accomplir la révolution cambodgienne de Pol Pot discrédite définitivement la pensée de la table rase, puisque c'est au nom de celle-ci qu'ont été exterminés systématiquement deux millions d'hommes et de femmes sur une population de neuf millions d'habitants. Dans sa chronique de la décennie 1968-1978, Jean-Claude Guillebaud situe bien la date de 1977 comme moment de rupture majeure pour les naufragés de l'archipel : « La singulière glissade 1968-1978 paraît lugubre. Un vrai jeu de massacre[1]. » Ce qui s'effondre durant cette décennie, ce n'est pas seulement l'icône qu'a été Marx pour toute une génération soixante-huitarde, c'est l'idée même de révolution : « Je veux dire du concept sentimentalo-héroïque de la révolution qui, depuis l'après-guerre, précipitait les ferveurs militantes des jeunes gens d'Europe ou d'Amérique vers un tiers-monde technicolor[2]. » Dans la disparition de tout horizon d'attente, l'année 1977 joue donc le rôle de scansion essentielle, et Jean-Claude Guillebaud de se demander pourquoi justement cette date. La réponse ne peut se trouver que dans une série de facteurs qui recouvrent une dimension internationale. Le tsunami capable d'ensevelir cette idée-force de révolution qui a soulevé les espérances de tant de générations résulte de plusieurs secousses dont le tragique de l'histoire a enfanté. Aux ruptures de Budapest en 1956, puis de Prague en 1968, viennent s'ajouter l'« effet Goulag » et le rôle des dissidents soviétiques venus trouver refuge en Occident : « Nul doute que cette irruption des Zeks en Occident, ces réquisitoires pesant

---

1. GUILLEBAUD, 1978, p. 18.
2. *Ibid.*, p. 27.

leur poids de sang et de larmes contre notre irresponsable complaisance pour le totalitarisme oriental ont ébranlé beaucoup de consciences[1]. » Cette explication ne satisfait pourtant pas vraiment Jean-Claude Guillebaud, qui admet que ces bombes à retardement déposées dans les librairies depuis 1974 ont certes contribué à un basculement certain, mais rappelle que d'autres les avaient précédées, et que Kravtchenko avait déjà, en 1949, dénoncé ce système carcéral sans susciter un véritable séisme. La question reste donc de savoir pourquoi en 1977. Guillebaud reprend pour y répondre un argument très parisien défendu par un courant qui stigmatise « le parti intellectuel » et son « terrorisme », à savoir les anathèmes d'une inquisition qui aurait fait régner un ordre mental oublieux des réalités au profit de la défense du dogme, écartant comme pestiférés tous ceux qui ne pensaient pas de manière correcte : « Ses quatre bêtes noires furent longtemps Jean-François Revel, Jean Cau, Pierre Chaunu et Louis Pauwels[2]. » Ce parti intellectuel se serait fracturé en 1977 en même temps que le programme commun de la gauche et l'alliance entre PCF et PS. Cette explication parisianiste reste cependant incomplète, convient Guillebaud. La source essentielle du basculement constaté serait alors à rechercher dans la clôture au cours des dix dernières années de trois grandes phases manichéennes : l'après-guerre, la période coloniale et l'affrontement Est-Ouest. En 1968, la génération contestataire, à qui l'on a reproché d'oublier le passé, reprenait pourtant spontanément un slogan : « CRS = SS », en référence à la Seconde Guerre mondiale et à son passé résistant, tandis qu'un groupe maoïste prenait le nom de Nouvelle Résistance populaire pour s'en faire le porte-parole. Le génocide perpétré par les Khmers rouges après la prise de Phnom Penh en 1975 met fin à la vision binaire de la confrontation entre le bien incarné par le colonisé et le mal par le colon : « Il apparaît que plusieurs verrous ont cédé en même temps ; que des camisoles historiques ont finalement craqué[3]. » Dix ans après Mai 1968, le point de vue de Guillebaud ne consiste pas à déplorer la perte d'un trésor perdu, à se lamenter et à se réfugier dans la mélancolie. Tout

1. *Ibid.*, p. 80.
2. *Ibid.*, p. 84.
3. *Ibid.*, p. 96.

au contraire, il achève son propos par un exaltant appel à l'imagination devant ce qui est devenu une page blanche. Mais tout est à reconstruire, et entre-temps l'idée de futur reste bien opaque.

L'idée d'un dépassement du système existant, d'un devenir différent, disparaît au rythme de ces révélations. Avec le reflux du marxisme, c'est l'instrument d'analyse globale de la société et de l'histoire comme téléologie qui est abandonné. L'« effet Goulag » révèle qu'il suffit d'entendre, de lire et de voir pour comprendre, à rebours d'une spéculation conceptuelle à prétention scientifique dissimulant derrière un écran de fumée la possibilité de saisir les vrais enjeux de la tragédie en cours, avec la complicité objective de ceux qui soutenaient les tortionnaires.

Symptôme de la nouvelle situation des intellectuels, cette situation paradoxale d'attachement à ce que l'on appelait encore le socialisme réel alors que grandissait la conscience de sa dégénérescence conduit nombre d'entre eux à trancher le nœud gordien pour faire face aux exigences nouvelles de la réalité politique, notamment à l'Est. Cette évolution s'amplifie tout au long de cette décennie qui s'achève sur les succès du syndicat Solidarność en Pologne (août 1980) et l'état de guerre de Jaruzelski (décembre 1981). De ce nouveau front de combats menés au nom des valeurs du droit et de la démocratie, beaucoup concluent qu'il est impossible de tenir deux discours contradictoires sur la modalité d'un soutien critique. Progressivement, les intellectuels se réconcilient avec un certain nombre de valeurs occidentales considérées jusque-là comme mystificatrices et purement idéologiques. Brocarder les valeurs démocratiques devient plus difficile et la déconstruction de tous les appareils de cette démocratie doit être réévaluée positivement. L'intellectuel organique étant déjà mort depuis longtemps, c'est alors l'intellectuel hypercritique qui connaît une crise de langueur.

9

Les deux voies de l'antitotalitarisme

LES « NOUVEAUX PHILOSOPHES »

Un des « effets Goulag » les plus spectaculaires est le regroupement d'un certain nombre d'intellectuels autour de l'étendard de ce que l'on appelle les « nouveaux philosophes ». L'effet n'est pourtant pas immédiat, comme le rappelle Philippe Cohen dans sa biographie de la figure emblématique de ce courant, Bernard-Henri Lévy, alias BHL[1]. Ce dernier, au moment de la publication de *L'Archipel du Goulag*, semble encore profondément plongé dans son sommeil dogmatique, sous influence althussérienne. Responsable de la page « Idées » du *Quotidien de Paris*, il écrit en avril 1974, introduisant un dossier sur « La nouvelle avant-garde russe à Paris » : « On a beaucoup parlé de Soljenitsyne, qui n'est pas un grand écrivain, mais qui arrangeait bien nos affaires. » Le mois suivant, présentant une série d'articles sur les opposants soviétiques, il met en garde le lecteur en précisant que certains relèvent de « parfaits torchons réactionnaires[2] ». BHL prend plus que des distances avec Soljenitsyne en le traitant de « mythomane », de « gaffeur » et de « show-bizman[3] » ! À la fin de la série de témoignages, le 31 mai, BHL fait un éloge de l'opposition nouvelle : « Rien à voir

1. COHEN, Philippe, 2005.
2. LÉVY, Bernard-Henri, [1974], 2005, p. 212.
3. *Ibid.*

non plus avec les quelques pitres qui nous arrivent périodiquement, romanciers du XIXᵉ siècle égarés au XXᵉ, du type Soljenitsyne[1]. » C'est donc dans le plus pur style stalinien que Soljenitsyne est accueilli par BHL. Peu après, il abandonnera tout à fait ce type de raisonnement. Son biographe s'interroge pour savoir ce qui a pu provoquer un tel retournement de position ; il semble que ce soit la lecture du livre d'André Glucksmann *La Cuisinière et le mangeur d'hommes* qui ait constitué en 1975 son chemin de Damas. Dans cet ouvrage, Glucksmann, qui a été fervent militant maoïste, expose des thèses qui vont devenir la doxa de la nouvelle philosophie.

Né en 1937, Glucksmann est issu d'une famille juive et communiste. Il a vécu son enfance avec sa mère, résistante, son père ayant été tué par les nazis. Normalien de Saint-Cloud, il s'engage au PCF avec lequel il rompt à la fin des années 1950, puis, à la faveur de 68, devient maoïste au sein de la Gauche prolétarienne (GP). Après le reflux du gauchisme, l'autodissolution de la GP et l'effacement de l'horizon révolutionnaire, le témoignage de Soljenitsyne revêt pour lui une importance capitale. Alors que le PCF a commencé son tir de barrage, il enjoint dès mars 1974 à l'intelligentsia française d'écouter l'écrivain soviétique[2]. À la lecture de cet article, Claude Durand, qui édite Soljenitsyne et dirige la collection « Combats » au Seuil, lui commande un livre qui va devenir la rampe de lancement du phénomène « nouveaux philosophes » : *La Cuisinière et le mangeur d'hommes*[3]. Glucksmann rédige cet essai sur l'État, le marxisme et les camps de concentration, tirant de l'expérience de Soljenitsyne la leçon que l'histoire n'exprime nullement le combat entre l'État capitaliste et le prolétariat, mais la confrontation entre le Léviathan, l'État et la plèbe. Le destin tragique de cette opposition oblige à remettre radicalement en question Marx, qui a partie liée avec l'État, donc avec les camps, et le totalitarisme : « Marxisme et camps ne sont pas extérieurs l'un à l'autre, à la manière dont le moraliste classique pense que l'erreur est une chose, la vérité une autre [...]. Nous n'avons pas encore réfléchi sur ce qui fait du marxisme l'âme d'un régime sans âme,

---

1. *Ibid.*, p. 213.
2. GLUCKSMANN, 1974.
3. GLUCKSMANN [1975], 1976.

et de sa raison, la raison d'État, et de son efficace, l'arme d'un empire[1]. » Se débarrassant de ses oripeaux maoïstes, Glucksmann pose souvent de bonnes questions, comme celle-ci : « Comment peut-on parler à la fois du travail forcé et de la propriété collective des moyens de production ? Comment l'esclavage mène-t-il à la société sans classes[2] ? » Il apporte cependant chaque fois des réponses binaires et réductrices, comme lorsqu'il conclut à l'asymétrie entre l'État et la plèbe, pôle positif et pôle négatif, de même que dans les circuits électriques. Faute d'horizon révolutionnaire possible, il ne reste plus qu'à compter sur les capacités de résistance de la plèbe. Il reprend à son compte, en propagandiste, la théorie du panoptique de Michel Foucault et de la multiplication des résistances possibles à l'exercice du biopouvoir sur les corps. Dans *Les Maîtres penseurs*[3], Glucksmann, poursuivant sa démarche éradicatrice à l'endroit des pensées philosophiques menant à la glorification des fonctions étatiques, ne s'arrête pas à Marx : il passe par Hegel et remonte jusqu'à Platon, décrivant toute une filiation philosophique qui porte en elle-même les germes du totalitarisme et de l'univers concentrationnaire. Dans cet ouvrage de 1977, Glucksmann reprend le thème très lacanien du « ça n'existe pas ». Il en va ainsi du Capital qui « n'existe pas plus en tant que réalité une qu'en tant que livre[4] ». Le travail n'existe pas non plus : « Pas plus que "le" capital "le" travail ne se laisse saisir *à part*. Ni comme valeur (salaire). Ni comme effort, peine, vécu du travailleur[5]. » Cette démonstration, qui ne recule pas devant le recours massif au dispositif médiatique afin de jouer devant le plus large public, relève de l'exorcisation de son engagement maoïste et exprime avec passion son désir de rompre avec un passé militant lourd d'actions d'intimidation.

L'eschatologie révolutionnaire étant moribonde, c'est le moment où toute une partie d'une génération, dans un même élan collectif, rejette son passé soixante-huitard et passe au confessionnal pour soulager ses péchés. André Glucksmann, Christian Jambet, Guy

1. *Ibid.*, pp. 40-41.
2. *Ibid.*, p. 83.
3. Id., 1977.
4. *Ibid.*, p. 243.
5. *Ibid.*, p. 246.

Lardreau, Bernard-Henri Lévy et bien d'autres, ces apôtres terro-
risant tous les tièdes de l'adhésion mystique au Grand Timonier,
découvrent avec stupeur les charmes discrets du libéralisme, tro-
quant leur col Mao pour un costume trois pièces. À l'approche du
dixième anniversaire de Mai 1968, l'heure est venue de se montrer
raisonnable. Le marxisme devient alors synonyme de barbarie et
Marx doit répondre du Goulag qu'il a engendré. Puisque le monde
déçoit, il suffira d'affirmer qu'il n'y en a plus et de le remplacer
par la toute-puissance du Verbe : au commencement était le Verbe.
Sous Mao se love Moa qui se réveille d'une longue cure de sommeil. Un peu engourdi, il entame l'Acte d'exorcisme qui doit tout
balayer de la surface de ce pauvre monde et de sa matérialité illusoire. À la limite, il n'y a plus de monde, proclament Guy Lardeau
et Christian Jambet : « Je dis le réel n'est rien que discours[1]. » Sous
la logique implacable du manque, les « nouveaux philosophes »
redécouvrent la loi du Maître, celle, vivante, de Lacan et celle,
cachée, de Dieu : « Nous retrouvons le détachement chrétien :
mépris de toutes choses, oubli des parents, et horreur du monde
lui-même[2]. » Et Jean-Marie Benoist de défendre la rébellion de
Mgr Lefebvre et la beauté de l'office en latin. Mai 1968 est rejeté
comme la figure du Mal absolu. Jean-Pierre Le Dantec dénonce *Les
Dangers du soleil*[3], s'en prenant à ce qu'il appelle « la gangrène »
issue du marxisme qui vient de l'idée même de révolution et de sa
« propension congénitale à la terreur[4] ».

    Plus qu'un bruit, c'est un vacarme qui se répand. *Les Nou-
velles littéraires* confiant chaque semaine à une personnalité la
direction d'un dossier, Paul Guilbert donne carte blanche à Bernard-Henri Lévy pour s'exprimer sur les tendances dominantes de
la philosophie du moment. Ce fameux dossier sur la « nouvelle
philosophie[5] » confirme le caractère collectif de l'entreprise et sa
volonté de s'ériger en vulgate. Le coup médiatique est magnifi-

1. LARDREAU et JAMBET, 1976 (a).
2. *Ibid.*, p. 133.
3. LE DANTEC, 1978.
4. *Ibid.*, p. 279.
5. Dossier publié dans *Les Nouvelles littéraires*, 10 juin 1976, qui réunit les signatures de BHL, Jean-Paul Dollé, Jean-Marie Benoist, Michel Guérin, Christian Jambet,
Guy Lardreau, Annie Leclerc, Françoise Lévy et Philippe Roger.

quement réussi puisque ces néophytes de la philosophie se voient confier la charge de s'entretenir avec leurs aînés : Roland Barthes, François Châtelet, Jean-Toussaint Desanti, Michel Serres, Claude Lévi-Strauss, ce qui leur donne la légitimité d'une filiation prestigieuse. Quant à l'appellation de « nouveaux philosophes », si elle répond bien à l'opération médiatique de BHL, elle résulte en fait d'un concours de circonstances qui débute par une discussion entre BHL et Jean-Paul Dollé, lequel retient d'abord l'idée d'un titre : « Du nouveau en philosophie ». C'est Paul Guilbert qui rectifie, « au moment de la mise en page du texte, le titre "Le retour de la philosophie" et le remplace par cette fameuse formule : "Les nouveaux philosophes"[1]. » Déjà expert en marketing, BHL dramatise le propos de ce dossier pour en faire un événement : « Un mal qui répand la terreur, une punition du Ciel sans doute, qui décime les rangs de l'ultra-gauche, s'est abattu sur Paris et y fait, dit-on, des ravages. On parle déjà de complot, de troubles machinations, tramées on ne sait d'où, et pour des raisons mystérieuses[2]. » Le produit culturel est lancé et fera florès. Par-delà les différences qui les opposent, ces jeunes philosophes, tout juste sortis des désillusions de Mai 1968, reconvertissent leur désenchantement en triomphe médiatique. Le qualificatif de « nouveaux philosophes » va gagner ses lettres de noblesse, comme hier le nouveau roman, prenant place dans l'avant-garde des idées contre tous les conservatismes. Le thème fait fortune sous diverses variantes. Peu après la publication de ce dossier, *Le Nouvel Observateur* fait sa une sur les « Nouveaux gourous », qualificatif que reprend *Libération*. Le phénomène intrigue et, bénéficiant du retentissement de l'« effet Goulag » suscité par Soljenitsyne, apparaît vite comme générationnel. Jacques Paugam fait défiler nombre d'entre eux dans une série d'émissions de France Culture, bientôt retranscrites dans *Génération perdue*[3]. En 1977, Bernard-Henri Lévy, qui a orchestré ce bel accueil, prépare un livre embrassant si bien l'air du temps qu'il en devine le probable succès : *La Barbarie à visage humain*. Il reconnaît derrière Mai 1968 l'image du Mal, l'ombre du Maître

---

1. COHEN, Philippe, 2005, p. 217.
2. LÉVY, Bernard-Henri, 1976.
3. PAUGAM, 1977.

inaugurant le crépuscule blême et plat de notre xxᵉ siècle : « Nous vivons la fin de l'histoire parce que nous vivons dans l'orbe du capitalisme continué[1]. »

Ce succès est en fait enfanté par l'éditrice de BHL, Françoise Verny, qui découvre et façonne le personnage alors qu'il n'a que vingt-cinq ans. Un jour de 1973, elle trouve sur son bureau un manuscrit transmis par Jean-Edern Hallier où le jeune philosophe, de retour du Bangladesh après avoir répondu à l'appel humanitaire lancé par Malraux, raconte l'enquête qu'il y a menée. Elle dévore le texte, transportée par le style plus que par le sujet, et prend aussitôt rendez-vous avec son auteur : « Je vois surgir un personnage romantique avec sa longue chevelure noire et son teint pâle. Un prince par l'élégance de ses manières et la désinvolture de sa tenue : une chemise blanche ouverte sur son torse nu[2]. » Verny lui signifie aussitôt son intention de le publier ; Bernard-Henri Lévy lui objecte qu'il vient de signer un contrat chez Maspero et entend le respecter. Il se fait tancer et injurier, mais lâche sur le pas de la porte qu'il a d'autres projets d'écriture. Un nouveau rendez-vous est pris. Il n'est pas question pour Verny de lâcher ce garçon, elle en fera son affaire. Avec ce jeune philosophe, elle renoue avec ses emportements de jeunesse, sans fioritures, sans nuances, les jugements hâtifs, portés ici par une voix bien timbrée et un physique d'éphèbe. Elle voit en lui non seulement une vedette possible, mais l'incarnation même d'un phénomène générationnel. Elle veut le prendre sous son aile protectrice, et pas seulement comme auteur : dès 1973, elle le présente à Bernard Privat, qui dirige Grasset, où il devient instantanément directeur de collection. Les voilà sous le même toit, ce qui va favoriser l'opération éditoriale à venir. Pour alimenter ses trois collections, Bernard-Henri Lévy s'entoure de tous ses anciens camarades de khâgne de la fin des années 1960[3]. Leur idée commune est simple : tourner la page de leur militantisme, en général maoïsant, dénoncer le marxisme comme matrice de tous les maux et annoncer la bonne nouvelle de l'avènement de

---

1. Lévy, Bernard-Henri, 1977.
2. Verny, 1990, p. 273.
3. Christian Jambet, Guy Lardreau, Philippe Nemo, Roger-Pol Droit, élargissant le petit cénacle à André Glucksmann ou Jean-Paul Dollé.

la « nouvelle philosophie », nom de baptême que Bernard-Henri Lévy officialise en 1976.

Grisé par son succès immédiat, Bernard-Henri Lévy nourrit le projet d'un quotidien. Il quitte donc Grasset, au grand désespoir de sa protectrice, persuadée que ce projet est promis à l'échec, ce qui sera en effet le cas : cet éphémère journal, *L'Imprévu*, sorti des presses en janvier 1975, n'aura que onze livraisons. Lorsque son directeur veut revenir chez Grasset, la direction s'y oppose. C'est compter sans la détermination de Verny : « Le lundi matin, je le réinstalle dans son bureau, plaçant la maison devant le fait accompli. Je le fais entrer pour la deuxième fois chez Grasset. Et nous nous remettons à travailler ensemble. Pour ma plus grande joie[1]. »

Verny est fascinée par la percée de son auteur, dont le nom va se transformer en sigle : BHL. Son engagement dans cette affaire est total, et chaque matin elle se rend chez un BHL qui a passé sa nuit à travailler. Chaque jour, dès sept heures, elle découvre les pages qui composeront *La Barbarie à visage humain*, dont Jean-Edern Hallier possède les droits. Verny, qui ne peut se résoudre à laisser le livre lui échapper, obtient qu'il soit coédité par Hallier et Grasset et reçoit cette lettre de BHL :

> Je conserve de nos séances de lecture rue des Saints-Pères un extraordinaire souvenir. Chaque jour, je me disais que, le lendemain, tu ne reviendrais pas et que tu trouverais une plus extrême urgence ; et chaque jour, pourtant, tu revenais, ponctuelle et attentive, chaleureuse et pourtant presque distante, d'une distance qui ne trompait pas et où je voyais la marque de cette étrange et délicieuse surprise que nous éprouvons, nous autres éditeurs, quand il nous est donné de découvrir un texte. En bref, tu as découvert *La Barbarie* et je ne l'oublierai pas[2].

Quel est le propos de ce livre à succès ? C'est une version vulgarisée de la thèse de Glucksmann selon laquelle l'État Léviathan guette le moindre rêve d'émancipation, empêchant toute échappatoire à l'individu moderne. Le livre s'ouvre d'ailleurs sur un

---

1. VERNY, 1990, p. 281.
2. Bernard-Henri Lévy, lettre à Françoise Verny, 26 juillet 1977, citée dans *ibid.*, p. 290.

aveu sinistre : « Je suis l'enfant naturel d'un couple diabolique, le fascisme et le stalinisme. » Il n'y a rien à espérer de l'histoire puisque « l'histoire, c'est l'État », et « partout où il y a de l'histoire, il y a du Maître ». BHL y développe aussi la thématique en vogue du « ça n'existe pas ». Après avoir balayé la réalité, il ne reste plus que l'échappée belle hors des enjeux sociétaux vers la métaphysique, la morale et la création artistique. BHL ne voit plus de choix possible entre socialisme et barbarie. Pour lui, seule l'issue barbare se prépare car « le fascisme est irrésistible » et « la barbarie à venir aura, pour nous, Occidentaux, le plus tragique des visages : le visage humain d'un "socialisme" qui reprendra à son compte les tares et les excès des sociétés industrielles[1] ».

Le socialisme comme la barbarie sont donc regardés comme deux horizons à la fois inéluctables et superposés. La religion de l'histoire est bel et bien terminée, il n'y a rien à espérer de ce côté-là, et comme le dit le biographe de BHL : « En refermant le livre, le lecteur ressort pénétré de la douloureuse impression que le destin de l'homme tient de celui de la guêpe que l'on piège, avec une larme de miel, dans un verre retourné[2]. » Le livre vient à point nommé pour cristalliser l'intense désillusion vis-à-vis de l'histoire de cette génération à peine sortie de sa croyance absolue dans le sens de l'histoire. On ne peut même pas opposer les Lumières au Goulag, puisque le Goulag, c'est « les Lumières moins la tolérance[3] ». L'ouvrage, comme ceux de ses amis, traduit le repli sur le présentisme qui ne va cesser de gagner du terrain, scellant l'effondrement du futur et de tout horizon d'espérance. C'est un adieu à l'histoire : « Jamais plus nous ne serons les conseillers des Princes, jamais plus nous n'aurons ni ne viserons le pouvoir [...]. Jamais plus nous ne serons les guides et les phares des peuples ; jamais plus nous ne nous mettrons au service des révoltés[4]. » On comprend bien le triomphe de ces « nouveaux philosophes » qui ont su capter l'air du temps, celui de la désespérance politique, même si c'est au prix d'une erreur flagrante de pronostic puisque

1. Lévy, Bernard-Henri [1977], 1985, p. 230.
2. *Ibid.*, p. 229.
3. Id. [1977], 1985, p. 131.
4. Id., 1977, p. 221.

toutes ses prédictions se sont montrées erronées : aussi bien l'idée d'une montée du totalitarisme que celle de l'acheminement vers un collectivisme mou, ou encore la conviction que le marxisme était en train de conquérir une position hégémonique. Les années 1980 contrediront chacune de ces prédictions.

Dans ce pamphlet, Bernard-Henri Lévy pourfend avec virulence, entre autres, Deleuze et Guattari, considérés eux aussi comme expressions d'un fascisme ordinaire, des « figures de la barbarie ». Assimilant abusivement leur philosophie à une idéologie du désir, il y dénonce une nouvelle manière d'être barbare : « On les connaît bien, ces chevaliers à l'allègre figure, apôtres de la dérive et chantres du multiple, antimarxistes en diable et joyeusement iconoclastes [...]. Ils ont leurs timoniers, ces matelots de la moderne nef des fous, saint Gilles et saint Félix, pasteurs de la grande famille et auteurs de *L'Anti-Œdipe*[1]. » Faire du fascisme une affaire de libido à la surface du corps social au gré des fluctuations des rapports de force participe de cette « barbarie à visage humain » stigmatisée par Bernard-Henri Lévy. Le verdict est sans appel : « L'idéologie du désir est une figure de barbarie au sens très rigoureux où je l'ai définie[2]. » Et la leçon à tirer n'est pas vraiment rose : « La vie est une cause perdue et le bonheur une idée vieille[3] » ; « le monde est un désastre dont l'homme est le sommet[4] » ; « Non, le monde ne va pas bien, et il n'ira sans doute pas mieux[5]. »

Peu importent ses erreurs d'appréciation, le succès spectaculaire est au rendez-vous. Le livre fait événement et se vend à trente-sept mille exemplaires dès les deux premières semaines ; il atteindra les quatre-vingt mille exemplaires en un an. Sa sortie est soigneusement préparée : l'art des coups éditoriaux de Françoise Verny comme la mobilisation des réseaux de BHL n'y sont pas pour rien, et on assiste à une déferlante médiatique. BHL, qui dirige trois collections chez Grasset : « Enjeux », « Théoriciens » et « Figures », occupe alors une position éditoriale de premier plan. En outre, il dispose d'un réseau d'amis qui occupent des places stratégiques

1. *Ibid.*, p. 20.
2. *Ibid.*, p. 140.
3. *Ibid.*, p. 14.
4. *Ibid.*, p. 85.
5. *Ibid.*, p. 14.

dans le dispositif médiatique : Jean-Paul Enthoven au *Nouvel Observateur*, Jean Bothorel au *Matin*, Paul Guilbert aux *Nouvelles littéraires*, Denis Bourgeois à *Playboy*. « C'est aussi un superbe "plateau" littéraire avec Roland Barthes, Lucien Bodard, Philippe Sollers (à la une du *Monde* s'il vous plaît !), Thierry Maulnier, de l'Académie française, Maurice Nadeau, de *La Quinzaine littéraire*, et le politologue Maurice Duverger[1]. »

Philippe Sollers, lui-même à peine sorti de sa maophilie, exprime à la une du *Monde*, sous le titre « La révolution impossible », toute son admiration pour le libelle de BHL, qui l'avait sollicité avant sa parution :

> À l'invitation du philosophe, Sollers se rend dans l'appartement de la rue des Saints-Pères où habite Lévy. Ce dernier, au cours d'une longue après-midi, lui donne lecture de son manuscrit. Immédiatement Sollers salue la force du livre et en comprend l'importance. Il promet à Lévy son soutien à condition que soit consommée la rupture avec Hallier. Sur la table de verre fumé qui orne le salon, Sollers, à l'intention de Lévy, se met à tracer le plan de campagne imaginaire des prochains mois, il désigne d'invisibles concentrations de forces, montre du doigt les lieux immatériels sur lesquels devront porter les offensives prioritaires. Le plateau de la table devient la carte sur laquelle se déroule un gigantesque Kriegspiel politico-littéraire[2].

Ce plan d'attaque a fort bien fonctionné : Claude Jannoud dans *Le Figaro* salue un « livre limpide et acéré[3] », Lucien Bodard dans *France Soir* loue en BHL un « dynamisme de saint surmontant la neurasthénie des temps limités[4] », et André Frossard ne boude pas son plaisir dans *Le Point* : « Me promenant avec ravissement dans le livre du très jeune philosophe Bernard-Henri Lévy, *La Barbarie à visage humain*, je traverse quelques clairières spirituelles pleines d'agréables murmures[5]. » Maurice Clavel écrit son panégyrique dans *Le Nouvel Observateur* : « Il est jeune, joli,

1. COHEN, Philippe, 2005, p. 234.
2. FOREST, 1995, pp. 501-502.
3. JANNOUD, 1977.
4. BODARD, 1977.
5. FROSSARD, 1977.

élégant, talentueux, célèbre… ce long jeune homme doué par la nature et qui se permet en plus de réussir dans la culture[1]. » Dans *Le Magazine littéraire*, Dominique-Antoine Grisoni n'est pas avare de compliments : « Un grand livre vient de naître et prend place au rang de ceux, rares entre tous, où l'analyse fulgure et le génie tressaille[2]. »

L'écho médiatique prolonge et amplifie les états d'âme de BHL, également adoubé comme styliste et loué pour son écriture. Dans ce concert de louanges, la palme revient à Roland Barthes : « Je voudrais vous dire d'un mot en quoi, spécialement, votre livre me touche […] ce qui m'a enchanté (mettez dans ce mot le plaisir, la solidarité, la fascination), c'est que votre livre est écrit[3]. » BHL bénéficie en plus du ralliement du *Monde*, où Jacques Fauvet veut ouvrir ses colonnes à la jeune génération pour renouveler son lectorat. Roger-Pol Droit contribue au lancement et au succès du livre de BHL. Il faut ajouter à cela les élans lyriques et mystiques de l'« oncle » des « nouveaux philosophes », le « tonton », Maurice Clavel, qui se fait lui aussi le chantre de ces jeunes penseurs.

Néanmoins, trop de louangeurs peuvent devenir nuisibles pour transformer un essai en événement, il y manque encore l'épreuve du feu d'une bonne polémique. Si l'intention des auteurs n'était pas de lui faire ce cadeau, l'occasion est offerte par deux jeunes philosophes, François Aubral et Xavier Delcourt, qui publient au même moment un pamphlet à charge chez Gallimard[4], s'en prenant à cette constellation de désillusionnés et dénonçant à la fois l'amateurisme philosophique, le simplisme et le succès d'une « pub-philosophie » : « Au bazar des croyances, la "nouvelle philosophie" prend d'abord la figure de ce que l'on nomme "un phénomène de société" […]. La "nouvelle philosophie" se joue d'apparences et se contemple complaisamment, plus qu'elle ne s'écoute sérieusement. Sa propre image la fascine[5]. » Bernard Pivot, qui cherche à composer des plateaux attirants pour « Apostrophes », trouvant là l'occasion rêvée d'une confrontation au sommet, met au point une

---

1. Clavel, 1977.
2. Grisoni, 1977.
3. Barthes [1977], 2005, p. 234.
4. Aubral et Delcourt, 1977.
5. *Ibid.*, p. 241.

émission sur le thème : « Les nouveaux philosophes sont-ils de droite ou de gauche ? » Le jour de l'émission, *Le Monde* publie un dossier sur la même question, donnant la part belle aux « nouveaux philosophes » avec un article de Jean-Paul Dollé et un grand article favorable de Roger-Pol Droit, et ne laissant à François Bott que deux minces colonnes pour se faire l'avocat d'Aubral et Delcourt. L'émission de Pivot, qui a lieu le 27 mai 1977, est regardée par six à sept millions de personnes, chiffre exceptionnel pour une joute philosophique qui fait figure d'événement. Le téléspectateur assiste toutefois à un combat bien inégal entre les deux pamphlétaires et les très médiatiques BHL, Glucksmann et Clavel. L'émission lance l'intellectuel médiatique BHL, dont Angelo Rinaldi dira avoir vu en lui « le plus beau décolleté de Paris ». Il perce l'écran, aimante tous les regards, au point que la fille de Bernard Pivot confiera le lendemain à son père avoir vu « Rimbaud à la télé[1] ». C'est la consécration cathodique. Réagissant à cette mise en cause de toute possibilité d'avenir, Claude Mauriac publie un point de vue critique dans les colonnes du *Monde* sous le titre : « Il ne faut pas tuer l'espérance » : « Il est trop facile, au nom d'une perfection qui n'est pas de ce monde, d'un absolu qui n'existe que dans notre nostalgie, de récuser ce que certains essaient de faire tant bien que mal avec les moyens dont ils disposent, dans des conditions politiques et économiques données et dans l'attente d'un succès relatif, certes, mais appréciable[2]. » Pierre Viansson-Ponté, de son côté, s'apitoie sur le sort de cette génération pressée de soixante-huitards repentis : « Ces enfants gâtés, ces grands gosses attardés voulaient la révolution tout de suite, non ! Elle n'est pas venue, alors ils tapent du pied. […] Pauvres chatons égarés[3]. »

Pour Gilles Deleuze et Félix Guattari, violemment mis en cause dans l'ouvrage de BHL, cette agitation relève davantage du cirque que de la spéculation philosophique et prête plutôt à sourire. Mais lorsque Michel Foucault, faisant l'apologie de l'ouvrage de Glucksmann *Les Maîtres penseurs* dans *Le Nouvel Observateur*[4], s'en mêle

1. *Le Nouvel Observateur*, 12-18 mai 1994.
2. Mauriac, Claude, 1977.
3. Viansson-Ponté, 1977, pp. 15-16.
4. Foucault, 1977, pp. 84-86.

pour se faire l'avocat des « nouveaux philosophes », il n'est plus possible de garder le silence. Selon Foucault, Glucksmann « fait surgir au cœur du plus haut discours philosophique ces fuyards, ces victimes, ces irréductibles, ces dissidents toujours redressés — bref, ces "têtes ensanglantées" et autres formes blanches, que Hegel voulait effacer de la nuit du monde[1] ». Avec cette bénédiction de Foucault, que Deleuze tient en grande estime, l'affaire devient sérieuse et appelle une riposte appropriée.

Deleuze sait par son ami François Châtelet qu'un ouvrage polémique se prépare sur les « nouveaux philosophes ». Découvrant à la télévision François Aubral, dont il apprécie le ton irrévérencieux, il demande à le rencontrer puis invite à dîner les deux auteurs du livre à paraître. François Aubral et Xavier Delcourt commencent par exprimer leur étonnement face au silence de personnalités comme Deleuze ou Châtelet, signifiant à Deleuze qu'il suffirait de quelques mots de sa part pour réduire à néant les « nouveaux philosophes ». Au cours de la soirée, Deleuze envisage plusieurs hypothèses avec ses invités. Il songe notamment à un petit livre qui serait écrit par lui-même et préfacé par Aubral et Delcourt, mais cette proposition suscite l'hilarité. Deleuze se dit que le mieux est de faire appel à Jérôme Lindon aux Éditions de Minuit. Il songe alors à écrire quelques feuillets sous la forme d'une petite plaquette, et comme il n'est pas question d'en tirer un bénéfice financier, il demande à Lindon de distribuer gratuitement ce fascicule chez tous les libraires, qui seraient invités à le mettre à disposition de leur clientèle près de leur caisse. Aussitôt dit, aussitôt fait, Jérôme Lindon donne son accord et le tout doit rester secret. Mais quelques indiscrétions parviennent jusqu'au *Monde* qui publie immédiatement le texte dans sa page « Idées » des 19-21 juin 1977. Pendant ce temps, la plaquette s'arrache en librairie.

Le texte de Deleuze se présente sous la forme d'un entretien. À situation exceptionnelle, réaction exceptionnelle : Deleuze déroge à son principe de ne jamais perdre son temps à polémiquer pour ne pas parasiter sa force d'affirmation. En cette occasion, il se fait mordant, conscient du danger que font courir ces philosophes de

1. *Ibid.*

pacotille à la pensée elle-même. À la question « Que penses-tu des "nouveaux philosophes" ? », Deleuze répond vertement :

> « Rien. Je crois que leur pensée est nulle. Je vois deux raisons possibles à cette nullité. D'abord ils procèdent par gros concepts, aussi gros que des dents creuses. LA loi, LE pouvoir, LE maître, LE monde, LA rébellion, LA foi, etc. Ils peuvent faire ainsi des mélanges grotesques, des dualismes sommaires, la loi *et* le rebelle, le pouvoir *et* l'ange. En même temps, plus le contenu de pensée est faible, plus le penseur prend d'importance, plus le *sujet d'énonciation* se donne de l'importance par rapport aux énoncés vides[1]. »

Deleuze explique que ce qui a changé dans la situation et motivé son intervention est la publication du « beau livre tonique » d'Aubral et Delcourt.

La gravité dans cette affaire, selon Deleuze, est qu'elle n'est pas sérieuse et que cette simili-pensée séduit en laissant croire que l'on peut se passer de tout le travail de complexification, de mise au point conceptuelle. « Ils cassent le travail », commente-t-il, et en particulier celui qu'il a entrepris avec Guattari ; il est temps de remettre les choses à leur place. Deleuze repère dans le phénomène « nouveaux philosophes » un casting particulier, un minutieux ordonnancement des rôles[2]. La nouveauté du phénomène tient, selon lui, à l'introduction des règles du marketing dans le domaine de la philosophie : il fallait y penser.

À l'origine du triomphe des « nouveaux philosophes », Deleuze trouve deux raisons majeures. D'une part, le renversement du rapport entre le journalisme et la création intellectuelle. L'acte journalistique fait l'événement et produit, lorsqu'on ne laisse plus le temps à la pensée de se déployer, une « pensée-minute ». En second lieu, ce qui anime ces bateleurs est la haine de 68 : « C'était à qui cracherait le mieux sur Mai 1968 [...]. Une rancœur de 68, ils n'ont que ça à vendre[3]. » À l'approche du dixième anniversaire

---

1. Deleuze [1977], 2003, p. 127.
2. « Il y a du Dr Mabuse dans Clavel, un Dr Mabuse évangélique, Jambet et Lardreau, c'est Spöri et Pesch, les deux aides de Mabuse (ils veulent "mettre la main au collet" de Nietzsche). Benoist, c'est le coursier, c'est Nestor. Lévy, c'est tantôt l'imprésario, tantôt la script-girl, tantôt le joyeux animateur, tantôt le disc-jockey » (*ibid.*, p. 129).
3. *Ibid.*, p. 131.

de Mai, toute une partie de cette génération se délecte de renier ses espérances déçues au nom de l'échec des ruptures révolution-naires. On retrouve là un sentiment profond exprimé par Deleuze dans son rejet de ces « nouveaux philosophes », qui évoque leur compagnonnage avec une culture de mort :

> Ce qui me dégoûte est très simple : les nouveaux philosophes font une martyrologie, le Goulag et les victimes de l'histoire. Ils vivent de cadavres [...]. Il a fallu que les victimes pensent et vivent tout autrement pour donner matière à ceux qui pleurent en leur nom, et qui pensent en leur nom, et donnent des leçons en leur nom. Ceux qui risquent leur vie pensent généralement en termes de vie, et pas de mort, d'amertume et de vanité morbide. Les résistants sont plutôt de grands vivants[1].

Face aux dangers mortifères qui menacent des siècles d'effort de la pensée, c'est à un hymne à la vie qu'invite Deleuze. Alors que tout le travail de Deleuze et de Guattari vise à maintenir des interstices pour penser, les nouveaux philosophes « ont reconstitué une pièce étouffante, asphyxiante, là où un peu d'air passait. C'est la négation de toute politique, et de toute expérimentation. Bref, ce que je leur reproche, c'est de faire un travail de cochon[2] ».

Par ailleurs, cette déferlante engloutit dans le néant ceux-là même qui ont stigmatisé, dès 1946, le totalitarisme et le caractère non socialiste du système soviétique, à savoir le courant Socia-lisme ou barbarie, qui a prêché dans le désert et se voit confisquer toute reconnaissance tardive par ces jeunes loups qui se présentent comme les premiers pourfendeurs de la barbarie à visage humain. Castoriadis, qui entre dans la danse en stigmatisant le phénomène dans *Le Nouvel Observateur*[3], s'en prend avec virulence à ces successions de modes qui, depuis le succès de Sartre en 1945, des maîtres du structuralisme dans les années 1960, puis des chantres du désir dans les années 1970, constituent le mode d'être de la vie intellectuelle en France : « La succession des modes n'est pas une mode : c'est *le* mode sous lequel l'époque, en particu-

---

1. *Ibid.*, p. 132.
2. *Ibid.*, p. 133.
3. Castoriadis [1977], 1979.

lier en France, vit son rapport aux "idées"[1]. » Castoriadis qualifie de « divertisseurs » ces icônes des moments successifs qui ont emporté la pensée dans leurs errements, les « nouveaux philosophes » en incarnant la dernière version, dans leur visée d'annihiler toute réflexivité en répondant par avance aux questions qu'il conviendrait de poser. Il n'y a pas lieu de savoir quelle politique mener, puisque la politique, c'est le Mal ; de situer le langage tenu, puisque tout discours est référé au discours du Maître ; de s'interroger sur la nature du savoir dispensé, puisque tout savoir n'est que l'expression du pouvoir : « Qu'est-ce qui donne donc la possibilité à Bernard-Henri Lévy de parler et de publier par exemple ? Comment se fait-il qu'il peut faire du *marketing* de "philosophie", au lieu d'être huitième parfumeur dans le harem d'un sultan — ce qui serait peut-être davantage dans "l'ordre des choses"[2] ? » Castoriadis dénonce le plagiat d'idées développées par le courant qu'il représente depuis plus de trente ans, le pillage sans vergogne débouchant sur le franchissement d'« un nouveau cran à l'irresponsabilité, à l'imposture et aux opérations publicitaires[3] ». La charge est sévère, à la hauteur du dépit ressenti devant ce qui a pu légitimement paraître comme le comble de l'injustice : la consécration en 1977 de ces nouveaux philosophes comme révélateurs de la réalité totalitaire qui clamaient depuis plus de dix ans leur adhésion au Grand Timonier.

En 1979, avec l'ouvrage de BHL *Le Testament de Dieu*, la polémique rebondit. Pierre Vidal-Naquet envoie au directeur du *Nouvel Observateur* une lettre publiée le 18 juin 1979 protestant contre la recension très élogieuse du livre de BHL, qui comporte une foule « d'erreurs grossières, d'à-peu-près, de citations fausses, ou d'affirmations délirantes[4] ». Il établit un petit florilège des « perles » qu'il a notées au fil de sa lecture, comme celle qui voit BHL placer le péché originel au septième jour de la création, ce que Pierre Vidal-Naquet commente ironiquement : « Il faut croire qu'Adam et Ève ont profité du repos du Seigneur[5]. » Dans

---

1. *Ibid.*, p. 223.
2. *Ibid.*, p. 229.
3. *Ibid.*, pp. 231-232.
4. Vidal-Naquet, 1979.
5. *Ibid.*

un autre passage de son livre, BHL, faisant témoigner Himmler à Nuremberg, met en scène un fantôme, Himmler s'étant suicidé dès son arrestation. Bernard-Henri Lévy réplique dans la même livraison de l'hebdomadaire et dénonce ce « rapport de police philosophique[1] » ayant la prétention de faire passer toute publication devant un tribunal des agrégés. Il décerne en passant à son accusateur le titre de procureur qui se serait trompé de lieu pour l'exercice de sa profession. La semaine suivante, Pierre Vidal-Naquet reprend la plume dans les mêmes colonnes du *Nouvel Observateur* pour répondre aux accusations de censure dont il est l'objet. Castoriadis enfonce le clou, dénonce « l'industrie du vide[2] », et récuse à son tour l'accusation de censure portée contre son ami Vidal-Naquet, qui n'a, à ses yeux, jamais demandé de renforcer le contrôle des publications, comme l'affirme BHL. Il s'est simplement dressé « contre la honteuse dégradation de la fonction critique dans la France contemporaine[3] ». Castoriadis juge que le règne des imposteurs et de leur démagogie va conduire tout droit à la tyrannie et que « ce dont nous sommes responsables, c'est de la *présence effective* de cette vérité dans et pour la société où nous vivons[4] ». C'est le sort même de la démocratie qui est en jeu, car ce système politique présuppose un *ethos*, un sens de la responsabilité, une conscience des enjeux qui ne permet pas d'écrire n'importe quoi, de le porter aux nues, et de le laisser suivre par un public docile.

Une fonction essentielle de la démocratie étant fragilisée, la fonction critique perd pied et laisse place à « l'asservissement commercial-publicitaire [qui] ne diffère pas tellement, de ce point de vue, de l'asservissement totalitaire[5] ». Castoriadis appelle à ne pas abdiquer : « Que *cette* camelote doive passer de mode, c'est certain : elle est, comme tous les produits contemporains, à obsolescence incorporée. Mais le *système* dans et par lequel il y a ces camelotes doit être combattu dans chacune de ses manifestations[6]. »

---

1. LÉVY, Bernard-Henri, 1979.
2. CASTORIADIS [1979], 1999.
3. *Ibid.*, p. 33.
4. *Ibid*, p. 34.
5. *Ibid.*, p. 38.
6. *Ibid.*, p. 40.

À propos de BHL, Pierre Vidal-Naquet écrit à Castoriadis : « Il me vient cette formule sur le rôle du Bailly dans sa formation historique. Il ne cite pas ce qu'il a lu et n'a pas lu ce qu'il cite[1]. »

L'éditrice de BHL, Françoise Verny, occupant la première place avec son protégé, auquel le triomphe a fait pousser des ailes qui, trop grandes, l'empêchent de marcher, n'est pas peu fière d'être à l'origine d'un aussi spectaculaire déplacement des lignes du paysage intellectuel français. Ne s'encombrant pas de détours, BHL nourrit le projet d'écrire rien de moins que le pendant de *L'Idéologie allemande* de Marx, que Verny publie en 1981 sous le titre *L'Idéologie française*[2]. L'auteur y traverse l'histoire française contemporaine à grand galop avec une seule idée en tête : démontrer à tout prix que la France a été la matrice de l'antisémitisme. Le même dispositif matutinal se met en place, et Françoise Verny se rend encore régulièrement chez son auteur pour avoir la primeur de ses cogitations nocturnes. Si celle qui se présente en disant « Je suis une mère maquerelle qui lit la Bible » émet quelques réserves à propos de certaines simplifications, elle n'est pas écoutée et assume finalement la thèse de BHL, si éloignée soit-elle des réalités historiques, au prix de nombre de citations tronquées. Cette fois, c'en est trop, et le point de vue de BHL est largement contesté de tous bords. Raymond Aron « s'en prendra, lui, à l'effet terriblement simplificateur de ses arguments et à des dénonciations hâtives dignes d'un "Fouquier-Tinville de café littéraire[3]" »[4].

Peu enclin aux polémiques, Pierre Nora écrit pourtant l'un des textes les plus sévères sur BHL[5], dépassant en vigueur le fameux brûlot de Gilles Deleuze sur les « nouveaux philosophes » de 1977. BHL y est dépeint comme le produit radicalement nouveau de l'âge médiatique de la figure de l'intellectuel. Pierre Nora dénonce dans le dernier ouvrage de BHL l'écriture du n'importe quoi, tout en précisant que là n'est pas l'essentiel dans le cas de BHL, mais qu'il est largement écouté et que ses thèses font mouche. La démarche

---

1. Pierre Vidal-Naquet, lettre à Cornelius Castoriadis, 20 juin 1979, archives Castoriadis.
2. LÉVY, Bernard-Henri, 1981.
3. ARON, 2003, p. 706.
4. LINGAARD et LA PORTE (DE), 2004, p. 62.
5. NORA [1981], 2011.

de Pierre Nora consiste à déplacer l'approche critique. Inutile, à ses yeux, d'accumuler les objections et d'en rajouter sur les erreurs historiques déjà abondamment soulignées. Ce qu'il examine, c'est « le phénomène Bernard-Henri Lévy dans sa splendeur naissante », pour comprendre la signification de son entreprise de transformation du champ culturel. Et pour cela, il démonte les mécanismes bien ajustés d'une opération médiatique de prise de pouvoir personnel, d'affirmation de soi, stigmatise l'absence d'un vrai travail intellectuel mais lui reconnaît une belle technique de « judoka » qui combine savamment les coups de chapeau réflexes, la rhétorique de l'outrance et le hold-up de « mafioso ». Ni effort de vérité, ni souci de vérité : un discours qui ne vise que l'effet social. En outre, pour Pierre Nora, la dénonciation par Bernard-Henri Lévy du nationalisme français est porteuse de relents « nationalitaires » qu'il prétend combattre : « Comment ne pas voir, dans ce nombrilisme incantatoire et appropriateur, l'obsession à la fois provinciale et gaullienne de la grenouille qui n'a pas renoncé à se faire bœuf[1] ? » Pierre Nora stigmatise la pensée slogan, en laquelle il reconnaît les caractéristiques de la pensée totalitaire, avec toute sa panoplie : l'appel aux tripes, l'intimidation, l'anesthésie du contradicteur, le souci de l'effet produit au plus grand mépris de la vérité, etc., et oppose à ce mélange détonant « l'humble soumission au principe de réalité[2] ». En lieu et place de cela, BHL fait un procès stalinien à la France accusée de tous les maux au nom d'un « je » débridé, d'un « je dis que » impératif ne souffrant aucune contradiction. Et Pierre Nora d'historiciser le phénomène BHL : « Dans les sociétés primitives, on a connu le "fripon divin", plus près de nous, dans les sociétés monarchiques, le bouffon. Mais c'est un droit à la vérité qu'exerçaient autrefois les bouffons. C'est le droit à l'erreur que l'on reconnaît à nos modernes amuseurs[3]. »

1. Id. 1981, p. 103.
2. *Ibid.*, p. 105.
3. *Ibid.*

LA DEUXIÈME GAUCHE

Lorsque paraît en 1974 *L'Archipel du Goulag*, c'est un choc y compris pour ceux qui, comme Claude Lefort ou Cornelius Castoriadis, combattent le totalitarisme bureaucratique dans le désert depuis 1946. À la différence des « nouveaux philosophes », leurs interventions cherchent à accomplir un *aggiornamento* nécessaire des thématiques de la gauche en préservant un espace de possibles dans l'action, et en continuant à contribuer à avancer dans le sens d'une œuvre émancipatrice, d'un horizon d'attente libéré d'une téléologie tragique. Toute une constellation se dessine qui prendra le nom de deuxième gauche, regroupant des personnalités venues d'horizons divers. *Textures*, revue franco-belge d'origine belge qui réunit quelques intellectuels, dont les deux fondateurs de Socialisme ou barbarie, Castoriadis et Lefort[1], recense avec ferveur le témoignage de Soljenitsyne : « Un livre tel que celui-là... nous sommes un petit nombre qui l'attendions depuis longtemps[2]. » L'intérêt majeur de *L'Archipel du Goulag*, selon Lefort, ne réside pas tant dans son récit des horreurs du système pénitentiaire que dans le fait qu'il a voulu penser ce qui prive de penser. Et Lefort de relier l'expérience de Robert Antelme à celle de Soljenitsyne, soit deux expériences du totalitarisme, nazie et stalinienne, en rappelant les mots du dissident soviétique en avant-propos de son long témoignage en trois volumes : « moi qui... me suis presque épris de ce monde monstrueux ». Antelme et Soljenitsyne, en des circonstances historiques éloignées, ont éprouvé ce qui forme le socle indestructible de l'humanité confrontée à l'horreur d'un univers mortifère d'oppression. Lefort voit dans cette œuvre un éclairage tout à la fois historique, sociologique et ethnographique cherchant à répondre à la question : « qu'est-ce donc que le monde pour un indigène du Goulag ? », l'ensemble étant animé par une interrogation politique sur la logique du totalitarisme. Pour lui, en même

---

1. En 1972, le comité de rédaction de *Textures* est composé de Cornelius Castoriadis, Marcel Gauchet, Jacques Lambinet, Claude Lefort, Roger Legros et Marc Richir.
2. LEFORT [1975], 1975, p. 9.

temps qu'une enquête de terrain d'une exceptionnelle ampleur, il y a là une contribution théorique fondamentale au dévoilement de la logique totalitaire :

> Tant les observations formulées sur l'efficacité et les limites de l'idéologie — puisées aux sources des témoignages et des documents les plus divers —, que la description sur le vif du fonctionnement de la bureaucratie, de la monstrueuse alliance de cohérence et d'incohérence, de discipline et d'irresponsabilité qui la caractérise, fournissent une contribution inégalée à l'étude du système[1].

L'autre intérêt majeur du témoignage de Soljenitsyne vient de l'endroit d'où il prend la parole : il porte la voix de ceux d'en bas, du zek, du bagnard, du moujik, qui se rebellent contre ceux d'en haut. Après 1956 en Hongrie, Lefort voit là une nouvelle illustration de ce que ne cesse de dénoncer le courant Socialisme ou barbarie depuis 1949 : l'imposture d'un pouvoir qui se réclame du peuple tout en renforçant jusqu'à l'extrême la division radicale entre dirigeants et exécutants.

Marcel Gauchet, qui est en 1976 la cheville ouvrière de la revue *Textures*, insiste dans *Esprit* sur la centralité du phénomène totalitaire : « Réfléchir sur la politique aujourd'hui, ce doit être réfléchir d'abord sur l'État totalitaire. N'est-il pas temps en effet de considérer dans l'État totalitaire le phénomène qui domine notre siècle[…][2] ? » Son analyse revient à montrer que le totalitarisme procède au renversement sans précédent d'une entreprise en son contraire. Loin des anathèmes des « nouveaux philosophes » par rapport à Marx, Gauchet suit ce dernier sur l'idée que les modes de gouvernement résultent du conflit civil. En revanche, il s'en dissocie sur l'idée que ces luttes des classes qui animent le processus historique seront un jour dépassées dans une société unitaire, qui aura accompli la pleine égalisation des conditions entre individus. Ce que l'expérience totalitaire oblige à repenser, car Gauchet y voit là sa matrice, c'est cette idée d'une société sans divisions, ayant fait disparaître la pluralité : « C'est sur ce postulat

---

1. *Ibid.*, p. 27.
2. GAUCHET, 1976, p. 3.

que repose l'édification du régime totalitaire[1]. » Cette affirmation d'une société unitaire, d'un État total ayant pour ambition d'incarner l'identité de tout le corps social, se retrouve aussi bien dans le communisme que dans le fascisme. Comme l'avait déjà analysé Hannah Arendt, ce trait commun constitue, selon Gauchet, ce qui fonde la spécificité du phénomène totalitaire. Ce rêve totalitaire se révèle pourtant un échec : « en fait d'abolition, la division sociale ressort de partout[2] ». Dans le cas du communisme, sous le couvert d'un gouvernement du peuple par le peuple, se constitue une classe bureaucratique, dominante et exploiteuse, qui s'approprie le reste de la société, la détruisant de l'intérieur par la terreur. Très tôt, dans cette intervention de 1976, alors que les informations en provenance du Cambodge sont encore peu nombreuses, Gauchet voit le déploiement de « l'abomination », s'appuyant à propos de la Chine sur les analyses du très solitaire sinologue Simon Leys :

> « Comme jamais dans l'histoire, le totalitarisme nous oblige à penser contre notre désir. Il nous force à concevoir que ce que nous haïssons et dont nous voulons la fin a de solides raisons d'être. Nous ne pouvons croire après lui que l'opposition entre les hommes et l'oppression dont elle est inséparable ne constituent qu'un détour du processus historique où elles se trouveront nécessairement surmontées. Nous ne pouvons même plus nous limiter à ne voir dans la scission de la société qu'une forme sociale après tout contingente. La division sociale intéresse le processus même par lequel se donne un espace social. Elle fournit sa matrice à l'être-social. Avec le pouvoir et le conflit, nous touchons aux éléments premiers qui ont jusqu'à présent permis aux sociétés d'exister, au noyau d'être de toutes les sociétés connues[3]. »

Dans la même livraison d'*Esprit*, Olivier Mongin[4] expose ses différences d'analyse avec les « nouveaux philosophes », notamment avec Jambet et Lardreau, auteurs de *L'Ange*[5]. Pour lui, comme pour Lefort, le combat antitotalitaire doit relancer la réflexion sur

---

1. *Ibid.*, p. 7.
2. *Ibid.*, p. 12.
3. *Ibid.*, p. 27.
4. MONGIN, 1976.
5. LARDREAU et JAMBET, 1976 (b).

le politique, sa complexité, sa double nature d'expression positive qui affirme la force du lien social et son versant négatif fait d'exploitation et de domination, conduisant à ce que Paul Ricœur a appelé en 1957, après les événements de Budapest, le « paradoxe politique »[1]. Or, il ne voit rien de tel dans la lecture des « nouveaux philosophes » qui s'en prennent au Grand Pouvoir, sorte d'épouvantail sorti de la société, sans lien sinon monstrueux avec elle. Cette conception mène à la désertion du politique, qui serait devenu l'incarnation du Mal. C'est ce à quoi appellent Guy Lardreau et Christian Jambet en proposant de devenir des « Anges » et de fonder ainsi métaphysiquement le manichéisme : « Nous ne craignons pas de le dire, nous avons été staliniens parce que nous étions politiques [...]. Le Goulag, c'est peut-être en ce sens la logique de la gauche en Occident[2]. »

Olivier Mongin oppose à ce fatalisme totalitaire les enseignements d'un classique de la pensée politique avec le *Discours sur la servitude volontaire* de La Boétie, qui devait initialement constituer le premier chapitre des *Essais* de Montaigne : « Il y a la face Machiavel : qu'un Prince puisse abuser de ses sujets, et la face la boétienne : que le peuple puisse se laisser abuser. La question politique surgit de cette bipolarisation, de cette double énigme[3]. » En 1976, ce *Discours de la servitude volontaire* venait d'être réédité avec des commentaires de Miguel Abensour, Marcel Gauchet, Pierre Clastres et Claude Lefort[4]. Les préfaciers de cette réédition soulignent l'actualité de cette œuvre : « C'est une retraversée destructrice de l'espace du discours politique démocratique et révolutionnaire que nous entreprenons[5]. » L'ambition est de penser les liens paradoxaux qui peuvent se tisser entre démocratie et totalitarisme sans éluder les défis du politique comme le font les « nouveaux philosophes », mais en les relevant. Le texte de La Boétie pose frontalement l'énigme de la transformation du geste de rupture d'où devrait naître la liberté en celui d'une acceptation de la servitude. Il souligne la nécessité de penser que cette servitude

1. Ricœur, Paul [1957], 1964.
2. Lardreau et Jambet, 1976 (b).
3. Mongin, 1976, p. 46.
4. La Boétie [1976], 1993.
5. *Ibid.*, p. xviii.

« habite encore le moment de la révolte, qu'elle l'épouse tout au long de sa trajectoire. La servitude reste intérieure au mouvement qui veut produire la liberté[1] ». Dans cette présentation du texte de La Boétie, Pierre Clastres donne le point de vue de l'anthropologue qui a mis en évidence la pratique au sein de la société des Guayaki consistant à se défendre contre toute forme d'État. Il considère que La Boétie, par les questions qu'il pose, est « le fondateur méconnu de l'anthropologie de l'homme moderne, de l'homme des sociétés divisées[2] ». La Boétie a perçu l'émergence de cet homme nouveau qui n'a rien perdu de sa volonté mais a simplement changé d'objet, ayant troqué son désir de liberté pour un désir de servitude : « Le Peuple, comme s'il était victime d'un sort, d'un enchantement, veut servir le tyran. Et de n'être pas délibérée, cette volonté recouvre dès lors sa véritable identité : elle est le désir[3]. » Claude Lefort clôt le dossier par une longue analyse du *Discours* de La Boétie au miroir de Machiavel. Le grand apport de La Boétie est d'avoir situé le conflit politique au cœur même du sujet conçu comme clivé. Lefort défend la thèse selon laquelle la liberté ne relève pas tant pour La Boétie du désir d'avoir la liberté que d'un désir d'être libre.

Olivier Mongin élargira peu après ses critiques à tout le courant des « nouveaux philosophes »[4]. Après avoir montré à propos de Lardreau et Jambet que l'on aurait pu croire le politique de retour, alors qu'il n'est question que de déserter cette dimension, il revient à la charge en se demandant si les questions sociales seraient de retour sous le congédiement donné à l'histoire par les « nouveaux philosophes ». Il n'en est rien. Certes, admet-il, « ils ont indiqué un certain nombre de questions décisives, ils ont pu libérer ceux que la vulgate marxiste muselait [...]. En ce sens, il y a un *événement*[5] ». En revanche, sur le fond de la polémique avec BHL, on n'a affaire qu'à une série d'affirmations péremptoires : « De fondement, l'homme n'en a point puisqu'il n'y a d'ontologie que de l'État [...] Au commencement, disais-je, était l'État ; et c'est pourquoi le rêve de changer le monde n'a jamais pesé

1. *Ibid.*, p. XXI.
2. Clastres [1976], 1993, p. 236.
3. *Ibid.*, p. 237.
4. Mongin, 1977.
5. *Ibid.*, p. 65.

bien lourd face à la pesante vérité de ce qu'il faut bien appeler le *Mal radical*[1]. » Olivier Mongin montre ainsi comment BHL court-circuite toutes les médiations possibles et indispensables qui tissent le lien social entre les individus et l'État, au prix d'une absolutisation de ce dernier. Le rêve inversé de BHL serait donc une société composée d'individus simplement mis en position de juxtaposition dans « une société sans histoire, sans État, sans socialisation, sans Autrui, une société morte[2] ». Et Olivier Mongin de poser cette pertinente question : « La fin des fins, est-ce vraiment la fin de tout[3] ? » Plus sévère encore qu'Aubral et Delcourt parlant de « pub-philosophie », Olivier Mongin souligne la soumission de BHL à la loi des médias, qui produisent leur propre vulgate, leurs clichés, leurs mots de passe, leurs éléments de langage : « Ce discours n'est qu'une série d'effets *de* discours plutôt que des effets *du* discours, des *effluves* dirait Averty, ce qui fait qu'on en parle sans aucune *raison* qu'on en parle, des bruits, et finalement une rumeur[4]. »

Fin novembre 1975, *Esprit* organise un colloque dont le maître d'œuvre est Paul Thibaud, à qui Jean-Marie Domenach a donné carte blanche, sur la question du totalitarisme qui réunit des personnalités dont la diversité donne une idée du large rayonnement intellectuel de la revue[5]. *Esprit* étaye ses analyses sur celles du courant Socialisme ou barbarie, d'autant que Castoriadis, avec les quatre volumes qu'il a fait paraître en 10/18 en 1973 et 1974, assume ses positions en son nom propre et devient, avec Claude Lefort, une des ressources essentielles pour penser le phénomène totalitaire et approfondir la remise en question du marxisme, accompagnant une critique qui gagne en fermeté contre toute tentation communiste.

L'équipe rédactionnelle d'*Esprit* et un cercle d'émigrés des démocraties populaires organisent une réunion sur le thème « Révolution et totalitarisme » à laquelle participent, entre autres, François Furet et Marc Richir, dont les interventions convergent pour

---

1. LÉVY, Bernard-Henri, 1977, p. 82.
2. MONGIN, 1977, p. 68.
3. *Ibid.*
4. *Ibid.*, p. 74.
5. Voir la liste des participants à ce colloque d'*Esprit* dans CHRISTOFFERSON, 2009, p. 192.

dénoncer l'illusion révolutionnaire, qui conduit inéluctablement au désastre. François Furet considère que la matrice de l'idée de révolution remonte à une date récente, 1789, qui « institue un avant et un après[1] » : la révolution russe de 1917 se situe dans la filiation de la Révolution française, dont elle est l'enfant légitime. Furet rappelle que l'historien robespierriste Albert Mathiez a établi une parenté entre montagnards et bolcheviks, ces derniers voyant dans les risques de la réaction thermidorienne le plus grand danger que devait affronter la révolution russe. L'intervention de Marc Richir, stigmatisant « l'aporie révolutionnaire[2] », suscite néanmoins de sérieux remous parmi les membres de l'équipe de *Textures*. Richir affirme en effet que le rabattement de la société sur elle-même est la matrice du totalitarisme, que cette tentation remonterait à la Révolution française et se serait poursuivie dans l'utopie socialiste :

> Il apparaît que *toute* Révolution, *pour autant* qu'elle vise à réaliser et à incarner la transcendance pratique, et *dans la mesure où* elle se donne les moyens de la *force* (la guerre civile, la dictature, le terrorisme idéologique et moral), conduit inéluctablement, par ce court-circuit même, à cette insaisissable dualité qui est l'énigme instituante de l'État totalitaire, ou ce que nous nommerons l'*aporie révolutionnaire*[3].

Ce texte suscite un si profond malaise qu'il va provoquer la fin de l'aventure pour *Textures*. Castoriadis exprime à Marc Richir son désaccord :

> Quatre membres parisiens du comité se sont trouvés d'accord pour considérer que vos deux derniers textes soulevaient des problèmes graves. [...] Les conclusions deviennent politiquement tout à fait inacceptables — du moins pour moi[4].

La position de Marcel Gauchet est encore plus ferme. Pour lui, le point de rupture est dépassé et, n'étant pas favorable aux exclu-

---

1. Furet, 1976, p. 173.
2. Richir, 1976.
3. *Ibid.*, p. 185.
4. Cornelius Castoriadis, lettre à Marc Richir, 30 mai 1976, archives Imec.

sions, il propose sa démission. En réponse, Marc Richir adresse à Castoriadis une lettre qui annonce l'irréversibilité de la rupture. Force est de constater que le travail intellectuel commun est devenu impossible.

Esprit, qui reproduit les interventions de Furet et Richir, interroge les liens à penser entre révolution et totalitarisme, sans pour autant considérer que ce rapport serait naturel et inéluctable, à rebours du climat ambiant, orchestré par les « nouveaux philosophes », qui conçoit ce lien comme fatal : « À côté d'une idée doublement figée de la révolution, il y a comme dit Hannah Arendt des "trésors perdus" dans la tradition révolutionnaire, grâce auxquels peut être désamorcé le cycle stérile de l'illusion fanatique et du désabusement conservateur. Il s'agit en somme de fonder à nouveau le contenu et la pratique de la révolution[1]. » Dans ce numéro d'*Esprit*, Paul Thibaud s'appuie sur l'œuvre de Castoriadis pour recentrer l'idée de révolution autour de la perspective de la créativité sociale et de la conquête de l'autonomie et en évitant sa perversion bureaucratique[2].

Tout en partageant le questionnement de Furet et Richir, Claude Lefort se distingue de leur analyse dans sa contribution sur « La question de la Révolution[3] ». Spécialiste du moment machiavélien, il rappelle que l'idée de révolution est déjà présente au sein des cités italiennes au début du XVe siècle dans le contexte culturel de la Renaissance. Claude Lefort ne suit ni Richir ni Furet dans leur approche du phénomène révolutionnaire. Celui-ci ne peut être appréhendé à partir de l'idée de révolution, mais doit être étroitement corrélé au type de société qui le génère. Il oppose à l'analyse unitaire du phénomène la pluralité de sa réalité historique, soulignant par ailleurs l'importance du caractère émancipateur de cette passion révolutionnaire dans son désir de conquête d'une auto-organisation des collectivités humaines qui luttent pour le droit de décider de leur sort ici et maintenant. Lefort, ne désespérant pas d'une perspective historique de rupture qui tirerait les leçons des expériences funestes du passé, souligne l'aporie dans

---

1. Domenach, 1976 (a), p. 170.
2. Thibaud, 1976.
3. Lefort, 1976.

laquelle s'est enfermé Richir en posant le caractère insécable de la révolution et du totalitarisme : « Si nous affirmions que l'une engendre inéluctablement l'autre, nous devrions conclure qu'il n'y a pas de révolution antitotalitaire possible ou qu'elle ne servirait qu'à renforcer le régime établi[1]. »

Avec la disparition de *Textures* se présente l'occasion de lancer la revue *Libre*, éditée par Jean-Luc Pidoux-Payot aux éditions Payot, où se retrouve une partie de l'ancienne équipe de *Textures*. Le premier numéro paraît en 1977, avec comme sous-titre : « Politique-anthropologie-philosophie[2] » :

> La critique de l'imposture savante ne va pas sans une redécouverte de la question politique. En effet, c'est sur le refus de considérer le fait fondamental de notre époque : le totalitarisme, fasciste ou communiste, que s'établissent les formes avancées du mensonge social. Le désir de vérité ne se sépare pas de la volonté d'une société libre[3].

Claude Lefort rédige le texte manifeste du premier numéro de la revue et y rappelle l'importance que revêt le mouvement de Mai 1968 pour cette équipe : « Fixons ce repère : 1968, il semble que deviennent mieux sensibles certains déplacements de l'idéologie[4]. » *Libre* entend montrer la fécondité d'une pensée politique renaissante, et Lefort rappelle dans ce texte liminaire, sans nommer *Socialisme ou barbarie*, la source du projet intellectuel de cette revue au titre évocateur : « Tout incite à interroger la genèse de notre propre société en regard de cet événement sans précédent que constitue la naissance du totalitarisme[5]. » À partir de cet événement traumatique, il convient de redonner une épaisseur à la fois historique et anthropologique à la pensée du social et à la réflexivité sur le présent. L'interrogation sur l'institution du social, ou sur le social-historique, comme l'appelle Castoriadis, passe par

---

1. *Ibid.*, p. 210.
2. Le comité de rédaction est composé de Miguel Abensour, Cornelius Castoriadis, Pierre Clastres, Marcel Gauchet, Claude Lefort, Maurice Luciani. Le secrétaire de rédaction est Marcel Gauchet.
3. Texte de présentation de *Libre*, n° 1, 1977.
4. Lefort, 1977, p. 3.
5. *Ibid.*, p. 22.

un décentrement de l'Occident, tel que le réalise Pierre Clastres, au cœur du dispositif intellectuel de *Libre*. Auteur d'une étude qui fait date sur les Indiens Guayaki du Paraguay et d'un ouvrage majeur, *La Société contre l'État*, il a montré qu'une société peut se passer d'État et même construire le lien social contre son institutionnalisation[1]. Au-delà des frontières civilisationnelles, ce qui fonde l'unité du projet, selon Lefort, est son horizon philosophique. La mort de Pierre Clastres dans un accident de voiture le 29 juillet 1977 frappe de plein fouet la nouvelle revue. Marcel Gauchet propose alors à Krzysztof Pomian de rejoindre *Libre*.

Le trio Morin, Lefort, Castoriadis approfondit la critique du totalitarisme et de l'alternative démocratique à promouvoir dans le cadre du Cercle Saint-Just, créé au début des années 1960 par le docteur Pitchall, ami de Lefort, riche médecin et franc-maçon. Opposé à la guerre d'Algérie, ce cercle est d'abord composé de membres de sa loge maçonnique, puis s'ouvre à d'autres intellectuels. Pitchall réussit à convaincre Lefort qu'il y a matière à des réunions périodiques pour répondre à un désir d'approfondissement théorique :

> Le cercle s'est mis à fonctionner régulièrement ; j'ai amené certains de mes camarades qui avaient été à ILO [Informations et liaisons ouvrières] ; puis, un peu plus tard, j'ai invité Castoriadis, que je ne voyais plus depuis la brouille de 1958 et qui participa activement à cette entreprise. Je proposais de centrer les débats autour du thème de la démocratie, ce qui fut accepté. Il y eut une ou deux discussions publiques sur la démocratie dans la Grèce ancienne, auxquelles ont participé Vernant, Vidal-Naquet, Châtelet, d'ailleurs très intéressantes ; il y eut aussi une discussion sur la Révolution française ; une autre sur la Yougoslavie[2].

Le Cercle Saint-Just changera de nom pour devenir le Cresp (Centre de recherche et d'élaboration sociale et politique), se consacrant plus spécifiquement à l'approfondissement des fondements théoriques de la démocratie. Dans ce trio, les échanges se multiplient et Morin demande plusieurs fois à son ami Castoriadis

---

1. CLASTRES, 1972 et 1974.
2. LEFORT [1975], 2007.

d'écrire dans *Communications* : « Lefort, Castoriadis et moi-même avions eu, chacun de notre côté, une évolution semblable. Nous avions, à des rythmes différents, mais nous trouvant synchrones à partir de 1962, "provincialisé" et "dépassé" Marx en détectant de plus en plus fortement les insuffisances ou carences de sa pensée[1]. »

En quête d'une nouvelle voie, *Esprit* s'engage dans une réflexion de fond sur l'autogestion, liée à la deuxième gauche. La jonction avec la pensée antibureaucratique de Castoriadis et Lefort permet un rapprochement fécond. Dans sa livraison de décembre 1976, Jean-Marie Domenach annonce qu'il passe la main à une plus jeune génération et désigne Paul Thibaud, qui l'assistait déjà dans ses fonctions de directeur depuis dix-huit ans et qui va prendre en main la revue, secondé par Olivier Mongin[2]. Le tournant, déjà pris par Domenach, s'accentue avec son successeur, qui approfondit la critique systématique du totalitarisme : « Trop longtemps nous avons répété, après Mounier, que le parti communiste était l'armature des pauvres et l'espoir du prolétariat. C'est fini depuis qu'une autre pauvreté s'est levée à l'Est pour requérir contre la "dictature du prolétariat". La vérité est que nous vivons l'effondrement du stalinisme et qu'il faut le précipiter[3]. »

Une autre mutation au sein de la revue tient à la participation active à *Esprit* de Jacques Gautrat, alias Daniel Mothé, ancien de Socialisme ou barbarie, ouvrier chez Renault. En 1963, Daniel Mothé adhère à la CFDT. À partir de 1966, il est invité par Jean-Marie Domenach à participer au « Journal à plusieurs voix » d'*Esprit*. Il devient un collaborateur actif et une voix très écoutée dans la revue, dont il intègre vite le comité de rédaction. En 1971, un accident change brusquement la vie de Daniel Mothé qui abandonne sa profession d'ouvrier pour celle d'intellectuel. Il vient d'acheter une maison dans l'Oise, et pour amuser ses enfants il joue à Tarzan dans la forêt, mais il chute et se blesse grièvement. Le médecin lui annonce qu'il ne pourra plus exercer son métier de fraiseur chez Renault, la station debout toute la journée n'étant plus possible. On lui conseille de prendre contact avec Edgar Morin,

---

1. Morin, 1993, p. 366.
2. Domenach, 1976 (b).
3. *Ibid.*, p. 752.

qui pourrait l'aider à décrocher un titre universitaire, d'autant que Mothé a déjà publié un ouvrage[1]. Morin le rassure et lui suggère de passer un diplôme de l'EHESS. Il lui faut cependant se dépêcher car il ne reste plus que deux jours pour constituer un dossier, que son ami Véga porte à l'administration. Il y joint par ailleurs un manuscrit sur le métier de militant[2]. Et voici l'ouvrier Mothé, titulaire de son certificat d'études de 1939, soutenant en 1972 son diplôme de l'EHESS devant un jury composé d'Alain Touraine et Henri Desroche.

C'est grâce à Paul Thibaud, le futur directeur d'*Esprit*, que Mothé trouve l'occasion de se reconvertir. Mis en contact avec François Sellier et Guy Roustang, qui animent le laboratoire d'économie et de sociologie du travail (LEST) à Aix-en-Provence, Mothé est embauché comme chargé de recherche en sociologie pour travailler sur les problèmes d'amélioration des conditions de travail. Il intègre le CNRS en 1979 et y consolide le pôle émergent, que l'on commence à qualifier de deuxième gauche antitotalitaire, laquelle se range derrière Michel Rocard au sein du nouveau PS et dispose avec la CFDT d'un relais majeur pour diffuser et populariser l'autogestion. Pierre Rosanvallon, responsable de la revue de l'organisation syndicale, *CFDT aujourd'hui*, et animateur d'une collection de livres militants, « Objectifs », y joue un rôle de premier plan en tant que conseiller économique d'Edmond Maire, secrétaire général du syndicat. Comme Paul Thibaud, Pierre Rosanvallon nourrit manifestement ses analyses sur l'autogestion des thèses castoriadiennes exposées dans *L'Institution imaginaire de la société*.

En 1977, il intervient de nouveau en ouvrant la perspective autogestionnaire avec Patrick Viveret[3]. Ils prennent acte de l'effondrement des références théoriques de la gauche qui s'enracinent historiquement dans les ruptures de 1789 et de 1917 : « Il n'existe pas, à gauche, d'autre référence idéologique que révolutionnaire[4]. » Selon eux, pour sortir de l'impasse et des fausses solutions, il est nécessaire de repenser le politique en opposant à la culture de l'État

1. MOTHÉ, 1958.
2. ID., 1972.
3. ROSANVALLON et VIVERET, 1977.
4. *Ibid.*, p. 6.

la culture autogestionnaire. Dressant le constat d'une triple crise de la culture de gauche, atteinte en son cœur par le doute sur les idées de révolution, de progrès et d'État, ils estiment avec Jorge Semprún que « Notre génération n'est pas près de se remettre de l'échec de l'URSS[1] », et que le courant socialiste ne peut faire l'impasse sur la question du lien entre le projet révolutionnaire et le totalitarisme. Ils ne peuvent que rejeter tout ce qui dans l'héritage risque de mener vers des horizons monstrueux. Ils se proposent de définir une voie qui éviterait cet écueil et permettrait de défendre une théorie positive du conflit social. Cette voie qui rouvrirait un champ des possibles serait fondée sur la conquête de l'autonomie : « L'autonomie commence à devenir une référence clef et n'est peut-être pas loin de supplanter l'égalité au panthéon des valeurs démocratiques. C'est au nom de l'autonomie que se mènent aujourd'hui des combats décisifs[2]. »

À *Esprit*, le tandem Paul Thibaud et Olivier Mongin entend donner à la revue une inflexion du côté de la philosophie politique en accentuant son identité antitotalitaire. Paul Thibaud, directeur de la revue à partir de 1977 et lecteur de *Socialisme ou barbarie* depuis 1956, est très sensible à cette question. Olivier Mongin, secrétaire de rédaction de Thibaud, qui deviendra directeur de la revue en 1988, entre à *Esprit* en 1967, alors qu'il travaille sur Merleau-Ponty, cherchant dans sa philosophie une aide à la compréhension du totalitarisme. La « nouvelle série » de la revue, lancée par Thibaud en janvier 1977, s'ouvre par un retentissant : « L'imposture totalitaire a fini par éclater », et marque la volonté de l'équipe dirigeante d'avoir une part active dans la quête d'une nouvelle culture et d'une nouvelle politique.

Esprit prend alors de sérieuses distances avec le prophétisme et le catastrophisme qui a été le lot de la pensée personnaliste d'Emmanuel Mounier, le fondateur de la revue. On invoque désormais une démocratie sans qualificatif « érigée au rang de valeur essentielle. Mieux, elle est un "avenir"[3] ». L'été 1978, *Esprit* publie un dossier sur « Les fissures du totalitarisme et la démocratie en

1. Jorge Semprún, « Radioscopie », cité dans *ibid.*, p. 22.
2. Rosanvallon et Viveret, 1977, p. 104.
3. Boudic, 2005, p. 380.

germes », présenté par Paul Thibaud qui considère le phénomène totalitaire comme la volonté utopique d'unifier la société et de la rendre transparente. Pour réaliser le dossier, il sollicite Castoriadis qui synthétise en vingt-cinq thèses ses analyses sur la société soviétique depuis 1946[1]. Les témoignages viennent pour l'essentiel d'intellectuels des pays de l'Est, comme le Tchèque Aleksander Smolar, dont Thibaud comprend l'article comme une « illustration d'un des thèmes de Castoriadis sur l'intrication de l'idéologique dans le social[2] ». D'autres penseurs de l'Est contribuent à ce numéro sur le totalitarisme : Pierre Kende, Akos Puskas, Marc Rakovski et Tadeusz Mazowieski.

L'objectif affiché de jeter les fondements d'un changement de la culture et de la politique se cristallise dans un numéro thématique pour penser ce nouveau cap sous le titre : « Que penser ? que dire ? qu'imaginer[3] ? » Dans ce numéro, Paul Thibaud consacre son éditorial à « L'autre modernité » : « Avec le discrédit des totalitarismes, réapparaît l'interrogation moderne, le politique et la philosophie rencontrent à nouveau la fondamentale indétermination humaine, l'infini, le "sans-fond", comme dit ici Castoriadis, par quoi l'être humain échappe non pas à toute règle mais à toute maîtrise[4]. » De ce « sans-fond » peut resurgir un imaginaire social-historique qui ne soit pas condamné à se métamorphoser en monstruosité totalitaire, à condition d'exercer sur lui une vigilance forte de l'expérience tragique du XXe siècle.

---

1. Castoriadis, 1978.
2. Thibaud, 1978, p. 4.
3. Id., 1979.
4. *Ibid.*, p. 4.

10

Effondrement de la maophilie,
naissance de l'humanitaire

IMPLOSION D'UN MYTHE

Dans les années 1960, une chanson de Jacques Dutronc était sur toutes les lèvres : « Sept cents millions de Chinois / Et moi, et moi, et moi ? » La Chine inquiétait par sa démographie explosive et fascinait certains qui se convertirent au col Mao et au *Petit Livre rouge*. La Révolution culturelle soulevait les enthousiasmes en Occident, et une partie de la jeunesse pensait trouver en Orient le paradis terrestre que l'URSS n'avait pas été capable de bâtir. Mais, au milieu des années 1970, le tropisme maoïste est en pleine déconfiture. Mao, le Grand Timonier, disparaît en 1976, et les révélations de plus en plus insistantes sur cette Chine idéalisée commencent à être entendues. En Chine même, on apprend que la ligne dictée par la bande des Quatre, dont fait partie la veuve de Mao, Jiang Qing, a mené à la catastrophe. Le mythe maoïste se lézarde et on s'interroge peu à peu sur ce qu'a été ce mouvement de la Révolution culturelle. Après la publication du témoignage de Soljenitsyne, le combat de l'Orient vers un monde meilleur s'effondre à son tour, alors qu'en France un certain gauchisme, notamment maoïste, est en train de disparaître : la Gauche prolétarienne (GP) s'autodissout en 1973. Benny Lévy, qui en est le leader, justifie sa disparition non par la prise de conscience des horreurs de ce qui se passe en Chine, mais par les enseignements retirés de l'expérience des ouvriers de Lip : « Le troisième facteur, je le situe en dernier, mais c'est le plus important : c'est Lip. Je parle de moi, parce que précisément Lip va correspondre à un changement dans ma position[1]. » Il semble pourtant que l'évocation de Lip dans l'autodissolution de la GP ne soit qu'un prétexte occultant la vraie raison, sans rapport aucun avec le devenir du peuple chinois, qui est l'action terroriste des Palestiniens en 1972 : « L'attentat perpétré par les activistes palestiniens contre les athlètes israéliens aux Jeux olympiques de Munich en septembre 1972 leur a fait prendre conscience, en effet, du risque de dérive terroriste encouru par la Gauche prolétarienne[2]. » Non seulement cet acte terroriste alerte les dirigeants maoïstes français sur les risques de dérive violente, mais il rappelle à beaucoup, dont Benny Lévy, leur identité juive. C'est à partir de ce choc que Benny Lévy et le responsable du bras armé de la GP, Olivier Rolin, qui dirige la Nouvelle Résistance populaire sous le pseudonyme d'Antoine, décident d'un commun accord de mettre un terme à l'existence du groupe. Au moment même de l'« effet Goulag », consécutif à la publication de *L'Archipel du Goulag* en 1974, il n'y a donc plus de relais pris dans l'imaginaire collectif, comme ce fut le cas dans le passé après chacune des secousses historiques. Ceux qui avaient investi l'histoire de leurs rêves, déçus par 1956, pouvaient déplacer leurs espérances et leurs combats vers l'émancipation des peuples du tiers-monde du joug colonial. Ceux qui avaient subi le choc de l'invasion soviétique en Tchécoslovaquie en 1968 pouvaient encore s'appuyer sur une vague révolutionnaire à la fin des années 1960, à une époque où le fond de l'air restait rouge. Mais en ce milieu des années 1970, on ne peut se tourner ni se retourner vers aucune expérience historique salvatrice. L'Orient a fasciné et mobilisé toute une génération politisée à partir de son engagement contre la guerre des Américains au Vietnam. Or ces peuples qui se battent pour leur émancipation, les Vietnamiens, les Laotiens, les Cambodgiens, qui font figure de héros, vont, au rythme de leurs conquêtes pour l'indépendance, aller de déconvenues en déconvenues.

À *Esprit*, on n'a jamais donné dans la maophilie. Le regard critique est resté de mise. En 1972, en réaction au succès spec-

---

1. Benny Lévy, cité dans Gavi, Sartre et Victor, 1974, p. 12.
2. Repaire, 2013, p. 109.

taculaire du livre de témoignage de l'Italienne Maria-Antonietta Macciocchi, *De la Chine*, Jean-Marie Domenach organise une table ronde à laquelle il convie des sinologues[1]. En cette année de pleine vague maolâtre et d'exaltation de la Révolution culturelle, alors que la revue *Tel Quel* a fédéré autour d'elle un front « Révolution culturelle » où l'on retrouve, entre autres, les *Cahiers du cinéma*, la position d'*Esprit* se singularise par son regard critique. Cet échange met en évidence la difficulté d'être vraiment informé sur un pays où les statistiques sont truquées, les informations filtrées et les enquêteurs étrangers étroitement encadrés. Si quelques bribes de renseignements passent par Hong Kong, où viennent se réfugier et témoigner certains Chinois qui fuient le régime de Mao, quel crédit accorder à ces témoignages à charge ? Il y a malgré tout quelques publications, peu nombreuses, qui décrivent avec authenticité cette société chinoise, comme les *Mémoires du garde rouge Dai Hsiao-ai*, publiés en 1971 chez Albin Michel, qui donnent une idée de la vie et de l'activité de ce mouvement de masse. Certaines manipulations grossières sont déjà mises en évidence dans *Demain la Chine* d'Oztenberger, parti enquêter en 1964 et qui en revient un an plus tard avec ce film. Dans sa première version, le cinéaste français, avec l'aide d'un interprète, demande par exemple à un homme dans la rue ce qu'il pense de la guerre du Vietnam. Avec un désintérêt manifeste, ce dernier répond que c'est bien loin, tandis que l'interprète traduit ses propos en expliquant que l'homme se dit indigné par l'agression perpétrée par l'impérialisme américain au Vietnam ! Dans ce débat entre sinologues, Lucien Bianco estime que le rapprochement de ce qui se passe en Chine avec la Russie stalinienne est tout à fait pertinent : « Ce que je m'explique mal, c'est l'obstination à ne pas voir ce qui crevait les yeux il y a quelque trente-cinq ans. Je trouve que la même attitude prévaut aujourd'hui encore, à l'égard de la Chine cette fois[2]. » Claude Cadart s'étonne que l'on fasse grand cas de la répression qui frappe les opposants partout dans le monde, sauf en Chine, alors que l'on sait par exemple que « les écrivains Wuhan, Deng Tuo et Liao Mosha [ont été déclarés] coupables de s'en être pris,

---

1. Domenach (dir.) [1972], 1976.
2. Bianco, 1976, p. 36.

dans leurs articles et dans leurs pièces de théâtre, en 1961-1962, au "Grand Guide" de la Chine. Éliminés pour crime de lèse-majesté en 1966, dès le début de la Grande Révolution culturelle, que sont-ils devenus depuis[1] ? ».

En pleine euphorie maoïste, un grand sinologue, Pierre Ryckmans, sous le pseudonyme de Simon Leys, publie en 1971 un pamphlet qui démystifie la Révolution culturelle, *Les Habits neufs du président Mao*[2]. Au contraire des intellectuels français qui voyaient en elle l'expression d'une révolte antiautoritaire spontanée contre la bureaucratie, il l'analyse comme l'expression d'une bataille interne au clan bureaucratique déclenchée au sommet par Mao : « Que Mao Zedong eût effectivement perdu le pouvoir a pu paraître, à distance, difficile à admettre pour les observateurs européens. C'est pourtant bien pour le récupérer qu'il déclencha cette lutte[3]. » Simon Leys, qui étaye son analyse sur des sources proprement chinoises, montre que la Révolution culturelle n'est en fait que la reprise systématique du pouvoir par un Mao peu à peu réduit à la position de potiche : « La Révolution culturelle, qui n'eut de révolutionnaire que le nom, et de culturel que le prétexte tactique initial, fut une *lutte pour le pouvoir*, menée *au sommet* entre une *poignée d'individus*, derrière le rideau de fumée d'un fictif mouvement de masse[4]. » Comment le Grand Timonier a-t-il pu en arriver à perdre le pouvoir ? L'explication tient à ses échecs successifs. D'abord celui des Cent Fleurs de 1956-1957 qui l'a surpris par la vigueur des critiques formulées, notamment par les intellectuels, qui vont devenir ses ennemis jurés. En 1958, l'échec plus dramatique du Grand Bond en avant aboutit à un désastre économique payé chèrement par un peuple chinois qui endure les affres de la famine : le prestige du Parti communiste est sérieusement atteint. En décembre 1958, les cadres dirigeants obligent Mao à laisser son poste de chef d'État à Liu Shaoqi. On commence à lui faire porter la responsabilité des difficultés que traverse le pays. C'est dans ce contexte conflictuel que Mao, utilisant sa légitimité de héros de la Révolution, a

---

1. CADART, 1976, p. 39.
2. LEYS [1971], 1989. Ce livre sera réédité successivement en 1972, 1975, 1977, puis par les Éditions Gérard Lebovici en 1987.
3. *Ibid.*, p. 24.
4. *Ibid.*, p. 23.

recours à la jeunesse pour qu'elle mette en question la bureaucratie de l'appareil du Parti et aux gardes rouges comme bélier pour
reprendre dans toutes les provinces un pouvoir qu'il a perdu : « Le
despotisme bureaucratique établi par Mao avait depuis longtemps
engendré dans la jeunesse une insatisfaction et une frustration qui
approchaient de leur point d'explosion[1]. » En 1966, la jeunesse
saisit cette occasion inespérée de se mettre en mouvement et se
dote d'un programme en seize points qui définissent le contenu de
ce qui doit être une Révolution culturelle.

Simon Leys fait état de la barbarie des crimes commis durant
cette sinistre période, comme ces cadavres mutilés découverts sur
les plages de Hong Kong : « La plupart des corps étaient ligo-
tés de la façon dite "grande ligature à cinq fleurs", c'est-à-dire
au moyen d'une corde enserrant successivement les deux pieds,
les deux poings et le cou, indiquant qu'il s'agissait de suppliciés,
probablement victimes d'une même exécution massive[2]. » En fait
de Révolution culturelle, on assiste alors en Chine à une véritable
guerre contre la culture : les intellectuels sont envoyés en camps
de rééducation dans les campagnes ou tout simplement assassinés.
Admirateur de la Chine et de sa civilisation, Simon Leys se montre
doublement critique vis-à-vis d'un monde occidental qui a tardé à
reconnaître le nouveau pouvoir chinois pour ensuite le mettre sur
un piédestal au moment même où il perdait sa capacité révolutionnaire : « De génération en génération, l'Occident a systématiquement ignoré les forces révolutionnaires qui se manifestaient en
Chine[3]. » S'il a lui aussi éprouvé une fascination pour le pouvoir
de Mao, il s'est vite trouvé confronté au caractère totalitaire de
ce pouvoir lorsque, en août 1967, il « assista, devant sa porte, à
l'assassinat de Lin Pin et d'un de ses cousins. Ils furent brûlés vifs
dans leur voiture, sur laquelle un "commando chargé de châtier les
traîtres" avait jeté une bombe incendiaire, ainsi que le rapporta le
lendemain, sans le moindre état d'âme, le quotidien communiste
Ta Kung Pao[4]. » Ce Lin Pin avait eu le tort d'acquérir sa popula-

1. *Ibid.*, p. 82.
2. *Ibid*, cité dans BONCENNE, 2015, p. 17.
3. *Ibid.*, 1971, pp. 17-18.
4. PAQUET, 2016, p. 276.

rité à l'extérieur du Parti en tant qu'animateur d'une émission de radio satirique en dialecte cantonais. Cet assassinat constitue pour Simon Leys une naissance à la vie politique chinoise, qu'il avait jusque-là ignorée, s'intéressant davantage à la dimension culturelle du pays. Les scènes d'horreur sont innombrables, perpétrées par des gardes rouges manipulés par le clan Mao pour « liquider tous les génies malfaisants » et pour « purger la terre de toute la vermine ». Parmi bien d'autres actes de barbarie, ceux qui sont destinés à Bian Zhongyun, proviseur adjoint d'un lycée de filles réservé aux cadres du régime, sont particulièrement instructifs sur la nature de cette Révolution culturelle. Accusée en raison de ses origines bourgeoises,

> elle fut soumise, comme d'autres responsables ou enseignantes de l'établissement, à une sévère campagne de « critique/combat » au cours de laquelle les jeunes Gardes rouges mêlaient agressions physiques et verbales. Le commando de lycéennes prit d'assaut son appartement pour le saccager et y coller sur les murs des dazibaos menaçants […] Déjà battue à plusieurs reprises, Bian Zhongyun s'est retrouvée le 5 août au milieu d'une parade macabre : le visage maculé d'encre, les réprouvés à genoux devaient se servir d'une bassine comme d'un gong et hurler : « Je suis une capitaliste ! Une contre-révolutionnaire ! Une révisionniste ! Je mérite d'être battue ! De crever ! Qu'on écrase ma tête de chien ! » Rouée de coups de pied, frappée avec des morceaux de bois cloutés et, pour finir, sommée de nettoyer les latrines, Bian Zhongyun couverte de sang s'effondra en se souillant[1].

On est loin de la pureté entrevue par Macciocchi, et pas loin de la purification pratiquée par les nazis.

Paru dans le climat français de maophilie de 1971, le livre de Simon Leys, tenu à distance avec suspicion, est soit passé sous silence, soit vertement rejeté. Alain Bouc, spécialiste de la Chine au *Monde*, ne lui accorde qu'un modeste entrefilet peu amène : « Une nouvelle interprétation de la Chine par un *"China watcher"* français de Hong Kong, travaillant à la mode américaine. Beaucoup de faits rapportés avec exactitude, auxquels se mêlent des erreurs et

1. Boncenne, 2015, pp. 132-133.

des informations incontrôlables en provenance de la colonie britannique[1]. » Le quotidien vespéral préfère manifestement les éblouissements de son reporter Robert Guillain, qui entreprend au même moment de publier le récit de son « beau et long voyage » à travers la Chine en compagnie d'une délégation française conduite par Alain Peyrefitte. En 1971, ce regard froid et lucide n'emporte pas l'adhésion d'intellectuels français encore sous l'effet hypnotique qu'exerce sur eux le Grand Timonier. Simon Leys doit subir de violentes diatribes de la part des intellectuels acquis au maoïsme, et notamment de *Tel Quel* qui consacre à la Chine un numéro spécial atteignant vingt mille à vingt-cinq mille exemplaires. Jean Daubier, auteur d'une *Histoire de la révolution culturelle prolétarienne en Chine*, considérant que le livre de Simon Leys émane sans doute d'une officine yankee, dénonce son « charlatanisme » : « C'est une anthologie de ragots circulant à Hong Kong depuis des années et qui ont une source américaine très précise[2]. » *Le Nouvel Observateur* est en revanche partagé sur l'accueil à réserver au livre de Simon Leys : Étiemble, très ébranlé à sa lecture, y voit « *L'Aveu* chinois[3] », mais son article est écourté pour faire plaisir aux nombreux rédacteurs en pâmoison devant la Chine et laisser place au thuriféraire Jean Daubier. Les révélations de Simon Leys, tombées trop tôt, ne pouvaient être entendues dans le climat de 1971 et n'ont suscité ni vrai débat, ni réfutation argumentée : « Au moment où le maoïsme jouait un rôle non négligeable sur la scène intellectuelle parisienne, un livre comme *Les Habits neufs* fut rangé illico dans la catégorie des contributions de troisième rang[4]. »

Quelques années plus tard, en 1976, Simon Leys récidive avec plus de succès, au moment où Mao disparaît, avec la publication d'*Images brisées*[5]. Après avoir enseigné entre décembre 1974 et mai 1975 en chinois à l'université de Hong Kong et recueilli de nombreux témoignages sur le système maoïste, il prend pour cible, dans une nouvelle publication, la fascination exercée par cette mystification sur certains intellectuels français, comme Roland Barthes

1. BOUC, 1971.
2. DAUBIER, 1972, p. 52.
3. ÉTIEMBLE, 1971.
4. BONCENNE, 2015, p. 76.
5. LEYS, 1976.

lorsqu'il relate dans *Le Monde* son voyage au pays du Grand Timonier : « M. Barthes, qui avait déjà de nombreux titres à la considération des lettrés, vient peut-être de s'en acquérir un qui lui vaudra l'immortalité, en se faisant l'inventeur de cette catégorie inouïe : "le discours ni assertif, ni négateur, ni neutre", "l'envie de silence en forme de discours spécial"[1]. » Simon Leys s'en prend surtout à Michelle Loi, une maoïsante inconditionnelle, qui avait cru pouvoir l'épingler en critiquant sa traduction de « *Ye Cao* » par « mauvaise herbe » au lieu de « herbes sauvages ». Mettant en cause sa maîtrise de la langue chinoise, Michelle Loi accusait Leys de misogynie et le sommait de se taire : « Simon ne supporte les femmes qu'en cheveux longs et en idées courtes. » Les critiques de Simon Leys contre la Révolution culturelle sont assimilées aux « braiments d'un âne vraiment bâté [...]. N'y aura-t-il personne parmi ses amis pour le lui dire et lui enjoindre enfin de se taire[2] ». Simon Leys rétorque avec son talent de polémiste dans *L'Oie et la farce*, un petit pamphlet annexé à *Images brisées*. Il s'étonne que « la brave dame », pourtant enseignante à Paris VIII, puisse multiplier des erreurs de traduction grossières, confondant par exemple, dans les poèmes de Guo Moruo, les pays de Ch'u et de Shu : « Imaginez, dans une histoire culturelle de l'Europe, un auteur qui prendrait la Prusse pour les Abruzzes, ou la Sologne pour la Pologne. » Il déplore qu'elle ait également confondu Qin Shi Huang avec l'Empereur jaune : « Que diriez-vous d'une spécialiste d'histoire italienne qui prendrait Mussolini pour Romulus ? L'écart chronologique est le même. » Et Simon Leys de se demander si, en définitive, toute l'œuvre de Loi n'est pas « un canular[3] ».

Signe d'un changement radical de climat, ce qui n'était pas audible en 1971 commence à l'être en 1976-1977, après la disparition de Mao et l'extinction du maoïsme en France. Simon Leys commence à être reconnu. En 1976 paraît sa trilogie sur la Chine qui, outre *Les Habits neufs du président Mao*, comprend *Ombres chinoises*, publié par Christian Bourgois en 10/18, puis par Robert Laffont, qui reçoit le Prix quinquennal de la Communauté française

1. *Ibid.*, p. 180.
2. Loi, 1975, pp. 14 et 39.
3. Leys, 1976, pp. 184-185 et 191.

de Belgique, et *Images brisées*, publié aussi chez Laffont. Cette
trilogie est cette fois saluée avec ferveur par Jean-François Revel :
« Simon Leys, au milieu de l'océan de bêtises et d'escroqueries
intellectuelles qui baignait les côtes poissonneuses de la maôlatrie
intéressée de l'Occident, nous a un jour fait parvenir le message
de la lucidité et de la moralité[1]. » Cette fois, *Le Monde*, sous la
plume de Jacques Guillermaz, accueille favorablement *Ombres
chinoises* : « Dans un torrent de livres récents sur la Chine, voici
de loin, et sans doute pour longtemps, le meilleur de son genre, le
plus véridique, le plus sincère, le plus séduisant par le style mais
aussi, par certains côtés, le plus vulnérable[2]. » Dans *Esprit*, Gilbert Padoul constate l'érosion du livre de témoignage vite bouclé
de voyageurs pressés en Chine pour laisser place à des ouvrages
mieux informés qui s'attachent à percer les mystères de la société
et de la politique chinoises. Il reconnaît dans la contribution apportée par Simon Leys avec *Ombres chinoises*, en dépit du caractère
trop polémique de l'ouvrage, une œuvre d'un intérêt majeur qui
balaie, « comme un torrent, une masse de naïvetés et de stupidités
qui, depuis quelques années, commençaient à boucher l'accès à la
vérité[3] ». À la fin de l'année 1976, Claude Roy, resté lucide sur
la Révolution culturelle, considère que cette mode intellectuelle qui
a fasciné est cette fois obsolète. Il rend positivement compte des
Habits neufs de Simon Leys et de *Regards froids sur la Chine*[4],
ouvrage collectif dont Jean-Luc Domenach a assuré la direction[5].

Autre signe d'un changement de regard sur la Révolution culturelle, la publication en 1975 par Pierre Nora dans sa collection
« Témoins », chez Gallimard, d'un livre de Jean Pasqualini, *Prisonnier de Mao*, qui remporte un gros succès. Les ventes s'élè-
veront à plus de cinquante-cinq mille exemplaires en 1988, un
vrai Soljenitsyne chinois ! Peu à peu, on réalise ce que recouvrait
cette Révolution culturelle : « Le Grand Timonier est personnellement responsable de la mort d'environ trente-huit millions de
paysans lors de la famine du Grand Bond en avant entre 1959

---

1. Jean-François Revel, cité dans BONCENNE, 2015, p. 79.
2. GUILLERMAZ, 1975.
3. PADOUL, 1975, p. 612.
4. AUBERT, CADART et DOMENACH, 1976.
5. ROY, 1976.

et 1962. On estime que son pouvoir, de 1949 à 1976, a coûté la vie à environ soixante-dix millions de Chinois[1]. » *Prisonnier de Mao* constitue un document exceptionnel sur le système pénitentiaire chinois de la période qui précède la Révolution culturelle. Jean Pasqualini est né en Chine en 1926 d'un père français et d'une mère chinoise. Fort de cette double culture, d'un diplôme de technicien spécialisé en machines-outils et d'une maîtrise parfaite de la langue anglaise, il travaille avec les Américains. Mais ce qui était un atout devient infamant après la campagne des Cent Fleurs. Arrêté en décembre 1957, Pasqualini est contraint à une longue confession sur quelque sept cents pages et se voit imposer un nom sinisé, Bao Ruo-Wang, sous lequel il purge sa peine dans un camp de travail jusqu'en 1964, année où la France reconnaît la Chine et où les autorités le libèrent. Il quitte alors la Chine pour Paris, où il rencontre un journaliste de *Life*, Rudolph Chelminski, qui lui fait écrire ses Mémoires. De ces épreuves, il tire un récit d'où est absent tout ressentiment antichinois ou anticommuniste malgré les conditions très éprouvantes qu'il a subies, avec des journées de travail qui pouvaient souvent durer jusqu'à seize heures. Le système carcéral touche alors quelque seize millions d'individus qui, une fois incarcérés, n'ont que très peu de chances de recouvrer la liberté. La majorité d'entre eux, une fois leur peine purgée, se retrouvent affectés à l'encadrement des nombreux camps pour y assumer à leur tour un rôle de gardiennage ou de rééducation. Quant à Pasqualini, il se dit lui-même sauvé par sa frivolité : « Si je n'avais pas eu le sens de l'humour, je ne serais pas vivant aujourd'hui. » De son témoignage, il ressort que le prisonnier dans la Chine de Mao a le choix entre mourir d'épuisement pour obtenir la ration alimentaire minimale nécessaire à sa survie ou travailler normalement et mourir de faim.

Un peu plus tard, au début des années 1980, le sinologue américain Michael B. Frolic, professeur à Harvard, recueillant les témoignages de centaines de réfugiés de la Révolution culturelle enfuis à Hong Kong, en retient treize récits sur le tragique au quotidien de cette période pour composer *Le Peuple de Mao*[2]. L'auteur s'efface

---

1. ARTIÈRES, 2008, p. 500.
2. FROLIC, 1982.

derrière les témoignages, dont la force tient surtout au fait que la sérénité l'emporte sur le ressentiment. Le peuple subit tout en opposant une forme de résistance passive faite de ruses multiples qui composent un véritable système D dans lequel le cynisme est généralisé : « À peu près personne "n'y croit". On fait semblant, on fait des révérences et les simagrées qu'il faut[1]. » Les titres des chapitres illustrent à eux seuls tout le sens de l'humour que requiert la lutte contre l'absurdité bureaucratique : « 1. Le porc à mille dollars » ; « 2. Un petit tas de boue et un gros tas de bouse » ; « 8. Tuer les poulets pour effrayer les singes » ; « 10. Celui qui raffolait de la viande de chien »...

En 1977, le témoignage de trois anciens maoïstes français qui ont travaillé pendant deux années en Chine pour *Pékin Information* est d'autant plus accablant pour la Chine de la Révolution culturelle qu'ils n'étaient pas partis pour un éphémère voyage touristique mais pour comprendre de l'intérieur cette Révolution culturelle qui les fascinait. Ils ressortent dépités de cette expérience qui a totalement détruit leur mythe et en tirent un récit, *Deuxième Retour de Chine*[2]. Claudie Broyelle avait pourtant publié peu auparavant, en 1973, un ouvrage glorifiant une Chine de Mao qui, selon elle, avait permis d'émanciper la femme chinoise[3] ; Jacques Broyelle faisait quant à lui partie du petit groupe qui a créé l'UJCML (Union des jeunesses communistes marxistes-léninistes) à l'École normale d'Ulm avec Robert Linhart et Benny Lévy.

Ce que décrivent ces trois ex-maoïstes convaincus est un monde concentrationnaire qui n'a rien à envier à celui de l'URSS. On y retrouve, en plus intense, le même culte de la personnalité dénoncé par Khrouchtchev comme une perversion du système. Jamais, dans aucun régime, on n'a atteint de tels sommets. Le culte de Mao doit mobiliser au quotidien tout le peuple chinois. Avant de commencer sa journée de travail, l'employé de bureau ou l'ouvrier d'usine doit exécuter quelques pas de danse accompagnés de chants devant le buste du Grand Timonier. Dans certaines institutions, on ne

---

1. Bianco, 1982, p. 13.
2. Broyelle, Broyelle et Tschirhart, 1977.
3. Broyelle, Claudie, 1973.

décroche pas le téléphone en disant « Allô ! », mais « Vive le président Mao ! » : « Vous pouviez alors être jeté en prison si vous aviez le malheur d'emballer vos épluchures dans un journal duquel vous n'auriez pas découpé au préalable les photos du Grand Pilote (si vous le faisiez, par ailleurs, il ne restait rien du journal)[1]. » Les trois auteurs sont tout de suite étonnés de se retrouver, dans ce pays qui se réclame de l'égalité et de l'internationalisme, parqués dans un quartier isolé des autres par de hautes grilles surveillées jour et nuit par des soldats. Les auteurs démystifient l'idée d'une société démocratique et soulignent que la Révolution culturelle est une période de terreur au cours de laquelle des citoyens chinois disparaissent massivement dans des prisons clandestines. Le nombre des réprouvés est tel que chaque unité de travail se dote de cachots secrets. Ceux qui sont susceptibles de rejoindre la prison sont en nombre tel que nul ne peut se considérer épargné par ce risque : avoir eu de mauvaises pensées suffit à être envoyé au trou. Dès sa prime jeunesse, on apprend au jeune Chinois à rester vigilant, à observer et à dénoncer tout comportement non conforme au système. Le système de délation généralisée est très bien organisé. Sur les lieux de travail, les salariés doivent s'adonner à la confection de leur propre dazibao pendant les heures de travail et sur un thème imposé, du genre : « lier la critique de Lin Piao à la situation concrète de l'unité de travail[2] ». L'idée est de désigner nominalement quelqu'un dans la section de travail qui incarne la ligne à combattre et va servir de défouloir, et le cas échéant devra faire son autocritique ou sera envoyé dans les geôles. La personne arrêtée, coupée du monde extérieur, « disparaît totalement dans les entrailles de la Sécurité[3] ». Tenue au secret, elle ne peut recevoir de visite ni entretenir de correspondance, et n'est pas informée de ce dont on l'accuse : l'accusé doit passer de lui-même aux aveux et demander pardon pour sa mauvaise intention ou sa mauvaise action. Au cours du procès, l'accusé ne bénéficie d'aucune assistance et doit assurer seul sa défense. Comme en URSS, l'univers

---

1. BROYELLE, BROYELLE et TSCHIRHART, 1977, pp. 226-227.
2. *Ibid.*, p. 86.
3. *Ibid.*, p. 149.

des camps qui contribuent à l'édification du « socialisme » est bien peuplé. Sans cesse objet de contrôle, la vie privée n'existe pas : « La direction non seulement peut, mais doit intervenir en cas de conflit entre époux, particulièrement lorsque l'un des époux désire divorcer[1]. » Les cadres du Parti sont là pour résoudre les contradictions au sein du peuple et cherchent un terrain d'entente pour le bien-être commun. Le secret médical n'existant pas, la direction du travail est immédiatement informée en cas de grossesse. Si la salariée n'est pas mariée, elle est sommée de passer aux aveux devant les masses et sanctionnée : on l'envoie généralement se faire rééduquer avec un certificat de mauvaise conduite, et le coupable, si l'on met la main dessus, est envoyé lui aussi dans un camp à l'autre extrémité du pays. Ces quelques exemples, parmi bien d'autres, donnent une idée concrète de ce que recouvre le mythe chinois encensé par nombre d'intellectuels en France depuis les années 1960.

Le revirement le plus spectaculaire du milieu des années 1970 à propos de la Chine est opéré par *Tel Quel*. Il est devenu impossible de soutenir BHL, de dénoncer le Goulag, de défendre Soljenitsyne et en même temps de clamer son adoration pour le président Mao. Une telle attitude finissant par faire des nœuds borroméens dans la dialectique, la revue de Sollers, au cours de l'année 1976, fait volte-face. La disparition du Grand Pilote et l'élimination de la bande des Quatre sont l'occasion d'un adieu à la Chine :

> Les événements qui se déroulent actuellement à Pékin ne peuvent qu'ouvrir définitivement les yeux des plus hésitants sur ce qu'il ne faut plus s'abstenir de nommer la « structure marxiste », dont les conséquences sordides sur le plan de la manipulation du pouvoir et de l'information sont désormais vérifiables. Il faudra y revenir, et en profondeur. Il faut en finir avec les mythes, tous les mythes[2].

Sollers fait son « autocritique » dans *Le Monde* et sa remise en question de Mao le conduit, comme ses amis « nouveaux philosophes », à s'attaquer à Marx comme source de tous les maux,

1. *Ibid.*, p. 42.
2. SOLLERS, 1976, p. 104.

« principale pensée d'ordre, de pouvoir et de répression de notre temps[1] ». La mue réalisée par la revue *Tel Quel*, plaque sensible à tous les vents qui emportent le monde intellectuel parisien, est significative d'un tournant radical qui conduit à l'abandon de tout prophétisme révolutionnaire.

L'équipe troque même son idolâtrie maoïste pour l'« américanophilie la plus extasiée[2] ». Sans transition, le numéro triple de la revue publié à l'automne 1977 est consacré aux « États-Unis[3] ». Ce numéro débute par un échange à trois voix, celles de Philippe Sollers, Julia Kristeva et Marcelin Pleynet, destiné à expliquer au lecteur « Pourquoi les États-Unis ? ». Cette fois encore, le comparatisme binaire oppose le vieux continent européen à la jeune et dynamique Amérique, et comme hier l'Orient se trouvait paré de tous les atours de la séduction, c'est la modernité occidentale ici qui sort gagnante du duel sur tous les terrains, de la compétition économique à la créativité artistique et littéraire. Le numéro de *Tel Quel* rassemble les contributions de personnalités américaines éminentes[4], dont celle du passeur entre les deux cultures qu'est à New York Tom Bishop. La revue abandonne son ambition d'incarner l'avant-garde politique en brandissant le *Petit Livre rouge* pour celle d'un avant-gardisme artistique et littéraire, s'appuyant cette fois sur le potentiel créatif des États-Unis, qui ont cessé d'être considérés comme un tigre de papier. Si le voyage en Chine aura été unique et collectif pour l'équipe de la revue, les invitations sur les campus américains se multiplient, et nombreux sont les collaborateurs de la revue à profiter de séjours américains ou à être conviés comme *visiting professor*. De Marcelin Pleynet à Philippe Sollers en passant par Julia Kristeva, les animateurs de *Tel Quel* se feront aux États-Unis les ambassadeurs prolifiques de la French Theory, très demandée sur les campus américains. Ce tropisme nord-américain emporte alors l'adhésion d'un nombre croissant d'intellectuels français. Juste avant la parution du numéro de *Tel Quel* sur l'Amérique, la revue

1. ID., 1977.
2. HOURMANT, 1997, p. 134.
3. *Tel Quel*, nᵒˢ 71-73, automne 1977.
4. Stanley Hoffmann, Philip Roth, David Hayman, Domna Stanton, John Ashbery, Viola Farber, Merce Cunningham et Robert Wilson.

de Sartre, *Les Temps modernes*, consacre un numéro spécial au dossier : « Les États-Unis en question[1] ». La perspective définie par Élise Marienstras est cependant bien différente, puisqu'il s'agit de donner une visibilité aux forces contestataires, à « l'Autre Amérique », celle de la radicalité critique, des Panthères noires et des mouvements sociaux. N'ayant jamais abondé dans le sens de la maolâtrie, la revue de Sartre s'interroge en 1978 sur ce phénomène qui a conduit nombre d'intellectuels français, qui font pourtant profession de penser, à un aveuglement insensé. Dans un numéro consacré à la Chine post-maoïste, Xavier Lucioni porte un regard sarcastique sur les « amants déçus[2] » du maoïsme, et la revue accorde une place majeure aux démystificateurs de l'imposture de la Révolution culturelle, s'appuyant sur les publications de Jean Pasqualini, Simon Leys, Claude Cadart, Claudie et Jacques Broyelle, Évelyne Tschirhart, ainsi que sur des témoignages de Chinois comme Li Yi Zhe ou Cheng Ying Hsiang.

La confrontation entre les deux visions de la Révolution culturelle connaît son temps fort sur le petit écran à l'occasion de l'émission « Apostrophes ». Son animateur, Bernard Pivot, constitue le 3 mai 1983 un plateau pour le moins contrasté sur le thème : « Les intellectuels face à l'histoire du communisme ». Se retrouvent face à face pour une joute prometteuse Maria-Antonietta Macciocchi et Simon Leys. Alors que la première revendique encore la pureté de son engagement auprès de la Révolution culturelle, Simon Leys laisse libre cours à son indignation et se montre implacable dans sa dénonciation de ce qu'il estime être une imposture :

> Je pense que les idiots disent des idioties. C'est comme les pommiers produisent des pommes. C'est dans la nature […]. Quand je parle de Mme Macciocchi, je parle d'une certaine idée de la Chine. Je parle de son œuvre, pas de sa personne. Son ouvrage *De la Chine*, ce qu'on peut [en] dire de plus charitable, c'est que c'est une stupidité totale, parce que si on ne l'accusait pas d'être stupide, il faudrait dire que c'est une escroquerie[3].

1. *Les Temps modernes*, n°s 361-362, août-septembre 1976.
2. LUCIONI, 1978, p. 1374.
3. Simon Leys à « Apostrophes », 3 mai 1983, cité dans PAQUET, 2016, p. 436.

Et Simon Leys de déconstruire les deux axiomes de Macciocchi, celui qui prétend que le peuple de Mao est une humanité sans péché et celui qui présente le maoïsme comme une rupture avec le stalinisme : « Maria-Antonietta Macciocchi n'en croyait pas ses oreilles. Elle s'était préparée, non seulement à passer une soirée agréable, mais également à jouir d'une nouvelle consécration médiatique[1]. » Elle pense pouvoir redresser la situation en demandant à Bernard Pivot que l'on ne mentionne plus son ouvrage de 1971 mais celui qu'elle vient de publier, qui porte le titre prometteur de *Deux Mille Ans de bonheur*. Simon Leys en profite pour s'étonner de la place ridicule qu'elle y attribue à la Chine, dont l'évocation se limite à quelques mondanités parisiennes : « Il y a des petites galipettes sexuelles, il y a des aventures, il y a des salons parisiens, etc. La Chine disparaît de l'horizon et on s'aperçoit simplement que la Chine n'a jamais été pour vous qu'un prétexte à conversations à la mode dans les salons parisiens[2]. » Déconfite, terrassée, Macciocchi quitte le plateau dès la fin de l'émission sans s'attarder à prendre un verre avec les autres participants, pas près de se remettre de ce qu'elle a vécu comme une humiliation et estimant avoir payé la note de bon nombre d'intellectuels français comme Barthes ou Sollers.

LES « FRENCH DOCTORS »

L'autre élément fondamental dans le retournement qui s'opère au milieu des années 1970 se situe aussi en Asie. Toute une génération est née à la politique dans les années 1960 en s'indignant contre la guerre menée par les Américains au Vietnam. Le combat de ce petit peuple héroïque a été magnifié en même temps que les Américains ont été diabolisés. En 1973 les accords de paix signés à Paris mettent fin à une longue et cruelle guerre, et en 1975 les communistes vietnamiens parachèvent leur victoire en prenant de force

1. PAQUET, 2016, p. 437.
2. Simon Leys à « Apostrophes », 3 mai 1983, cité dans *ibid.*, p. 438.

Saïgon et déclarent le Vietnam réunifié autour de Hanoï, pendant que les Khmers rouges s'emparent de Phnom Penh au Cambodge et proclament la naissance du Kampuchéa démocratique. Alors qu'une longue solidarité unit les intellectuels français à ces peuples en lutte pour se libérer du joug colonial puis de la domination américaine, les informations qui commencent à filtrer dès 1975 sur les débuts du régime des Khmers rouges de Pol Pot, placés sous le signe d'un génocide, suscitent instantanément la stupéfaction.

Assez vite, le public français reçoit des informations fiables, notamment celles d'un missionnaire de la communauté catholique, François Ponchaud, bon connaisseur du pays, qui a consacré trois années à étudier la langue khmère et la civilisation de ce pays avant d'être envoyé en mission. Il séjourne une dizaine d'années au Cambodge entre 1965 et 1975, traversant les tragédies de ce petit pays, qui voit le pouvoir passer des mains du prince Sihanouk à celles de Lon Nol, avec son régime dictatorial, et enfin de Pol Pot, et qu'il doit maintenant quitter pour une question de survie, trois semaines après la proclamation de la République populaire du Kampuchéa. François Ponchaud, pourtant partisan d'une révolution au Cambodge pour renverser Lon Nol, reçoit d'un de ses amis réfugié en Thaïlande des informations à peine croyables sur les massacres, les déportations, le travail forcé dans un pays transformé en camp de concentration. Il n'en revient pas et décide d'enquêter, ce que lui permet sa connaissance de la langue et du pays. Il recueille de nombreux témoignages oraux et écrits, les vérifie, les analyse, les confronte aux informations de Radio Phnom Penh. Il commence par écrire ce qu'il apprend dans *Le Monde*[1] pour alerter l'opinion publique, puis publie, début 1977, un livre : *Cambodge année zéro*[2]. François Ponchaud cherche à comprendre pourquoi la capitale a été immédiatement vidée de ses habitants, pourquoi les Khmers rouges ont déporté deux millions et demi de leurs compatriotes. Il met en avant quelques hypothèses pour rationaliser l'irrationnel, comme la réaction paranoïaque d'un pouvoir qui se croit aux prises avec un complot ou encore la peur d'une famine dans les villes, mais elles ne permettent pas d'expliquer la violence de masse : « La raison

1. PONCHAUD, 1976.
2. PONCHAUD, 1977.

de la déportation de Phnom Penh doit donc être cherchée ailleurs [...] La raison la plus profonde est d'ordre idéologique[1]. » Il en a vite confirmation en constatant que les plus petits villages et les maisons isolées dans la campagne ont été vidés de leurs habitants. Il s'agit pour les Khmers rouges de faire table rase du passé, de créer un homme nouveau en éradiquant toute urbanité ; la ville est en effet perçue comme le règne du mal, de la débauche, de la corruption. François Ponchaud, au départ plutôt réceptif à ce discours qui le renvoie à ses origines campagnardes, veut y voir la fin de la société du gadget, le retour à un certain essentiel, tout en étant horrifié par les actes des Khmers rouges.

Cambodge année zéro connaît le succès et trouve un public qui découvre l'ampleur de l'horreur. Jean Lacouture, correspondant du *Monde* et du *Nouvel Observateur* qui à l'instar d'autres journalistes a couvert les événements en Asie en appuyant de sa plume les avancées de ces forces politiques victorieuses, reconnaît le rôle qu'a joué dans sa prise de conscience l'ouvrage de François Ponchaud : « C'est à partir de la lecture de *Cambodge année zéro* que beaucoup d'entre nous sont passés de l'anxiété immobile à la colère active, ont su que le pire était là-bas en cours, que ce pays était un sinistré qui, sous quelque forme que ce soit, devait être entendu et si possible secouru[2]. » En 1977, cette publication provoque un choc de lucidité et une rupture radicale de regard sur le Cambodge, à la manière de ce qu'a réussi Soljenitsyne en 1974 à propos de l'Union soviétique. À cette différence près qu'entre l'avènement du régime de terreur, ses méfaits et la prise de conscience internationale l'intervalle aura été très bref concernant le Cambodge.

Une polémique éclate pourtant et se concentre sur les prises de position du linguiste américain Noam Chomsky. Après la publication d'un article de Jean Lacouture sur le livre de François Ponchaud dans *Le Nouvel Observateur*, traduit dans la prestigieuse *New York Review of Books*[3], Chomsky s'étonne que nombre d'affirmations de Lacouture ne se retrouvent pas dans le livre de François Ponchaud, et communique sa surprise à Lacouture, qui répond dans la revue

---

1. *Ibid.*, p. 34.
2. LACOUTURE, 1978, p. 79.
3. Informations reprises de HOURMANT, 1997, p. 180.

américaine en corrigeant son article, admettant quelques inexactitudes à mettre sur le compte de sa précipitation à vouloir venir en aide au peuple cambodgien : « Ma lecture du livre de Ponchaud a été hâtive et m'a bouleversé et j'ai trop vite choisi divers aspects polémiques[1]. » Si Lacouture reconnaît des erreurs factuelles, il reste ferme sur son argumentation générale qui demeure valide. Après cette escarmouche, Noam Chomsky s'en prend à l'ouvrage de François Ponchaud lui-même pour en faire une critique acerbe tant sur sa méthodologie de recherche que sur les sources utilisées. Le trouvant à la fois sérieux et négligent, Chomsky distille un air de soupçon quant à la thèse de François Ponchaud, qui lui répondra dans la préface à l'édition britannique de son ouvrage. Ce n'est là que la première passe d'armes, car la polémique va rebondir et s'aggraver à la fin de l'année 1979. Un pôle d'intellectuels déplace le débat en mettant en cause les médias et en affirmant la nécessité de persévérer dans le combat anti-impérialiste et de ne pas taire les lourdes responsabilités des États-Unis dans le désastre que traverse l'Asie. Les tenants de cette position vont jusqu'à parler de l'orchestration médiatique d'un « génocide cambodgien », comme si ce dernier était une invention des médias. On retrouve Chomsky sur cette position et son relais en France en la personne de Serge Thion[2], qui trouvent des alliés en Régis Debray et Jean-Pierre Faye. En novembre 1979, _Change_, la revue de Jean-Pierre Faye, publie un débat entre Noam Chomsky et Régis Debray : « Sous le titre _Narration et pouvoir : massacres et média_, ces derniers disséquaient, à partir de l'exemple cambodgien, les modalités de l'une des plus grandes campagnes publicitaires de l'histoire[3]. » Les deux débatteurs non seulement dénoncent de concert les médias occidentaux accusés d'intoxication, mais doutent même de l'existence des faits incriminés. Mettant en parallèle les massacres perpétrés à Timor et ceux du Cambodge, Chomsky dénonce un traitement médiatique à deux vitesses et affirme qu'on a caché à l'opinion publique les événements qui se déroulent dans la péninsule indonésienne pour mieux se concentrer sur le Cambodge, où l'on a

1. Lacouture [1977], 1997, p. 180.
2. Thion, 1977.
3. Hourmant, 1997, p. 184.

exagéré les événements en inventant un génocide : « Les États-Unis et la France sont ainsi directement visés par Chomsky. Ce seraient eux en effet les vrais responsables des atrocités commises à Timor du fait de leurs fournitures d'armes au régime indonésien[1]. » Régis Debray, en accord avec la position de Chomsky, y voit également une manœuvre de diversion.

Ces positions négationnistes suscitent de vives réactions chez un certain nombre d'intellectuels fatigués d'entendre toujours les mêmes arguments niant la réalité. C'est le cas de Claude Roy qui publie dans *Le Nouvel Observateur* une « Lettre ouverte à Noam Chomsky » : « La question fondamentale est-elle de savoir si le malheur du Cambodge est un "coup" publicitaire bien joué, ou bien de savoir si cela est vrai, et comment cela fut accompli, et pourquoi, et par qui[2]. » Dans *Le Matin de Paris*, Jacques Attali et Bernard-Henri Lévy répondent aussi avec fermeté à Chomsky :

> Sait-il bien ce qu'il dit et ce que parler veut dire, le linguiste Noam Chomsky quand il oppose ici et ailleurs les « bons » morts du Timor aux « mauvais » du Cambodge ? Que signifie-t-elle cette étrange rumeur qui nous somme de choisir entre affamés « progressistes » et faméliques « réactionnaires » selon la couleur politique du despote qui les accable, ici soviétique et là indonésien ? Pour tous ceux, en tout cas, qui ne sont point tout à fait sourds à la mémoire du siècle, il y a dans ce type de démarche l'écho d'une vieille, d'une très vieille et très odieuse maladie d'une certaine « gauche » : la tragique comptabilité des souffrances qui a nourri les heures les plus sombres de l'histoire du stalinisme[3].

Contre toutes les preuves tangibles, ce négationnisme de Chomsky n'est plus de saison après Soljenitsyne et, pour l'essentiel, sa tentative de banalisation du désastre cambodgien est vouée à l'échec. Des informations fiables ne cessent d'arriver en France, par le biais notamment de Médecins sans frontières (MSF), dont les activités d'assistance médicale ne sont pas implantées au Cambodge même mais aux frontières du pays, en Thaïlande.

1. *Ibid.*, p. 185.
2. Claude Roy, cité dans *ibid.*, p. 187.
3. ATTALI et LÉVY, 1979.

C'est là que se trouve Claude Malhuret, ancien militant du PSU et animateur de la section du CHU Cochin qu'il a entraînée dans le mouvement de 68. Il va travailler pendant près d'un an à la frontière thaïlando-cambodgienne, dans le camp d'Aranya-Prathet où, démuni de tout, il doit faire face à une situation désespérée et aider comme il peut les sept mille réfugiés : « J'ai vu ces hommes, ces femmes et leurs gosses, et, les écoutant, j'ai compris peu à peu l'étendue de l'horreur qui se jouait là-bas, côté khmers rouges [...]. Au Cambodge, l'incarnation de la révolution paysanne en marche n'était qu'une boucherie, un abattoir géant[1]. » Xavier Emmanuelli, cofondateur de MSF, vient le rejoindre dans ce camp placé sous la responsabilité du Haut-Commissariat des Nations unies, au milieu de dizaines d'associations humanitaires : « De temps en temps, un village à la frontière subissait un raid atroce venu du Cambodge et l'on découvrait les cadavres de paysans horriblement mutilés, vieillards, femmes et enfants compris, et tout jusqu'au bétail, témoignait de l'extrême sauvagerie des mœurs en vigueur[2]. » Emmanuelli s'étonne du contraste entre les positions de la presse européenne, qui voit dans ce nouveau régime cambodgien la possibilité d'une amélioration pour sa population, et ce qu'il constate sur le terrain des camps de réfugiés, avec les massacres généralisés, la famine et l'extermination génocidaire. Ses confrères médecins confirment, parlant de charniers de l'autre côté de la frontière, des milliers de squelettes de ceux qui ont tenté de fuir : « Au début, je n'y croyais pas — mais tout concordait d'un camp à l'autre, des gens qui ne se connaissaient pas disaient les mêmes choses[3]. »

Au choc subi par les révélations qui proviennent du Cambodge s'ajoute le drame vécu par ceux que l'on appellera les *boat people*, des Vietnamiens toujours plus nombreux qui quittent précipitamment leur pays, fuyant sur des rafiots de fortune. Le rêve communiste tourne au cauchemar et tombe décidément à l'eau. Ce nouveau traumatisme affecte une fois encore profondément des intellectuels qui ont accompagné de leur soutien le peuple vietnamien dans son émancipation. Voilà que les Vietnamiens eux-mêmes ne pensent

1. Claude Malhuret, cité dans VALLAEYS, 2004, pp. 235-236.
2. EMMANUELLI, 1990, pp. 182-183.
3. *Ibid.*, p. 185.

qu'à fuir, au péril de leur vie, le nouveau régime despotique en place. Alors que le Vietnam avait acquis par sa lutte héroïque le statut d'icône de la révolution, tout le combat tiers-mondiste se trouve ébranlé par ce nouveau désastre. Parmi les intellectuels les plus engagés dans la cause vietnamienne, Madeleine Rebérioux et Laurent Schwartz font part à l'opinion publique de leur douloureux « dilemme[1] ». Ces militants essaient de ne pas céder à un rejet pur et simple de ce qu'est devenu ce pays, tout en reconnaissant le caractère peu démocratique du nouveau régime. Un certain nombre d'intellectuels ne veulent pas rester passifs et impuissants, comme ce fut le cas lorsque l'Occident restait aveugle aux massacres perpétrés par le totalitarisme soviétique. Cette fois, certains se lancent dans des initiatives de sauvetage en mettant en avant un thème qui va dominer la période, celui de la défense des droits de l'homme face à l'État totalitaire, par-delà les frontières et la diversité des régimes politiques. Cette défense va s'imposer comme une réponse aux désastres qui se multiplient.

Cette découverte du génocide communiste au Cambodge et des *boat people* vietnamiens accentue encore l'effet Soljenitsyne et incite les intellectuels à réévaluer les valeurs démocratiques occidentales jusque-là minorées. La logique d'une opposition entre totalitarisme et démocratie tend à s'imposer de plus en plus, dressant face à l'oppression des régimes despotiques l'impératif de défendre les droits des individus et l'exercice de leurs libertés. Ce nouveau combat pour les droits de l'homme est alors spectaculairement mis en scène par l'opération « Un bateau pour le Vietnam ». Cette initiative est prise par le couple Broyelle qui s'inquiète notamment du sort des Chinois du Vietnam fuyant le régime de Hanoï pour s'installer au sud du pays. Le couple Broyelle entend réagir à l'odyssée du cargo *Hai Hong*, qui n'est pas sans rappeler celle de l'*Exodus*. Ce cargo, qui transporte deux mille quatre cent quatre-vingt-dix-neuf *boat people*, menace de chavirer pendant deux jours sous le poids de ses occupants, la ligne de flottaison au ras de la houle. Arrivé au large de Port Kelang, il est placé sous contrôle de la Malaisie. Le gouvernement de Kuala Lumpur interdit à ses passagers, pour l'essentiel des Vietnamiens d'origine chinoise, de

1. Rebérioux et Schwartz, 1978.

débarquer. Ces derniers sont convoyés par le gouvernement vietnamien lui-même qui organise le trafic de ces réfugiés fuyant le
nouveau régime. Cette traite humaine rapportant au nouveau pouvoir vietnamien plusieurs centaines de millions de dollars, celui-ci
encourage les Sino-Vietnamiens à quitter le pays pour profiter de
leurs biens. Ces révélations sur l'exploitation flagrante de la misère
par un régime qui jouit alors d'un crédit moral et même héroïque
soulèvent une indignation à la hauteur de la solidarité qui s'était
manifestée pour soutenir sa lutte en faveur de l'émancipation.

Le couple Broyelle contacte un des treize fondateurs de Médecins sans frontières, Bernard Kouchner, qui a été de ceux qui se
sont portés dans les années 1960 au côté du combat des Vietnamiens : « Nous suivions les batailles perdues du Corps expédi-
tionnaire dans les plaines de Jarres et les plaines des Joncs, sur les
Hauts Plateaux, dans les cuvettes et les deltas[1]. » Une réunion se
tient autour des Broyelle avec Bernard Kouchner, Alain Geismar,
BHL, quelques dissidents soviétiques et deux militants bouddhistes
vietnamiens chez Maximov, qui dirige une revue de dissidents,
Continent. Lorsque le Vietnamien Vo Van Ai évoque une mer de
Chine truffée de *Hai Hong* et de noyés, naît l'idée de partir les
repêcher pour faire œuvre utile au lieu de simplement pétitionner.
Pour financer l'opération et lui donner le plus de retentissement
possible, il fallait cependant en passer par ce stade de la pétition. Le
petit groupe se réunit deux fois par semaine chez Ilios Yannakakis,
ancien communiste grec exilé en Tchécoslovaquie puis en France,
et se charge de contacter les signataires de leur appel à soutenir une
grande opération humanitaire et sauver des *boat people* dans la mer
de Chine. Cet appel destiné à sensibiliser l'opinion sur ce qui se
passe au Vietnam et à lancer la campagne humanitaire de solidarité
avec les victimes est publié dans *Le Monde* le 22 novembre 1978 :

> Chaque jour des embarcations improvisées affrontent les tempêtes
> de la mer de Chine. Des milliers de Vietnamiens, en s'échappant,
> tentent de vivre. La moitié se noie, tous sont rançonnés, subissent
> l'assaut des pirates. Trouvons donc en Europe, en Amérique, en
> Asie, en Australie, des pays d'accueil. Mais faisons plus : allons

---

1. KOUCHNER, 1980, p. 17.

chercher ces fugitifs. Un bateau en mer de Chine doit pouvoir, en permanence, rechercher, repêcher les Vietnamiens qui ont pris le risque de quitter leur pays. Les gouvernements ne sont pas seuls en cause et certains sont actifs. C'est notre affaire d'organiser les premiers secours. L'urgence : un bateau, un équipage, de l'argent. Une bouée, un refuge. Ensuite des pays d'accueil[1].

L'initiative met en sourdine toute appréciation d'ordre politique pour laisser place à l'impératif de l'urgence, de l'efficacité de l'action immédiate suscitée par la souffrance collective d'un peuple meurtri par l'histoire. Ce projet renoue avec la notion d'engagement sur des assises radicalement différentes de celles des années d'après-guerre. Si cet engagement reste modeste et ponctuel, il est concret : l'action humanitaire ne se fonde plus sur des lendemains qui doivent chanter, elle est ancrée dans le présent immédiat et tente de répondre sans distinction idéologique, par simple souci de faire respecter les droits de l'homme et les devoirs de fraternité.

L'autre atout que revêt ce type d'intervention de sauvetage est qu'elle ne peut décevoir puisqu'il s'agit de sauver des vies ; à cette échelle, le peu d'acquis l'est sur la mort et s'avère donc forcément utile. L'initiative fait tout de suite sensation et elle est relayée par un élan d'enthousiasme : « Grâce aux Français, un bateau pourrait bientôt sillonner la mer de Chine afin de recueillir les réfugiés fuyant le Vietnam[2]. » Cette opération humanitaire place Médecins sans frontières, discrètement créée en 1971 et qui va jouer le rôle d'organisateur de ce sauvetage collectif, sur l'avant-scène médiatique. Cette organisation humanitaire est née d'un journal médical, *Tonus*, fondé en 1963 par Raymond Borel et que rejoint en 1967 un certain Philippe Bernier. Ce dernier avait lancé en 1971 un appel aux médecins : « Serions-nous des mercenaires ? » À propos des suites du tremblement de terre de Skopje, Bernier pose cette question à un médecin témoin de la catastrophe : « Le volontariat privé n'est-il pas le moyen idéal, en attendant que l'ONU constitue enfin cette "armée blanche" réclamée depuis dix ans, en vain[3] ? »

1. « Un bateau pour le Vietnam », *Le Monde*, 22 novembre 1978.
2. *France Soir*, 24 novembre 1978.
3. Philippe Bernier, cité dans VALLAEYS, 2004, p. 114.

Cet appel bénéficie d'un retentissement d'autant plus grand qu'il paraît au moment d'une autre catastrophe, celle des inondations au Bangladesh : « Un jour, se souvient Borel, un jeune type débarque, belle gueule. "Je me présente : Bernard Kouchner, mercenaire de la médecine d'urgence […]. J'aimerais, me dit-il, m'inscrire"[1]. » Ce dernier devient vite le porte-parole de MSF. Son initiative « Un bateau pour le Vietnam » provoque cependant des remous dans l'organisation et débouche sur un schisme. Bernard Kouchner n'est pas vraiment suivi, et il est même fortement contesté par la majorité de la direction de MSF qui critique le bien-fondé de cette opération, en désapprouve le caractère trop médiatique et se gausse de l'appel aux personnalités. Claude Malhuret, un peu sceptique mais finalement favorable à cette opération de sauvetage, s'enquiert de sa faisabilité, mais Xavier Emmanuelli écrit un article virulent dans *Le Quotidien de Paris* : « Un bateau pour Saint-Germain-des-Prés ». Emmanuelli, alors vice-président de MSF, entraîne l'organisation derrière lui, provoquant la rupture avec Kouchner qui créera une association concurrente, Médecins du monde, en janvier 1980. André Glucksmann voit en revanche dans cette opération la source même d'un basculement de la vie intellectuelle française : « Pour finir de bousculer les clivages les mieux établis de l'intelligence française, il a suffi qu'un petit groupe d'individus lance l'idée d'un bateau pour secourir les réfugiés d'Asie du Sud-Est[2]. » Il n'a pas tort, et on comprend en effet, lorsque l'on prend connaissance des signataires de l'appel, que cette initiative a créé un consensus et engendré une forme d'œcuménisme chez des intellectuels français jusque-là barricadés dans leurs frontières idéologiques : on retrouve parmi les signataires aussi bien Jean-Paul Sartre que Michel Foucault et Raymond Aron[3]. C'est l'heure significative d'un retournement historique avec les retrouvailles entre les deux « petits camarades », Aron et Sartre s'avérant liés dans une nouvelle opération humanitaire et médicale, celle du navire-hôpital *L'Île de Lumière*, ancré à Poulo Bidong pour venir en aide aux

1. *Ibid.*, p. 116.
2. GLUCKSMANN, 1979.
3. L'appel recueillera plus de cinq cents signatures. Voir la liste des signataires dans HOURMANT, 1997, p. 175.

réfugiés de manière plus durable. Un comité officiel, présidé par Claudie Broyelle, secondée par trois vice-présidents, Robert Zitoun, Alain Geismar et l'avocat Jacques Miquel, multiplie les initiatives pour obtenir des fonds et tient des conférences de presse dans de grands hôtels parisiens, Plaza Athénée, Sofitel, Lutetia, pour populariser leur action et sensibiliser l'opinion publique.

Après que la marine malaisienne a reconduit, le 17 juin 1979, deux mille cinq cents personnes dans les eaux internationales au large de Kuala Terengganu, une conférence de presse se tient le 20 juin à l'hôtel Lutetia :

> Il y a là Simone Signoret, Yves Montand, Eigill Nansen accouru de Norvège, Claudie Broyelle, un évêque, un rabbin, le président des déportés d'Auschwitz, Glucksmann, Aron, etc. Mario Bettati préside. Sa voix résonne incroyablement et fait autorité. Il annonce que Sartre va arriver. On attend longtemps. Voici Sartre. Il est très vieilli. Il marche lentement. Glucksmann, deux fois plus grand que lui, le prend par le bras et le guide le long de la table [...]. Sartre s'arrête devant Aron[1].

Claude Mauriac, à la tribune, est aux premières loges pour assister à cette scène émouvante et devenue historique :

> Glucksmann dit à Sartre quelques mots à l'oreille, tandis que Raymond Aron lui tend la main, qu'il prend, le visage inexpressif, sans hostilité ni chaleur, tandis que celui d'Aron est tendu, gêné, à la fois inquiet et heureux. Je l'entends, j'entends Raymond Aron qui dit trois ou quatre mots de bienvenue, dont seul me parvient distinctement et me frappe *camarade*, peut-être *vieux camarade*[2].

La réconciliation des frères ennemis, Sartre et Aron, fait événement et est mise en scène au plus haut niveau : après avoir siégé

---

1. KOUCHNER, 1980, pp. 264-265.
2. MAURIAC, Claude, 1981, p. 504. Le 23 avril 1980, Claude Mauriac recevra une lettre de Raymond Aron, qui corrigera : « Quand j'ai serré la main de Jean-Paul Sartre, je lui ai dit "bonjour mon petit camarade" et non pas "vieux camarade". C'était une manière d'effacer trente années et de revenir un demi-siècle en arrière. Car dans notre petit groupe à l'École, nous nous appelions "petit camarade" » (lettre de Raymond Aron à Claude Mauriac, 23 avril 1980, citée dans *ibid.*, p. 505).

à la tribune du Lutetia, ils accompagnent ensemble une délégation conduite par André Glucksmann, Bernard Kouchner et Jean-Claude Sénéchal, reçue à l'Élysée le 26 juin par le président de la République Valéry Giscard d'Estaing :

> Le « coup » médiatique que représenta la rencontre de Jean-Paul Sartre et de Raymond Aron contribua à la publicité de cette action humanitaire. Il consacra également, pour de nombreux observateurs, l'idée d'un dépérissement de la visibilité des clivages, la fin d'un âge idéologique et l'avènement d'un nouvel ordre intellectuel et politique qui, bannissant l'exacerbation des conflits au profit de la concertation ou de la réconciliation, rendait possible le rassemblement de familles jadis radicalement opposées[1].

Une éthique nouvelle est née, celle de l'humanitaire qui transcende les clivages idéologiques et politiques au nom de l'urgence, d'un « assentiment autour d'une ambulance », d'une compassion qui pousse à l'action. Incontestablement, au sortir de ces années 1970, une ère nouvelle se profile à l'horizon, qui n'a plus de prétention au prophétisme et à la construction du monde de demain, mais qui entend panser les plaies de l'aujourd'hui avant de les penser. La figure de la victime s'en trouve transformée. Elle n'est plus le prolétaire rivé à son outil de travail ni le damné de la terre, mais le prisonnier, le torturé, l'exilé, le banni.

1. HOURMANT, 1997, p. 176.

11

Des dissidents à la défense
des droits de l'homme

À partir de 1974, l'effet Soljenitsyne rend centrale la question de la défense des dissidents soviétiques et des pays de l'Est. Leur parole parvient en Occident à la faveur des campagnes internationales de soutien, de leur exil, de leurs publications qui confirment, chacune à leur manière, que l'univers totalitaire implacable tel que l'a décrit Soljenitsyne n'a pas disparu et tend même à se durcir depuis l'éviction de Khrouchtchev et l'arrivée de Brejnev au pouvoir. La cristallisation d'un front antitotalitaire donne au phénomène une ampleur tout en contraste avec le silence de plomb qui régnait jusque-là sur ce qui se passait de l'autre côté du rideau de fer. La figure du dissident devient figure héroïque, magnifiée dans son défi solitaire face à un pouvoir omnipotent et oppresseur. Le dissident va incarner dans la seconde moitié des années 1970 l'intellectuel idéal reprenant le flambeau laissé par Voltaire dans l'affaire Calas, puis par Zola dans l'affaire Dreyfus. Beaucoup d'intellectuels français vont même s'en revendiquer et se dire dissidents, reliant en un même combat antitotalitaire des situations diverses.

Esprit, pour qui la défense des dissidents de l'Est n'est pas vraiment un thème nouveau, est liée à de nombreux intellectuels des pays de l'Est. Ce combat contribue cependant à renforcer le nouveau départ pris en 1977 après le changement de sa direction. Paul Thibaud accorde une place centrale à l'analyse du système totalitaire et à la lutte qu'il convient de mener contre lui. Dans le premier numéro de la nouvelle série d'*Esprit*, il rend un vibrant hommage aux Polonais et aux Hongrois réunis pour célébrer le vingtième anniversaire des révoltes populaires de Varsovie et de Budapest. Cette conférence anniversaire invite à reconnaître le « courage de ceux qui ont repoussé la fascination d'une pseudo-histoire déjà écrite dont les PC seraient les délégués[1] ». La revue de Sartre, *Les Temps modernes*, opère une réévaluation de ses positions sur les pays de l'Est[2] :

> Heureusement, la vague d'intérêt que la dissidence a suscitée tout au long de cette année aura au moins permis de liquider certains des mythes qui obstruaient singulièrement notre vision d'antan du « bloc socialiste ». Dépouillées de leurs justifications idéologiques, ces sociétés d'Europe de l'Est, calquées sur le même modèle soviétique, nous sont enfin apparues comme un totalitarisme sophistiqué pénétrant l'ensemble du tissu social. En même temps que les mécanismes de cette oppression, la dissidence nous a également fait comprendre comment le pouvoir est devenu dans ces pas une entité, une chose occulte que personne ne contrôle plus vraiment[3].

Les Temps modernes considèrent les dissidents comme la part lumineuse de ce monde opaque, rappelant qu'une résistance contre l'oppression est possible, et soulignent que dans les pays de l'Est, où les peuples sont muselés et l'arbitraire est quotidien, l'intelligentsia peut porter le drapeau de la résistance au totalitarisme, rôle que jouent les dissidents au péril de leur confort et parfois de leur vie. La revue de Sollers, *Tel Quel*, fait aussi sien le combat des dissidents de l'Est, et dans son numéro de l'hiver 1977 Julia Kristeva considère le dissident comme une nouvelle figure d'intellectuel : « La véritable dissidence, aujourd'hui, c'est peut-être tout simplement, et comme toujours, la pensée[4]. » Durant l'été 1978, *Tel Quel* publie un dossier entier consacré à la question. Julia Kristeva souligne le retournement historique qui s'effectue à l'Est : « L'Europe de l'Est bouleverse la marche linéaire de l'Histoire dite

---

1. Thibaud, 1977, p. 5.
2. *Les Temps modernes*, dossiers « Dissidents », n° 372, juillet 1977, et « Vivre à l'Est », nᵒˢ 376-377, novembre-décembre 1977.
3. Wolton, Thierry, 1977.
4. Kristeva, 1977, p. 8.

occidentale[1]. » Quant à la Biennale de Venise de la fin de 1977, elle se donne pour thème de réflexion : « La dissidence culturelle de l'Est », avec la participation d'une importante délégation d'intellectuels français.

LA LEÇON DES DISSIDENTS

En 1976 et 1977, l'engagement des intellectuels pour protester contre le sort réservé dans les pays de l'Est à ceux qui luttent pour la liberté d'expression s'amplifie et se heurte à un durcissement du régime soviétique. Brejnev, secondé par l'idéologue du PCUS Souslov, donne un coup de barre autoritariste. Le pouvoir a de plus en plus recours à l'article 70 du Code pénal, qui considère que « l'agitation et la propagande » antisoviétique sont des délits qui relèvent des tribunaux. Il s'ensuit une période de regel avec l'incarcération et la déportation de nombreux intellectuels. Siniavski et Daniel en avaient fait les frais en 1966, c'est le tour cette fois de Boukovski, Litvinov, Galanskov, Martchenko et bien d'autres. Il est même question, après le XXIIIe Congrès du PCUS, de réhabiliter Staline. En réaction, un mouvement démocratique émerge et fait circuler des samizdats.

La situation devient aberrante, l'URSS s'engageant dans une politique internationale marquée par une amorce de détente avec l'Ouest, tout en exerçant un contrôle de plus en plus fort sur sa population, remettant en cause une série d'avancées en matière d'exercice des libertés acquises durant la déstalinisation. Les accords d'Helsinki, signés le 1er août 1975 après deux années de négociation, engagent tous les pays européens, pays de l'Est compris, et les deux grandes puissances, URSS et États-Unis, à respecter les frontières nées de la Seconde Guerre mondiale et à les considérer comme inviolables, règle qui doit éviter ce qui s'est produit en 1968 avec l'invasion de la Tchécoslovaquie. Par le troisième volet des accords, les signataires se disent prêts à respecter

---

1. ID. [1978], 1995, p. 505.

les droits de l'homme et les libertés fondamentales, notamment en matière de liberté de pensée, de religion et de circulation des personnes. La violation des engagements internationaux pris par les dirigeants de l'Est qui s'ensuit justifie par conséquent le combat des dissidents pour leur liberté de parole et les campagnes de soutien aux victimes du totalitarisme.

C'est dans ce climat de détente que des campagnes internationales parviennent à faire libérer des dissidents des geôles et des hôpitaux psychiatriques. Certaines affaires sortent de l'ombre et sont portées à la connaissance de l'opinion publique internationale. De ce point de vue, l'affaire Andreï Sakharov est exemplaire, car il s'agit d'un des plus grands savants de l'Union soviétique, père de la bombe H, qui s'est engagé depuis la fin des années 1960 dans des campagnes destinées à faire connaître les dangers de la course aux armements nucléaires et a contribué à la signature en 1968 d'un traité de non-prolifération des armes atomiques. Après l'éviction de Khrouchtchev, il s'élève contre la politique intérieure de Brejnev de répression des dissidents et fait circuler clandestinement un ouvrage non autorisé, *Réflexions sur le progrès, la coexistence et la liberté intellectuelle*. Au début des années 1970, il crée un Comité pour la défense des droits de l'homme et la défense des victimes politiques avec Valery Chalidze et Andrei Tverdokhlebov. Sa notoriété est telle qu'il reçoit en 1975 le prix Nobel de la paix, qu'il ne peut aller chercher à Oslo, étant interdit de sortie du territoire soviétique. C'est sa nouvelle épouse, Elena Bonner, très engagée elle aussi dans les combats pour les droits de l'homme, qui va à Oslo lire son discours. L'année de ce Nobel, il publie un ouvrage traduit dans le monde entier, *Mon pays et le monde*[1], dénonçant le pouvoir d'une bureaucratie qui a confisqué à son profit les libertés fondamentales. Il appelle l'intelligentsia d'Occident au sens de ses responsabilités :

> J'ai pour l'intelligentsia étrangère, pour ces hommes que j'ai eu la chance de connaître personnellement, une sympathie profonde, un respect qui confine à l'envie, et je fonde sur eux d'authentiques espoirs [...]. Et pourtant, je devine un trait caractéristique commun à

1. SAKHAROV, 1975.

nombre d'intellectuels occidentaux et qui ne manque pas de susciter une certaine inquiétude. C'est ce que j'appellerais la « mode du libéralisme de gauche » [...] leur vue simpliste de certains aspects complexes et tragiques de la vie, en particulier de la vie dans les pays socialistes[1].

Malgré sa notoriété, Sakharov est arrêté à Moscou au début de 1980, assigné à résidence à Gorki et placé sous étroite surveillance par le KGB, privé de visites, de courrier, de téléphone, confiné à l'isolement total.

Au cours des années 1970, le thème de la dissidence devient de plus en plus populaire et mobilise les énergies intellectuelles en Occident. Les mathématiciens français s'organisent pour sauver leurs collègues Leonid Pliouchtch et Youri Chikanovitch en signant une pétition en 1973 et en participant massivement à un Comité international de défense mis en place en 1974 à l'instigation du mathématicien américain Lipman Bers. La campagne pour la libération de Pliouchtch est particulièrement popularisée, au point que le PCF est conduit à prendre position en sa faveur. Mathématicien de renommée internationale, il travaille en 1968 à l'Institut de cybernétique de l'Académie ukrainienne des sciences lorsqu'il est dénoncé comme dissident, alors qu'il reste profondément marxiste. Il perd son emploi et constitue un groupe d'initiative pour la défense des droits de l'homme. Arrêté en 1972 pour activité antisoviétique, il est jugé irresponsable de ses actes en tant que schizophrène et interné en 1973 en hôpital psychiatrique, où il subit un traitement de choc[2]. Le Comité international multiplie les initiatives de soutien, tenant conférences de presse, réunions publiques, lançant des appels et multipliant les démarches auprès des responsables politiques. Une journée internationale Leonid Pliouchtch est même organisée. La campagne connaît un retentissement de plus en plus important et un premier succès avec la libération de Chikanovitch le 5 juillet 1974. Le mathématicien français Laurent Schwartz, déjà aux avant-postes du combat contre la guerre d'Algérie, est présent dans toutes les initiatives du Comité et dans la presse[3] : « La réu-

1. *Ibid.*, pp. 82-83.
2. Voir MATHON et MARIE (dir.), 1976, et PLIOUCHTCH, 1977.
3. SCHWARTZ, 1975.

nion du 23 octobre 1975 à la Mutualité marque sans doute le point culminant de la campagne pour Leonid Pliouchtch et l'acmé de son usage pour des enjeux de politique intérieure[1]. » Ce meeting de plus de cinq mille personnes, présidé par Laurent Schwartz, est soutenu par de nombreuses organisations et fait consensus à gauche et à l'extrême gauche, à l'exception du PCF et de la CGT. Archicomble, la salle de la Mutualité ne peut accueillir toute la foule qui afflue. Devant ce succès, le PCF doit adopter un profil bas et manifester sa sensibilité à l'affaire par la voix de René Andrieu qui, dans *L'Humanité* du 25 octobre, soit deux jours après ce meeting, écrit ne pas être indifférent au sort de Pliouchtch et avoir tenté d'obtenir des informations à son sujet. Début 1976, enfin, voit le succès de cette intense campagne : Pliouchtch sort de l'hôpital psychiatrique le 8 janvier et arrive le 11 à Paris avec sa famille[2].

Le cas Pliouchtch, exemplaire, est le symbole même des exactions du système soviétique. Ce premier « malade d'opinion » publie ses Mémoires dès 1977. Le lecteur y retrouve l'itinéraire du brillant mathématicien qui se transforme en calvaire avec les traitements subis en hôpital psychiatrique, où les infirmiers sont des condamnés de droit commun qui purgent leur peine et font régner l'arbitraire. La moindre récrimination est sanctionnée par une injection d'halopéridol, dont les effets sont spectaculaires :

> L'un de mes voisins passe toute sa journée secoué de convulsions ; incapable de rester allongé, il se lève, sa tête retombe sur le côté, ses yeux s'exorbitent. Un autre avale sa langue, étouffe. Un troisième crie, appelle l'infirmière, réclame un médicament qui annule les effets physiologiques de l'halopéridol. L'administration en bourre les pensionnaires de façon à mieux les effrayer [...]. Le second jour produit sur moi une impression plus accablante encore. Lorsque j'ouvris les yeux, ce fut pour voir deux infirmiers frapper à coups redoublés mon protecteur Oleg qui n'opposait pas la moindre résistance, de peur de se voir infliger de nouvelles doses... — Pourquoi t'ont-ils cogné ? — J'avais réclamé qu'ils m'emmènent aux toilettes[3].

1. CHRISTOFFERSON, 2009, p. 228.
2. Voir DANIEL, 1976 (a) et (b).
3. PLIOUCHTCH, 1977, p. 364.

Avoir réussi à extraire Pliouchtch de ses geôliers est un grand succès de la campagne internationale de soutien, qui encourage à poursuivre la lutte pour la libération de ceux, nombreux, qui croupissent encore dans les prisons et les hôpitaux psychiatriques pour avoir réclamé le respect des droits de l'homme. Le Comité des mathématiciens reprend donc son bâton de pèlerin et lance une nouvelle campagne pour la libération de six prisonniers politiques et avertir qu'il reste vigilant face aux atteintes aux droits de l'homme, qu'elles viennent de l'Est ou de l'Ouest. Il exige la libération de trois intellectuels des pays d'Europe de l'Est : Vladimir Boukovski, Semyon Gluzman et Jiří Müller, et de trois intellectuels latino-américains : José Luis Massera, Víctor López Arias et Edgardo Enríquez Espinoza.

Le cas de Vladimir Boukovski, autre grande figure de la dissidence soviétique incarcéré en 1963, date à laquelle on l'a trouvé en possession d'un livre de Milovan Djilas, *La Nouvelle Classe dirigeante,* est particulièrement médiatisé. Lui aussi considéré comme malade mental, il passe deux années en hôpital psychiatrique. Libéré, il est régulièrement reconduit en prison à chacune de ses manifestations pour la défense des droits de l'homme : pour avoir défendu Siniavski et Daniel, puis pour avoir manifesté son soutien à Alexandre Ginzbourg, Youri Galanskov, Alexeï Dobrovolsky et Vera Lashkova. Il écrit *Une nouvelle maladie mentale en URSS : l'opposition*[1], ce qui lui vaut encore des années de prison et de travaux forcés. L'affaire prend une tournure spectaculaire lorsque, le 18 décembre 1976, on procède sur le tarmac de l'aéroport de Zurich à l'échange des prisonniers politiques Luis Corvalán, communiste sorti des prisons du dictateur chilien Pinochet, et Vladimir Boukovski, sorti des prisons de Brejnev. L'impact de l'événement est majeur et fait apparaître de manière flagrante aux yeux de l'opinion publique internationale ce qu'ont de commun ces deux régimes totalitaires, le fascisme et le communisme.

À la différence de Pliouchtch, resté marxiste convaincu malgré son calvaire, Boukovski est un opposant farouche du système soviétique et le fait savoir avec un humour mordant. À l'occasion

---

1. BOUKOVSKY, 1971.

d'une conférence de presse à Paris le jour même de son arrivée, à un journaliste qui lui demande ce qu'il souhaite à Brejnev pour son soixante-dixième anniversaire, Boukovski répond : « Je lui souhaite d'être échangé contre le général Pinochet. » Remarquant par ailleurs qu'on ne lui a remis aucun document attestant qu'il a été libéré de prison, il déclare qu'il se considère comme « un prisonnier politique en vacances ». Quant au journaliste de RTL qui lui demande combien il y a de prisonniers politiques en URSS, il lui répond « deux cent cinquante millions[1] ».

Boukovski devient l'étendard des luttes de soutien aux autres dissidents incarcérés et appuie les appels pour que les pays de l'Est respectent leurs engagements internationaux de respect des droits de l'homme[2]. Sur le modèle du Comité des mathématiciens qui a remporté des victoires significatives, d'autres comités se mettent en place pour briser le mur du silence et alerter l'opinion publique internationale sur la répression qui sévit à l'Est : le Comité Borissov, le Comité des physiciens pour la défense de Youri Orlov, le Comité de défense de Chtcharanski, le Comité de soutien à la Charte dans le cas tchécoslovaque...

Dans le domaine de l'édition, on relaie les témoignages de ces dissidents. Après Claude Durand qui a publié les œuvres de Soljenitsyne au Seuil, le relais est pris par d'autres maisons d'édition. À partir de la fin des années 1970, Maspero, prenant la mesure des dégâts du totalitarisme dénoncés depuis longtemps par le courant Socialisme ou barbarie, s'engage aux côtés des dissidences qui ont émergé en URSS et en Europe centrale. À l'initiative de Denis Paillard et de Jean-Yves Potel, l'éditeur donne naissance, pour mener ce nouveau combat, à une revue dont il assume seul la direction, *L'Alternative*, au tirage moyen de quatre mille à cinq mille exemplaires jusqu'à sa disparition en 1985, dont le sous-titre est révélateur de la centralité prise par le combat pour les droits de l'homme : « Pour les droits et les libertés démocratiques en Europe de l'Est ». Dans cet infléchissement de la fin des années 1970, la nouvelle compagne de Maspero, Ewa Bérard, d'origine polonaise, joue un

---

1. CHRISTOFFERSON, 2009, p. 239.
2. Michael Christofferson souligne que *Libération* consacre sa une à Boukovski successivement les 19, 20, 21 et 23 décembre 1976.

rôle décisif, faisant bénéficier de ses réseaux personnels la maison d'édition aux côtés de ceux de Georges Haupt. Maspero prend directement contact avec les dissidents signataires de la Charte 77[1] à Prague et avec les opposants de gauche au régime polonais que sont Jacek Kuroń et Adam Michnik. Il se rend en Pologne avant la chute du mur. Ewa Bérard publie des dossiers très critiques sur le pays et édite trois volumes de *Kolyma*, de Varlam Chalamov, dans la collection « Actes et mémoires du peuple » en 1980.

Chez Gallimard, Pierre Nora publie le témoignage de Nadejda Mandelstam, la veuve du poète russe Ossip Mandelstam, grand nom de la résistance au terrorisme stalinien, dont les souvenirs couvrent trois volumes parus entre 1972 et 1975[2]. Le premier volume commence en 1934, date de la première arrestation de Mandelstam, et s'achève avec sa mort dans un wagon de déportation en Sibérie en 1938. Il constitue un document exceptionnel sur l'asphyxie de la culture russe au moment de la stalinisation. Le deuxième volume revient sur 1919, date de la rencontre avec son époux. Nadejda prolonge le récit au-delà de la disparition du poète, jusqu'en 1970. Quant au dernier volume, il débute par des réflexions sur la poésie puis décrit l'atmosphère qui règne dans l'après-Seconde Guerre mondiale au temps du camarade Jdanov. En 1974 paraît le *Journal d'un condamné à mort* d'Edouard Kouznetsov, et en 1981 ses *Lettres de Mordovie*, dans la collection « Témoins ». En décembre 1970, Kouznetsov est condamné avec onze autres accusés devant le tribunal de Léningrad pour avoir voulu détourner un avion et s'enfuir vers la Suède, simple étape pour la plupart de ces jeunes Russes qui voulaient émigrer en Israël. Ce verdict de mort soulève l'indignation internationale, et de nombreuses interventions gouvernementales conduisent le gouvernement soviétique à commuer la peine en une condamnation à quinze ans de bagne.

En 1976 paraît un document exceptionnel : les minutes des audiences du procès du docteur Mikhaïl Stern, qui s'est tenu à Vinnitsa, près de Kiev, en décembre 1974[3]. L'accusé exerce depuis trente ans la profession de médecin, dirige, au moment

1. Voir *infra*, pp. 331 sqq.
2. MANDELSTAM [1972-1975], 2012-2013.
3. STERN, 1976.

de son arrestation, le département consultatif du Centre d'en-
docrinologie de Vinnitsa, et a réussi à faire reculer la maladie
du goitre qui frappait les villages ukrainiens. L'acte d'accusation lui reproche d'avoir reçu de nombreux « pots-de-vin » pour
ses actes médicaux : deux oies, un coq, soixante-dix œufs, trois
paniers de pommes et sept cent soixante-quinze roubles ! La raison
des poursuites est évidemment ailleurs que dans ces grotesques
accusations. Ses deux fils, Victor et August, qui ont brillamment
réussi leurs études universitaires, demandent alors une autorisation d'émigration, ce qui, aux yeux du KGB, atteste en soi d'une
contestation du régime. Le KGB exige alors du docteur Mikhaïl
Stern qu'il s'oppose à la volonté de ses fils. Refusant de faire
pression sur ses enfants majeurs, il est arrêté et condamné à huit
ans de « travaux correctifs » dans un camp à régime renforcé où il
est occupé à visser des boulons alors que ses deux fils sont chassés
d'URSS. Le 25 mars 1976, Sartre et Beauvoir lancent un appel
dans *Le Monde*, avec la signature de cinquante Prix Nobel. Les
deux fils assistent au procès et ont l'excellente idée de dissimuler
deux petits magnétophones. Si les bandes sont saisies à plusieurs
reprises, le réseau amical réussit à s'en emparer, à recomposer un
enregistrement cohérent à partir des bribes éclatées et à le faire
circuler : « Une fois sortis d'URSS, les deux frères mirent plus
d'un an à recomposer le puzzle dispersé[1]. »

En 1994 paraît, dans la même collection « Témoins », *Le Dossier
de l'affaire Pasternak*[2]. Il s'agit là d'une des premières manifestations de ce que l'on a appelé la dissidence, devenue instantanément
affaire d'État. En 1957, un an après le fameux XXᵉ Congrès du
PCUS et le rapport Khrouchtchev, le poète russe Boris Pasternak
prend la décision de transgresser le principe intangible de l'iso-
lat culturel soviétique en contactant l'éditeur italien Giangiacomo
Feltrinelli pour la publication de son roman *Le Docteur Jivago*,
censuré en URSS. Le livre paraît en 1958 dans la plupart des pays
européens, valant à son auteur l'obtention du prix Nobel. Le Comité
central du PCUS, relayé par la presse, se déchaîne contre Pasternak
au point de le contraindre de refuser son prix, ce qui n'empêche

---

1. Nora, 1976.
2. *Le Dossier de l'affaire Pasternak*, 1994.

pas les persécutions de toutes sortes de continuer jusqu'à sa mort, en 1960. Il ne verra jamais son livre publié en russe de son vivant.

LA CHARTE 77

La chape de plomb, par deux fois imposée à la Tchécoslovaquie qui vit à l'heure de la normalisation à la Husák, n'a pas réussi à épuiser une volonté farouche de conquérir des plages de liberté chez les intellectuels et les artistes tchécoslovaques. La Tchécoslovaquie s'étant engagée, aux côtés du grand frère soviétique, à respecter les droits de l'homme et la liberté de pensée à l'occasion des accords d'Helsinki, un groupe d'intellectuels fait circuler en décembre 1976 une pétition qui porte le nom de « Charte 77 », exigeant du gouvernement le respect de ses engagements. Elle recueille deux cent quarante-deux signatures, essentiellement dans le milieu des intellectuels, écrivains et artistes, et déclenche une politique de chasse aux sorcières contre ses signataires, aussitôt considérés comme des ennemis de classe : « La Charte 77 ne réintroduisait pas seulement la Tchécoslovaquie dans le mouvement de la conscience européenne, elle précipitait la globalisation du mouvement des Droits de l'Homme[1]. »

C'est dans la philosophie que nombre d'intellectuels trouvent les voies de la résistance à l'anéantissement. Malgré les nombreuses tentatives d'en museler l'expression, toute une activité souterraine de la pensée subsiste. La surveillance, la censure, le bannissement n'ont pas empêché quelques dissidents de mener une vie parallèle consacrée à une philosophie menacée qui « s'est vu confier le rôle de gardienne de la liberté[2] ». Coupés de l'université et de la production philosophique occidentale, contraints à des tâches non qualifiées, ces intellectuels devenus gardiens de nuit, chauffagistes ou employés d'immeuble poursuivent dans des caves, loges et appartements des séances collectives de travail. Ces séminaires

1. GRÉMION, 1985, p. 310.
2. LÖWIT, 1990, p. 223.

privés qui sont les seuls lieux où l'on philosophe, alors que « les institutions qui ont d'ordinaire la charge de la culture font, depuis la normalisation, figure de cimetières de la pensée[1] », sont systématiquement traqués par la police du régime.

Le séminaire le plus réputé est celui du philosophe Ladislav Hejdánek. Après des études de philosophie achevées en 1952, en pleine période des grands procès de Prague, on lui interdit l'entrée à l'université et il devient ouvrier dans une entreprise de construction de canalisations. Hejdánek parvient cependant à se rapprocher du monde des livres en acceptant un poste qu'il occupera douze ans à la bibliothèque de l'Institut scientifique. Il profite de cette situation pour nouer des contacts et entretenir ses réseaux. À la faveur de la libéralisation des années 1960, il commence à publier et entre enfin à l'Institut philosophique de l'Académie. Mais l'occupation soviétique d'août 1968 et la normalisation qui en résulte conduisent à son expulsion en 1971. Hejdánek redevient ouvrier : chauffagiste, puis gardien de nuit dans un musée de littérature, et enfin dans une entreprise de bâtiment. Il s'emploie cependant à préserver sa condition de philosophe, et anime un séminaire dans son appartement de 1980 à 1989.

Hejdánek fait sienne la formule déjà mise au point par le philosophe dissident et néanmoins marxiste Julius Tomin, en la modifiant quelque peu pour la rendre praticable. Les séminaires de Tomin étaient bien connus de tous et largement ouverts. La police faisait presque systématiquement une descente quelques minutes après le début des séances et embarquait tout le monde pour deux ou quatre jours de prison. Dans l'impossibilité de poursuivre, Tomin s'exile et Hejdánek prend le relais. Il tient alors trois séminaires « prudents », dans des lieux secrets, et décide en parallèle d'animer chez lui un séminaire ouvert à la police ! Un représentant de la police assiste régulièrement aux travaux et s'éclipse lorsqu'un invité étranger participe au groupe pour donner l'illusion d'un régime devenu démocratique.

Autre intellectuel dissident ayant perdu son poste d'éditeur en 1958, Jiří Pechar, tourné vers l'expression littéraire, est très lié aux intellectuels français, qu'il accueille chez lui alors que le pays

1. *Ibid.*, p. 224.

est en pleine normalisation. Il reçoit Louis Dumont, Jean-Pierre Vernant, Étienne Balibar. Juste avant sa mort, Michel Foucault a lui aussi manifesté son intention de se rendre à Prague. Jiří Pechar a traduit une cinquantaine d'ouvrages français, dont l'essentiel du monument proustien, *À la recherche du temps perdu*. Officiellement traducteur, il fait circuler clandestinement quelques livres personnels. Afin de ne pas trop attirer l'attention et de permettre la publication de ses traductions, Jiří Pechar prend quelques précautions et, sur les conseils de ses amis, ne signe pas la Charte 77. Hormis trois interrogatoires, toujours aussi ubuesques, il évitera ainsi nombre de tracasseries policières.

Alors que celui-ci tient des séminaires systématiquement interrompus par la police, Julius Tomin et quelques intellectuels praguois au bord du désespoir lancent un appel à l'aide à quelques universités d'Europe occidentale, auquel répond favorablement celle d'Oxford, et d'où naîtra une organisation franco-britannique fondée par un couple de philosophes, l'Anglais Alan Montefiore et la Française Catherine Audard. À l'université d'Oxford, ils créent au début de 1980 la Jan Hus Educational Foundation, du nom du réformateur martyr tchèque d'avant la Réforme luthérienne, brûlé comme hérétique en 1415 à Constance où il était allé défendre ses thèses, puis l'année suivante sa jumelle française, l'association Jan Hus. Catherine Audard et Alan Montefiore se rendent à Prague à Noël 1979 pour prendre des contacts et rencontrer quelques amis, dont Ladislav Hejdánek, après avoir fait voter un petit budget par l'université d'Oxford permettant à des universitaires anglais de se rendre régulièrement chez des dissidents praguois. Quand Catherine Audard sollicite Ricœur pour que les intellectuels français participent à cette initiative, il lui conseille la plus grande prudence afin de ne pas mettre en situation difficile leurs amis intellectuels praguois. S'il accepte d'apporter son aide et d'être le premier invité de l'association française, il tient à rester dans l'ombre et figure discrètement dans le comité de parrainage, ne voulant pas apparaître parmi les responsables de cette association que va créer Catherine Audard.

L'association Jan Hus, lancée à Paris sur le modèle de l'organisation britannique, est présidée par Jean-Pierre Vernant, avec Jacques Derrida comme vice-président. Elle organise du côté occidental des cycles de conférences répondant aux demandes exprimées depuis Prague, Bratislava et Brno. Elle s'occupe de faire acheminer les livres dont les intellectuels tchèques ont besoin. La faille dans le rideau de fer va grandir et protéger les intellectuels tchécoslovaques des tracasseries policières. En décembre 1981, cependant, un incident spectaculaire se produit au moment du voyage à Prague de Jacques Derrida. Il est pris en filature pendant tout son séjour : « Le matin dans l'hôtel, je sentais déjà tout un investissement policier. Je me retourne et je vois l'hôtelier regarder l'heure et s'emparer du téléphone pour signaler ma prochaine situation. Je remarque que quelqu'un me suit […]. Je monte dans le métro, il était toujours là[1]. » Il est interpellé par la police à la sortie de son séminaire privé et arrêté à l'aéroport. Il se retrouve dans un commissariat de police, accusé de « production et trafic de drogue » après une fouille systématique au cours de laquelle la police fait mine d'avoir trouvé de la poudre brune ! Il est soumis à un interrogatoire musclé pendant six à sept heures, au terme duquel il est conduit à la prison de Ruzyně. Il faudra une campagne de pétitions et l'intervention personnelle du président français, François Mitterrand, menaçant le gouvernement tchèque de rappeler son ambassadeur et de sanctions économiques, pour obtenir la libération-expulsion de Derrida de Tchécoslovaquie. Le bruit propagé par cette affaire devient alors le meilleur argument pour faire connaître la piètre situation dans laquelle se trouvent les intellectuels tchèques : « En réalité, les services tchèques n'avaient pas mesuré la notoriété de Derrida[2]. »

Cette résistance souterraine du côté tchèque se cristallise autour de Jan Patočka, phénoménologue disciple de Husserl, devenu la figure de proue de la dissidence. Après avoir travaillé aux côtés de Husserl à Fribourg-en-Brisgau en 1932-1933 et assisté aux cours de Heidegger, il participe en 1934 à la création du Cercle philosophique de Prague qui constitue, avec le cercle linguistique animé par Roman Jakobson, un des hauts lieux de la pensée européenne. À la fin de l'année 1935, Husserl vient y prononcer les

---

1. Jacques Derrida, séminaire du 6 janvier 1982, archives Imec, cité dans PEETERS, 2010, p. 411.
2. PEETERS, 2010, p. 416.

fameuses conférences qui donneront lieu à *La Crise des sciences européennes et la phénoménologie transcendantale*. Jan Patočka soutient sa thèse en 1936[1]. Expulsé de l'université en 1948, puis réintégré, il est de nouveau réduit au silence après l'invasion soviétique de 1968 et empêché de diriger son séminaire. Il devient un des trois porte-parole du Manifeste de la charte 77 en faveur des libertés et des droits civiques, avec Jiří Hájek et Václav Havel. Ses réflexions philosophiques circulent néanmoins grâce aux samizdats que son ami Ivan Chvatík conserve précieusement chez lui. Arrêté en 1977 et soumis à des interrogatoires brutaux, Jan Patočka succombe à une hémorragie cérébrale en prison le 13 mars 1977. *Esprit* s'élève contre « un véritable assassinat politique[2] ». Peu après, un Comité international de soutien à la Charte se constitue[3] et organise une grande réunion dans la salle Gémier du palais de Chaillot : « Après qu'une minute de silence eut été observée à la mémoire de J. Patočka, Pierre Daix, Gilles Martinet et Pierre Emmanuel prirent la parole avant que Michel Piccoli et Michael Lonsdale ne donnent ensuite la première lecture parisienne de la pièce de V. Havel, *L'Audience*[4]. » Lorsque, trois mois plus tard, Brejnev se rend en visite officielle en France, reçu par le président Valéry Giscard d'Estaing, une douzaine d'intellectuels lancent une invitation à se retrouver au théâtre Récamier pour rencontrer les dissidents des pays de l'Est au soir du 21 juin 1977 : « Visiblement, l'endroit "in", ce soir-là, était auprès de Leonid Pliouchtch et d'Andréï Amalrik, non avec les deux hommes politiques français et le dictateur soviétique[5]. » Le grand rassemblement intellectuel antitotalitaire, apparu lors de l'affaire Soljénitsyne, se renforce et mène des actions qui réconcilient Aron, Sartre et Foucault, *Esprit* et *Les Temps modernes*, *Le Monde* et *Libération*. En décembre 1979, alors que la cour d'appel de Prague confirme les peines prononcées à l'encontre de six membres de la Ligue tchécoslovaque des droits de

---

1. PATOČKA [1936], 1976.
2. « Jan Patočka », *Esprit*, avril-mai 1977, p. 260.
3. On retrouve parmi les membres français du comité Pierre Daix, Jean-Marie Domenach, Pierre Emmanuel, Alfred Kastler, Yves Montand, Simone Signoret, Pierre Seghers, Vercors, Gilles Martinet et Edmond Maire.
4. GRÉMION, 1985, pp. 315-316.
5. HASSNER, 1979-1980, p. 520.

l'homme, un message signé par vingt écrivains français est remis à l'Union des écrivains tchécoslovaques pour que leurs collègues interviennent en faveur de Václav Havel et de ses amis[1]. Ce message ne trouvera même pas de destinataire pour le réceptionner et les porteurs de la lettre ne seront reçus par personne.

Ricœur a rencontré Jan Patočka dans le cadre des activités de l'Institut international de philosophie, et plus particulièrement lors du congrès de 1973 consacré à la dialectique qui s'est tenu en Bulgarie, à Varna. Immédiatement après sa disparition, Ricœur rend un hommage appuyé au « philosophe résistant »[2], établissant une filiation entre l'appel à la raison critique de Husserl en 1935 et les revendications de respect du droit et de la dignité humaine exprimées à Prague. Dans cet hommage, Ricœur s'adresse aussi aux intellectuels occidentaux tentés par les charmes discrets du déconstructionnisme intégral et de l'antihumanisme théorique. Il leur rappelle la nécessité de maintenir un horizon éthique et moral comme levier de résistance face à un pouvoir avilissant pour lequel il n'est d'autre perspective que « la paix des cimetières ». Jan Patočka est à cet égard la figure exemplaire de la force de l'idée de droit : « L'acharnement déployé contre lui prouve que le plaidoyer philosophique pour la subjectivité devient, dans le cas de l'extrême abaissement d'un peuple, le seul recours du citoyen contre le tyran[3]. »

Engagé dans un soutien actif aux intellectuels tchèques, Ricœur préface la traduction des *Essais hérétiques* parue en 1981[4]. Il confère à Patočka une stature analogue à celle de Merleau-Ponty, s'inscrivant de manière singulière dans la filiation phénoménologique. Ricœur voit notamment dans sa thématique de « la problématicité de l'homme historique[5] » un point de rupture avec la

1. Lettre signée Raymond Aron, Roland Barthes, François-Régis Bastide, Samuel Beckett, Cornelius Castoriadis, Jean-Marie Domenach, Pierre Emmanuel, Jean-Pierre Faye, Eugène Ionesco, Jacques Julliard, Claude Lefort, Michel Leiris, Clara Malraux, Richard Marienstras, Claude Mauriac, Marcelin Pleynet, Claude Roy, Laurent Schwartz, Alain Touraine et Pierre Vidal-Naquet.
2. RICŒUR [1977], 1991, pp. 69-73.
3. *Ibid.*, p. 73.
4. PATOČKA [1975], 1981.
5. RICŒUR, Paul [1975, 1981], 1991, p. 76.

conception husserlienne et heideggérienne de l'historicité : Patočka distingue un monde ancien défini comme non problématique d'une modernité qui fait perdre à l'homme toute sécurité et le laisse confronté, solitaire, à la liberté. Pour cet homme problématique, « le but réside en la vie *libre* comme telle, que ce soit la science propre ou celle d'autrui, et c'est là une vie que rien ne met à couvert[1] ». Le risque encouru par l'homme est alors d'être aspiré par le nihilisme et l'ébranlement systématique de tout sens accepté. Pour combattre les énergies mortifères, Patočka appelle à une « solidarité des ébranlés », qui triomphera avec Václav Havel, dramaturge emprisonné et porté à la présidence de la République tchécoslovaque à la faveur de la révolution de velours en 1989. Ce sursaut de la nation tchèque sera venu à bout de la nuit, par-delà la disparition d'un Patočka venu ajouter son nom à la prestigieuse lignée de ses martyrs : Jan Hus, Comenius[2], Masaryk[3] et Jan Palach[4].

DÉFENSE DES DROITS DE L'HOMME

Le combat des intellectuels français pour soutenir les dissidents des pays de l'Est favorise des rapprochements et une forme de consensus autour de la défense des droits de l'homme, jusque-là considérés par une partie des intellectuels de gauche comme l'expression mystificatrice d'une démocratie que l'on disait formelle. Sur le plan théorique, les années 1960, dominées par le structuralisme et l'antihumanisme, ont été peu sensibles à cette thématique des droits de l'homme, qui semblait relever d'une conception révolue plaçant artificiellement l'homme au centre de l'univers. On ne cessait d'insister sur la caducité de cette prétention, arguant que

1. Jan Patočka, cité dans *ibid.*, p. 79.
2. Comenius, 1592-1670 : humaniste tchèque qui dut s'exiler en Pologne.
3. Jan Masaryk, fils de Tomáš Masaryk, fondateur et premier président de la République tchécoslovaque de 1918 à 1935, fut ministre des Affaires étrangères entre 1945 et 1948. Il s'est suicidé après le coup d'État communiste de février 1948.
4. Jan Palach, étudiant tchèque, s'est immolé par le feu le 16 janvier 1969 pour protester contre la normalisation.

l'homme n'était qu'une invention récente et vouée à disparaître, comme les rides de sable sur la plage, selon la belle métaphore foucaldienne. Du côté althussérien, on pensait l'histoire comme le déploiement d'un procès sans sujet. Seules comptaient les logiques structurales dans leur immanence, l'homme, à cet égard, tel un leurre, impuissant face au déploiement de la longue durée braudélienne, ne pouvant jouer qu'un rôle dérisoire.

Avec la prise de parole de voix singulières, isolées, brimées et muselées à l'Est, on prend conscience que l'équation humaine, celle de l'individu, est essentielle et que l'engagement pour le respect des droits de l'homme, loin d'être futile, touche au cœur de la remise en cause du système totalitaire. Cette centralité accordée à la défense des droits de l'homme privilégie la conception binaire du monde, partagé entre démocratie et totalitarisme. De ce fait, les engagements tiers-mondistes des années 1960 sont relégués au second plan et envisagés exclusivement au regard de leur potentialité à faire respecter ou non les droits de l'homme. L'effondrement des mythes vietnamien, cambodgien et chinois amplifie ce phénomène de reconversion. La thématique de la révolution se trouve emportée dans son destin funeste, tout comme l'idée d'un devenir autre que celui de la démocratie, qu'il conviendrait désormais seulement de parfaire au prix de quelques réformes.

De nouveaux rapprochements se dessinent, insolites compte tenu de la force du clivage entre gauche et droite en France. Un nouveau regroupement intellectuel se constitue avec la création du Ciel (Comité des intellectuels pour l'Europe des libertés), qui voit de nombreux intellectuels de gauche rejoindre des intellectuels libéraux dans leur combat, mené depuis les débuts de la guerre froide. Incontestablement, le moment est celui du basculement d'une gauche, trop longtemps adossée à cette référence aux pays dits socialistes à l'Est, qui après avoir été idéologiquement hégémonique se retrouve en panne de projet. Les intellectuels de droite rassemblés autour de Raymond Aron, qui n'ont cessé de dénoncer la logique implacable de ce système, voient quant à eux leurs prises de position soudain justifiées et sont rejoints par nombre d'intellectuels progressistes. Signe de la vitalité et de la montée du courant libéral, une revue aronienne, *Commentaire*, placée sous la direction de Jean-Claude Casanova, voit le jour en janvier 1978. Publié dans *Le Monde* du 27 janvier 1978, le manifeste du Ciel, suivi des signatures d'une centaine d'intellectuels, est significatif de cette nouvelle donne. Jean-François Sirinelli insiste sur l'importance de ce manifeste comme occasion de « confluence[1] » entre gauche non marxiste et libéraux autour de thèmes communs comme la lutte contre le totalitarisme et pour les libertés. Ce consensus est d'autant plus étonnant qu'il naît à deux mois des élections législatives de 1978, considérées comme décisives par une gauche qui espère encore obtenir la majorité après le score de plus de 49 % des voix au second tour atteint par François Mitterrand à la présidentielle de 1974, même si la dynamique du programme commun est quelque peu affectée par la rupture entre PCF et PS.

Le manifeste proclame que sa vocation est d'« amener à penser, à s'exprimer et à agir ensemble, les intellectuels vivant en France et décidés à défendre, à défaut d'une idéologie commune et sous bénéfice d'inventaire : le pluralisme idéologique, la diversité, l'enracinement et la spontanéité de la culture[2] ». Parmi les signataires se côtoient des personnalités aux orientations politiques variées comme le très réactionnaire Louis Pauwels, des gaullistes comme Maurice Schumann, des libéraux fortement hostiles à la gauche comme Jean-François Revel, le chef de file des libéraux Raymond Aron, mais aussi des intellectuels de gauche comme le directeur du *Nouvel Observateur*, Jean Daniel, et certains de ses collaborateurs, dont Emmanuel Le Roy Ladurie, l'ancien directeur d'*Esprit* Jean-Marie Domenach, le cofondateur d'*Arguments* Edgar Morin et toute une partie de l'équipe de la revue *Tel Quel* qui sort du maoïsme, dont Philippe Sollers et Julia Kristeva. À cette confluence se joignent les signataires originaires des pays de l'Est, exilés en France et ayant subi les rigueurs du totalitarisme comme François Fejtö, Krzysztof Pomian, Eugène Ionesco, Aleksander Smolar, Pavel Tigrid, Dumitru Tsepeneag...

Ce contexte surdéterminé par la cause des dissidents n'est pas du goût des althussériens qui ont au contraire théorisé l'idée d'un procès sans sujet. Le titre même de l'ouvrage du philosophe Domi-

---

1. SIRINELLI [1990], p. 279, 1996.
2. Manifeste du Ciel, *Le Monde*, 27 janvier 1978.

nique Lecourt paru en 1978, *Dissidence ou révolution ?*[1], exprime clairement la riposte opposée à cette nouvelle configuration. En posant ces deux termes comme alternatifs, Lecourt signe son hostilité au front antitotalitaire en voie de constitution. Il y dénonce même une croisade impérialiste sous le couvert de la défense du monde libre qui instrumentalise la révolte d'une élite des pays de l'Est : « La dissidence est ainsi devenue l'occasion d'une mystification de masse montée par les idéologues des pays impérialistes pour procéder au réarmement moral de leur propre camp[2]. » Dominique Lecourt restitue le phénomène dans son contexte international, considérant que les Américains ont perdu beaucoup de terrain. La cause du soutien aux dissidents serait pour eux le moyen de reprendre l'offensive et de marquer des points dans la guerre idéologique contre la puissance soviétique. Cette défense des libertés et de la démocratie a en outre l'avantage de faire oublier le soutien apporté à des dictatures mises en place par la CIA, comme celle de Pinochet en 1973. Quant aux usages politiques de la psychiatrie dont il a été question à propos de Pliouchtch, Lecourt en relativise la portée en rappelant son utilisation dans les pays capitalistes, dénoncée par le psychiatre David Cooper lors d'un Congrès mondial de la psychiatrie qui s'est tenu à Honolulu en 1977.

Telle n'est pas l'analyse que fait de la situation Claude Lefort, qui voit les thèses de Socialisme ou barbarie enfin reconnues comme les plus appropriées pour analyser le phénomène bureaucratique et son opposition frontale à la démocratie. Publiant un article dans *Libre* qui définit les relations telles qu'il les pense entre la question des droits de l'homme et la politique[3], Claude Lefort reprend au vol l'interrogation posée par *Esprit* qui venait d'organiser une réunion autour du thème : « Les droits de l'homme sont-ils une politique ? » Cette question révèle une nouvelle sensibilité au politique et au droit que Lefort met en relation avec « la découverte de l'ampleur du système concentrationnaire en Union soviétique[4] ». La défense des dissidents passe par la remise en question de l'idée

---

1. Lecourt, 1978.
2. *Ibid.*, p. 10.
3. Lefort [1980], 1983.
4. *Ibid.*, p. 47.

de droits de l'homme purement formels et mystificateurs. S'il y a réévaluation de la portée des droits de l'homme, Lefort considère que les intellectuels occidentaux ne peuvent se contenter de reprendre les pétitions de principe des dissidents pour affirmer que ceux-ci ne font pas de politique mais au contraire s'en mettent à l'abri. Pourtant, et même si les dissidents veulent signifier par là qu'ils ne cherchent pas à prendre le pouvoir, « dès lors que les droits dont ils se réclament sont incompatibles avec le système totalitaire, il n'est que trop clair qu'ils font de la politique[1] ». Lefort se distingue des « nouveaux philosophes », pour lesquels ce combat s'inscrit contre tout pouvoir dans un face-à-face entre l'individu et l'État Léviathan, dans une religion de la résistance rebelle : « En enracinant les droits dans l'individu, ils se privent de concevoir la différence du totalitarisme et de la démocratie[2]. » S'il faut prendre ses distances par rapport à Marx sur ce point, selon Lefort, il ne faut pas pour autant en revenir à un en-deçà de Marx : « Aussi bien n'est-ce pas tant ce que lit Marx dans les droits de l'homme qui devrait susciter nos critiques que ce qu'il est impuissant à y découvrir[3]. » Marx se serait laissé piéger par une conception purement idéologique des droits de l'homme sans s'interroger sur ce qu'ils pouvaient signifier dans la vie sociale concrète. Il convient à présent de bien comprendre ce moment historique de désintrication du droit et du pouvoir où est affirmée l'existence de droits de l'homme, ce moment où « le droit en vient à figurer vis-à-vis du pouvoir une extériorité ineffaçable[4] ». Ce dont font justement l'exemplaire démonstration ces dissidents soviétiques, hongrois, polonais, tchèques et chinois par leur combat contre la logique totalitaire, c'est qu'opposer les exigences de la politique et celles de la morale conduit à une impasse. Lefort s'appuie sur cette expérience historique pour promouvoir une approche politique des droits de l'homme articulée à un désir d'émancipation collective, sur un horizon d'approfondissement de la vie démocratique.

Dans le même esprit, Marcel Gauchet se fait encore plus mordant

1. *Ibid.*, p. 48.
2. *Ibid.*, p. 52.
3. *Ibid.*, p. 57.
4. *Ibid.*, p. 66.

par rapport à la doxa qui prévaut en affirmant que « les droits de
l'homme ne sont pas une politique[1] ». Il s'étonne de la vogue que
connaît en 1980 cette notion de droits de l'homme alors que, seulement quelques années auparavant, elle aurait été « irrémédiable-
ment disqualifiée », relevant d'une « touchante incongruité » pour
les plus bienveillants ou d'un « obscurantisme suspect » pour les
vigilants[2]. Marcel Gauchet se demande si cet engouement relève
d'une « régression funeste » ou d'une « majestueuse restauration »,
pour conclure qu'en tout état de cause il s'agit bien d'un « symptôme multiple et marquant[3] ». Il traduit l'impuissance à envisager un avenir autre que celui qui prévaut dans la société depuis
l'effondrement de l'eschatologie révolutionnaire. Il invite à sortir
d'une pensée simplificatrice qui oppose la logique de l'individu à
celle de la société et conduit soit à exalter l'individu seul comme
entité autonome, soit à privilégier le pôle collectif et institutionnel
dans lequel se dissoudrait la singularité de l'individu : « Là réside
le plus grand péril que recèle le retour aux droits de l'homme :
retomber dans l'ornière et l'impasse d'une pensée de l'individu
contre la société[4]. » Cette opposition est d'ailleurs illusoire puisque
l'on constate que la privatisation en cours des individus va de pair
avec la massification des comportements. Comme le dit plaisam-
ment Castoriadis, on se retrouve tous à la même heure dans les
embouteillages des autoroutes en sortie de ville. Il convient donc
de penser ensemble une politique de l'autonomie de l'individu
et une politique de la société. Dans cette perspective, les droits
de l'homme « ne peuvent devenir une politique qu'à la condition
qu'on sache reconnaître et qu'on se donne les moyens de surmonter la dynamique qu'ils véhiculent comme leur contrepartie
naturelle[5] ». Partageant avec Claude Lefort le refus d'une vision
morale des droits de l'homme qui se situerait dans un au-delà du
politique et du sociétal, Gauchet insiste plus encore que Lefort sur
les dangers inhérents à la mise en avant systématique des droits

1. GAUCHET [1980], pp. 3-21, 2002.
2. *Ibid.*
3. *Ibid.*
4. *Ibid.*
5. *Ibid.*, pp. 3-21.

de l'individu aux dépens des logiques collectives, qui dévitalise la dimension politique et la vie démocratique.

Avec ce déferlement d'informations sur le monde carcéral à l'Est s'effondre toute l'espérance révolutionnaire qui se nourrissait de Marx et de ses héritiers pour définir une société communiste de l'émancipation. Il en ressort une crise profonde du futur, qui semble à jamais un futur interdit tant son destin se présente sous un jour lugubre et monstrueux : la défense des droits de l'homme apparaît certes comme une exigence du présent fondamentale, mais sans être porteuse d'avenir. L'espérance révolutionnaire elle-même chavire à l'échelle de son message universalisant. L'idée de révolution, porteuse de promesses et de grands sacrifices, est en pleine crise, abandonnée comme illusion au potentiel criminel. On mesure la vitesse de ce processus de désaffection en mettant en relation les vives réactions qu'avait suscitées la contribution de Marc Richir dans *Esprit* en 1976, provoquant la disparition de la revue *Textures*[1]. Deux années plus tard, François Furet publie *Penser la révolution française* et fait consensus autour de l'exigence de mise à distance critique de l'héritage révolutionnaire[2]. Alors que l'idée que la révolution porte le germe totalitaire comme la nuée porte l'orage fait encore scandale en 1976, François Furet, qui ne dit pourtant rien d'autre en 1978, est salué comme celui qui libère enfin toute une historiographie de son « catéchisme révolutionnaire ». 1789, relu à la lumière du destin funeste de 1917 en Russie, nourrit en son sein le ferment de sa négation. Furet livre ainsi une interprétation de la révolution marquée par l'après-« effet Soljenitsyne » que l'on peut entendre comme une métahistoire du Goulag. Cette relation établie entre l'objet « Révolution française » et le Goulag est revendiquée par Furet lui-même :

> Aujourd'hui, le Goulag conduit à repenser la Terreur, en vertu d'une identité dans le projet. Les deux révolutions restent liées ; mais il y a un demi-siècle, elles étaient systématiquement absoutes dans l'excuse tirée des « circonstances », c'est-à-dire des phénomènes extérieurs et étrangers à leur nature[3].

1. RICHIR, 1976.
2. FURET, 1978.
3. *Ibid.*, p. 29.

C'est l'idée même de révolution qui est à interroger, car « 1789 ouvre une période de dérive de l'histoire[1] ». En 1978, « la Révolution française est terminée », affirme François Furet, conscient de s'élever non seulement contre un courant marxiste longtemps dominant dans l'historiographie de cette période, mais plus globalement contre un mythe fondateur de la nation française, que Ricœur appelle son identité narrative.

1. *Ibid.*, p. 69.

PARTIE III

UN FUTUR OPAQUE

La conscience écologique

LE RETOURNEMENT DE CONJONCTURE
DE 1974

L'année 1974 ouvre décidément sur une nouvelle ère marquée par le choc des révélations de Soljenitsyne et la prise de conscience de la logique totalitaire, tandis qu'elle clôt celle des Trente Glorieuses et de la croissance ininterrompue des économies occidentales. L'Occident, dont le fonctionnement des industries et des transports repose sur la consommation d'hydrocarbures, est confronté à un problème énergétique qui nécessite des redéploiements substantiels. 1974 est l'année du premier choc pétrolier, celle où le prix du pétrole, sur décision de l'Opep, qui détient une position quasi monopolistique sur le marché mondial, s'envole. La France, qui avait fondé après-guerre sa reconstruction sur le charbon, n'a plus de gisements substantiels et a tout misé sur le pétrole, sans en posséder. Elle importe donc l'essentiel de son énergie, ce qui grève fortement sa balance commerciale et sa croissance. 1974 est aussi l'année de la publication par le Club de Rome du second *Rapport Meadows*, issu de la réflexion de chercheurs du Massachusetts Institute of Technology, dirigés par Dennis Meadows, qui a déjà publié en 1972 un premier rapport traduit en français sous le titre évocateur *Halte à la croissance ?*. Ce rapport, plus connu du grand public sous le nom de « rapport du Club de Rome », remet radicalement en question les vertus de la croissance, le mythe du progrès indéfini des forces productives et le rêve de la maîtrise prométhéenne des ressources mondiales. À l'origine, on trouve un club de réflexion international regroupant scientifiques, économistes, industriels et hauts fonctionnaires de cinquante-deux pays à la source de ces publications. Il se réunit pour la première fois le 8 avril 1968 à Rome, sous l'égide d'Aurelio Peccei, membre du conseil d'administration de la Fiat, et d'Alexander King, scientifique écossais et ancien directeur scientifique de l'OCDE. Il ressort de ses travaux qu'il faudra désormais composer avec une croissance zéro. Au lieu de lendemains qui chantent, ces experts dessinent un futur où les ressources se raréfient, où la pollution produit des effets dramatiques et irréversibles, et où la paupérisation, accentuée par l'explosion démographique, grandit au sein d'une large partie de la population mondiale. L'avenir s'embrumant avec la mort des espérances eschatologiques, se fait jour la conviction que l'on court à la catastrophe.

Le fait que des décideurs de haut niveau conçoivent une croissance zéro, voire une décroissance, et fassent état des dysfonctionnements du système conforte ceux qui depuis longtemps tiennent un discours critique et essaient de penser une voie écologiste alternative : « Quand ont paru le mémorandum Mansholt et le rapport Meadows, au club de Rome, la première réaction, chez beaucoup d'entre nous, était jubilatoire : enfin, le capitalisme avouait ses crimes. Il avouait que la logique du profit l'avait conduit à produire pour produire ; à rechercher la croissance pour la croissance ; à gaspiller des ressources irremplaçables ; à ravager la planète[1]. »

1974 marque encore un moment significatif du reflux de l'extrême gauche soixante-huitarde, tant trotskiste après la dissolution de la Ligue communiste que maoïste après l'autodissolution de la Gauche prolétarienne. La gauche classique devient en revanche un pôle d'alternance crédible face à la droite après l'adoption du programme commun en 1972 et le score exceptionnel obtenu par François Mitterrand à l'élection présidentielle de 1974 — il lui manque moins de 1 % des voix. Beaucoup de ceux qui cherchent une voie pour changer la vie dans la foulée du mouvement de Mai 1968 trouvent dans l'engagement écologique un prolongement

---

1. Gorz [1975], 2014, p. 416.

de leur critique du système et de leurs aspirations sociales. C'est le cas de nombreux anciens militants gauchistes, mais aussi de chrétiens en quête de vie communautaire, comme le montre l'enquête conduite par Danièle Léger et Bertrand Hervieu[1]. Ces sociologues recueillent chez les néoruraux qu'ils rencontrent un discours de déploration sur l'avenir de la civilisation urbaine et industrielle, qu'ils veulent fuir pour tenter autre chose. On ne cesse de leur dire que tout va craquer, que la Terre est devenue invivable, que l'on court au désastre et que le point de rupture d'une société qui a signé son arrêt de mort est atteint. Cet imaginaire collectif catastrophiste n'est pas sans évoquer aux deux sociologues une forme de réinvestissement de visions apocalyptiques, débarrassées de tout contenu providentiel ou divin, et revêtant l'aspect d'une catastrophe globale :

> À la catastrophe écologique liée à la pollution des airs et des mers, à l'invasion des déchets, à l'horreur nucléaire — dont nous voyons tous les jours les signes avant-coureurs — répond, de façon tout aussi prévisible, la catastrophe politique (la guerre) qui se dessine déjà en mille points du globe [...]. Radiations, Goulag et famine : ces trois thèmes hantent les images de la catastrophe[2].

La plupart de ces néoruraux, contestant l'idée anthropocentrique d'un homme tout-puissant dans son projet de transformation de la nature en fonction de ses intérêts, entendent ici et maintenant retrouver ce lien distendu entre l'homme et son environnement naturel. Les expérimentations sociales et communautaires qu'ils mènent alimentent la montée en puissance de la sensibilité régionaliste et écologique.

La rupture de Mai 1968 joue de manière différée un rôle majeur dans cet engagement écologique. On assiste dès 1969, avant même que celui-ci ne fasse l'objet de grandes manifestations de masse, à un regroupement d'associations en une Fédération française des sociétés de protection de la nature (FFSPN) dont Pierre Aguesse, un universitaire qui a mis en place un enseignement d'écologie

---

1. Léger et Hervieu, 1979 et 1983.
2. Id., 1983, pp. 21-22.

appliquée à l'université d'Orléans, assume la présidence. C'est aussi en 1969 que se tient la première assemblée générale de la Société d'écologie, créée par des universitaires. La rupture instauratrice de 1968 a en effet fortement ébranlé les certitudes de la faculté des sciences d'Orsay, où un groupe de mathématiciens, et non des moindres, s'engage dans la contestation : le titulaire de la médaille Fields, Alexandre Grothendieck, qui crée en 1970 un groupe ayant pour objectif de mobiliser les scientifiques contre l'énergie nucléaire, Survivre, est rejoint par un mathématicien, Pierre Samuel, avec lequel il fonde le bulletin *Survivre et vivre*.

Cet engagement des scientifiques s'accompagne d'un début, encore embryonnaire, de percée dans les cursus universitaires : à Paris VI et Paris VII, des départements d'étude de l'environnement naissent et « un DEA d'étho-écologie est créé à Rennes (Jean-Claude Lefeuvre)[1] ». Ici et là dans les médias, quelques personnalités commencent à se faire entendre. Jean Dorst, ornithologue et professeur au Muséum national d'histoire naturelle, qu'il présidera de 1975 à 1985, exprime ainsi ses inquiétudes en 1969 dans *L'Express*, échos de son ouvrage alarmiste sur l'état de la nature, *Avant que nature meure*, publié en 1965[2]. Il dénonce l'attitude de l'homme, qui déverse les déchets dans la nature, les eaux et les airs, remarquant dès 1965 qu'une calotte grise flotte au-dessus des grandes mégalopoles, constituée de poussières en suspension dans l'air. Il souligne par ailleurs que la durée de vie des récipients enfermant les déchets nucléaires est de loin inférieure à celle des corps radioactifs qu'ils contiennent. À ce rythme de détérioration des ressources de la planète, il ne donne pas plus de trois siècles d'existence à l'humanité. Claude-Marie Vadrot, journaliste très engagé dans le domaine écologique, fait ses débuts à *L'Aurore* en 1969. Embauché comme grand reporter, il demande à s'occuper d'une rubrique sur l'environnement, ce qui lui est accordé sous condition, car « il ne faudrait pas que la mouche écolo porte ombrage au coche du grand reportage[3] ». Les campagnes de sensibilisation écologique passent même par les ondes

1. Cans, 2006, p. 113.
2. Dorst, 1965.
3. Cans, 2006, p. 116.

de Radio Luxembourg, où Jean Carlier part en campagne pour sauver le Parc national de la Vanoise, avec le soutien de François Lapoix et de Théodore Monod : « De simple amateur de randonnée avant 1968, Jean Carlier s'est transformé en pilier de l'écologie militante. Le virus touche maintenant la grande presse[1]. » L'après-Mai 68 se révèle une période porteuse pour l'écologie. C'est le moment de publications marquantes, comme *Le Jardin de Babylone*, de Bernard Charbonneau[2], et *Arcadie*, de Bertrand de Jouvenel[3]. Ce dernier prône un enseignement économique intégré dans son cadre écologique et s'efforce aussi de sensibiliser l'opinion à la question des déchets : « Notre vie biologique enfin est productrice de déchets ; l'une des premières choses que l'on enseigne aux enfants est de disposer des déchets avec décence : c'est ce que nos fières sociétés n'ont pas encore appris, et une maîtresse de maison ne voudrait pas de nous comme chats[4]. » Toujours en 1969, Raymond Aron publie *Les Désillusions du progrès*[5]. À *Hara-Kiri Hebdo*, peu concerné par l'écologie avant 1968 à l'exception de Pierre Fournier, les choses changent : les dessinateurs Cabu et Reiser se mettent à stigmatiser la société de consommation. D'autres organes de presse naissent, comme *La Gueule ouverte*, *Le Sauvage*...

En 1970, l'association Les Amis de la Terre se constitue sur le modèle américain de Friends of the Earth, sous la responsabilité du journaliste Alain Hervé. Elle se dote d'un comité de parrainage composé de personnalités prestigieuses : Jean Dorst, Pierre Gascar, Claude Lévi-Strauss, Bernard Moitessier, Théodore Monod et Jean Rostand. En cet immédiat après-Mai 68, le gouvernement de Jacques Chaban-Delmas, qui voulait satisfaire un certain nombre d'aspirations de la société civile, demande à Louis Armand, ancien patron de la SNCF, d'élaborer un « livre blanc sur l'environnement ». Les Français en cette année 1970 sont sous le charme de la Révolution culturelle chinoise de Mao : à peine Louis Armand a-t-il remis le livre blanc qu'« André Bettencourt présente au

---

1. *Ibid.*, p. 117.
2. Charbonneau, 1969.
3. Jouvenel (de), 1968.
4. Bertrand de Jouvenel, cité dans Bourg et Fragnière, 2014, p. 243.
5. Aron, 1969.

Conseil des ministres les "Cent fleurs pour l'environnement"[1] ».
L'État finit par prendre en charge la question écologique. En
janvier 1971, à l'occasion d'un remaniement ministériel, Robert
Poujade est nommé ministre de la Protection de la nature et de
l'Environnement. La tâche est périlleuse car il faut bâtir toute une
administration à partir de rien, sans moyens financiers : « mission
impossible », écrira en 1975 Robert Poujade[2]. Il aura malgré tout
popularisé la question de la préservation de l'environnement en
participant à l'émission de télévision « La France défigurée » et en
favorisant l'implantation d'écomusées et la sanctuarisation de
certaines zones à protéger des pollutions.

La deuxième gauche, portée au sein du PS par les anciens du
PSU et dans les médias par la revue *Esprit*, entend prendre sa
part dans la sensibilisation écologique. En cette année 1974 où
s'obscurcit l'avenir et prend fin le progrès, Jean-Marie Domenach
veut renouer avec le volontarisme du père fondateur de la revue,
Emmanuel Mounier, pour s'opposer aux visions catastrophistes :
« C'est avouer son impuissance et se promettre à l'esclavage[3]. »
Selon Domenach, l'intellectuel doit prendre ses responsabilités
sans « médire » ni « maudire », mais plus simplement pour dire
cette rupture d'équilibre dans un écosystème gravement affecté
par l'action de l'homme : « L'eau pure, l'air pur et l'espace se
raréfient, des espèces végétales et animales disparaissent à une
cadence accélérée et sur les derniers confins qu'atteint la civilisation technique de l'Occident — en Amazonie, au Tibet, chez les
Touaregs — des cultures agonisent, des populations s'abîment[4]. »
Dès 1974, le directeur d'*Esprit* fait le diagnostic de la perte du
telos, du sens de l'histoire qui disparaît avec l'effondrement de la
croyance en un progrès indéfini du productivisme. Loin de déplorer
cette situation, Domenach juge au contraire qu'elle est l'occasion de
renouer avec l'historicité, à condition de savoir avec quoi l'époque
doit rompre : « Avec la mystique de la conquête de la nature et de
la consommation illimitée, sa hiérarchisation, sa passion des rôles

---

1. CANS, 2006, p. 124.
2. POUJADE, 1975.
3. DOMENACH, 1974 (d), p. 618.
4. *Ibid.*, p. 620.

1. Michel Foucault dans les années 1980.

La pensée 68

2. Daniel Cohn-Bendit en 1968. À la veille de la rupture instauratrice inattendue de Mai, Pierre Viansson-Ponté écrit dans *Le Monde* : « La France s'ennuie. »

3. *Mai 68 : la brèche*, Fayard, 1968. Analyse à chaud de l'événement 68 par le trio d'amis : Edgar Morin, Claude Lefort et Cornelius Castoriadis (pseudo Coudray).

4. *La Prise de parole*, Desclée de Brouwer, 1968 : « En mai dernier, on a pris la parole comme on a pris la Bastille en 1789. »

5. Michel de Certeau en 1975. Penseur de l'altérité, il est à la fois jésuite, philosophe, historien, ethnologue, sociologue…

6

7

8

9

L'imagination au pouvoir

6. André Gorz (pseudonyme de Gérard Horst) en 1970. Philosophe et journaliste d'origine autrichienne, il tente de concilier existentialisme et critique sociale du capitalisme.
7. Ivan Illitch en 1974. Catholique autrichien d'origine yougoslave, il se révèle un critique majeur de la modernité technologique.

8. Hélène Cixous en 1975. Égérie du féminisme, elle est à l'origine de la création du Centre expérimental de Vincennes en 1968.
9. Herbert Marcuse en 1974. Philosophe marxiste américain d'origine allemande découvert tardivement en France, il devient vite une icône de la modernité.

10

11

12

13

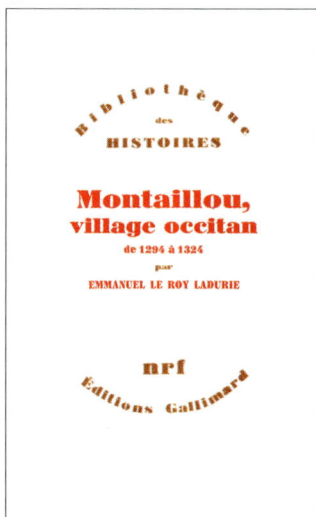

Bibliothèque
des
HISTOIRES

Montaillou,
village occitan
de 1294 à 1324
par
EMMANUEL LE ROY LADURIE

nrf
Éditions Gallimard

14

Triomphe de la «nouvelle histoire»

10. Fernand Braudel, héritier des pères fondateurs des *Annales*, Marc Bloch et Lucien Febvre. Il a su faire fructifier l'héritage en assurant le triomphe de l'école historique française. Sa thèse monumentale, *La Méditerranée et le Monde méditerranéen à l'époque de Philippe II*, a été considérée comme un modèle.

11. Jacques Le Goff au milieu des années 1970. Orchestrateur de la «nouvelle histoire», c'est l'«ogre de l'histoire».

12. Georges Duby dans les années 1970. Historien capital du Moyen Âge, il dirige Arte France à la fin des années 1980.

13. Emmanuel Le Roy Ladurie, disciple de Braudel, lui succède au Collège de France en 1973. Membre du comité de direction des *Annales* à partir de 1969. Il publie un *best-seller* en 1975 avec *Montaillou, village occitan*.

14 Couverture *Montaillou, village occitan de 1294 à 1324*, Éditions Gallimard, première édition de 1975.

15

16

17

18

Le désir contre la structure

15. *L'Anti-Œdipe*, Éditions de Minuit, 1972. Là se trouve sans doute la vraie pensée 68 en même temps qu'une contestation radicale de la psychanalyse.
16. Gilles Deleuze et Félix Guattari en 1975. Leurs concepts vitalistes et la machine désirante qu'ils mettent en branle font exploser la «structure».

17 Jean-François Lyotard en 1990. D'une pensée de l'esthétique, il débouche sur la définition de l'ère «postmoderne».
18. René Girard en 1979. Sa pensée du «désir mimétique» influence nombre d'animateurs de la revue *Esprit*.

19

20

21

22

Du combat féministe à l'histoire des femmes

19. Simone de Beauvoir distribuant *La Cause du peuple* en 1970. Elle est devenue la référence de la génération féministe.
20. Simone Veil défend à l'Assemblée nationale, le 26 novembre 1974, son projet de légalisation de l'avortement.

21. Antoinette Fouque, figure historique du Mouvement de Libération des Femmes. Elle a animé le courant « Psychanalyse et politique » et a fondé en 1972 les Éditions des Femmes.
22. Élisabeth Badinter, philosophe qui a consacré la plupart de ses travaux à la question du féminin, interrogeant ce que l'on appelle l'instinct maternel et plus globalement l'identité féminine et la place de la femme dans la société française.

Soljénitsyne

L'archipel du Goulag

Seuil

23

24

25

26

1974 : l'effet Soljenitsyne

23. *L'Archipel du Goulag*, Éditions du Seuil, 1974. Ce livre-fleuve crée l'événement en rendant impossible le déni du réel.
24. Alexandre Soljenitsyne à « Apostrophes », le 11 avril 1975, en compagnie de son traducteur, Nikita Struve, et de Bernard Pivot. Les victimes du totalitarisme trouvent en lui leur porte-parole.

25. Jean Daniel à l'époque de la fondation du *Nouvel Observateur* (1964), appelé à devenir, sous sa direction, l'hebdomadaire de gauche des intellectuels et des politiques.
26. Milan Kundera en 1974. Pourfendeur de la normalisation en Tchécoslovaquie, il reçoit en 1973 le prix Médicis étranger pour *La vie est ailleurs* (Gallimard).

27

28

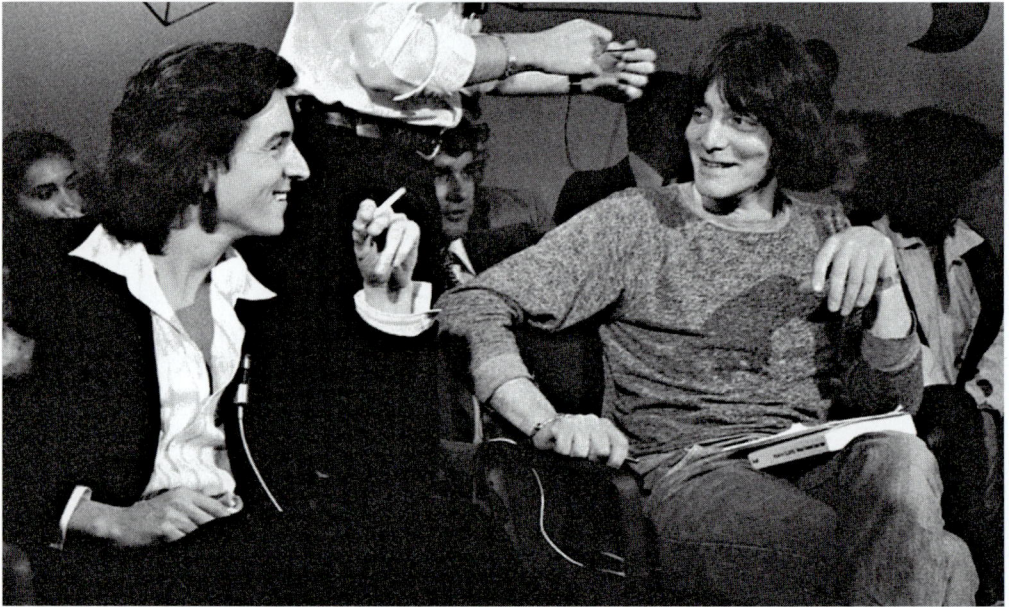

29

Sortir du totalitarisme

27. *Les Habits neufs du président Mao*, Éditions Champ libre, 1971. Ce livre iconoclaste sur le maoïsme est clairement à contre-courant de son temps.

28. Simon Leys à Paris en 1984. De son vrai nom Pierre Ryckmans, l'écrivain belge révèle le mythe de la « Révolution culturelle » chinoise.

29. Bernard-Henri Lévy et André Glucksmann à « Apostrophes », le 27 mai 1977. Le succès de l'émission de Bernard Pivot lance les « nouveaux philosophes ».

30

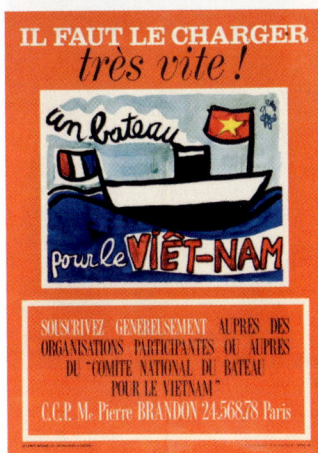

31

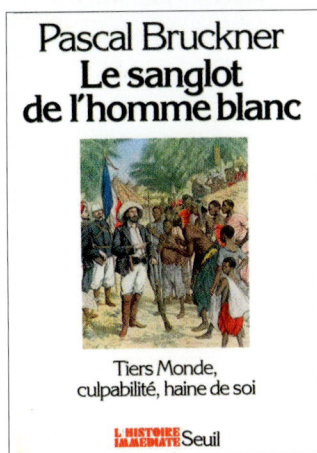

32

L'humanitaire se substitue au tiers-mondisme

30. Bernard Kouchner à bord du bateau-hôpital *Île de lumière* en 1979 défend le droit d'ingérence pour cause humanitaire et contribue à lancer le mouvement des « French doctors ». Après avoir participé en 1971 à la création de Médecins sans frontières, il lance avec d'autres en 1980 Médecins du monde.

31. Lancement de la campagne « Un bateau pour le Vietnam » en 1979. Devant le drame des « boat people », Bernard Kouchner affrète le cargo *Île de lumière* pour tenter de sauver les Vietnamiens fuyant le communisme.

32. Pascal Bruckner, *Le Sanglot de l'homme blanc*, Éditions du Seuil, 1983. Cet essai entend tourner la page de la culpabilisation et de la repentance et se révèle un brûlot à succès contre la pensée critique.

33

34

35

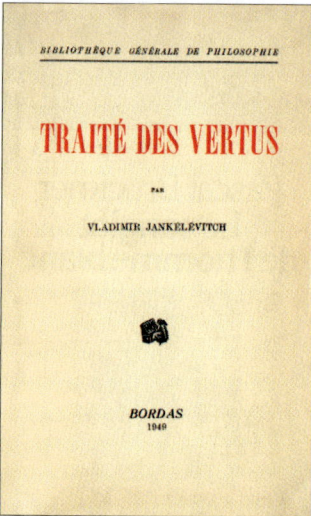

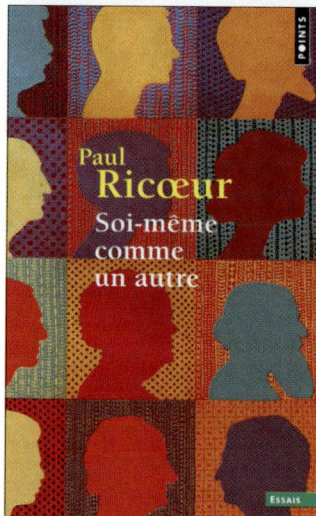

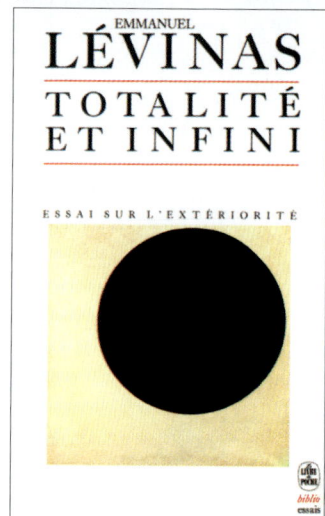

36

37

38

Les maîtres de l'éthique

33. Vladimir Jankélévitch en 1980. Titulaire de la chaire de philosophie morale et de métaphysique à la Sorbonne de 1951 à 1979, le philosophe mélomane marquera plusieurs générations d'intellectuels.

34. Paul Ricœur dans les années 1980. Avec lui la philosophie se réconcilie avec les sciences humaines.

35. Emmanuel Lévinas en 1984. Introducteur de la phénoménologie en France, il donne à l'éthique le statut de philosophie première.

36. *Traité des vertus*, essai en trois tomes de Vladimir Jankélévitch, paru chez Bordas en 1949, couverture de l'édition originale.

37. *Soi-même comme un autre* de Paul Ricœur, paru au Seuil en 1990, couverture de l'édition Points de 2015.

38. *Totalité et Infini, essai sur l'extériorité,* d'Emmanuel Lévinas, paru chez Nijhoff (La Haye) en 1961, couverture de l'édition Le Livre de Poche de 2006.

39

40

41

Critique de la technoscience, prise de conscience écologique et culture plurielle

39. René Dumont en 1974. Ce professeur d'agronomie, membre des «Amis de la Terre» et auteur de *L'Afrique noire est mal partie*, est le premier candidat écologique à l'élection présidentielle de 1974.

40. Jacques Ellul en 1978. Professeur d'histoire du droit à Bordeaux, sociologue et théologien, il se révèle surtout un critique acerbe de la technostructure.

41. Jack Lang en 1982 pour le lancement de la première fête de la Musique. Autre juriste, il défend toutes les formes de création et sauve le livre grâce à une loi sur le prix unique qui porte son nom.

42

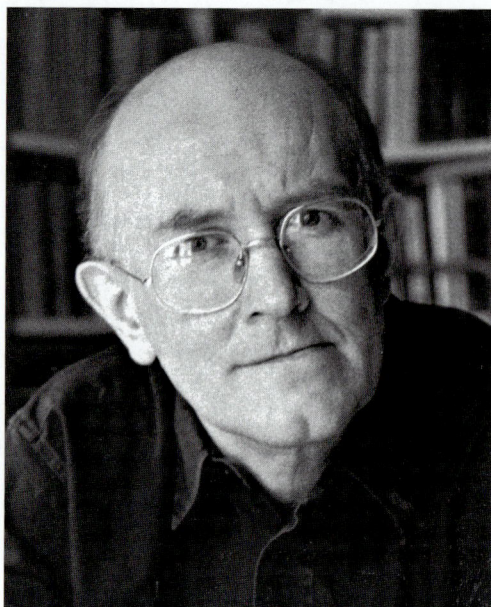

43

44

Changement d'époque à partir des années 1980

42. Pierre Nora au début des années 1980. Le directeur du *Débat* orchestre le rayonnement des sciences humaines chez Gallimard depuis le milieu des années 1960.
43. Marcel Gauchet, philosophe, éditeur et homme de revue, a été la cheville ouvrière de *Textures*, puis de *Libre*, avant de devenir rédacteur en chef du *Débat*.

44. *Le Débat*, n° 1, mai 1980. La revue voit le jour au moment où Sartre disparaît. Changement d'époque : « Le Débat parce qu'en France il n'y en a pas. »

Commentaire

«Il n'y a pas de bonheur sans liberté, ni de liberté sans vaillance» Thucydide

Numéro 1/1978

Raymond Aron Incertitudes françaises Louis Bouyer L'église catholique en crise Jean Baechler Libéralisme et autogestion Branko Lazitch Les singes de Lénine Bruno Neveu Tombes romaines Paul Bénichou Sur quelques sources françaises de l'antisémitisme Philippe Mongin Aux origines de l'économie moderne Allan Bloom Un vrai philosophe : Leo Strauss Jacques Truchet La critique théâtrale Janine Bouissounouse L'autre Guibert

Julliard

45

46

47

48

De la droite libérale à la « nouvelle droite »

45. *Commentaire*, n° 1, printemps 1978. La création d'une revue libérale par Raymond Aron répond à son inquiétude de voir la gauche arriver au pouvoir.

46. Jean-Claude Casanova au début des années 1980. Proche de Raymond Aron, directeur de *Commentaire*, il a été conseiller de Joseph Fontanet, puis de Raymond Barre à partir de 1976.

47. Pierre Manent en 1987. Philosophe du politique, il suscite un retour aux penseurs libéraux du XIXe siècle et favorise notamment un « moment tocquevillien ».

48. Alain de Benoist en 1984. Leader de la « nouvelle droite », il collabore à la revue *Éléments* et devient, à partir de 1977, le maître à penser du *Figaro Magazine*.

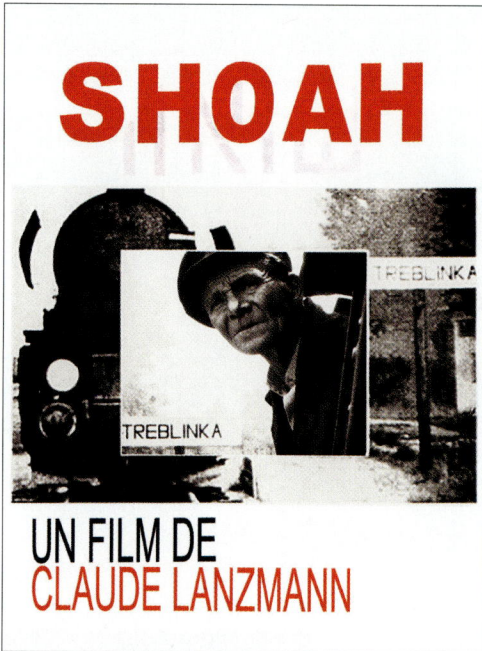

SHOAH

TREBLINKA

TREBLINKA

UN FILM DE
CLAUDE LANZMANN

49

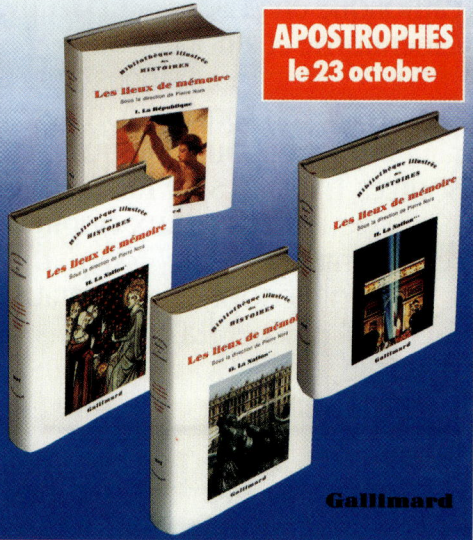

La mémoire de la France
Les lieux de mémoire
Sous la direction de Pierre Nora

APOSTROPHES
le 23 octobre

Gallimard

50

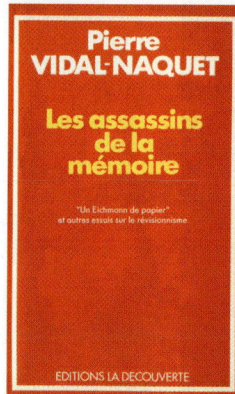

Pierre
VIDAL-NAQUET

Les assassins
de la
mémoire

"Un Eichmann de papier"
et autres essais sur le révisionnisme

ÉDITIONS LA DECOUVERTE

51

Entre le travail et le devoir de mémoire

49. Affiche du film documentaire *Shoah* de Claude Lanzmann. Sorti en salle en 1985, ce film-événement et monumental (il dure plus de 10 heures) est un documentaire réalisé par Claude Lanzmann sur l'extermination des Juifs par les nazis pendant la Seconde Guerre mondiale. Il récuse l'utilisation des images sur le génocide et s'en tient aux témoignages des survivants et des bourreaux. Il est devenu un monument mémoriel incontournable.

50. Affiche de lancement de la troisième partie des *Lieux de mémoire* : après *La République* en 1984, les trois volumes sur *La Nation* en 1986, elle illustre la transformation de l'Histoire en Mémoire.

51. Pierre Vidal-Naquet, *Les Assassins de la mémoire*, La Découverte, 1987. L'historien de l'Antiquité grecque relève le défi des négationnistes en leur opposant la vérité historique.

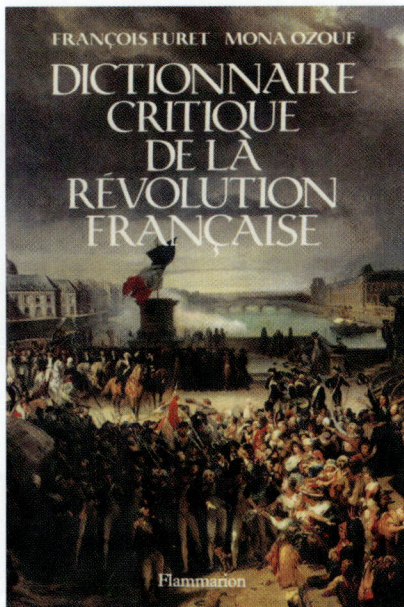

52

53

54

55

Adieu 89

52. Mona Ozouf et François Furet, coauteurs du *Dictionnaire critique de la Révolution française*. Ce maître-ouvrage publié à la veille du bicentenaire en marque durablement la signification.
53. Couverture du *Dictionnaire critique de la Révolution française*, Flammarion, 1988.

54. Pékin, été 1989 : sur la place Tian'anmen, le printemps chinois, bientôt écrasé par les chars.
55. La chute du mur de Berlin, le 9 novembre 1989, met fin à la division entre les deux blocs et clôt le XXᵉ siècle.

56

56. 14 Juillet 1989 : *La Marseillaise* de Jean-Paul Goude sur les Champs-Élysées, point d'orgue des manifestations du bicentenaire de la Révolution française.

historiques, son endoctrinement et son militantisme pédant[1]. » En appelant à une nouvelle alliance avec la nature, à un nouveau regard sur soi et sur les autres, il s'inspire pour l'essentiel des travaux d'Ivan Illich, Cornelius Castoriadis, Edgar Morin, Alain Touraine et Alfred Willener pour rétablir des limites qu'on a franchies de manière irresponsable et rouvrir une possible perspective sociale autour de l'autonomie, l'autogestion et le respect de l'écosystème.

LES DEUX FILIATIONS

Deux grandes orientations vont structurer le mouvement écologique en France. La première se tient farouchement à l'écart des partis politiques et veut préserver son indépendance. C'est le courant qu'incarne Antoine Waechter, originaire de Mulhouse, qui y fonde en 1965 un groupe de Jeunes Amis des animaux et de la nature. S'opposant à des projets routiers dans la région, il se lie avec des milieux naturalistes, dont le couple Michel et Solange Fernex, qui l'associent en 1969 aux activités de l'Association fédérative régionale pour la protection de la nature (AFRPN). Antoine Waechter radicalise les actions de cette association et participe à une réflexion collective du groupe Diogène aux côtés de Philippe Lebreton et Robert Hainard. Il contribue ensuite à la naissance du groupe Écologie et Survie aux côtés de Solange Fernex : « C'est la protection de la nature *stricto sensu* qui a finalement, de fil en aiguille, poussé Antoine Waechter à s'investir dans l'écologie politique[2]. » Waechter publie avec Daniel Daske des ouvrages naturalistes de défense de l'environnement local dans les années 1970[3]. Très engagé dans la préservation du massif vosgien, il en appelle à des actions coup de poing pour imposer ses vues : « Notre première tâche est de chasser les marchands du Temple, d'extirper des pans d'aménagement le mercantilisme prostituant qui les

---

1. *Ibid.*, p. 622.
2. Jacob, 1999, p. 149.
3. Waechter et Daske, 1972 et 1974.

imprègne, et de mettre au pilori les maquereaux[1]. » Il envisage des occupations de chantiers, des pressions sur les élus locaux, des manifestations avec la population locale pour faire interdire les résidences secondaires en certaines zones : « Les Vosges sont malades d'un cancer couleur chalet et d'une gangrène puant le fric. Dans les deux cas, l'ablation est la thérapeutique susceptible d'être le plus efficace[2]. » En ce début des années 1970, la question du nucléaire cristallise la contestation dans la région de Waechter avec la centrale de Fessenheim. En octobre 1970, une brochure, émanant du groupe de Mulhouse, distribuée aux maires met en garde contre les dangers du nucléaire. Intitulée « Fessenheim, vie ou mort de l'Alsace », elle reprend la formule lancée par Théodore Monod en 1965 : « Inactifs aujourd'hui, radioactifs demain ! » Les manifestations contre cette centrale se multiplient et rassemblent jusqu'à dix mille personnes en mai 1972. Puriste de la défense de la nature, Waechter récuse la notion d'environnement comme trop anthropocentrique. S'il conçoit son engagement de façon non partisane, ses positions le rapprochent des traditionalistes dans sa défense d'une identité locale essentialisée et immuable. Il adhère à une sensibilité régionaliste que l'on retrouve aussi à gauche et se différencie de la droite par des moyens d'action radicaux. En 1990, Antoine Waechter expose ses thèses dans un ouvrage synthétique, *Dessine-moi une planète*[3] : il rend un hommage appuyé au naturaliste suisse Robert Hainard et invite ses lecteurs à respecter la nature sauvage, que l'homme n'est pas légitime à dominer, et la diversité naturelle, condition même de la diversité culturelle. Dénonçant les processus de déracinement au nom d'idées abstraites qui conduisent à des ethnocides, il dresse le sombre tableau d'une « France défigurée » par la modernité qui arrache « la plainte de la Terre qu'on écorche ». Waechter préconise une Europe des régions, l'introduction de référendums populaires et une politique de décentralisation plus audacieuse ; loin de se limiter à devenir le supplément d'âme d'un parti politique quelconque, elle doit nourrir une politique proprement écologique.

1. Antoine Waechter, cité dans Jacob, 1999, p. 149.
2. *Ibid.*, p. 150.
3. Waechter, 1990.

Tout autre est la filiation qui s'incarne en Brice Lalonde. Celui-ci adhère au PSU en 1969, un courant fortement ancré à gauche et marqué par le mouvement de Mai 1968. En 1972, il intègre l'association internationale Les Amis de la Terre, dont il deviendra le président, et anime un journal écologiste, *Le Courrier de la Baleine*. En ces temps de mobilisation croissante du milieu des années 1970, Brice Lalonde participe à toutes les formes de contestation de masse des écologistes.

De son côté, Pierre Fournier, fondateur du journal *La Gueule ouverte*, s'oppose en 1971 à l'implantation de l'usine atomique de Saint-Vulbas, dans le Bugey. Dessinateur et chroniqueur à *Hara-Kiri Hebdo*, il a déjà essayé de sensibiliser son lectorat à l'écologie dès 1969 : « Pendant qu'on nous amuse avec des guerres et des révolutions qui s'engendrent les unes les autres en répétant toujours la même chose, l'homme est en train, à force d'exploitation technologique incontrôlée, de rendre la Terre inhabitable[1]. » Il appelle dans *Charlie Hebdo* (qui a succédé à *Hara-Kiri*, interdit après la disparition du général de Gaulle et son fameux « Bal tragique à Colombey : un mort ») à une grande marche joyeuse et non violente pour s'opposer à l'implantation de cette centrale atomique dans sa région. Ce qui ne devait être qu'une protestation locale fait événement avec le rassemblement de plus de dix mille manifestants devant les grilles de l'usine et un sit-in qui se prolonge six semaines.

Décidément, ce début des années 1970 est propice aux mobilisations écologistes. En 1971, la décision du ministre de la Défense nationale, Michel Debré, d'agrandir le camp militaire installé au Larzac met le feu aux poudres et inaugure un long combat mené par les paysans du Larzac, appuyés par tous les mouvements écologistes : il durera jusqu'en 1981. En 1972, le président Georges Pompidou projette de construire une voie express rive gauche pour faciliter la circulation automobile dans Paris : Les Amis de la Terre font circuler une affiche représentant la cathédrale Notre-Dame traversée par un flot de voitures et portant la légende : « Défense de klaxonner pendant les offices ! ». C'est après avoir découvert cette affiche que Brice Lalonde se présente au local

---

1. FOURNIER [1969], 2006, p. 129.

des Amis de la Terre pour s'y inscrire. Il participe en militant de base à cette bataille conduite par Alain Hervé et à la première grande manifestation de protestation à vélo contre ce projet. En 1972, toujours, se tient à Stockholm la première Conférence des Nations unies « pour l'homme et son environnement ». Cet événement d'ampleur internationale encourage les groupes écologistes et facilite la diffusion médiatique de leurs thèses. La presse s'inscrit à son tour dans le mouvement. *Le Monde* crée une rubrique consacrée à l'environnement. Alain Hervé, lié aux journalistes du *Nouvel Observateur*, essaie de persuader le PDG du groupe de créer un périodique écologiste. Malgré une conscience journalistique de plus en plus affirmée, en particulier chez Jean Daniel et Edgar Morin, qui fait de l'année 1972 « l'an 1 de l'ère écologique[1] », il ne parvient pas à convaincre Claude Perdriel. Il intègre néanmoins l'équipe du journal et s'attelle à la préparation d'un numéro hors série de l'hebdomadaire qui paraît sous le titre « La dernière chance de la Terre » et se vendra à cent vingt-cinq mille exemplaires. Quant à Brice Lalonde, il s'approprie une formule du préliminaire de la Conférence : « Penser globalement, agir localement ». Il prend une place de plus en plus centrale chez Les Amis de la Terre. Plus chanceux qu'Alain Hervé, il revient à la charge en 1973 auprès du patron du *Nouvel Observateur* avec un projet de mensuel, *Le Sauvage*, qui voit le jour dans les locaux de l'hebdomadaire. En ces années 1970, Les Amis de la Terre sont très présents dans la lutte contre le nucléaire, laquelle n'est pourtant qu'un volet d'un plus large combat à vocation éthique et politique contre la course à la croissance et le culte du travail, destiné à favoriser toutes les tentatives autogestionnaires. L'association compte alors cent cinquante groupes locaux et dispose d'une collection d'ouvrages dirigée par Pierre Samuel et Dominique Simonnet chez Jean-Jacques Pauvert, « Amis de la Terre », dans laquelle sont publiés en 1977 *Perdre sa vie à la gagner* et l'ouvrage d'Yves Lenoir *Technocratie française*.

---

1. Edgar Morin, cité dans GIANINAZZI, 2016, p. 200.

RESSOURCES THÉORIQUES

Un certain nombre de têtes pensantes donnent une épaisseur philosophique à cet engagement écologique. Parmi eux, Serge Moscovici a une influence majeure sur le courant représenté par Brice Lalonde. Né en 1925, d'origine roumaine, il s'installe en France dans les années 1950 et devient professeur à l'EHESS. Spécialiste en psychologie sociale, il s'ouvre à d'autres domaines des sciences sociales et naturelles, mais aussi aux mathématiques. Ses interrogations de nature écologique, précoces, remontent aux années 1950. Lorsqu'il publie en 1968 *Essai sur l'histoire humaine de la nature* dans la collection dirigée par l'historien Fernand Braudel chez Flammarion, « l'ouvrage fut accueilli avec surprise par la communauté scientifique et intellectuelle. Elle vit avec curiosité et parfois même une certaine incompréhension non seulement la nature réintroduite dans le politique, mais pire, son introduction comme objet des sciences sociales[1] ». Pendant longtemps en effet, la valorisation de la nature comme lieu de cristallisation de l'identité a été un thème d'extrême droite, celui d'un maurrassisme qui opposait au pays légal le pays réel, celui du véritable enracinement. Moscovici subvertit cet usage en réintégrant l'objet nature dans une historicité émancipatrice. Au début des années 1970, il s'engage au sein des Amis de la Terre, où il se lie avec Brice Lalonde, qui lui doit nombre de ses analyses. En 1972, il publie *La Société contre nature*[2], qui pose les jalons d'une philosophie politique d'ordre écologique. Son interrogation touche cette fois un large public en s'attachant à la coupure entre nature et culture, question centrale de l'anthropologie. Moscovici est par ailleurs en phase à la fois avec le mouvement féministe et avec le refus de soumettre la nature aux impératifs de la modernité technologique : « Ma génération, alors au seuil de l'université et de la vie, s'enthousiasma, jusqu'à en faire un livre culte, pour cette pensée qui, outre un plaidoyer pour le féminisme, proposait une nouvelle conciliation de l'homme avec

---

1. DIBIE, 2002, p. I.
2. MOSCOVICI, 1972.

la nature[1]. » Les thèses de Moscovici enthousiasment Robert Jaulin, ethnologue particulièrement remuant de l'université Paris VII qui dénonce les méfaits de la modernité capitaliste sur les peuples indiens :

> Il me contraignit à établir entre ma réflexion et la sienne une relation dont il voyait, et dont je n'aurais pas senti, la nécessité, s'il n'avait pas lancé le concept d'ethnocide. Alors une lumière se fit dans ma tête, je compris enfin que toute destruction de nature s'accompagne d'une destruction de culture, tout écocide, comme on le dira par la suite, est par certains aspects un ethnocide[2].

Ils décident de mener des travaux communs. Avec Jean-Toussaint Desanti, ils animent un enseignement à Paris VII. Jean Jacob qualifie les positions de Moscovici de « naturalisme subversif[3] », ce qui contribue à son influence en ces années de contestation et de quête d'autres voies que celles proposées par les groupuscules gauchistes. Le système ouvert qu'il définit intéresse Edgar Morin, qui s'en inspire dans sa dénonciation de la pensée contre la nature[4] et associe Moscovici à la réalisation d'un gros dossier de la revue *Communications*, « La nature de la société », paru en 1974. Il trouve aussi un écho favorable au sein de la deuxième gauche. Alain Touraine associe à son tour Serge Moscovici à une recherche collective au titre significatif, *Au-delà de la crise*, qui paraît en 1976[5]. Dans leur ouvrage *La Nouvelle Alliance*, Ilya Prigogine, Prix Nobel de physique, et Isabelle Stengers soulignent l'importance de cette réintroduction de la science dans la nature réalisée par Moscovici[6]. Ce dernier réhabilite les traditions naturelles refoulées au nom de la modernité. À lutter contre la nature, l'homme impose, ce qu'avait déjà analysé Norbert Elias, un processus de civilisation qui domestique les pulsions, multiplie les interdits et refoule l'homme sauvage au profit de l'homme domestiqué, dit

1. DIBIE, 2002, p. I.
2. MOSCOVICI [1993], 2002, p. 17.
3. JACOB, 1999, p. 16.
4. MORIN, 1973.
5. TOURAINE *et al.*, 1976.
6. PRIGOGINE et STENGERS [1979], 1986.

civilisé, seul et désenchanté, obéissant au seul idéal de contrôle et de maîtrise. Tant la religion judéo-chrétienne que le triomphe du rationalisme ont abondé dans ce sens : « La société contre nature, en dépit de ses interdits pesants, triomphe ainsi dans la mesure où elle prétend libérer l'homme d'une nature supposée aliénante et cruelle. Et elle installe l'homme dans la certitude d'être dans le sens de l'histoire[1]. »

Serge Moscovici conteste la coupure établie par le paradigme structuraliste entre nature et culture ; contrairement à Lévi-Strauss qui y voit un invariant dans toutes les civilisations, il constate que l'inceste est pratiqué dans de nombreuses sociétés sans tabou et considère que sa prohibition relève de l'intention civilisationnelle de brider l'animalité en l'homme. Il entend rapprocher le monde humain du monde animal, contestant une séparation factice, y compris selon lui sur le plan symbolique, qui ne serait pas le propre de l'humanité. Il avance une nouvelle hypothèse selon laquelle l'humanité ne se serait pas coupée de la nature mais aurait plus simplement coévolué avec elle pour répondre à ses besoins. Cette évolution conjointe éloigne Moscovici de ceux qui veulent revenir à un âge d'or naturel perdu qu'il estime purement illusoire. Il remet en question toute une tradition philosophique et théologique qui en appelle à rompre avec l'état de nature, et dénonce le caractère artificiel de cette rupture qui « entraîne trop d'interdits et trop de mutilations. Dans nos sociétés comme dans le tiers-monde se multiplient les revers de la modernité[2] ». Le désenchantement du monde a fait prévaloir la rationalisation de la nature, libérant l'homme de ses superstitions, mais l'enchaînant à un processus de maîtrise dont le marxisme est le dernier avatar : « La raison, désormais, s'acharne contre l'homme tenu de se soumettre à son règne impérieux[3]. » La pensée de Moscovici, très influente sur le courant dominant de l'écologie en France, contribue à faire prévaloir ce que l'on peut qualifier de présentisme dans la mesure où elle assimile toute référence à l'avenir à un leurre. Le mouvement écologiste renforce cette crise du futur en substituant à la construction de l'avenir un

---

1. JACOB, 1999, p. 19.
2. *Ibid.*, p. 24.
3. *Ibid.*, p. 25.

« ici et maintenant » au motif d'une contestation radicale de la notion de progrès. Moscovici se donne pour objectif de réenchanter l'humanité en la réconciliant avec le monde végétal et animal, présenté par toute une tradition comme un danger, alors que l'unité de l'homme doit être pensée au confluent de la société et de la nature. Il défend un naturalisme actif postulant que l'homme est le produit de la nature qui l'entoure, que cette nature fait partie de l'histoire humaine, et que toute fétichisation d'un âge d'or perdu est donc vaine : « La société est dans et par la nature : il n'y a donc pas lieu de multiplier les interdits visant à réprimer les pulsions naturelles organiques, il n'y a pas lieu de mutiler l'homme[1]. » Selon Moscovici, il n'y a que des états de nature, différents selon les moments et les civilisations, toujours transitoires.

Contrairement à beaucoup d'écologistes qui opposent à l'histoire les bienfaits de la nature dans une perspective rousseauiste de rejet de la modernité, Moscovici tente d'articuler ces deux dimensions. Il se situe dans une perspective progressiste qui alimente le programme de Brice Lalonde, et avance des arguments critiques vis-à-vis du courant Waechter qui a tendance à sacraliser un état immuable d'une nature à défendre et à libérer de son corset humain. Selon Moscovici, il n'y a pas d'innocence perdue à retrouver ni de posture régressive à adopter. Il propose une vision large, de nature politique, reprise comme telle par le courant des Amis de la Terre. Il s'agit pour lui de « changer la vie » ici et maintenant. En ce sens, il répond à la crise de langueur de l'histoire, cette crise d'historicité qui rompt avec l'avenir en même temps qu'avec toutes les formes de téléologie et d'eschatologie. Il fait d'ailleurs lui-même le lien entre cette ouverture sur l'écologie et la prise en compte du tragique XXᵉ siècle. En 1993, réfléchissant à distance sur cet étonnant sentiment d'avoir participé à un mouvement d'idées devenu déterminant, il établit une corrélation entre la découverte par sa génération de l'horreur des camps d'extermination et la critique de la technostructure :

> On en venait à se demander si la modernité n'était pas devenue un non-sens, lorsqu'elle aboutissait, indifférente, aux deux figures de

1. *Ibid.*, p. 36.

la mort : les camps de concentration et le champignon atomique qui dessinaient en même temps les contours de leur grimaçante réalité [...]. J'évoque l'image d'un temps qui s'est un peu éloigné. [...] Alors, pourquoi les rappeler ? En ce qui me concerne, elles n'ont pas disparu ; d'autres faits similaires risquent de faire surface si on leur laisse la bride sur le cou. On dit que l'histoire ne se répète pas. Peut-être, mais nous, nous répétons dans l'histoire[1].

De cette embardée mortifère de la science qui incarnait jusque-là le tribunal de l'histoire dont on attendait tout, naît un *nouveau* regard, critique, porté y compris par les scientifiques eux-mêmes. C'est cette critique de la science qui a ouvert des horizons libérateurs : « Autour de Chevalley, Samuel et Grothendieck, s'est retrouvée une pléiade de chercheurs qui se sont engagés plus à fond dans la défense de la nature[2]. » Cette critique est transformée par Moscovici en un projet qui sert de matrice à une écologie politique et nourrit ses programmes, intégrant même dans ses analyses les apports du mouvement féministe, des mouvements régionalistes, des contestations de la jeunesse scolarisée, et des mouvements sociaux en général. Il est significatif que son projet ne renvoie pas à un futur indéfini, à des lendemains qui chantent, mais à l'aujourd'hui : « L'avènement du paradis futur n'est plus subordonné à des privations actuelles : il est réalisable ici et maintenant par chacun. Et ce paradis à venir très bientôt ne suppose plus non plus un changement de société préalable, pas plus qu'il n'appelle le règne de Dieu, de la science, de la croissance, etc. Retour au présent, donc[3]. » Moscovici voit le mouvement écologiste comme le lieu de fédération possible d'une constellation large de courants sociaux animés par le désir de changement. Clairement ancré à gauche, il reprend à son compte une grande partie du programme socialiste, dont il ne partage cependant pas l'adhésion à une politique productiviste. Les positions de Moscovici trouvent même un écho à la gauche de la gauche, parmi la génération marquée par Mai 1968, notamment chez Les Amis de la Terre. En dépit de sa large influence, il restera un marginal dans le monde intellectuel en France.

1. Moscovici [1993], 2002, p. 11.
2. *Ibid.*, p. 15.
3. Jacob, 1999, p. 49.

Autre marginal qui compte dans l'éclosion de la sensibilité écologique, le philosophe protestant Jacques Ellul est l'auteur d'une
critique véhémente de la société technicisée. C'est un penseur
atypique, inclassable, transgressant les frontières disciplinaires.
Intellectuel contestataire, il rejoint dès les années 1930 le courant personnaliste et en représente alors, avec son ami Bernard
Charbonneau, l'aile libertaire. Juriste de formation, il devient dans
l'après-guerre professeur de sciences politiques à l'université de
Bordeaux, et restera toute sa vie fidèle à cette région. Ses nombreux écrits relèvent de deux ordres distincts, d'une part des écrits
théologiques et d'autre part des écrits sociologiques dénonçant avec
véhémence la suprématie acquise par la technique. Dès 1954, Ellul
publie un ouvrage, *La Technique ou l'enjeu du siècle*, dans lequel
il condamne la subordination totale de l'homme aux moyens dont
il s'est doté pour maîtriser la nature. Il fait le constat d'un renversement par lequel la société subit le pouvoir implacable d'une
technologie moderne devenue autonome et sur laquelle l'homme
n'a plus prise[1]. Voyant dans l'autonomisation de la technoscience
le noyau de l'aliénation, il considère que la structure technologique
conduit le travail à dominer les producteurs au lieu d'être dominé
par eux. Selon Ellul, dans la course folle au progrès, la technique
n'est plus dirigée par personne ; elle s'est à ce point autonomisée
qu'aucune catégorie sociale n'a plus prise sur elle.

André Gorz est un autre penseur et passeur important des thèses
écologiques, qui s'adresse à un large public dans *Le Nouvel Observateur* sous le pseudonyme de Michel Bosquet, et fait figure de
pionnier de l'écologie politique. En quête d'une voie socialiste
nouvelle entre révolution et réformes, il est surtout marqué au début
des années 1970 par la pensée d'Ivan Illich. Ils se retrouvent pour
définir une écologie humaniste fondée sur une critique de la société
technicienne. Illich distingue deux types de techniques : celles qu'il
qualifie de conviviales, et qui accroissent l'autonomie, et celles
qui la brident ou la confisquent. De même, pour André Gorz, qui
reprend à son compte cette distinction, la technique n'est pas neutre
et il faut inverser le processus qui la conduit à asservir le monde du
travail en œuvrant pour conquérir davantage d'autonomie :

1. ELLUL, 1954.

Il existe des technologies-verrou qui interdisent un usage convivial, et des technologies-carrefour (par exemple, les télécommunica-
tions, les ordinateurs, les cellules photovoltaïques) qui peuvent être
utilisées de manière conviviale aussi bien qu'à des fins de domination. Il n'y a donc de déterminisme technologique que négatif[1].

Il précise la distinction illichéenne en la reformulant et en opposant les technologies ouvertes et les technologies-verrou : « Sont
ouvertes celles qui favorisent la communication, la coopération,
l'interaction, comme le téléphone ou actuellement les réseaux et
logiciels libres[2]. » À l'opposé, les technologies dures asservissent
l'usager, monopolisent l'offre, les pires parmi elles étant les méga-
technologies qui dépossèdent les hommes de leur milieu de vie.
Le nucléaire est particulièrement visé : « En plus de tous les autres
défauts du nucléaire, c'est à cause du rayonnement totalitaire
— secrets, mensonges, violence — qu'il diffuse dans la société que
j'ai mené campagne pendant dix ans contre le nucléaire[3]. » Dans
la filiation illichéenne, André Gorz dénonce les paradoxes d'une
société dont le culte de la croissance génère de la pénurie et de la
pauvreté : « Dès qu'un produit devient accessible à tous, l'inégalité
est reproduite par l'offre d'un produit "meilleur" accessible aux
privilégiés seulement[4]. » André Gorz stigmatise en 1973 « l'idéologie sociale de la bagnole » et Illich, de passage à Paris, l'invite
pour l'année suivante à participer à son séminaire sur la médecine
qui se tient à Cuernavaca. Gorz en revient avec deux ouvrages,
Écologie et politique, *Écologie et liberté*, signés de ses deux noms[5]
et inspirés notamment de *La Convivialité*[6] d'Illich, publiée en 1973,
qui vont compter pour le mouvement écologique. Dans *Le Nouvel
Observateur*, André Gorz fait écho aux thèses d'Illich affirmant que
la médecine rend malade. Il insiste sur le lien entre les maladies les
plus fréquentes et l'étiologie dont elles relèvent, qui est essentielle-

1. GORZ [1990], 2015, p. 52.
2. ID., 2008, p. 16.
3. *Ibid.*
4. ID., 1983, p. 56.
5. ID. et BOSQUET, 1975 et 1977.
6. ILLICH, 1973.

ment sociale. La médecine occulte le caractère collectif des causes des maladies en adoptant une approche exclusivement individuelle : « On traite donc les effets sans voir les causes. Résultat, la médecine joue un rôle redoutable de normalisation sociale[1]. » Il publie également dans la revue *Le Sauvage*, qui se présente comme le supplément « écologie » du *Nouvel Observateur*, des articles de plus en plus marqués par l'antiproductivisme, l'anti-utilitarisme et la critique du système capitaliste. Il n'est pas question pour lui, comme pour Waechter, d'isoler une posture écologiste de son substrat social :

> Si tu pars, en revanche, de l'impératif écologique, tu peux aussi bien arriver à un anticapitalisme radical qu'à un pétainisme vert, à un écofascisme ou à un communautarisme naturaliste. L'écologie n'a toute sa charge critique et éthique que si les dévastations de la Terre, la destruction des bases naturelles de la vie sont comprises comme les conséquences d'un mode de production[2].

André Gorz affirme de plus en plus au fil des années 1970 des convictions écologiques inspirées par une critique du capitalisme, jugé responsable des désastres environnementaux et d'un modèle de société de consommation fondamentalement aliénant, car fondé sur une stimulation artificielle des besoins et l'obsolescence des produits : « Nous pouvons vivre *mieux* tout en consommant *moins*, mais autrement[3]. » En ces années 1970, André Gorz s'engage aussi fermement dans le combat antinucléaire des écologistes et défend les solutions alternatives comme la géothermie, l'énergie solaire ou l'éolienne. Il s'implique même personnellement dans l'opposition au projet de mise en place d'une centrale nucléaire à Courceroy, près de Nogent-sur-Seine, et y fait bâtir une maison qui répond à tous les canons écologiques pour en faire sa résidence secondaire à moins de cent kilomètres de Paris.

Serge Latouche, économiste hétérodoxe, anthropologue et cofondateur de *La revue du MAUSS* (Mouvement anti-utilitariste en sciences sociales), qui a beaucoup œuvré dans la critique du productivisme, s'est fait le porte-parole des objecteurs de crois-

---

1. GIANINAZZI, 2016, p. 185.
2. GORZ, 2008, p. 15.
3. ID. et BOSQUET, 1975, p. 88.

sance. D'abord professeur dans les années 1970 à l'université Lille III, où il donne un cours d'« épistémologie et économie », il dénonce les méfaits de l'occidentalisation du monde et l'exportation d'une techno-économie aux effets désastreux. Il stigmatise le projet de rationalisation et de maîtrise planétaire en s'appuyant sur des exemples concrets[1], dénonçant de la même manière l'apothéose planétaire de la science et de la technique : « La supériorité européenne tient plus à *l'efficacité* d'un mode d'organisation qui mobilise toutes les *techniques* pour réaliser son objectif de domination, de la discipline militaire à la propagande, qu'à ses techniques mêmes[2]. » Il adopte des positions fondamentalement relativistes :

> Il n'y a pas d'universalité vraie, pensons-nous, qui serait le monopole d'une culture, fût-ce la nôtre. L'universalité de valeurs transhistoriques et ontologiques est une illusion comme les idées de Platon. Notre répugnance aux coutumes barbares des autres n'est pas fondée sur un culte de valeurs vraiment universelles, mais sur celui de nos *seules raisons* occidentales[3].

Il rapproche les positions d'Illich et de Castoriadis, toutes deux fondées sur la critique de la technoscience et de ses effets pervers. Selon Serge Latouche, le programme de la décroissance s'est même construit à partir de ces deux lignes de fidélité, et implique de « *décoloniser notre imaginaire* pour changer vraiment le monde avant que le changement du monde ne nous y condamne dans la douleur. C'est là l'application stricte de la leçon de Castoriadis[4] ». Un tel basculement implique un véritable réenchaînement des institutions sociales selon une tout autre logique.

Félix Guattari est un de ces intellectuels critiques qui se sont engagés dans le mouvement écologiste dans les années 1980. Il trouve chez les écologistes un milieu réceptif à la fois à son désir de transformation profonde de la société et à sa critique de la politique suivie par la gauche au pouvoir. Il rejoint l'aile gauche de l'écologie, alternative des Verts rassemblée en 1986 dans un appel

---

1. Latouche, 1989.
2. *Ibid.*, p. 24.
3. *Ibid.*, p. 138.
4. *Ibid.*, p. 79.

pour un « Arc-en-Ciel[1] » à la suite du mouvement de contestation étudiante. Cette initiative est appuyée par René Dumont et Daniel Cohn-Bendit. Guattari signe l'appel avec certains responsables des Verts, comme Didier Anger, Yves Cochet ou Dominique Voynet, ainsi qu'Alain Lipietz et quelques militants du PSU. Le modèle qu'ils suivent est le mouvement très puissant des Verts allemands, les Grünen, qui ont réussi à créer de véritables enclaves associatives au sein de la société allemande et à représenter une espérance politique. Guattari rédige avec Cohn-Bendit une réponse aux questions du PSU dans laquelle il est affirmé qu'il faut

> favoriser ce que nous appellerons une culture de dissensus, œuvrant à l'approfondissement des positions particulières et à une resingularisation des individus et des groupes humains [...]. Ce qui doit être visé, ce n'est pas un accord programmatique gommant leurs différences, mais un diagramme collectif permettant d'articuler leurs pratiques au bénéfice de chacune d'entre elles, sans que l'une s'impose sur l'autre[2].

Trois ans plus tard, en 1989, Guattari intègre un autre groupe à sensibilité écologique, issu du Groupe des dix, le groupe Science et Culture, animé, entre autres, par René Passet, Jacques Robin et Anne-Brigitte Kern, qui se demande comment imaginer une autre gauche. Une première rencontre a lieu chez Guattari en 1989 portant sur la question de la mutation informationnelle. Guattari intègre la dimension écologique dans ses multiples interventions, insistant sur le déséquilibre Nord/Sud et ses conséquences catastrophiques, ainsi que sur la dimension éthique du problème : « Être responsable de la responsabilité de l'autre, pour reprendre une formule d'Emmanuel Levinas, cela ne signifie en rien un abandon aux illusions idéalistes[3]. » La même année, 1989, Guattari publie *Les*

---

1. Les écologistes Arc-en-Ciel représentent entre 1986 et 1989 un groupe parlementaire écologiste et régionaliste au Parlement européen. Il fédère un certain nombre d'organisations : Fédération de l'alliance verte, Alternative européenne, Agaleu-Écolo, le Mouvement populaire danois contre l'appartenance à la Communauté européenne et l'Alliance libre-européenne au sein du Parlement européen.

2. Félix Guattari et Daniel Cohn-Bendit, « Pavane pour un PSU défunt et des Verts mort-nés », octobre 1986, archives Guattari, Imec.

3. Félix Guattari, avril 1990, archives Guattari, Imec.

Trois Écologies[1], où il définit ce qu'il entend par l'« écosophie », à savoir l'articulation nécessaire entre les dimensions éthique et politique de trois registres : l'environnement, les rapports sociaux et la dimension subjective. Il constate ainsi que les progrès technologiques permettent de libérer du temps pour l'homme, mais se pose la question des usages de cette libération, insistant aussi sur l'échelle d'analyse, qui ne peut qu'être planétaire à l'heure du marché mondial. Un nouveau paradigme, éthico-esthétique, aurait pour ambition de penser les trois registres que seraient l'*écologie mentale*, l'*écologie sociale* et l'*écologie environnementale*. Sa méthode reste, comme au premier jour, transversale et s'attache à mettre en évidence dans chaque cas les vecteurs potentiels de subjectivation permettant l'épanouissement des diverses formes de singularité. À la faveur des révolutions informatiques, de l'essor des biotechnologies, « de nouvelles modalités de subjectivation sont en passe de voir le jour[2] ». Guattari évite tout à la fois le discours catastrophiste et celui de la déploration. Tout au contraire, il se félicite des chantiers à venir et se réjouit d'un futur où l'intelligence et l'initiative humaines seront de plus en plus sollicitées. C'est ce qui motive sa fascination pour le Japon, qui a su « greffer des industries de pointe sur une subjectivité collective ayant gardé des attaches avec un passé quelquefois très reculé (remontant au shinto-bouddhisme pour le Japon)[3] ». C'est cette tension que doit penser la nouvelle discipline que Guattari appelle de ses vœux sous le nom d'« écosophie ».

LES ÉCOLOGISTES
DANS LA BATAILLE POLITIQUE

1974 est une date majeure dans la progression des thèses écologistes : le choc pétrolier met un terme aux Trente Glorieuses, le plan de substitution du tout-nucléaire accroît les inquiétudes, et à

1. Guattari, 1989.
2. *Ibid.*, pp. 62-63.
3. *Ibid.*, p. 63.

l'occasion de la présidentielle consécutive à la disparition brutale
de Georges Pompidou les écologistes entrent en scène avec un
candidat à l'Élysée. Plusieurs candidats potentiels sont approchés,
comme Philippe Saint-Marc, Théodore Monod, le commandant
Cousteau ; tous se récusent. En définitive, le choix se porte sur
René Dumont, professeur d'agronomie, membre des Amis de la
Terre. Ses publications lui assurent déjà une grande notoriété sur le
plan international, et il est largement sollicité par les pays en voie
de développement pour ses compétences. Ses coups de semonce
sont connus et sont relayés, comme son cri d'alarme en 1966 contre
la progression de la famine dans le monde[1]. Tiers-mondiste passionné, âgé de soixante-dix ans en 1974, il a parcouru la planète
en tous sens et vient de publier *L'Utopie ou la mort*[2]. Ébranlé par
les conclusions du Club de Rome, où il retrouve beaucoup de ses
pressentiments catastrophistes, sous la plume cette fois des décideurs des pays riches, il est conforté dans ses thèses et oriente ses
analyses vers des réflexions de plus en plus écologiques. Il est alors
persuadé qu'il faut rompre avec le cercle vicieux de la croissance
pour la croissance, et envisager au contraire un mouvement de
décroissance, notamment de la population mondiale.

À l'écoute de la colère qui monte dans les pays du tiers-monde,
René Dumont incrimine les plus riches des pays riches, qui sont
les vrais responsables de ces inégalités. Dans son ouvrage, il se
présente ainsi : « Je n'ai guère cessé d'être révolté. Je l'étais déjà
à dix ans, en 1914, par l'épouvantable massacre, dû à la stupidité
de nos généraux et de nos gouvernants, de Joffre à Poincaré[3]. »
Plus tard, il s'engage contre les guerres coloniales, dénonce la
paupérisation des pays dits sous-développés et le gaspillage dans
les pays du Nord. Dans *L'Utopie ou la mort*, René Dumont énu-
mère les différentes menaces qui pèsent sur la planète, pollutions
multiples, dangers encourus par les écosystèmes, dégradation des
sols, explosion démographique, malnutrition, épuisement des ressources minérales et politiques de gaspillage dans les pays riches.
Au-delà du seul brûlot, il propose des solutions, définit une poli-

1. Dumont et Rosier, 1966.
2. Dumont, 1973.
3. *Ibid.*, p. 9.

tique différente qui relève le défi écologique et suggère quelques utopies parallèles dans les pays nantis : suppression des armements, redistribution des revenus, impôts sur l'énergie et les matières premières, recyclage des ressources rares, pénalisation des véhicules particuliers, internationalisation des océans… Ce programme, qui bataille contre les injustices sociales, est donc très ancré à gauche. Il tire des enseignements de l'autogestion yougoslave ou de la politique de la Chine : « Le problème est d'abord politique ; mais il se révèle trop difficile pour que nous l'abandonnions aux seuls politologues[1]. » Cet appel à l'utopie écologiste est un programme pour changer radicalement la vie en adoptant « un genre de vie, un style de vie, un cadre de vie, une qualité de vie tellement supérieurs à nos stupides égoïsmes. Une société plaisante, détendue, sereine, en harmonie avec la nature, nous reste accessible[2] ».

Le public découvre à la télévision un vieux monsieur sympathique, à l'éternel pull-over rouge à col roulé, tout en contraste avec le personnel politique professionnel. Sa campagne intéresse d'autant plus qu'il sait être éloquent et concret : « Le jour où il montre un verre d'eau en expliquant que, dans vingt ans, ce liquide sera une ressource précieuse, beaucoup d'épaules se haussent. Mais des gens avertis comme Albert Jacquard, le généticien, jugent son intervention "géniale" car "il a fait faire un bond à la prise de conscience"[3]. » Cette campagne présidentielle permet aux Amis de la Terre de faire connaître ses thèses, d'alerter sur les dangers encourus, et d'apparaître comme un pôle de renouvellement de la vie politique. Au soir du premier tour, le 5 mai, René Dumont ne recueille pourtant que 1,32 % des suffrages, soit 337 800 voix. Alors que la campagne électorale a eu un réel écho, ce score dérisoire fait éclater le courant écologique, qui se divise aussitôt. La percée dans l'opinion publique est cependant décisive, comme l'atteste la décision du *Monde* de confier à Marc Ambroise-Rendu une rubrique sur les questions d'environnement et d'écologie politique. Sur RTL, Jean Carlier anime une chronique, « La qualité de la vie ». En ces temps de revendication pour la liberté des ondes,

---

1. *Ibid.*, p. 167.
2. *Ibid.*, p. 168.
3. Cans, 2006, p. 154.

qui n'aboutira qu'en 1981 sous l'impulsion de Brice Lalonde, une « radio verte » est lancée à Paris à l'initiative de mouvements écologistes, féministes et non violents. Sous la présidence de Giscard d'Estaing, des mesures sont prises pour préserver certains sites, comme la mise en place d'un Conservatoire du littoral qui aurait le pouvoir de racheter des terrains et d'empêcher des spéculations immobilières. Le projet est soumis au Parlement qui, en 1975, adopte une loi créant le Conservatoire du littoral et des rivages lacustres. La même année est créée l'Agence nationale pour la récupération et l'élimination des déchets.

Les écologistes deviennent une vraie force sociale dotée de multiples relais et peuvent se prévaloir d'un réseau de soixante mille associations de défense de l'environnement. Les Amis de la Terre décident de présenter des listes homogènes de candidats dans toutes les grandes villes. Ils font la démonstration qu'ils sont devenus une force politique qui compte avec près de 10 % des suffrages là où ils ont des listes, réalisant de bons scores à Paris, comme Alain Hervé dans le VIe arrondissement et Brice Lalonde dans le Ve, qui recueillent 13 % des voix. Ce dernier publie ses premiers ouvrages en 1978[1].

Les écologistes orchestrent des mobilisations de masse contre le nucléaire qui parfois tournent mal : c'est le cas à Creys-Malville, où les plus radicaux menacent de pénétrer sur le site et de le détruire, ce qui n'est pas le mot d'ordre des Amis de la Terre, qui appellent à une grande protestation pacifique autour du site. Le 3 juillet, alors que des milliers de manifestants se rassemblent sur la place de Golfech, dans le Tarn-et-Garonne, certains d'entre eux pénètrent sur le site après avoir arraché les grillages du chantier, d'autres bloquent les voies ferrées. Les gendarmes sont appelés à rétablir l'ordre et la situation devient de plus en plus tendue. Fin juillet, ce sont plus de cinquante mille manifestants, foule composite où se mélangent pacifistes et quelques radicaux voulant en découdre, qui se dirigent de nouveau vers le site de Creys-Malville, gardé par un mur de gendarmes mobiles : « Les casseurs jettent des pierres et des boulons, les gendarmes répliquent par des tirs de grenades lacrymogènes. C'est la confusion totale, sous la pluie et dans la

1. LALONDE et SIMONNET, 1978 ; LALONDE, MOSCOVICI et DUMONT, 1978.

fumée. De braves militants sans défense sont matraqués sans ménagement […]. Le soir, on relève un mort et un blessé grave chez les manifestants[1]. » Parmi les organisateurs du mouvement, la consternation est générale, d'autant qu'ils voulaient éviter toute violence.

L'actualité elle-même impose une sensibilisation grandissante à la cause écologiste lorsqu'en 1978 le superpétrolier *Amoco Cadiz* s'échoue dans le nord du Finistère et déverse 220 000 tonnes de pétrole sur la côte bretonne. La France entière, qui vit à l'heure du drame breton, découvre effarée ce trafic dérégulé des tankers affrétés sous pavillon de complaisance. Sur 120 kilomètres de long, jusqu'à Perros-Guirec, la côte est polluée par cette marée noire qui détruit faune et flore. Ceux qui vivent de la mer, pêcheurs, ostréiculteurs, hôteliers, sont les premiers touchés. Cette catastrophe a accéléré la prise de conscience collective de la fragilité de l'écosystème, et notamment du littoral. En 1978-1979, la contestation nucléaire se déplace en Bretagne pour s'en prendre au projet d'EDF d'implanter une centrale à Plogoff, dans le Finistère. Les opposants au projet s'organisent à la manière des paysans du Larzac en constituant un groupement foncier agricole qui achète des terres afin d'empêcher toute construction. L'été 1979, une grande manifestation réunit dix mille personnes, et lorsque au début de 1980 une enquête publique est ouverte, les dossiers sont brûlés devant la mairie et les affrontements se multiplient entre la population qui bloque Plogoff derrière des barricades pendant six semaines et les forces de police : « À la télévision, le soir, les Français voient avec stupeur se révolter des Bretonnes en noir, de vieux marins à casquette et des anciens combattants médaillés[2]. » Comme pour le Larzac, il faudra l'élection de François Mitterrand en 1981 pour que les habitants de Plogoff obtiennent gain de cause avec l'abandon du projet d'EDF. En 1979, dans la perspective de l'élection présidentielle de 1981, un Mouvement d'écologie politique (MEP) est créé. Les assises de ce mouvement organisent des primaires pour la désignation du candidat écologiste ; Brice Lalonde l'emporte au second tour par 53 % des voix contre 47 % pour Philippe Lebreton. À la suite d'une campagne très active au

---

1. CANS, 2006, p. 174.
2. *Ibid.*, p. 185.

cours de laquelle Brice Lalonde sillonne le pays entouré d'une équipe qui réunit toutes les forces vives de l'écologie, il réalise un score significatif de 3,9 % des suffrages exprimés, soit plus d'un million de voix (1 126 282). Cette fois le mouvement écologiste se professionnalise, il devient une force politique qui compte dans les jeux du pouvoir. Prenant successivement le nom de Verts, de Génération écologie et d'Europe écologie, il gagne des élus à tous les échelons, des municipalités jusqu'au Parlement européen, ainsi que divers postes ministériels, dont celui de l'Environnement, successivement détenu par Brice Lalonde de 1988 à 1992 et Dominique Voynet de 1997 à 2001.

Cette percée ouvre une voie inédite qui persuade un nombre croissant d'intellectuels que ce courant incarne une potentialité de renouvellement de la vie politique et sociale. C'est le cas de Castoriadis, que Serge Latouche présente comme un précurseur essentiel de la politique de la décroissance, un des premiers objecteurs de croissance, qui s'en prend au pouvoir auquel prétend ce qu'il appelle la technoscience contemporaine. Ce pouvoir qui, selon lui, est un impouvoir caractérisé par son irresponsabilité se construit sur la base d'une passivité grandissante des individus. Cette technoscience est caractérisée par le fait qu'elle est à elle-même sa propre finalité : « Qui, parmi les protagonistes de la techno-science contemporaine, sait vraiment où il veut aller, non pas du point de vue du "pur savoir", mais quant au type de société qu'il souhaiterait et aux voies qui y mènent[1] ? » La perspective de calquer le faisable sur le souhaitable comme ressort des mutations scientifiques de la société sans que ces choix soient soumis à discussion, alors qu'un « véritable choix exigerait l'établissement de *critères* et de *priorités*[2] », exacerbe d'autant plus les craintes. Les armes de destruction massive, les armes chimiques, la destruction de la couche d'ozone, la perte de diversité génétique, la déforestation progressive de la forêt tropicale, les accidents dans les centrales nucléaires ou encore le stockage des déchets radioactifs sont des questions qui emportent des enjeux sociaux pourtant cruciaux et nécessiteraient débats, concertations et décisions à une échelle pla-

---

1. Castoriadis [1987], 2000, p. 93.
2. *Ibid.*, p. 95.

nétaire. La technoscience poursuit son chemin comme un « marteau sans maître à la masse croissante et au mouvement accéléré[1] ». Ce n'est pas la science que critique Castoriadis, c'est l'omnipotence et l'omniprésence d'une technoscience en pilotage automatique qui s'est autonomisée par rapport au corps social dont elle est de plus en plus coupée, alors qu'est devenue impérative la participation de tous à des questions qui concernent l'ensemble des citoyens.

Dans les années 1990, Castoriadis multiplie les interventions sur l'impératif écologique. Il considère que, loin d'être l'expression d'une idéologie rétrograde et réactionnaire, « l'écologie est subversive car elle met en question l'imaginaire capitaliste qui domine la planète[2] ». Il s'en prend une nouvelle fois au processus d'autonomisation de la technoscience. Il rappelle l'importance de la *phronesis* (la prudence) qui selon Aristote doit guider l'action de l'homme. Là est, selon lui, la fonction de l'écologie, qui revêt une dimension éminemment politique, celle de la mise en débat dans la société de ses choix fondamentaux.

1. *Ibid.*, p. 105.
2. Id. [1992], 2011 (b), p. 299.

13

Les intellectuels en question

DISPARITION DE L'ICÔNE SARTRE, NAISSANCE DU *DÉBAT*

Le 15 avril 1980, Sartre, qui incarnait depuis 1945 la posture de l'intellectuel universel, meurt à l'hôpital Broussais. La presse lui rend un vibrant hommage, consciente qu'avec lui une époque se clôt. À la tête de *Libération*, Serge July, qui lui doit tant, considère qu'il a occupé son siècle comme Voltaire le XVIIIe et Hugo le XIXe. *Le Monde* consacre huit pages à « l'histoire passionnée d'un intellectuel engagé ». Même *Le Figaro* participe à la cérémonie des adieux sous la plume de Jean d'Ormesson qui salue « le dernier des maîtres de la pensée française ». Bernard Pivot déprogramme son émission culte « Apostrophes » pour un « Spécial Sartre ». Une conscience critique disparaît, laissant place à un travail de deuil collectif à l'échelle nationale :

> Sartre était mort, et la vie continuait, et tous ceux qui l'avaient aimé écoutaient, orphelins impuissants, ces hommages monter de partout. Désormais, ils ne pourraient plus comme avant, devant un événement politique, une décision à prendre, se demander à eux-mêmes, et dans l'attente du choix : « Mais, au fait, qu'en pense Sartre ? »[1]

1. COHEN-SOLAL, 1985, p. 662.

Le premier cercle des amis des *Temps modernes* veille sa dépouille toute la nuit avant la cérémonie de l'enterrement au cimetière Montparnasse. Là, une foule compacte et hétéroclite de plus de cinquante mille personnes rend un dernier hommage au philosophe disparu, témoignant par sa présence d'un sentiment de vive gratitude devant celui qui a défendu, en dépit de ses erreurs et errements nombreux, les valeurs de la liberté et de la vie contre le tragique de l'histoire. Il aura été jusqu'à défier la mort, à laquelle, confie-t-il deux ans avant sa disparition, il ne pense pas : « Un jour, ma vie cessera mais je veux qu'elle ne soit obérée par la mort en aucun cas. Je veux, insistait le philosophe, que ma mort ne rentre pas dans ma vie, ne la définisse pas, que je sois toujours un appel à vivre[1]. »

Cette disparition symbolise un changement d'époque et un basculement des attentes confiées aux intellectuels. Depuis la fin des années 1970, on sentait déjà bien comme un parfum de fin de règne, que les modèles qui avaient fait la fortune des sciences humaines jusque-là avaient vécu. Ceux qui ne supportent plus le prêt-à-penser des chapelles qui se disputent des lambeaux de magistrature à coups d'excommunications et d'anathèmes cherchent le catalyseur qui manque à leur désir de changement. La philosophie du soupçon, nourrie du structuralisme, du marxisme et autres *-ismes*, est en perdition, et sur ses décombres les voies de sortie de l'impasse sont multiples, mais aucune encore ne parvient à ouvrir sur une issue prometteuse. Une page se tourne sur le constat d'échec des visées globalisantes. C'est dans ce contexte que Pierre Nora lance chez Gallimard la revue *Le Débat* en 1980, désireux de rompre avec la période qui précède et proclamant de manière provocatrice : « *Le Débat*, parce qu'en France il n'y en a pas ». La nouvelle revue ne prétend plus être le support d'un système de pensée, d'une méthode à vocation unitaire, mais un lieu de dialogue, un carrefour des idées, un support d'engagement intellectuel : « *Le Débat* n'a pas de système à imposer, pas de message à délivrer, ni d'explications ultimes à fournir[2]. » *Le Débat* prend acte d'un changement d'ère

---

1. Jean-Paul Sartre, cité dans *ibid.*, p. 664.
2. *Le Débat*, n° 1, éditorial, mai 1980.

intellectuelle, de la fin des grands systèmes interprétatifs, qu'ils soient marxistes, freudiens, structuralistes ou formalistes, de la fin du prophétisme intellectuel et du besoin d'une autre forme de développement de la société — une ère qui appelle plutôt le rassemblement des intelligences que leur rivalité combative.

Cette nouvelle orientation rompt radicalement avec le paradigme de l'hypercritique des années 1960. La création du *Débat* témoigne de la réconciliation des intellectuels avec les valeurs de la société occidentale, mais exige une réévaluation historique de celle-ci. La revue constate l'épuisement des modèles de dépassement, que ce soit dans la relation à un avenir désormais forclos, en deuil de perspectives progressistes ou révolutionnaires, ou sur le plan scientifique d'une méthode enfin en voie de se débarrasser du parasitage idéologique. Le temps n'est plus pour les intellectuels à un engagement politique et militant d'ordre scientiste ou protestataire, mais d'ordre intellectuel, destiné à comprendre et à interpréter un monde entièrement nouveau. Il est symptomatique de cette époque où les disciplines qui ont joué un rôle pilote pendant l'heure de gloire du structuralisme — l'anthropologie, la linguistique, la psychanalyse — connaissent toutes une situation de crise, de reflux, d'éclatement et de désarroi théorique que *Le Débat* choisisse pour sous-titre : « Histoire, politique, société ».

Dans le numéro inaugural du *Débat*, Pierre Nora pose frontalement et sans complaisance la question : « Que peuvent les intellectuels ? » La neutralité apparente de la question comporte, en fait, un aspect profondément polémique. Pierre Nora s'en prend, en fait, à une certaine forme de terrorisme intellectuel qu'a fait régner la génération structuraliste. Il entend rompre, grâce aux vertus d'ouverture prônées par sa nouvelle revue, avec ce fantasme du pouvoir absolu que véhiculent les intellectuels dominants de la période précédente : « Dans ce modeste fonctionnaire de l'intellect, il y a un despote. Et nulle part ce despote ne s'est plus exprimé que dans la tradition française[1]. » Quelques grands penseurs français se sont en effet érigés en figures tutélaires autoproclamées, persuadés de porter la parole de la vérité historique, coupés du public par un délire de plus en plus paranoïaque.

---

1. *Ibid.*, p. 8.

Le directeur du *Débat* condamne vivement cette dérive qui fait de l'intellectuel « quelque chose du tyran archaïque et de l'empereur du Bas-Empire[1] ». Sur fond de narcissisme et de solitude, chaque intellectuel n'aurait pas tant pour cible le pouvoir que la mort de l'autre intellectuel faisant obstacle à son désir de toute-puissance si bien décrit par Elias Canetti. Il s'agit bien de trancher, de rompre radicalement avec un certain type de pratiques. Un décalogue liminaire à cette aventure éditoriale vise à définir les tâches indispensables pour faire enfin naître un « régime de démocratie intellectuelle ».

Dans le premier numéro de la revue, Marcel Gauchet s'en prend avec une verve meurtrière à la manie rhétorique des plus grands intellectuels critiques, de Paul Veyne à Jacques Lacan, sans doute par réaction à l'existentialisme, de nier systématiquement la réalité de toute chose : « le pouvoir n'existe pas », « la femme n'existe pas »... Les quelques pavés lancés lors du numéro inaugural provoquent des tensions parmi les ténors en vue du monde intellectuel. La charge iconoclaste menée par Marcel Gauchet lors du deuxième numéro contre quelques idoles du moment, dont le respectable et respecté professeur Jankélévitch ou le sociologue Pierre Bourdieu, suscite une véritable fronde. Il constate d'abord que la publicité échoue quand la science paie, ce qui semble augurer des temps nouveaux. Alors que le livre publié par Jacques Séguéla est vite mis au pilon malgré une énorme orchestration publicitaire, Pierre Bourdieu, au même moment, publie *La Distinction*, « mêlant de manière inimitable la grisaille bureaucratique et les vives couleurs néologiques des belles années sémiotico-structurales, une précoce ossification dans des catégories de bois d'un type inédit et supérieur[2] », et fait un malheur, signe que quelque chose bouge dans le royaume, et que le discours scientifique n'est peut-être pas mort. Cela ne fait pas pour autant de Marcel Gauchet un thuriféraire de Bourdieu : il stigmatise sa raideur dogmatique et range son « manuel oblique de civilité » au rayon des « encyclopédie[s] des filles à marier, cherchant chez leur partenaire, par de subtiles questions sur Vivaldi, Brahms et Bach, des signes qui ne trompent pas

---

1. *Ibid.*, p. 11.
2. GAUCHET, 1980 (a), p. 31.

quant au rang véritable et quant aux chances d'ascension[1] ». Marcel Gauchet achève sa pochade sur une vision digne des mystères d'Éleusis : « Les momies elles-mêmes, au contact du souverain élixir de jouvence que dispensent les ondes, reviennent de leur embaumement. La dalle du tombeau de la thèse se soulève. À quelle nuit des morts-vivants n'allons-nous pas devoir assister[2] ? »

Du côté du 54, boulevard Raspail, à l'EHESS, cela provoque plus que des remous. Bourdieu fait retirer de la salle de la bibliothèque *Le Débat* des présentoirs des revues. Michel Foucault demande à rencontrer Claude Gallimard et lui signifie qu'il n'écrira pas dans *Le Débat* et veut la tête de Pierre Nora, sous peine d'aller chercher un éditeur ailleurs : un des joyaux de la couronne risque de disparaître. Si Claude Gallimard défend Pierre Nora sans réserve, en interne il lui dit qu'il va peut-être falloir renoncer à la revue, pour ne pas se mettre tous les universitaires à dos. Antoine Gallimard, le fils de Claude, est missionné pour jouer les médiateurs et convaincre Foucault de rester dans la maison où il a conquis un petit espace éditorial en 1978 avec son éphémère collection sur « Les vies parallèles » dans laquelle il n'aura fait paraître que deux titres[3]. Foucault, sans toutefois quitter Gallimard, lance avec Paul Veyne une collection au Seuil, « Des travaux », annonçant qu'il n'y aura ni service de presse ni publicité : la collection s'imposera par le sérieux et la qualité scientifique de ses publications. Elle est placée sous la direction conjointe de Michel Foucault, Jean-Claude Milner, Paul Veyne et François Wahl[4].

La naissance fracassante du *Débat* ne passe donc pas inaperçue, et l'essentiel pour installer la revue dans le paysage intellectuel français est d'éviter à la fois les écueils d'une spécialisation universitaire qui produirait un langage trop ésotérique pour le lectorat et les facilités de la communication journalistique. Avec cinq mille à dix mille exemplaires vendus par numéro, le pari est gagné.

Le Débat, dirigé par Pierre Nora, entouré de Marcel Gauchet et

---

1. *Ibid.*, p. 32.
2. *Ibid.*, p. 34.
3. FOUCAULT, 1978 (c) ; LEGRAND, 1979.
4. Elle publiera entre autres Paul Veyne, Ramsay MacMullen, Peter Brown, Catherine Darbo-Peschanski, Christian Meier, Fernand Hallyn, Gérard Simon, Bernard Cerquiglini, François Jullien, Howard Bloch, Michael Baxandall et Jean-Claude Milner.

de Krzysztof Pomian, qui animaient jusque-là la revue *Libre* tout juste disparue, se différencie des autres revues généralistes par l'absence de comité de rédaction, de réseau de correspondants et même de comité de parrainage. Pour Pierre Nora, la revue doit être le projet d'un homme, et il entend en assumer l'entière responsabilité. En outre *Le Débat* souhaite s'ouvrir à tous les vents et échapper à toutes les chapelles, à toutes les écoles, à toutes les institutions. La gageure est de taille : si la revue aspire à préserver une totale liberté de choix quant au nom de ses collaborateurs et au contenu de leurs articles, elle est née au cœur même de l'institution la plus légitime et la plus puissante du monde éditorial, Gallimard.

Le hasard fait paraître *Le Débat* au moment même de la mort de Jean-Paul Sartre, le 15 avril 1980. La publication chez l'éditeur de Sartre d'une revue qui entend rompre avec le mode d'engagement intellectuel qu'il a incarné depuis 1945, bousculant le nécessaire temps du recueillement et du bilan de l'œuvre sartrienne, est ressentie par les animateurs des *Temps modernes* comme une véritable provocation. La colère est d'autant plus vive que Pierre Nora, accordant un entretien à Jacqueline Piatier dans *Le Monde* du 2 mai 1980, a l'imprudence, lorsqu'on l'interroge sur cette coïncidence de dates, de répondre : « Oui, c'est comme le signe d'une relève[1]. » L'éditorial des *Temps modernes* réplique avec fureur, se demandant comment rester fidèle à leur maître disparu. Selon le souhait de Simone de Beauvoir, la rédaction décide de poursuivre sans prétendre représenter sa « relève », ajoutant cette note assassine qui vise Pierre Nora :

> Ni bien sûr le « contre-pied », pour parler comme ce spécialiste sans vergogne du marketing culturel, qui n'a pas hésité à voir un « symbole » dans la parution de sa nouvelle gazette le jour même de la mort de Sartre (cf. dans *Le Monde* du 2 mai 1980, l'interview de P. Nora à l'occasion du lancement du *Débat*). « Contre-Pied », beau sobriquet à lui attacher : comme aurait dit cette fois la duchesse de Guermantes, il finit aussi bien qu'il commence[2].

1. NORA, 1980 (b).
2. Éditorial signé T. M., *Les Temps modernes*, mai 1980, note 1, p. 1958, écrit par Claude Lanzmann.

Quant au frère ennemi de Sartre, Raymond Aron, son accueil n'est pas plus chaleureux. Aron, peu loquace en ce genre de circonstances, s'étonne d'apprendre cette création de manière fortuite, chez son propre éditeur. Rappelant à Pierre Nora l'existence de sa propre revue, *Commentaire*, qui n'a alors que deux années d'existence, il lui demande si cette revue rivale est une déclaration de guerre.

La réaction de Michel Foucault est d'autant plus violente qu'il entretient depuis longtemps avec Pierre Nora des relations de grande proximité intellectuelle — Nora est son éditeur depuis 1966 — et amicale. Ce que Foucault prend immédiatement pour un affront est le choix que fait Pierre Nora de nommer Marcel Gauchet rédacteur en chef de la revue. Avec Gladys Swain, Marcel Gauchet est celui qui a contesté le schéma du grand renfermement de la folie à l'époque moderne. En cette année 1980, Foucault est encore sous le coup des critiques qui lui ont été adressées lors de la publication en 1976 du premier volume de son *Histoire de la sexualité*, et quiconque n'est pas totalement avec lui ne peut être que contre lui. À ce titre, il vient de se brouiller avec son grand ami Gilles Deleuze.

Cette revue qui connaît une naissance si controversée cherche pourtant à accueillir tous les courants, toutes les contributions, sans exclusive ni anathème, dans un esprit de confrontation de la vie intellectuelle. Les autres revues comme *Esprit* ou *Commentaire* sont perçues comme des revues amies. *Le Débat* entend être une revue intellectuelle pour les intellectuels, selon la boutade de Pierre Nora qui suggère de lui donner pour devise : « Les intellectuels parlent aux intellectuels ». La revue ne se présente pas non plus comme une simple entreprise éclectique et attrape-tout : « La démocratie, c'est la confrontation, au niveau le plus élevé, de visions du monde, d'options fondamentales touchant les sujets les plus divers, dont, si on est démocrate, on admet qu'elles sont irréductiblement destinées à être contradictoires[1]. »

Une confrontation au sommet est organisée par Jean-Paul Enthoven, ami de Pierre Nora et journaliste au *Nouvel Observateur*,

---

1. GAUCHET, 1994, p. 41.

qui tient à relayer dans son journal l'événement que représente la création du *Débat*. Il demande à Régis Debray, qui incarne alors l'intellectuel de gauche pourfendant avec talent toutes les formes de pouvoir et vient de publier *Le Pouvoir intellectuel en France*[1], et à Pierre Nora de répondre à une série de questions sur les intellectuels et de dire quelle représentation chacun a de l'autre. À l'époque, cette confrontation n'est pas publiée, car les deux protagonistes, pris au jeu, ont développé leur point de vue de manière disproportionnée pour un hebdomadaire ; elle le sera dans le numéro du *Débat* de mai-août 2010, à l'occasion du trentième anniversaire de la revue[2]. Ce violent duel n'en est pas moins significatif du climat encore très clivé qui se mène à coups de serpe en ce tournant des années 1980. Le portrait que dresse Pierre Nora de Régis Debray, particulièrement caustique, dissocie l'image publique du personnage : « C'est l'enfant chéri des années folles du marxo-gauchisme [...]. Ce n'est pas la génération perdue, c'est la génération battue [...]. Il est le représentant le plus talentueux de la lumpen-intelligentsia de Marx. Un homme qui se cambre dans la gauche avec une morale de droite[3]. » Il voit l'homme lui-même travaillé par une faille secrète, douloureux, mal à l'aise, malheureux, rêvant d'un pouvoir auquel il aspire tout en sachant qu'il n'y accédera jamais. De son côté, le portrait que Régis Debray fait de son interlocuteur est celui d'un patricien subtil et désabusé, « une sorte de Paulhan des sciences humaines, téléguidant le trafic des bons travaux de pointe[4] ». Selon Nora, l'enjeu politique de la création de la nouvelle revue n'est pas là où le croit Debray, ce n'est pas la lutte de classes, mais la relation ambivalente de l'intellectuel à la violence politique, et sur ce point Debray incarne à ses yeux ce dont il faut se défaire : « Il y a chez Debray, comme chez Sorel, ou même parfois chez Sartre, de la brute salvatrice[5]. » Pierre Nora invoque une longue tradition de ruptures par lesquelles les avant-gardes se sont manifestées de manière tonitruante, des surréalistes appelant à descendre dans la rue pour abattre le premier

1. DEBRAY, 1979.
2. ID. et NORA [1980], 2010.
3. *Ibid.*
4. *Ibid.*
5. *Ibid.*

venu à l'acte gratuit de Gide renvoyant lui aussi au meurtre. Ce que révèle cette tradition, c'est une haine du « bourgeois », une nature aristocratique — le « Seigneur saigneur » — « restée tyrannique et despotique ».

De son côté, Régis Debray accuse *Le Débat* d'être « une revue de mauvaise foi » lancée par un homme de bonne foi, qui sous des déclarations d'ouverture et de récusation du terrorisme intellectuel assure le passage en force de choix politiques précis, ceux de « l'establishment intellectuel d'aujourd'hui, comme on coupe un bordeaux avec l'eau du robinet. Mais à la cave et dans le dos des invités[1] ». Régis Debray lance ironiquement à son interlocuteur qu'il nous promet Lévi-Strauss et nous sert Glucksmann : loin d'échapper à l'air du temps, il le « décalque ». Il voit même en lui le soutier du box-office qui se justifie de parler des best-sellers comme symptômes d'une époque, attitude qu'il juge bonapartiste : « À ce compte-là, Pétain était légitime jusqu'en mars 1944[2]. » Et de dénoncer chez Pierre Nora sa fascination du « showbiz des idées actuelles » et une « realpolitik de l'intelligence ». Il lui reconnaît une redoutable habileté, mais l'accuse, à se vouloir arbitre et boxeur, de tricherie. Le pouvoir intellectuel étant le fruit récolté par ceux qui occupent simultanément les trois étages de l'université, de l'édition et des médias, Debray fait de Nora un évêque du genre, alors que lui fait plutôt figure de gladiateur n'ayant que ses propres livres pour se défendre dans la fosse aux lions. Dépassé par cet échange de tirs abondamment nourris de part et d'autre, Jean-Paul Enthoven renonce à y donner suite dans son hebdomadaire. Il suggère aux deux duellistes de se rencontrer par son entremise, sans armes, pour un déjeuner et, surprise, les deux adversaires tombent dans les bras l'un de l'autre ; cette rencontre sera le point de départ d'une complicité amicale non démentie depuis.

Le Débat contribue à l'émergence d'un intellectuel d'un nouveau type qui n'est pas loin de la figure promue par Olivier Mongin dans *Esprit*, un intellectuel démocratique qui aurait renoncé à sa posture de surplomb, d'expert omnipotent prompt à donner des leçons de choses à tout le monde sur tous les sujets. L'intellectuel

1. *Ibid.*
2. *Ibid.*

nouveau ne parlerait qu'au nom d'une compétence acquise par la traversée des ateliers de la raison pratique et, à ce titre, pourrait servir d'éclaireur de la complexité, renonçant aux charmes faciles des oppositions binaires, tout ou rien, blanc ou noir, bien ou mal.

En s'ouvrant à des collaborateurs de tous bords, en rendant caducs les murs élevés entre chapelles qui permettaient jusque-là de s'enfermer dans un autisme rassurant, *Le Débat* contribue à décrisper la vie intellectuelle française. Œuvrant à la démocratisation du débat intellectuel, le trio n'en est pas moins conscient des risques encourus avec cette pacification de la vie des idées : « Singulier moment. La démocratie triomphe, donc. Mais dans le temps même où elle s'installe dans l'incontestable, on la découvre en proie à un profond malaise. Elle se voit frappée par un profond mouvement de désertion civique[1] », déplore Marcel Gauchet en 1990, soit dix ans après la création de la revue. Le consensus atone qui semble éclore de la dernière décennie n'est à ses yeux qu'un trompe-l'œil et ne signe en rien une quelconque fin de l'histoire. Il indique les lieux des vrais enjeux qui se sont déplacés vers la sphère du vivant, de l'âge, du sexe, de la fécondité, de la morbidité, de la santé, des flux de population : « À force de socialisation de la vie, voici l'ordre vital en passe de devenir le cœur de la question sociale[2]. » Marcel Gauchet met en garde contre le rêve de cette pacification totale qui relèverait d'une vision totalitaire se donnant pour ambition de subsumer les contradictions dans une résorption du conflit, alors qu'il convient tout au contraire d'accepter la confrontation de points de vue différents, l'autre ne pouvant être réduit au même ; il faut renoncer à l'espérance d'une réconciliation généralisée. Le politique est le lieu même de cristallisation de la fracture propre à la vérité. L'intellectuel démocratique doit apprendre à vivre avec le conflit des interprétations, et non s'ériger en arbitre suprême d'une vérité représentative d'une collectivité redevenue homogène.

Marcel Gauchet situe la fonction de l'intellectuel, et celle de la revue *Le Débat*, dans la mise en service de sa compétence acquise au profit d'un public plus large que celui de son champ de spécialité, partout où les choses de l'esprit pèsent dans le domaine

1. GAUCHET, 1990, p. 87.
2. *Ibid.*, p. 93.

politique. C'est dans cette fonction de médiation que se définit l'intellectuel démocratique : « Il y a des intellectuels, en un mot, là où il y a des intermédiaires, des attentes intermédiaires capables de transcender leur spécialité pour en rendre accessibles les développements significatifs sans rien sacrifier des exigences de la spécialité[1]. »

EN MAL D'AVENIR

En cette année tournant 1980, Krzysztof Pomian fait le diagnostic d'une « crise de l'avenir[2] ». À distance de quelques années de l'effet Soljenitsyne, il prend la mesure de l'épuisement des espoirs, de l'opacification des perspectives et du caractère funeste des projets qui avaient laissé croire en un sens de l'histoire. La science elle-même, qui jusqu'alors offrait l'asurance d'un monde meilleur, plus rationnel, mieux maîtrisé, est affectée par cette crise d'historicité. Quant aux idéologies politiques, elles subissent de plein fouet les désastres du siècle et ne semblent plus en capacité de créer un nouvel imaginaire prometteur. Selon Pomian, les deux certitudes nées de la Révolution française qui soutenaient les attentes collectives — un certain nombre de problèmes sociétaux peuvent être résolus par des transformations institutionnelles ; les inventions techniques constituent une perspective de progrès et de mieux-être — sont battues en brèche. La fin de l'optimisme politique se double de la disparition de la croyance en une croissance indéfinie des forces productives. Pomian rappelle que notre société a déjà connu une telle crise de langueur à la fin du XIXᵉ siècle, qui ne touchait alors que les milieux de la création culturelle. En 1980, tous les secteurs d'activité étant touchés, c'est le régime d'historicité dans son ensemble qui bascule : « Il devient de moins en moins possible de concevoir un avenir qui soit simultanément accessible et souhaitable, un avenir dont on aurait des raisons convaincantes

1. ID., 1993, p. 88.
2. POMIAN, 1980.

d'attendre l'avènement[1]. » Un tel repli sur le présent coupé de tout devenir est lourd de conséquences : « Cela est grave. Car notre civilisation dépend de l'avenir comme elle dépend du pétrole : qu'il s'épuise, et elle tombe comme un avion que ses moteurs ne propulsent plus[2]. » Pomian confesse ne pas avoir de remède à proposer : ni chaman ni prophète, il enjoint simplement de récuser avec la même véhémence tout passéisme nostalgique et tout futurisme aventureux, préconisant une voie médiane qui reste à inventer.

Dans ses premiers numéros, *Le Débat*, s'interrogeant sur ce que peuvent apporter les intellectuels de la nouvelle génération, demande à vingt-deux d'entre eux, ayant déjà publié, de quoi, selon eux, l'avenir intellectuel sera fait. *Le Débat* prend acte de la clôture d'une époque avec la disparition de Sartre et celle du modèle identificatoire : « Un cycle de la conscience morale, un cycle national se clôt sans que l'identité intellectuelle qui lui a succédé soit claire, ni assurée de son avenir[3]. » Il ressort de cette enquête auprès d'intellectuels d'orientations très différentes le sentiment partagé d'un avenir que l'on ne peut plus envisager ni sous sa forme prospective ni sous sa forme utopique. Chacun, renonçant aux projets collectifs pour un présent refermé sur lui-même, s'emploie, dans sa spécialité, à revitaliser son domaine de compétences. Jugeant que le danger qui guette ne se dissimule pas tant dans l'obscurité des signes annonciateurs d'un changement que dans la confusion du langage, Vincent Descombes insiste sur le « besoin de philosophie[4] » pour dissiper cet embarras. Ancien maoïste, Guy Lardreau entend bien, après avoir été touché par l'« effet Goulag », ne plus céder sur la pensée : « La tâche de l'intellectuel, qui lui dessine son avenir, s'il en a un, c'est d'oser à nouveau penser, à son propre compte, d'avoir à nouveau le courage de se servir de son propre entendement, comme eût dit Kant, de produire du savoir[5]. »

Ce que révèle principalement cette enquête est la généralisation d'un rapport présentiste au temps. « L'humanité saura-t-elle vivre sans de grandes espérances ? Saura-t-elle enfin accéder à sa

1. *Ibid.*, p. 8.
2. *Ibid.*
3. Lardreau, 1980, p. 4.
4. Descombes, 1980, p. 22.
5. Lardreau, 1980, p. 43.

"majorité", pour citer Kant, parvenir enfin aux "Lumières" ? Ce pourrait bien être cela, la grande tâche, aujourd'hui, de l'humanité européenne : après avoir saoulé le monde de grandes espérances, lui montrer qu'on peut faire sans[1]. » Toute une jeune génération ainsi privée de futur envisage l'avenir sous l'angle d'un présent étale, indéfini, d'un espace d'expérience coupé de devenir envisageable. Significativement, le psychanalyste lacanien et ancien maoïste Gérard Miller intitule sa contribution « No future », le philosophe catholique Jean-Luc Marion « La modernité sans avenir », pendant que le libéral Bernard Manin fait « l'éloge de la banalité » en insistant sur la faillite du marxisme : « La faillite des réalisations politiques se réclamant de lui a discrédité en retour l'idée d'un sens assignable de l'Histoire[2]. »

Sur fond d'affaissement du sens de l'histoire, cette enquête révèle l'inquiétude de certains vis-à-vis de lendemains qui, loin de chanter, pourraient annoncer une catastrophe de dimension mondiale. En 1980, en effet, de vives tensions entre les deux blocs, engagés dans une course aux armements, menacent la stabilité internationale. En 1977, les Soviétiques installent sur leur territoire des SS 20, missiles hautement performants, avec une précision de tir et une portée sans comparaison avec l'ancienne génération des SS 4 et SS 5. C'est toute l'Europe occidentale, à portée immédiate de ces missiles, qui se trouve virtuellement prise en otage. Lancé dans une course en avant, l'Empire soviétique élargit sa sphère d'influence et envahit l'Afghanistan en 1979. Non loin, l'Iran échappe à l'attraction occidentale et tombe entre les mains de l'ayatollah Khomeyni. Comment va réagir le camp occidental ? Le spectre d'une nouvelle guerre mondiale plane sur l'Ancien Continent. Lorsque les États-Unis décident à leur tour en 1979 d'installer des missiles de croisière et des Pershing II en Europe occidentale, ils se heurtent aux fortes réticences des gouvernements européens et à une grande campagne d'opinion orchestrée par Moscou, relayée par les divers partis communistes, destinée à convaincre que la paix doit être fermement défendue face au fauteur de guerre américain. De nombreuses manifesta-

1. *Ibid.*, p. 45.
2. Manin, 1980, p. 50.

tions pacifistes ont lieu en Europe, notamment en Allemagne, où certains n'hésitent pas à se clamer « plutôt rouges que morts ! ». En France, François Mitterrand se déclare favorable à l'installation des Pershing, constatant que « les pacifistes sont à l'Ouest et les missiles à l'Est ». Dans sa contribution, Blandine Barret-Kriegel analyse « la guerre et la crise des démocraties[1] », dont elle craint la déroute dans un proche avenir. Dans une situation qu'elle compare à celle de l'Europe à la veille de la Seconde Guerre mondiale, elle en appelle à un ressourcement démocratique. Un appel similaire au courage et à la défense des valeurs démocratiques est lancé par François Ewald, qui considère que la question la plus urgente est d'évaluer la possibilité de la guerre : « La question morale serait la suivante : quel prix payons-nous, et devrons-nous payer, à faire que la guerre reste impossible[2] ? »

Castoriadis, qui a animé *Socialisme ou barbarie* avec Claude Lefort, partage ce point de vue alarmiste et publie en 1980 un ouvrage qui va dans ce sens, *Devant la guerre*[3], où il précise qu'il ne s'agit pas de jouer les prévisionnistes, mais de prendre conscience de la perspective d'une nouvelle guerre mondiale, les forces de l'Otan étant dans l'incapacité d'arrêter une éventuelle offensive soviétique. Afin de démontrer que l'URSS a acquis une stature d'hyperpuissance malgré les incapacités structurelles de son économie, il fait la distinction entre deux sociétés russes, la société civile laissée à l'abandon et la société militaire devenue un exemple de productivité et d'efficacité et faisant l'objet de tous les soins par le gouvernement. Il affirme que le pays a connu une transmission du pouvoir de la bureaucratie à une « stratocratie » qui lui a permis de devenir la « première puissance militaire mondiale[4] ». Dans cette reconfiguration du totalitarisme soviétique, le Parti et son idéologie sont réduits à des coquilles vides et font place nette à la seule instance de domination qui fonctionne efficacement, l'armée, et tout l'appareil sociétal qui lui est lié. Aux yeux de Castoriadis, la supériorité russe serait donc double, à la fois technologique

1. Barret-Kriegel, 1980, pp. 11-13.
2. Ewald, 1980, p. 33.
3. Castoriadis [1981], 1983.
4. *Ibid.*, p. 23.

et stratégique, plaçant toute l'Europe en position d'otage : « Les divisions russes seraient à Biarritz en quelques jours[1]. »

Castoriadis se livre à une étude minutieuse et chiffrée du rapport de force militaire qui oppose les deux blocs pour étayer sa thèse de la supériorité soviétique. Il fait le constat de cette supériorité à tous les niveaux : en matière d'armement, les cent soixante-quatre Pershing déployés font peu de poids face aux mille trois cents missiles russes ; dans le domaine des forces conventionnelles, il retrouve une même disparité avec un rapport de deux à un pour les soldats sous les drapeaux. Castoriadis juge qu'il ne faut pas s'arrêter à ce qu'il qualifie de « quincaillerie militaire[2] », mais porter attention aux rapports des forces vives, à la confrontation de deux stratégies soutenues chacune par un imaginaire social distinct. Sur ce plan, la confrontation se joue entre un monde occidental qui a renoncé à l'expansion et l'Empire soviétique, qui s'oriente inexorablement vers une politique de domination mondiale. Les chiffres et les annexes documentaires qui nourrissent son livre viennent étayer sa thèse de la force brute qui anime la stratocratie, nouvelle classe dominante en Russie : « La Russie est vouée à préparer la guerre parce qu'elle ne sait et ne peut rien faire d'autre[3]. » Au contraire de nombreuses analyses de l'époque, Castoriadis critique ceux qui voient en URSS le pouvoir d'une idéocratie. Pour lui, le marxisme s'est dévitalisé au point de ne plus rien signifier et de tourner comme une rhétorique vide de contenu. Il y a bien longtemps, selon lui, que l'on n'adhère plus au PCUS pour défendre des idées, mais pour faire carrière, et Castoriadis de dépeindre la singularité de l'*homo sovieticus* devant répondre aux conditions sans lesquelles il n'est pour lui pas d'avenir : « Il faut savoir mentir astucieusement et efficacement [...]. La lâcheté devant les forts, l'arrogance devant les faibles en sont les vertus essentielles[4]. » Le syllogisme mis en avant par Castoriadis est implacable : l'URSS est animée par une force brutale qui la conduit à accroître son empire, tandis que l'Occident applique la politique de l'autruche

1. *Ibid.*, p. 39.
2. *Ibid.*, p. 88.
3. *Ibid.*, p. 240.
4. *Ibid.*, p. 273.

pour cacher son infériorité, ce dont l'URSS va profiter pour devenir la seule superpuissance mondiale ; la guerre est donc inéluctable et son issue fatale. Même *Paris Match* consacre au thème soviétique un énorme dossier[1]. Un sondage BVA dévoile que l'URSS représente une menace pour 63 % des Français. Dans le même esprit, *Le Figaro Magazine* se mobilise par la plume d'Henri-Christian Giraud, qui écrit : « L'URSS fait peur. Il est vrai qu'elle a de quoi effrayer. Par sa nature d'abord : le philosophe Castoriadis, auteur de *Devant la guerre*, voit en elle, à juste titre, un "animal historique nouveau", une "stratocratie"[2]. » Fait exceptionnel, le 26 novembre 1986, le petit écran s'ouvre à Castoriadis, invité à l'émission de Georges Suffert « La rage de lire », avec André Fontaine et Aleksander Smolar.

ÉMERGENCE DE L'INTELLECTUEL DÉMOCRATIQUE

L'arrivée au pouvoir de la gauche à l'issue de l'élection présidentielle de 1981 s'est faite sans l'accompagnement des intellectuels. En revanche, ces années 1980 sont pleines d'une interrogation sur la nature, l'histoire et la fonction des intellectuels dans un monde en total renouvellement. Les seuls titres de deux ouvrages importants parus au tournant des années 1980, *Le Pouvoir intellectuel en France*, de Régis Debray, et *Les Intellocrates. Expédition en haute intelligentsia*, d'Hervé Hamon et Patrick Rotman, expriment suffisamment le changement de climat.

Régis Debray se penche sur le sort de ces intellectuels qui occupent une position forte de pouvoir, quasiment monopolistique, détériorée en « médiocratie[3] » par un processus de fusion avec les animateurs des médias. Historisant ce processus de domination, il distingue trois cycles : universitaire entre 1880 et 1930, édi-

1. *Paris Match*, 5 février 1982.
2. GIRAUD, 1982.
3. DEBRAY, 1979, p. 7.

torial entre 1920 et 1960, et médiatique depuis. Cette évolution tient lieu d'une involution, avec perte progressive de contenu et de sens : « Les mass media sont une machine à produire du simple[1]. » Debray dénonce un nouveau pouvoir à la solde de la bourgeoisie : « La médiocratie régnante constitue en France le pilier principal de la domination bourgeoise[2]. » Il y aurait même là quelque machiavélisme de la part de cette classe stigmatisée dans la mesure où elle se réserve les avantages de l'autorité conférée au savoir et aucun des inconvénients du pouvoir. Régis Debray fait remonter l'origine de cette mise sous tutelle de la haute intelligentsia à la première moitié du XIXe siècle, à l'époque où Balzac dénonçait déjà une littérature sous la dépendance de la presse, elle-même sous la coupe des détenteurs de capitaux. Debray brosse un tableau ultracritique des intellectuels, passés maîtres en trahison, comme l'avait compris Julien Benda, sous le joug d'une corruption qui n'a même plus besoin d'être financière depuis que « l'achat des consciences se fait sous les sunlights[3] ». En 2000, Régis Debray reprendra cette réflexion critique dans un brûlot encore plus polémique en opposant ce qu'il appelle l'intellectuel originaire (l'IO) de 1900 à l'intellectuel terminal (l'IT) de 2000[4]. À cette occasion, il dresse le tableau clinique de la perte de la fonction intellectuelle que subit l'intellectuel au stade terminal, caractérisé par cinq traits de personnalité : « l'autisme collectif, la déréalisation grandiloquente, le narcissisme moral, l'impression chronique et l'instantanéisme[5] ».

Dans leur enquête journalistique sur les intellectuels, Hamon et Rotman procèdent à une étude ethnographique de leurs mœurs et de leurs réseaux comme on le ferait d'une tribu. Publiée chez Ramsay en 1981, cette enquête part du principe d'un pouvoir encore certain de ces intellectuels qui dominent en maîtres l'université, l'édition, investissent les médias et gagnent en visibilité ce qu'ils perdent en épaisseur et en capacité créative. Les évolutions du marché des productions intellectuelles ont fortement contribué à minorer le statut de l'intellectuel incarnant la défense des valeurs universelles.

1. *Ibid.*, p. 111.
2. *Ibid.*, p. 8.
3. *Ibid.*, p. 166.
4. Id., 2000.
5. *Ibid.*, p. 21.

Le silence des intellectuels de gauche après la victoire de François Mitterrand serait le symptôme de la disparition d'une certaine forme d'intervention dans l'espace public : « Alors que la France s'était autrefois distinguée par l'importance culturelle et politique de l'intellectuel de gauche traditionnel à vocation universelle et prosélyte, ce type social aurait tout simplement cessé d'exister[1]. » Le marché intellectuel a basculé du côté des savoirs spécialisés et des compétences parcellaires, et l'intellectuel universel a progressivement fait place à l'intellectuel spécifique n'intervenant qu'au nom de sa compétence singulière. Avec le développement des technologies modernes de communication et l'informatisation de la société, une mutation du savoir a eu lieu ; il devient la face indissoluble du pouvoir des décideurs et des programmateurs qui relèguent peu à peu la classe politique traditionnelle à un rôle subalterne. Dans un tel cadre, la question de la légitimation des discours à vocation globale s'infléchit pour provoquer une crise des grands récits, « une érosion interne du principe de légitimité du savoir[2] ». La déconstruction de l'Un, des métadiscours, fait place à une prolifération de discours multiples non assignés à un sujet, simples jeux langagiers, fibre sans mailles. L'horizon humaniste s'efface, remplacé par un enjeu performatif, une « légitimation par le fait[3] ». À cet égard, on peut, selon Jean-François Lyotard, écrire le « tombeau de l'intellectuel[4] », qui n'est plus en mesure de parler au nom de l'homme en général, de la nation, du peuple ou du prolétariat : « Il ne devrait donc plus y avoir d'"intellectuels", et s'il y en a, c'est qu'ils sont aveugles à cette donnée nouvelle dans l'histoire occidentale depuis le XVIIIᵉ siècle : il n'y a pas de sujet-victime universel, faisant signe dans la réalité[5]. » Lyotard ne ressent aucune nostalgie vis-à-vis de l'ancien passé glorieux de l'intellectuel incarnant l'universel. Tout au contraire, le tombeau édifié en son honneur contribue au travail de deuil nécessaire pour se débarrasser de visions et visées totalisantes et totalitaires : « Le

---

1. Ross, 1989, p. 103.
2. Lyotard, 1979, p. 65.
3. *Ibid.*, p. 77.
4. Id. [1983], 1984.
5. *Ibid.*, p. 20.

déclin, peut-être la ruine, de l'idée universelle peut affranchir la pensée et la vie des obsessions totalisantes[1]. »

Outre la disparition des métarécits, du sens téléologique de l'histoire, on observe une prolifération des biens culturels et une dissémination de leurs lieux de production et de diffusion. L'intellectuel, qui émergeait hier d'un vide culturel qu'il comblait de son omniprésence, se trouve débordé et presque enseveli sous la pléthore de forces concurrentes qui prennent sa place. La production d'une culture de masse et la médiatisation sapent les bases de la figure traditionnelle de l'intellectuel isolé, adoptant une position de surplomb, concentrant sur lui toutes les attentes. La fonction intellectuelle s'en trouve sensiblement modifiée, appelée à entrer au contact du grand public, précipitée dans une temporalité plus courte, davantage en proie à l'événementialité et à l'instant présent : « Petit à petit, les rythmes traditionnels du travail intellectuel s'en trouvent modifiés [...]. Il a fallu se plier à ces nouvelles normes, c'est-à-dire travailler sur ce qui était ou pouvait devenir un événement "chaud", y travailler de manière expéditive, écrire de telle sorte que cela soit accessible au plus grand nombre[2]. » En 1980, le sociologue François Bourricaud insiste lui aussi sur les transformations du marché culturel et leurs incidences sur la fonction intellectuelle. La posture critique de l'intellectuel serait sapée par l'inflation culturelle, qui aurait pour effet de dissocier trois marchés : celui des intellectuels au degré de qualification incontestable et qui s'adressent en priorité à leurs pairs selon la procédure classique de la République des savants ; celui des intellectuels qui s'adressent en priorité au public ; et enfin un troisième marché ouvert à la faveur de la prolifération des biens culturels qui « paraît surtout caractérisé par la prépondérance des *médiateurs* et des courtiers[3] », et non par les producteurs d'idées. Ce marché a ses règles qui consistent à jouer à la fois sur la rareté et sur la banalité en faisant passer le déjà-vu pour de l'inattendu : « Le bricolage est donc de règle[4]. » Dans *Esprit*, Joël Roman constate lui aussi

---

1. *Ibid.*, p. 21.
2. Ross, 1989, p. 112.
3. Bourricaud, 1980, avant-propos.
4. *Ibid.*

la multiplication de la figure de l'intellectuel, corollaire de la progression de l'espace public : « À la figure unifiée de l'intellectuel vont succéder diverses figures, distinctes et parfois antagonistes : celle du journaliste, celle de l'universitaire, celle de l'expert. Le savant aussi fait son apparition, qui se distingue de l'intellectuel[1]. » Les modifications relatives au statut de l'intellectuel tiennent pour l'essentiel, selon lui, à une reconfiguration de ses rapports avec ces trois grandes institutions.

Le dernier sursaut public de l'éthique de conviction guidée par la posture de dévoilement pourrait être daté de 1978, lorsque Michel Foucault, envoyé par *Le Nouvel Observateur* en Iran, en rapporte un récit de la révolution iranienne en marche. Impressionné par l'ampleur de la contestation des valeurs occidentales modernes qui s'exprime, il voit dans cette révolution un mouvement de réconciliation avec une spiritualité politique positive oubliée par l'Occident : « La situation en Iran semble être suspendue à une grande joute entre deux personnages aux blasons traditionnels : le roi et le saint, le souverain en armes et l'exilé démuni ; le despote avec en face de lui l'homme qui se dresse les mains nues, acclamé par un peuple[2]. » Foucault croit voir dans l'islamisme un réveil de l'histoire : « À l'aurore de l'histoire, la Perse a inventé l'État et elle en a confié les recettes à l'islam : ses administrateurs ont servi de cadres au Calife. Mais de ce même islam, elle a fait dériver une religion qui a donné à son peuple des ressources indéfinies pour résister au pouvoir de l'État[3]. » Il rend même visite à l'ayatollah Khomeyni, exilé à Neauphle-le-Château. Fasciné par sa personnalité et son intransigeance, son refus de tout compromis, il en fait l'apologie dans le *Corriere della Sera* et dresse le portrait d'un « personnage presque mythique » ; « Aucun chef d'État, aucun leader politique même appuyé sur tous les médias de son pays ne peut aujourd'hui se vanter d'être l'objet d'un attachement aussi personnel et aussi intense[4]. » On sait aujourd'hui à quel degré de brutalité dictatoriale s'est élevé ce gouvernement islamique, que Foucault présente alors

1. ROMAN, 2000, p. 192.
2. ID., 1978 (a).
3. *Ibid.*
4. ID., 1978 (b).

comme libérateur, précurseur d'un nouveau modèle politique et symbole incarné de la résistance à l'oppression. Ce genre d'errement, devenu exceptionnel et incongru après 1975, largement partagé au contraire dans la période précédente, peut être perçu comme le résultat des effets pervers d'une position hypercritique vis-à-vis de la démocratie et de ses institutions.

Si la fonction des intellectuels réside dans l'exercice de cette critique, elle implique, pour éviter un certain nombre de délires politiques, de considérer que la démocratie ne va pas à ce point de soi qu'il faille en oublier les acquis pour mieux exalter un quelconque ailleurs. Le problème n'est pas que l'on ait produit ce genre de discours critique contre la démocratie, mais que l'on n'ait pas pris la peine de l'assortir d'une déclaration de solidarité. Malgré ces errements, Foucault continue à revendiquer haut et fort en 1979 sa posture d'intellectuel spécifique, fidèle à sa stratégie ciblée de soupçon :

> Les intellectuels, ces temps-ci, n'ont pas très bonne « presse » : je crois pouvoir employer ce mot en un sens très précis. Ce n'est donc pas le moment de dire qu'on n'est pas intellectuel. Je ferais d'ailleurs sourire. Intellectuel, je suis. Me demanderait-on comment je conçois ce que je fais, je répondrais […] être respectueux quand une singularité se soulève, intransigeant dès que le pouvoir enfreint l'universel. Choix simple, ouvrage malaisé : car il faut tout à la fois guetter, un peu au-dessous de l'histoire, ce qui la rompt et l'agite, et veiller un peu en arrière de la politique sur ce qui doit inconditionnellement la limiter[1].

Dans les années 1980, l'intellectuel du soupçon laisse peu à peu la place à un intellectuel réconcilié avec les valeurs démocratiques, soucieux cependant de son autonomie critique. Ce dernier retiendra de l'enseignement foucaldien qu'il lui faut limiter ses interventions à son domaine spécifique de compétences. L'intellectuel se situe alors dans un espace intermédiaire : entre les laboratoires de l'innovation, sources d'une culture d'experts, et la divulgation publique. Son nouveau rôle consiste à renforcer les médiations afin de susciter des débats sur la place publique et d'éclairer les

---

1. ID. [1979], 1994 (b), p. 794.

décisions stratégiques sociétales. Il doit favoriser l'émergence d'un véritable espace de délibération qui présuppose une prise de distance avec sa position classique hypercritique pour lui substituer une posture plus constructive.

Une gauche intellectuelle durablement désorientée

LE SILENCE DES INTELLECTUELS DE GAUCHE

Les intellectuels de gauche se sont tant trompés dans leurs analyses successives des terres promises du socialisme qu'ils ont perdu tout crédit : « Rien ne les autorise plus désormais à revendiquer une pureté éthique. En d'autres termes, les intellectuels ne pouvaient plus prétendre être les oints de la Raison[1]. »

Symptôme du désarroi qui s'empare des intellectuels de gauche à la veille de l'échéance présidentielle de 1981, le soutien apporté par certains d'entre eux à la candidature à l'Élysée de Coluche, comique talentueux et sympathique décidé à faire la démonstration du caractère dérisoire des enjeux politiques. En mars 1980, *Charlie Hebdo* lance d'abord sous forme de gag l'idée d'une possible candidature Coluche à la présidentielle. En octobre 1980, alors que l'acte de candidature s'officialise, les premiers sondages laissent espérer un score tout à fait remarquable, avec des intentions de vote autour de 17 %. Il faut cependant réunir les signatures de cinq cents élus, ce qui n'est qu'une formalité pour les représentants des grands partis politiques, mais ne l'est pas pour les individus ne disposant pas de supports institutionnels. De nombreux intellectuels, dont les duettistes Deleuze-Guattari, s'engagent derrière ce candidat « des

1. Sɪʀɪɴᴇʟʟɪ, 1999, p. 69.

nuls ». Jean-Pierre Faye, auteur d'un gros ouvrage sur *Le Père Duchesne*, journal satirique de la Révolution française, devine le potentiel subversif du personnage pour le système politique français et participe activement aux réunions avec lui. C'est à l'occasion de cette candidature que Paul Virilio, convaincu par Deleuze de soutenir Coluche, rencontre Guattari. Cet engagement et la force de sa dynamique tiennent à la panne du politique à l'automne 1980, avec la quasi-certitude de reprendre pour sept ans de giscardisme et d'une droite installée au pouvoir sans alternance possible. En cette année 1981, la candidature de témoignage de François Mitterrand s'apprête, d'après tous les sondages, à renouveler son échec de 1974, apparemment incapable de forcer le destin de la gauche. Pour certains, il reste la solution d'en rire, et c'est le sens de la dynamique éphémère qui entoure Coluche, devenu le fou du roi providentiel pour une gauche aux abois et sans projet après l'effondrement du rêve socialiste. À gauche, justement, cette candidature fait peur, car elle ampute sérieusement l'électorat socialiste : elle bénéficie du ralliement d'une trentaine de personnalités de la culture, dont Pierre Bourdieu. Devant le danger, Pierre Bérégovoy se déplace chez Guattari, rue de Condé, pour essayer de le convaincre que Coluche doit renoncer ; puis François Mitterrand envoie Jacques Attali chez Coluche et réussit à dégoupiller la grenade d'un comique déconfit mais flatté.

À la surprise générale, François Mitterrand remporte l'élection. Sa candidature cristallise toutes les espérances exprimées durant les années 1970 par une gauche privée du pouvoir depuis le retour en 1958 du général de Gaulle. La plupart des intellectuels étant alors de gauche, on aurait pu s'attendre de leur part à des prises de position publiques, à l'expression d'un soutien passionné de la politique menée par le nouveau pouvoir, d'autant que les premières mesures instituent une véritable rupture : le gouvernement agit sur fond d'un exceptionnel état de grâce national, abolit la peine de mort, libéralise les ondes, crée un ministère des Droits de la femme, procède à de nombreuses nationalisations, augmente le pouvoir d'achat... Or, il n'en est rien. Le contraste est saisissant avec l'enthousiasme qui s'était emparé des intellectuels lors de l'élection de Léon Blum en 1936. *Le Nouvel Observateur* le constate avec amertume cent jours après le 10 mai 1981 :

En 1936, la victoire du Front populaire fut — aussi — celle des intellectuels qui s'étaient mobilisés autour de l'antifascisme. Aujourd'hui, rien de semblable : l'élection d'un président socialiste s'est faite, pour l'essentiel, contre les pronostics, et souvent malgré les réserves ou le silence de la haute intelligentsia française[1].

L'attentisme est général chez les intellectuels de gauche vis-à-vis d'un pouvoir qui semblait combler leurs vœux. Significative de cette situation paradoxale, la position du comité de rédaction des *Temps modernes* réuni après le 10 mai et incapable de rédiger un éditorial tant les positions sont contradictoires entre Claude Lanzmann qui salue la victoire de Mitterrand et le scepticisme, voire les sarcasmes, de Pierre Rigoulot et de Jean Pouillon.

La situation est à ce point énigmatique que le porte-parole du gouvernement, l'historien Max Gallo, s'interrogeant sur « le silence des intellectuels[2] », s'en alarme à l'été 1983 : « Où sont les Gide, les Malraux, les Alain, les Langevin d'aujourd'hui[3] ? », et appelle leurs héritiers à nourrir les réflexions en cours sur les changements de structure de la société française. En pleine période estivale, les intellectuels se réveillent. *Le Monde* devient soudain le support d'un feuilleton quotidien où se pressent les plumes des personnalités dans ce que le concepteur de l'enquête, Philippe Boggio, qualifiera au seuil de l'automne de véritable « vacarme[4] ». Le journaliste du *Monde* se demande si la victoire de la gauche n'a pas été acquise à contretemps, en un moment de défiance maximale à l'égard du bloc soviétique qui expliquerait le malaise des intellectuels de gauche, suspectant le nouveau pouvoir « de complaisance envers l'Est et d'une faiblesse coupable vis-à-vis des communistes[5] ». Au terme de l'enquête, Philippe Boggio, constatant qu'un trouble certain et indéfinissable envahit les intellectuels devant l'époque qu'ils traversent et que la pensée ne peut plus saisir, élargit son explica-

1. *Le Nouvel Observateur*, 15 août 1981, cité dans SIRINELLI [1990], 1996, pp. 485-486.
2. GALLO, 1983.
3. ID., 1983 (b).
4. BOGGIO, 1983.
5. *Ibid.*

tion : « L'intellectuel de gauche a perdu ses racines et beaucoup de ses illusions. Quand la gauche parvient au pouvoir en 1981, les modèles socialistes dans le monde sont autant de trahisons[1]. » Jean-Claude Barreau, écrivain, membre du PS et conseiller culturel près l'ambassade de France en Algérie, exprime ce désarroi : « Nous vivons aujourd'hui dans un champ de ruines éthique et conceptuel, est-il fou d'espérer que les intellectuels se mettent à rebâtir[2] ? » Après Régis Debray, Thomas Ferenczi prend acte du déplacement de la figure de l'intellectuel ayant abandonné ses fonctions prophétique et moraliste, qui « ne sont plus de mise aujourd'hui[3] », pour s'adonner aux tâches de la communication. Il reste, selon lui, l'exercice de la fonction critique que l'on continue d'attendre de l'intellectuel. Jean Baudrillard intervient dans ce concert avec des propos particulièrement amers vis-à-vis d'une gauche socialiste qu'il accuse de corruption et de « décomposition de la position intellectuelle[4] ». Considérant que les passions idéologiques sont tout aussi épuisées que l'énergie politique, il dénonce un pouvoir socialiste qui ne représente rien d'autre que les « conservateurs en chef de la France profonde[5] ». D'autres sont plus optimistes et ne vivent pas ce moment comme la traversée d'un champ de ruines. Comme le souligne Jean Gattégno, directeur du livre dans le ministère de Jack Lang, un certain nombre d'intellectuels, appelés à devenir les conseillers du prince, se retrouvent engagés dans un travail effectif qui a relégué au second plan les prises de position tonitruantes sur la place publique. Mais, outre cette aspiration des cerveaux qui servent le nouveau pouvoir, faisant incontestablement basculer beaucoup d'intellectuels de l'éthique de conviction à l'éthique de responsabilité, c'est surtout l'effondrement du messianisme et l'absence de projet qui restent l'explication majeure du silence, sinon de l'aphasie des intellectuels de gauche en ce début des années 1980.

En 1984, Laurent Joffrin, journaliste à *Libération*, insiste sur cette panne : « La gauche au pouvoir devait rompre avec le capita-

---

1. *Ibid.*
2. Barreau, 1983.
3. Ferenczi, 1983.
4. Baudrillard [1983], 1985, p. 85.
5. *Ibid.*, p. 86.

lisme. Elle a rompu avec le socialisme. Tout le drame de la législature tient sans doute dans ce paradoxe[1]. » Selon Joffrin, si la gauche veut survivre, il lui faut de l'audace et encore de l'audace pour réviser ses dogmes, qui ne correspondent plus à la modernité dans laquelle elle évolue. Il en appelle au révisionnisme généralisé, à une troisième gauche qui puisse relever de manière décomplexée le défi d'inventer une nouvelle culture, car « le socialisme n'a plus d'au-delà. Le grand mirage s'est dissipé. Latente depuis plusieurs années dans le comportement de la gauche, cette démystification est sans doute la grande découverte des années 1980[2] ». À l'opposition binaire entre une défense des libertés individuelles qui relèverait d'une pensée libérale et une défense des droits collectifs relevant d'une pensée socialiste, Laurent Joffrin substitue une situation plus complexe, plus mêlée. « Le silence des intellectuels », expression devenue emblématique, tient en grande partie au divorce consommé entre la gauche politique PS-PC et les intellectuels, qui avaient espéré un renouvellement de l'horizon politique du côté des rocardiens. Si l'historienne américaine Diana Pinto valorise un clivage entre une conception universaliste de la France et un repli nationalitaire sur le passé glorieux de Marianne, qu'elle décèle notamment dans les dénonciations par Jack Lang de l'impérialisme culturel américain, elle se réjouit néanmoins de la réévaluation de la vision de l'Amérique par la gauche : « Peu à peu, les intellectuels français s'éprirent de l'*open society*, en ses diversités dynamiques[3]. » Dépitée par les échecs des révolutions, la gauche française se tourne de plus en plus vers la contre-culture américaine, comme l'atteste *Actuel*, la revue de Jean-François Bizot, ou un magazine comme *Rolling Stone*. Le positionnement de la gauche par rapport à l'URSS continue cependant à susciter le malaise. Si les socialistes condamnent avec fermeté le Goulag, ils sont tributaires de leur alliance au pouvoir avec le PCF, ce qui les conduit à minorer les violations des droits de l'homme en Union soviétique et à différer la critique radicale du phénomène totalitaire. Soucieux de ne pas rompre l'unité de la gauche,

1. Joffrin, 1984, p. 7.
2. *Ibid.*, p. 241.
3. Pinto, 1982, p. 7.

ils maintiennent une certaine réserve sur la question de l'Est : « Cette sensibilité socialiste à l'endroit de l'histoire est aux antipodes mêmes de celle des chercheurs qui entendent décaper le passé de tous les mythes confectionnés pour les besoins de la bataille politique[1]. » Au contraire, la dénommée « nouvelle gauche », celle des rocardiens, dont Paul Thibaud est un des représentants en tant que directeur d'*Esprit*, exige de dénoncer la réalité totalitaire, de ne plus composer avec elle, et s'interroge : « La gauche pour quoi faire ? » Paul Thibaud constate « une grande défiance vis-à-vis d'un pouvoir de gauche qui a réussi en refusant les remises en cause de l'orthodoxie étatique et productiviste qu'une bonne partie des intellectuels combattent depuis dix ans[2] ».

Ce fameux silence tient surtout à l'effondrement de l'horizon d'attente de la gauche, qui accuse le coup du désastre historique du bloc de l'Est et des désillusions successives des pays récemment émancipés du joug colonial. La crise d'avenir qui en résulte sape les bases mêmes d'une posture de gauche, qui est celle du mouvement, du projet : « L'actuel silence des intellectuels ne révèle-t-il pas principalement un certain exténuement du sentiment de l'avenir[3] ? » Échaudé par les désastres auxquels ont conduit les utopies révolutionnaires, les intellectuels de gauche se gardent désormais de toute forme de projection, d'anticipation, d'imaginaire social-historique et se replient soit dans la compulsion d'un passé recyclé, soit dans le présentisme : « Y a-t-il encore un sens à interpeller l'intellectuel dès lors qu'on s'accorde à en finir avec l'eschatologie et le messianisme[4] ? »

Lorsque, à la fin de l'année 1981, les intellectuels prennent la parole, c'est pour exprimer leur défiance vis-à-vis du pouvoir socialiste à propos des événements survenus en Pologne. Dans la nuit du 12 au 13 décembre, le général Jaruzelski décrète l'« état de guerre » et procède à l'arrestation des dirigeants de Solidarność. Si le Premier ministre, Pierre Mauroy, exprime les « plus graves inquiétudes du gouvernement français », le ministre du Commerce

---

1. *Ibid.*, p. 10.
2. THIBAUD, 1981.
3. BESNIER et THOMAS, 1987, p. 17.
4. *Ibid.*, p. 23.

extérieur, Michel Jobert, peu soupçonnable de philosoviétisme, déclare qu'il s'agit d'une décision appartenant au peuple polonais. Le lendemain, le ministre des Relations extérieures, Claude Cheysson, surenchérit : cette fois, la gauche intellectuelle et le pouvoir se déchirent. Durant cette journée du 13 décembre, Castoriadis contacte une vingtaine de ses amis et les convainc de signer une pétition exprimant leur indignation « devant les déclarations du ministre Cheysson, s'empressant d'affirmer face à un coup de force du pouvoir communiste totalitaire à Varsovie qu'il s'agit là d'une affaire intérieure entre Polonais[1] ». Ce texte est envoyé au directeur du *Monde*, Jacques Fauvet, qui ne le publie pas car il n'en partage pas les attendus ; il écrit le lendemain un éditorial au titre évocateur : « Raison garder ». Castoriadis récidive dans les colonnes de *Libération*[2], établissant un lien entre la déclaration de Claude Cheysson et l'apathie de la gauche en France depuis mai 1981, alors que l'ampleur des réformes réalisées est loin d'être à la hauteur de celles prises antérieurement par Gladstone, Cavour ou le jeune Clemenceau : « Tout cela n'est même pas du réformisme[3]. » S'il n'encourage évidemment pas une intervention de l'armée française en Pologne pour y défendre l'État de droit et Solidarność, il rappelle que le gouvernement français dispose de moyens de rétorsion, comme l'embargo économique visant les membres du pacte de Varsovie. Pour commencer, Castoriadis exhorte les intellectuels à boycotter toutes les activités dans lesquelles ils se trouvent engagés avec les pays de l'Est. Préfaçant en 1982 un ouvrage composé de deux cent quatorze reproductions de tableaux, gravures, dessins d'artistes exposés la même année et dont la vente sous forme de cartes postales était destinée à aider les artistes polonais en exil, Castoriadis exprime une nouvelle fois ce sentiment d'insoutenable impuissance face à la victoire de force brute à Varsovie :

1. Texte signé Lucien Bianco, André Burguière, Claude Cadart, Cornelius Castoriadis, Claude Chevalley, Vincent Descombes, Jean-Marie Domenach, Jacques Ellul, Eugène Enriquez, François Fejtö, Zsuzsa Hegedus, Serge-Christophe Kolm, Jacques Julliard, Edgar Morin, Claude Roy, Pierre Rosanvallon, Evry Schatzman, Hana Schimmel, Alain Touraine et Pierre Vidal-Naquet.
2. CASTORIADIS [1981], 1999.
3. *Ibid.*, p. 63.

Le deuil, l'impuissance, la rage muette dominent ici, comme ils nous ont tous dominés lorsque, après le flot des calomnies et des menaces, nous n'avons pu que serrer nos poings aux nouvelles du 13 décembre 1981. Étouffement, écrasement, misère. Les bourgeons massacrés, la vie commençante broyée par la Force brute dans sa simple bestialité[1].

Le courant antitotalitaire transcende alors les clivages droite-gauche et constitue un front qui ne souffre aucune compromission avec la realpolitik. Si l'initiative de Castoriadis n'aboutit pas, la fronde s'amplifie. Edmond Maire, secrétaire général de la CFDT, noue des relations avec des intellectuels pour constituer une ligne de soutien active à Solidarność. Il prend l'initiative d'une réunion commune de plusieurs membres de la commission exécutive de la CFDT avec Jacques Julliard, Alain Touraine, Pierre Rosanvallon, Pierre Bourdieu, Henri Cartan et Michel Foucault, d'où il ressort un appel, « Les rendez-vous manqués » : « En affirmant contre toute vérité et toute morale que la situation en Pologne ne regarde que les Polonais, les dirigeants socialistes français n'accordent-ils pas plus d'importance à leurs alliances intérieures qu'à l'assistance qui est due à toute nation en danger[2] ? » Cette pétition exprime le malaise que ressent une grande partie de la gauche indignée du silence imposé face aux forfaitures du totalitarisme qui se poursuivent.

Mesurant les effets désastreux de leur passivité dans les rangs intellectuels, les dirigeants socialistes corrigent le tir et lancent une pétition nationale de soutien au peuple polonais qui explicite clairement leur opposition à toute forme de totalitarisme : « Ces événements tragiques, venant après ceux de la Tchécoslovaquie (en 1968) et de la Hongrie (en 1956), démontrent qu'on ne construit pas le socialisme lorsqu'on s'oppose à son peuple et qu'on bafoue la démocratie. » Les appels lancés par des intellectuels se succèdent, qui attestent de l'existence d'une vive sensibilité à la question polonaise et d'un désir de s'engager, symbolisé par le port du badge Solidarność. Le 23 décembre, un « appel d'écrivains et de scientifiques de gauche » est publié dans *Le Monde*, qui affirme

1. Id. [1982], 1999, p. 79.
2. Pétition parue dans *Libération*, 15 et 17 décembre 1981, et *Le Monde*, 18 décembre 1981. Voir les premiers signataires dans SIRINELLI [1990], 1996, p. 496.

que « La liberté de tous se joue aujourd'hui en Pologne [...] Ce qui compte à nos yeux, ce n'est plus de voir s'ouvrir des querelles de politique intérieure française, mais la défense de la démocratie syndicale en Pologne, et la sauvegarde des chances de renouveau dans le socialisme qui s'y jouent[1] ». La mobilisation est d'autant plus forte que les liens entre l'organisation syndicale polonaise de Lech Wałęsa et la CFDT sont solides et engagent tout le courant de la deuxième gauche. Par ailleurs, l'opposition à la bureaucratie stalinienne provient de la classe ouvrière, comme en 1956 en Hongrie, réveillant les espérances d'un renversement du totalitarisme par le peuple lui-même. Un autre appel, lancé par la CFDT et un certain nombre d'intellectuels, proclame :

> Fidèles à l'esprit de Solidarność dans lequel syndicalistes et intellectuels ont travaillé et lutté ensemble pour se libérer de l'emprise totalitaire, [les signataires] déclarent : il ne suffit pas de condamner le coup de force en Pologne. Il faut s'associer au combat du peuple polonais d'abord en unissant critique intellectuelle et lutte sociale, comme l'a fait Solidarité [...]. Nous ne pouvons accepter un partage définitif de l'Europe qui refuserait un avenir démocratique pour la Pologne et les autres pays sous domination soviétique[2].

L'ampleur de la mobilisation est telle que les intellectuels ne se contentent pas d'exprimer leur indignation : ils s'impliquent personnellement en menaçant de rompre leurs liens avec les organismes représentatifs du régime polonais de Jaruzelski. C'est ce qu'exprime clairement une imposante pétition qui recueille la signature de quatre mille cent cinquante universitaires, intellectuels, chercheurs, techniciens et administratifs de la recherche se disant déterminés :

> Si le respect des libertés essentielles n'était plus assuré en Pologne, si les universitaires, chercheurs et intellectuels avec lesquels ils entretiennent des rapports professionnels et amicaux étaient persécutés, les signataires refuseraient désormais toute collaboration

---

1. Voir la liste des premiers signataires dans SIRINELLI [1990], 1996, p. 501.
2. Voir la liste des cinquante intellectuels qui ont signé cet appel dans SIRINELLI [1990], 1996, pp. 503-504.

avec les organismes dépendant d'un pouvoir assis sur la force et la répression[1].

Devant cette détermination sur la question polonaise, on mesure l'écart, sinon le gouffre, qui s'est subitement creusé entre les responsables socialistes dans leurs premières déclarations et la position très militante de la plupart des intellectuels de gauche. L'événement polonais a fait sortir ces derniers de leur attentisme, non pour se réfugier dans le silence que dénoncera Max Gallo en 1983, mais pour exprimer leur stupeur et leur défiance vis-à-vis d'un pouvoir suspecté de modérantisme pour ne pas troubler son alliance avec le PCF. Le 22 décembre, le gouvernement socialiste, qui prend acte du malentendu et en mesure les risques, organise un grand rassemblement des intellectuels à l'Opéra de Paris où, en présence du ministre de la Culture, Jack Lang, « et de [...] dix membres du gouvernement, dont Pierre Mauroy, Jacques Delors, Jean-Pierre Cot, Georges Fillioux, Alain Savary, en présence également de Danielle Mitterrand, deux mille invités rendirent "hommage au peuple et aux artistes polonais" et exprimèrent leur "solidarité"[2] ».

Cette absence d'élan idéologique qui frappe une gauche condamnée à la simple gestion d'un présent de crise coupe peu à peu ses représentants politiques d'une opinion publique qui va redonner à la droite une majorité en 1986, ouvrant la voie à la cohabitation entre un président de gauche et un gouvernement de droite. C'est l'occasion pour *Le Débat* de demander à un certain nombre de personnalités si les idées de gauche existent toujours[3]. La revue, consciente que le simple fait de poser cette question est significatif d'une panne et d'un profond désarroi, se demande si la gauche, qui a abandonné l'essentiel des idées-forces qui l'ont conduite au pouvoir en 1981, connaît une mue vers une reconstruction ou enregistre tout simplement une défaite intellectuelle. Ayant désormais abandonné son passé, la gauche y a-t-elle aussi laissé son avenir ? se demande *Le Débat*. Marc Augé, tout en rappelant que

1. Pétition, *Le Monde*, 25 décembre 1981.
2. SIRINELLI [1990], 1996, pp. 506-507.
3. « Y a-t-il encore des idées de gauche ? », *Le Débat*, n° 42, novembre-décembre 1986.

les idéaux d'hier ont fait l'objet de controverses, de *dissensus* au sein de la gauche, admet que la pensée de gauche ne peut pas faire l'économie d'une philosophie et qu'elle ne peut renoncer à toute forme de finalisme : « Si la gauche ne pouvait pas formuler un projet de transformation sociale, il n'y aurait plus de gauche[1]. » Alain Finkielkraut, affirmant s'être considéré comme un intellectuel naturellement de gauche par adhésion aux valeurs essentielles de la civilisation que pouvait mettre en danger une idéologie de droite racialiste et exaltant l'égoïsme national, voit bouger les lignes : « Comme tant d'autres, j'ai fait mon apprentissage et j'ai été amené à reconnaître simultanément qu'il existait un totalitarisme de gauche et que toute la droite n'était pas impliquée dans le fascisme[2]. » L'économiste Alain Lipietz considère que si l'on veut bâtir un avenir, il faut offrir, à la manière dont les résistants l'ont fait en 1945, un nouveau modèle de développement, un nouveau paradigme de socialité prenant acte de « l'effondrement définitif [des] "trois piliers de la vieille alliance progressiste, progrès technico-industriel = progrès du bien-être social = progrès de l'État"[3] ». Ce programme, qualifié de « fordiste » par les économistes et de « compromis social-démocrate » par les politologues, qui a connu un vrai succès durant les Trente Glorieuses, lorsqu'il était en phase avec un certain idéal de développement, a perdu depuis son assise, doublement fissurée par la crise économique et par la quête d'autonomie sur le plan idéologique. De son côté, Alain Touraine constate aussi une panne de la gauche, qui « a perdu son caractère global et donc sa capacité de production idéologique [...] Ce que nous vivons est une crise de représentation politique et une crise des modèles de développement, et par conséquent la décomposition des catégories politiques les plus globales comme droite et gauche[4] ».

1. Augé, 1986, p. 76.
2. Finkielkraut, 1986, p. 87.
3. Lipietz, 1986, p. 95.
4. Touraine, 1986, p. 113.

LA THÉMATIQUE DU *POST-*

En ce début des années 1980, la perte de confiance dans le devenir historique se traduit par un engouement marqué pour le *post-*, traduction du sentiment d'un après, d'un tournant et d'une crise de l'idée de rupture moderne qu'incarnait jusque-là la révolution. Chacun à sa manière a thématisé ce sentiment. Comme le fait remarquer Krzysztof Pomian, le XIXᵉ siècle a lancé la vogue qui a perduré durant la première moitié du XXᵉ du suffixe en *-isme*. Le Petit Robert indique en effet que le nihilisme, en tant que concept, apparaît en 1801, le positivisme en 1830, le déterminisme en 1836, le monisme en 1875, le pluralisme en 1909, le libéralisme en 1821, le socialisme en 1831, le communisme en 1840, l'impérialisme en 1880, etc. :

> Cette prolifération lexicale renvoie à la multiplication, entre la Révolution française et la seconde moitié du XXᵉ siècle, des Églises, sectes, confessions, écoles, chapelles, partis, fractions, courants. Autant dire de tribus formées, chacune, autour d'un guide, père, prophète, chef spirituel ou maître, et d'un ensemble de dogmes[1].

Pomian établit une relation forte entre l'individualisation de la vie intellectuelle et la disparition progressive de l'usage du suffixe *-isme*, auquel on substitue de plus en plus le préfixe *post-* : « La présente vogue du préfixe *post-* témoigne d'abord de ce changement de mentalité et de sociabilité des milieux intellectuels, littéraires, artistiques[2]. »

L'usage en vogue de ce préfixe atteste aussi un rapport nouveau à l'historicité, une prévalence de la dimension pragmatique, et le renoncement aux grandes ambitions de rupture avec le passé. Il est signe d'un présentisme, et partant d'une crise de l'avenir, comme l'analyse Jean-François Lyotard en 1979 dans un ouvrage qui fait succès, *La Condition postmoderne*. Pour Lyotard, l'époque est

---

1. POMIAN, 1990 (c), p. 262.
2. *Ibid.*

marquée par l'abandon des grands récits, des métarécits d'émancipation du citoyen et de réalisation de l'Esprit résolument tournés
vers l'avenir qui ont marqué l'âge moderne depuis les Lumières.
Des valeurs universelles se sont incarnées dans l'histoire de l'humanité comme sujet et héros de la liberté : « On retrouve le recours
au récit des libertés chaque fois que l'État prend directement en
charge la formation du "peuple" sous le nom de nation et sa mise
en route vers la voie du progrès[1]. » Nous serions entrés dans l'âge
de la condition postmoderne : « On tient pour "postmoderne"
l'incrédulité à l'égard des métarécits[2]. » Ce rapport nouveau au
savoir et à l'histoire serait contemporain du passage à la société
postindustrielle telle qu'elle s'est imposée à la fin de la période
de reconstruction d'après-guerre, soit à la fin des années 1950.
L'époque aurait récusé toute entreprise fondatrice, signant la fin du
rêve d'auto-affirmation d'une raison triomphante : « Pour Lyotard,
la modernité n'a pas réussi à surmonter une triple crise[3]. » Crise
de l'idée de progrès avec les effets pervers de la domination de
la technoscience ; de confiance en la raison avec la succession
des paradigmes ; et enfin de l'affirmation confiante du sujet et de
son rôle dans l'histoire avec le revirement des projets émancipa-
teurs en entreprises de domination. Le projet moderne, loin d'être
inachevé comme le pense Habermas, est à jamais brisé, anéanti
depuis Auschwitz. Dès 1979, Lyotard pressent ce qui ne cessera
de s'amplifier, la perte de capacité structurante des États-nations
et le fait que « chacun est renvoyé à soi. Et chacun sait que ce
soi est peu[4] », comme l'a bien montré Robert Musil[5]. Pour autant,
Lyotard ne considère pas qu'il résulte de cette perte d'avenir et de
ses métarécits une forme d'anomie sociale, de dissolution du lien
social, d'isolement des individus, car « le *soi* est peu, mais il n'est
pas isolé, il est pris dans une texture de relations plus complexe et
plus mobile que jamais[6] ». Faute de rupture à accomplir, le postmoderne se retourne vers le passé en le réinterrogeant à partir du

1. LYOTARD, 1979, p. 55.
2. *Ibid.*, p. 7.
3. PETIT, 2009, p. 433.
4. LYOTARD, 1979, p. 30.
5. MUSIL, 1957.
6. LYOTARD, 1979, p. 31.

présent : « *Postmoderne* serait à comprendre selon le paradoxe du futur (*post*) antérieur (*modo*)[1]. » Symbole de la modernité, la pensée de Hegel s'était donné pour ambition de totaliser tous les récits pour atteindre le Savoir absolu. La pensée spéculative et dialectique hégélienne, à la différence de la pensée mythique, ne cherchait pas une légitimation en un acte fondateur à perpétuer, mais dans un futur à faire advenir et dans une Idée à vocation universelle à accomplir. Celle-ci va s'incarner dans un projet inaccompli :

> Mon argument est que le projet moderne (de réalisation de l'universalité) n'a pas été abandonné, oublié, mais détruit, « liquidé ». Il y a plusieurs modes de destruction, plusieurs noms qui en sont les symboles. « Auschwitz » peut être pris comme un nom paradigmatique pour l'« inachèvement » tragique de la modernité. Mais la victoire de la technoscience capitaliste sur les autres candidats à la finalité universelle de l'histoire humaine est une autre manière de détruire le projet moderne en ayant l'air de le réaliser[2].

Au même moment, le sociologue Alain Touraine établit l'acte de décès du socialisme tel qu'il s'est défini au XIXᵉ siècle et annonce l'entrée dans une ère postsocialiste : « Le socialisme est mort. Le mot figure partout, dans les programmes électoraux, le nom des partis et même des États, mais il est vide de sens[3]. » Touraine se demande s'il faut conserver ce mot usé jusqu'à la corde qui a été essentiel dans le mouvement ouvrier, mais qui est devenu sur une grande partie de la planète le nom du pouvoir d'État. Toujours attentif à l'innovation et aux mouvements sociaux, Touraine pronostique qu'un nouveau type de société va faire son entrée, qui nécessite de rompre les amarres avec un passé révolu pour mieux accueillir les changements nécessaires : « Cessons de rêver confusément d'un retour à un imaginaire paradis perdu[4]. » Le sociologue ne croit plus que la classe ouvrière puisse jouer un rôle moteur dans le changement social. Quant aux intellectuels, ils perdent pied : « Le bateau est secoué si rudement qu'eux aussi, comme

---

1. ID., 1988, p. 31.
2. *Ibid.*, p. 36.
3. TOURAINE, 1980, p. 11.
4. *Ibid.*, p. 15.

tout le monde, roulent cul par-dessus tête[1]. » Redéfinir un avenir, un horizon d'attente et d'espérance, tel est le vœu de Touraine, qui craint que la pensée de droite n'occupe le terrain délaissé par cet astre mort qu'est le modèle socialiste. Conscient de la clôture du futur, Touraine veut le rouvrir : « Il s'agit de redonner vie, c'est-à-dire espoir et conviction, aux mouvements sociaux et politiques qui luttent contre les maîtres du pouvoir[2]. »

Pierre Rosanvallon, constatant quant à lui la crise que traverse l'État providence qui fut le support d'une politique sociale, considère en 1981, dans *La Crise de l'État providence*, que l'on est entré dans l'ère de la post-régulation, dans un espace « post-social-démocrate ». Le compromis keynésien grâce auquel les sociétés occidentales ont pu juguler les effets de la crise des années 1930 et alimenter les Trente Glorieuses est désormais en train d'éclater. Par ailleurs, le marché du travail est en pleine fragmentation. Il résulte de cette double transformation que « les conditions de la régulation économique et celles de la régulation sociale ne convergent plus[3] ». À l'orée des années 1980, cette fracture s'aggrave et se double d'un phénomène de « diffraction du social » par lequel les individus ont tendance à privatiser leur inscription sociale plutôt que de chercher à améliorer les conditions de travail dans un cadre collectif. Pierre Rosanvallon rejoint les analyses d'Alain Touraine : avec cette évolution, « c'est l'idée sociale-démocrate ou socialiste qui se trouve interrogée dans ses fondements[4] » ; il entend rouvrir l'avenir en définissant un « espace post-social-démocrate » qui reposerait sur la réduction du rôle de l'État providence, articulé avec des modes de régulation autogestionnaire dans un échange raisonné de flexibilités et de rigidités.

Toujours au sein de cette deuxième gauche, André Gorz entrevoit le passage à une société postindustrielle qui change fondamentalement la donne. Il ne considère pas que la situation des années 1980 signe la fin de la modernité, mais insiste sur l'impérieuse nécessité pour celle-ci de se moderniser davantage en se libérant

---

1. *Ibid.*, p. 19.
2. *Ibid.*, p. 26.
3. Rosanvallon [1981], 1992, p. 130.
4. *Ibid.*, p. 134.

de ses contenus irrationnels, même s'il affirme par ailleurs que la sphère de ce qui est rationalisable doit rester délimitée. Les métamorphoses du travail ont pour incidence de dégager du temps libre. La question majeure est alors de savoir quel sens et quel contenu donner à ce surcroît de temps qui reste en suspens : « Les progrès technologiques posent ainsi inévitablement la question du contenu et du sens du temps disponible, mieux encore : de la nature d'une civilisation et d'une société où l'étendue du temps disponible l'emporte de loin sur celle du temps de travail — et où, par conséquent, la rationalité économique cesse de régir le temps de tous[1]. » André Gorz prend la mesure de la crise que traverse la société, qui ne se réduit pas, tant s'en faut, à une simple phase de ralentissement ou de langueur. Il s'agit bien d'un basculement du régime d'historicité :

> C'est l'utopie sur laquelle les sociétés industrielles vivaient depuis deux siècles qui s'effondre. Et j'emploie utopie dans le sens que la philosophie contemporaine donne à ce terme : la vision du futur sur laquelle une civilisation règle ses projets, fonde ses buts idéaux et ses espérances. Qu'une utopie s'effondre, c'est toute la circulation des valeurs réglant la dynamique sociale et le sens des pratiques qui entrent en crise. C'est cette crise que nous vivons[2].

De cette fin de l'utopie productiviste, il ne reste rien selon Gorz, ce qui n'emporte pas la fin de l'histoire, mais la fin d'une histoire, avec la tâche contemporaine de nourrir une nouvelle utopie pour donner un sens aux mutations en cours et tirer le meilleur de son potentiel de libération. Gorz analyse cette mutation en 1980 dans un ouvrage qui déplace les lignes, *Adieux au prolétariat. Au-delà du socialisme*[3]. Comme son titre l'indique, il abandonne le mythe prométhéen d'un possible salut collectif assuré par le prolétariat. Certes, il conserve du marxisme sa critique du capital, mais il conteste sa philosophie de l'histoire et sa téléologie implicite, cette divinisation de l'histoire qu'il attribue à un héritage religieux. Selon Gorz, le prolétariat ayant disparu comme classe motrice du pro-

---

1. GORZ, 1988, pp. 17-18.
2. *Ibid.*, p. 22.
3. ID., 1980.

cessus historique, c'est désormais la « non-classe » des prolétaires de la société postindustrielle, dont le poids a décuplé en ces temps de montée du chômage et de la précarité, qui devient le nouveau sujet de l'histoire : « La possibilité même du *socialisme*, au sens authentique de maîtrise du pouvoir par les travailleurs, devient une chimère[1]. » Gorz n'invite pourtant pas au renoncement et maintient l'idée communiste d'une nécessaire abolition de la domination du travail pour réaliser les potentialités existentielles des individus.

Dans ses derniers moments, Sartre annonce, à l'occasion de longs dialogues avec Benny Lévy, alias Pierre Victor, son adieu à l'hégéliano-marxisme qu'il a toujours défendu jusque-là. Au grand étonnement de ses proches, il affirme que l'époque traverse un moment post-hégélien. Depuis un certain nombre d'années, Benny Lévy est devenu l'assistant indispensable de Sartre, qui a perdu l'usage de ses yeux. Ils mènent un dialogue philosophique constant, source d'une profonde complicité entre eux mais non exempt d'échanges parfois conflictuels. De cette proximité, Simone de Beauvoir prend ombrage, notamment lorsque Benny Lévy entreprend la réalisation d'un livre de dialogues avec Sartre dont la parution est prévue pour mi-1981. Mais, devant la montée de ce que l'on appelle la « nouvelle droite », ils décident d'anticiper en publiant une partie de leurs dialogues dans *Le Nouvel Observateur*. Prenant connaissance de ce document avant sa parution, Simone de Beauvoir en est fortement ébranlée : « Rien, absolument rien, déclare-t-elle en 1982, n'aurait pu me préparer au choc quand je vis ce que j'avais devant moi[2]. » Elle mobilise le premier cercle des *Temps modernes*, qui se rallie à sa position pour intervenir auprès de Jean Daniel afin de le persuader de ne pas publier, à l'exception d'André Gorz qui n'entend pas se rallier aux « gardiens du Temple[3] ».

En ce printemps 1980, Jean Daniel reçoit de Benny Lévy la transcription de son entretien avec Sartre revu et corrigé, la première version de 1978 ayant été jugée trop pauvre. Troublé devant l'expression d'un glissement radical dans la pensée de Sartre, il reste circonspect, pris entre, d'un côté, les pressions du premier

---

1. Gianinazzi, 2016, p. 220.
2. Simone de Beauvoir, citée dans Bair, 1990, p. 672.
3. Bair, 1990, p. 674.

cercle des proches, Simone de Beauvoir, Claude Lanzmann enjoignant à Jean Daniel de placer ces propos de Sartre en relation avec son état de sénilité et une entreprise de manipulation, et d'avoir assez de respect pour l'homme et sa pensée en les ignorant, et de l'autre Benny Lévy, accoucheur de ces propos. André Gorz ayant déjà en une autre affaire écarté un texte attribué à Sartre, on se méfie sérieusement du côté de Jean Daniel. Lorsque Sartre apprend ces pressions faites sur Jean Daniel, il le contacte personnellement par téléphone pour lui confirmer la paternité du texte : « Sa voix était d'une netteté parfaite, raconte Jean Daniel, il parlait avec une autorité extrême [...]. C'est moi, Sartre, qui vous demande de publier ce texte, et de le publier intégralement[1]. » Jean Daniel s'exécute[2]. Sartre, rompant avec ses écrits antérieurs, remet en question la philosophie de l'histoire telle qu'elle a été pensée par Hegel, puis par Marx. C'est pour opérer cette rupture que le dialogue avec Benny Lévy, converti au judaïsme en 1978, apprenant l'hébreu et s'initiant au Talmud, l'intéresse comme porte de sortie possible de la divinisation de l'histoire. En atteste ce dialogue :

> — Lévy : Le juif, dans sa réalité profonde, peut donc permettre de décrocher par rapport à la philosophie de l'histoire ?
> — Sartre : Précisément. La philosophie de l'histoire n'est pas la même s'il y a une histoire juive ou s'il n'y en a pas. Or il y a une histoire juive, c'est évident.
> — Lévy : Autrement dit, l'histoire que Hegel a installée dans notre paysage a voulu en finir avec le juif, et c'est le juif qui permettra de sortir de cette histoire qu'a voulu nous imposer Hegel.
> — Sartre : Absolument, parce que ça prouve qu'il y a une unité réelle des juifs dans le temps historique, et cette unité réelle n'est pas due à un rassemblement sur une terre historique mais à des actes, à des écrits, à des liens qui ne passent pas par l'idée de patrie, ou qui n'y passent que depuis quelques années[3].

Toujours en 1980, le philosophe Julien Freund déplore un désarroi général à l'ère de ce qu'il appelle la post-civilisation européenne.

---

1. COHEN-SOLAL, 1985, p. 849.
2. SARTRE et LÉVY [1980], 1991.
3. *Ibid.*, pp. 74-75.

Où que l'on se tourne, il ne voit que décadence et déliquescence, autant de signes annonciateurs de la fin d'un cycle civilisationnel :

> Les Églises essaient de résister à l'effritement, mais ne savent comment s'y prendre. Les universités sont en plein délabrement ; la science est en révolte contre elle-même. Les principes reconnus de la morale sont en pleine déperdition, la pensée logique est désarmée. L'art est aux abois, et personne ne sait plus ce que signifie avoir du goût[1].

Confronté à ce tableau de désespérance, Freund rejette l'idée qu'il s'agisse d'une simple crise, comme il est d'usage de dire. Selon lui, ce schéma d'interprétation résulte d'un déni de la gravité de la situation. L'Europe a traversé de nombreuses crises. Selon Freund, elles relevaient jusque-là de moments de croissance ; ce qu'il constate en 1980 est au contraire un affadissement de la volonté des populations européennes, un amollissement et un repli dans la jouissance immédiate. Les Européens seraient incapables de relever le défi d'une guerre pour défendre leurs valeurs. La conjugaison de différents symptômes « donne l'impression qu'ils souffrent d'une lassitude généralisée, qu'ils n'ont plus les ressorts ni de vigueur, comme si leur âme était devenue vide[2] ». Selon Freund, cet affaissement n'affecte pas tous les peuples, mais seulement l'Europe, qui achève l'âge historique qui fut le sien depuis la Renaissance : « Nous assistons à la fin de la première civilisation de caractère universel que le monde ait connue[3]. » Pour ce penseur conservateur et décadentiste, le futur est source de forclusion, et son diagnostic d'agonie prolongée de la civilisation européenne ouvre une ère post-européenne porteuse de déclin.

La société est pleinement entrée dans l'ère du *post-*, y compris dans son rapport au religieux, comme le constate Jean-Louis Schlegel, qui s'interroge dans *Esprit* sur le devenir de la sécularisation dans la société moderne[4]. Il récuse l'idée que la société une fois rationalisée serait sortie du croire qui, comme l'ont montré les analyses sociologiques de Danièle Hervieu-Léger, ne fait au contraire que

---

1. FREUND, 1980, p. 5.
2. *Ibid.*, p. 7.
3. *Ibid.*, p. 8.
4. SCHLEGEL, 1986.

proliférer. Si la sécularisation ne produit pas une société sans religion, la transformation du monde contemporain éclot d'une religion désenchantée, dont la critique de la sacralisation des rituels lors des orientations définies par Vatican II dans les années 1960 constitue l'une des manifestations. Les croyants sont eux aussi affectés par la crise des métarécits, qui génère une chute des vocations religieuses, un effondrement des pratiques, une désertion des lieux de culte, et en général un recul des sentiments d'appartenance[1]. Pour autant, le croire n'a nullement disparu, il se transforme : le croyant moderne devient un « croyant-baladeur » faisant son miel d'une hybridation de croyances disponibles sur le marché du croire[2]. Dans ce domaine, comme dans d'autres, les allégeances sont multiples et partielles, réversibles et fragiles, soumises aux vogues du moment. Jean-Louis Schlegel souligne le caractère paradoxal d'une condition postmoderne dans laquelle la vitalité du phénomène religieux emprunte des voies inédites chez des « individus postreligieux et pourtant encore religieux, se vouant à tous les saints possibles et imaginables mais aussi capables de "spiritualités" et de "mémoires" énigmatiques[3] ».

Cette interrogation sur le rapport entre religion et modernité a été menée par Marcel Gauchet dans *Le Désenchantement du monde*[4]. Il y développe la thèse d'un christianisme comme religion de la sortie de la religion et de l'avènement du post-religieux. Selon Gauchet, la société moderne n'a plus la religion comme cadre fondateur, support transcendant de la socialité. Il reprend l'opposition de Castoriadis entre hétéronomie et autonomie pour retracer une histoire occidentale progressivement détachée de la première, soit de l'idée d'un principe transcendant expliquant le lien social, pour conquérir toujours davantage de la seconde. Gauchet se distingue néanmoins de la thèse centrale de Castoriadis en ce qu'il accorde au christianisme le mérite historique d'avoir contribué à cette sortie de l'hétéronomie en évacuant des rapports sociaux toute forme de religiosité, et en renvoyant cette dernière dans un monde autre, celui du salut. Alors que le polythéisme faisait proliférer les divi-

1. Voir Certeau et Domenach, 1974.
2. Voir Hervieu-Léger, 1993.
3. Schlegel, 1986, p. 23.
4. Gauchet, 1985.

nités au cœur même de la vie quotidienne des sociétés anciennes, la sotériologie ne permettrait pas d'accomplir la religion, mais la marginaliserait. Gauchet confronte au processus historique de l'Occident moderne la catégorie wébérienne de désenchantement du monde. Le basculement du régime d'historicité s'origine dans le passage de l'immanence à la transcendance :

> L'immanence suppose en réalité la scission irrémédiable d'avec le fondement ; tandis que la transcendance le rapproche et le rend accessible. Pour le comprendre, c'est la dimension temporelle qu'il faut considérer. Lors du passage de l'immanence à la transcendance, il y a changement de temps : il y a, très précisément, saut du *passé au présent* [...] Le surgissement de la transcendance correspond en regard à une réunification de ces deux dimensions au départ disjointes : l'*originel* et l'*actuel*[1].

Derrière cette mutation, il y a bien rupture, discontinuité, et en même temps *continuum* d'une modernité qui s'est dotée de substituts à l'expérience religieuse d'autrefois et répondant aux mêmes besoins. Cette histoire des métamorphoses de la place du religieux a pour objectif de conjoindre deux approches souvent présentées comme antinomiques : « l'unité du devenir humain et l'existence en son sein de discontinuités radicales[2] ». Cette combinatoire entre continuités et discontinuités est à la base d'une possible intelligibilité du passé, car une expérience humaine commune relie passé et présent. Ici, dans la démonstration de Gauchet, tout un vécu collectif inconscient s'inscrit dans des expériences qui ont rapport avec le vécu religieux du passé. La détermination du présent s'effectue toujours sous le signe de l'invisible. La place éminente accordée à la science dans la modernité ainsi qu'à l'esthétique sont les signes tangibles de cette postulation selon laquelle le lieu de vérité se trouve à un niveau profond, à la fois invisible et présent dans les choses elles-mêmes. Il y a bien selon Gauchet une « sortie complète de la religion » possible[3], mais cet état de fait ne signifie nullement que le religieux ait disparu : il a trouvé refuge dans la sphère pri-

---

1. *Ibid.*, p. 54.
2. *Ibid.*, p. XVIII.
3. *Ibid.*, p. 292.

vée, le for intérieur de l'individu moderne. La société moderne n'en a pas fini avec le religieux, qui a si longtemps constitué le schéma structurant de l'expérience sociale : il « continue d'habiter les opérations de pensée, il préside à l'organisation de l'imaginaire, il gouverne les formes du problème de soi[1] ».

Dans cette ère du *post-*, certains sont même allés jusqu'à considérer que l'on avait atteint le stade d'un post-réel où le virtuel, le médiatique, se serait substitué à la réalité au point que l'on pourrait affirmer que le réel n'existe pas, non pas le réel lacanien du paradigme réel, symbolique, imaginaire, mais tout simplement la réalité factuelle. Le sémiologue Jean Baudrillard est allé jusqu'au bout de cette logique. Dans les années 1960, il s'était inscrit dans le sillage du décapage idéologique de la société de consommation pratiqué par Barthes dans *Mythologies*, publiant en 1968 *Le Système des objets*[2], où il critique les notions usuelles de besoin et de valeur d'usage pour leur substituer leur fonction de signe. Peu à peu les composantes du monde se dissolvent sous la logique infernale des signes, dissolution qui fait dire à Baudrillard que l'individu n'existe plus, ayant laissé place à une simple particule liée à des réseaux : « Il n'y a plus qu'une sorte de relais terminal. Mais l'individu n'existe pas. C'est une espèce de résurgence hallucinatoire, par compensation. Mais ça correspond peut-être réellement à un mécanisme de fonctionnement : les gens fonctionnent comme des atomes dans les molécules, comme des particules[3]. »

Lorsque éclate la guerre du Golfe, en 1990-1991, Baudrillard va jusqu'à en nier l'existence au motif que la représentation que l'on en a est une création médiatique. Le virtuel l'emportant sur l'actuel, l'apocalypse n'est qu'un fantasme médiatique, une forme d'hallucination collective, et Baudrillard d'affirmer dans *Libération* le 29 mars 1991 : « La guerre du Golfe n'a pas eu lieu[4]. » Selon lui, à l'ère du post-réel, ce que l'on nous montre n'a pas grand-chose à voir avec la réalité, et on ne saura jamais à quoi aurait ressemblé cette guerre « si elle avait existé[5] ». Rien ne vient confirmer,

1. *Ibid.*, p. 293.
2. Baudrillard, 1968.
3. Id., 1989, p. 19.
4. Id., 1991, pp. 63-100.
5. *Ibid.*, p. 63.

attester pour lui qu'elle a eu lieu, et ce n'est pas le live de CNN qui vaudrait certificat d'authentification. Il dénonce la fabrication réciproque de l'information : Irakiens faisant sauter des maisons pour faire croire à une guerre sale, et Américains camouflant les informations satellitaires pour faire croire à une guerre propre. Selon Baudrillard, ces représentations en trompe-l'œil justifie-raient l'hypothèse négationniste que cette guerre n'est qu'un leurre. Lorsque certains esprits un peu grossiers font remarquer qu'il y a eu des morts et des blessés des deux côtés, et qu'il y a donc bien eu guerre, Baudrillard ne se laisse par démonter :

> Un simple calcul fait apparaître que, sur cinq cent mille sol-dats américains impliqués pendant sept mois dans les opérations du Golfe, il en serait mort trois fois plus si on les avait laissés dans la vie civile, uniquement en accidents de la route. Faut-il envisager de multiplier les guerres propres pour réduire les bilans meurtriers en temps de paix[1] ?

On aurait eu le goût de la guerre, le flacon de la guerre, l'aphro-disiaque de la guerre communiqué par des médias devenus le préa-lable « à tout orgasme événementiel[2] », mais pas la guerre. Avec cette thèse, on est confronté au symptôme le plus grave de la crise du futur qui, loin de se replier sur le présent, en vient à en nier l'existence pour ne voir que du virtuel. On sait qu'aujourd'hui cette pathologie fait des ravages sur la Toile, où l'on ne cesse de dénoncer tel ou tel complot et de nier des vérités historiquement établies au prétexte qu'elles auraient été fabriquées.

FEU SUR LE TIERS-MONDISME

Dans la cause tiers-mondiste, les intellectuels de gauche avaient trouvé une source nouvelle d'espérance dans l'émancipation des

---

1. *Ibid.*, pp. 74-75.
2. *Ibid.*, p. 83.

peuples colonisés au sein du mouvement qualifié de tricontinental. Il y a eu là un transfert du messianisme révolutionnaire sur un certain nombre de *terra incognita*, d'autant plus fantasmées que lointaines. À la fin des années 1970, le destin tout aussi funeste de la plupart de ces mouvements de libération nationale fait sonner l'heure des révisions déchirantes et de la remise en question, souvent radicale, de la posture tiers-mondiste, dont André Burguière écrit en 1979 qu'elle a servi de « refuge aux impasses idéologiques de la gauche[1] », et risque d'en constituer la part maudite. En 1976, la question du déplacement des espérances révolutionnaires portées par les intellectuels français sur le continent latino-américain fait l'objet d'un livre au titre évocateur d'un intellectuel vénézuélien, Carlos Rangel, professeur devenu journaliste et diplomate, *Du bon sauvage au bon révolutionnaire*[2], où il déconstruit la vision fabuliste projetée par les Européens sur le continent latino-américain, qui a vu au mythe du bon sauvage succéder celui du bon révolutionnaire, tous deux finalement porteurs d'un nouveau monde et annonçant la possible Terre promise. La révolution cubaine et la figure du Che sont venues revivifier ce mythe : « Les yeux de l'Europe se sont tournés vers nous, non pour découvrir des vérités scientifiques, mais pour trouver des points d'appui à des préjugés, à des mythes et à des frustrations entièrement européens[3]. » En 1982, Carlos Rangel réitère sa charge encore plus violemment en dénonçant « l'infection tiers-mondiste[4] », stigmatisant les tentatives d'instauration du socialisme qui conduisent inéluctablement « à un renforcement bientôt monstrueux de l'État, à l'asphyxie progressive de la société civile, à l'autoritarisme et enfin au totalitarisme[5] ».

La fracture apparaît au grand jour dans les colonnes du *Nouvel Observateur*. S'il n'est pas question de remettre en cause la sortie du joug colonial et le droit des peuples à disposer d'eux-mêmes, on commence à s'interroger sur le soutien inconditionnel qui a été accordé à des mouvements de libération comme celui des Khmers

---

1. Burguière, André, 1979, p. 31.
2. Rangel, 1976.
3. Carlos Rangel, lettre citée dans Revel, 1976 (b), p. 5.
4. Rangel, 1982, p. 196.
5. *Ibid.*, p. 199.

rouges ou du Viêt-cong, ou à des mouvements populaires africains qui ont, pour la plupart, laissé place à des régimes totalitaires.

À la suite de la chronique de Jacques Julliard du 5 juin 1978, « Le tiers-monde et la gauche », une vive controverse s'engage dans les colonnes de l'hebdomadaire. Réagissant aux révélations de graves atteintes aux droits de l'homme dans un certain nombre de pays fraîchement libérés comme le Cambodge, le Vietnam, l'Angola et la Mauritanie, Jacques Julliard se demande si « le tiers-monde existe encore[1] ». Pour lui, si la question est posée en termes économiques et porte sur la misère et le sous-développement, la réponse ne peut qu'être positive, mais en termes politiques de non-alignement, la réponse est moins évidente, toutes les superpuissances ayant pris en otage ces pays libérés — l'URSS accapare l'Ouganda, la Chine le Cambodge, les États-Unis le Chili. Il met en garde contre ce retournement de peuples luttant pour la reconnaissance de leurs droits qui, une fois vainqueurs, tombent sous la coupe de « dictatures impitoyables[2] » confisquant leur combat pour étrangler les droits de l'homme. Julliard se fait même catégorique et quelque peu provocateur dans ses prévisions pessimistes : « Il n'y aura de socialisme africain que totalitaire[3]. » Cette intervention, qui a le mérite de mettre le doigt sur le malaise de la plupart des intellectuels de gauche, soulève une tempête de réactions révélatrice du clivage qui déchire la gauche sur cette question et que la belle unanimité d'hier n'est plus capable de résorber. L'ancien directeur maoïste de *La Cause du peuple* Jean-Pierre Le Dantec, dans les mêmes colonnes, approuve Julliard et confesse, sous le titre « Une barbarie peut en cacher une autre », que le concept de tiers-monde « est une création de la pensée révolutionnaire occidentale, un rejeton plus ou moins orthodoxe de notre marxisme[4] ». Bernard Kouchner va dans le même sens et dénonce la discrimination faite par la gauche entre « les bons et les mauvais morts ». En revanche, l'ancien ambassadeur de Mauritanie à l'ONU et membre du bureau politique du Polisario Ahmed Baba Miské voit dans cette

---

1. JULLIARD [1978], 1979, p. 36.
2. *Ibid.*, p. 39.
3. *Ibid.*, p. 38.
4. LE DANTEC [1978], 1979, p. 42.

position l'expression d'un européocentrisme qui juge des pays du tiers-monde à partir de ses propres critères, comme si l'on pouvait juger Richelieu à l'aune des catégories du XXᵉ siècle. D'autres voix dissonantes s'expriment dans ce débat, comme celles de Guy Sitbon, Régis Debray, Jean Ziegler, Gérard Chaliand ou encore Jean Lacouture, qui a couvert dans le même journal la plupart des événements provenant des pays du tiers-monde. À Julliard, ce dernier réplique : « Il n'y a pas de fatalité du mal[1]. » Une décennie plus tard, il publiera une autocritique sur ses reportages dans *Le Monde* et *Le Nouvel Observateur*, confessant ses erreurs d'appréciation, un manque d'esprit critique et une quête insuffisante de la vérité :

> Hanoï avait-il, dès l'origine, fondé sa stratégie sur d'autres objectifs que la conquête militaire de 1975 et l'unification dominatrice et oppressive de 1976 ? Ses porte-parole nous le faisaient accroire. M'en laissant persuader, j'ai eu tort. J'avais le devoir de critiquer ce type de propos à la lumière de l'histoire du stalinisme et de celle du Vietnam[2].

Sans se disculper, Lacouture explique cette cécité par son sens immodéré de l'empathie, le plaisir qu'il ressent dans le dialogue avec l'autre par-delà toute considération idéologique et qui lui fait « confondre empathie et lucidité[3] ». Il reconnaît qu'il a pratiqué une dissymétrie dans ses reportages entre les horreurs de guerre commises par les Américains et celles, très minorées, des Viêtcongs. S'il n'a pas fait silence sur les massacres perpétrés par les communistes vietnamiens en 1968 lors de l'offensive du Têt, il les a évoqués « tard. Trop tard[4] ». Après avoir apporté un soutien fervent à la cause vietnamienne, il reconnaît :

> Oui, les vainqueurs de 1975 ont fabriqué des îlots de Goulag. Oui, l'usage qu'ils ont fait de leur victoire est affreux, comme celui que les vainqueurs de Stalingrad avaient fait de la leur. Oui, il y a quelque chose d'absurde (certains disent hypocrite) à manifester

1. LACOUTURE [1978], 1979, p. 105.
2. ID., 1989, p. 181.
3. *Ibid.*, p. 182.
4. *Ibid.*, p. 183.

en faveur des *boat people* après avoir plaidé pour les futurs responsables des mécanismes d'oppression qui vouent aujourd'hui des
masses désespérées à cet exil périlleux[1].

Lacouture ne rendra compte qu'après coup des camps de rééducation, de la violence perpétrée par les Viêt-congs : « Ces lugubres
constatations, je les ai faites en 1976 dans une série d'articles du
Nouvel Observateur, puis dans un livre intitulé *Voyage à travers
une victoire*[2]. » En revanche, il a très tôt alerté de la dérive des
Khmers rouges de Pol Pot, dénonçant le génocide dès ses débuts
dans un livre d'indignation[3].

Les médecins de l'humanitaire qui viennent porter secours aux boat
people en Asie et aux populations déplacées ailleurs se détachent eux
aussi du tiers-mondisme qui très tôt les a souvent conduits à choisir
ce métier. Rony Brauman, président de Médecins sans frontières
(MSF) à partir de 1982, découvre alors l'œuvre de Raymond Aron et
s'y plonge aussitôt : « Il devient peu à peu mon maître à penser […]
je découvrais le libéralisme philosophique, qui m'amena sans aucun
doute à ôter mes lunettes idéologiques pour regarder le tiers-monde
autrement. Le tiers-mondisme régissait une bonne part des rapports
idéologiques et mentaux entre pays industriels et pays pauvres depuis
trente ans[4]. » Il remet en cause cette vision erronée, résultat d'un
mélange détonant et fondamentalement liberticide, lorsqu'il trouve
à s'employer, de marxisme-léninisme et de christianisme.

Avec Claude Malhuret, Brauman réussit à convaincre la majorité de MSF de créer un organisme distinct ayant pour tâche d'évaluer les contextes de l'intervention humanitaire et de vérifier son
inscription dans un cadre à potentiel démocratique. Cet organisme,
Libertés sans frontières (LSF), naît le 10 janvier 1985, et la conférence de presse inaugurale, « Tiers-monde, prêt-à-porter idéologique », souligne le désarroi des intellectuels de gauche face à
la montée en puissance des libéraux. Sollicités, Jean Lacouture
et Paul Thibaud ne donnent pas suite. En revanche, les animateurs de LSF s'entourent de Jean-François Revel, Alain Besan-

---

1. *Ibid.*, pp. 185-186.
2. *Ibid.*, p. 188.
3. ID., 1978.
4. Rony Brauman, cité dans VALLAEYS, 2004, p. 471.

çon, Jean-Claude Casanova, François Fejtö, Branko Lazitch et Ilios Yannakakis, qui entrent au comité scientifique, inspirant ce commentaire au journaliste de *Libération* Elio Comarin : « Les responsables de MSF se lancent dans une nouvelle croisade [...] Comment définir l'impression de malaise qu'a laissée cette conférence de presse ? Est-ce l'habit "libéral" à la mode qu'ont semblé endosser les participants, si également soucieux de réhabiliter l'Occident à n'importe quel prix[1] ? » Les responsables de LSF annoncent la tenue d'un grand colloque, « Tiers-mondisme en question », et se voient proposer par le bureau du Sénat une salle prestigieuse. Alors qu'ils s'attendaient à n'accueillir qu'un maigre public d'initiés et à débattre devant une salle vide, c'est la ruée : la salle Médicis est vite comble et l'on doit refouler cent cinquante personnes. Pendant deux journées de débats, des spécialistes de diverses disciplines viennent exposer leur point de vue[2]. Rony Brauman, l'initiateur de cette manifestation, récuse tout autant le tiers-mondisme que le cartiérisme[3]. Dans son intervention liminaire sur le thème du ni-ni, il explique le retentissement exceptionnel de ce mouvement critique par le fait qu'il est issu de l'intérieur même du tiers-mondisme, « lui donnant la force déstabilisatrice d'une hérésie. C'est à partir des valeurs fondamentales du tiers-mondisme, la solidarité, la fraternité, que nous lançons cet appel à l'abandon des mythes, à la révision du dogme[4] ». À la tribune se succèdent de nombreuses personnalités engagées contre le totalitarisme. Les deux interventions finales donnent la mesure d'un certain contraste avec Jean-François Revel et Cornelius Castoriadis. Alors que Revel entend démontrer que le développement et la démocratie vont de pair et que « la défense des droits de l'homme n'est pas une pièce rapportée, un luxe, mais une nécessité[5] », Castoriadis pourfend le tiers-mondisme en tant qu'évitement de la nécessaire analyse critique d'un certain marxisme qui, à ses yeux,

---

1. Comarin, 1985.
2. Brauman (dir.), 1986.
3. Raymond Cartier : journaliste qui, en 1956, lança la fameuse formule : « la Corrèze avant le Zambèze », signifiant en pleine vague poujadiste qu'il fallait d'abord s'occuper des provinces françaises avant de se préoccuper du reste du monde.
4. *Ibid.*, pp. 11-12.
5. Revel, 1986, p. 211.

a simplement substitué au prolétariat les paysans du tiers-monde ;
il dénonce donc avec la même vigueur le mouvement pendulaire
par lequel on en tirerait la conclusion que le capitalisme libéral
serait le régime idéal. Pour lui, le capitalisme en tant que système
productif-économique n'est pas plus exportable que les régimes
d'oligarchie libérale. Castoriadis en appelle à se ressourcer auprès
de la seule vraie démocratie à ses yeux, celle du pouvoir du *demos*,
le peuple. *Paris Match* rend compte de ce colloque sous le titre
« Les impostures du tiers-mondisme » : « On savait que le tiers-
mondisme, doctrine qui prétend que la richesse de l'Occident s'est
constituée aux dépens des pays pauvres, était malade et vulnérable.
Mais on ne s'attendait pas à ce que le coup de grâce vienne de
"Médecins sans frontières"[1]. »

Autre témoignage de la crise profonde que traverse le tiers-
mondisme au milieu des années 1980, le revirement de Gérard
Chaliand, qui en aura été un des chantres dans la revue *Partisans*.
Il en stigmatise le manichéisme et l'interprète comme une projection de l'espoir révolutionnaire sur les continents non européens.
Pour lui, la question du respect des droits de l'homme n'explique
pas à elle seule la crise du courant tiers-mondiste, même si les
informations que les médias diffusent sur certains régimes tyran-
niques africains, comme ceux d'Idi Amin Dada en Ouganda ou
de Bokassa en Centrafrique, contribuent largement à entretenir
cette désaffection. Il faut aussi prendre en compte l'enrichissement
des pays de l'Opep, qui bénéficient de la manne pétrolière ayant
entraîné l'Europe dans la crise et inspirent un autre regard sur les
pays du tiers-monde, ou encore « le contexte de crise [qui] favorise
les attitudes racistes et xénophobes[2] ».

Mais le véritable brûlot critique du tiers-mondisme vient de Pas-
cal Bruckner, qui publie en 1983 *Le Sanglot de l'homme blanc*[3].
L'écho de cet ouvrage est amplifié par son passage à l'émission
« Apostrophes », où il se livre à une cinglante critique face à un René
Dumont sur la défensive. Avec un humour mordant, il s'en prend
aux précieuses ridicules du monde intellectuel qui sous le couvert de

1. FORESTIER, 1985.
2. CHALIAND, 1986, p. 50.
3. BRUCKNER [1983], 1986.

leur engagement tiers-mondiste peuvent laisser libre cours à leur sentiment de culpabilité. Bruckner pourfend le « bovarysme tropical[1] » qui a exploré avec ivresse un désir de révolution dans de lointaines contrées, à l'exemple de Régis Debray exaltant le petit groupe de guérilleros entourant le « Che »[2] : « La promotion exorbitante de l'autre ne saurait dissimuler que la conscience tiers-mondiste était, avant tout, amoureuse de sa propre image[3]. » Selon Bruckner, le tiers-mondisme exprime un Idéel unifiant indistinctement dans une même logique les situations les plus diverses. La coupure avec la situation réelle des pays invoqués comme symboles des idéaux révolutionnaires se trouve comblée par l'appropriation d'objets fétiches comme le béret et la barbe du « Che », le col Mao, le cigare de Fidel… Cette adhésion abstraite amplifie la projection sur des icônes qui ont eu successivement pour nom Hô, Mao, ou Fidel. Ces engouements et reniements auront été vécus comme autant de passions et de deuils amoureux. On a aimé, dit Bruckner, ces tropiques avec une ferveur doloriste, à la manière dont Jésus disait déjà que les pauvres sont nos maîtres : « On fait de ce "fond sans fond de la douleur" le tribunal, la barre du haut de laquelle on admoneste l'humanité privilégiée et oisive, on patauge dans les haillons et la boue pour mieux apostropher l'hermine et la soie[4]. » Bruckner dresse le portrait du démocrate occidental tiers-mondiste en « grande pleureuse de l'histoire moderne[5] », en hémophile prêt à saigner pour toutes les causes. Dans sa charge polémique, il n'épargne pas les humanitaires qui sillonnent la planète, ces cow-boys courant de catastrophe en catastrophe :

> Ce qu'ils visent, à défaut de soigner le mal, c'est à bichonner la faute. Ils entretiennent la honte comme les techniciens patient et vérifient les machines confiées à leurs soins. Préposés à titiller notre conscience, soucieux de nous voir baigner de remords comme les frites dans l'huile, ils peaufinent invectives et prêchi-prêcha pour plonger leurs ouailles dans le désespoir passif, stérile, inconditionnel[6].

1. *Ibid.*, p. 42.
2. DEBRAY, 1974.
3. BRUCKNER [1983], 1986, p. 43.
4. *Ibid.*, p. 120.
5. *Ibid.*, p. 121.
6. *Ibid.*, p. 124.

Bruckner s'en prend aussi aux lanceurs de campagnes de solidarité qui enjoignent de changer nos pratiques alimentaires afin de
soulager la misère du monde et de réduire la famine. Il épingle les
campagnes de 1981 de Terre des hommes et Frères des hommes qui
adjurent l'Occident de consommer moins de viande et trouvent des
relais dans les colonnes du *Nouvel Observateur*, où Michel Bosquet,
c'est-à-dire André Gorz, qualifie les Occidentaux d'« affameurs[1] ».
Bruckner raille ces absurdes campagnes de culpabilisation : faire
la diète en Europe ne réduira pas la disette en Afrique. « Les car-
nivores sont en déficit moral, quand les végétariens affichent un
crédit illimité. Heureux les adeptes du boulgour et du sorgho, car
le royaume des cieux leur appartient : on leur donnera le bouillon
et le rôti sans confession avec, en prime, cette régularité intesti-
nale tant convoitée[2] ! » Plus sérieusement, Bruckner plaide pour un
nouvel européocentrisme, considérant que la haine de soi ne saurait
être un préalable à l'amour des autres. Il faut donc que l'Europe
se réconcilie avec elle-même. Il aborde là un point clé qui rejoint
notre analyse : les pays occidentaux n'ont pas seulement perdu
confiance en eux, mais en leur devenir, se condamnant au repli
sur un présent perpétuel face à un futur en déshérence : « Seule
la réaffirmation d'une identité persévérante nous permet de sortir
de l'ici et du maintenant : toute rencontre suppose un centre minimal, une patrie, condition élémentaire du cosmopolitisme[3]. » Dans
cette charge d'infanterie lourde, la cible privilégiée est *Le Monde
diplomatique*, considéré comme l'incarnation du tiers-mondisme.
Si dans un premier temps le journal préfère ignorer le propos polémique de Bruckner, il profite néanmoins d'un colloque de LSF
pour publier un important dossier intitulé « Une bête à abattre :
le tiers-mondisme », présenté par le directeur du mensuel, Claude
Julien, et étayé par une enquête d'Alain Gresh sur les liens entre
LSF et la droite libérale : « Cependant, bien que défendu dans le
titre même du dossier, le tiers-mondisme y est toujours entouré de

1. Gorz (sous le pseudonyme de Michel Bosquet), *Le Nouvel Observateur*,
17 octobre 1981.
2. Bruckner [1983], 1986, p. 135.
3. *Ibid.*, p. 283.

guillemets ; Claude Julien l'identifiant comme "une doctrine qu'ils [les tiers-mondistes] n'ont jamais élaborée, une idéologie qui n'est pas la leur"[1]. »

Autre défenseur du tiers-mondisme, le géographe Yves Lacoste, qui a beaucoup publié sur le phénomène du sous-développement et créé la revue *Hérodote* chez Maspero en 1976, fait un plaidoyer qui se veut équilibré[2]. Il souligne d'abord que cette querelle lancée contre les partisans d'un meilleur équilibre mondial des richesses fait le jeu de l'extrême droite raciste, pour qui les immigrés en provenance du tiers-monde sont les responsables de la crise économique et sociale. Lacoste admet que l'opinion soit ébranlée par cette campagne et reproche à ses amis tiers-mondistes de ne pas défendre leurs idées avec suffisamment d'efficacité. Selon le géographe, il faut par exemple reconnaître que ces pays, réunis un peu vite sous le vocable de tiers-monde et qui sont parfois entrés en collision les uns contre les autres, comme la Chine et le Vietnam, ou l'Irak et l'Iran, sont en réalité très divers. Yves Lacoste explique la propagation du tiers-mondisme en France et l'extrême politisation de la notion par le contexte de la guerre d'Algérie, par celui de Mai 1968, et par la présence sur le sol français de « nombreux intellectuels arabes, africains et latino-américains qui avaient dû quitter leur pays[3] », dont l'influence n'a pas été négligeable dans le succès du tiers-mondisme. Il distingue par ailleurs deux formes de tiers-mondisme, selon que l'on se situe dans les pays du Nord ou dans les pays du Sud, jugeant non pertinente la charge polémique de Bruckner : il passe à côté du sujet en se limitant à des considérations purement morales qui laissent de côté la dimension économico-sociale propre à la réalité du tiers-monde. Par ailleurs, sa thèse, en s'en prenant à la « haine de soi », au sentiment de charité chrétienne et au mea culpa, manque sa cible : les tiers-mondistes sont pour l'essentiel, à l'exception de quelques courants chrétiens, des intellectuels marxistes nullement animés par la « haine de soi », mais « bien plutôt [par la] haine de l'autre[4] », dans une logique de lutte de classes.

---

1. Szczepanski-Huillery, 2005, p. 45.
2. Lacoste, 1985.
3. *Ibid.*, p. 17.
4. *Ibid.*, p. 59.

La remise en cause de l'engagement tiers-mondiste est tout aussi radicale chez les intellectuels chrétiens. Le journaliste au *Figaro Magazine* Jean-Pierre Moreau publie en 1985, sous le pseudonyme de Guillaume Maury, un brûlot contre le CCFD (Comité contre la faim et pour le développement)[1], dénonçant une entreprise subversive qui, sous le couvert d'aider le tiers-monde, se rend complice des régimes totalitaires. Comme le note Denis Pelletier, ces accusations de marxisme ne sont pas nouvelles[2], mais dans les années 1980 elles prennent une ampleur singulière et rejoignent un mouvement général de retrait vis-à-vis du tiers-mondisme. Jusque-là, ces accusations de marxisme larvé n'étaient reprises que par la presse d'extrême droite, notamment *Minute* ou *Aspects de la France*, alors qu'en 1985 *Le Figaro*, *Le Quotidien de Paris* ainsi que des quotidiens régionaux comme *Le Méridional* ou *Paris Normandie* relaient à leur tour ces dénonciations. Le nouveau secrétaire général du CCFD, Bernard Holzer, a beau se défendre des accusations dont on l'accable dans un livre d'entretiens, il sera peu entendu : « Les détracteurs du CCFD insinuent que nous soutenons des mouvements marxistes et terroristes. Nous ne soutenons pas ces mouvements. Nous essayons d'aider des réfugiés ou des habitants gravement lésés[3]. » Cette mise en accusation du CCFD, dans l'esprit du temps, rejoint la thèse de Pascal Bruckner sur la culpabilité chrétienne au cœur de cet élan tiers-mondiste.

UN MOMENT TOCQUEVILLIEN

Les intellectuels de gauche, dépossédés de la référence qui semblait indépassable au marxisme et accusant le coup des désillusions tiers-mondistes, infléchissent leur réflexion sur la démocratie occidentale. Elle n'est plus dénoncée comme purement formelle et mise au service des intérêts financiers, mais réévaluée et considérée

1. MAURY, 1985.
2. PELLETIER, 1996, p. 90.
3. HOLZER, 1989, p. 157.

comme un système à défendre et à améliorer par des réformes. Les combats pour la défense des droits de l'homme et humanitaires ont rassemblé des intellectuels de gauche et des intellectuels libéraux de droite autour de la figure de Raymond Aron.

Au tournant des années 1980, toute une série de publications assurent le retour en force du libéralisme. Henri Lepage connaît un grand succès avec deux ouvrages, *Demain le capitalisme* en 1978 et *Demain le libéralisme* en 1980, qui introduisent en France la pensée des « nouveaux économistes », des ultralibéraux nord-américains tels que Milton Friedman, Gary Becker, James Buchanan, Douglass North… En 1981, Raymond Aron est consacré par un livre d'entretiens avec Jean-Louis Missika et Dominique Wolton, *Le Spectateur engagé* (Julliard) : « Pour la première fois, Aron rencontra un succès total et sans réserves, tant auprès du public que des commentateurs[1]. » Avec cet ouvrage qui prend place dès sa parution parmi les meilleures ventes en librairie, Aron reçoit le prix Aujourd'hui, prélude au best-seller que seront, deux ans plus tard, ses *Mémoires*. C'est aussi à ce moment que Foucault consacre son cours au Collège de France au libéralisme sous le titre « Naissance de la biopolitique ». Scrutant les tentatives de rationalisation des problèmes posés aux pratiques gouvernementales depuis le XVIIIᵉ siècle — santé, hygiène, natalité, longévité, races… —, il souligne le lien indissociable entre ces problèmes et « le libéralisme, puisque c'est par rapport à lui qu'ils ont pris l'allure d'un défi. Dans un système soucieux du respect des sujets de droit et de la liberté d'initiative des individus, comment le phénomène "population" avec ses effets et ses problèmes spécifiques peut-il être pris en compte[2] ? ». S'appuyant notamment sur les réflexions de Paul Veyne à propos des universaux historiques, Foucault se demande ce que l'on peut entendre par libéralisme : « Le libéralisme est à analyser alors comme principe et méthode de rationalisation de l'exercice de gouvernement[3]. » En 1980, Marcel Gauchet dirige et préface en livre de poche une réédition d'un classique de Benjamin Constant, *De la liberté chez les modernes*, et écrit dans la

---

1. BAVEREZ, 2006, p. 645.
2. FOUCAULT, 1994 (b), p. 818.
3. *Ibid.*, p. 819.

7ᵉ livraison de la revue *Libre* un article qui s'appuie sur le tournant tocquevillien : « Tocqueville, l'Amérique et nous ».

C'est dans ce contexte que l'historien François Furet quitte la présidence de l'EHESS pour y créer un Institut Raymond-Aron en novembre 1984. Ce groupe de recherche naît d'un séminaire informel initialement mis en place par Furet lors de son élection à la tête de l'EHESS en 1977. L'Institut se donne pour objectif de classer les archives Aron, mort en octobre 1983, et devient, au-delà de cet impératif documentaire, un « club de pensée », un lieu d'échanges entre historiens et philosophes dont l'orientation dominante est celle de la deuxième gauche en quête de nouvelles références théoriques[1]. Dans le même temps, en 1982, Furet crée la Fondation Saint-Simon, qui entend constituer un cadre de sociabilité et un espace d'échanges entre intellectuels et décideurs de la vie économique et sociale — grands chefs d'entreprise et technocrates de la haute administration. Son intention est de réunir ceux qui ont des idées et ceux qui ont les moyens de les financer pour rapprocher projets et enjeux concrets, et démontrer le caractère indissociable de la démocratie et de l'économie de marché. Les animateurs de la fondation, très réticents à toute idée de renforcement de l'État providence, privilégient le libre jeu du marché, quitte à l'infléchir de façon à construire une société plus juste. Il ressortira de ces réflexions collectives de nombreuses notes et études, ainsi qu'un certain nombre de publications. La fondation, présidée par Furet, se dote d'un coprésident, l'industriel Roger Fauroux, alors PDG du groupe Saint-Gobain. L'idée est de donner un nouveau souffle à la deuxième gauche en la faisant dialoguer avec des intellectuels de la droite libérale. À l'horizon de ces réflexions devait émerger une transformation radicale de la culture de gauche en une culture de gouvernement : « Ceux qui ont créé la Fondation Saint-Simon avaient historiquement partagé un ethos réformateur dans la société française[2]. » La fondation

---

1. À la réunion de fondation du 22 novembre 1984 se retrouvent Mona Ozouf, Marina Valensise, Évelyne Pisier-Kouchner, Marie-Claude Finas, Perrine Simon, Heinz Wismann, Luc Ferry, Alain Renaut, Tzvetan Todorov, Marcel Gauchet, Philippe Raynaud, Massimo Boffa, Pierre Manent et Pierre Rosanvallon (informations reprises de PROCHASSON, 2013, p. 297).

2. ROSANVALLON, 2001, p. 60.

bénéficie du financement de grands groupes comme Saint-Gobain, Danone, Suez, Publicis, la Banque Worms, MK2 production, la Caisse des dépôts ou Capgemini. Disposant d'un budget annuel de cent vingt mille francs, elle organise des séminaires réguliers, lance des collections comme « Liberté de l'esprit » chez Calmann-Lévy et agit comme groupe de pression sur les décideurs politiques. À l'occasion de la réélection de François Mitterrand, en 1988, la fondation publiera un ouvrage du trio Furet, Julliard et Rosanvallon, *La République du centre. La fin de l'exception française*, qui prend acte de la fin de l'exception française et situe le centre de gravité de la vie politique en marge des clivages traditionnels, qu'il convient de dépasser[1]. L'ouvrage constate à la fois l'usure des utopies révolutionnaires et un déficit de délibération démocratique. Les illusions sont tombées, les feuilles mortes se ramassent à la pelle, créer de nouveaux agencements devient impératif si l'on ne veut pas voir notre univers politique s'effondrer « sous le poids de son insignifiance », comme le craint Jacques Julliard. Ce dialogue à trois voix révèle le désarroi d'une gauche intellectuelle confrontée à l'ère du vide et du vague, alors qu'« une époque s'achève, un cycle se boucle[2] ». Les auteurs observent que les valeurs de la gauche comme le combat socialiste ou républicain sont en plein dépérissement, supplantées par un centre inodore et sans saveur, à la peine pour prendre la relève. La France serait rentrée dans le rang : « Ce que nous sommes en train de vivre, c'est tout simplement la fin de l'exceptionnalité française[3]. » Chacun à sa manière sonne le glas de ce qui a constitué le rayonnement des passions politiques françaises. Furet reprend la tradition républicaine depuis la Révolution de 1789 pour montrer que les confrontations s'affaiblissent et qu'un consensus se noue progressivement autour de la nation. De son côté, Julliard retrace ce qu'il appelle une course au centre depuis l'après-guerre, et Rosanvallon situe l'épicentre de la crise de langueur dans l'incapacité du gouvernement à s'adapter aux évolutions sociétales. Les trois auteurs, récusant tout autant

1. Furet, Julliard et Rosanvallon [1988], 1989.
2. *Ibid.*, p. 9.
3. *Ibid.*, p. 11.

le consensus informe que le recours aux vieilles recettes d'une vision socialiste traditionnelle, souhaitent échapper à l'habitude clivante d'une culture politique qui oscille entre gestion et révolution. Alors que Max Gallo se demande si la normalisation de la vie politique française encouragée par cet ouvrage ne serait pas en fait « une régression[1] », Jean-François Revel, tout en confessant le plaisir qu'il a eu à lire ce livre, en conteste le sous-titre, car « la France reste exceptionnelle par l'archaïsme de ses socialistes[2] ».

Sous l'impulsion de Furet, la fondation Saint-Simon et l'Institut Raymond-Aron contribuent à un retour en force d'une histoire conceptuelle du politique fortement ancrée dans l'identité nationale, fruit d'un dialogue entre philosophes et historiens en quête d'une filiation libérale. C'est l'époque où Pierre Rosanvallon publie *Le Moment Guizot*, qui étudie, à travers le parcours de l'historien, les grandes thématiques de la philosophie politique libérale de la première moitié du XIXᵉ siècle[3].

L'histoire politique sort alors du purgatoire où on l'avait enfermée, accusée de tous les maux, présentée comme l'expression privilégiée de la futilité, de l'absence de rigueur scientifique et du superfétatoire en regard des logiques lourdes de l'histoire longue, enracinée dans le socle des conditions structurelles de la géohistoire et des *trends* multiséculaires de l'économie. Longtemps angle mort du regard historien, l'histoire politique retrouve son dynamisme[4]. La question est frontalement posée de savoir ce qu'est la spécificité et l'efficace du politique. On retrouve dans la pensée spéculative des tentatives de réponse qu'il importe d'historiciser. Il est généralement tenu pour évident que la politique est une dimension immuable, presque atemporelle de toute société : « Cette évidence s'autorise de la définition aristotélicienne de l'homme comme être vivant politique[5]. » Selon Aristote, le politique est à historiciser : toutes les sociétés ne font pas inéluctablement place à cette dimension, qui constitue la singularité de la *polis* grecque. Le développement de la réflexion sur le politique est alimenté par la critique du phénomène totalitaire, qui, souligne Marcel Gauchet, « n'est en

1. GALLO, 1988.
2. REVEL, 1988.
3. ROSANVALLON, 1985.
4. RÉMOND, 1988.
5. ARENDT, 1995, p. 55.

un sens qu'un retour du refoulé politique[1] ». Autour de ces années 1980, une histoire intellectuelle de la pensée politique se dessine avec la revue *Libre*, créée en 1977, la collection « Critique de la politique », lancée par Miguel Abensour en 1975 chez Payot, puis le séminaire mensuel de François Furet à l'EHESS, qui se tiendra de 1977 à 1985, réunissant philosophes et historiens, intellectuels de gauche et libéraux de droite, dont Claude Lefort, Pierre Manent, Marcel Gauchet, François Furet, Bernard Manin, Pierre Nora, Jacques Julliard, Krzysztof Pomian, Pierre Rosanvallon. Cette réflexion collective décloisonne les approches disciplinaires et redonne une perspective globalisante à une approche historique dans laquelle le politique est conçu comme « thème transversal et global des recherches[2] ». L'histoire intellectuelle du politique, à l'intersection de l'historique et du philosophique, se situe sur un plan intermédiaire d'observation qui se joue des clivages traditionnels entre histoire politique, science politique et histoire des idées politiques.

Pierre Rosanvallon définit le projet d'une histoire conceptuelle du politique se donnant pour objectif de « comprendre la formation et l'évolution des rationalités politiques, c'est-à-dire les systèmes de représentation qui commandent la façon dont une époque, un pays ou des groupes sociaux conduisent leur action et envisagent leur avenir[3] ». Une telle démarche présuppose la remise en cause de la séparation opérée jusque-là par un voile extérieur de représentation derrière lequel il conviendrait d'identifier les motivations réelles des acteurs et leurs conduites attestées. En fait, il s'agit de restituer le travail permanent de réflexivité de la société sur elle-même, sur sa construction en tant qu'expérimentation. Si cette histoire intellectuelle du politique, à la différence de l'histoire traditionnelle des idées politiques, privilégie les concepts comme nœuds à démêler pour en saisir les enjeux, elle ne se limite pas au corpus des grandes œuvres canoniques.

Cette renaissance de la réflexion sur le politique permet à l'œuvre d'Alexis de Tocqueville de servir de ressource de substitution à un

---

1. GAUCHET, 1976.
2. ROSANVALLON, 1996, p. 305.
3. *Ibid.*, p. 307.

Marx délaissé par la gauche intellectuelle : « La France connut un moment tocquevillien[1]. » Cet aristocrate libéral de la première moitié du XIXe siècle, auteur de deux ouvrages majeurs, *L'Ancien Régime et la Révolution* et *De la démocratie en Amérique*, y scrute les contradictions propres à la posture révolutionnaire et part en quête d'une défense argumentée de la démocratie. Cette nouvelle figure de référence facilite des rapprochements entre intellectuels de la deuxième gauche et de la droite libérale — libéraux des deux rives. Les intellectuels du courant antitotalitaire, creuset de ce rapprochement, se réinterrogent sur les origines de la démocratie contemporaine, « l'opposition issue de la sociologie entre *Gemeinschaft* (société organique) et *Gesellschaft* (société mécanique) apparaissant bien insuffisante pour décrire la démocratie contemporaine[2] ». Tocqueville devient alors l'auteur fétiche, incontournable pour interroger les mutations de la représentation politique. L'éventail de cette configuration est large et réunit aussi bien des anciens de Socialisme ou barbarie, comme Castoriadis et Lefort, que le directeur de la revue *Commentaire*, Jean-Claude Casanova.

Tocqueville avait déjà été souvent invoqué par Raymond Aron comme alternative aux lectures déterministes de la tradition durkheimienne française. À la fin des années 1950, Aron trouvait en Tocqueville une analyse utile pour définir la société moderne, caractérisée par ce souci d'égalité sociale perceptible à son époque sur le continent américain[3] : « Pour nous, ce qui nous rafraîchissait dans Tocqueville dans les années 1950, l'été indien du capitalisme, c'était une spéculation sur l'histoire centrée sur l'égalité sociale et la liberté politique, non sur la lutte des classes ou la propriété des moyens de production[4]. » Dans la seconde moitié des années 1950, à la Sorbonne, Aron a consacré plusieurs cours à Tocqueville, qu'il publiera par la suite. Il se révèle pourtant être un « descendant attardé » de Tocqueville, comme il se qualifie lui-même, car « Aron est un tocquevillien d'après Marx et Weber[5] ». Stanley

1. ROUYER, 2001, p. 7.
2. MONGIN, 1994, p. 99.
3. TOCQUEVILLE [1835], 2010.
4. ARON, 1979, p. 16.
5. HOFFMANN, 1985, p. 200.

Hoffmann souligne quelques grandes convergences entre Aron et Tocqueville, et en premier lieu leur méthode d'approche sociologique dans la lignée de Montesquieu, avec le souci de tenir compte de la pluralité tout en ébauchant des typologies pour contribuer à la comprendre. De même, on retrouve aussi bien chez Aron que chez Tocqueville le souci de la recherche empirique et la valorisation de l'autonomie propre à la dimension politique, sans que celle-ci dispose d'un primat causal. Ils convergent également sur les valeurs : « Pour Tocqueville comme pour Aron, les jugements de valeur ne sont pas plus réductibles aux données sociales que l'ordre politique ne l'est à l'"infrastructure" ; inversement, pour tous les deux, l'analyse empirique ne peut être entièrement séparée des jugements de valeur[1]. » Les thèses de Tocqueville, qui posent le primat du politique sur l'économique, ne triompheront qu'à partir du moment où les intellectuels prendront leurs distances avec la lecture économiciste de l'histoire, ce que fait Raymond Aron dans son analyse critique du totalitarisme, qui s'appuie de plus en plus sur les thèses tocquevilliennes pour penser l'opposition entre régimes démocratiques et régimes totalitaires.

En 1980, Marcel Gauchet publie dans la revue *Libre* une étude sur la contemporanéité de Tocqueville[2]. En 1984, André Jardin publie une biographie érudite de Tocqueville, constatant que celui-ci « a retrouvé son audience à mesure que se sont dévoilées les grandes maladies sociales du monde moderne : le totalitarisme, l'aliénation de l'homme au sein de la société de consommation, la toute-puissance d'une bureaucratie anonyme. Par la dénonciation de ces maux, Tocqueville semble être notre contemporain[3] ».

Certains, comme Castoriadis, voient cet engouement comme une mode et l'expression d'un retournement idéologique d'adhésion aux thèses libérales. On retrouve ce point de vue critique chez Régis Debray, qui regrette l'abandon de la filiation reliant la Révolution à la République au profit d'une démocratie molle qui aurait renoncé à tout volontarisme politique[4]. Cette défiance vis-à-vis de

---

1. *Ibid.*, p. 203.
2. GAUCHET, 1980 (b).
3. JARDIN, 1984, p. 505.
4. DEBRAY, 1992.

la centralité acquise par l'œuvre de Tocqueville s'exprime aussi sous les plumes de Jean-Michel Besnier et Jean-Paul Thomas : « L'autorité de Tocqueville est utilisée aujourd'hui pour légitimer la vanité des révolutions à fonder un régime démocratique[1]. » Ces quelques notes discordantes s'inscrivent dans une forte vague d'adhésion à une nouvelle icône. Le directeur d'*Esprit*, Jean-Marie Domenach, se félicite de la possibilité d'une relecture féconde de Tocqueville qui permette de combler « le vide laissé par l'effondrement du marxisme[2] ». De son côté, Alain Touraine se réjouit de ce renouveau des études tocquevilliennnes en contrepoint de « la vision intégrée, monolithique, de la modernité, à l'image martiale de l'avancée parallèle de la richesse, de la liberté et du bonheur[3] ».

François Furet, en s'attaquant en 1978, dans *Penser la Révolution française*[4], au « catéchisme révolutionnaire » transmis par les historiens communistes, s'appuie aussi largement sur Tocqueville, qui lui permet de développer la thèse d'une Révolution française ne faisant que poursuivre une œuvre déjà bien entamée par l'Ancien Régime de centralisation de l'État-nation et de mainmise de l'administration sur la société française[5]. La Révolution n'apparaît plus alors comme une aurore de temps nouveaux, mais comme confirmation et perpétuation des temps anciens, parachevant une entreprise qui plonge ses racines dans la longue durée et aboutit à l'édification d'un État centralisé. Une filiation réunirait donc le Roi-Soleil, Louis XIV, et Robespierre dans cette centralisation d'un pouvoir devenu jacobin, fils de l'absolutisme royal. Lorque Furet entre « dans la seconde partie de son existence, celle qui s'amorce à l'orée des années 1970, la situation de Marx s'est dégradée. C'est Tocqueville qui sert désormais de guide principal[6] ». En 1980-1981, Furet anime son séminaire à l'EHESS avec André Jardin, spécialiste de Tocqueville, et Évelyne Pisier, directrice du livre au ministère de la Culture. Elle lui confiera la direction scientifique des colloques sur Tocqueville qui se dérouleront au début

1. Besnier et Thomas, 1987, p. 76.
2. Domenach, 1981, p. 64.
3. Touraine, 1992, pp. 96-97.
4. Furet, 1978.
5. Tocqueville [1856], 1967.
6. Prochasson, 2013, p. 161.

des années 1990 dans les pays d'Europe de l'Est. Christophe Prochasson émet l'hypothèse que Furet s'est véritablement identifié à
Tocqueville, partageant avec lui la même désillusion vis-à-vis de
la Révolution française, la même fascination de l'Amérique et le
même élan vers la conquête de toujours plus de liberté. Ce qu'il
dit de son modèle vaut clairement pour lui-même, et son tocque-
villisme est radical et passionnel : « Amoureux de la liberté mais
séparé des libéraux par l'origine aristocratique qu'il assigne à ce
sentiment dans l'histoire nationale. Admirateur de la démocratie
américaine mais étranger à la surenchère révolutionnaire dont la
jeune République est l'objet de la part des républicains français.
Fidèle aux valeurs de son milieu mais juge sévère des utopies
rétrogrades où se complaît la droite légitimiste[1]. »

Plus que *L'Ancien Régime et la Révolution*, c'est *De la démocratie en Amérique*[2] qui inspire ce courant réformateur de la deuxième
gauche :

> J'appartiens à une génération pour laquelle Tocqueville a été
> très important. Le relire a été pour moi un éblouissement [...].
> C'est une pensée extrêmement sensible, qui donne à lire les diffi-
> cultés et les problèmes de la démocratie, en la présentant à la fois
> comme la solution aux problèmes du monde moderne et en même
> temps comme un problème elle-même. C'est la raison pour laquelle
> beaucoup d'entre nous ont relu Tocqueville dans les années 1970 :
> Claude Lefort, François Furet, Pierre Manent, Marcel Gauchet[3]...

En pleine redécouverte de cette œuvre, paraît un ouvrage de
Pierre Manent, *Tocqueville et la nature de la démocratie*, qui insiste
sur la nécessité du détour par cette pensée pour mieux comprendre
les enjeux du présent[4]. Il retrace le parcours de Tocqueville dans
son voyage en Amérique entre mai 1831 et février 1832, en quête
de l'essence de la société démocratique qui suscite son émerveille-
ment, loin de la vieille Europe : « Il est difficile d'être l'ami de la
démocratie ; il est nécessaire d'être l'ami de la démocratie : tel est

---

1. François Furet, archives Furet, cité dans *ibid.*, p. 166.
2. TOCQUEVILLE [1835], 2010.
3. ROSANVALLON, 2001, p. 56.
4. MANENT [1982], 1993.

l'enseignement de Tocqueville[1]. » La démocratie se trouve confrontée à deux types d'adversaires : ceux qui récusent ses principes fondamentaux de progrès vers l'égalité, et ceux qui l'aiment immodérément et veulent passer dans l'immédiat d'une égalité formelle à une égalité réelle. Pour le dire dans les mots de Pierre Manent : « Pour aimer bien la démocratie, il faut l'aimer modérément[2]. » En remplaçant Marx dans le panthéon des intellectuels de gauche, Tocqueville ouvre aussi la voie à toute une filiation de penseurs libéraux qui font l'objet d'études et constituent les références majeures de ce courant des années 1980 : François Guizot, Benjamin Constant, Charles de Rémusat ou Édouard Lefebvre de Laboulaye[3]... Comme le constate Serge Audier dans son étude sur la réception française des thèses de Tocqueville : « C'est donc peu dire que les évaluations concernant la signification du renouveau tocquevillien diffèrent[4]. »

Cette reconfiguration intellectuelle revivifie incontestablement la pensée du politique. Elle doit aussi beaucoup à la relecture des penseurs du politique du XIXe siècle comme Kantorowicz et sa théorie des deux corps du roi[5]. Les débats et conflits d'interprétation qui en résultent enrichissent la pensée du politique, tandis que la fascination pour le marché a pour effet de désarmer la gauche face au capitalisme financier :

> On a l'impression que la crise du progressisme a donné prise à un éloge de l'entreprise se confondant moins avec celui des « nouveaux entrepreneurs » — expression de Pierre Rosanvallon et Patrick Viveret, alors théoriciens de la deuxième gauche — qu'avec celui du capitalisme et de l'argent. C'est toute la brutalité de la décennie : il aura fallu l'affaiblissement progressif des valeurs du catholicisme, de la militance communiste, mais aussi celui de l'esprit républicain et du service public qui sous-tendaient traditionnellement l'esprit de gauche, pour que l'argent devienne un Moloch fonctionnant comme un moyen d'intimidation[6].

1. *Ibid.*, p. 177.
2. *Ibid.*, p. 181.
3. Voir ID., 1986.
4. AUDIER, 2004, p. 13.
5. KANTOROWICZ, 1989.
6. MONGIN, 1994, p. 113.

Une gauche désemparée aurait idéologiquement préparé le passage de témoin à la droite en plein essor des années 1980, d'autant plus vindicative qu'elle n'est plus au pouvoir. Cette gauche sort enfin du purgatoire dans lequel elle avait été placée depuis 1945, faisant cette fois prévaloir ses valeurs fondamentales.

À la perspective d'un devenir commun et émancipateur se substitue l'idée qu'il n'y a plus de projet qu'individuel. Cette idéologie qui assure la relève des idéaux collectivistes postule que la société idéale devrait pour fonctionner laisser libre cours aux intérêts égoïstes de chacun, à la maximisation du profit à l'échelle individuelle et au refoulement de l'espace public dans l'insignifiance. Certes, la gauche ne peut plus arguer de la réalisation de l'Idée et de la Raison dans l'histoire, comme l'analysaient Kant aussi bien que Hegel, qui voyaient dans l'histoire de l'humanité le déploiement d'un destin réalisant la vérité dont les hommes sont en quête. De là à considérer qu'il n'y a plus de construction du devenir possible, le pas est vite franchi en ces années 1980, quitte à désavouer la conviction kantienne que la quête d'un idéal n'est nullement « une chimère mais la norme éternelle de toute constitution politique en général[1] ». C'est la conviction libérale radicale qui finit par l'emporter, jetant, par la même occasion, le discrédit sur le politique en général : il est à la fois archaïque et dangereux de se doter d'un projet commun.

Au projet de constitution d'un devenir commun s'est substitué ce que certains ont appelé une « soft-idéologie[2] » qui laisse place au présentisme faute de perspective historique. Cette nouvelle forme d'idéologie incite à « chercher satisfaction ici et maintenant : créez votre entreprise ou faites du jogging, soyez branchés informatique ou antiracisme. Peu importe [...]. Mais, modernes Candide, cultivez votre jardin[3] ». Jacques Julliard semble même se féliciter de ce présentisme : « Puisque, malgré lui, 1968 nous a libérés de l'utopie, c'est-à-dire du passé, tandis que 1981 nous émancipait de la doctrine, c'est-à-dire de l'avenir, nous pouvons aujourd'hui tenter de vivre au présent[4]. »

1. Kant, 1964, p. 176.
2. Huygue et Barbès, 1987.
3. *Ibid.*, p. 13.
4. Julliard, 1985, p. 247.

Cette « soft-idéologie » se présente comme une forme d'extension et d'indifférenciation des choix qui rend caduques toutes les pensées tournées vers l'avenir au seul profit des logiques présentes. Elle serait l'expression de la sénilité d'une société fatiguée condamnée à ressasser son passé et ne pouvant plus se rassembler qu'autour d'un programme moral minimaliste de défense des droits de l'homme, tandis que dans la société de consommation il faut sans cesse innover, suggérer du nouveau. L'heure est donc au bricolage idéologique et au brouillage des conventions qui permettent à Alain Minc de pourfendre l'égalitarisme au nom de la gauche, à Yves Montand de se dire « de gauche tendance Reagan », ou encore à Jean Daniel de se déclarer prosocialiste « libéral-libertaire » : « La soft-idéologie pratique à merveille l'art de faire du neuf avec du vieux[1]. » Un fort sentiment d'insatisfaction en résulte car, comme le disait Camus, « l'homme est un animal qui veut du sens ».

---

1. Huygue et Barbès, 1987, p. 97.

15

Renaissance idéologique des droites

L'ÂGE D'OR DU LIBÉRALISME

Paradoxalement, la victoire de la gauche en 1981 est spectaculaire, totale, confirmée par une chambre rose horizon arrivant pourtant à contretemps, en un moment où ses idées sont en perdition, incapables de résister à une nouvelle hégémonie idéologique favorable à la renaissance de droites décomplexées. Jusque-là, les partis de droite étaient au pouvoir, mais ils n'avaient de cesse de récuser cette étiquette, se défendant de mener des politiques de droite et reprenant même à la gauche un certain nombre de ses idéaux, prétendant les incarner au mieux des intérêts du pays.

Les intellectuels de droite peuvent enfin profiter de la désaffection à l'endroit du marxisme, qui a cessé d'être l'horizon indépassable de notre temps. En 1980, l'URSS n'est plus le lieu rêvé d'une société plus juste. Les thèses atlantistes ont le vent en poupe et les Pershing américains sont seuls capables de dissuader les dirigeants soviétiques de se lancer dans une funeste aventure qui conduirait à un troisième conflit mondial. L'attachement de la gauche à l'État providence et à une politique keynésienne de relance par la consommation populaire est aussi en crise, confronté au succès international des libertariens au temps de Reagan et Thatcher et de l'intégration de l'économie française dans une Europe libérale. Débordé par la rapidité des mutations en cours, l'État-nation est devenu incapable d'encadrer l'économie nationale et de prévoir son cours dans un avenir proche. Alors que la gauche soutient un plan de nationalisations et de planification, le mot d'ordre d'un « moins d'État » est de plus en plus populaire. À ces facteurs qui ébranlent la doxa de gauche classique s'ajoutent la fin de la décolonisation et les désillusions qui s'ensuivent. Le tiers-mondisme, qui traverse lui aussi une crise profonde, ne peut plus incriminer le seul impérialisme et mettre en avant une sympathie naturelle pour les peuples en voie d'émancipation : « Cet amalgame de présupposés idéologiques, d'aspirations sentimentales, de réactions affectives, de jugements moraux et d'observations positives est aujourd'hui remis en question[1]. » L'hégémonie idéologique change de camp. Le consensus devient libéral, entraînant derrière lui de nombreux intellectuels de gauche au nom d'un aggiornamento des prêts-à-penser de la gauche traditionnelle. Le tournant de la politique économique de 1983 s'inscrit dans cette perspective de conversion, exprimée peu après dans cette formule de Laurent Fabius, devenu Premier ministre : « Mettre l'argent à gauche est adroit. »

Lorsque le sociologue François Bourricaud publie *Le Retour de la droite*[2], il ne s'agit pas seulement d'enregistrer son succès aux élections de 1986, mais de prendre acte d'un basculement idéologique sans précédent depuis les années d'après-guerre, qui ont vu une gauche dominante sur le plan idéologique et une droite, largement compromise dans la politique de collaboration, qui n'osait pas dire son nom. L'hypothèse émise par Bourricaud est celle de la succession de cycles favorables alternativement à l'un puis à l'autre camp : « Ce qui frappe donc, c'est à la fois la popularité de la gauche pendant les années 1970 et la rapidité avec laquelle revient en force, après 1981, la droite[3]. » De la même manière qu'il y a des cycles économiques, certains de courte durée comme les cycles de Simiand, d'autres de longue durée comme les cycles de Kondratieff, il y aurait des cycles idéologiques. Bourricaud, reprenant le constat de Tocqueville d'une suprématie de la gauche intellectuelle dans la seconde moitié du XVIIIᵉ siècle, distingue ainsi une période qui va de 1750 à 1789 favorable aux forces progres-

---

1. RÉMOND, 1985, p. 29.
2. BOURRICAUD, 1986.
3. *Ibid.*, p. 11.

sistes. Le tournant du XXᵉ siècle voit renaître avec éclat les idées réactionnaires, tandis que Charles Maurras est balayé en 1945 au profit de Sartre, dont l'hégémonie se révélera « aussi écrasante que celle de Voltaire[1] ». Au début des années 1980, l'air du temps devient favorable à une droite qui a su se moderniser et ne s'est pas contentée d'exploiter les rancœurs des franges de la société accrochées au maintien des traditions. De Gaulle a réussi l'acculturation de la droite aux institutions républicaines contre ceux qui ne cessaient de combattre « la gueuse » et cultivaient la mémoire des « quarante rois qui en mille ans firent la France ». L'idéologie de droite s'est emparée d'un legs majeur de la philosophie des Lumières : le libéralisme économique et politique. Elle retourne contre les thèses de la gauche les arguments en faveur de l'extension des libertés : « C'est au nom de la liberté d'entreprendre que les libéraux s'en prennent aujourd'hui à la gauche, qu'ils accusent l'État social-démocrate de fomenter le despotisme immense et tutélaire d'"une bureaucratie irresponsable"[2]. »

Signe de ce dynamisme retrouvé, la revue *Commentaire* voit le jour en mars 1978 pour allumer un contre-feu en un moment où l'on pense fort probable le succès de la gauche aux législatives. *Commentaire* s'inscrit dans la filiation des revues libérales, comme *Preuves* et surtout *Contrepoint* qui, depuis sa création en 1970, donnait des signes de faiblesse. La composition du comité de patronage souligne cette continuité[3]. Son inspiration majeure reste l'œuvre de Raymond Aron et sa position, celle d'une distance critique, propre au « spectateur engagé ». De là le titre que la revue s'est choisi : « Commenter, c'est prendre du recul par rapport à l'événement, à la chose dite ou écrite, c'est donc exercer et honorer cette "faculté de juger" par laquelle l'homme se révèle à la fois apte à communiquer avec le monde et libre par rapport à lui[4]. » L'éditorial récuse avec autant de vigueur le cri et la langue de bois, l'idéologie totale adossée à un sens présumé de l'histoire et la révolte nue destructrice de la liberté. La revue entend leur

---

1. *Ibid.*, p. 18.

2. *Ibid.*, pp. 299-300.

3. On y retrouve notamment Raymond Aron, Jean Laloy, Herbert Lüthy, Manès Sperber, Georges Vedel, Boris Souvarine, Roger Caillois et François Fejtö.

4. Éditorial, *Commentaire*, n° 1, mars 1978, p. 3.

substituer un autre registre, celui du commentaire, qui relève « du sens et de la liberté[1] ». Tout en revendiquant leur appartenance à la tradition libérale, ses animateurs souhaitent guérir « cette sorte d'hémiplégie intellectuelle (droite/gauche, gauche/droite) qui était la caractéristique et l'infirmité de la France intellectuelle[2] ». Dans le premier numéro, Raymond Aron, à la veille de l'échéance électorale décisive des législatives, scrute les « Incertitudes françaises[3] ».

Le maître d'œuvre de cette nouvelle revue, Jean-Claude Casanova, est un disciple de Raymond Aron, dont il fut l'ami. Professeur à l'Institut d'études politiques de Paris, il est conseiller au cabinet de Joseph Fontanet entre 1972 et 1974, puis à Matignon auprès de Raymond Barre depuis 1976. Il s'entoure de deux rédacteurs en chef : Pierre Manent, assistant de Raymond Aron au Collège de France, et Marc Fumaroli, alors professeur à la Sorbonne, qui sera élu au Collège de France en 1987. À partir de 1986, Casanova adjoint à ses deux collaborateurs Alain Besançon. Si l'orientation politique de Casanova est clairement celle de la droite libérale, la critique qu'il publie dans sa revue à l'automne 1984 des trois années de mitterrandisme reste très modérée. À ses yeux, Mitterrand, en accédant au pouvoir, a fait courir trois grands risques au pays. En premier lieu, le risque international à l'heure d'une reviviscence de la tension Est/Ouest. Sur ce plan, Casanova fait crédit au dirigeant socialiste d'avoir écarté le danger et dissipé les ambiguïtés en conservant l'axe franco-allemand de construction d'une solidarité occidentale : « Le président de la République a manifesté la constance et la fermeté de ses convictions européennes[4]. » Ainsi, il ne s'est pas opposé au déploiement des premières fusées Pershing. Le deuxième risque, selon Casanova, était d'ordre politique et reposait sur son alliance avec le PCF. Sur ce point, il doit reconnaître que la stratégie de Mitterrand d'affirmation du pôle socialiste aux dépens du pôle communiste a été plus payante que celle de Gaston Defferre : « On doit lui

---

1. *Ibid.*, p. 4.

2. *Ibid.*, p. 5.

3. Ce premier numéro de *Commentaire* réunit les signatures de Raymond Aron, Louis Bouyer, Branko Lazitch, Bruno Neveu, Paul Bénichou, Philippe Mongin, Allan Bloom, Jacques Truchet et Janine Bouissounouse.

4. CASANOVA, 1984, p. 444.

rendre cette justice que depuis 1981 la force du parti communiste a décliné[1]. » C'est sur le risque économique que Casanova concentre ses critiques contre la politique socialiste. Il lui reproche d'avoir repassé des plats déjà servis lors du Front populaire qui ont mené à des révisions déchirantes et finalement à l'échec. Son panorama de la politique socialiste s'achève par une défense courageuse, contre sa famille de pensée, du garde des Sceaux, Robert Badinter, qui a su mener de nombreuses réformes élargissant le champ des libertés : « On peut ne pas apprécier ces différentes dispositions. Mais on ne peut pas à la fois les refuser et se proclamer libéral[2]. »

Le comité de rédaction, présidé par Raymond Aron, comprend l'essentiel des cercles aroniens[3], et c'est autour de sa figure tutélaire que se constitue l'ossature de la revue, à laquelle il collabore activement jusqu'à sa mort : « *Commentaire* fut créée avec lui et autour de lui. Il a inspiré notre entreprise, il nous a conseillés dans les choix difficiles, il éclairait nos débats et il laissait chacun libre de s'exprimer et la revue de s'engager. Pour beaucoup d'entre nous, il était le maître, l'ami, le confident et le bienfaiteur[4]. »

À la disparition de Raymond Aron, le 17 octobre 1983, *Commentaire* exprime sa dette dans un numéro double d'hommage[5]. Parmi bien d'autres, François Fejtö, François Furet, Jean Baechler, Alain Pons, Claude Lévi-Strauss, Georges Canguilhem, Jean d'Ormesson, Marc Fumaroli livrent leur témoignage ; d'autres viennent de personnalités étrangères comme Henry Kissinger, qui dit reconnaître en lui « *My teacher* », ou Arthur Schlesinger, qui le considère comme « l'intelligence en action ». En cette fin d'année 1983,

---

1. *Ibid.*, p. 448.

2. *Ibid.*, p. 455.

3. « Parmi les plus anciens, on note la présence de Philippe Ariès, François Fejtö, Raoul Girardet, etc. ; dans la catégorie intermédiaire, celle d'Alain Besançon, François Bourricaud, Pierre Hassner, Annie Kriegel, Kostas Papaïoannou ; parmi les plus "récents", Jean-Claude Lamberti, Georges Liébert, Michel Prigent, etc. Quelques nouveaux noms rejoignent la cohorte des sympathisants : Bernard de Fallois l'éditeur, en réalité auditeur attentif des cours de Raymond Aron à la Sorbonne, Alain Lancelot le politologue, Jean-François Revel le journaliste pamphlétaire, ainsi que Georges Suffert, le sinologue Simon Leys, etc. » (RIEFFEL, 1993, pp. 253-254).

4. CASANOVA [1983], p. 699, 1993, p. 254.

5. « Raymond Aron 1905-1983 : textes, études, témoignages », *Commentaire*, n°s 28-29, hiver 1985.

l'apport de Raymond Aron fait l'objet d'un large consensus. Lévi-Strauss voit sa disparition comme celle du « dernier des sages », et considère ses *Mémoires* comme « ce que l'on pourrait appeler son tombeau[1] ». Le maître de la pensée libérale est unanimement salué. François Mitterrand écrit un télégramme à son épouse : « Il manquera à notre pays, qui gardera de lui le souvenir d'un homme de dialogue, de conviction et de culture. La disparition de Raymond Aron peine tous ceux qui ont reconnu en lui un des meilleurs esprits de notre temps. » Dans *Libération*, Serge July salue le « premier prof de France », et *L'Humanité* reconnaît en lui un « observateur minutieux » et un « adversaire loyal ».

Comme le fait remarquer Rémy Rieffel, si la diffusion de *Commentaire* reste modeste, avec un nombre d'abonnés qui oscille entre deux mille et trois mille, la revue est centrale dans la vie intellectuelle des années 1980, contrairement à *Preuves*, qui demeurait marginale dans les années 1950. *Commentaire* dispose de relais du côté d'institutions prestigieuses comme le Collège de France ou la Sorbonne. L'équipe rédactionnelle accompagne le retour aux sources de la pensée libérale, et en particulier tocquevillienne, dans la rubrique « Les classiques de la liberté », et publie des extraits des œuvres de Tocqueville, Benjamin Constant, Montesquieu, Edgar Quinet...

Casanova, nouveau directeur de la publication, orchestre ce retour de faveur du libéralisme, présenté comme condition de possibilité d'une démocratie. Selon lui, le succès du libéralisme s'appuie sur de solides raisons historiques, et son modèle se propage dans un nombre croissant de pays, notamment les États-Unis et l'Europe : « Retour du marché, moindre pouvoir de l'État. Les modalités diffèrent, mais le sens de l'évolution est le même[2]. » Pour expliquer cet engouement, Casanova met d'abord en avant l'échec flagrant du système totalitaire. En deuxième lieu, il reprend l'analyse de Pierre Manent sur le modèle mixte, dit « libéral-social-national », dominant depuis la Seconde Guerre mondiale, qui aurait rendu les citoyens trop dépendants des institutions étatiques. Il avance encore d'autres explications, comme le rôle croissant du marché inter-

---

1. LÉVI-STRAUSS, 1983.
2. CASANOVA, 1987, pp. 511-512.

national, la mondialisation de l'économie, et enfin, dans l'ordre politique, une opposition populaire croissante et de plus en plus vive face à une pression fiscale croissante. Selon Casanova, le phénomène ne se limite pas à une simple vogue qui tiendrait à la victoire des lumières de la Raison contre les ténèbres des systèmes bureaucratiques. Il considère au contraire que ce renouveau est « une sorte de ruse de l'histoire, il provient d'un retournement de situation qui fait que les États-nations s'affaiblissent par l'échange international et que la démocratie sociale se limite elle-même par l'enrichissement des citoyens[1] ».

Commentaire accorde une grande importance à Friedrich von Hayek, alors très controversé en tant qu'apologiste du marché comme garant de la liberté, et lui consacre un dossier à l'été 1983, peu après la parution en français de son grand œuvre, *Droit, législation et liberté*[2]. Dès 1943, Hayek, dans *La Route de la servitude*, véritable diatribe contre le gouvernement de Churchill, l'accusait d'étatiser la société sous prétexte de conduire une économie de guerre. Le marché n'est pas défini par Hayek comme une abstraction, il résulte d'ajustements, d'anticipations et de savoirs épars. Il est le lieu privilégié de la confrontation de volontés individuelles cantonnées dans une sphère particulière, et rend caduque toute tentative de lui substituer une volonté unitaire, générale. Hayek, entendant démontrer l'incompatibilité du socialisme et de la liberté, explique le succès du totalitarisme en Europe par l'oubli des « idéaux essentiels sur lesquels la civilisation européenne est fondée[3] ». En ce début des années 1980, Hayek, âgé de quatre-vingts ans, est un économiste réputé qui s'est opposé à Keynes et à son idée développée dans les années 1930 d'une relance de l'économie par l'État providence. Il appuie sa critique sur une théorie de l'information : aucun cerveau ne peut maîtriser l'ensemble des informations nécessaires à une décision collective rationnelle. C'est la raison majeure pour laquelle le recours à une décision collective prise par l'État est fondé sur une erreur de nature ontologique. Il convient au contraire, selon lui, de s'appuyer sur les décisions des

1. *Ibid.*, p. 518.
2. HAYEK, 1980 et 1981.
3. ID., 1993, p. 17.

individus. Hayek incarne un libéralisme radical, comme l'analyse Bernard Manin[1], et un anticonstructivisme, comme le souligne Stéphane Rials[2].

En ce début des années 1980, trois Prix Nobel d'économie prennent le virage libéral. Outre Friedrich von Hayek pour qui « la limitation effective du pouvoir est le problème le plus important de l'ordre social[3] », le fondateur de l'école de Chicago, Milton Friedman, désigne l'État comme responsable des tensions inflationnistes. En 1984, à la question de savoir si l'État n'a pas une obligation morale d'aider les pauvres, il répond : « La meilleure chose que le gouvernement puisse faire pour les pauvres, c'est de les laisser tranquilles[4]. » Gérard Debreu apporte sa caution mathématique à l'exercice, censée démontrer la supériorité scientifique des thèses du laisser-faire. L'idéologie de droite qui en résulte ne laisse place à aucun volontarisme dans le processus d'autonomisation de la société, qui ne doit pas déroger des règles que leur substrat naturel donne comme intangibles. Comme le disent Jean-Michel Besnier et Jean-Paul Thomas : « Prométhée s'efface devant Sisyphe[5]. »

Pour Jacques Julliard, ces théories sont l'expression d'une volonté réactionnaire d'empêchement de toute politique de justice sociale. Il s'en prend à Hayek, dont il rejette le statut de nouvelle icône de la droite : « La démocratie, c'est-à-dire l'exercice sans nuances de la souveraineté populaire, est au libéralisme politique ce que la justice sociale est au libéralisme économique : une perversion[6]. » Julliard lie cet engouement pour Hayek à la panne sèche que traverse la gauche : « La culture de gauche, pour avoir été longtemps dominante, s'est avachie. Elle a pris du poids, du ventre, des rides, du rhumatisme articulaire. Elle s'est mise, sous ses principes, à l'abri des entreprises de l'esprit. Voilà cinquante ans que ses politiciens n'ont pas eu une idée nouvelle et qu'ils tirent à vue sur quiconque en nourrit une[7]. » Il est indéniable que la disparition

1. MANIN, 1983.
2. RIALS, 1985.
3. HAYEK [1983], 1987, p. 93.
4. FRIEDMAN, 1984.
5. BESNIER et THOMAS, 1987, p. 103.
6. JULLIARD, 1984.
7. *Ibid.*

des projets collectifs a fait entrer la gauche dans un état de crise permanente, son existence même étant conditionnée à un horizon à construire et à un idéal à bâtir d'une communauté humaine plus juste et plus fraternelle.

Commentaire se fait aussi le support des thèses décadentistes comme celles d'Allan Bloom[1], qui pourfend le rock et ses effets moraux supposés pernicieux : il « abîme l'imagination des jeunes gens et suscite en eux une difficulté insurmontable à établir une relation passionnée avec l'art et la pensée qui sont la substance même de la culture générale[2] ». En 1987, Allan Bloom publie le résultat d'une enquête menée auprès d'un échantillon de plusieurs milliers d'étudiants des vingt à trente meilleures universités américaines. Il déplore la perte de culture générale d'une jeune génération devenue incapable de répondre à cette question majeure : « Qu'est-ce que l'homme ? » : « Dans cette recherche, les divers imposteurs dont la tâche consiste à séduire les jeunes gens en leur faisant plaisir nous apportent une aide toute particulière. Car, pour corrompre les jeunes, ces colporteurs culturels doivent avoir prise sur eux [...] Aussi sont-ils des guides utiles dans les labyrinthes de l'esprit des temps présents[3]. »

Toujours en 1987, Alain Finkielkraut, comme en écho à Allan Bloom, publie un brûlot, *La Défaite de la pensée*[4], où il déplore la disparition des repères culturels. Il s'en prend au tout-culturel, qui ne respecte pas la hiérarchie des biens culturels et accélère le déclin de la pensée. Pour Finkielkraut, la barbarie l'a emporté, finissant par s'emparer de la culture, laissant place à une confrontation aussi pathétique que ridicule entre le fanatique et le zombie. À l'origine de cette défaite, les années 1960, auxquelles Finkielkraut reproche d'avoir enterré l'universalisme des Lumières et fait triompher un relativisme culturel et civilisationnel, reprenant à leur compte l'anathème des populistes russes du XIXᵉ siècle pour lesquels « une paire de bottes vaut mieux que Shakespeare ». Finkielkraut déplore le succès de ce nihilisme propre à la pensée postmoderne qui conduit les consommateurs à avoir

1. BLOOM, 1987 (a).
2. ID., 1987 (b), p. 13.
3. ID., 1987 (a), p. 17.
4. FINKIELKRAUT [1987], 1996.

une admiration égale pour l'auteur du *Roi Lear* et pour Charles
Jourdan [...]. Et tout à l'avenant : une bande dessinée qui combine
une intrigue palpitante avec de belles images vaut un roman de
Nabokov ; ce que lisent les lolitas vaut *Lolita* ; un slogan publicitaire efficace vaut un poème d'Apollinaire ou de Francis Ponge ;
un rythme de rock vaut une mélodie de Duke Ellington ; un beau
match de football vaut un ballet de Pina Bausch[1].

Ce propos décadentiste se double d'un discours victimaire qu'il
ne faut surtout pas contredire. Il devance les critiques en se présentant comme l'objet d'une cabale dirigée par les tenants du postmodernisme et du métissage culturel et destinée à le traîner dans
la boue, à le renvoyer dans le « camp des salauds et des peine-à-
jouir[2] ». Finkielkraut se lamente contre l'esprit du temps : « La
non-pensée, bien sûr, a toujours coexisté avec la vie de l'esprit,
mais c'est la première fois dans l'histoire européenne qu'elle habite
le même vocable, qu'elle jouit du même statut, et que sont traités
de racistes ou de réactionnaires, ceux qui, au nom de la "haute"
culture, osent encore l'appeler par son nom[3]. »
Un sentiment fataliste de renoncement à la volonté collective
de construire une société autonome et de résignation à une nation
française réduite à sa simple expression géographique finit par l'emporter. La France découvre qu'elle n'est plus sujet de l'histoire, mais
simple objet ballotté par des forces qui la dépassent. Cassandre fait
des émules. La crise de la volonté se manifeste sous diverses formes,
comme le sentiment d'un déclin inexorable, l'incapacité à entrevoir
un désir d'être ensemble et l'évanouissement des valeurs collectives. Deux énarques, Louis-Michel Bonté et Pascal Duchadeuil,
tentent de réveiller les ardeurs d'une France ensommeillée, et dans
un ouvrage d'enquête en appellent à refuser la résignation[4] : « Notre
pari pascalien est donc que rien n'est aujourd'hui irréversible ni
intangible dans ce sort médiocre qui serait dévolu à notre pays[5]. »

1. *Ibid.*, p. 152.
2. *Ibid.*, p. 155.
3. *Ibid.*, p. 157-158.
4. BONTÉ et DUCHADEUIL, 1988.
5. *Ibid.*, p. 16.

Le Nouvel Observateur orchestre cet état d'esprit décadentiste en publiant un dossier intitulé « La grande polémique d'une fin de siècle[1] », dans lequel Jacques Julliard déclare de manière provocatrice que si la culture fout le camp, on peut allègrement la laisser partir, tant elle est éloignée de la vraie culture, tant elle est pervertie par une industrie culturelle devenue pompe à fric : « Quand l'"Adagio" d'Albinoni sert à faire vendre des barils de lessive et "La Laitière" de Vermeer des pots de yaourt [...] c'est que la culture est devenue le pavillon de complaisance pour une marchandise frelatée[2]. » S'il reconnaît qu'il reste bien des canaux de diffusion comme France Culture ou France Musique, Jacques Julliard persiste dans sa démonstration unilatérale en stigmatisant la modulation de fréquence ouverte à la pluralité des expressions dans les radios libres : écouter ces résidus de culture relèverait d'un exploit sportif et d'un acte de courage digne de l'écoute clandestine de Radio Londres pendant la guerre. Dénonçant tour à tour une industrie de consommation qui aurait tué la culture et « ravalé le livre à la dignité de carton à chaussures » et des salles de cinéma où la communication entre les spectateurs d'un film est réduite à celle « des pommes de terre à l'intérieur d'un sac de pommes de terre[3] », Julliard se défend néanmoins de se faire l'avocat d'un point de vue élitiste sur la culture.

Faisant le constat d'une crise réelle, *Esprit* résiste de son côté à ce climat décliniste. Prenant acte des mutations en cours, son directeur, Paul Thibaud, récuse cette posture de l'autodénigrement : « Le discours morose est en général un discours passif et paresseux, il est la contrepartie du rêve de changer de peau[4]. » Ce souci d'éviter d'entonner la traditionnelle ritournelle de lamentation et de lui substituer de véritables enquêtes pour comprendre ce qui ne fonctionne pas débouche sur un colloque, organisé par la revue en mai 1987, sur le thème « Crise de la solidarité, crise de légitimité, nouvelle citoyenneté ». Si les auteurs qui participent au dossier mettent bien en lumière des échecs et des impasses, c'est pour

1. « France, ta culture fout le camp ? », *Le Nouvel Observateur*, 7-13 août 1987.
2. JULLIARD, 1987, p. 48.
3. *Ibid.*
4. THIBAUD, 1987, p. 2.

avancer des solutions, comme le fait le géographe Hervé Vieillard-Baron, mettant en garde contre la tendance à la marginalisation et à la paupérisation des banlieues. De son côté, Pierre Grémion attribue à la perte des capacités d'anticipation de l'État et d'intégration de la République qui ont fait les beaux jours des Trente Glorieuses le symptôme d'épuisement d'un certain modèle républicain[1].

L'équipe de *Commentaire* dispose de solides assises éditoriales qui contribuent à diffuser ses thèses, chez Calmann-Lévy, où Raymond Aron dirige la collection « Liberté de l'esprit », mais aussi chez Hachette, où Georges Liébert crée la collection de poche « Pluriel » en 1977, dans laquelle paraîtront les libéraux d'hier — Benjamin Constant, François Guizot — et d'aujourd'hui : Raymond Aron, Raymond Barre, Jean Fourastié, Michel Crozier, Jean-François Revel, Guy Sorman, Raymond Boudon, Henri Lepage, Alain Besançon, Pierre Chaunu… Le vent est à ce point porteur que *Commentaire* crée une collection du même nom chez Julliard dans les années 1980. La célébration des dix ans de la revue donne lieu à l'expression de soutiens de la part de collaborateurs et de confrères de revues concurrentes dont le ton témoigne que la partie est gagnée : *Commentaire* a pris place dans la vie intellectuelle française. À l'occasion de cet anniversaire, Marcel Gauchet déclare que le combat mené par ses confrères et celui du *Débat* sont solidaires et relèvent d'une même idée de l'esprit public. Il émet cependant une réserve amicale en se demandant s'il est « de bonne politique, maintenant que les démocrates l'ont emporté sur les révolutionnaires, de s'abandonner aux délices de la surenchère à droite[2] ». Le directeur de l'hebdomadaire *Le Point*, Claude Imbert, souligne l'importance que revêt pour lui ce compagnonnage amical avec ses confrères de *Commentaire*, et les invite à rester ce qu'ils sont et à résister « au prêt-à-penser[3] ». *Esprit* rend également hommage à *Commentaire* par la voix de Paul Thibaud, qui la considère comme « une revue vigilante, contre les fausses valeurs et les excitations[4] ». Pierre Hassner,

---

1. GRÉMION, 1987, pp. 3-8.
2. GAUCHET, 1988 (b), p. 16.
3. IMBERT, 1988, p. 17.
4. THIBAUD, 1988, p. 23.

qui collabore aussi à *Esprit*, se félicite que l'esprit de Raymond Aron, plus que jamais indispensable, soit toujours présent grâce aux exigences de *Commentaire* : « Reconnaître la complexité sans tomber dans l'ambiguïté, combiner pluralisme et engagement, le sens des nuances dans l'analyse et la fermeté dans les conclusions[1]. » Si Jean Lecanuet et Alain Peyrefitte, personnalités politiques de droite, prennent la plume pour célébrer l'anniversaire de *Commentaire*, la revue emporte en même temps l'adhésion de sommités intellectuelles comme Lévi-Strauss : « Chaque numéro de *Commentaire* réalise un parfait équilibre entre ce qu'il convient de savoir sur la vie contemporaine et ce sur quoi il y a lieu de s'interroger[2]. »

Le climat porte aussi à la reviviscence d'un anti-intellectualisme qui a toujours fleuri en France dans les périodes de remise en question. Georges Suffert avait pris les devants en lançant son pavé dans la mare dès 1974[3] au moment où se met en place l'« effet Soljenitsyne ». Il s'en prenait à un parti intellectuel qui avait concocté un cocktail déjà peu ragoûtant en 1945 avec le marxo-existentialisme et récidivait en 1968 avec une mixture sans goût, « une soupe plutôt[4] ».

Dans les années 1980, le libéralisme est à ce point triomphant qu'il espère faire son miel de toutes les idées, même les plus contestataires : c'est ainsi qu'Alain Minc, en 1984, en appelle à un « capitalisme soixante-huitard[5] ». Il croit en une nouvelle dynamique, comptant sur la créativité et le désir de changement de ceux qui veulent que « cela bouge », et qui auraient ainsi l'occasion de faire la révolution tous les jours, comme y invitait une publicité de l'après-68. En Mai 1968, on refaisait le monde ; dans les années 1980, on refait sa cuisine. Pour Alain Minc, les contestataires d'hier, reconvertis au libéral-libertarisme, forment le vivier qui doit permettre de secouer le cocotier des archaïsmes d'une France restée trop marquée par les rentiers, les terriens, les secteurs préindustriels. Le marché porte des valeurs révolutionnaires en lui-

1. Hassner, 1988, p. 41.
2. Lévi-Strauss, 1988 (b), p. 30.
3. Suffert, 1974.
4. *Ibid.*, p. 9.
5. Minc, 1984.

même : « Dans tous les domaines, le marché a toujours constitué le meilleur moyen d'apprécier les besoins ou plutôt de leur permettre de s'exprimer [...]. Le marché est en effet un instrument révolutionnaire[1]. » Ce qui est décisif, selon Alain Minc, c'est que cette adhésion au libéralisme soit en passe de convaincre la gauche et permette ainsi d'étendre l'empire idéologique de l'entreprise, du profit, de la Bourse et du nouvel esprit entrepreneurial : « Encore un an ou deux ans et nous passerons de la réhabilitation du profit, ce concept éthéré, à l'éloge de la richesse, cet état si inavouable dans un pays rural, catholique et étatiste[2]. » Peu après, en 1987, Alain Minc s'en prend à « la machine égalitaire[3] », dénonçant le processus par lequel la solidarité s'est transformée en assistanat, puis en quête d'égalité conduisant inexorablement vers toujours plus d'uniformité. Sous le parapluie protecteur mais usé de l'État providence s'est mise en place une société de classes moyennes. Exacerbées par l'effet délétère conjoint du corporatisme et de l'individualisme, de nouvelles inégalités émergent : « Une société individualiste est aussi dure que souriante. De l'égotisme à l'anomie, il n'y a qu'un pas[4]. »

Dans le même esprit, *La Révolution conservatrice américaine*[5] de Guy Sorman, en 1983, est accueillie comme un événement majeur ; Louis Pauwels observe un « phénomène Sorman », lequel présente la mutation en cours dans la société américaine comme un modèle possible pour une vieille France soumise aux vents d'ouest. Principes moraux consacrant le sens de la responsabilité et de l'effort, dénonciation des effets pervers d'un État pléthorique favorisant parasitisme et inefficacité, exaltation de la libre entreprise et critique des élites au nom de la lucidité spontanée du peuple pourraient être autant de sources d'inspiration pour la France. Ce serait le terreau sur lequel droite et gauche pourraient se réconcilier et les éleveurs de chèvres en Ardèche abandonner leurs illusions et profiter d'un avenir plus radieux expérimenté à la pointe de la technologie moderne dans la Silicon Valley. À partir de ces thématiques

1. *Ibid.*, p. 209.
2. *Ibid.*, p. 215.
3. MINC [1987], 1989.
4. *Ibid.*, p. 180.
5. SORMAN, 1983.

porteuses, Sorman définit peu après une « solution libérale[1] » à la crise, rappelant que la France s'inscrit dans un contexte international de retournement, qui voit l'arrivée au pouvoir des conservateurs en Grande-Bretagne en 1979 avec Thatcher, à la Maison-Blanche en 1980 avec Reagan et les républicains, puis en 1982 en Allemagne, aux Pays-Bas, au Luxembourg et en Belgique.

Le tournant de l'automne 1983, en France, qui voit le gouvernement socialiste renoncer à une bonne partie des engagements keynésiens, inspirés du programme commun de la gauche, sur lesquels il a été élu pour se soumettre aux normes du marché, s'expliquerait simplement par le désir de s'inscrire dans un vaste mouvement international de remise en cause du « social-étatisme » : « Les hommes politiques tentent de s'adapter à un mouvement qui les précède, à un retournement complet de l'idéologie dominante : une sorte de révolution conservatrice et libérale[2]. » Selon Guy Sorman, la crise n'est pas le vrai ressort de ce retournement, mais le révélateur de l'échec des solutions étatistes. Les vraies raisons de la mutation dont « la fin de l'ère des masses[3] » constitue l'aboutissement tiennent aux innovations technologiques, qui permettent d'établir un lien entre l'infiniment petit, comme la micro-informatique, la microbiologie ou les micromédias, et l'infiniment puissant. Il faut aussi l'expliquer par l'avènement de la génération contestataire de la fin des années 1960, dont la révolte s'est attaquée aux hiérarchies, aux pouvoirs institués, à la bureaucratie sous toutes ses formes : « Cette génération a fait voler en éclats les universités et leurs traditions. Cette même génération, en entrant dans les entreprises, a fait craquer les cadres hiérarchiques[4]. » Il préconise un programme capable de réconcilier la jeune et l'ancienne génération autour des notions de liberté et d'efficacité et d'un État minimal :

> Un programme libéral devrait se limiter à des engagements extrêmement restreints consistant uniquement à modifier la nature de l'État : budget en équilibre, fiscalité modérée, monnaie stable, démocratie directe à l'initiative des citoyens, suppression des mono-

1. SORMAN, 1984 (b).
2. *Ibid.*, p. 23.
3. *Ibid.*, p. 29.
4. *Ibid.*, p. 33.

poles publics et privés. La plupart des interventions sont, on le voit, des non-interventions, des déréglementations[1].

En ces années 1980, l'idée qui prévaut est que chacun peut se prendre en main, s'appuyer sur ses forces personnelles pour entreprendre et réussir. Il suffit de le vouloir, le marché fera le reste. C'est le sens d'une émission de télévision à succès, « Vive la crise ! », dont le principe est adapté d'un livre de l'ancien commissaire au Plan Michel Albert, *Le Pari français*[2]. L'émission, présentée par le très populaire Yves Montand, enjoint aux téléspectateurs de réagir positivement à la crise. François Cusset y voit « le plus pur exemple qu'ait jamais produit la télévision d'une distrayante (et d'autant plus redoutable) *pédagogie de la soumission* à l'ordre économique[3] ». La morale de l'histoire est laissée à la vedette Montand, qui lance au vol : « On aura ce qu'on mérite. »

C'est le moment où Françoise Verny, maître en coups éditoriaux, réussit à attirer chez Grasset le journaliste François de Closets, qui lui fabrique un best-seller sur mesure, *Toujours plus !*[4], faisant l'apologie du libéralisme et s'attaquant aux fonctionnaires et au corporatisme enraciné dans la société française. L'ouvrage rencontre un écho fabuleux : vendu à huit cent cinquante mille exemplaires, et encore autant dans la version de poche. François de Closets s'attaque à ce qu'il qualifie d'« inégalopathie » française, dont les bases ne sont pas financières, mais liées à la prolifération des particularismes : « Les incertitudes économiques précipitent cette évolution. En toute hâte, de la basse à la haute Privilégiature on fortifie qui son modeste village, qui son riche palais. Les ponts-levis se relèvent, les portes se referment[5]. » En 1985, François de Closets enfonce le clou qui fait mal dans le monde du travail en stigmatisant le pouvoir conquis par la bureaucratie des « syndicraties[6] », devenues des machines à fabriquer de la force d'inertie, incapables de s'adapter à la modernité, habituées qu'elles

---

1. ID., 1984 (a).
2. ALBERT, 1983.
3. CUSSET [2006], 2008, p. 92.
4. CLOSETS (DE), 1982.
5. *Ibid.*, p. 307.
6. ID., 1985.

sont à dire toujours non à tout, prisonnières d'un ordre révolu
« marxo-taylorien ». Alors qu'un mouvement de désyndicalisation
a pris place, ce succès de François de Closets affaiblit encore un
peu plus les syndicats, traditionnellement fragiles dans le monde
du travail en France, comparés à leurs voisins germaniques. C'est
aussi le moment où l'on célèbre cet entrepreneur « de gauche »
qui a créé son empire à la force du poignet, Bernard Tapie, et
s'est constitué une fortune en rachetant des sociétés en faillite. Son
langage populaire aurait valeur de démonstration : tout un chacun
peut faire comme lui, à condition de se lever tôt le matin.

LA « NOUVELLE DROITE » À L'OFFENSIVE

À la faveur de l'atonie qui frappe la gauche, surgit en ces années
1980 une idéologie portée par un certain nombre d'intellectuels
de la « nouvelle droite » qui rénove radicalement la tradition réactionnaire. Leurs premiers projets datent de 1968, en réaction à la
montée de la contestation de la jeunesse scolarisée. C'est dans ce
contexte, à contre-courant, qu'Alain de Benoist, surnommé Pic de
La Mirandole par un Jean-Marie Domenach sidéré par l'étendue de
sa culture, crée en février 1968 la revue *Nouvelle École* et en 1969
l'association Grece (Groupement de recherche et d'études pour la
civilisation européenne). Alain de Benoist, né en 1943, s'est engagé
politiquement dès son adolescence pour défendre l'Algérie française et a milité à la Fédération des étudiants nationalistes (FEN)
en s'opposant à l'Unef, qui soutient alors le FLN.

La naissance du Grece correspond à la volonté d'une nouvelle
génération d'intellectuels de la droite extrême de réagir après plusieurs échecs : dissolution de Jeune Nation en mai 1958, échec
de la candidature de Tixier-Vignancour à l'élection présidentielle
de 1965, désastre électoral aux législatives de 1967, où le Rassemblement européen de la liberté (REL) n'obtient aucun siège.
À cette date, Alain de Benoist, qui n'a que vingt-quatre ans, écrit
sous le pseudonyme de Fabrice Laroche dans *L'Observateur européen* et collabore régulièrement à diverses revues néofascistes,

dont *Défense de l'Occident*, mensuel dirigé de décembre 1952 à novembre 1982 par Maurice Bardèche. Il est aussi membre du conseil national du REL, dont la doctrine est celle du mensuel *Europe-Action*, créé par Dominique Venner[1], européiste raciste réagissant contre l'immigration de peuples « de couleur » mettant en danger l'identité des Occidentaux :

> En France, l'immigration importante d'éléments de couleur pose problème [...]. Nous savons également l'importance de la population nord-africaine [...]. Ce qui est grave pour l'avenir : nous savons que la base du peuplement de l'Europe, qui a permis une expansion civilisatrice, était celle d'une ethnie blanche. La destruction de cet équilibre, qui peut être rapide, entraînera notre disparition et celle de notre civilisation[2].

Ce courant xénophobe diffuse un racisme biologique qui se définit en même temps comme révolutionnaire. Le premier cercle réuni autour d'Alain de Benoist, dès avant le Grece, s'était retrouvé dans les *Cahiers universitaires*[3] sur cette thématique néofasciste. En 1976, le Grece fonde les éditions Copernic et rassemble deux générations d'antigaullistes : celle qui a traversé la guerre dans le vichysme et la collaboration, et celle qui n'a pas supporté les accords d'Évian. Ce courant, qui prétend réarmer la droite idéologiquement en la modernisant, donnera naissance en 1974 au Club de l'horloge.

Cette « nouvelle droite » s'écarte de la tradition du nationalisme français porté par Maurras et Barrès, celui d'une identité terrienne, pour lui substituer un nationalisme racialiste à prétention scientifique et ouvert à la construction d'une Europe porteuse d'un homme nouveau à la faveur d'une politique eugéniste. Alain de Benoist déclare que « le réalisme biologique est le meilleur outil contre les

---

1. Ce mensuel va rassembler les signatures de nombre de futurs dirigeants de ce que l'on appellera « la nouvelle droite » : Fabrice Laroche, Gilles Fournier, Claude Grandjean, Pierre d'Arribère, Alain Lefebvre, Jean-Claude Rivière, Jean Mabire, François d'Orcival, Giorgio Locchi, Antonio Lombardo (informations reprises de DURANTON-CRABOL, 1988, p. 25).

2. VENNER, 1966, p. 8.

3. Avec notamment Jacques Bruyas, Vincent Decombis, Jean-Claude Bardet, Jean-Claude Valla et Pierre Vial.

chimères idéalistes[1] ». Les effectifs du Grece progressent jusqu'à la fin des années 1970 pour atteindre environ mille cinq cents adhérents, essentiellement universitaires. Alain de Benoist acquiert la notoriété en rassemblant ses articles parus entre 1970 et 1976 dans *Vu de droite*[2] ; son livre obtient le prix de l'Essai de l'Académie française et se vend à plus de trente mille exemplaires. En 1979, à l'occasion de sa seconde publication[3], il est invité à l'émission culte de Bernard Pivot, « Apostrophes ». Dans sa conquête de l'hégémonie, sa stratégie emprunte à la gauche idéologique. Il se réfère à Gramsci et promeut un « gramscisme de droite[4] ». Quant à la légitimation scientifique de son idéologie racialiste, il la trouve dans la biologie, dont il instrumentalise les données à la fois génétiques, éthologiques et sociobiologiques. Sur le plan génétique, utilisant les travaux de recherche d'Arthur R. Jensen, il s'oppose à l'idée rousseauiste d'une égalité de naissance contrariée par des inégalités de capital culturel sur le plan environnemental. Au contraire, Alain de Benoist met en avant le poids de l'hérédité, qui pèse à plus de 80 % dans les différenciations entre individus. À cela s'ajoute, pour Alain de Benoist, le rôle matriciel de l'instinct animal, élevé au rang de modèle de vigueur et de valeur pour l'être humain, et porte une attention renouvelée aux découvertes de l'éthologie. Enfin, et cette source d'inspiration est tout à fait nouvelle à droite, Alain de Benoist s'inspire de la sociobiologie et des travaux de son fondateur, Edward Osborne Wilson, théoricien de la biodiversité. Par ailleurs, le Grece n'hésite pas à reprendre à son compte nombre des thèmes de mobilisation de Mai 1968 et des années qui suivent comme le féminisme, le régionalisme, la préoccupation écologique : « Favorables à la libération des mœurs sexuelles, à la législation de l'avortement, au renouvellement de l'enseignement par des méthodes actives interdisciplinaires, les grècistes ne rejettent pas la civilisation industrielle[5]. » Sur ce point, Alain de Benoist évoluera néanmoins vers une critique de plus en plus radicale de la technoscience, y joignant des critiques de gauche

---

1. BENOIST (DE), 1965, p. 9.
2. ID., 1977.
3. ID., 1979 (b).
4. ID., 1977, p. 456.
5. DURANTON-CRABOL, 1988, pp. 100-101.

inspirées de l'école de Francfort. Il emprunte aussi à la gauche un antiaméricanisme qui devient la ligne officielle de son courant à partir de 1975, au nom d'une réaction contre une crise générale de la culture à laquelle contribue l'invasion des séries américaines de Hollywood.

L'autre grande rupture avec la tradition de droite est le rejet radical du christianisme. Alors que, pour la droite classique, la France est la fille aînée de l'Église, le Grece dénonce l'héritage « judéo-chrétien », son égalitarisme et sa défense des droits de l'homme, considérée comme un de ses rejetons. À cette tradition, le Grece oppose le socle idéologique de « l'héritage indo-européen ». Ce courant manifeste encore sa modernité puisque Georges Dumézil est tenu pour un maître en anthropologie. La trifonctionnalité indo-européenne, qui organise la société selon des principes hiérarchiques divisant ceux qui prient, ceux qui guerroient et ceux qui travaillent, est étudiée et magnifiée par le Grece, mais largement déportée du côté d'une apologétique, celle d'un « polythéisme, ou le paganisme, qui est loué et repensé comme la véritable "religion des Européens[1]" »[2]. Cet ensemble idéologique inédit est mis au service de positions antiégalitaires : le Grece est favorable à une politique d'apartheid bien établie entre les diverses cultures. Il n'est pas question d'éliminer l'autre, de détruire la société différente, mais de considérer qu'elle doit prospérer dans un espace différent, et laisser les Européens entre eux. Le Grece absolutise les différences culturelles : selon lui, les cultures ne peuvent échanger de manière féconde et doivent rester séparées les unes des autres. Comme l'a fait remarquer Pierre-André Taguieff, Alain de Benoist abandonne progressivement la thématique biologique au profit d'une approche d'ordre anthropologique, très claire dans la publication, sous le pseudonyme collectif de Jean-Pierre Hébert, de *Race et intelligence*, en 1977, dans la collection qu'il dirige aux éditions Copernic. Les auteurs font cette fois jouer un déterminisme culturel au nom duquel chaque culture doit développer sa propre singularité : « Le culturalisme d'Alain de Benoist et son antiutilitarisme — dérivé de la réflexion heideg-

1. BENOIST (DE), 1981.
2. TAGUIEFF, 1994, p. 43.

gérienne sur la technique — l'éloignent des questions posées par les applications des biotechnologies à l'homme[1]. »

Fort de cette idéologie à la fois composite et nouvelle, le Grece gagne en adhérents et en influence, poussant ses ramifications au-delà des cercles restreints de l'extrême droite. Sa progression est telle que le journaliste du *Monde* Thierry Pfister s'en alarme en 1979 dans un article intitulé « La nouvelle droite s'installe[2] ». Il met en évidence les réseaux de pouvoir de ce courant dans la presse, à la fois celle de Raymond Bourgine et de Robert Hersant, en particulier dans *Le Figaro Magazine*, dirigé par Louis Pauwels. Ce dernier, qui occupe une position centrale dans la presse, a patronné *Nouvelle École* en 1972 et avait déjà invité Alain de Benoist à écrire dans sa revue *Question de*. Devenu directeur des services culturels du *Figaro* en 1977, il ouvre ce supplément et, un an plus tard, les colonnes du *Figaro Magazine* aux plumes des compagnons d'Alain de Benoist[3]. Pauwels, polémiste disciple de Gurdjieff, est un fervent pourfendeur du christianisme. Il ne cesse de stigmatiser les chrétiens, de les représenter en nazaréens comme pour en faire ressortir l'identité, qui serait restée celle d'une secte ayant simplement grandi démesurément. Les chrétiens auraient livré la cité romaine et sa civilisation aux barbares, puis, après avoir commis ce méfait, muselé la liberté d'expression pour lui substituer l'Inquisition, bafoué les lois de la nature, et substitué une forme de « sinistrose » à la joie de vivre qui leur préexistait, nourrissant un égalitarisme illusoire et source de désordres.

Dans sa mise en garde, Thierry Pfister souligne que la « nouvelle droite » effectue quelques percées dans la droite classique du côté des giscardiens aussi bien que des gaullistes. On retrouve cette influence dans les écrits du giscardien Michel Poniatowski, qui a loué la plume d'Alain de Benoist pour *L'avenir n'est écrit nulle*

---

1. *Ibid.*, p. 48.
2. Pfister, 1979.
3. « La nouvelle droite est massivement présente, surtout si l'on tient compte du jeu des pseudonymes. Ce sont des responsables de rangs divers : Alain de Benoist ("Frédéric Toulouze", "Jean-Pierre Dujardin"), Jean-Claude Valla, Patrice de Plunkett, Grégory Pons, Christian Durante, Yves Christen, Michel Marmin, Alain Lefebvre, Jean Varenne, "Dominique Pradelle", "Annie Rimorini" auxquels s'adjoignent parfois Guillaume Faye et Patrick Rizzi » (Duranton-Crabol, 1988, p. 192).

part, paru chez Albin Michel, « tandis que Jean-Claude Valla, le secrétaire général du Grece, cosigne des articles dans *Le Figaro* avec Alain Griotteray, l'un des fondateurs des Républicains indépendants[1] ».

À cela s'ajoute l'influence exercée par le Club de l'horloge sur le monde politique. Son président, Yvan Blot, n'est autre que le chef de cabinet du secrétaire général du RPR, Alain Devaquet : « Le Club de l'horloge alimentait doctrinalement tous les partis oppositionnels de droite, avant de fournir au Front national, en 1985, avec le livre dirigé par Jean-Yves Le Gallou[2], les principes d'une argumentation efficace[3]. » Un des grands thèmes développés par le Club de l'horloge est celui du besoin inextinguible de racines identitaires, sans lesquelles l'individu risque la tentation totalitaire. De son côté, le Grece a été approché dès 1972 par le courant giscardien, avec lequel les relations se consolident à partir de l'élection de Giscard en 1974. À Nice, Jacques Médecin a parrainé le Grece, qui bénéficie d'une assise locale solide dès ses débuts. À cette pénétration dans les milieux des décideurs politiques, il faut ajouter la proximité d'une pléiade d'intellectuels[4]. Le Grece incarne un mouvement de plus en plus significatif, qui compterait jusqu'à deux mille cinq cents adhérents et de cinq mille à huit mille sympathisants en 1985, suivant les évaluations d'Alain de Benoist. Un certain nombre d'indicateurs tangibles font état d'une influence grandissante, comme l'affluence aux meetings, qui drainent de sept cents à mille deux cents personnes, ou le tirage de la revue *Éléments*, qui s'élève à quinze mille exemplaires, dont cinq mille abonnés.

Fort de ce succès et souhaitant transformer l'essai par une théorisation philosophique, Alain de Benoist lance en 1988 sa propre revue, *Krisis*, qui concentre ses efforts sur l'élucidation de la crise

---

1. CHARPIER, 2005, p. 294.
2. LE GALLOU, 1985.
3. TAGUIEFF, 1994, p. 53.
4. « Aux côtés d'Arthur Koestler et de Mircea Eliade, le comité de patronage de *Nouvelle École* comptait, en 1979, trois membres de l'Académie française — Pierre Gaxotte, René Huygue, Thierry Maulnier — et un Prix Nobel, Konrad Lorenz. On y a vu figurer des intellectuels français aussi réputés que Georges Dumézil, Louis Pauwels, Jean Cau, Julien Freund, Paul Bastid » (DURANTON-CRABOL, 1988, p. 144).

moderne, caractérisée par une paupérisation spirituelle. Son inspiration majeure est d'ordre heideggérien, insistant sur l'Oubli originel de l'Être et développant une thématique critique de l'asservissement de l'Occident à la technoscience :

> Un monde où la pensée authentique est prise dans le double étau de l'aplatissement médiatique et du déchaînement technicien ; où l'homme est, au sens propre, *dis-trait* de lui-même, c'est-à-dire mis en condition d'oublier qu'avant d'être besoin de quelque chose, il est d'abord besoin de soi [...]. Un tel monde est tout simplement un monde qui dépossède l'homme de son humanité[1].

Le thème de l'enracinement heideggérien devient le credo de ce courant qui cultive le différentialisme culturel le plus pur : « SOS-Racisme, disent certains. Nous répondons : SOS-Racines[2]. » Cette offensive idéologique de la « nouvelle droite » s'avère efficace, et Pierre Billard constate dans *Le Point* en septembre 1978 un recul idéologique de la gauche devant la montée d'un « nouvel ordre moral ».

RÉSURGENCE DE L'EXTRÊME DROITE

L'aggravation d'une crise économique sur laquelle le pouvoir politique ne semble plus avoir prise donne le sentiment qu'il n'y a plus d'échappatoire. Dans ces années 1980, tout se conjugue pour accentuer ce que Castoriadis appelle la « privatisation » des individus, d'autant plus repliés sur eux-mêmes qu'ils sont de plus en plus dépossédés, comme le constate au même moment le psychanalyste Gérard Mendel dans *54 millions d'individus sans appartenance*[3]. Une vague d'inquiétude traverse une bonne part de la société française, alimentant le rejet de l'autre et l'expression de sentiments

1. BENOIST (DE), Alain, 1988, p. 75.
2. ID. [1985], 1994.
3. MENDEL, 1983.

xénophobes pour mieux défendre les traditions et l'identité, que l'on croit menacées. Face à la gauche au pouvoir, ce mouvement de repli vindicatif et de stigmatisation de l'altérité exacerbe l'extrême droite, qui avait presque disparu du paysage intellectuel et politique et trouve là un terreau favorable à sa renaissance. La démocratie elle-même est mise à l'épreuve par ces remontées populistes et ethnicistes, comme le souligne le sociologue Michel Wieviorka : « Nationalisme, populisme, ethnicité, mais aussi racisme, violences urbaines, exclusion et grande pauvreté sont à l'ordre du jour, et constituent un formidable défi pour la démocratie[1]. » Ce phénomène révèle là encore une grave crise du devenir historique, la panne de tout un imaginaire social-historique, et son remplacement par un catastrophisme, un tribalisme généralisé. Au cours de cette décennie, le changement de régime d'historicité prend une teinte crépusculaire annonçant, selon l'expression de Félix Guattari, une plongée dans les années d'hiver[2]. Comme l'ont montré Deleuze et Guattari dans *Mille Plateaux*[3], les processus de déterritorialisation illustrés par le déplacement des centres de gravité décisionnels de l'État-nation vers les instances européennes et mondiales s'accompagnent toujours de phénomènes de reterritorialisation, qui peuvent prendre la forme de crispations identitaires. Le contexte présentiste donne lieu à la confrontation entre deux phénomènes sociétaux révélateurs de deux types opposés de pathologie. Le premier repose sur la « privatisation » de l'individu, qui le conduit à se déprendre de toute forme d'inscription sociale. Il « se détache des cadres sociaux pour vivre dans un univers plus ou moins précaire de choix et de liberté [...]. Dans cette perspective, le sujet existe, mais hors politique, hors visée historique[4] ». Le second, à l'opposé, mais tout aussi problématique, se caractérise par un repli sur une identité collective fantasmée qui alimente le retour d'un nationalisme exacerbé et vindicatif désignant l'altérité comme la raison de son malaise, selon le schéma bien connu de l'immigré bouc émissaire.

---

1. WIEVIORKA, 1993, p. 10.
2. GUATTARI, 1986.
3. DELEUZE et GUATTARI, 1980.
4. WIEVIORKA, 1993, p. 158.

La fragilisation de l'appartenance communautaire alimente une montée du sentiment raciste, qui sort de son refoulement honteux après l'horreur du génocide perpétré pendant la Seconde Guerre mondiale. Son expression se normalise et se généralise dans des couches de plus en plus nombreuses de la société. Le Front national tire profit de cette évolution à l'extrême droite de l'échiquier politique, faisant sortir ce courant de pensée de la marginalité : « En une dizaine d'années, le Front national passe du stade de groupuscule à celui de parti politique se situant dans l'opposition[1]. » Ce que l'on croyait définitivement réglé, comme la racialisation des problèmes sociaux, redevient central et se propage dans la classe politique classique, où l'on parle de plus en plus de seuil de tolérance, de charters d'invasion, d'odeurs, quand ce n'est pas d'envahissement, de grand remplacement, et même d'occupation étrangère.

Ce courant n'a pourtant jamais complètement disparu de la scène politique, même s'il n'a eu qu'une existence corpusculaire jusque dans les années 1980. En 1945, la vieille droite antirépublicaine maurrassienne était marginale, mais subsistait dans *Les Documents nationaux*, une revue royaliste, dont le tirage s'est vite élevé à quinze mille exemplaires et qui ont donné naissance à un hebdomadaire, *Aspects de la France*. D'autres organes de presse ont suivi, comme *Questions actuelles*, *Paroles françaises*, *Le Combattant européen*, *Réalisme* : « L'opposition nationale n'est plus seulement représentée au niveau de la presse ou de l'édition, elle commence à faire une timide apparition dans la rue[2]. » Maurice Bardèche, beau-frère de Brasillach, inspire le Mouvement socialiste d'unité française qui se constitue en septembre 1948, et l'extrême droite trouve en lui son leader intellectuel. Ce courant est relayé dans les milieux étudiants par le mensuel *Occident*, lancé en 1951, et le Front universitaire pour la liberté. Jacques Isorni, l'avocat de Pétain, constitue l'Union des nationaux indépendants et républicains (Unir) pour participer aux élections, et sortir l'extrême droite de sa marginalité. C'est l'occasion des premiers combats de Jean-Marie Le Pen à la tête des étudiants nationalistes qui font le

1. Igounet, 2014.
2. Duprat, 1972, p. 26.

coup de poing contre les militants de gauche au Quartier latin. En 1951 naît aussi *Rivarol*, qui devient le premier journal de l'opposition nationale, dont le tirage initial de quarante mille exemplaires est vite dépassé. Fils d'un chef milicien fusillé à la Libération, Pierre Sidos constitue le groupe Jeune Nation avec Albert Heuclin et l'avocat Jean-Louis Tixier-Vignancour. Le mouvement connaît des débuts laborieux, mais la fin de la guerre d'Indochine, en 1953, lui permet de recruter parmi les anciens.

La guerre d'Algérie aura été, pour cette extrême droite, l'occasion de relever la tête et d'élargir son audience dans une opinion publique sensible pour partie à la défense de l'Algérie française. Plus le général de Gaulle s'oriente vers l'autodétermination du peuple algérien, plus l'extrême droite progresse, jusqu'à constituer une organisation paramilitaire, l'OAS, qui réussit temporairement à s'emparer du pouvoir à Alger, à créer une armée pour mener une politique de la terre brûlée et à imposer aux Européens d'Algérie le choix entre la valise et le cercueil. La guerre d'Algérie est une « divine surprise » pour cette extrême droite soudain lavée des soupçons de trahison pesant sur elle depuis sa collaboration avec l'occupant nazi entre 1940 et 1944. Pouvant cette fois s'identifier à la défense véhémente du drapeau national et faire appel au patriotisme, elle renoue avec l'événement et parvient même à renverser le gouvernement Pflimlin :

> En métropole, vieux messieurs et jeunes bourgeois, petits casseurs et idéologues en chambre, baroudeurs rescapés des défaites indochinoises et intellectuels « de tradition française » découvrent que leurs idéaux peuvent rencontrer enfin de l'autre côté de la Méditerranée une base populaire malléable dans son affolement et des bras séculiers en tenue léopard[1].

Les traîtres à la patrie sont désignés comme étant les intellectuels de gauche engagés dans la lutte pour l'émancipation des peuples colonisés. L'extrême droite cultive l'antiarabisme, magnifiant la cause occidentale sur fond de racisme. Le général de Gaulle fait face aux agissements de l'extrême droite, qui ont failli lui coûter la

1. RIOUX, Jean-Pierre, 1993, p. 233.

vie lors de l'attentat du Petit-Clamart, et repousse l'extrême droite dans l'ombre, si ce n'est brièvement à l'occasion de l'élection présidentielle de 1965, où Tixier-Vignancour recueille 5,2 % des suffrages.

Dans l'après-Mai 1968, l'extrême droite connaît un regain de vigueur en parvenant à recruter afin de contrer la poussée de l'extrême gauche. Si la dissolution du mouvement Occident en novembre 1968 donne un coup d'arrêt temporaire aux manifestations violentes de ses groupes paramilitaires, très vite le recrutement reprend, et l'extrême droite compte quelques bastions dans le monde universitaire, comme la faculté de droit d'Assas, où est implanté le GUD (Groupe de droit devenu Groupe d'union et de défense), dirigé par Alain Robert et Gérard Longuet, qui devient la colonne vertébrale du mouvement Ordre nouveau, créé en novembre 1969. Cette organisation s'engage dans une stratégie de la tension et de l'affrontement physique destinée à contrer la dynamique des forces contestataires nées du mouvement de Mai : « Les jeunes militants d'Ordre nouveau, armés de barres de fer et de casques de motards, prennent l'initiative d'expéditions punitives[1]. » Du haut de la tribune de la Mutualité, ce sont de véritables appels à la guerre civile qui sont lancés devant un parterre de trois mille personnes lors du meeting du congrès constitutif du mouvement. François Brigneau, ovationné, déclare à cette occasion : « Il faut faire un parti révolutionnaire, blanc comme notre race, rouge comme notre sang, vert comme notre espérance[2]. » Les dirigeants d'Ordre nouveau regardent alors du côté de l'Italie, où le MSI, mouvement néofasciste, réalise de bons scores électoraux et même des percées spectaculaires au printemps 1972 dans le Mezzogiorno et à Rome, où il remporte 18 % des suffrages. Lorsque Ordre nouveau est dissous après de violents affrontements avec les trotskistes de la Ligue communiste en 1973, l'organisation néofasciste française compte près de cinq mille militants.

C'est d'Ordre nouveau que vient l'initiative de donner un prolongement présentable sur le plan électoral à ses actions subversives en créant le Front national en octobre 1972, placé sous la

---

1. MILZA [1987], 1991, p. 338.
2. François Brigneau, cité dans ROLLAT, 1985, p. 50.

direction de Jean-Marie Le Pen, dans la perspective des législatives de 1973. Les débuts ne sont pas vraiment prometteurs : les candidats du Front national ne rassemblent que 0,52 % des suffrages exprimés. « Le mariage se faisait mal entre le courant de la droite parlementaire de Jean-Marie Le Pen, l'activisme révolutionnaire et proeuropéen d'Alain Robert et de Pascal Gauchon et mes positions contre-révolutionnaires et maurrassiennes[1] », constate avec dépit François Brigneau. Cet échec provoque la scission du FN dirigé par Le Pen. Alain Robert et François Brigneau fondent le Parti des forces nouvelles (PFN) en novembre 1974, après un nouvel échec cuisant de Le Pen lors de l'élection présidentielle de mai 1974, qui ne remporte que 0,74 % des suffrages. Dans les années 1970, à chaque nouvelle échéance électorale, l'extrême droite s'enfonce toujours un peu plus dans la marginalité. En 1978, elle ne recueille que 0,29 % des suffrages, et en 1981 ni le FN ni le PFN ne parviennent à réunir les cinq cents signatures nécessaires pour présenter un candidat. De dépit, Le Pen appelle à voter Jeanne d'Arc.

C'est au creux de la vague que le FN trouve pourtant les moyens de renaître, à la faveur de la crise et de ses effets dévastateurs sur l'emploi, en s'appuyant sur la peur du chômage et de l'immigration, ainsi que sur une radicalisation d'une fraction de l'opinion publique face à un pouvoir de gauche qui s'installe dans la durée. Ces conditions propices au repli des individus et à la montée de l'intolérance préparent l'événement spectaculaire de la fin de l'année 1983 : à l'élection partielle de Dreux, la liste de l'extrême droite emmenée par Jean-Pierre Stirbois recueille 16,7 % des voix au premier tour et fusionne au second avec la liste RPR-UDF pour battre la gauche. C'est le « coup de tonnerre de Dreux ». L'alliance RPR-UDF-FN l'emporte avec 55 % des suffrages, faisant entrer l'extrême droite dans le jeu des grandes formations politiques. L'explication de cette percée se trouve dans les effets de la crise sur une ville industrielle de l'Eure-et-Loir qui a bénéficié des Trente Glorieuses, voyant sa population doubler, mais qui, en 1978, « détient un sinistre record : celui du plus fort taux de chômage de la région Centre[2] » : entre 22 et 24 % de ses trente-cinq mille habitants. L'essentiel de la cam-

---

1. Id., cité dans Vilgier [1981], 1993, p. 244.
2. Igounet, 2014, p. 137.

pagne de Jean-Pierre Stirbois consiste à stigmatiser les immigrés et à les tenir pour responsables du chômage. Son affiche électorale est évocatrice : « Deux millions de chômeurs, ce sont deux millions d'immigrés en trop ! La France et les Français d'abord ! » La même année, aux élections municipales, à Paris, la liste Le Pen « Paris aux Parisiens ! Les Français d'abord ! » obtient aussi un score important avec 11,26 % des suffrages au premier tour de scrutin. À partir de là, les médias s'ouvrent largement au phénomène, invitant Le Pen, bon client et bateleur efficace, qui attire une large audience. Partout, on scrute de près « le phénomène Le Pen », et l'extrême droite ne cesse de progresser, élargissant ses zones d'implantation et s'enracinant dans ses bastions. Avec les élections européennes de 1984, le FN réussit un coup d'éclat à retentissement international. Le Pen en est la tête de liste, allié aux catholiques intégristes représentés par Bernard Antony, dit Romain Marie, qui préside les comités Chrétienté-Solidarité, placé en sixième position sur la liste. Le 17 juin 1984, la liste de Le Pen obtient 10,95 % des suffrages et compte dix élus au Parlement européen : « Les européennes signifient la première victoire politique nationale mais aussi une manne financière importante[1]. » Dans la revue *Esprit*, Jean-Claude Eslin exprime sa vive inquiétude devant l'effet Le Pen, qu'il analyse comme la résurgence de la résistance latente aux idéaux de la Révolution française : « Le Pen parle de ce dont le langage de la Révolution interdit de parler : la différence raciale, l'autorité ; l'inégalité des hommes et l'ordre moral. En ceci il se rencontre avec Pétain[2]. » À partir des cantonales de 1985, certains notables décident de franchir le pas en quittant la droite classique pour adhérer au FN : des universitaires comme Bruno Gollnisch, Jean-Claude Martinez, Bruno Chauvierre, et de hauts fonctionnaires comme Bruno Mégret ou Jean-Yves Le Gallou. *Esprit* prend la mesure de l'événement, insistant sur le vide politique qui alimente la machine du FN[3] et les glissements en cours vers une xénophobie de plus en plus exacerbée[4]. Le problème est de savoir comment aborder le

1. *Ibid.*, p. 156.
2. ESLIN, 1984, p. 74.
3. « Dreux, le désert politique », table ronde avec André Coquart, Jacques Duval, Jeanyves Guérin, Chantal Lobato, Olivier Roy, Gilbert Stenfort, *Esprit*, juin 1985.
4. CAROUX, 1985.

dossier de l'immigration, qui devient de plus en plus central dans le débat politique. Comme le souligne Jean-Louis Schlegel, le modèle français de l'intégration se trouve en crise. Le discours généreux de reconnaissance des différences est en voie d'être récupéré par l'extrême droite à d'autres fins : renvoyer les immigrés chez eux au nom de leur dissemblance et de leur impossible assimilation.

> Quand des chercheurs « de gauche » parlent de dissocier citoyenneté et nationalité, l'aveu n'est-il pas évident que ces immigrés ne sont pas comme les autres ? Il n'y a donc qu'un discours possible : celui de l'assimilation qui paie son prix, qui est accordée généreusement par la France à des gens qui la reçoivent comme une faveur et qui s'engagent dans ses devoirs avant de réclamer ses droits[1].

Accepter une politique d'immigration implique cependant de nier les problèmes sociaux qui en résultent : la transformation de cette question en tabou est l'occasion que saisissent les chantres de la xénophobie pour l'ériger en totem.

Ce phénomène politique se nourrit à coup sûr des effets de la crise, mais aussi et surtout de la désespérance historique que vivent avec intensité les populations des régions les plus atteintes par ce que les sociologues appellent l'anomie sociale. La disparition d'un horizon d'attente suscite chez les catégories sociales les plus touchées une réaction de crispation identitaire.

Face à cette montée du racisme et du FN, des initiatives sont prises, comme celle de la marche pour l'égalité et contre le racisme en 1983, dite aussi « marche des beurs », qui, partie du quartier de la Cayolle, à Marseille, s'achève par une grande manifestation de masse à Paris au terme de laquelle ses responsables sont reçus par le président de la République, François Mitterrand. L'idée de cette marche est venue de deux intellectuels chrétiens, le père Christian Delorme et le pasteur Jean Costil, de la Cimade, qui ont suggéré aux jeunes de l'association SOS Minguettes, après de sérieux affrontements avec la police qui ont conduit le leader du mouvement, Djaïdja, gravement blessé, à l'hôpital, d'organiser une marche pacifique à la manière de Martin Luther King pour s'élever

1. SCHLEGEL, 1985, p. 83.

contre la montée du racisme et réclamer l'obtention d'une carte de séjour de dix ans pour les immigrés ainsi que le droit de vote aux élections locales.

Un an plus tard, en novembre 1984, le succès de cette mobilisation débouche sur la création de SOS Racisme, animé par Harlem Désir et Julien Dray, dont le slogan « Touche pas à mon pote » et son fameux badge de la main jaune ont un réel succès, attestant une profonde réaction contre la vague raciste du FN. Michel Polac invite Harlem Désir à son émission télévisée « Droit de réponse » en janvier 1985 : « C'était une occasion inespérée de populariser les buts de l'association[1]. » Un certain nombre de personnalités arborent la main jaune : la première à la porter sur les plateaux de télévision est Simone Signoret, à l'occasion de l'émission d'Anne Sinclair « 7 sur 7 ». Le 21 février, un meeting lance le mouvement à la Mutualité, où se succèdent à la tribune Philippe Noiret, Bernard-Henri Lévy, Marek Halter, François Doubin, Olivier Stirn et Bertrand Delanoë. Grâce aux concerts et au soutien actif des chanteurs, SOS Racisme réussit une percée spectaculaire : le 15 juin, l'association organise un concert géant à la Concorde, une « Fête des potes » qui rassemble près de trois cent mille jeunes. Tout le quartier des Champs-Élysées et les quais de Seine sont occupés par une foule multicolore qui communie dans un sentiment de fraternité retrouvée jusqu'au petit matin ; à 7 h 35, le groupe Jéricho, Mory Kanté et Salif Keïta font encore résonner leurs koras. À ce stade, le mouvement a déjà vendu un million et demi de badges : « De fait, peu de slogans connaîtront pareille fortune, jusqu'aux déclinaisons les plus variées : le Front national jeunes réplique aussitôt par un badge tricolore : "Touche pas à mon peuple"[2]. » Ce badge devient l'insigne de reconnaissance d'une génération qui valorise les valeurs du métissage et se reconnaît dans une musique faisant l'éloge de la mixité : la variété française avec la chanson à succès de Daniel Balavoine *L'Aziza*, les chansons de Laurent Voulzy, Maxime Le Forestier, Bernard Lavilliers, Julien Clerc ou Jean-Jacques Goldman, et bien sûr la musique d'origine africaine de Manu Dibango ou le rap en provenance des banlieues. Ces ras-

1. DÉSIR, 1985, p. 41.
2. CUSSET [2006], 2008, p. 102.

semblements, ces rencontres festives laissent penser que cette fois le racisme est bien en recul.

François Dubet souligne le « génie » de SOS Racisme, qui a su interpeller l'opinion publique par des moyens de communication modernes, en s'adaptant à une société devenue celle des individus qui privilégie une sociabilité des proches, privée et locale, pour résister au courant racialiste de rejet : « Ce n'est donc ni au nom du mouvement ouvrier, ni au nom de la République, ni même au nom des droits de l'homme que ces jeunes ont soutenu "Touche pas à mon pote". Mais c'est au nom d'une expérience de vie centrée sur la sociabilité entre les jeunes, sur des goûts musicaux partagés, sur la même galère, qu'ils se sont opposés au racisme[1]. » François Dubet met cependant en évidence les limites d'un mouvement d'opinion qui se définit davantage par ce qu'il combat que par ce qu'il prône et ne pourra s'ancrer dans la durée qu'à la condition de se montrer capable de prendre en charge les problèmes sociaux d'une société de plus en plus dualiste, qui laisse en déshérence l'intégration des communautés d'immigrés, une des questions les plus débattues[2]. Dans *Esprit*, Olivier Mongin, prenant acte de l'échec du modèle républicain d'assimilation, invite à prendre au sérieux la possibilité de donner aux immigrés le droit de participer à la vie locale par le vote, ce qui permettrait à la fois d'éviter l'écueil d'une assimilation impossible sur le modèle de la IIIe République et de se plier aux exigences d'un culturalisme qui conduirait au communautarisme ou à la tribalisation. Pour sortir du confinement identitaire des polémiques sur l'immigration, Olivier Mongin suggère une issue politique : « Reste donc à réhabiliter une approche politique de l'immigration qui ne tombe pas dans les facilités du républicanisme voué à une réhabilitation posthume[3]. »

À distance de l'enthousiasme fraternel retrouvé par SOS Racisme, sceptique sur les moyens mis en œuvre dans la riposte à la montée de la haine raciale, Pierre-André Taguieff publie en

---

1. DUBET, 1987, p. 44.
2. Entre autres, voir LECA, 1983 ; « L'immigration maghrébine en France : les faits et les mythes », *Les Temps modernes*, n° 452, mars-avril-mai 1984 ; LESOURNE, 1985 ; DUPUY, 1985 ; « Français/Immigrés », *Esprit*, juin 1985 ; PINTO, 1986.
3. MONGIN, 1985, p. 8.

1988 une monumentale étude sur le racisme, *La Force du préjugé*, critiquant très durement la stratégie adoptée par SOS Racisme[1]. Selon Taguieff, il faut prendre la mesure du changement de support théorique dont s'est dotée l'extrême droite, qui justifie le refus de l'autre pour des raisons non plus biologiques, mais de différentialisme culturel, étayant ses thèses sur l'anthropologie pour s'opposer au brassage entre divers mondes culturels qui fragilise ces derniers. D'après lui, SOS Racisme, en exigeant de ne pas toucher à son pote, cultive de son côté, avec les meilleures intentions du monde, une forme d'indifférentialisme culturel qui conforte le racisme au lieu de le combattre efficacement : « Discours à intention raciste et discours antiracistes militants se sont trouvés usant des mêmes jeux de langage, recourant aux mêmes évidences fondatrices, et visant la réalisation des mêmes valeurs[2]. » Pour Taguieff, la meilleure riposte consiste à s'arc-bouter à la défense des valeurs universelles contre toutes les formes de repli communautariste et contre les célébrations exclusivistes de la différence. Soit les valeurs universelles continuent d'être le ciment du lien social, soit la barbarie triomphera :

> Voilà l'antinomie fondamentale : l'absolu respect de la personne s'oppose à l'absolu respect de la communauté comme telle. Elle ne peut être surmontée spéculativement qu'à partir d'un *pari* pour l'universel, suivi par la détermination des *limites* de l'exigence universaliste, afin que celle-ci ne puisse se dégrader en une visée d'unification terroriste par uniformisation imposée[3].

Selon Taguieff, la réaction à la montée du racisme, même si elle revêt des aspects sympathiques, contribue à brouiller les cartes et à désarmer toute riposte efficace, SOS Racisme comme Le Pen se réclamant du respect de la différence. Cette confrontation fait disparaître l'horizon d'un universel intégrateur de ces différences : « Face à la résurgence d'une conception ethnique de la nation, gauche et droite sont comme frappées d'aphasie. Le vieux modèle d'intégration autour du ralliement à la République est usé et n'a pas

1. Taguieff, 1988.
2. *Ibid.*, p. 17.
3. *Ibid.*, p. 489.

fait preuve qu'il était capable d'éviter la déchirure et l'exclusion sociales[1]. »

L'autre fer de lance de l'extrême droite, outre ses campagnes anti-immigrés, est la révision de l'histoire de la Seconde Guerre mondiale pour se dédouaner de sa collaboration avec l'occupant et banaliser le génocide perpétré par le IIIᵉ Reich :

> L'enjeu était simple. Il s'agissait, afin de blanchir les collaborationnistes les plus compromis, croisés de la LVF et de la Waffen-SS française, supplétifs de la police allemande dans la chasse aux « terroristes », combattants de la plume au service des purificateurs de la race, de « démontrer » que les crimes dont s'étaient rendus responsables les dirigeants nazis n'étaient en rien différents des atrocités ordinaires imputables au fait guerrier[2].

Dès la fin de la guerre, Maurice Bardèche s'emploie à débarrasser l'extrême droite de ce fardeau de culpabilité qui la discrédite. Pour faire évoluer l'opinion publique sur cette question, encore faut-il démontrer que l'Holocauste est un mythe inventé par les vainqueurs du IIIᵉ Reich. C'est la thèse que Bardèche défend dans *Nuremberg ou la Terre promise*, qui paraît en 1948 : « On a eu la bonne fortune de découvrir en janvier 1945 des camps de concentration, dont personne n'avait entendu parler jusqu'alors, et qui devinrent la preuve dont on avait précisément besoin, le flagrant délit à l'état pur, le *crime contre l'humanité* qui justifiait tout[3]. » À longueur de pages, Bardèche dénonce un « mensonge », une « machinerie », « un admirable montage technique ». Les camps nazis ne sont, selon lui, qu'une invention des Alliés qui espèrent ainsi racheter leurs crimes. Bardèche entend disculper l'Allemagne et donne libre cours à sa haine des Juifs : « Il les trouve inassimilables, dangereux[4] », et souhaiterait les voir enfin rassemblés dans un territoire ghetto. En définitive, il juge que le traitement subi par les Juifs sous le nazisme a été plutôt « raisonnable », « modéré », et que l'on a mal interprété l'usage des gaz dans les camps faute de bien maîtriser la langue allemande :

1. Perrineau, 1993, p. 277.
2. Milza [1987], 1991, p. 359.
3. Bardèche, 1948, p. 23.
4. Igounet, 2000, p. 43.

Si la délégation française trouve des factures de gaz nocifs, elle se trompe dans la traduction et elle cite une phrase où l'on peut lire que ce gaz était destiné à l'« extermination », alors que le texte allemand dit en réalité qu'il était destiné à l'« assainissement », c'est-à-dire à la destruction des poux dont tous les internés se plaignaient en effet[1].

Cet ouvrage provocateur sur Nuremberg est tiré à vingt-cinq mille exemplaires, et Bardèche sera condamné pour « apologie du crime de meurtre » à cinquante mille francs d'amende et à un an de prison ferme — il n'y restera que quelques jours. Comme le remarque Valérie Igounet, Maurice Bardèche « acquiert un nouveau statut au sein de l'extrême droite française et internationale. Auréolé de sa condamnation et de la saisie de son ouvrage, il voit sa renommée s'étendre[2] ».

L'offensive négationniste est lancée et elle est reprise au vol par Paul Rassinier, qui vient d'un tout autre horizon idéologique : libertaire, il a été déporté comme résistant à Buchenwald. Instituteur, puis professeur d'histoire-géographie dans un collège d'enseignement général, il a été successivement communiste et socialiste radical de la tendance Marceau Pivert. Il a été secrétaire de la fédération socialiste du Territoire de Belfort, candidat à de multiples élections à partir des années 1930 et, exception faite d'un mandat dont il démissionnera deux mois plus tard, chaque fois battu. En 1947, il quitte ses terres de l'est de la France. Il est alors atteint non seulement par une insuffisance rénale qui le handicape, mais par un vif sentiment de ressentiment après ses échecs répétés dans le camp de la gauche. En 1956, Rassinier se retrouve à Nice et rejoint un groupe anarchiste qui s'était constitué dans l'après-guerre, le Cercle Élisée Reclus. Au sein de cette petite formation, « Rassinier semble avoir imposé de se faire reconnaître comme intellectuel, provoquant rapidement le départ de ceux qui ne supportaient pas son autoritarisme[3] ». Il devient alors le gourou du groupe et le gérant directeur de sa modeste publication, *L'Ordre social*. Il publie aussi dans *Le Monde libertaire* jusqu'à

1. BARDÈCHE, 1948, p. 133.
2. IGOUNET, 2000, p. 48.
3. FRESCO, 1999, p. 555.

ce que la rédaction découvre qu'il collabore aussi à *Rivarol*, où il donne libre cours à son antisémitisme. Il se prétend historien et multiplie les ouvrages qui vont plus loin encore que Bardèche dans la réhabilitation du régime nazi[1]. Obsédé par sa conviction d'un complot juif international, il reprend tous les clichés de la tradition antisémite. Non seulement il relativise l'existence de l'Holocauste, ramenant de six millions à un million le nombre de Juifs disparus, mais il entend exonérer le peuple allemand de cette accusation de génocide qui n'est, à ses yeux, qu'une « horrible et infamante accusation[2] ». Il va même jusqu'à présenter les camps comme des hôtels trois étoiles : « Le IIIe Reich nous fournit cependant tout ce dont nous avons besoin : la nourriture, les moyens d'une hygiène impeccable, un logement confortable dans un camp modernisé au possible, des distractions saines, de la musique, de la lecture, des sports, un sapin de Noël, etc. Et nous ne savions pas en profiter[3]. » Quant aux chambres à gaz, elles relèveraient du mythe et d'aveux extorqués par la force. En 1978, dans *L'Express*, l'ancien commissaire aux Questions juives du régime de Vichy, Louis Darquier de Pellepoix, alors en Espagne, déclare qu'à « Auschwitz, on n'a gazé que des poux ».

En 1985 éclate le scandale de la soutenance par Henri Roques, ingénieur agronome retraité, d'une thèse négationniste à l'université de Nantes qui porte sur les confessions de Kurt Gerstein, chrétien affecté à l'Institut d'hygiène de la SS à Berlin. Même si sa thèse n'affirme pas clairement la négation du génocide, il le remet en question et sème le doute : « Lors de la présentation de son travail, Henri Roques évoque sa trajectoire, sa rencontre décisive avec Paul Rassinier[4]. » Au cours de sa soutenance, il dénonce un complot des vainqueurs de la Seconde Guerre mondiale, qui tentent de présenter la période de domination allemande comme un enfer, et stigmatise cette doxa qu'il décrit comme une « nouvelle religion que l'on cherche à nous imposer » et qui possède déjà ses grands prêtres, sa liturgie, ses lieux sacrés et ses cérémonies expiatoires.

---

1. Rassinier, 1950, 1961, 1962 et 1964.
2. Id., 1964, p. 107.
3. Id., 1950, p. 123.
4. Igounet, 2000, p. 408.

Henri Roques affirme vouloir rompre ce cercle magique et se targue de connaître la vérité historique. Un an après sa soutenance, Roques répond à la question de l'existence des chambres à gaz : « Je ne vous répondrai ni oui ni non. Je vous dirai qu'il y a des raisons légitimes d'en nier l'existence[1]. » En avril-mai 1986, la presse régionale s'alarme, et l'affaire devient vite nationale, au point que le ministre délégué à la Recherche, Alain Devaquet, s'en empare et diligente une enquête administrative : le 2 juillet, la thèse est annulée pour irrégularités administratives et faux en écriture publique. Les historiens de l'Institut d'histoire du temps présent (IHTP) organisent une table ronde sur la question[2] et concluent que la méthode employée par Roques ne répond à aucun critère scientifique et ignore quarante ans de recherche historique[3].

Rassinier trouve en Robert Faurisson un disciple dans le néga-tionnisme. Littéraire, universitaire — il est maître de conférences à Lyon II entre 1973 et 1980 —, Faurisson a soutenu sa thèse d'État sur Lautréamont. Il s'est tôt manifesté par ses provocations. Charles Malamoud, qui l'a connu en khâgne à Henri-IV, se souvient qu'il était inséparable de son ami Frédéric Delbecque, de tendance Action française, mais plutôt jovial et truculent, alors que Faurisson est « hargneux et violent, carrément fasciste et prenant la défense de l'Allemagne nazie[4] ». Dès ces années, son antisémitisme est avéré et il est transporté à la lecture du *Nuremberg* de Maurice Bardèche. Au moment de la guerre d'Algérie, Faurisson fréquente un cercle lié à l'OAS. C'est en 1978, lorsqu'il défie quiconque de lui apporter les preuves tangibles de l'existence des chambres à gaz, que commence « l'affaire Faurisson ». Ces preuves ont pourtant été fournies, entre autres par Georges Wellers dans *Les chambres à gaz ont existé*, paru chez Gallimard en 1978. Au nom d'une démarche dite scientifique, Faurisson concentre ses provocations médiatiques sur la négation des chambres à gaz[5], et reçoit le soutien d'un groupuscule d'ultragauche,

---

1. ROQUES, 1986.
2. Table ronde « La science historique et les chambres à gaz », dans laquelle se retrouvent François Bédarida, Jean-Pierre Azéma, Saul Friedländer, Harry A. Paape, Pierre Vidal-Naquet et Georges Wellers.
3. Informations reprises de COINTET et RIEMEUSCHNEIDER, 1987.
4. Charles Malamoud, cité dans IGOUNET, 2012, p. 44.
5. FAURISSON, 1978 et 1980.

La Vieille Taupe, animé par Pierre Guillaume et Serge Thion, qui prétend défendre la liberté d'expression et réclame à cor et à cri que l'on respecte la liberté d'opinion. Selon Faurisson, la politique de Hitler à l'égard des Juifs est purement défensive. Il doit faire face à une déclaration de guerre du président du Congrès juif mondial, Chaïm Weizmann, qui a ainsi enclenché la logique infernale d'affrontement. Selon Faurisson, les Allemands

> redoutaient ce qui allait d'ailleurs se passer dans le ghetto de Varsovie où, soudain, juste à l'arrière du front, en avril 1943, une insurrection s'est produite. Avec stupéfaction, les Allemands avaient alors découvert que les juifs avaient fabriqué sept cents blockhaus. Ils ont réprimé cette insurrection et ils ont transféré les survivants dans des camps de transit, de travail, de concentration[1].

Pour Pierre Vidal-Naquet, cette page de Faurisson devrait figurer dans « une anthologie de l'immonde[2] », d'autant que cette vision du drame vécu dans le ghetto de Varsovie est tout droit issue d'un discours prononcé en octobre 1943 par Heinrich Himmler. Les syndicats d'enseignants de l'université de Lyon II s'alarment de ces prises de position. Pierre Sudreau, député du Loir-et-Cher, demande à la ministre Alice Saunier-Seïté de procéder à un examen de la qualité de la recherche et de l'enseignement de Faurisson. Le président de l'université Lyon II, Maurice Bernadet, prend la décision de suspendre les cours, ce qui suscite l'indignation d'enseignants qui, tout en condamnant les propos de Faurisson, la jugent arbitraire. En janvier 1979, Faurisson peut reprendre ses cours de littérature. Des étudiants l'en empêchent, ce qui lui permet de se poser en victime :

> Ce qui était très angoissant, c'est que je n'avais jamais vu des gens respirer, si j'ose dire, la haine de la pointe des chaussures à la pointe des cheveux [...]. C'étaient des Juifs exclusivement, hein, qui venaient manifester, il faut dire les choses comme elles sont ; c'étaient pas des pas-Juifs, c'étaient des Juifs à calotte qui venaient et qui criaient qu'ils voulaient ma peau et qu'ils allaient l'avoir[3].

1. Robert Faurisson, cité dans THION, 1980, p. 190.
2. VIDAL-NAQUET [1980], 2005, p. 59.
3. Robert Faurisson, cité dans IGOUNET, 2012, p. 222.

C'est dans ce contexte de montée du négationnisme et de multiplication des expressions antisémites que se situe le dérapage calculé de Le Pen à RTL, en 1987, sur le « point de détail » des chambres à gaz. Les négationnistes se dotent d'une revue, *Annales d'histoire révisionniste*, qui mène campagne pour populariser leurs thèses. L'historien Pierre Vidal-Naquet, qui a perdu père et mère à Auschwitz, se porte sur la place publique pour dénoncer l'imposture et rappeler les règles minimales du métier d'historien. Il les qualifie d'assassins de la mémoire : « Est-ce à dire qu'il faut capituler devant la négation, glisser peu à peu vers un monde où tout se vaut, l'historien et le faussaire, le fantasme et la réalité, le massacre et l'accident de voiture[1] ? » Aux thèses négationnistes, Vidal-Naquet, en bon héritier de l'intellectuel dreyfusard, oppose la méthode historienne comme administration de la preuve, quête de la vérité contre la mystification.

Les affaires se succèdent ainsi à un rythme accéléré. En 1989 éclate l'affaire Notin avec la publication de son article provocateur « Le rôle des médias dans la vassalisation nationale : omnipotence ou impuissance ? » dans la revue *Économies et Sociétés*[2]. Maître de conférences en sciences économiques et sociales à l'université Lyon III, il stigmatise dans cet article la « coterie judaïque » et les « platitudes ahanées par le Nobel's band en villégiature à Paris à l'initiative de l'entourage juif du président[3] ». Vidal-Naquet alerte le CNRS, qui accorde une subvention à cette revue, et Edwy Plenel relaie l'émotion suscitée par cet article dans *Le Monde*[4]. Il révèle peu après que Notin appartient à la fois au comité de rédaction de *Nouvelle École* et au conseil scientifique du Front national : « Les remous à la faculté de Lyon III, où enseigne Bernard Notin, commencent. Le 9 mars, le maître de conférences cesse de dispenser ses cours à l'université[5]. »

Si la réaffirmation des principes intangibles de la pratique historienne a relégué les négationnistes dans l'extrême marginalité,

1. Vidal-Naquet [1987], 2005, p. 184.
2. Notin, 1989.
3. *Ibid.*, pp. 123 et 128.
4. Plenel, 1990.
5. Igounet, 2000, p. 430.

les thèses de l'extrême droite continuent à se propager au point
de se banaliser. Il est devenu permis et naturel de se dire raciste.
La dénonciation du racisme s'avère inefficace ; elle ne peut porter
ses fruits « que si elle s'appuie sur une dynamique idéologique,
sociale et politique capable d'affronter les angoisses, les frustrations et les misères dont s'abreuve le Front national. Sinon, elle
produit l'effet inverse en n'apparaissant que comme le négatif de
ce qu'elle stigmatise et qu'ainsi, à son corps défendant, elle rend
crédible et attractif[1] ».

LA BATAILLE DE L'ÉCOLE

L'offensive de la droite contre le pouvoir conquis par la gauche
en 1981 ne cesse de s'amplifier, au point de se déchaîner contre un
projet gouvernemental pourtant extrêmement mesuré, adopté après
d'infinies négociations et compromis, qui réveille la lointaine et
mythique querelle scolaire. Cela alors que l'on pensait remisée dans
les oubliettes de l'histoire cette fracture de la société française entre
laïcs et cléricaux, bel et bien enterrée cette bataille qui a conduit
à la séparation de l'Église et de l'État en 1905 dans un climat
conflictuel qui a vu vingt mille religieux quitter la France et des
milliers d'écoles contraintes à la fermeture devant le refus d'Émile
Combes d'accréditer les congrégations religieuses dans leur mission d'enseignement. En 1944-1945, le climat est plus serein : ceux
qui croient au ciel et ceux qui n'y croient pas sont rassemblés dans
leur résistance commune à l'occupant nazi. On observe cependant
quelques moments de crispation sous la IVe République lors de
la discussion de la loi Marie, qui décide d'étendre le système des
bourses du secondaire aux établissements privés, puis avec la loi
Barangé, qui met en place un système de subvention pour chaque
enfant fréquentant une école primaire, du public comme du privé.

Après la mise en place des institutions de la Ve République,
l'école privée, de moins en moins confessionnelle, voit sa place

---

1. PLENEL et ROLLAT, 1992, p. VI.

reconnue dans le système éducatif et, grâce à la loi Debré, est officiellement subventionnée par l'État, en échange de quelques obligations comme l'application des programmes nationaux. En 1972, le programme commun de la gauche prévoit la remise en cause de la loi Debré et la création d'un grand système éducatif unifié. Le candidat François Mitterrand reprend cette proposition en 1981, mais incite en même temps à la concertation, au compromis et au respect de la pluralité[1]. Le ministre de l'Éducation nationale, Alain Savary, avance donc très prudemment dans la réalisation de ce projet. Loin de vouloir mettre en place un dispositif unifié, il prévoit des contrats entre l'État et les écoles privées. Un compromis semble envisageable avec les autorités ecclésiastiques. Depuis le début 1984, organisations laïques comme partisans de l'école libre mobilisent leurs troupes. Avec le succès du rassemblement pour l'école libre à Versailles le 4 mars, qui parvient à réunir plus de cinq cent mille personnes, la mobilisation prend une tournure spectaculaire. Alors qu'on pouvait s'attendre à un accord au sommet, des amendements visant à fonctionnariser les enseignants des établissements privés mettent le feu aux poudres et attirent une déferlante de manifestants le 24 juin à Paris, véritable montée en masse dans la capitale des partisans de l'école libre : plus d'un million de personnes convergent vers la Bastille. « Manifestation inouïe », titre *Libération*, « Raz de marée, la plus grande manifestation jamais organisée en France », titre *Le Figaro*.

Cette fronde provoque un séisme politique : le 12 juillet, Mitterrand annonce le retrait du projet Savary ; le 17 juillet, le ministre de l'Éducation nationale démissionne, ainsi que tout le gouvernement conduit par Pierre Mauroy, remplacé par Laurent Fabius. Durant cette partie de bras de fer entre l'État et l'Église, les intellectuels chrétiens progressistes de la revue *Esprit* tentent de jouer l'apaisement. Fin 1983, Guy Coq et Pierre Mayol signent un éditorial sous le titre : « La paix scolaire est possible, si on la veut[2] ! » Ils accueillent favorablement le contenu de la réforme d'Alain Savary

---

1. La proposition n° 90 de François Mitterrand dispose, en 1981 : « Un grand service public, unifié et laïque de l'Éducation nationale sera constitué. Sa mise en place sera négociée sans spoliation ni monopole. Les contrats d'association d'établissements privés conclus par les municipalités seront respectés » (citée dans BECKER, 1990, p. 112).

2. COQ et MAYOL, 1983.

visant à rénover le système éducatif comme sa méthode de concertation pour parvenir à un accord général entre toutes les familles spirituelles : « Derrière ces propositions se profile la recherche d'une définition de la laïcité pour notre temps [...] Se profile une laïcité qui ne serait pas une doctrine parmi les autres et porteuse d'une éducation globale, mais l'espace social où le pluralisme de la société s'exprime, s'enrichit, dans le respect mutuel[1]. » Cet appel à l'écoute mutuelle et à l'apaisement n'est pas entendu, cédant le pas au déchaînement des passions, aux crispations de part et d'autre, et finalement à l'enterrement du projet de réforme.

À cette guerre scolaire s'ajoute une vive controverse sur l'efficacité du système scolaire. De nombreux ouvrages dénoncent avec virulence les dysfonctionnements d'une école qui ne remplit plus sa mission éducative. Les propositions de réforme apportées par les rapports Legrand pour les collèges et Prost pour les lycées font l'objet de démontages en règle ; l'institution scolaire se trouve au centre d'un tir nourri et violent. On s'en prend aux orientations pédagogiques, qui auraient enterré tout souci de transmettre le savoir. Dénonçant en 1984 « l'idéologie pédagogique qui s'est abattue sur l'école[2] », *Le Massacre des innocents. France, que fais-tu de ta jeunesse ?*, le livre polémique au titre provocant de Michel Jumilhac, trouve un large public. Il s'en prend vivement aux aspirations égalitaires dans un pays qui a perdu pied car « son école s'est livrée à un formidable gaspillage d'intelligences et de talents, ne stimulant plus les moins doués et acculant au surplace et à la "déséducation" les enfants doués[3] ». L'illustre helléniste Jacqueline de Romilly décide de renoncer à toutes ses responsabilités pour écrire un brûlot dans lequel elle met en garde, elle aussi, contre le péril qui guette l'Éducation nationale. Dans *L'Enseignement en détresse*, elle dénonce « le flot montant de l'ignorance[4] » et les effets pervers de l'égalitarisme qui détruit sur son passage toute forme de savoir et sape les bases de la transmission, considérant que « l'émulation et la sélection sont le ressort de l'en-

---

1. *Ibid.*, p. 119.
2. DESPIN et BARTHOLY [1983], 1987, p. 336.
3. JUMILHAC, 1984, p. 163.
4. ROMILLY (DE), 1984, pp. 45-72.

seignement[1] ». Les médias prennent le relais avec, entre autres, Jean-François Revel qui estime dans *Le Point* que l'effondrement est irrémédiable et préparé de longue date : « C'est une doctrine des plus officielles, une option délibérée, selon laquelle l'école ne *doit* pas avoir pour fonction de transmettre des savoirs. Qu'elle n'en transmette plus aucun, c'est déjà fait dans l'école élémentaire, où tout enseignement au sens propre est d'ailleurs formellement interdit[2]. » Un rapport officiel remis au Premier ministre et intitulé *Des illettrés en France* dramatise encore le débat sur la faillite de l'école. Certes, il constate que le taux d'analphabétisme complet reste faible en France, mais « on peut affirmer que le nombre de personnes qui ne maîtrisent pas la lecture ou l'écriture ou sont gravement gênées pour utiliser celles-ci doit se compter par millions plutôt que par centaines de mille[3] ».

Dans ce contexte de contestation et de mise en cause de l'institution scolaire paraît un essai particulièrement virulent, *De l'école*, qui n'émane pas de la droite traditionaliste, mais d'un philosophe, ancien militant maoïste, althussérien et lacanien, Jean-Claude Milner[4], qui provoque une large controverse relayée par les médias. Le diagnostic établi par Milner sur l'état de l'institution scolaire est apocalyptique : c'est un champ de ruines. L'explication tient, selon lui, au fonctionnement d'une machine monstrueuse à trois faces qui s'emploie à détruire de l'intérieur la mission de l'école. La première de ces trois forces collectives maléfiques repose sur les gestionnaires qui diminuent les coûts et détruisent l'autonomie des enseignants. Ensuite vient le gros de ce que Milner appelle la corporation animée par ses organisations syndicales, qui veille à préserver sa mainmise sur l'appareil éducatif. La dernière pièce du complot contre l'école est constituée par les démocrates-chrétiens, à l'initiative de toutes les réformes successives qui ont ébranlé le système de l'intérieur :

Depuis 1945, *tous* les thèmes de *toutes* les réformes de tous les niveaux d'enseignement sont d'origine chrétienne [...] : dévaluation

---

1. *Ibid.*, p. 75.
2. Revel, 1984.
3. Espérandieu, Lion et Bénichou, 1984, p. 38.
4. Milner, 1984.

des savoirs au bénéfice de la communauté ; dévaluation des savoirs au bénéfice du dévouement ; dévaluation de l'instruction au prix de l'éducation ; dévaluation du cognitif au bénéfice de l'affectif, intrusion dans les âmes et ouverture au monde, etc.[1].

Milner s'en prend tout particulièrement au courant réformateur du SGEN, rapidement assimilé à une nouvelle Église qui serait le cheval de Troie du christianisme détruisant de l'intérieur l'institution scolaire laïque : « Qu'y a-t-il de moins laïque que de ramener l'enseignant au confesseur ? Car le tutorat n'est rien d'autre que de la direction de conscience[2]. »

Cette thèse complotiste soulève l'indignation de Guy Coq dans *Esprit*, qui dénonce une fiction jetant l'opprobre sur ceux qui s'efforcent d'adapter l'école au monde moderne. À *Esprit*, l'accueil réservé à cette charge de Milner n'est pourtant pas unanime dans la réprobation ; Philippe Raynaud écrit quant à lui un plaidoyer pour une école républicaine, rejoignant la thèse de Milner qu'il juge brillante et rigoureuse : « La défense de J.-C. Milner de l'essentiel des institutions françaises traditionnelles (les concours nationaux, la thèse d'État, les "maxima de service" inégaux, etc.) n'a donc absolument rien de choquant : toutes traduisent, peu ou prou, la priorité donnée à la recherche du savoir par les enseignants : toutes s'accordent avec la tradition républicaine[3]. » Le directeur de la revue, Paul Thibaud, est plus nuancé. Il critique un faux procès, tout en considérant que l'ouvrage pose de vraies questions[4].

Le Débat consacre tout un dossier au livre et publie un entretien avec son auteur, qui répond en fin de dossier aux critiques qui lui sont formulées. L'historien Jacques Revel, qui conduit l'entretien, ne cache pas son malaise devant un texte qui se présente à la fois comme un pamphlet et comme le premier discours à dire le vrai sur l'école. La parole est donnée à des intellectuels qui exercent des fonctions dans l'institution, comme Anne-Marie Chartier ou Jean Hébrard, qui ne reconnaissent rien dans le tableau brossé par Milner. Anne-Marie Chartier a le sentiment d'« un décalage

---

1. *Ibid.*, p. 31.
2. *Ibid.*, p. 40.
3. Raynaud, 1984, p. 157.
4. Thibaud, 1984 (b).

complet entre ce qui fait l'actualité des écrits, des polémiques, des interrogations publiques, et ce qui se passe dans les travaux et les jours de la vie scolaire[1] ». L'historien Antoine Prost, responsable du rapport sur l'enseignement secondaire et spécialiste de l'histoire de l'éducation en France, répond aux critiques de Milner, en qui il voit le chantre d'un discours de la Restauration. Il s'étonne des émois de toute une intelligentsia qui a longtemps fait preuve d'indifférence, pour ne pas dire de mépris, vis-à-vis des questions éducatives, et qui tout à coup s'emporte avec passion sans se donner la peine de se renseigner sur l'état réel de l'école : « Leur plaidoyer pour le savoir repose sur beaucoup d'ignorances et d'erreurs, il procède par affirmations sans preuves et généralisations abusives[2]. » De son côté, Marcel Gauchet constate qu'un déséquilibre s'est récemment créé entre la mission traditionnelle de transmission de l'école et l'hédonisme individuel triomphant propre aux années 1980, aggravé par un présentisme qui ne regarde plus l'enfant comme l'adulte qu'il deviendra, mais comme un individu autonome dont les désirs immédiats doivent être satisfaits[3]. Cette tension entre le souci de transmettre le savoir et le souci des moyens pour le faire, qui nourrit les réflexions et suggestions des pédagogues, donne lieu en 1988 à un échange dans *Le Débat* avec Alain Finkielkraut, qui a fait de cette affaire une véritable croisade contre le pédagogisme, présenté comme l'expression même de la « défaite de la pensée », et dénonce un complot contre la culture ourdi par une société de masse, reprenant à son compte nombre de thématiques de Heidegger contre l'affaissement de la culture dans la modernité[4]. Marcel Gauchet n'est pas si éloigné des positions de son interlocuteur, craignant que les projets des pédagogies nouvelles ne soient la caution sur le terrain d'entreprises aussi ineptes que barbares. Il ne partage pourtant pas le pessimisme foncier ni la posture de Cassandre de son interlocuteur.

Lors du retour de la gauche au pouvoir, après un intermède de droite, Lionel Jospin devient ministre de l'Éducation nationale et

1. CHARTIER, 1984, p. 20.
2. PROST, 1984, p. 41.
3. GAUCHET, 1985 (b), p. 55.
4. FINKIELKRAUT, GAUCHET, 1988 (c), pp. 130-152.

porte un certain nombre de nouvelles réformes. La controverse scolaire revient au premier plan, opposant les pédagogistes à ceux qui se disent républicains. Le malaise de l'école dans tout son édifice, de la maternelle à l'université, est de nouveau interrogé de manière plurielle dans *Le Débat*[1]. De cette institution particulièrement sensible au cœur des institutions républicaines, « il s'agit de savoir si les évolutions récentes et en cours trahissent ou respectent l'inspiration primordiale. Il faut redire à cet égard, contre le sarcasme médiatico-technocratique qui n'y veut voir que billevesées passéistes, que c'est *la* discussion essentielle et que c'est faute d'avoir été sérieusement menée que la désorientation et l'inquiétude se sont à ce degré installées dans les esprits, en particulier au sein du corps enseignant[2] ».

---

1. « L'école républicaine : maîtres et élèves », et « Sciences-Po : sur la formation des élites en France », *Le Débat*, n° 64, mars-avril 1991.
2. « L'école républicaine : maîtres et élèves », *ibid.*, p. 3.

16

Disparition des maîtres-penseurs

CHANGEMENT D'ÈRE

En ce début des années 1980, avec la disparition des icônes de la *French Theory*, il flotte comme un air de grand effacement. La triade des théoriciens du soupçon sur laquelle elles étayaient leurs positions, Marx, Freud et Nietzsche, est reléguée dans les marges. La philosophie du sujet, de l'homme et de sa rationalité, hier jugée superfétatoire, retrouve sa pertinence et reprend une place majeure dans la pensée, ouvrant sur une nouvelle ère et de nouveaux extrêmes. Sonne le glas des maîtres-penseurs des années 1960, que la mort vient surprendre souvent au faîte de leur gloire, laissant leur message inachevé. Une génération orpheline, qui avait déjà dû panser les plaies de ses illusions perdues, affronte maintenant le deuil de ceux qui incarnaient la pensée la plus exigeante. À l'ambitieux cortège dont le programme devait soulever les montagnes succède celui, funèbre, qui accompagne les héros d'hier à leur dernière demeure.

La mort de Barthes

Pour Barthes, 1977 est une année contrastée. Elle commence par sa consécration, avec sa leçon inaugurale au Collège de France le 7 janvier devant une salle où le Tout-Paris se presse. Comme un rappel pour lui-même, à l'impulsion critique de toute son œuvre théorique, à son horreur obsédante des diverses formes de l'engluement social et de l'empoissement des clichés petits-bourgeois, et sans doute aussi pour se défendre de toute identification à une institution, fût-elle prestigieuse, c'est de ce haut lieu qu'il lance sa fameuse formule provocatrice : « La langue, comme performance de tout langage, n'est ni réactionnaire ni progressiste ; elle est tout simplement fasciste ; car le fascisme, ce n'est pas empêcher de dire, c'est obliger à dire[1]. » Mais le 25 octobre survient le drame tant redouté : le décès de sa mère, Henriette, la véritable compagne de son existence, qu'il n'a jamais quittée. Malade depuis le printemps, elle est assistée jusqu'au bout par son fils, qui reste le plus possible à ses côtés malgré les sollicitations multiples dont il est l'objet. Au cours du dernier mois, il ne quitte presque plus son chevet. Dans *Journal de deuil*, il exprime son chagrin, vécu comme une coupure radicale : « Dans cet acte d'écriture privée, ce geste d'introspection, Barthes cherche à comprendre ce qu'il devient sans elle. Dans le fichier-journal, d'autres remarques complètent le *Journal de deuil* : "Ma mère me faisait adulte, non enfant. Elle disparue, je redeviens enfant. Enfant sans Mère, sans guide, sans Valeur"[2]. » Les trois cent trente fiches qui composent le *Journal de deuil* décrivent ce qu'il appelle les « pratiques du chagrin », révélant un état d'hypersensibilité, son incapacité à mettre la perte à distance, ainsi qu'une véritable acédie, un état mélancolique persistant doublé d'une indifférence à tout ce qui se passe autour de lui. Les mots de consolation de son large cercle d'amis ne parvenant pas à le sortir de cet état, il préfère garder son chagrin pour lui. Le 18 février 1978, au Collège de France, il fait néanmoins mention de la perte qui l'atteint au cœur : « Il s'est produit dans ma vie, certains le savent, un événement grave, un deuil[3]. » Son ami Greimas s'inquiète, et lui répond à l'annonce de la nouvelle de la disparition de sa mère : « Roland, que deviendrez-vous maintenant[4] ? » Cette disparition sape en effet brutalement tout désir

---

1. BARTHES [1977], 1978.
2. SAMOYAULT, 2015, p. 637.
3. Roland Barthes, Collège de France, 18 février 1978, cité dans SAMOYAULT, 2015, p. 641.
4. Algirdas Julien Greimas, cité dans CALVET, 1990, p. 271.

d'écrire et de vivre : « Ce que j'ai perdu, ce n'est pas une Figure (la Mère), mais un être ; et pas un être, mais une qualité (une âme) : non pas l'indispensable mais l'irremplaçable. Je pouvais vivre sans la Mère (nous le faisons tous, plus ou moins tard) ; mais la vie qui me restait serait à coup sûr et jusqu'à la fin inqualifiable (sans qualité)[1]. »

Confronté à une profonde crise existentielle alors qu'il se trouve, après le succès public de ses *Fragments du discours amoureux*, au sommet de sa notoriété, Barthes subit, dans un climat moins favorable qu'à l'époque de la polémique avec Raymond Picard, un nouvel assaut de la Sorbonne avec la publication d'*Assez décodé*, de René Pommier, au style particulièrement violent[2]. Au même moment, il est le héros d'un pastiche, moins méchant que drôle, *Le Roland-Barthes sans peine*[3], dans lequel les auteurs décryptent le discours barthésien comme s'il s'agissait d'une langue nouvelle dont le vocabulaire ne serait que partiellement d'origine française. Dans le style d'un manuel, l'ouvrage propose quelques éléments de conversation, résumés, exercices, règles, et une gymnastique textuelle pour penser directement en R. B. et le « traduire » en français :

> 1) Comment t'énonces-tu, toi ? Français : Quel est votre nom ? ;
> [...] 3) Quelle « stipulation » verrouille, clôture, organise, agence l'économie de ta pragma comme l'occultation et/ou l'exploitation de ton ek-sistence ? Français : Que faites-vous dans la vie ? ;
> 4) (J')expulse des petits bouts de code. Français : Je suis dactylo[4].

On peut en rire, et l'on en a ri de bon cœur, mais Barthes en a été profondément affecté. Non qu'il soit dénué de sens de l'humour, mais cette parodie tombe à un très mauvais moment. Durement éprouvé par la mort de sa mère, il n'a pas le cœur à rire et voit dans ces ouvrages comme le signe d'un combat inachevé qu'il faudrait poursuivre alors qu'il n'en a plus le goût.

Barthes trouve cependant encore la ressource de se rendre chez

---

1. BARTHES, 1980 (b), p. 118.
2. POMMIER, 1978.
3. BURNIER et RAMBAUD, 1978.
4. *Ibid.*, pp. 17-18.

Jean Daniel pour lui demander une chronique dans *Le Nouvel Observateur*. Elle lui est tout de suite chaleureusement accordée et il la tiendra de décembre 1978 à mars 1979. Mais celle-ci déçoit son public pourtant fidèle : la critique corrosive des *Mythologies* n'est plus là. Barthes n'a pas perdu son talent, mais les temps ont changé et le paradigme critique reflue chaque année davantage. Dans un tel contexte de crise du désir, il n'y a plus qu'un seul véritable ressort à l'écriture, que Barthes livre dans un entretien accordé au *Nouvel Observateur* quatre jours avant l'accident fatal. Questionné sur ce qui le pousse à écrire, il répond : « C'est une manière, tout simplement, de lutter, de dominer le sentiment de la mort et de l'abolissement intégral[1]. »

Le 25 février 1980, Barthes sort d'un déjeuner organisé par Jack Lang autour du responsable socialiste François Mitterrand, alors premier secrétaire du PS. Rentrant de ce déjeuner, il se dirige vers le Collège de France et, traversant la rue des Écoles, est renversé par un camion de blanchisserie : « Le choc fut violent. Il gît sans connaissance sur la chaussée[2]. » La circulation est stoppée et les secours arrivent sur les lieux de l'accident. On cherche en vain sur le blessé des papiers d'identité, mais on trouve une carte du Collège. On se renseigne et son ami Robert Mauzi, professeur à la Sorbonne, confirme son identité. Alors qu'il est hospitalisé à la Salpêtrière, le communiqué de l'AFP est plutôt rassurant : son état ne suscite pas d'inquiétude. Barthes reprend conscience le soir même au milieu de ses amis accourus à l'hôpital et en présence de son frère Michel Salzedo. Son insuffisance pulmonaire se révèle cependant plus sérieuse que prévu et nécessite une intubation. Le 26 mars, à son décès, le médecin légiste conclut que l'accident, sans être la cause directe de la mort, a provoqué des complications pulmonaires chez un sujet affaibli depuis longtemps sur ce plan. Deux thèses s'opposent chez ses proches. Pour certains, sa mort clinique résulte des complications organiques qui ont suivi l'accident ; pour d'autres, Barthes s'est laissé mourir car il avait perdu toute appétence de la vie depuis la disparition de sa mère. C'est la conviction de son amie Julia Kristeva, ainsi que celle de

---

1. BARTHES, 1980 (a).
2. SAMOYAULT, 2015, p. 13.

son premier biographe, Louis-Jean Calvet[1]. Jacques Derrida met au pluriel « les morts de Roland Barthes[2] ». Raisons médicales ? Raisons psychologiques ? Nul ne le sait vraiment, mais, quelles qu'elles soient, elles ne comblent pas le manque provoqué par la disparition du héros le plus aimé de l'épopée structuraliste. Il laisse de nombreux disciples, mais pas de véritable école. Le « système Barthes », comme le nomme Louis-Jean Calvet, relève plus du regard que de la théorie. C'est surtout l'homme, ses émotions, la singularité de son regard sur le monde dont la perte en cette année 1980 est irremplaçable : « Une voix originale, la plus susceptible d'apporter quelque chose que j'aie jamais entendue, s'était tue et le monde m'est apparu définitivement plat : il n'y aurait plus jamais la parole de Barthes sur quelque sujet que ce soit[3]. »

La mort en deux temps de Lacan

L'année suivante, 1981, est celle de la disparition d'un autre gourou de la période, Jacques Lacan. Avec lui, c'est une discipline, la psychanalyse, et l'école qu'il a fondée qui vont connaître de hautes turbulences. Depuis un moment déjà, le vieux maître n'est plus que l'ombre de lui-même, notamment depuis le jour de l'automne 1978 où il a perdu l'usage de la parole lors de la séance inaugurale de son séminaire. Voilà l'homme de paroles par excellence privé de parole ! Devenu aphasique, il poursuit néanmoins son enseignement, dessinant au tableau, faute de pouvoir parler, de complexes figures topologiques. « Chacun regardait le vieil homme en proie à une immense lassitude et privé de cette voix sublime qui avait tenu en haleine, pendant un quart de siècle, des générations d'intellectuels et de psychanalystes[4]. » Cette échappée vers les nœuds borroméens déroute nombre d'intellectuels fascinés jusque-là par un Lacan qui a réussi à installer la psychanalyse au cœur des humanités, à l'intersection des grands débats théoriques,

---

1. Calvet, 1990, pp. 300-301.
2. Derrida, 1981.
3. Olivier Burgelin, cité dans Calvet, 1990, p. 315.
4. Roudinesco, 1993, p. 515.

interpellant notamment la philosophie sur son propre terrain, celui de la réflexion sur le Sujet.

Le milieu des années 1970 a représenté pour Lacan, comme pour Barthes, un moment où des contestations radicales ont commencé à ébranler son bel édifice. En 1976, Foucault donne le signal d'une remise en cause de ce qui est devenu la doxa avec le premier volume de son *Histoire de la sexualité : La volonté de savoir*[1]. Il s'en prend à ce que Robert Castel a appelé le « psychanalysme[2] », cette tendance de l'époque à tout rabattre sur une explication freudienne. Sa cible majeure, même s'il n'est pas mentionné, est Lacan. Foucault prend le contre-pied des thèses selon lesquelles la société serait depuis l'âge classique de plus en plus répressive au plan des comportements sexuels. Tout au contraire, selon Foucault, jamais la société n'a autant incité à une profusion des discours sur le sexe : « Depuis la fin du XVIe siècle, la mise en discours du sexe, loin de subir un processus de restriction, a au contraire été soumise à un mécanisme d'incitation croissante[3]. » Et Foucault de se moquer des psychanalystes qui auraient pris le relais du confessionnal en faisant désormais passer le pêcheur sur le divan et ouvert commerce en mettant leurs oreilles en location. Si cette thèse suscite résistances et débats, son succès est indéniable et le livre est vendu à plus de cent mille exemplaires.

La contestation prend un tour encore plus inquiétant lorsqu'elle émane de l'école lacanienne elle-même, l'École freudienne de Paris (EFP). Lorsque François Roustang publie, en 1976, *Un destin si funeste*, il s'en prend à une psychanalyse « menacée de devenir une religion, la seule religion possible aujourd'hui à l'Ouest[4] ». En fait de construction scientifique, la trilogie symbolique, imaginaire et réel renvoie, selon Roustang, ancien jésuite, à la théologie trinitaire, le Nom-du-Père au Christ, et le recours à l'Écriture à la tradition chrétienne. Roustang voit notamment cette religiosité se réaliser en acte dans ce temps fort de l'analyse qu'est le transfert. Si la relation analytique chez Freud est bien fondée sur le transfert, il se donne

1. FOUCAULT, 1976.
2. CASTEL [1973], 1976.
3. FOUCAULT, 1976, p. 21.
4. ROUSTANG, 1976, p. 41.

pour objectif de le défaire, alors que Lacan joue sa pérennisation. Avec sa théorisation du transfert de travail, il a ainsi retenu ses disciples dans un rapport de dépendance totale de même qu'avec la règle qu'il a instituée dans sa revue, *Scilicet*, où seul le maître a le droit de signer les articles de son nom propre : « Ce *Destin si funeste* provoque un beau remue-ménage sur la scène de l'EFP, par *Confrontation* interposé, où son auteur obtient un formidable triomphe. Il faut dire qu'il matérialise le déjà-là d'une crise préparée par le mathème[1]. »

Dans la revue de l'EFP, *Ornicar ?*, Charles Melman contre-attaque contre ce « festin pas honnête[2] », et reproche à Roustang d'avoir confondu le dessein et le destin, en s'appuyant sur une coquille des *Écrits*. Derrida répond à son tour en qualifiant Melman de facteur : « Dans la langue anglaise, [...] facteur, c'est mailman[3]. » L'école lacanienne, en cette fin des années 1970, est en proie à des luttes intestines, au désarroi théorique et à la fétichisation du mathème. Une guerre de succession aux effets dévastateurs se joue dans l'ombre du vieux maître.

C'est dans ce climat que paraît le pamphlet du jeune philosophe François George, *L'Effet 'yau de poêle*, qui tourne le lacanisme en dérision et le présente comme une des grandes mystifications du siècle[4]. À la manière du *Roland-Barthes sans peine*, François George parodie le langage lacanisé, expression du snobisme le plus convenu, enfermé, à l'égal d'un certain marxisme, dans une similaire langue de bois. L'auteur stigmatise les manipulations du gourou Lacan. Il ne s'agit pas d'une analyse de la doctrine, François George prend au mot Lacan, comme lorsque ce dernier présente au parterre ébloui de son séminaire un éléphant par la simple énonciation du vocable « éléphant » : « Montrer un éléphant en son absence, voilà qui, il est vrai, définit assez bien son art, dont on pourrait dire, pour ne pas en trahir le style, qu'il est celui de la Trompe[5]. » François George rejoint la critique de Roustang mais sur le registre du sarcasme, mettant l'accent sur l'évacuation de

---

1. ROUDINESCO, 1986, p. 636.
2. MELMAN, 1977.
3. DERRIDA, 1979, p. 543.
4. GEORGE, 1979.
5. *Ibid.*, pp. 48-49.

l'homme au profit d'une épure religieuse qui se tient à distance du corps et de ses humeurs. L'affectif, chez Lacan, est une grossièreté, et le corps n'est qu'un résidu. Quant au sujet barré, $, il évoquera le dollar pour l'analyste, et le ver de terre coupé en deux par la bêche du jardinier pour l'analysant, geste répété par celui qui est supposé savoir lorsqu'il pratique la scansion et somme son client d'interrompre la séance par l'injonction de « se barrer ». Le fameux objet petit (a) de Lacan, si mystérieux, n'est selon François George qu'un petit tas d'excréments, une banale merde empirique : « Ce petit a, ou cette grosse commission, en vient à recouvrir tout ce qui est lié au corps[1]. » Évacuation du corps et adoration du Signifiant qui ne répond jamais puisqu'il n'y a pas d'abonné au numéro de l'Autre absolu : Lacan aurait essayé de créer une nouvelle religion « remplaçant le mythe de la Croix par celui de la Barre[2] ». La charge est sévère, et le succès de l'ouvrage est à la hauteur du talent humoristique de l'auteur. L'écho que rencontre ce pamphlet est en tout cas symptomatique de l'état de crise et du discrédit qui commencent à affecter l'école lacanienne. Dans *Le Monde*, Roland Jaccard fait l'éloge de ce pamphlet : « Le séminaire [de Lacan] attira longtemps gogos, jobards et snobs [...]. Souhaitant sauver la psychanalyse française de la médicalisation qui la guettait et de la médiocrité où elle stagnait, il réussit en quelques années le tour de force de la déconsidérer sur le plan tant clinique — avec la pratique suicidaire des séances réduites à quelques minutes — qu'intellectuel[3]. » Si cet article suscite des réactions hostiles, le caractère explosif de l'essai de François George ne décline pas pour autant, et à la fin du mois d'octobre 1979 c'est Jean-Paul Enthoven qui, dans *Le Nouvel Observateur*, fait un nouvel éloge de l'ouvrage sous le titre provocant : « Pour un ultime hommage au camarade Lacan ». Enthoven ne voit que justice dans cette satire, la prédilection lacanienne pour les tropes et son mépris pour les tripes ayant ridiculisé l'institution. Celle-ci a ouvert la voie à un maître qui se donne tous les droits pour combler le manque qu'il a placé au poste de commande de son discours : « Il est devenu,

1. *Ibid.*, p. 54.
2. *Ibid.*, p. 87.
3. JACCARD, 1979.

en quelque sorte, la contre-valeur du "manque" qui circule comme une monnaie fiduciaire dans le peuple lacanien[1]. »

Au même moment, en 1979, des courants contradictoires secouent l'EFP sur fond de crise et de départs spectaculaires, comme celui de Françoise Dolto. Quant au maître Lacan, atteint par un cancer, il est la proie de luttes de clans qu'il ne maîtrise plus. C'est dans ce contexte délétère qu'il prononce le 5 janvier 1980 la dissolution de l'EFP. Comme de Gaulle a renoncé un jour au RPF, il renonce à sa « chose ». Cet acte d'autorité, sinon d'autoritarisme, consacre la victoire de Jacques-Alain Miller qui, selon Solange Faladé, serait même l'auteur de la fameuse missive qui annonce la dit-solution : « Lacan ne pouvait plus écrire. Il a été décidé que Miller rédigerait la lettre et que Lacan la corrigerait[2]. »

Lacan y invoque l'échec de son école pour justifier sa dispersion : « Je n'ai plus d'École. Je l'ai soulevée du point d'appui (toujours Archimède) que j'ai pris du grain de sable de mon énonciation. Maintenant j'ai un tas — un tas de gens qui veulent que je les prenne. Je ne vais pas en faire un tout. Pas du tout. [...]. Donc, il faut bien que j'innove, puisque cette École, je l'ai loupée[3]. » C'est donc de Lacan et de lui seul que dépend le sort des troupes dispersées de l'École. Il reçoit quelque mille lettres de candidats prêts à poursuivre l'aventure avec lui, dont trois cents émanent de l'EFP. Fort de ce soutien et légitimé par ce référendum qui dépasse ses espérances, il crée en février la Cause freudienne : « La lettre aux mille est bientôt appelée "Mille-errent" par les opposants, lesquels sont qualifiés par leurs adversaires de "référendards", de "faussaires avérés" et de "colle-lègues" ne voulant pas "d'écoler"[4]. » Ce qui avait commencé sur l'air le plus sérieux du désir de science s'achève dans un climat de dérision qui mène inexorablement le navire au naufrage.

Le drame est complet lorsque la mort emporte Lacan le 9 septembre 1981, à quatre-vingts ans, des suites d'une tumeur abdo-

---

1. ENTHOVEN, 1979.
2. Solange Faladé, citée dans ROUDINESCO, 1986, p. 654.
3. LACAN, 1980.
4. ROUDINESCO, 1986, p. 658.

minale. Il aurait eu le temps de prononcer ces quelques mots : « Je suis obstiné [...]. Je disparais[1]. » Cette disparition est perçue par tous comme un événement majeur. Dans le plus pur style lacanien, *Libération* publie le 11 septembre un numéro spécial sous le titre : « Tout Fou Lacan ».

La double mort d'Althusser

Louis Althusser, autre grand maître de la période, formateur de toute une génération de philosophes, meurt lui aussi en deux fois. Il disparaît une première fois intellectuellement, lorsque l'on diagnostique son irresponsabilité après son passage à l'acte psychotique, puis physiquement, près de dix ans plus tard, le 22 octobre 1990. La tragédie frappe en effet Althusser. Le 16 novembre 1980, dans cet appartement de l'École normale de la rue d'Ulm qu'il n'a pas quitté depuis son retour de la guerre, Hélène, sa femme, est trouvée morte. Le philosophe s'accuse de l'avoir étranglée, ce que confirme l'autopsie. Althusser est immédiatement transféré à l'hôpital Sainte-Anne. Son état de démence ne permet même pas au juge Guy Joly de lui notifier l'inculpation d'homicide volontaire, et l'expertise psychiatrique le déclare irresponsable de son acte et débouche sur une ordonnance de non-lieu le 23 janvier 1981.

La santé mentale d'Althusser a toujours été précaire : souffrant d'une psychose maniaco-dépressive qui l'éloignait régulièrement de son magistère, il a suivi un traitement par électrochocs et entrepris une narco-analyse de douze ans. Son ami K. S. Karol raconte qu'au début de juillet 1980 Althusser est tombé dans une dépression encore plus grave que les précédentes. Le départ du couple en octobre dans le Midi n'a pas permis un véritable rétablissement : « Il ne recevait presque personne, ne lisait rien, parlait peu et envisageait de retourner en clinique. Son état s'était aggravé à la veille du dernier week-end, au point qu'Hélène décida d'annuler les rendez-vous qu'elle avait pris pour lui[2]. »

1. Id., 1993, p. 525.
2. Karol, 1980.

En ce mois de novembre 1980, c'est désormais un mort-vivant, un penseur reconnu irresponsable de ses actes et de ses pensées ; il est condamné à la quarantaine, à survivre à l'écart du monde, seul, entouré d'un groupe restreint de fidèles. Un désarroi profond affecte le courant althussérien, entraînant certains d'entre eux vers la dernière des extrémités : Nicos Poulantzas, sociologue et professeur à Vincennes, s'était défenestré le 3 octobre 1979 ; Michel Pêcheux, linguiste althussérien, met fin à ses jours le 10 décembre 1983.

Dix années après le drame qui a réduit Althusser au silence, le 22 octobre 1990, le philosophe meurt une seconde fois, à soixante-douze ans, d'une défaillance cardiaque au centre de gériatrie de La Verrière. Un dernier hommage lui est rendu par la foule de ses anciens élèves de philosophie. Dans *Le Monde*, André Comte-Sponville salue « Le Maître brisé » — « Il est trop tôt pour faire un bilan. Le Maître nous a trop marqués[1] » —, tandis que Christian Delacampagne situe son œuvre dans la lignée de celles de Marx et Spinoza. Étienne Balibar, prononçant le dernier hommage à l'occasion de son enterrement le 25 octobre, salue en lui une faculté unique d'écoute, une capacité d'inclure les autres dans son propre travail : « C'est pourquoi, moi qui, comme toute une génération, ai tout appris, sinon de lui, du moins grâce à lui, je ne trouve pas que le nom de "Maître" lui convienne bien[2]. »

L'état du marxisme étant alors celui du coma dépassé, si l'homme, le pédagogue et l'ami que fut Althusser reçoit de multiples hommages, sa tentative de rénovation du marxisme, elle, subit un échec patent. Pouvait-il en être autrement ? L'entreprise était animée de la plus grande rigueur et d'une profonde honnêteté, mais on peut cependant se demander, avec Robert Maggiori, si, « en voulant faire du marxisme une science et tuer l'humanisme, en négligeant les exigences éthiques, il n'a pas contribué à tuer le marxisme en voulant le sauver[3] ». Encore une ruse de la raison qui serait la revanche posthume de la dialectique contre la coupure épistémologique.

---

1. COMTE-SPONVILLE, 1990.
2. BALIBAR, 1991, pp. 120-121.
3. MAGGIORI, 1990.

Disparition de Foucault à moins de soixante ans

Décidément, ce début des années 1980 est cruel avec les héros de la vie intellectuelle française. Le 25 juin 1984, c'est la stupéfaction lorsque l'on apprend la mort de Michel Foucault, à l'âge de cinquante-sept ans, frappé brutalement par le sida, alors qu'il était en pleine rédaction de son *Histoire de la sexualité*. Avec Foucault disparaît l'incarnation même des espérances politiques et des ambitions théoriques de toute une génération. Il ne fut ni un chef d'école, ni le défenseur des frontières d'une discipline particulière ; beaucoup plus que cela, il fut le réceptacle génial de son époque : structuraliste dans les années 1960, individualiste dans les années 1980. Observateur d'une acuité exceptionnelle, critique sans égal des préjugés et des prêts-à-penser, il laisse lui aussi une foule de fidèles sans voix, d'autant que ceux-ci n'appartiennent à aucune confrérie.

Alors que la presse ne sait pas encore ce qui a emporté Foucault, la nouvelle de sa mort est un événement à la mesure de la dimension du personnage. *Le Monde* lui consacre un grand titre en une, et Pierre Bourdieu rend hommage à celui qui a su faire partager « le plaisir de savoir[1] ». Dans le même journal, Roger-Pol Droit exprime son émotion devant la disparition de celui qui fut un relativiste absolu, à la manière de Nietzsche, se jouant des classifications. Son œuvre paradoxale échappe à toute tentative d'enfermement, des sauts incessants le faisant surgir là où on ne l'attendait pas et son visage s'effaçant de ses détours discursifs. Bertrand Poirot-Delpech y voit « une ascèse de l'égarement ». Paul Veyne, Roland Jaccard, Philippe Boucher et Georges Kiejman restituent le parcours de celui qui fut aussi un combattant, un citoyen actif, un symbole de toutes les résistances contre les machines enfermantes.

Une photo pleine page du philosophe couvre la une de *Libération* avec ce titre neutre que l'on retrouve partout et exprimant au mieux l'émotion contenue devant la perte d'un compagnon irremplaçable : « Foucault est mort ». Serge July rend hommage au « démineur des lendemains[2] », saluant celui qui a su pressentir les changements

1. BOURDIEU, 1984.
2. JULY, 1984.

dans les modes de pensée et préparer l'avenir. Robert Maggiori note l'ironie macabre qui fait coïncider la disparition de Foucault et le nouvel usage des plaisirs qu'il prône dans ses derniers livres, invitant à faire de l'existence une œuvre d'art. Dans *Le Nouvel Observateur*, son ami Jean Daniel consacre son éditorial à « La passion de Michel Foucault[1] », et Pierre Nora, son éditeur, voyant dans cette disparition le signe d'une clôture, évoque « Nos années Foucault » : « Foucault mort : il n'y a pas un intellectuel de ce pays qui ne se sente par ces mots atteint lui-même à la tête et au cœur [...]. Cette mort est un peu la nôtre et comme le glas de ce qu'avec lui nous avons vécu[2]. » C'est bien un monument de la pensée qui s'en va au matin du 29 juin 1984 lorsque, dans la cour de l'hôpital de la Pitié-Salpêtrière, une petite foule[3] écoute religieusement le dernier hommage rendu par Gilles Deleuze, l'ami réconcilié, qui souligne « la dignité et la force de vie » de Michel Foucault, reconnaît « l'un des plus grands philosophes de tous les temps », puis ajoute : « Chacun de nous a des raisons de vivre avec cette philosophie bouleversante[4] », avant de donner lecture d'un fragment de la préface de *L'Usage des plaisirs*[5].

Disparition du « fou d'Elsa »

À la veille de Noël 1982, on apprend la mort, à l'âge de quatre-vingt-cinq ans, de Louis Aragon. À cette date, il est une légende, au point que certains le croient mort depuis longtemps déjà. Depuis le décès en juin 1970 de sa compagne de toujours, Elsa Triolet, il a disparu des projecteurs de l'actualité : « Avec la mort d'Elsa,

---

1. DANIEL, 1984.
2. NORA [1984], 2011.
3. Dans cette foule se trouvent, outre le garde des Sceaux, Robert Badinter, Yves Montand, Simone Signoret, Ariane Mnouchkine, André Glucksmann, Claude Mauriac, ses collègues du Collège de France (notamment Georges Dumézil, Pierre Bourdieu, Pierre Miquel, administrateur de la Bibliothèque nationale) et de très nombreux universitaires (parmi lesquels Jacques Derrida, Michel Serres, Michel Deguy et Jacques Le Goff). L'édition est aussi représentée, avec notamment Claude Gallimard, Pierre Nora et Jérôme Lindon (informations reprises du *Monde*, 30 juin 1984).
4. Gilles Deleuze, cité dans *ibid.*
5. FOUCAULT, 1984 (c).

minuit sonne dans la vie d'Aragon[1]. » En 1972, la direction du Parti signifie à son écrivain iconique que son périodique culturel, *Les Lettres françaises*, déficitaire, doit cesser de paraître. Comme il l'écrira, il a appris à ne pas crier lorsque cela lui fait mal et n'élève aucune protestation publique, alors qu'il vient de perdre le socle même de ce qui constitue son identité d'intellectuel. Vient le temps de la « Valse des adieux », faite de douleur, de blessures et de désespoir. L'écrivain se métamorphose, renonçant à sa tenue traditionnelle, celle des costumes croisés et des cravates : il se laisse pousser les cheveux et se pare de vêtements excentriques. Lui qui symbolisait le couple idéal avec Elsa entreprend une seconde vie, celle-là homosexuelle. Il s'entoure de jeunes hommes qui constituent sa cour, sous le silence pudique et gêné de la direction du Parti, qui ne dit mot : « Aragon a fait le vide autour de lui. Tous ses amis d'autrefois s'éloignent, sidérés par la métamorphose du poète, ou bien, s'ils insistent, se trouvent clairement dissuadés par lui de venir encore frapper à sa porte[2]. » Au soir de sa vie, Aragon fait de Claude Gallimard son légataire testamentaire chargé du devenir de son œuvre ; c'est le fils de ce dernier, Antoine, qui, passionné par son œuvre et ami du poète, se chargera de cette mission au sein de la maison. Malgré la Légion d'honneur que lui remet François Mitterrand à l'Élysée le 21 novembre 1981, en dépit d'un cercle restreint de nouveaux amis fidèles, Aragon reste très seul, de plus en plus égaré, un pied dans la réalité, l'autre dans l'outre-monde : « Je ne sais plus qui je suis, j'ai oublié qui je fus, je ne crois pas que je vais être. Cela pourrait également s'écrire : je ne sais qui je fus, que suis-je ? et l'avenir n'est qu'un miroir de ces leurres. Ou : je pense donc j'étais, mais que demain je meure ne prouvera rien pour aujourd'hui[3]. »

Sa disparition, après cette longue phase d'absence sur la scène publique, soulève des hommages unanimes de tous bords. Le président Mitterrand déclare que « la France est endeuillée par la disparition d'un des plus grands écrivains[4] ». La direction du Parti rend

---

1. FOREST, 2015, p. 763.
2. *Ibid.*, p. 801.
3. ARAGON, 2012, p. 1180.
4. MITTERRAND, 1982.

bien évidemment un vibrant hommage à celui qui est resté son icône : « Peu de vies ont à ce point fait honneur aux couleurs de la France, déclare le Comité central. Et c'est notre honneur que pendant plus d'un demi-siècle, liant au chemin de tous sa démarche singulière, Aragon ait été sans jamais faire défaut un communiste[1]. » On peut lire aussi dans *Le Figaro* ces propos laudatifs de Jean d'Ormesson : « Le plus grand poète français est mort. Et un romancier de génie. Et un critique, un essayiste, un polémiste hors pair. Un écrivain universel pour qui tout était possible et qui ne reculait devant rien[2]. »

VARIATIONS AUTOUR DE L'INDIVIDU

Barthes laisse libre cours à sa subjectivité

Au cours des années 1970, le retour du sujet permet à Roland Barthes de se débarrasser de sa cuirasse de théoricien, qui l'empêchait de laisser libre cours à son plaisir d'écriture. Il décide de trancher dans le vif, à l'intérieur même du nœud qui jusque-là entravait l'écrivain à l'homme de science, choisissant cette fois clairement le second. Après avoir défendu le plaisir du texte en 1973[3], il fait un pas de plus vers la subjectivation de son écriture en se prenant lui-même pour objet dans une autobiographie non linéaire rassemblant des informations partielles et éparses, loin des canons habituels du genre. Il appellera ces traits biographiques des « biographèmes ». Si la forme reste fidèle à une certaine déconstruction, le retour sur soi et l'exposition de ses affects et souvenirs révèlent un spectaculaire retour du refoulé. Ces biographèmes tracent aussi les lignes de fuite d'une écriture romanesque non encore pleinement assumée. En une autre occasion, Barthes précise le sens que revêt pour lui une entreprise d'ordre biographique : « Toute biographie est un roman qui

1. « C'est notre honneur », *L'Humanité*, 25 décembre 1982.
2. ORMESSON (D'), 1982.
3. BARTHES, 1973.

n'ose pas dire son nom[1]. » Lorsque paraît en 1975 son *Roland Barthes par Roland Barthes*, l'écrivant fait place à l'écrivain. Le sujet
Barthes s'expose à la troisième personne, sous la forme d'un « il »
qui, tout en maintenant une distance entre le scripteur et son objet,
laisse cependant apparaître des fragments essentiels de lui-même ;
il se livre à ses lecteurs, à la communication intersubjective, source
d'amour plus que de structure, même s'il ne dévoile qu'une partie
de lui-même : sa maladie, sa cure, le sana, sa scolarité. Le sujet qui
transparaît se veut effet de langage plus que référence à une nature
extratextuelle, il donne lieu à un effet Barthes, image mouvante,
source polyphonique de multiples compositions et recompositions
dont seules quelques indications sont transmises pour une partition
et ouverte sur l'infini des interprétations.

Le sujet Barthes se donne surtout à voir par l'exposition de son
corps — exposition physique, sous forme de photographies, et
exposition littéraire de ses manifestations, comme la migraine :
« La division sociale passe par mon corps : mon corps lui-même
est social[2]. » Le corps joue le rôle d'un « mot mana », insaisissable,
multiforme, polymorphe ; il est le signifiant qui occupe la place
de tout signifié. Barthes rappelle qu'il y a corps dans *corpus*. Ce
sujet qui fait retour grâce à l'écoute de ses manifestations corpo-
relles traduit une nouvelle phase dans l'itinéraire barthésien. Il
différencie en effet quatre étapes dans son œuvre : la mythologie
sociale, la sémiologie, la textualité, puis en 1973-1975 la moralité,
dont l'inspirateur est Nietzsche : « Toujours penser à Nietzsche[3]. »

Ce passage à la littérature et à la revendication subjective qui
s'écarte des ambitions de scientificité des sciences humaines est
enfin accompli en 1977 lorsque Barthes publie *Fragments d'un discours amoureux*. L'ouvrage procède d'un séminaire qui s'est tenu
à l'École des hautes études sur les diverses formes de discursivité
autour du thème de l'amour, à partir d'un texte tuteur, archétype
de l'amour-passion, le *Werther* de Goethe. Au-delà de ces deux
années de recherche universitaire, c'est surtout la projection de
sa propre subjectivité sur son objet et l'effet de rétroaction de

1. ID., 1971, p. 89.
2. ID., 1975, p. 128.
3. *Ibid.*, p. 164.

cet objet sur lui-même qui l'intéressent : « J'en arrivais même à mêler des figures qui venaient de ma vie aux figures de *Werther*[1]. » À partir de 1975, Barthes effectue un travail sur lui-même — il commence une analyse avec Lacan — et « s'engage plus directement dans un dialogue avec la psychanalyse comme langage[2] ». Ses *Fragments d'un discours amoureux*[3] portent la trace de cette influence lacanienne sur ses catégories d'analyse, auxquelles il adjoint des éléments extraits de la tradition mystique et relevant d'exercices spirituels : « S'abîmer, Annulation, Ascèse, Laetitia, L'embrasement, L'inconnaissance, Le rapt, Le ravissement, Union[4]. » Barthes se livre personnellement, au grand étonnement de son premier cercle d'amis, auprès duquel il ne s'était jamais autant mis à nu.

Il renonce à l'idée de faire paraître un traité sur le discours amoureux, et décide d'écrire lui-même le « discours d'un sujet amoureux[5] », où il est explicitement question d'un sujet singulier qui n'est autre que Barthes lui-même. Il assume cette fois le « je », même si celui-ci devient une composition qui dépasse l'expression du seul Roland Barthes, tout en portant fortement son empreinte, comme dans l'écriture romanesque, cette fois revendiquée.

Ce tournant traduit le retour de Barthes à la littérature, y compris dans ses séminaires : « Au niveau des cours, je vais revenir à des matériaux proprement littéraires[6]. » Avec ce nouveau mariage du sémiologue et de l'écrivain, c'est le succès public tant espéré, le sommet de l'histoire d'amour entre Barthes et ses lecteurs qui vaut tous les diplômes du monde. Bien au-delà du cénacle des universitaires, Barthes touche cette fois un large lectorat, comme l'atteste le chiffre des ventes de l'ouvrage qui devient immédiatement un best-seller : les quinze mille exemplaires du tirage initial sont immédiatement épuisés, tandis que sept autres éditions seront nécessaires la seule année de la sortie, soit soixante-dix-neuf mille exemplaires vendus. En 1989, les ventes atteignent le nombre peu

---

1. ID. [1977], 1981, p. 266.
2. SAMOYAULT, 2015, p. 623.
3. BARTHES, 1977.
4. SAMOYAULT, 2015, p. 625.
5. BARTHES, 1981, p. 266.
6. *Ibid.*, p. 270.

habituel dans le domaine des sciences humaines de cent soixante-dix-sept mille exemplaires.

Foucault et le gouvernement de soi

Il est étonnant de voir deux des maîtres-penseurs de l'époque, Barthes et Foucault, engagés dans un processus similaire de distinction entre le discours sur l'amour et celui sur la sexualité, portés par une même volonté de s'extraire du discours sur la différence des sexes, tout en poursuivant un travail sur soi similaire aux exercices spirituels. Devant la multiplication des critiques et des réticences gênées de ses amis face à ses thèses sur la sexualité, Foucault est profondément fragilisé, au point d'abandonner tout son programme de travail déjà prêt sur son bureau et annoncé en 1976 dans *La Volonté de savoir*. Il ne publie le deuxième tome de son *Histoire de la sexualité* qu'en 1984, soit après sept ans de silence et sur des bases totalement renouvelées : « Foucault éprouve l'amer sentiment d'avoir été mal lu, mal compris. Mal aimé peut-être : "Vous savez pourquoi on écrit ?" avait-il demandé à Francine Pariente, lorsqu'elle était son assistante à Clermont-Ferrand. "Pour être aimé[1]." »

Foucault traverse alors une véritable crise personnelle qui le pousse vers une confrontation entre sexualité et éthique, et non plus entre sexualité et pouvoir. Il accentue le tournant amorcé vers la construction d'une ontologie historique du sujet dans ses rapports avec la morale. Délaissant son programme initial de travail, il infléchit son regard. Il abandonne la perspective du biopouvoir, celle du sujet assujetti par les diverses modalités du pouvoir, pour lui substituer une problématisation du sujet et de ses processus de subjectivation :

> Les deux dernières années de cours au Collège de France furent placées sous le signe du courage de la vérité. En effet, elles se présentent comme des études historiques sur la notion de *parrêsia* dans la culture grecque, des tragiques aux cyniques, en passant par les

---

1. Michel Foucault, cité dans Éribon, 1989, pp. 292-293.

philosophes politiques. La *parrêsia*, c'est le tout-dire, le dire-vrai, le franc-parler, le courage de la vérité[1].

Son ami Deleuze s'inquiète d'apprendre qu'il se consacre à une « vieille lune » de la tradition philosophique, ignorant les raisons de ce choix : « Foucault est entré dans une stratégie du secret, cherchant à cacher sa maladie, et en même temps il déploie un beau et puissant discours sur le courage de la vérité[2]. » En soulignant cette contradiction, François Noudelmann établit un lien entre les fonctions psychiques du langage philosophique et le vécu propre du sujet philosophe : « Il ne s'agit aucunement dans notre propos de dénoncer un mensonge moral, mais d'observer la production féconde d'un "mensonge spéculatif"[3]. »

Les intitulés de ses cours au Collège de France sont significatifs de la radicalité du tournant qu'il accomplit, même si aucune parution ne vient l'attester avant 1984. En 1980-1981, le cours est consacré à « Subjectivité et vérité », l'année suivante à « L'herméneutique du sujet », puis en 1982-1983 au « gouvernement de soi et des autres »[4]. Ce retour sur soi résulte d'un nouveau rapport avec le politique et d'une urgence personnelle : il se sait condamné par sa maladie. Selon Paul Veyne, très proche de Foucault dans les dernières années, où il le guidait dans son exploration du monde gréco-romain : « Il a su très tôt quelle maladie il avait et que cette maladie était absolument inéluctable [...]. Ses derniers livres sur l'éthique ont été des livres d'exercice spirituel au sens chrétien ou stoïcien du terme[5]. » En novembre 1983, Foucault note dans son journal intime qu'il se sait atteint du sida, mais que son hystérie lui permet de l'oublier : « Aussi une bonne partie de son énergie intellectuelle a-t-elle été employée à combattre la normativité imposée par le savoir du "sexe" et à résister aux effets de pouvoir qu'induit ce discours

1. Gros (dir.), 2002, p. 7.
2. Noudelmann, 2015, p. 68.
3. *Ibid.*, p. 68.
4. Ces cours au Collège de France ont été publiés en plusieurs volumes dans la collection « Hautes études », coéditée par l'EHESS, Gallimard et le Seuil (Foucault, 2001, 2008, 2009 et 2014).
5. Veyne, 1988.

de vérité[1]. » À l'occasion de la publication du deuxième volume
de l'*Histoire de la sexualité*, Foucault explique son mutisme et
répond aux critiques qui lui ont été faites lors de la parution de *La
Volonté de savoir*. Il ne dévoile sa démarche que pour mieux voiler
ce qui la motive au plus profond, justifiant ses derniers livres par la
recherche tâtonnante qui traverse toute son œuvre d'une histoire de
la vérité. Il considère que le projet d'historicisation de la sexualité
qu'il annonçait dans *La Volonté de savoir* comme étude du biopouvoir au cours de la période du XVIe-XIXe siècle a buté sur une aporie
et ne permettait pas de répondre à l'essentiel : « Je me suis aperçu
que ça ne marchait pas ; il restait un problème important : pourquoi
avions-nous fait de la sexualité une expérience morale[2] ? » Cette
question impliquait un détour pour en saisir les racines préchré-
tiennes. La perspective se renverse alors, la problématisation du
gouvernement des autres laissant la place à la problématisation du
gouvernement de soi-même et des procédures à partir desquelles
le sujet se constitue comme tel.

Ce qui est nouveau, c'est l'objet de cette problématisation : le
sujet, dans son rapport à l'éthique. Dans ce domaine classique de
la philosophie, Foucault procède encore une fois à un renversement
de l'optique traditionnelle, en dissociant la morale de l'éthique. Son
projet, révélé en 1984, est de construire une histoire des différents
modes de subjectivation de l'être humain dans notre culture. Foucault explique alors qu'il n'a pris le pouvoir pour objet que pour
mieux saisir les pratiques constitutives du sujet : « Chaque fois que
j'ai essayé de faire un travail théorique, ça a été à partir d'éléments
de ma propre expérience[3]. » Cela nous ramène à la tragédie personnelle que vit Foucault, en proie aux ravages du travail de la mort en
son propre corps : « Dans *L'Usage des plaisirs*, j'ai essayé de montrer qu'il y a une tension croissante entre le plaisir et la santé[4]. »
Ces propos de Foucault traduisent bien l'horizon autobiographique
dans lequel s'inscrit sa problématisation philosophique, destinée à
permettre un travail de soi sur soi dans la lutte contre une maladie

1. ID., 2008, p. 209.
2. FOUCAULT, 1984 (b).
3. ID., 1981.
4. ID., 1984 (a).

qui redouble de manière insupportable les effets de la marginalité dans laquelle est maintenue l'homosexualité. Il cherche les fondements d'une morale post-conventionnelle hors des impératifs d'intériorisation de la pastorale chrétienne ou de la psychanalyse, dans l'éthique du monde antique comprise comme esthétique de l'existence, et donc leçon pour « faire de sa vie une œuvre[1] ».

Foucault prend à rebours la vision d'une Antiquité païenne dionysiaque, sans foi ni loi, sans tabous, et lui substitue une Antiquité gréco-romaine où la pratique sexuelle s'insère dans une ascèse souvent très contraignante. Pour les Grecs, l'opposition majeure entre les *aphrodisia* différencie les acteurs actifs et les acteurs passifs : les femmes, les garçons, les esclaves. L'homosexualité dans ce cas n'y est pas réprimée, pour autant que l'on soit actif dans les relations avec l'autre. Ce partage institue l'éthique d'une société fondée sur la virilité. La conduite vertueuse dans l'usage des plaisirs ne s'adresse qu'à une caste, celle des hommes libres, et implique la maîtrise de ses pulsions. La ligne de partage se situe ici entre la modération et l'incontinence, entre l'*hubris* (la démesure) et la *diké* (l'équilibre), beaucoup plus qu'entre tel ou tel type de sexualité.

Dans le troisième tome de l'*Histoire de la sexualité*, *Le souci de soi*, Foucault explore le IIe siècle de notre ère, qui voit la réflexion éthique s'infléchir nettement vers une intensification des codes, consécutive à la crise de subjectivisation que traverse le monde romain. Celle-ci ne se trouve plus insérée à l'intérieur des finalités civiques, comme au IVe siècle avant J.-C. Ainsi que le titre, *Le Souci de soi*, le suggère, la maîtrise de soi devient en elle-même sa propre finalité. Le sujet se constitue pleinement comme tel par une « problématisation plus intense des *aphrodisia*[2] », dans une sophistication accrue des procédures par lesquelles le sujet prend possession de lui-même, sur fond de méfiance vis-à-vis des dangers liés à l'usage des plaisirs. Le mariage s'en trouve valorisé et associé à des obligations conjugales plus rigoureuses. Cette éthique austère prend sa source non pas dans une intensification du code moral, mais dans l'attention croissante portée à soi-même, sans pour cela conduire à l'isolement : le souci de soi est ouvert sur des pratiques

1. ID., 1984 (c), p. 16.
2. ID., 1984 (d), p. 53.

socialisantes. Cette éthique s'adresse à toute la classe dirigeante de Rome, qui doit se conformer à un rituel d'ascèse du corps et de l'esprit. Elle doit suivre un régime diététique strict, pratiquer des exercices physiques, consacrer des moments à la méditation, à la lecture, à la remémoration des connaissances acquises.

C'est donc de l'intérieur du sujet que l'on peut saisir son rapport à soi et aux autres, et non comme simple réceptacle de transformations qui lui seraient extérieures. À partir de cette autonomisation, Foucault entend montrer en quoi tout système est arbitraire, qu'il soit grec, romain ou autre. Le véritable objectif qui sous-tend toute sa description est de délier le sujet de son désir, de le libérer de toute forme de culpabilité. Selon son ami Paul Veyne, Foucault est essentiellement un sceptique qui évite toute forme de fondement ontologique pour laisser place à l'effectivité des singularités concrètes : « Vingt-cinq jours avant sa mort, Foucault a résumé sa pensée en un seul mot. Un interviewer pénétrant lui demandait : "Dans la mesure où vous n'affirmez aucune vérité universelle, êtes-vous un sceptique ? — Absolument", répondit-il[1]. » La pathologisation progressive des corps, la culpabilisation montante que va parachever la patristique chrétienne[2], la peur qui envahit des pratiques sexuelles refluant sur la monogamie — autant d'éléments de cette crise avec laquelle se débat Foucault depuis la découverte de son homosexualité. Ce détour par la Grèce et par Rome nous renseigne en grande partie sur le non-dit de l'individu Foucault, sa quête éperdue et urgente d'une ascèse spirituelle, d'un détachement du corps, d'une libération de la culpabilité mortifère, et d'une réconciliation finale avec lui-même. Décidément, le sujet est de retour.

PRENDRE LES ACTEURS AU SÉRIEUX

Dans les années 1980, la pensée de l'agir finit par se substituer à la prévalence accordée aux structures. En 1988, Marcel Gauchet diagnostique un « changement de paradigme en sciences

1. Veyne, 2008, p. 63.
2. Foucault, 2018.

sociales[1] ». Les sciences humaines exaltées durant les années 1960 avaient le pouvoir d'exproprier l'acteur de sa présence, l'attestation de soi. Elles disqualifiaient tout ce qui relevait de l'action, de l'acte de langage, toutes les occasions de conduire des opérations signifiantes. Autour des années 1980, une nouvelle organisation intellectuelle impose le thème de l'historicité et de ses logiques temporelles variables à des structures inertes. Cette période se caractérise par « la réhabilitation de la part explicite et réfléchie de l'action[2] ». Il ne s'agit pas d'un simple retour du sujet tel qu'il était envisagé autrefois dans la plénitude de sa souveraineté et de sa transparence, mais d'un déplacement de la recherche vers l'étude d'une conscience problématisée grâce à la filiation herméneutique et aux travaux de la pragmatique, du cognitivisme ou des modèles du choix rationnel.

Alors que le schéma du dévoilement à l'œuvre, à l'époque de la philosophie du soupçon souveraine, consistait à contourner la strate consciente pour trouver directement les motivations inconscientes, le nouveau modèle, inversant la perspective, fait de l'inconscient un point d'arrivée. La démarche consiste à sauver les phénomènes et les actions signifiants pour expliquer la conscience des acteurs. Il s'agit de retrouver des contemporanéités qui donnent sens par leur caractère connexe sans pour autant procéder à des réductions.

Ce changement de paradigme permet de reformuler des programmes de recherche capables de rendre compte des éléments constitutifs de l'action. Lorsque Luc Boltanski et Laurent Thévenot mènent une enquête sociologique sur les litiges, les « affaires », ils rassemblent un corpus hétéroclite. Le problème, d'un point de vue sociologique, est de comprendre quelles conditions doit remplir une dénonciation publique pour être recevable. Ce travail nécessite la remise en cause d'un des grands partages imposés par le paradigme critique, qui oppose l'ordre du singulier à celui du général : « Loin d'accepter le partage *a priori* entre ce qui est individuel, qui serait dès lors affaire de psychologie, et ce qui est collectif, qui relèverait par là de sa discipline, le sociologue doit traiter la qualification singulière ou collective de l'affaire comme le produit de l'activité

---

1. Gauchet, 1988 (a).
2. *Ibid.*, p. 166.

même des acteurs[1]. » Saisir le processus de généralisation en train de se réaliser présuppose de prendre au sérieux le dire des acteurs, de leur reconnaître une compétence propre à analyser leur situation.

Une illustration de la fécondité de ce tournant descriptif et de cette grammaire de l'action est donnée par l'ouvrage de Luc Boltanski et de Laurent Thévenot, *De la justification*[2], avec leur construction des cités comme modèles de grandeur des individus. Sortant du dilemme entre holisme et individualisme, ils font la démonstration que la réalité sociale n'est pas une mais plurielle, et que c'est à partir de cette pluralité des mondes d'action que s'articulent les processus de subjectivation.

Pour établir leur grammaire protestataire, les enquêteurs disposent de deux axes pour coder les actants de la dénonciation : l'axe traditionnel de l'opposition individuel/collectif a pour fonction de réduire la diversité des affaires et d'arriver à des idéals-types, auquel Boltanski et Thévenot substituent un autre axe de codification, singulier/général, qui permet de traiter l'ensemble du corpus. Le suivi précis de l'argumentation des personnes incriminées permet de rompre avec le schéma moniste en vertu duquel tout partirait d'un état de domination qui ne tiendrait qu'à la puissance des forts sur les faibles.

L'heure est venue de renoncer à la posture dénonciatrice disposant *a priori* qu'une logique est à l'œuvre à l'insu des acteurs, et de se mettre sérieusement à leur écoute. La nouvelle sociologie est ainsi conduite à remettre en cause, comme l'ont fait Bruno Latour et Michel Callon dans le domaine de l'anthropologie des sciences au Centre de sociologie de l'innovation de l'École des mines, le grand partage entre connaissance scientifique et normativité, entre jugement de fait et jugement de valeur[3]. Le sens commun est reconnu comme gisement de savoirs et de savoir-faire. L'ethnométhodologie contribue utilement à la recherche des similitudes entre les explications scientifiques et celles fournies par les acteurs eux-mêmes. Cette approche conduit à un renversement décisif faisant de la critique elle-même un objet de la sociologie, ce que l'ancien

---

1. BOLTANSKI, 1990, p. 23.
2. BOLTANSKI et THÉVENOT, 1991.
3. LATOUR, 1991.

paradigme ne pouvait prendre en charge dans la mesure où, s'appuyant sur une coupure radicale entre faits et valeurs, il maintenait le sociologue à l'abri de toute entreprise critique, dans un « îlot de positivité sur lequel fonder l'ambition d'un dévoilement radical[1] ».

L'épreuve du nouveau paradigme se situe dans l'enquête de terrain et permet de renouer des liens pacifiés entre philosophie et sciences humaines. Ce qui est postulé, c'est la complémentarité entre ces deux niveaux : les sciences humaines sont envisagées comme la continuation de la philosophie par d'autres moyens et contribuent à la réalisation du travail philosophique de constitution d'une grammaire des ordres de justification des acteurs sociaux. Cette nouvelle orientation implique d'accorder toute son importance au « tournant linguistique » et d'attacher une grande attention aux discours sur l'action, à la narration, à la « mise en intrigue », comme l'appelle Ricœur, sans pour cela s'enfermer dans la discursivité. Le chercheur doit s'astreindre « à suivre les acteurs au plus près de leur travail interprétatif [...]. Il prend au sérieux leurs arguments et les preuves qu'ils apportent, sans chercher à les réduire ou à les disqualifier en leur opposant une interprétation plus forte[2] ».

Ce nouveau paradigme peut être qualifié de paradigme interprétatif dans la mesure où il vise à mettre en évidence la place de l'interprétation dans la structuration de l'action en revisitant tout le réseau conceptuel, toutes les catégories sémantiques propres à l'action : intentions, volontés, désirs, motifs, sentiments... La sociologie, en déplaçant son objet de l'institué à l'instituant, réinvestit par là même les objets du quotidien ainsi que les formes éparses et variées de la socialité.

Dans la discipline historique, comme dans la plupart des sciences humaines, c'est aussi la prise en compte du discours des acteurs qui est à l'origine du tournant critique entrepris par la revue des *Annales* en 1988. L'éditorial de son numéro de mars-avril 1988 dramatise la situation sous un titre imprimé en rouge, « Histoire et Sciences sociales. Un tournant critique ? ». Il affirme la nécessité d'établir une nouvelle donne, de nouvelles alliances, et en appelle aux contributions pour redéfinir la spécificité de l'approche historique :

.

1. BOLTANSKI, 1990, p. 53.
2. *Ibid.*, p. 57.

« Aujourd'hui, le temps semble venu des incertitudes. [...] Les paradigmes dominants, que l'on allait chercher dans les marxismes ou dans les structuralismes aussi bien que dans les usages confiants de la quantification, perdent de leur capacité structurante[1]. » Cet appel à contributions donnera lieu à la publication d'un numéro spécial en novembre-décembre 1989. Tous les thèmes développés dans cet éditorial définissent un nouveau programme d'orientation de la recherche historique et annoncent un bouleversement radical et critique des positions antérieures, dont les dangers inhérents à la prévalence accordée jusque-là à la longue durée sont soulignés : « La métaphore de l'étagement des plans de l'histoire et le souci particulier des phénomènes de plus longue durée portent en eux le risque d'oublier les processus par lesquels le nouveau advient[2]. »

L'éditorial des *Annales* affirme par ailleurs avoir cédé à un certain positivisme ou scientisme, délaissant ainsi la dimension interprétative de l'histoire :

> L'histoire sociale a été d'emblée conçue comme celle du collectif et du nombreux. Elle s'est très tôt préoccupée de mesurer les phénomènes sociaux [...]. Un énorme matériel a été ainsi rassemblé et analysé. Mais dans le développement même de la recherche, l'accumulation des données a pris le pas sur l'ambition et parfois le souci même de l'interprétation[3].

Ce néopositivisme a mis à l'écart la variable humaine de l'histoire, la capacité d'autonomie de l'individu en regard de ce qui le conditionne et lui permet de s'inscrire dans le réel à partir de pratiques singulières : « La société n'est pas une chose. Il n'est pas indifférent que nombre de recherches actuelles convergent pour s'écarter des deux grands modèles fonctionnaliste et structuraliste pour se tourner vers des analyses en termes de stratégies[4]. »

Comme le souligne Christian Delacroix, l'historien Bernard Lepetit, alors secrétaire de la rédaction de la revue, joue un rôle majeur dans la définition de ces nouvelles orientations et dans la

---

1. *Annales ESC*, n° 2, mars-avril 1988.
2. *Annales ESC*, n° 6, novembre-décembre 1989, p. 1318.
3. *Ibid.*, p. 1319.
4. *Ibid.*, p. 1319.

conception d'une alliance « qui mobilise l'herméneutique comme ressource théorique ou plutôt qui engage une première *mise en traductibilité* de l'herméneutique dans le dispositif du premier tournant critique[1] ». Un nouveau paradigme se cristallise, réalisant une double conversion pragmatique et herméneutique qui rompt radicalement avec la période précédente, marquée par la prévalence exclusive des phénomènes de longue durée chez Braudel et d'une histoire immobile chez Le Roy Ladurie.

Les jeux de l'ego, ou le miroir de Narcisse

Comme le diagnostique au début des années 1980 le psychanalyste Gérard Mendel[2] sur fond de désillusion des espérances collectives, les logiques d'appartenance subissent une crise de désaffection. Une série d'analyses sur cette mutation sociétale parviennent en France depuis les États-Unis, décrivant le phénomène comme proprement américain : Christopher Lasch observe l'émergence d'une nouvelle sensibilité américaine faisant triompher Narcisse dans un contexte de désespérance sociale et de déclin culturel[3]. Le sociologue américain établit une relation de cause à effet entre la fin du rêve américain de dominer le monde, l'épuisement de ses ressources créatrices, la crise du futur et le repli sur soi, l'exaltation de l'ego : « L'avenir apparaît aujourd'hui si trouble et incertain que le passé semble dénué de sens[4]. » Le narcissisme qui émerge de ce désenchantement est une manière de vivre l'anxiété d'un présent coupé de l'avenir et qui se désintéresse du passé. Le déclin du sens historique exacerbe les réflexes de repli sur le moi : « Vivre dans l'instant est la passion dominante — vivre pour soi-même, et non pour ses ancêtres ou la postérité. Nous sommes en train de perdre le sens de la continuité historique, le sens d'appartenir à une succession de générations[5]. » Lasch passe en revue les symptômes de ce repli égotiste et voit notamment dans l'obsession du bien-être, de la sécurité psychique et physique comme dans la

1. DELACROIX, 1995, p. 97.
2. MENDEL, 1983.
3. LASCH, 1981.
4. *Ibid.*, p. 9.
5. *Ibid.*, p. 18.

montée du souci thérapeutique un signe manifeste du repli général
de la société américaine sur des logiques purement individuelles.
La coupure avec autrui reste pourtant factice, Narcisse ayant besoin
du regard de l'autre pour conquérir l'estime de soi.

Pour appuyer sa démonstration, le sociologue américain étudie
le parcours de quelques figures iconiques des années 1960. À la
trentaine, Jerry Rubin passe ainsi de New York à San Francisco et
de la contre-culture[1] à un régime thérapeutique le portant à acheter
tous les produits qu'il trouve dans les supermarchés spirituels de
la côte Ouest, faisant successivement l'expérience de la Gestalt,
de la bioénergie, du massage, du tai-chi, de la méditation… pour
se donner la permission d'être en bonne santé. Selon Christopher
Lasch, le succès spectaculaire des autobiographies et des confessions est un autre symptôme du même phénomène.

Le sociologue Richard Sennett dresse au même moment un
constat similaire de repli sur la sphère privée[2]. La distinction établie par la civilisation occidentale entre vie publique et vie privée a
disparu, et la déplorable confusion à laquelle elle fait place conduit
à prendre l'espace public comme enjeu de poursuite d'intérêts personnels d'autant plus angoissés et fébriles qu'ils sont coupés des
réseaux de sociabilité qui réglaient les relations interpersonnelles.

En France, le sociologue Gilles Lipovetsky popularise, dès 1980,
ce thème de l'individualisme dans une série d'articles[3] qu'il rassemble dans un essai à succès, *L'Ère du vide*, en 1983[4]. S'accordant
bien au sentiment de perte d'horizon historique, l'ouvrage trouve
un large public et suscite des débats passionnés. Il sera vendu à
près de soixante-dix mille exemplaires en quelques années. La
transposition de l'analyse des sociologues américains chez Lipovetsky se fait sur un mode plus léger : nulle déploration chez lui de
l'anéantissement de la culture et d'un déclin inéluctable. Il exalte
au contraire cette rupture radicale grâce à laquelle l'émancipation
de l'individu peut enfin s'accomplir. Comme Norbert Elias l'a
analysé, décrivant l'élargissement de la sphère de l'intime dans les

1. RUBIN, 1971.
2. SENNETT, 1979.
3. LIPOVETSKY, 1980 et 1981.
4. ID., 1983.

sociétés occidentales[1], une première révolution a déjà eu lieu aux XVIIᵉ et XVIIIᵉ siècles. Cette fois, l'hédonisme triomphe de toutes les contraintes collectives, et Gilles Lipovetsky se félicite de cette mutation qu'il ne voit pas comme un symptôme de crise, mais comme la manifestation de l'ego se libérant de ses contraintes. La révolution consumériste offre la possibilité de satisfaire ses désirs personnels, de choisir son mode d'existence. Elle ouvre sur une société du soft, où chacun est libre de ses choix, sans chercher à susciter quelque rupture au nom d'un devenir collectif différent : « La société postmoderne est celle où règne l'indifférence de masse, où le sentiment de ressassement et de piétinement domine, où l'autonomie privée va de soi, où le nouveau est accueilli comme l'ancien, où l'innovation est banalisée, où le futur n'est plus assimilé à un progrès inéluctable[2]. » C'est le passage, dont se félicite l'auteur, du menu pour tous à la carte avec profusion des choix : « La séduction renvoie à notre univers de gammes optionnelles, de rayonnages exotiques, d'environnement psy, musical et informationnel, où chacun a loisir de composer à la carte les éléments de son existence[3]. » Donnant la possibilité à tous de satisfaire ses désirs, la société postmoderne a réussi à faire progresser le procès de pacification et à repousser à ses frontières les diverses formes d'exercice de la violence : « Le procès de personnalisation a détruit en douceur les normes d'une sociabilité virile responsable d'un niveau élevé de criminalité violente[4]. »

Dans *Esprit*, Georges Vigarello salue ce « deuxième âge de l'individualisme[5] », et considère la thèse défendue par Lipovetsky comme celle qui va le plus loin dans l'explicitation du phénomène. Toutefois, les questions qu'Olivier Mongin pose à Lipovetsky sont empreintes d'un profond scepticisme. Il lui oppose une vision moins concordiste d'un monde social qui n'a rien perdu de son agressivité au sein de l'entreprise et qui voit se développer des crispations identitaires sur lesquelles grandit le Front national.

André Gorz n'est pas loin de Lipovetsky dans son constat d'une

1. ELIAS [1939], 1973.
2. LIPOVETSKY, 1983, p. 11.
3. *Ibid.*, p. 21.
4. *Ibid.*, p. 225.
5. VIGARELLO, 1984.

société de plus en plus individuée. Pour autant, il ne considère pas que le repli sur soi, l'hédonisme et le narcissisme soient les manifestations inéluctables de cette atomisation du corps social :

> Pour Gorz, l'individu est pourvu d'autres ressources qui précèdent ontologiquement son intégration ; il a toujours la possibilité d'échapper au renfermement individualiste, qui n'est pas la jouissance béate de la personne libre de ses choix mais la distillation subie de modes de comportement fonctionnels à la reproduction du capital[1].

Gorz retrouve sur ce point son inspiration sartrienne première de l'exigence existentielle et de la nécessité pour l'individu de s'arracher aux contraintes afin d'assumer sa liberté et son autonomie. De son côté, Castoriadis a le même sentiment d'un changement d'époque. Loin de se réjouir de cette situation, il s'en fait le critique acéré et stigmatise des évolutions qu'il juge dangereuses, comme celle qui conduit à substituer la privatisation des individus aux modes de socialité autonomes. Face à l'impuissance des dirigeants à maîtriser les processus en cours, les populations se détournent de la politique et se réfugient dans l'abstention. La situation se caractérise aussi par un reflux des mouvements sociaux ; les partis exerçant encore quelque influence sur les salariés ont perdu leurs repères et ne croient même plus en leur propre langage, réduit à des ressassements monotones et ennuyeux par des organisations qui « meurent d'inanition idéologique[2] ». Les relations intergénérationnelles se sont fragilisées au point que personne ne sait plus quelle est leur fonction. La désorientation affecte même les rapports entre parents et enfants. Le constat dressé en 1982 par Castoriadis est sévère : « Nous vivons une société des *lobbies* et des *hobbies*[3]. » Il décrit bien le changement de rapport au passé, qui ne s'inscrit plus dans une quête de racines identitaires mais dans le besoin boulimique de traces qui ont pourtant perdu leur sens, reléguées au rang de curiosités de nature touristique. L'époque paie du prix de l'inanité son obsession instantanéiste. Pour Hegel, l'histoire du

---

1. GIANINAZZI, 2016, pp. 242-243.
2. CASTORIADIS [1982], 2007, p. 18.
3. *Ibid.*, p. 21.

monde est le Jugement dernier ; à la fin du XXᵉ siècle, le Jugement dernier est l'émission de télévision du soir, oubliée le lendemain pour laisser place à la suivante : désormais, plus de jugement, « ni dernier, ni premier, ni mémoire, ni réflexion[1] ».

Ce règne de la facilité, fondé sur un monde de la facticité, contribue à la perte de sens et à « la montée de l'insignifiance[2] ». Castoriadis relie la crise de la fonction critique à la crise générale que subit une société prise de torpeur, engluée dans le consensus mou. Le règne de l'éphémère et de la publicisation salué par Lipovetsky s'est substitué à l'exigence d'habiter le temps qui animait les générations antérieures. Avec la disparition des grands conflits sociaux et politiques, c'est une période de décomposition qui s'ouvre, caractérisée par la perte des significations, du sens et des valeurs. Comment la société occidentale peut-elle perdurer en se donnant pour seule valeur le profit, et pour seul projet l'enrichissement ? Comme l'intellectuel renonce à son rôle, la société occidentale tourne le dos à son rôle historique en se délestant de la fonction critique pour laisser place au règne du « conformisme généralisé[3] ».

La personne à l'âge de l'individu

Au cours des années 1980, la revue *Esprit* traverse une crise qui ébranle son identité intellectuelle. Son lectorat se raréfie, les difficultés financières s'accumulent, et le numéro du cinquantenaire[4] fait resurgir les tensions propres à la gestion d'un héritage avec lequel l'équipe de direction, tout en poursuivant sous le même étendard l'œuvre d'Emmanuel Mounier, admet de plus en plus ouvertement avoir pris quelques distances. En 1977, son directeur, Paul Thibaud, a refondé l'identité de la revue autour du combat antitotalitaire, attirant de nouvelles recrues. Arrivé à *Esprit* grâce à ses relations avec Thibaud, Olivier Mongin assume la responsa-

---

1. Id. [1986], 2011, p. 212.
2. Id. [1993], 2007.
3. Id. [1989], 2000.
4. *Esprit*, janvier 1983.

bilité de rédacteur en chef à partir de la fin des années 1970. Son premier article est consacré à Claude Lefort et à Marcel Gauchet, et ses revues de référence sont alors *Textures*, puis *Libre* en 1977[1]. Sous l'impulsion commune de Thibaud et de Mongin, la revue prend un tour plus philosophique, exigeant, avec la publication de numéros spéciaux sur Louis Dumont[2], l'école de Francfort[3], Hannah Arendt[4] ou encore Merleau-Ponty[5]. Déphasé par les difficultés qu'il éprouve à lire la revue, une bonne partie du public d'*Esprit* décroche.

Le numéro qui célèbre le cinquantenaire d'*Esprit* est un moment privilégié pour réévaluer l'identité personnaliste de la revue. Olivier Mongin critique un passé resté aveugle à l'évolution des mœurs, à l'exception notable du numéro spécial dirigé par Ricœur paru en novembre 1960 sur la révolution sexuelle : « Difficile de ne pas observer parallèlement qu'*Esprit* a été pris au dépourvu par la révolution des mœurs qui a rythmé ces quinze dernières années, comme étourdi par l'uppercut de 1968[6]. » De son côté, Paul Thibaud s'interroge sur le christianisme d'*Esprit*, prenant ses distances avec la passion d'unification qui animait la vision de l'homme propre au personnalisme. La soumission qu'elle implique à une échelle des valeurs établie induit un moralisme qui manque le fondement véritable des institutions humaines. Ce socle sociétal n'est pas l'égoïsme sans cesse vilipendé ; il « est la diversité des choix anthropologiques[7] ». Si Thibaud convient que le personnalisme a permis de bousculer les conformismes de la chrétienté officielle, il estime toutefois que sa tâche historique est révolue, d'autant que la dialectique de la foi et de l'engagement dont il est porteur s'est « affadie et amortie quand le personnalisme a fonctionné comme le visage public ou même le substitut du christianisme[8] ».

---

1. À partir de 1977, *Libre* regroupe Miguel Abensour, Cornelius Castoriadis, Marcel Gauchet, Claude Lefort, Maurice Luciani et Pierre Clastres.
2. *Esprit*, février 1978.
3. *Ibid.*, mai 1978.
4. *Ibid.*, juin 1980.
5. *Ibid.*, juin 1982.
6. MONGIN, 1983, p. 153.
7. THIBAUD, 1983, p. 175.
8. *Ibid.*, p. 177.

Le signe le plus manifeste du tournant pris par *Esprit* est l'intervention de Ricœur à un colloque organisé par l'Association des amis d'Emmanuel Mounier pour honorer sa mémoire. Son titre est à lui seul sans équivoque : « Meurt le personnalisme, revient la personne[1] ». Cette intervention, émanant d'un compagnon de Mounier aussi fidèle que Ricœur, constitue une caution majeure pour la nouvelle génération. Le colloque, qui réunit cent cinquante participants à la Toussaint 1982, se tient pendant trois jours dans un village-vacances de Dourdan et se donne pour thème : « Le personnalisme d'hier et de demain ». Peu disposé à se laisser enfermer dans le rôle de gardien de musée, Ricœur prend acte de l'obsolescence du personnalisme et entérine le constat de l'échec de ce courant à s'ériger en philosophie. Non seulement, le recours à un suffixe en *-isme* est dommageable, mais de plus, mis en concurrence avec d'autres *-ismes*, le personnalisme n'est pas le mieux armé sur le plan conceptuel. Outre son manque de rigueur philosophique, le personnalisme a prôné un point de vue contradictoire entre sa manière de s'exposer aux aléas de l'événement et celle de se rapporter sans cesse à un ordre hiérarchisé de valeurs immuables, substantialisées. À ce titre, « le personnalisme n'a jamais cessé de se battre avec ses propres démons, tant le passé du terme personnalisme lui a collé au corps comme une tunique de Nessus[2] ». En revanche, la pertinence de la notion de personne peut être retenue. Sa centralité s'impose même de plus en plus sur tous les terrains où l'on se bat pour la défense des droits de l'homme. Cette notion de personne semble plus appropriée que celles de « conscience », de « sujet », de « moi » : elle peut être définie comme le foyer d'« une attitude[3] ».

Si certains amis de Mounier sont surpris de la radicalité du propos, ils ne peuvent voir dans ce geste de Ricœur la marque d'une trahison ou d'un reniement, d'autant qu'il achève son intervention par ces mots de Mounier : « Nous assistons […] aux premières sinuosités d'une marche cyclique où les explorations poussées sur une voie jusqu'à épuisement ne sont abandonnées que pour être

---

1. Ricœur [1983], 1992.
2. *Ibid.*, p. 197.
3. *Ibid.*, p. 198.

retrouvées plus tard et plus loin, enrichies par cet oubli et par les découvertes dont il a libéré le chemin[1]. »

PRÉVALENCE DES PHÉNOMÈNES
SINGULIERS

Au cours de ces années où la société s'individue de plus en plus, on s'intéresse davantage aux singularités. On assiste de toutes parts au « retour » de l'événement. Aux notions de structure, d'invariant, de longue durée, d'histoire immobile se sont substituées celles de chaos organisateur, de fractale, de théorie des catastrophes, d'émergence, d'énaction, de mutation, de rupture... Ce basculement affecte l'ensemble des sciences humaines et atteste une préoccupation de porter attention à ce qui advient de nouveau grâce à une interrogation renouvelée sur l'événement. Comme l'a dit Michel de Certeau à propos de Mai 1968, « l'événement est ce qu'il devient », ce qui induit un déplacement de l'approche de l'amont de l'événement vers son aval, de ses causes à ses traces. Ce déplacement du regard n'est pas simple « retour » de l'événement au sens ancien du terme. Après la longue éclipse de l'événement dans les sciences humaines, ce « retour » spectaculaire a peu à voir avec la conception restrictive qui était celle de l'école historique des méthodiques du XIXᵉ siècle.

L'attention portée à la trace laissée par l'événement et à ses mutations successives permet d'éviter le dilemme appauvrissant et réducteur d'une événementialité supposée courte opposée à une longue durée dite structurale. Dans cette perspective, l'événement n'est pas un simple donné qu'il suffirait de recueillir pour en attester la réalité, mais un construit qui renvoie à l'ensemble de l'univers social comme matrice de la constitution symbolique du sens. Affirmer la force intempestive de l'événement en tant que manifestation de la nouveauté, en tant que commencement, implique d'accepter l'impossibilité de refermer derrière quelque enquête,

---

1. MOUNIER [1947], p. 11, 1992, p. 202.

aussi minutieuse soit-elle, le sens de l'événement, qui reste irréductible à un sens clos et unilatéral. Comme le dit Michel de Certeau, l'énigme survit, ce qui ne dispense pas de l'enquête, mais exige d'abandonner les oripeaux de l'arrogance et le prêt-à-penser des explications préalables et grillagères. À la fois Sphinx et Phénix[1], l'événement échappe par nature à toute prétention réductrice. S'il est de la mission des sciences humaines de réduire la part d'incertitude et de chercher à élucider l'énigme posée par l'événement, et si toutes les disciplines ont leur partition à jouer dans cette quête, elles doivent savoir qu'elles n'en viendront pas à bout.

La crise du futur se manifeste avec éclat et confère à la catégorie du présent une importance cardinale. Elle conduit l'historien à mieux se situer par rapport à son acte d'écrire l'histoire. L'historien Michel de Certeau définit l'opération historiographique dans cet entre-deux du langage d'hier et de celui, contemporain, de l'historien. C'est une leçon majeure à retenir pour les historiens du temps présent qui modifie radicalement la conception traditionnelle de l'événement. Cette approche change tout, car elle déplace la focale de l'historien, qui avait jusque-là tendance à limiter son investigation à l'attestation de la véridicité des faits relatés et à leur mise en perspective dans une quête causale. Cette fois, l'historien est invité à chercher les traces laissées par l'événement depuis sa manifestation en considérant celles-ci comme constitutives d'un sens toujours ouvert.

La notion de trace, tout à la fois idéelle et matérielle, devient le ressort essentiel des *Lieux de mémoire*[2] dirigés par Pierre Nora. Elle est ce lien indicible qui relie le passé à un présent devenu catégorie lourde dans la reconfiguration du temps par l'intermédiaire de ses traces mémorielles. Pierre Nora y voit une nouvelle discontinuité dans l'écriture de l'histoire « qu'on ne peut appeler autrement qu'*historiographique*[3] ». Cette rupture infléchit le regard et engage la communauté des historiens à revisiter autrement les mêmes objets, à partir des traces laissées dans la mémoire collective par les faits, les hommes, les symboles, les emblèmes du

1. Voir DOSSE, 2010.
2. NORA (dir.), 1984-1993.
3. *Ibid.*, 1993 (a), p. 26.

passé. Cette déprise/reprise de toute la tradition historique par le moment mémoriel des années 1980 ouvre la voie à une tout autre histoire :

> non plus les déterminants, mais leurs effets ; non plus les actions mémorisées ni même commémorées, mais la trace de ces actions et le jeu de ces commémorations ; pas les événements pour eux-mêmes, mais leur construction dans le temps, l'effacement et la résurgence de leurs significations ; non le passé tel qu'il s'est passé, mais ses réemplois permanents, ses usages et ses mésusages, sa prégnance sur les présents successifs ; pas la tradition, mais la manière dont elle s'est constituée et transmise[1].

Le même retour d'attention sur les phénomènes singuliers peut être constaté dans les années 1980 avec l'engouement croissant et non démenti pour le genre biographique, jusque-là particulièrement méprisé, rangé par les littéraires dans le registre de la sous-littérature et considéré par les historiens comme le refuge des amateurs d'historiettes[2].

On peut dater le retournement de conjoncture à l'année 1985. À cette date, *Livres Hebdo* consacre un dossier aux biographies, et l'enquête révèle l'engouement de tous les éditeurs pour le sujet, y compris parmi les plus sérieux. Durant la seule année 1985, deux cents biographies sont publiées par cinquante maisons d'édition, et, alors que le climat général est plutôt morose, l'optimisme des éditeurs est à peu près majoritaire dans ce domaine. Quatre années plus tard, en 1989, Daniel Madelénat affirme qu'entre 1984 et 1989 « l'inflation saute aux yeux[3] ». En effet, le taux de croissance des parutions de biographies est alors de 66 %[4]. Le mouvement n'a cessé de s'amplifier depuis. Le succès est si spectaculaire que les biographies occupent les premières places dans les palmarès des meilleures ventes ; les titres les plus populaires tiennent au moins

---

1. *Ibid.*, p. 24.
2. Voir Dosse, 2005.
3. Madelénat, 1989, p. 47.
4. En 1984, la production totale d'ouvrages s'élevait à dix-huit mille cent cinquante et celle de biographies à trois cent dix-sept. En 1987, la première était de dix-neuf mille quatre cents et la seconde de cinq cent cinquante-quatre (informations tirées d'*ibid.*, p. 48).

trois mois[1]. Le paysage de la production biographique se diversifie, les biographies sortent de l'ornière et se nourrissent des acquis de l'histoire savante et de l'ensemble des sciences humaines.

Son caractère inclassable, considéré jusqu'alors comme un handicap disqualifiant, devient un atout : le genre biographique ouvre ses portes à l'ensemble des sciences humaines et des littéraires, rendant possible l'exercice d'études transversales et le dialogue entre des univers d'interprétation différents. L'extension de l'approche biographique débouche sur la question de l'identité d'un genre qui a souffert d'un évident déficit réflexif. Lorsque, en 1987, Bernard Guenée, spécialiste de l'historiographie médiévale, entreprend de raconter la vie de quatre prélats, il relève le rapprochement en cours entre l'histoire et la biographie :

> L'histoire se lasse d'être sans visage et sans saveur. Elle revient au qualitatif et au singulier. Et la biographie reprend sa place dans les genres historiques. Elle ne renie pas pour autant les liens qu'elle a toujours eus avec la morale et l'imaginaire. Prenant des formes multiples pour remplir des fonctions variées et toucher des publics divers, la biographie est plus que jamais le vieil et insaisissable Protée qu'elle a toujours été[2].

LA TYRANNIE DE LA MÉMOIRE

En 1980, le président de la République, Valéry Giscard d'Estaing, lance l'Année du patrimoine pour répondre aux sollicitations devenues pressantes de milliers d'associations privées qui dans les régions étaient porteuses de projets. À l'époque, cela correspond aussi à la volonté du ministre de la Culture, Jean-Philippe Lecat, de récupérer dès 1978 la direction du patrimoine, qui était placée sous la tutelle du ministère de l'Équipement. Après la célébration de l'Année de la femme et de l'Année de l'enfant, Jean Lecat demande et prépare pour 1980 une Année du patrimoine en lançant un appel

---

1. C'est le cas de Lacouture, 1986 ; Bluche, 1986 ; Amouroux, 1986.
2. Guenée, 1987, p. 13.

d'offres. Cet appel connaît un succès spectaculaire et significatif d'un profond désir de la société civile de renforcer le lien social local. Le ministre est submergé par les projets provenant des collectivités locales. On assiste alors à ce que Pierre Nora a appelé le « Mai 68 de la province », et ce qui ne devait être qu'une année de célébration éphémère s'est installé comme rituel annuel. Le succès de l'Année du patrimoine est spectaculaire, donnant une visibilité aux quelque six mille associations qui militaient dans ce domaine. L'arrivée de la gauche au pouvoir en 1981 et la loi de décentralisation de 1983 stimulent encore cet engouement patrimonial. Dans les années 1970, deux expressions, celle de « beaux-arts » et celle de « monuments historiques », se sont peu à peu effacées au profit d'un troisième terme désignant l'héritage qui doit être préservé et transmis à la postérité, le « patrimoine ». Comme le souligne Jean-Michel Leniaud, l'État est « surpris par l'explosion patrimoniale et dépourvu de tout moyen d'intervention, tant pour la juguler que pour en orienter le dynamisme[1] ».

C'est dans ce contexte de patrimonialisation accélérée que la notion de lieu de mémoire, empruntée à Pierre Nora, qui publie en 1984 le premier volume de l'énorme entreprise qu'il a dirigée jusqu'en 1993[2], devient la plus appropriée pour répondre à une demande sociale grandissante. Les tensions de plus en plus fortes entre l'attachement de l'opinion à certains monuments et les impératifs de la modernisation ont déjà suscité quelques vives polémiques, comme celle qui a accompagné le déménagement des Halles de Baltard en 1970. Ces revendications conduisent à l'élargissement de la notion de patrimoine aux monuments et objets du XIXᵉ siècle, débouchant même sur la création du Musée du XIXᵉ siècle dans l'ancienne gare d'Orsay, construite à la même époque, alors qu'il était prévu initialement de la détruire.

Dans ces années 1980, ce n'est pas seulement à l'accession des grandes réalisations du siècle précédent à la dignité de patrimoine qu'on assiste, mais bien à une inflation qui permet de désigner n'importe quel objet ou monument comme relevant du patrimoine national et de demander à l'État qu'il soit classé comme tel pour

1. Leniaud, 1992, p. 115.
2. Nora (dir.), 1984-1993.

éviter sa démolition. La notion de lieu de mémoire est devenue, à point nommé, l'appellation contrôlée à partir de laquelle cette revendication de classement s'est exprimée. Il en a été ainsi partout, dans le monde rural aussi bien qu'urbain. Le cas le plus connu a été celui qu'a révélé l'affaire du Fouquet's, qui a débouché sur un arrêté préfectoral le 16 décembre 1988 visant à inscrire à l'inventaire supplémentaire tout l'immeuble dans lequel se trouvait le fameux restaurant qui a fait la gloire de l'avenue des Champs-Élysées.

La notion de patrimoine prend un sens nouveau. Phénomène récent, elle n'a plus grand-chose à voir avec la définition qu'en donnaient les dictionnaires jusqu'à ce que le Robert, en 1979, lui en accorde une nouvelle. En effet, le patrimoine recouvrait jusque-là uniquement l'ensemble des biens à caractère pécuniaire d'une personne, le bien transmis par les parents à leurs enfants. Puis, dans la conscience publique, la notion a pris une dimension plus collective et culturelle, mais limitée aux beaux monuments, aux châteaux et églises des temps anciens. Le patrimoine englobe désormais l'ensemble des traces du passé :

> Alors que traditionnellement ne faisait partie des archives, des musées, du patrimoine que ce qui était précisément un rebut, c'est-à-dire hors d'usage, hors du système marchand. C'est un autre système marchand qui va se mettre en place sur les éléments et les matériaux du patrimoine, y compris tous les éléments de la nature, alors que par définition le patrimoine ne concernait que ce qui relevait de la culture[1].

On est passé ainsi d'un patrimoine hérité à un patrimoine revendiqué, et d'une définition limitative à une définition extensive, sans limites.

Lorsque Jack Lang revient au ministère de la Culture à la faveur du second mandat de François Mitterrand en 1988, il accorde à la question du patrimoine une nouvelle importance. Il sollicite Pierre Nora pour prendre en charge une mission destinée à mettre en adéquation la notion de lieu de mémoire avec une liste de sites et

---

1. ID., 2006, p. 7.

monuments à préserver, et à étudier la possibilité d'une modification des dispositions de la loi de 1913 sur les monuments historiques, qui ne permet pas de protéger ce que Jack Lang appelle le patrimoine de troisième type, soit les maisons d'artistes, les cafés, les magasins et autres sites dont le classement ne relève pas de critères esthétiques ni historiques.

Un autre phénomène engendré par la crise de l'avenir est celui de l'engouement pour la mémoire individuelle et collective et de la vogue commémorative qui en résulte. Cette demande pressante répond à une multitude de raisons dont la conjonction pousse la France à une véritable commémorite aiguë, au point que l'on a pu parler de « tyrannie de la mémoire[1] », symptôme de la crise identitaire et de la difficile recomposition du vivre-ensemble à un moment où un certain nombre de repères semblent s'évanouir. Le séisme qui ébranle le rapport au temps des Français tient à la dissociation récente du couple histoire-mémoire, qui a toujours fonctionné, surtout en France, dans une relation en miroir. Depuis les chroniqueurs médiévaux et les historiographes des rois jusqu'à aujourd'hui, la volonté de l'État-nation de prendre en charge la mémoire nationale s'est constamment affirmée. Le point d'orgue de cette indistinction entre histoire et mémoire a été atteint au moment, au cours de la IIIe République, où la discipline historique s'est professionnalisée. Ernest Lavisse aura incarné cet âge d'or de l'histoire-mémoire, le moment où le schème national portait tout entière l'entreprise historienne et sa fonction identitaire. Ce modèle, fortement contesté par les *Annales* à partir de 1929 ainsi que par toutes les sciences sociales en voie d'émancipation au début du XXe siècle, régresse, au cours des années 1970, pour laisser place à un regard plus critique et pluriel sur le passé.

Outre la perte de vertu structurante de l'État-nation, d'autres mutations remettent en cause cette indistinction entre mémoire et histoire. C'est ce qu'Henri Mendras appelle « la seconde révolution française[2] », avec la fin de la France des terroirs, qu'il situe autour de 1965, dont les effets culturels différés se manifestent surtout à partir de 1975, accentués par la médiatisation et par l'ir-

---

1. ID. (dir.), 1993 (b), p. 1012.
2. MENDRAS, 1988.

ruption de nouveaux repères à l'échelle européenne et mondiale qui affaiblissent les traditions locales. Dans le même temps, la crise des eschatologies révolutionnaires obscurcit l'horizon d'attente et déconstruit le rôle de passeur accordé au présent, conçu jusqu'alors comme simple lieu transitoire entre un passé animé par le moteur de l'histoire et un futur prédéterminé. Cette opacification de l'avenir contribue fortement à brouiller la figure d'un passé au sein duquel on ne peut plus distinguer ce qui relève d'un devenir potentiel et positif. La présentification en résulte nécessairement : « Le présent est devenu la catégorie de notre compréhension de nous-mêmes. Mais un présent dilaté[1]. » L'effondrement du caractère unitaire et linéaire de l'histoire-mémoire portée par l'État-nation suscite depuis les années 1970 une profusion de mémoires plurielles affirmant leur singularité et une richesse longtemps confinée à une existence souterraine : « Le passage de la mémoire à l'histoire a fait à chaque groupe l'obligation de redéfinir son identité par la revitalisation de sa propre histoire. Le devoir de mémoire fait de chacun l'historien de soi[2]. » La conjoncture de la double dévitalisation du cadre de l'État jacobin par une poussée décentralisatrice et par l'affirmation d'un cadre européen de décisions contribue aussi à une dissociation progressive de l'histoire et de la mémoire.

La mémoire pluralisée, fragmentée, déborde de toutes parts le « territoire de l'historien ». Outil majeur du lien social, de l'identité individuelle et collective, elle se trouve au cœur d'un réel enjeu et attend souvent de l'historien, à la manière du psychanalyste, qu'il en donne le sens après coup. Longtemps instrument de manipulation, elle peut être réinvestie dans une perspective interprétative ouverte sur le futur, source de réappropriation collective et non simple muséographie coupée du présent. La mémoire, supposant la présence de l'absence, reste le point de suture essentiel entre passé et présent. Elle a pour objet un absent qui agit, un acte qui ne peut s'attester que s'il fait l'objet de l'interrogation de son autre : « Bien loin d'être le reliquaire ou la poubelle du passé, [la mémoire] vit de croire à des possibles et de les attendre, vigilante, à l'affût[3]. »

---

1. NORA (dir.), 1993 (a), p. 27.
2. ID. (dir.), 1984, p. XXIX.
3. CERTEAU, 1990, p. 131.

Les travaux se multiplient ainsi sur les zones d'ombre de l'histoire nationale. Lorsque Henry Rousso « s'occupe » du régime de Vichy, ce n'est pas pour répertorier ce qui s'est passé de 1940 à 1944. Son objet historique commence lorsque Vichy n'est plus un régime politique en exercice. Il se révèle comme survivance des fractures qu'il a engendrées dans la conscience nationale. C'est alors qu'il peut évoquer « le futur du passé[1] ». Au travail de deuil de 1944-1954 succède le temps du refoulement, puis celui du retour du refoulé, avant que la névrose traumatique n'entre en phase obsessionnelle. À l'insuffisance de mémoire sur cette période a soudain succédé une période de trop-plein, au point qu'en 1994 Henry Rousso, en compagnie d'Éric Conan, éprouve le besoin de publier un ouvrage, *Vichy, un passé qui ne passe pas*[2], pour mettre en garde contre les abus de mémoire. Au-delà de ces retours pathologiques, le contexte est propice à ce recyclage incessant du passé. Il y a d'abord la crise d'avenir de la société occidentale qui incite à tout recycler en objet mémoriel, tandis que le règne de l'instantané suscité par les moyens technologiques modernes produit un sentiment de perte inexorable combattu par une frénésie compulsive de redonner un présent à ce qui semble lui échapper.

Le rapport au passé se trouve pris en tension entre ressassement et créativité. La mise en intrigue peut se mettre au service de la mémoire-répétition sous la forme ritualisée des commémorations, dont l'enjeu tient à la dialectique de l'absence rendue présente par une scénographie, une théâtralisation et une esthétisation du récit. Le rite permet d'entretenir la mémoire en réactivant la part créative de l'événement fondateur d'identité collective. Sa capacité de structuration de la mémoire, dont il réalise la cristallisation par couches successives, sédimentées, fait du rite un marqueur d'identité. La mémoire collective ne se situe pourtant pas exclusivement sur l'axe de la remémoration, la médiation du récit la portant également du côté de la créativité et contribuant à forger une nécessaire reconstruction, au sens que Jean-Marc Ferry attribue au registre reconstructif du discours[3].

1. Rousso [1987], 1990.
2. Id. [1994], 1996.
3. Ferry, Jean-Marc, 1991.

L'équilibre est difficile à trouver entre le ressassement de l'identique, qui peut exprimer une fermeture à l'autre, et l'attitude de fuite vis-à-vis du passé, du legs mémoriel transmis : « Il est possible de vivre, et même de vivre heureux, presque sans aucune mémoire, comme le montre l'animal ; mais il est absolument impossible de vivre sans oubli. Ou bien, pour m'expliquer encore plus simplement sur mon sujet : il y a un degré d'insomnie, de rumination, de sens historique, au-delà duquel l'être vivant se trouve ébranlé et finalement détruit, qu'il s'agisse d'un individu, d'un peuple ou d'une civilisation[1]. » L'oubli est ainsi rendu nécessaire, mais, poussé à l'extrême, peut devenir source de pathologies profondes de la mémoire et donc de l'identité. Il peut en revanche être conçu dans une perspective constructrice, comme le montre Ernest Renan dans sa communication de 1882 « Qu'est-ce qu'une nation ? ». Il situe le paradoxe de l'identité nationale, plébiscite de tous les jours, à l'intérieur de cette tension entre l'adhésion à un patrimoine commun et l'oubli des plaies et traumatismes passés : « L'oubli, et je dirai même l'erreur historique, sont un facteur essentiel de la création d'une nation[2]. » Cet oubli nécessaire rappelle que ce n'est pas au passé de régir le présent mais au contraire à l'action présente d'user du gisement de sens de l'espace d'expérience. C'est la démonstration à laquelle s'emploie Jorge Semprún dans *L'Écriture ou la vie* lorsqu'il raconte comment, ancien déporté ayant traversé l'indicible et la mort, il a dû choisir l'oubli temporaire pour continuer à vivre et à créer. Mais l'oubli des événements traumatiques peut aussi préparer leur retour sous la forme de spectres qui hantent le présent. La mémoire, condamnée à l'errance, flotte alors dans une zone d'ombre, non assignée, et peut se manifester là où on ne l'attend pas, en proie à une compulsion de répétition poussant à des violences apparemment incongrues.

Plus tard, en 2000, Ricœur consacrera l'un de ses ouvrages majeurs, *La Mémoire, l'Histoire, l'Oubli*, à la clarification des rapports entretenus entre l'histoire et la mémoire. À cette occasion, il fera part de ses préoccupations citoyennes : « Je reste troublé par l'inquiétant spectacle que donnent le trop de mémoire ici, le trop

1. Nietzsche [1874], 1992, p. 97.
2. Renan [1882], 1992, p. 41.

d'oubli ailleurs, pour ne rien dire de l'influence des commémorations et des abus de mémoire — et d'oubli. L'idée d'une politique de la juste mémoire est à cet égard un de mes thèmes civiques avoués[1]. » À ce titre, Ricœur mobilisera en fait deux traditions, le legs de la rationalité philosophique revisité depuis son berceau grec, et l'héritage judéo-chrétien du « Souviens-toi », du *Zakhor*[2]. C'est à l'aune de ce remembrement que se mesure son apport essentiel. Le *logos* grec lui offre le socle de départ pour répondre à l'énigme de la représentation du passé dans la mémoire. Platon s'était déjà posé la question du « quoi » du souvenir, répondant dans le *Théétète* par l'*eikôn* (l'image-souvenir). Or, le paradoxe de l'*eikôn* repose sur cette présence à l'esprit d'une chose absente, cette présence de l'absent. À cette première approche, Aristote en ajoute une autre : la mémoire porte la marque du temps, ce qui définit une ligne frontière entre l'imagination, le phantasme d'un côté, et la mémoire de l'autre qui se réfère à une antériorité, à un « ayant été ». Mais quelles sont ces traces mémorielles ? Elles sont de trois ordres selon Paul Ricœur, qui prend soin de distinguer les traces mémorielles corticales, psychiques et matérielles. Avec cette troisième dimension de la mémoire, celle des traces matérielles, documentaires, nous sommes déjà dans le champ d'investigation de l'historien. Elles témoignent donc à elles seules de l'imbrication inévitable de l'histoire et de la mémoire. Cette mémoire est fragile car elle peut être empêchée, manipulée, commandée, et en même temps procurer ce que Ricœur appelle le « petit bonheur » de la reconnaissance, inaccessible à l'histoire qui reste une connaissance médiatisée. À l'horizon de la phénoménologie de la mémoire, Ricœur vise le « Je peux » de l'homme capable autour de trois interrogations : le « pouvoir se souvenir », « l'art d'oublier » et le « savoir pardonner ».

Cependant, il convient d'échapper à la « tyrannie mémorielle », et Ricœur reconnaît qu'il y a bien coupure entre le niveau mémoriel et celui du discours historique. Celle-ci s'effectue avec l'écriture. Ricœur reprend le mythe de l'invention de l'écriture comme *pharmakon* dans le *Phèdre* de Platon. Par rapport à la mémoire,

---

1. Ricœur, 2000, p. I.
2. yerushalmi, 1984.

l'écriture est à la fois remède protégeant de l'oubli, et poison dans la mesure où elle risque de se substituer à l'effort de mémoire. C'est au niveau de l'écriture que se situe l'histoire dans les trois phases constitutives de l'opération historiographique. Ricœur définit une première étape par laquelle l'histoire fait rupture avec la mémoire en objectivant les témoignages pour les transformer en documents et en les passant au crible de l'épreuve d'authenticité, discriminant, grâce aux règles bien connues de la méthode de critique interne et externe des sources, le vrai du faux, chassant les diverses formes de falsifications. Cette phase archivistique se réfère à un lieu qui n'est pas seulement un lieu spatial, physiquement situé, mais un lieu social. En cette phase, documentaire, l'historien confronté aux archives se pose la question de ce qui a effectivement eu lieu : « Les termes vrai/faux peuvent être pris légitimement à ce niveau au sens poppérien du réfutable et du vérifiable [...] La réfutation du négationnisme se joue à ce niveau[1]. » L'historien est à l'école du soupçon dans ce travail d'objectivation de la trace afin de répondre à la confiance que lui accorde son lecteur. La preuve documentaire reste en tension entre la force de l'attestation et l'usage mesuré de la contestation, du regard critique. Quant à l'oubli, défi à la mémoire et à l'histoire, il revêt une double dimension selon Ricœur : perte irréversible dans son pôle négatif, mais aussi condition même de possibilité de la mémoire et de l'histoire en tant qu'oubli qui préserve — oubli de réserve. Dans la mesure où l'histoire est plus distante, plus objectivante que la mémoire, elle devrait, selon Ricœur, pouvoir jouer un rôle d'équité pour tempérer l'exclusivité des mémoires particulières et contribuer ainsi à transformer la mémoire malheureuse en mémoire pacifiée, en juste mémoire.

---

1. Ricœur, 2000, p. 227.

17

Montée de l'éthique

LA CRÉATIVITÉ EN PANNE

La dissipation des espoirs de révolution sociale et politique a pour effet de marginaliser les entreprises artistiques avant-gardistes. L'abandon de la perspective de rupture radicale avec le passé donne l'impression d'une créativité atone dans tous les domaines de l'expression culturelle. Castoriadis dresse un sombre tableau de cette période qui voit le temps présent cumuler les signes de sénilité : atrophie de l'imagination politique, paupérisation intellectuelle de la gauche comme de la droite, décadence de la création spirituelle, retraitement et commentaire des œuvres anciennes faute de pouvoir en créer de nouvelles. La notion de postmodernisme, très en vogue et thématisée par Jean-François Lyotard[1], traduit bien ce délitement de la potentialité créative au profit de l'alignement sur un conformisme généralisé, d'une apologie de l'éclectisme et d'un abandon de la fonction critique. Castoriadis espère, tout en sachant qu'il prêche encore dans un désert, rouvrir les portes d'un avenir commun : celui de l'avènement de la démocratie. Reprenant à son compte le dilemme de Thucydide — « Il faut choisir : se reposer ou être libre » —, il œuvre pour la fin du grand sommeil. Cet endormissement généralisé que connaît l'Occident n'est pas sans effets sur la création culturelle, elle-même assoupie, signe tangible de la

1. Lyotard, 1979.

traversée de basses eaux[1] : on assiste à la mort progressive de la culture occidentale, qui n'a plus rien à signifier. Faute de se porter sur la nouveauté créative, la société occidentale se réfugie dans le recyclage des créations anciennes transformées en ornements, en monuments funéraires, objets d'exotisme et de dépaysement touristique.

Lorsque Castoriadis affirme ce lien entre la perte de dynamique historique et la panne culturelle en 1979, on est à la veille de la première Année du patrimoine (1980) et de la vague/vogue mémorielle et commémorative. Le constat qu'il dresse de l'état de la culture est particulièrement sévère : « La culture contemporaine est, en première approximation, nulle[2]. » Il fait remonter les dernières véritables créations au tout début du XXe siècle, entre 1900 et 1925, moment où la culture occidentale s'enrichit des œuvres de Schoenberg, Webern, Berg, Kandinsky, Mondrian, Proust, Kafka, Joyce… À la fonction critique qui accompagnait ces grandes créations s'est substituée la fonction promotionnelle qui porte sous les *sunlights* le n'importe quoi dans une logique marchande : « Le métier du critique contemporain est identique à celui du boursier, si bien défini par Keynes : deviner ce que l'opinion moyenne pense que l'opinion moyenne pensera[3]. » La société en manque de projet, avançant à l'aveugle, ne produit plus de nouvelles formes d'expression. On assiste à un phénomène similaire sur le plan politique, les experts se substituant aux citoyens dans l'ordre de la décision politique. Un fossé se creuse entre la culture savante, tournée vers une petite élite, et la culture de masse dégradée. Le public d'avant-garde réclame la novation constante, mais cette recherche tourne à vide tant celle-ci est célébrée pour elle-même, aux dépens de son contenu. L'industrie culturelle de masse, en substituant aux œuvres des produits, semble bien avoir réussi à faire disparaître la notion même d'œuvre, attachée à la durée et à l'exceptionnalité de la singularité.

À la base de l'effondrement culturel, on invoque les processus de désocialisation interne par lesquels les familles se referment sur

---

1. CASTORIADIS [1979], 2007, pp. 11-39.
2. *Ibid.*, p. 18.
3. *Ibid.*, p. 21.

elles-mêmes, confinées dans l'univers ouaté de leur domicile et de leur télévision. L'autre raison de cette atonie culturelle proviendrait de la crise d'historicité d'une société qui ne cesse de ressasser un passé réduit à une matière morte, révolue, au nom d'une économie de la table rase qui a fait perdre le rapport à une mémoire vive et suggestive nécessaire à l'élaboration d'un futur pour le présent. C'est bien au basculement d'un régime d'historicité qu'on assiste au cours de ces années 1980, où la perte de la mémoire vivante se double de l'hypertrophie de sa mémoire morte. Cette évolution coïncide avec « la perte [par la société] d'un rapport substantif et non serf à son passé, à son histoire, à l'histoire — autant dire sa perte à elle-même. Ce phénomène n'est qu'un aspect de la crise de la conscience historique de l'Occident, venant après un histori-cisme-progressisme poussé à l'absurde (sous la forme libérale ou sous la forme marxiste)[1] ».

La création culturelle et la crise de l'art contemporain font l'objet d'une très vive controverse entre deux camps opposés. En 1981, *Le Débat* lance une grenade incendiaire en publiant un texte provocateur de Lévi-Strauss qui porte un jugement très mélanco-lique sur la perte du travail de l'œil et de la main dans la peinture contemporaine[2]. Lévi-Strauss fait remonter le début de ce déclin à l'impressionnisme, dont il reconnaît les nombreux chefs-d'œuvre, mais auquel il reproche d'avoir fait croire à ses épigones qu'il est possible de peindre sans aucun savoir-faire. Selon Lévi-Strauss, le métier de peintre s'est ainsi progressivement perdu. Se faisant le partisan radical du figuratif le plus classique, il considère que la technique du clair-obscur de la Renaissance a signé le début de la fin de la peinture. Il fait ainsi passer Léonard de Vinci pour un fossoyeur : « C'est seulement en se montrant réfractaire aux sor-tilèges dissolvants du clair-obscur et en s'inclinant devant l'ordre intangible des choses que la peinture pourra de nouveau prétendre à la dignité d'un métier[3]. »

Le peintre Pierre Soulages réagit vivement à ces propos, affir-mant que cette prise de position du grand anthropologue rejoint les

---

1. *Ibid.*, p. 37.
2. LÉVI-STRAUSS, 1981, pp. 5-9.
3. *Ibid.*, p. 9.

conclusions des idéologues totalitaires : « Il me paraît invraisemblable que l'on puisse en arriver au même verdict que les mani-
pulateurs de la culture du IIIe Reich : même verdict et mêmes
coupables ! Dans les deux cas l'hérésie a commencé avec l'impressionnisme[1]. » Le ton est donné et ce débat très clivé se transforme
en une longue controverse. Pierre Daix défend l'art moderne et
réagit lui aussi avec véhémence aux propos de Lévi-Strauss en rappelant que la théorie de la décadence depuis l'abandon des règles
de la Renaissance n'a rien de novateur. Elle a même été le leitmotiv
seriné par les tenants du réalisme socialiste, qui dénonçaient tout
ce qui a succédé à Courbet comme l'expression de la décadence
de l'art bourgeois : « Il n'y a là nul *oubli*, nulle dégradation de
l'œil et de la main, mais changement culturel qui a retenti dans
l'espace-temps de la peinture[2]. » Au contraire, Jean Clair dénonce
une avant-garde artistique ayant tourné le dos à la modernité telle
que la concevait Baudelaire. Loin de se recouvrir, les deux notions
s'opposent fondamentalement : l'avant-garde se réfère à un modèle,
alors que la modernité tend à s'en extraire. Pour éclairer ce paradoxe, il s'appuie sur la thèse de Harold Rosenberg affirmant que
« la tradition de la rupture n'implique pas seulement la négation de
la tradition, mais également celle de la rupture[3] ». Jean Clair frappe
de caducité les expressions avant-gardistes exposées dans les bien-
nales et les diverses foires de l'art qui « suent le même ennui que les
expositions du Manège à Moscou[4] ». De son côté, dans *Commentaire*, Marc Fumaroli dresse l'acte de décès de la littérature[5], considérant que l'on est peut-être entré dans une époque aussi désertique
sur le plan culturel que celle qui a suivi la mort de Molière sous le
règne de Louis XIV. Le diagnostic de mort cérébrale qu'il pose sur
la créativité littéraire ne trouve aucune compensation du côté des
autres formes d'expression artistique. L'architecture ? On retourne
au pastiche. La peinture ? « D'habiles conservateurs ou marchands
ont fait resurgir et admirer des croûtes[6]. »

---

1. Soulages, 1981, p. 79.
2. Daix, 1981, p. 87.
3. Rosenberg [1959], 1962, p. 13.
4. Clair, 1982, p. 20.
5. Fumaroli, 1979-1980.
6. *Ibid.*, p. 502.

En 2000, dans la chronique de cette controverse, Krzysztof Pomian fait explicitement le lien entre art et politique. Ce qui a disparu, c'est le rapport entre la volonté de créer du nouveau et la volonté de réaliser une révolution sociale et politique, le désir de « changer la vie[1] ». Sous la notion d'art moderne, l'idée de révolution est au cœur de la polémique avec l'utilisation dans les années 1960 de nouveaux matériaux par les artistes et le renversement de la hiérarchie supposée entre matériaux nobles et communs. C'est aussi le moment où apparaît l'idée que « n'importe quel objet peut être élevé à la dignité d'une œuvre d'art par l'acte d'un artiste qui le détourne de sa fonction première[2] ».

Alain Finkielkraut se fait également le porte-parole de ce sentiment décliniste. La défaite, selon lui, ne se limite pas à la pensée, elle n'épargne la création sous aucune de ses formes, dissoute dans un univers postmoderne d'hédonisme généralisé[3]. Il s'en prend à ce monde bigarré, relativiste, où se perdent les valeurs esthétiques. S'effacent de l'horizon le goût du Beau, le geste créateur au profit d'une conception qui considère que toutes les formes d'expression se valent. Un ouvrage d'Allan Bloom, un disciple de Leo Strauss, paraît en France la même année, en 1987 ; il s'inscrit lui aussi dans la querelle des anciens et des modernes, et fait le bilan similaire d'un déclin inexorable de la culture provoqué par les effets funestes de l'égalitarisme démocratique[4].

L'industrie culturelle et ses puissants moyens de diffusion et de manipulation auraient réussi à faire passer pour de la culture des sous-produits populaires et finalement détruit la vraie création. Se trouve évidemment sous les feux de la critique la politique conduite par le ministre de la Culture de François Mitterrand, Jack Lang, qui a osé faire descendre la musique de ses salles de concerts, réservées à un petit public de mélomanes, de la salle Pleyel ou Gaveau, pour la voir proliférer dans la rue sous toutes ses formes. Selon Finkielkraut, une frontière est transgressée, celle qui oppose la sphère de la culture à la sphère du simple divertissement dans

1. Voir POMIAN, 2000 (a).
2. *Ibid.*, p. 116.
3. FINKIELKRAUT [1987], 1996.
4. BLOOM, 1987 (a).

un renversement, le créateur étant obligé de s'effacer devant les exigences du consommateur.

Milan Kundera établit aussi un lien entre l'avènement de la modernité et l'affaissement de la culture[1]. Selon l'écrivain tchèque, un monde qui postulait une cohérence et se pensait au cœur d'un message culturel a laissé place à un monde de la dissémination de bribes disparates sans lien cohérent, un monde révélant un déclin inexorable qui accentue le processus de dépersonnalisation et de bureaucratisation. Reste néanmoins, selon Kundera, un dernier refuge : « À l'époque de la division excessive du travail, de la spécialisation effrénée, le roman est une des dernières positions où l'homme peut encore garder des rapports avec la vie dans son ensemble[2]. »

Jean Baudrillard se fait quant à lui le chantre des thèses déclinistes, cette fois sans possible recours dans quelque refuge : le monde moderne qu'il décrit débouche sur un désert. Il déplore le mensonge des signes et celui des images, tant les simulacres que la simulation, sources d'aliénation substituées au réel de l'expérience : « La démocratie, c'est la ménopause des sociétés occidentales, la Grande Ménopause du corps social[3]. » Il ne reste plus qu'à faire le dos rond et à attendre « le temps du désert ».

Olivier Mongin, tout en se tenant à distance critique des thématiques déclinistes, fait lui aussi le constat du malaise que traverse la fiction française. Il établit une relation entre la crise de langueur du roman en France, son manque d'inspiration et le sentiment d'épuisement de l'expérience historique : « Ce que d'aucuns ressentent, à commencer par Pierre Nora, comme la fin historique du "roman national" n'est pas sans affecter l'imagination des écrivains contemporains[4]. » Ce qui est en jeu n'est pas la disparition d'écrivains de talent, mais un déficit de représentation historique qui compromet toute entreprise de refiguration du monde par le biais de la fiction. Alors que les héros romanesques étaient animés par le désir d'entrer dans le monde social ou de s'en démarquer

---

1. KUNDERA, 1986.
2. *Ibid.*, p. 89.
3. BAUDRILLARD, 1985, p. 25.
4. MONGIN, 1994, p. 229.

de manière critique, les entreprises littéraires, voyant se dérober l'expérience historique du monde, se replient sur le mémoriel et sur l'ego : « Que l'écriture intime soit l'une des répliques possibles aux troubles du "roman national" n'est guère surprenant dans un imaginaire où passions privées et publiques ne cessent de croiser et d'échanger leurs énergies respectives[1]. »

La crise des avant-gardes artistiques et le déclin culturel devenant des thèmes obsessionnels, Luc Ferry présente en 1988 un dossier dans *L'Express* intitulé « L'avant-garde se meurt ». Il constate que cette crise affecte tous les domaines de l'expression culturelle, avec des spectacles témoignant simplement l'impuissance, comme ces concerts de silence, ces films sans bande sonore ni images ou ces expositions d'immatériaux : « Pour beaucoup d'entre nous, l'art d'avant-garde est devenu "inhabitable". Non pas laid ni même inintéressant d'un point de vue philosophique, mais bien inhabitable en ce qu'il ne constitue plus un univers symbolique au sein duquel nous puissions nous repérer, ou même trouver quelque plaisir à nous perdre[2]. » En 1985, *Esprit* publie une table ronde avec Jeanyves Guérin, Pierre Mayol et Maurice Mourier sur le roman français[3], et dresse un bilan accablant, alors que la même année Marguerite Duras obtient le Goncourt avec *L'Amant*, qui sera un best-seller : « Il reste heureusement la littérature étrangère. Les éditeurs ne prennent aucun risque à publier Shahar, Rushdie, Styron, Kundera, Soljenitsyne, Morante, alors ils les publient et ainsi le lecteur sait-il encore ce qu'est un roman[4]. »

Tous les intellectuels ne partagent pourtant pas cette conception de la culture. Jack Lang en symbolise bien une approche très différente, élargie. Il porte son attention aux aspects d'hybridation, de syncrétisme culturel dans leurs formes subjectives et dans leur dimension pratique. Cette décanonisation de la culture échappe cependant au relativisme absolu dans la mesure où un certain nombre de critères repérables sont maintenus pour distinguer ce qui relève des pratiques culturelles à valoriser, qui doivent émaner

1. *Ibid.*, p. 230.
2. FERRY, Luc, 1988.
3. GUÉRIN, MAYOL et MOURIER, 1985.
4. Jeanyves Guérin, *ibid.*, p. 115.

des individus eux-mêmes, devenir une ressource de subjectivation et porter un savoir-faire échappant aux dispositifs de contrôle. Elles s'inscrivent donc dans un processus plus large d'émancipation de l'individu. À ses débuts au ministère de la culture, Jack Lang sollicite l'historien Michel de Certeau pour rédiger un rapport sur « La question des langues régionales en France aujourd'hui ». Puis un nouveau contrat avec le ministère de la Culture donne lieu à une publication commune de Michel de Certeau et de Luce Giard en 1983[1], dressant un état des lieux des dysfonctionnements et déterminant les embrayeurs nécessaires à l'élargissement des pratiques de circulation de la culture, avec une série de suggestions concrètes aux pouvoirs publics. L'implication de Certeau se trouve renforcée par sa proximité avec Marc Guillaume, engagé lui aussi dans les réflexions du ministère de la Culture. Outre le rapport que Certeau réalise avec Luce Giard pour Lang, *L'Ordinaire de la communication* (1983), ses publications constituent la ressource majeure d'un rapport que ce dernier et Michel Rocard, alors ministre chargé du Plan, commandent à Marc Guillaume sur le thème des relations entre les changements économiques et culturels. Les deux ministères s'accordent pour confier à Pierre Dumayet la présidence du groupe de réflexion, dont Marc Guillaume est désigné rapporteur général. Ce rapport paraît en 1983 sous le titre *L'Impératif culturel*[2]. Olivier Donnat, chargé d'étude au département des études et de la prospective du ministère de la Culture, constate que la notion de culture a éclaté de manière spectaculaire selon plusieurs lignes de fuite[3]. En outre, le poids de la communication, dans une société qui a libéré du temps libre et accordé une place grandissante aux loisirs en développant les industries culturelles, devient si important que le ministre de la Culture, Jean-Philippe Lecat, se voit également attribuer le portefeuille de la Communication en 1978. Tous ces facteurs invitent à aborder différemment le champ culturel. Olivier Donnat l'envisage autour de quatre pôles : esthétique, marchand, informativo-éducatif et enfin ludique. C'est à partir de ce quadrilatère qu'il rend intelligibles les

---

1. CERTEAU et GIARD [1983], 1994, chap. III, pp. 163-224.
2. *L'Impératif culturel*, 1983.
3. DONNAT, 1988.

choix de la politique de Jack Lang tant décriés par certains : « La politique menée par J. Lang apparaît comme la première tentative pour prendre véritablement acte des mutations survenues au cours des quinze années précédentes et pour tenter de gérer la complexité qui en résulterait[1]. »

Le souci de Jack Lang aura été d'éviter le fonctionnement d'un système culturel dual, clivé entre des industries culturelles privées d'un côté et des secteurs artistiques subventionnés de l'autre. Il favorise au contraire leur rapprochement en jouant sur leur synergie potentielle et tire les leçons du diagnostic de Jacques Rigaud mettant en garde contre les risques d'un « schisme culturel[2] », d'un fossé d'incompréhension entre une élite créatrice et un public dont elle se coupe de plus en plus et qui ne peut accéder à ses œuvres. Une telle réconciliation conduit à prendre des mesures destinées à favoriser des modes d'expression artistiques considérés comme mineurs tels que la bande dessinée, le rock, le cirque, et à veiller à préserver le contenu culturel, esthétique de la « culture de masse », autant d'ambitions qui ont inspiré la loi sur le prix unique du livre, des mesures en faveur du cinéma ou encore des interventions du ministère sur le marché de l'audiovisuel.

Cette politique volontariste suscite chez nombre d'intellectuels une levée de boucliers. Certains s'en prennent tout à la fois aux risques d'une étatisation de la création artistique et à la remise en cause de la hiérarchie des valeurs culturelles. Dans *Commentaire*, Marc Fumaroli stigmatise la logique étatique du ministère de la Culture sous Lang[3], rappelant que cet interventionnisme de l'État dans les questions artistiques est fort d'une longue tradition. Il s'insurge cependant contre l'idée d'une filiation qui remonterait à François Ier : il s'agirait là d'un cliché erroné et d'une simple illusion rétrospective à propos d'un État royal qui était loin d'avoir les moyens de conduire une politique culturelle. En revanche, le jacobinisme, le maurrassisme et le gaullisme ont bien entretenu ce mythe de l'interventionnisme fécond de l'État dans le domaine culturel qui, selon Fumaroli, prend des proportions démesurées avec

1. *Ibid.*, p. 98.
2. RIGAUD, 1975.
3. FUMAROLI, 1982.

le ministre socialiste Jack Lang. Cet État « n'est qu'un éléphant dans un magasin de porcelaines. Il doit apprendre à mesurer ses pas, sous peine d'augmenter les dégâts, le bruit et la poussière que de toute façon la "foire sur la place" des cités modernes ne suffit que trop à déclencher d'elle-même[1] ». Opposant la sphère de l'esprit à celle de la culture, Marc Fumaroli déplore le sacrifice du premier à la seconde. Il définit celle-ci comme le domaine d'une sociologie des loisirs dominée par les manipulations publicitaires et la propagande politique. Cette conception contemporaine de la culture met en danger la liberté de l'esprit : « Le "culturel" est dévotieux, raisonneur, pédant, envahissant, confondant [...]. Il se veut terriblement moral. Or "l'esprit", doute, ironie, liberté, a une tradition, des complicités, des alliances[2]. » Fumaroli relève dans tous les secteurs de la création l'intervention castratrice du Léviathan qui, loin de favoriser l'épanouissement de l'esprit, l'a plongé sous une médiocrité grandissante, brisant le lien dit naturel entre les auteurs et leur public, « souvent abîmé par le pavé de l'ours de l'aide publique[3] ».

Les projets architecturaux de Mitterrand considérés comme pharaoniques sont régulièrement contestés dans la revue *Commentaire*, tout comme les pouvoirs exorbitants attribués à Pierre Boulez à l'Ircam, qui règne en maître absolu sur la musique contemporaine. Malgré les aides apportées par le directeur de la musique du ministère de Maurice Fleuret, le public reste à l'écart des créations musicales contemporaines, qui continuent d'être le domaine réservé d'une petite élite. Une publication du sociologue Pierre-Michel Menger, *Le Paradoxe du musicien*, confirme cet isolement de l'avant-garde et les apories de la démocratisation musicale[4].

La politique d'aide aux artistes et le mécénat d'État sont violemment pris à partie par certains intellectuels qui leur reprochent de constituer une forme de mainmise de l'État sur la création et de transformer celle-ci en simple animation ludique. Dans le domaine des arts plastiques, Jean Clair, Raymonde Moulin ou Yves Michaud s'en prennent au pouvoir discrétionnaire des galeristes comme

---

1. *Ibid.*, p. 258. Marc Fumaroli dénoncera plus tard *L'État culturel* (FUMAROLI, 1991).
2. ID., 1992, p. 82.
3. *Ibid.*, p. 81.
4. MENGER, 1983.

à celui des fonctionnaires d'État des Frac[1]. Ils contestent la domination du marché de l'art par un certain nombre d'intermédiaires, de bureaucrates et de collectionneurs qui mettent sous tutelle les créateurs en leur imposant leurs goûts et leur échelle des valeurs. En ce domaine, le ministre entend jouer un rôle actif : « Jack Lang fit du soutien à la "création" (souvent associée à la "formation" et à la "recherche") une priorité de son action[2]. » En obtenant le doublement du budget du ministère de la Culture et en faisant accéder à la dignité des expressions artistiques populaires, Jack Lang compte réussir la démocratisation des pratiques culturelles à laquelle Malraux n'est pas parvenu. Avec l'appui d'un certain nombre d'éditeurs, il aura en tout cas réussi à sauver, grâce à sa loi sur le prix unique du livre, le réseau exceptionnel en France des libraires de qualité.

L'arrivée à l'Élysée de François Mitterrand donne lieu à la réalisation de grands travaux : développement d'Orsay, de la Villette avec une cité musicale et une cité des sciences, de la Défense, construction d'une cité internationale de la musique, projet du Grand Louvre, Opéra Bastille, Institut du monde arabe... Cette politique, en se donnant pour objectif de faire tomber les frontières entre culture, économie et société, entre art et industrie, s'oppose évidemment à une tradition qui voyait dans la figure de l'artiste une forme de résistance à la technique et au monde économique. Cet interventionnisme suscite là aussi d'âpres critiques, comme celle de Bernard Frank, qui s'en prend aux excès de sollicitude de l'État pour la culture et stigmatise « les petits frères de la Gestapo[3] ». Ces grands travaux font l'objet de vives critiques quant à leur ambition démesurée, leur caractère mégalomaniaque, et souvent leur esthétique non conventionnelle, comme c'est le cas avec les colonnes de Buren dans la cour d'honneur du Palais royal.

Un chantier se trouve au cœur d'une belle polémique : la construction d'une nouvelle Bibliothèque nationale de France, grand projet du second septennat, à partir de 1988. La Très Grande Bibliothèque (TGB) est particulièrement contestée par un certain

---

1. CLAIR, 1983 ; MICHAUD, 1989 ; MOULIN, 1992.
2. MARTIN, 2008, p. 196.
3. FRANK, 1982.

nombre d'intellectuels. Cette affaire d'État commence par l'asphyxie de la Bibliothèque nationale, qui croule rue Richelieu sous le poids de ses acquisitions et n'est plus en mesure d'accueillir le nombre croissant de chercheurs qui souhaitent y travailler. La situation est à ce point ingérable que son administrateur, André Miquel, jette l'éponge en 1987, laissant la place à l'historien Emmanuel Le Roy Ladurie. Il y a urgence à gérer le problème du sort de la Bibliothèque nationale, ainsi que des bibliothèques en général, comme le proclame le rapport que Francis Beck, chargé d'une mission d'étude, vient de rendre et que publie *Le Débat* dans un dossier qui obtient un grand retentissement[1].

Dès sa réélection, en 1988, le président Mitterrand en fait une priorité. C'est à ce point une affaire présidentielle qu'il n'attend même pas de constituer un nouveau gouvernement, et appelle dès le lendemain de l'élection Émile Biasini, réputé pour être un véritable bulldozer et qui a déjà montré son efficacité dans la gestion du Grand Louvre, pour lui proposer de devenir secrétaire d'État aux Grands Travaux. Parmi ceux-ci, la construction d'une nouvelle Bibliothèque de France fait partie du cahier des charges prioritaires. À l'occasion de la fête nationale du 14 juillet 1988, François Mitterrand annonce la réalisation à venir de « l'une des ou de la plus grande et plus moderne bibliothèque du monde... ». À ce moment, il a en tête le conseil de Jacques Attali de mettre en place une antenne virtuelle totalement informatisée, purement immatérielle, mais cette idée va vite se révéler trop onéreuse et trop longue à mettre en place. Emmanuel Le Roy Ladurie calcule en effet que cela prendrait soixante-seize années et coûterait autour de 20 milliards de francs.

En définitive, le projet prendra la forme d'une véritable construction architecturale coulée dans le béton et l'acier. Une commission se constitue sous la double direction du président du conseil d'administration de la Bibliothèque nationale, Patrice Cahart, et du directeur de la Bibliothèque publique d'information (BPI) du Centre Pompidou, Michel Melot, et décide la construction d'une nouvelle bibliothèque. Le concours d'architecture choisit le 16 août 1989 le projet d'un jeune architecte de trente-six ans, Dominique Perrault, qui a présenté son intention d'édifier quatre tours sur les

---

1. « Sauver les bibliothèques », *Le Débat*, n° 48, janvier-février 1988, pp. 4-111.

bords de la Seine, à Tolbiac, évoquant un livre ouvert. *Le Débat* publie un gros dossier consacré à ce projet dans son numéro de mai 1989, donnant la parole à Michel Melot et à un certain nombre de chercheurs, utilisateurs de la Bibliothèque nationale[1]. Si la revue se félicite que les pouvoirs publics se soucient de répondre à l'état de misère que traversent les bibliothèques, elle s'inquiète de « l'intenable coupure chronologique en 1945 entre Bibliothèque nationale et le futur établissement[2] ». Il avait en effet été question d'établir la coupure chronologique en 1789, 1870, 1900 ou 1914. C'est finalement la date de 1945 qui est retenue, permettant à la bibliothèque de la rue Richelieu de conserver l'essentiel du fonds et de ne céder au profit du nouvel établissement que quatre millions d'ouvrages, soit le tiers du volume.

Le journaliste du *Quotidien de Paris* Dominique Jamet, rallié à François Mitterrand, est nommé à la tête de ce projet qui suscite l'indignation des chercheurs. Comment scinder des sujets de recherche de part et d'autre de 1945 ? Pierre Nora tente d'alerter Mitterrand personnellement sur cette question et demande à Georges Kiejman d'organiser une rencontre, mais ce dernier refuse, ne voulant pas indisposer davantage le président, de plus en plus agacé par cette fronde des intellectuels. Mitterrand est prêt à accepter les remarques de la communauté scientifique si elle le remercie préalablement d'avoir pris le problème des bibliothèques à bras-le-corps. Pierre Nora, qui connaît les bonnes relations de Georges Duby avec François Mitterrand, lui suggère de lui en parler, mais Duby n'y consent que si Nora l'accompagne, ce que ce dernier, trouvant la démarche absurde, refuse.

Pierre Nora dispose cependant d'un interlocuteur à l'Élysée : Bernard Latarjet, le conseiller culturel de François Mitterrand, notamment chargé auprès de lui de suivre les grands travaux. Bernard Latarjet a reçu pour mission d'éteindre les incendies, et en particulier celui allumé par Pierre Nora, à la tête d'une fronde dont la détermination exaspère le président. Intervenant dans cette bataille, Jacques Julliard écrit une « lettre ouverte au président de la République » dans *Le Nouvel Observateur*. Il est tout aussi persuadé

---

1. « Quelle Très Grande Bibliothèque ? », *Le Débat*, n° 55, mai-août 1989.
2. *Ibid.*, p. 136.

qu'il ne faut pas séparer géographiquement le fonds des ouvrages :
« On ne coupe pas en deux la mémoire savante d'un pays, il faut
tout laisser en place ou, comme les Anglais, tout déménager[1]. » Au
même moment, *Le Débat* publie un dossier pour en appeler à une
meilleure concertation avec les acteurs et utilisateurs, s'alarmant de
ce projet de césure chronologique au point que Krzysztof Pomian
parle d'« abattoirs de la mémoire[2] », tandis que l'historien moder-
niste Denis Crouzet qualifie la TGB de « Très Grave Bévue[3] ».

Cette réaction produit un effet immédiat. Alerté par cette levée
de boucliers, Dominique Jamet décide de réunir un forum le 11 septembre 1989 dans la petite salle de l'Opéra Bastille pour discuter
du projet avec tous les responsables autour du ministre Jack Lang
et d'Émile Biasini. Le vent de protestation est enfin entendu : on
renonce à la partition, tous les ouvrages seront regroupés dans la
nouvelle bibliothèque, soit douze millions de volumes, à charge
pour l'architecte de trouver une solution à leur accueil. Quant à
la question de savoir si le nouvel établissement sera une bibliothèque de conservation et de consultation pour les chercheurs ou
une bibliothèque ouverte à un plus large public, elle est réglée par
l'idée de concevoir deux bibliothèques sur le même site, une pour
les chercheurs au rez-de-jardin et une autre pour le grand public à
l'étage supérieur. En 1990, Pierre Nora se félicite de ce premier succès et adopte un ton plus apaisé : « On a longtemps pu craindre le
pire ; et, disons-le tout de suite, le pire paraît en voie d'être écarté[4]. »

NOUVEAUX REPÈRES INTELLECTUELS

Les années 1980 voient se substituer au paradigme délaissé du
structuralisme une nouvelle ambition unitaire portée par un tout
autre attelage disciplinaire. Ce paradigme nouveau porte le nom de

1. JULLIARD, 1988.
2. POMIAN, 1989.
3. CROUZET, 1989, p. 158.
4. NORA, 1990, p. 4.

cognitivisme, et il devient au fil des années source de nombreuses espérances pour les cognisciences, qui regroupent les spécialistes de l'intelligence artificielle, certains courants de la linguistique, une partie de la philosophie analytique — la philosophie de l'esprit —, certains courants de la psychologie, et surtout les neurosciences en plein développement. En France, Jean-Pierre Changeux incarne cet espoir d'un dépassement de la séparation entre sciences de la nature et sciences de l'esprit autour de la figure de « l'homme neuronal ».

Le Débat consacre en 1987 tout un numéro à cette « Émergence du cognitif » qui se donne pour ambition d'offrir une meilleure visibilité à ce paradigme naissant, de dessiner les perspectives qu'il permet d'ouvrir, en même temps que les controverses, les divisions et les contradictions que recouvre le phénomène[1]. C'est tout un champ problématique qui s'ouvre et risque de tout emporter sur son passage au nom d'une nouvelle scientificité. Ricœur, qui avait dialogué avec les tenants du structuralisme, reprendra son bâton de pèlerin pour soutenir les avancées que permettent les sciences cognitives tout en mettant en garde contre les tentations de réductionnisme qu'elles inspirent. Il entreprendra plus tard, à la fin des années 1990, un dialogue avec celui qui incarne les neurosciences dans leur ambition la plus forte, Jean-Pierre Changeux, dialogue qui fera l'objet d'un livre en 1998[2]. De même qu'il avait accueilli favorablement les découvertes de la psychologie dans les années 1950, Ricœur est disposé à admettre le bien-fondé et l'apport des sciences cognitives, mais là encore à condition qu'elles ne s'érigent pas en *mathesis* universelle : « Je combattrai donc ce que j'appellerai désormais un amalgame sémantique, et que je vois résumé dans la formule, digne d'un oxymore : "Le cerveau pense"[3]. » Ricœur oppose au réductionnisme potentiel des neurosciences un dualisme sémantique qui puisse laisser s'exprimer une dualité de perspective. Il distingue en effet trois régimes discursifs qui restent incommensurables : au discours du corps-objet, qui relève bien des compétences de Changeux, il faut ajouter le discours du corps propre avec ses incitations éthiques et le discours normatif, juridico-politique.

1. « Émergence du cognitif », *Le Débat*, n° 47, novembre-décembre 1987.
2. CHANGEUX, RICŒUR, 1998.
3. *Ibid.*, p. 25.

Ricœur joue donc encore une fois son rôle de vigie, attentif aux passages des limites : « Mes réserves ne concernent aucunement les faits que vous articulez, mais l'usage non critique que vous faites de la catégorie de causalité dans le passage du neuronal au psychique[1]. » Ricœur critique notamment la relation d'identité postulée par Changeux entre le signifié psychique et la réalité corticale. Cette identification abolit la différence entre le signe et ce qu'il désigne. Tout au contraire, pour Ricœur, c'est l'hétérogénéité sémantique entre le phénomène psychique et sa base corticale qui est importante, faisant du premier niveau l'indice de l'autre.

La période se caractérise surtout par une quête plurielle de références intellectuelles qui ont pensé et traversé le tragique. Les références majeures de ce moment ne sont plus celles qui se drapent de l'habit de la dénonciation et se postent en surplomb au nom d'un savoir savant, mais celles qui s'inscrivent dans une compréhension du parcours suivi par notre siècle. Ces œuvres, celles de Hannah Arendt, Marc Bloch, Charles Péguy ou Walter Benjamin, comme celles de Ricœur ou Levinas, essaient de retrouver l'unité déchirée de la pensée et de l'existence, restée trop longtemps séparée entre le « qu'est-ce qu'exister ? » et le « qu'est-ce que penser ? ». Cette quête de sens privilégie de nouvelles figures qui permettent de tisser une unité entre une pensée de la vie et leur vie de pensée. C'est à l'aune d'un certain nombre d'expériences du mal radical que le passage à un nouveau siècle s'effectue. Plutôt qu'une pensée aux extrêmes, on privilégie le jugement prudentiel, qui prend en considération la complexité des situations et se détermine en fonction de choix éthiques. Il ressort de ces exigences une ambition sans doute plus modeste, une attention plus grande aux singularités, une posture plus humble et un souci plus élevé du juste et des champs du possible. Les années 1960 avaient été celles de l'exigence critique portée à son paroxysme autour d'une triade de figures transgressives, Marx, Freud et Nietzsche, et du thème du retour : retour à Marx pour les lectures althussériennes, retour à Freud pour les lacaniens et retour à Nietzsche pour Foucault et Deleuze. Cette triade a constitué une véritable machine à soupçonner toute forme d'expression manifeste au nom de logiques inconscientes fonc-

---

1. *Ibid.*, p. 60.

tionnant à l'insu des acteurs. Ces maîtres du soupçon n'ont pas vraiment disparu lors du basculement de paradigme dans les années 1980, mais, s'ils restent des références vivantes, c'est au prix d'une transformation radicale.

Freud s'est imposé comme le théoricien de la pratique analytique. Si la vague du psychanalysme à une certaine époque a reflué et que la psychanalyse a incontestablement perdu de son rayonnement intellectuel, elle a néanmoins conquis comme discipline une légitimité largement admise. Les topiques freudiennes (inconscient/préconscient/conscient, puis ça/surmoi/moi) sont devenues des catégories familières d'une discipline qui a acquis au cours du siècle une forte assise épistémologique. Ce « noyau dur » de la théorie freudienne est de plus en plus envisagé comme un corpus révisable et ouvert aux découvertes nouvelles, au lieu d'un dogme à gérer au nom d'un mythique « retour à Freud ». Bien que ne se donnant plus comme une grille de lecture totalisante du réel, la psychanalyse irrigue encore de nombreux travaux comme levier partiel d'analyse dans une société devenue postfreudienne.

En revanche, le contraste est étonnant entre le Nietzsche mobilisé par les années 1960 et celui de la période suivante. D'abord compris comme un penseur nihiliste, antihumaniste, libéré des apories de l'impératif de vérité, le pourfendeur de la face cachée d'une métaphysique à dévoiler : « plus que la mort de Dieu [...], ce qu'annonce la pensée de Nietzsche, c'est la fin de son meurtrier, c'est l'éclatement du visage de l'homme[1] », il devient désormais porteur d'une esthétique de l'existence, un antidote au nihilisme et au scepticisme ambiants. Il n'est plus tant le déconstructeur de l'impératif de vérité que le tenant d'une vérité esthétique relevant de la raison et s'opposant aux diverses formes de vérité mécanique[2]. Les relectures de Nietzsche bénéficient de l'édition des *Fragments posthumes* et de la prise en compte du caractère inachevé de *La Volonté de puissance*, que Nietzsche avait renoncé à publier. Un nouvel éclairage est apporté à son œuvre posant des questions différentes et contribuant à l'émergence d'un nouveau Nietzsche, devenu source d'inspiration d'une réflexion sur l'esthé-

1. Foucault, 1966, pp. 396-397.
2. Philonenko, 1995.

tique[1], sur le corps[2], penseur d'une morale biologique préfigurant la bioéthique[3].

Quant à Marx, s'il reste une référence, c'est un Marx bien différent de celui des années 1960 dont il est question. Comme étoile rayonnante, il a disparu, laissant place à ce que Jacques Derrida appelle un spectre venant hanter l'histoire occidentale[4]. Le dogme marxiste a éclaté pour donner lieu à des recompositions d'un Marx emballé sous vide, expurgé de son destin historique, de tout *telos*, édulcoré pour mieux le sauver du désastre des sociétés qui se sont réclamées de lui et contournent désormais systématiquement le référent marxien. Une fois la doxa marxiste laissée sur le banc de touche, Marx revient métamorphosé, comme chez Daniel Bensaïd[5]. Écartant les multiples lectures économiciste, sociologiste ou historiciste de Marx, il privilégie le penseur qui fait place à la contingence, à la surrection de l'événementialité, selon des temporalités discontinues. Son Marx est « conscient qu'il n'y a pas d'accord spontané entre temporalité économique et politique. Marx laisse le dernier mot aux circonstances chargées de rétablir l'harmonie[6] ». Cette lecture fait prévaloir un penseur débarrassé de tout déterminisme historique et de tout sens préétabli du processus de l'histoire.

La mutation que subit Marx est tout aussi spectaculaire chez le philosophe Étienne Balibar, qui a cheminé de l'althussérisme et du procès sans sujet à la défense d'une politique des droits de l'homme fondée sur une philosophie de la démocratie, sans pour autant renoncer à la référence marxiste[7]. Au terme de son ouvrage consacré à la philosophie de Marx, Balibar, exprimant une aporie sous forme d'oxymore, présente le marxisme comme philosophie à la fois improbable et plus actuelle que jamais. Cette impasse l'oblige à rebondir en mettant en évidence les limites de la politique marxiste et à distinguer trois dimensions à la fois nécessaires et

---

1. BLONDEL, 1986.
2. RAYMOND, 1999.
3. EDELMAN, 1999.
4. DERRIDA, 1993.
5. BENSAÏD, 1995.
6. *Ibid.*, p. 46.
7. BALIBAR, 1992 et 1993.

en tension : l'émancipation, la transformation et la civilité[1]. Avec ces considérations sur la construction d'une politique de la civilité à l'écart de l'identité totale, on est loin des déterminations en dernière instance et des instances dominantes de l'approche althussérienne.

Marx est aussi l'objet d'une révision radicale du côté de la théorie des jeux et de la justice au nom d'un marxisme analytique qui a cessé de s'adosser à une vision globale du monde. Ce marxisme est alors utilisé comme des séquences, des moments isolables et réfutables au sens poppérien, en un usage de Marx profondément modifié, passant du holisme à une démarche inspirée par l'individualisme méthodologique pour mieux poser la question complexe de la rationalité individuelle et donc de l'intentionnalité[2].

À cette triade des maîtres-penseurs du soupçon se sont substituées d'autres références intellectuelles, aux itinéraires personnels desquelles on a davantage porté attention. De la domination d'une interrogation transcendantale ou épistémologique sur les conditions de possibilité d'un objet de savoir pour un sujet, on est passé à un questionnement ontologique sur l'être, sur la présence à son temps, dans un souci de penser des parcours engagés dans les enjeux de leur siècle et tout ensemble de les confronter avec la pensée dont ils sont porteurs.

Les figures tutélaires les plus mobilisées se caractérisent par des destins bouleversés, déchirés par la tragédie de l'histoire. Le parcours brisé de Hannah Arendt fascine au point d'être érigé en mythe : cette émigrée juive errante, coupée de sa terre natale allemande, critique du destin de son peuple incarné dans la nouvelle nation d'Israël et fidèle à sa révolte première, aura résisté jusqu'au bout au péril totalitaire et aux dérives nationalitaires. La conjonction de la femme, de l'exil, des fidélités affectives mises à l'épreuve des désastres de l'histoire, les prises de position intempestives selon les élans du cœur et de la raison lui donnent une stature de conscience éveillée de ce siècle en proie au mal ordinaire. D'autres autorités morales sont aussi particulièrement sollicitées : Charles Péguy aura été au bout de son engagement dreyfusard,

1. ID., 1997.
2. COHEN, Gerry, 1978 ; ELSTER, 1989 ; VAN PARIJS, 1992.

rompant avec le socialisme officiel. Conséquent avec ses positions nationales, il meurt au combat dès septembre 1914. Le Juif berlinois Walter Benjamin, fuyant le nazisme, perdu au printemps 1940 dans le cauchemar français, cherche à rejoindre l'Espagne clandestinement par Portbou. Voyant son autorisation de transit refusée, il décide de mettre fin à ses jours. Marc Bloch voit son parcours de savant historien brisé par le nazisme, qui l'oblige à abandonner la direction des *Annales* et le conduit à s'engager dans la Résistance. Arrêté au printemps 1944 par la Gestapo, incarcéré à Montluc, torturé, il est exécuté par les nazis.

Par sa capacité à traverser et à penser philosophiquement les enjeux majeurs de la Cité, Arendt domine souverainement les années 1980. *Esprit* lui consacre un numéro spécial[1], puis de nombreuses revues lui emboîtent le pas[2]. La grande biographie américaine d'Elisabeth Young-Bruehl est rééditée[3], et de multiples études voient en Arendt la forme la plus résolue de l'amour du monde, de la refondation d'un monde commun, d'un « être ensemble » malgré les désastres subis[4]. Derrière la théoricienne du politique et du totalitarisme, ces études font surgir son tempérament passionné, cet horizon conjoint du juste et de l'amour défini par saint Augustin, auquel elle avait consacré sa thèse de doctorat en 1929, et attesté avec éclat par la publication de sa correspondance avec son second mari, Heinrich Blücher[5]. Hors des cadres institués, Arendt offre une voie exemplaire par la liberté avec laquelle elle a toujours exprimé ses convictions. Accueillie par les États-Unis après avoir fui le nazisme, elle n'en reste pas moins critique des dysfonctionnements de la démocratie américaine. Militante de la cause juive, elle ne supporte pas que la politique fondatrice d'Israël laisse de côté la question de la population palestinienne. Alors qu'elle est chargée de suivre le procès Eichmann pour le *New Yorker* en 1961, elle exprime publiquement son dépit devant ce qu'est devenue la société israélienne. « Passagère sur le navire du XXᵉ siècle », comme la qualifie Hans Jonas, elle

---

1. *Hannah Arendt*, 1980.
2. *Ibid.*, 1986 (a) et (b), 1987 et 1999.
3. YOUNG-BRUEHL, 1999.
4. KRISTEVA, 1999 ; TASSIN, 1999 ; COLLIN, 1999.
5. ARENDT et BLÜCHER, 1999.

affronte les tempêtes grâce à son ancrage fermement tenu dans la tradition philosophique.

Au-delà de ses analyses sur le totalitarisme, qui ont donné lieu à un flot d'exégèses, les intellectuels français sont fascinés par sa capacité à porter au plus haut les exigences d'une dimension politique spécifique en des temps où la désespérance a tendance à susciter le repli sur soi et le retour aux racines comme consolation pour ces lendemains qui ne chantent plus. Cette « jeune fille qui vient de l'étranger » donne une leçon, non d'optimisme béat mais de lucidité. La fidélité de ses engagements est gage de vérité, attestation de prises de position totalement vouées à éclairer le présent : « Ce qui confère une unité à sa pensée est l'amour qu'elle en était venue à comprendre comme ce qui nous unit aux autres — *Amor mundi*[1]. » En recherchant cette adéquation entre une activité philosophique sortie de l'attitude purement contemplative et son incarnation dans une vie singulière, Arendt aura porté le fardeau de son époque. Sa position très controversée sur Little Rock en 1957 exprime bien ce souci de ne pas s'abandonner à des engagements théoriquement justes mais souvent ignorants de leurs effets concrets : « Que ferais-je moi-même si j'étais une mère noire ? Que ferais-je moi-même si j'étais une mère blanche du Sud[2] ? » Poussée à l'exil par le tragique de l'histoire, Arendt pense le mal au point d'en faire la tâche majeure de sa pensée politique. À partir du choc traumatique d'Auschwitz, elle prend ses distances avec le « mal radical » de Kant pour lui substituer la « banalité du mal » lors du procès Eichmann. Sa thèse conteste le primat de l'idéologique, de la conception intentionnaliste. Elle considère qu'elle avait jusque-là surestimé « l'impact de l'idéologie sur l'individu », et lui substitue une approche fonctionnaliste, présentant Eichmann comme un fonctionnaire tranquille, ressentant même quelque répugnance « à commettre le crime »[3]. Au-delà de ce diagnostic, lui aussi objet d'une vive controverse, Arendt est devenue une référence majeure pour penser *La Condition de l'homme moderne*[4]. L'entreprise politique

1. YOUNG-BRUEHL, 1999, p. 427.
2. ARENDT, 1957, p. 179.
3. ID., 1966, p. 109.
4. ID., 1983.

comme moyen d'immortalisation revêt selon Arendt un double aspect : elle est une grandeur qu'il convient de ne pas récuser, malgré sa vanité, et en même temps, comme toute entreprise humaine, fondamentalement illusoire. Le registre de l'action est le véritable révélateur de l'homme en tant que commencement de quelque chose dans le monde et présuppose une distinction stricte entre le domaine privé et le domaine public. Cette « anthropologie philosophique », selon les termes de Paul Ricœur, postule que l'action dans l'histoire est marquée par la fragilité des affaires humaines. Sur cette trajectoire de l'expérience temporelle, Arendt insiste pour dépasser l'idée de futilité afin de mieux s'attacher à la fragilité, et en même temps au maintien de l'espérance autour de l'exaltation ressentie devant chaque nouveau commencement, qui trouve son expression la plus forte dans la bonne nouvelle annoncée par les Évangiles : « Un enfant nous est né[1]. »

Si on est loin de l'être-pour-la-mort de Heidegger, l'œuvre du maître de Fribourg a néanmoins toujours joué un rôle majeur dans la trajectoire philosophique de Hannah Arendt depuis ce jour où, jeune étudiante de dix-huit ans à Marburg en 1924, elle a noué une liaison amoureuse avec son professeur âgé alors de trente-cinq ans. Cette union du feu et de l'eau prend un tour si passionnel qu'Arendt écrit à cette date que Heidegger est « le roi secret du royaume du penser[2] ». Cette relation ne cesse d'intriguer, d'autant qu'Arendt restera jusqu'au bout dans une relation de fidélité vis-à-vis de celui pour lequel elle a ressenti « une inflexible dévotion ». Au sortir de la guerre, en 1949, se rendant successivement à Bâle pour voir Jaspers et à Fribourg pour voir Heidegger, elle écrit à son mari, Blücher : « Nous nous parlions l'un à l'autre réellement, pour la première fois de notre vie. » En 1975 encore, Arendt, en visite en Europe, affaiblie après une crise cardiaque qui faillit lui être fatale, tient à se rendre à Fribourg pour rencontrer Heidegger, malgré l'avis de ses médecins. Cette fidélité dans l'affection amicale ne témoigne pourtant pas chez Arendt d'un manque de discernement ; si *Être et temps* a été pour elle un ouvrage majeur, nombre de ses positions philosophiques se présentent comme une

1. *Ibid.*, p. 278.
2. Voir Payen, 2016.

forme de résistance/proximité face à certaines orientations de la pensée heideggérienne. Lorsque *La Condition humaine* paraît en allemand en 1960, elle écrit à Heidegger : « Le livre provient directement des tout premiers jours à Marbourg et il te doit à peu près tout sous tous ses aspects. » Mais l'ouvrage peut aussi être considéré comme une véritable réplique à Heidegger[1]. En 1946, Arendt avait déjà pris de sérieuses distances publiques dans la *Partisan Review*, dénonçant le narcissisme des thèses d'*Être et temps* qui font de l'homme « ce qu'était Dieu dans l'ancienne ontologie » et le caractère fallacieux de « l'ontologie de Heidegger [qui] cache un fonctionnalisme rigide dans lequel l'Homme n'apparaît que comme la résultante d'une série de manières d'Être ». Plus tard, elle lui opposera ses thèses personnelles, dont l'usage du « nous » comme expression de l'être-ensemble face à l'agrégat d'anonymes que révèle l'usage du « on » chez Heidegger. Contrairement à son ancien maître, elle n'oppose pas les dimensions ontologique et anthropologique, refusant de subordonner l'agir humain à l'Être. Elle retourne même l'argument de Heidegger en présentant son « analytique existentiale » comme un oubli de la question du sens humain de l'être, donc un oubli de la question du sens du monde[2]. Arendt contribue à une critique radicale des positions de Heidegger qui, selon elle, non seulement manquent la dimension plurielle de l'exister, mais en interdisent la compréhension. Au cours de sa dernière année, elle songe encore à soumettre la pensée de Heidegger à une analyse critique plus systématique ; sa mort en 1975 l'empêche de réaliser ce projet.

Autre figure tutélaire de cette fin de siècle tragique, Walter Benjamin, ami de Hannah Arendt, à qui elle consacre à sa mort un poème d'adieu intitulé « W. B. », devient une ressource très présente dans la déconstruction du *telos*, la mise en question de l'illusion d'un sens préétabli de l'histoire, la valorisation d'un présent et d'un temps déchiré articulé autour d'une pensée de l'événement. Le messianisme juif inspire sa pensée de l'histoire par sa capacité à intégrer les déconvenues de l'expérience du temps du XXe siècle,

---

1. Voir TAMINIAUX, 1985.
2. TASSIN, 1999, p. 106.

échappant au finalisme et à l'évolutionnisme du XIXᵉ siècle[1]. Walter Benjamin s'appuie sur le paradigme esthétique pour définir « un lien qui ne soit pas un rapport de causalité[2] » entre les divers moments du temps. Le sens se dévoile à partir d'une temporalité discontinue, dans un travail herméneutique fortement tributaire de l'instance du présent, qui se trouve en situation prévalente, comme véritablement constitutif du passé. Ce n'est que dans l'après-coup, dans la trace, que l'on peut prétendre ressaisir un sens qui n'est pas un *a priori*. Tout événement est, selon Benjamin, un choc, un trauma dans son irréversibilité. La tradition, en incorporant les événements dans une logique continue, a tendance à en gommer les aspérités et à les naturaliser. Une date n'est rien en elle-même qu'une donnée vide qu'il faut remplir : « Il faut *l'animer* à l'aide d'un savoir qui n'est pas connaissance, mais reconnaissance et remémoration, et qui, d'une certaine manière, se nomme mémoire[3]. » Écrire l'histoire revient alors à « donner leur physionomie aux dates[4] ». En dissociant le rapport entre passé et présent d'un simple rapport de successivité, Benjamin apporte une contribution majeure à la définition d'un nouveau régime d'historicité. Le passé est contemporain du présent car il se constitue en même temps que le présent : « Passé et présent se *superposent* et non pas se juxtaposent. Ils sont simultanés et non pas contigus[5]. »

Selon Benjamin, l'histoire se fait, comme l'ont perçu les psychanalystes, *a posteriori*, au futur antérieur. Ce passé revient, hante l'espace des vivants, et c'est sur le mode de la plainte que le sens tente de se dire dans le présent, et nécessite de posséder l'art du présent, qui est un art du *contretemps* : « Car il faut d'abord suivre la ligne du temps, l'accompagner jusqu'à sa douloureuse éclosion finale et, le dernier moment venu, sortir de sa longue patience et de sa grande méfiance, attaquer et arracher au temps d'autres

---

1. Sur Walter Benjamin, voir MISSAC, 1987 ; TIEDEMANN, 1987 ; PROUST [1994], 1999 ; MOSÈS, 1992 ; BENSAÏD, 1990 ; CHESNEAUX, 1996 ; BUCI-GLUCKSMANN, 1992 ; DIDI-HUBERMAN, 1992.
2. MOSÈS, 1992, p. 122.
3. PROUST [1994], 1999, p. 29.
4. BENJAMIN, 1982, p. 216.
5. PROUST [1994], 1999, p. 36.

possibilités, entrouvrir une porte[1]. » L'historien a pouvoir de donner leur nom resté secret à des expériences humaines avortées. Il nomme et écrit pour sauver des noms de l'oubli : « Le récit historique ne sauve pas les noms, il donne les noms qui sauvent[2]. » Cette approche créationniste de l'histoire implique de remettre en cause la distance instituée par la plupart des traditions historiographiques entre un passé mort et l'historien chargé de l'objectiver. Au contraire, l'histoire est à recréer et l'historien est le médiateur, le passeur de cette recréation qui se réalise dans le travail de l'herméneute lisant le réel comme une écriture dont le sens se déplace au fil du temps en fonction de ses diverses phases d'actualisation. L'objet de l'histoire est alors construction à jamais rouverte par son écriture, et l'histoire est événementialité en tant qu'inscription dans un présent qui lui confère une actualité toujours nouvelle, car située dans une configuration singulière.

Dans le domaine de la discipline historique, la référence au couple fondateur de la revue *Annales* en 1929 fait l'objet d'un renversement spectaculaire. Lucien Febvre fut l'aîné, l'initiateur du projet, qu'il a dirigé seul de 1944 à 1956, et l'école des Annales s'est longtemps pensée comme la fille de Lucien Febvre, avant de reconsidérer l'héritage de Marc Bloch. En 1949, Lucien Febvre lui-même déplorait le nombre encore très restreint des lecteurs de *L'Étrange Défaite*. Le rayonnement indéniable de l'œuvre de Marc Bloch, après être longtemps resté confiné au strict milieu des historiens de métier, comme le montre Olivier Dumoulin[3], n'a cessé de croître depuis le début des années 1980. Le renversement est d'autant plus étonnant que dans les années 1960 et 1970, à l'heure du succès de l'histoire des mentalités, la nouvelle histoire triomphante en France se réclamait surtout de l'héritage de Lucien Febvre[4]. La tension entre le savant historien, le juge citoyen et le témoin acteur, sur laquelle a beaucoup travaillé Marc Bloch, contribue fortement à cette reconnaissance tardivement acquise. Pour Marc Bloch, comme pour Arendt ou Benjamin, tout part du pré-

1. *Ibid.*, p. 169.
2. *Ibid.*, p. 232.
3. Dumoulin, 2000.
4. Voir Delacroix, Dosse et Garcia, 1999.

sent et revient au présent dans ses tissages avec le passé, au point qu'il refuse de définir l'histoire comme science du passé : « C'est à mon sens mal parler[1]. » Il définit même une dimension heuristique du présent pour ses recherches de médiéviste, préconisant une démarche récurrente, régressive, une véritable lecture à rebours du passé : « La démarche naturelle de toute recherche est d'aller du mieux ou du moins mal connu au plus obscur[2]. » Le grand spécialiste du Moyen Âge se voit donc récemment considéré comme un inspirateur essentiel par le directeur de l'Institut d'histoire du temps présent (IHTP), Henry Rousso : « M. Bloch se révèle être un historien du temps présent d'une lucidité fulgurante[3]. »

La référence au souvenir de Marc Bloch dépasse de loin la corporation des historiens. Son nom devient l'objet de controverses dans nombre d'entreprises mémorielles, ce qui vaut canonisation de celui que Marcel Detienne appelle « saint Marc Bloch[4] ». La consécration devient générale au point que les rues, les promotions de grandes écoles et les établissements scolaires se disputent son nom. À Strasbourg, l'adjoint au maire, Norbert Engel, termine ainsi son discours d'inauguration d'une rue le 18 juin 1994 : « Strasbourg en ce jour n'honore pas Marc Bloch, Strasbourg en ce jour est honoré par son nom. Et notre dette est immense et inextinguible[5]. » Peu après, en 1996, c'est la promotion des élèves de l'ENA qui prend son nom comme étendard. Ce véritable « moment Bloch » exprime un désir de penser ensemble l'exigence scientifique et le message civique. Il trouve en son nom un souci éthique de dire le juste et devient alors très vite objet d'un enjeu politique.

Autre figure de liberté et de passion pour le présent, hors norme et hors institution, exprimant ses colères sans limites, Charles Péguy devient aussi une référence majeure des intellectuels français à la même époque. On est loin des critiques de Bernard-Henri Lévy s'en prenant à la langue « ignoble » d'un Péguy confondu à la composante du « national-socialisme à la française[6] ». Péguy

1. BLOCH, Marc, 1974, p. 32.
2. *Ibid.*, pp. 48-49.
3. ROUSSO, 1997, p. 53.
4. DETIENNE, 2000, p. 29.
5. ENGEL, 1997, p. 33.
6. LÉVY, Bernard-Henri, 1980, pp. 114-123.

est alors largement revendiqué comme figure de la résistance aux conformismes rassurants et symbole de la vie accordée à la pensée. Inclassable, il aura été fondamentalement fidèle à son premier combat, en rupture avec le socialisme officiel, dont le dogmatisme le déçoit. Il crée le 5 janvier 1900 les *Cahiers de la quinzaine* pour exprimer ses convictions et un certain nombre de vérités hors des limitations institutionnelles. Laïc — et belle illustration des réussites d'une école républicaine qui aura permis à ce fils d'une mère rempailleuse de chaises et d'un père menuisier de faire des études longues, d'abord au lycée Lakanal, puis à l'ENS de la rue d'Ulm en 1894 —, il confesse publiquement sa foi catholique en 1910 dans *Le Mystère de la charité de Jeanne d'Arc*. Militant socialiste convaincu, il rompt avec le dogmatisme du guesdisme ; enfant de l'école républicaine, il rompt avec l'université après son échec à l'agrégation. Converti au patriotisme contre le pacifisme d'une certaine droite, il se fait tuer près de Villeroy dès le début de la bataille de la Marne, le 5 septembre 1914.

Cette figure hors norme se trouve mobilisée comme écrivain pour temps de crise. Les études sur son œuvre se multiplient[1], et l'ensemble de ses écrits sont publiés en poche[2]. Le Péguy de Jean-Michel Rey est un être déchiré, pris en tension paradoxale entre les « curés laïques et les curés ecclésiastiques[3] », traversé de colères multiformes, animé d'une posture quasi mystique de rupture avec les institutions : « Péguy est cette colère qui se dépense dans le présent[4]. » Le modernisme et les historiens qui l'incarnent au début du xxᵉ siècle sont violemment contestés, accusés de vouloir prendre la place de Dieu sous le masque de la science. Pour Péguy, cette tentation se heurte au retour inexorable du refoulé, puisque à vouloir expulser l'altérité elle revient hanter le discours moderne. La fameuse méthode historique dont s'enorgueillissent Langlois et Seignobos serait fondée sur un blanc, un oubli, et c'est cette interrogation incessante que relance Péguy et qui le conduit jusque

---

1. LAICHTER, 1985 ; REY, 1987 ; BERTRAND-SABIANI, GERBOD et LEROY, 1991 ; BASTAIRE, 1991 ; FINKIELKRAUT, 1992 ; MARITAIN et BAILLET, 1997 ; LENNE, 1993 ; LEPLAY, 1998.
2. PÉGUY, 1993 (a) et (b).
3. ID., 1992, p. 386.
4. REY, 1987, p. 10.

dans son mode d'écriture : « Péguy : un lecteur des silences, des blancs, de ces choses à peu près imperceptibles dans l'époque où elles se produisent[1]. » Si Péguy n'était pas en odeur de sainteté dans les années 1960, il reprend toute son actualité, et Alain Finkielkraut y contribue fortement avec la publication qu'il lui consacre en 1992[2]. Le Péguy de Finkielkraut est celui qui fustige les diverses modalités de la modernité en leur opposant les valeurs traditionnelles de l'enracinement, non dans le sol ou la race, mais dans l'expression de l'autorité, comme celle du père de famille, source de responsabilité et de limitation de la disponibilité. Il est aussi la conscience éveillée et inquiète pour désigner les chemins impraticables. S'il maintient une attitude de révolté, ce n'est pas pour rêver d'un monde meilleur, mais pour « se réveiller de tous les rêves, redescendre du ciel sur la terre, de l'immortalité vers la finitude et la mort et de l'avenir radieux vers l'ici et maintenant concret[3] ». On retrouve chez Péguy une préoccupation commune avec Arendt dans sa quête de l'amour du monde comme vertu publique et non simple souci de soi.

Edwy Plenel s'appuie aussi sur Péguy pour exprimer son sentiment d'inachèvement des valeurs républicaines. Il inscrit la crise de l'institution enseignante dans le contexte d'une crise plus générale d'une société en panne, prise en tenailles entre le savant et le mammouth. Refusant à la fois le repli désespéré et le recours à un État-nation, un État fort, capable de rétablir l'ordre disciplinaire, Plenel s'en remet au Péguy confronté aux lendemains désenchantés du dreyfusisme et aux incertitudes du tournant du siècle, et s'approprie la réponse apportée par l'écrivain : « À défaut des théologies et des philosophies providentielles, une seule voie reste ouverte, qui est celle d'une éternelle inquiétude[4]. » Pour Benoît Chantre, la geste de Péguy relève d'une « mystique républicaine » : « La grâce péguyenne n'est autre que cette poussée de la mystique résistant au poids d'un temps mort, injuste par son immobilité même, son habi-

---

1. *Ibid.*, p. 45.
2. Finkielkraut, 1992.
3. *Ibid.*, p. 130.
4. Plenel [1997], 1999, p. 20.

tude[1]. » À l'amnésie mortifère et à la crise du sens qui en résulte, Péguy oppose une philosophie du travail de nature à réanimer une mémoire vive à l'intérieur du corps social. Cette réaction à la crise historique et spirituelle de son temps prend une actualité nouvelle en cette fin du XXe siècle, où le futur semble forclos et l'horizon d'attente totalement indéterminé.

Par la passion qu'ils ont incarnée, signe de leur constante présence à leur temps, Péguy, Bloch, Benjamin et Arendt accompagnent et inspirent les colères nouvelles, les positions transgressives, les engagements entiers. Ils sont comme les garants moraux et l'attestation d'une liberté possible dans les temps les plus sombres, la raison même de ne pas désespérer du genre humain et de l'action humaine.

UNE ÉTHIQUE TRAVERSÉE PAR LE TRAGIQUE

Ces années 1980 sont aussi le moment de rencontre entre une nouvelle génération consciente qu'il faut se débarrasser des prêts-à-penser, qui ont échoué à élucider le tragique de l'histoire, et quelques grandes figures de la pensée qui jusque-là étaient confinées à une certaine marginalité. Cette situation donne une résonance toute nouvelle aux idées de Paul Ricœur et d'Emmanuel Levinas dans leur capacité à penser le siècle sous sa dimension tragique. Leur consécration, aussi récente que spectaculaire, au milieu des années 1980 tient surtout au fait que l'un et l'autre ont intégré très tôt dans leur pensée la question du mal. Ils renoncent tous deux à l'idée d'un homme incarnant la toute-puissance, capable de faire table rase du passé, et partagent le même souci de faire prévaloir une dimension plus horizontale des relations humaines, de l'être-ensemble.

Ce renoncement correspond à un mouvement profond et ancien chez Ricœur : on peut identifier des racines personnelles dans sa

1. CHANTRE, 1999 ; voir aussi ID., 2000, et LINDENBERG, 2000.

résistance aux thèmes augustiniens et calvinistes sur le péché originel, la prédestination et l'individualisation de la culpabilité[1]. Tout en participant pleinement à la famille calviniste française, Ricœur oppose à cette insistance sur le péché la grâce qui fonde une asymétrie originelle, le « combien plus » de saint Paul. Pourtant, toute la thématique calviniste de la faute, de la souillure, du péché et de l'expérience du mal, relancée par la guerre, hante Ricœur, qui en fait son objet privilégié d'interrogation philosophique. C'est une confrontation, une joute avec lui-même dans laquelle il s'engage en problématisant étroitement les fondements de la culpabilité. Il élabore cette ontologie de la disproportion et de l'asymétrie durant ses années strasbourgeoises, entre 1948 et 1957. Elle donne matière aux deux volumes complémentaires de sa thèse sur la *Philosophie de la volonté* : *L'Homme faillible* et *La Symbolique du mal*, qui constituent le second tome de *Philosophie de la volonté* sous le titre commun de *Finitude et culpabilité*, publiés en 1960. Ricœur s'y donne pour objet de penser la tension propre à la condition humaine prise entre la volonté finie, « implicite à la dialectique de l'agir et du pâtir[2] », et le pôle de l'infinitude. Cette disproportion est à la racine de la faillibilité humaine et de sa vulnérabilité au mal. C'est donc dans la non-coïncidence de l'homme avec lui-même, dans cette tension entre fini et infini, que Ricœur va chercher une précompréhension du caractère faillible de l'homme. Il s'inscrit dans une perspective kantienne, transcendantale, de recherche des conditions permettant de penser cette disproportion.

Reprenant les trois dimensions centrales de l'agir humain — l'avoir, le pouvoir et le valoir —, il montre qu'au cœur même de celles-ci la fragilité se manifeste comme conflit. Dans les trois cas, en ces passions du sentiment, l'aspiration à être relié aux choses, aux êtres et à l'être se trouve au fondement de leur élan, tandis que, *a contrario*, le mouvement d'objectivation scinde, oppose cet élan personnel au monde. Il en résulte une faillibilité propre à la condition humaine. Si l'homme est faillible, c'est que « la *possibilité* du mal moral est inscrite dans la constitution de l'homme[3] ». Ricœur

1. Voir Dosse [1997], 2008.
2. Ricœur, 1995, p. 28.
3. Id. [1960], 1988 (a), p. 149.

reprend la triade kantienne des catégories de la qualité, réalité, négation et limitation, pour en former une nouvelle, l'affirmation originaire, la différence existentielle et la médiation humaine, laquelle
traverse les trois moments de la progression qui va du connaître au
sentir en passant par l'agir. La finitude n'y apparaît pas comme une
origine, mais comme un résultat : « L'Homme, c'est la joie du Oui
dans la tristesse du fini[1]. » L'homme est donc déchirement, fêlure,
non-coïncidence de soi à soi, il est révélé par la sphère du sentiment comme conflit originaire. Cette situation rend indépassable la
condition de faillibilité, donc la possibilité du mal. Pourtant, Ricœur
affirme d'emblée que « culpabilité n'est pas synonyme de faute[2] ».
La dimension du mal, de la faute, est donc interne à l'affirmation
des passions humaines. Son évacuation est impensable ; on ne peut
même atténuer ce contraste immanent sans en dissiper le sens. Mais
il reste selon Ricœur que, « aussi *radical* que soit le mal, il ne saurait être aussi *originaire* que la bonté[3] ». Les deux pôles restent bien
en tension inéluctable entre fini et infini, mais selon une disposition
dissymétrique. Le mal ne peut se comprendre que confronté à la
liberté humaine dans une relation de réciprocité.

L'autre grande figure tutélaire requise pour penser le tragique
xxe siècle est Emmanuel Levinas, introducteur lui aussi de la
phénoménologie en France et dont l'œuvre, comme celle de
Ricœur, connut d'abord une réception marginale et subit une
assignation à résidence : philosophie juive, disait-on pour la res-
treindre à un petit cénacle d'initiés, comme on réduisait la pensée
de Ricœur à une philosophie protestante. Levinas a été longtemps
confiné aux cercles de la pensée juive. Dans l'après-guerre, Jean
Wahl lui donne l'occasion de se faire connaître dans de plus
larges milieux en lui ouvrant son Collège philosophique. Plus
tard, Ricœur lui permet de quitter Poitiers en le recrutant dans le
département de philosophie de Nanterre en 1967, date à partir de
laquelle Levinas commence à être reconnu dans les milieux philosophiques. Il atteint un certain degré de notoriété au moment où
Jacques Derrida, commentant ses textes, écrit « Violence et méta-

---

1. *Ibid.*, p. 156.
2. I.D. [1960], 1988 (b), p. 255.
3. *Ibid.*, p. 306.

physique » pour la *Revue de métaphysique et morale* en 1964, et surtout lorsque cet article est repris en 1967 dans *L'Écriture et la différence*[1]. Sa pensée reste cependant souterraine, et il faut attendre les années 1980 pour que son œuvre irrigue largement le monde intellectuel. La tenue épisodique d'un colloque des intellectuels juifs de langue française joue un rôle important dans cette appropriation à partir du début des années 1970 : l'épilogue de ces rencontres est constitué par la leçon talmudique donnée le dimanche soir par Levinas lui-même — qui précise qu'il n'est qu'un « talmudiste du dimanche », comme Philippe Ariès un « historien du dimanche », soit un grand spécialiste du genre. Le travail de traduction culturelle de Levinas, qui revient à dire en grec, dans la langue de la philosophie critique, du *logos*, le noyau de la sagesse biblique, le message de la pensée juive, aura fortement marqué le milieu intellectuel français, bien au-delà des limites confessionnelles[2].

En 1984, Jacques Rolland rassemble des textes consacrés à Levinas[3], tandis qu'Alain Finkielkraut publie un ouvrage directement inspiré par sa pensée[4]. Constatant que la méditation inactuelle de Levinas sur la responsabilité à l'égard du prochain a longtemps été tenue pour « démodée[5] », il insiste au contraire sur la force de l'injonction de Levinas à sortir du repli sur soi, à dépasser les tentations d'une egologie husserlienne. Levinas montre en quoi le visage de l'Autre interpelle et engage le moi à partir d'une extériorité. Ce visage n'est pas assignable à la seule vue : étant « la manière dont se présente l'Autre, dépassant l'idée de l'Autre en moi, nous l'appelons, en effet, visage[6] ».

1. DERRIDA, 1967.

2. Parmi bien d'autres, les publications des actes de ces colloques incluent *Politique et religion*, 1981 ; *La Bible au présent*, 1982 ; *Israël, le Judaïsme et l'Europe*, 1984. On y retrouve notamment les noms d'Henri Atlan, Simone Veil, Alain Finkielkraut, Daniel Sibony, Jean Halpérin, Émile Touati, Stéphane Mosès, Simon Markish, Jacques Ellul, Henri Meschonnic, Freddy Raphaël, Gilles Bernheim, Paul Beauchamp, et bien d'autres aux côtés de Levinas.

3. ROLLAND (dir.), 1984, avec les contributions de Jacques Colette, Guy Petitdemange, Jean-Louis Schlegel, Francis Wybrands, Catherine Chalier, David Burron, Marc Faessler, Francesco Paolo Ciglia, Jean Greisch, Jean-Luc Marion, Alain David, Olivier Mongin et Emmanuel Levinas.

4. FINKIELKRAUT, 1984.

5. *Ibid.*, p. 18.

6. LEVINAS, 1971, p. 21.

Très tôt, Levinas a été plus séduit par les thèses de Heidegger que par celles de Husserl. Participant en 1928 au séminaire du maître de Fribourg, il assiste avec ravissement au fameux débat de Davos entre Heidegger et Cassirer, et devient le premier introducteur de Heidegger en France[1] : « Je m'en suis beaucoup voulu pendant les années hitlériennes d'avoir préféré Heidegger à Davos[2]. » Par la suite, sa réflexion s'oriente vite vers une critique radicale des thèses majeures de Heidegger. Comme l'écrit Jean Wahl en 1946 : « La méditation de Levinas est dirigée vers l'être, mais c'est plutôt contre l'être qu'il faut dire, puisqu'il admet une supériorité de l'étant sur l'être, renversant ainsi la hiérarchie qu'établit Heidegger[3]. » En 1955, il refuse de se rendre à la fameuse décade consacrée à Heidegger à Cerisy. En 1968, à l'occasion d'une conférence sur Martin Buber, il précise : « Ce n'est certes pas chez Heidegger qu'il faut prendre des leçons d'amour de l'homme ou de justice sociale[4]. » Dans son ouvrage *Autrement qu'être ou au-delà de l'essence*[5], il réussit à sceller l'unité de la Hauteur et de l'Extériorité, qui définissent la notion de témoignage. Dans son souci de déployer la dimension éthique, la rupture opérée avec Heidegger est évidente : « Pour Levinas, l'éthique commence de soi sans préparation ontologique[6]. » Levinas a deux manières de se déprendre des réductions d'une ontologie de la conscience autopositionnelle. Il rappelle en premier lieu l'*archè*, le commencement qui nous a toujours déjà précédé et nous place en rapport avec la Hauteur. En second lieu, il utilise un langage hyperbolique, celui de l'excès, pour exprimer la dimension éthique.

Dans les années 1990, le processus d'appropriation de la pensée de Levinas s'accélère encore avec la publication en 1991 d'un *Cahier de l'Herne*, dirigé par Catherine Chalier et Miguel Abensour, la parution de la biographie que lui consacre Marie-Anne

---

1. Id., 1932.
2. Id., 1992 (a), p. 67.
3. WAHL, Jean [1946], 1962, p. 163.
4. LEVINAS, 1987, p. 32.
5. Id., 1974.
6. RICŒUR [1989], 1994, p. 97.

Lescourret en 1994[1] et une importante étude de Benny Lévy sur sa pensée en 1998[2].

Sa disparition au jour de Noël 1995 donne lieu à un éloge funèbre d'une émotion et d'une densité exceptionnelles, prononcé à ses obsèques par Jacques Derrida. Il commence ainsi : « Depuis longtemps, si longtemps, je redoutais d'avoir à dire Adieu à Emmanuel Levinas. Je savais que ma voix tremblerait au moment de le faire, et surtout de le faire à voix haute, ici, devant lui, si près de lui, en prononçant ce mot d'adieu, ce mot "à-Dieu" que, d'une certaine façon, je tiens de lui, ce mot qu'il m'aura appris à penser ou à prononcer autrement », et se termine par ces mots :

> Mais j'ai dit que je ne voulais pas seulement rappeler ce qu'il nous a confié de l'à-Dieu, mais d'abord lui dire adieu, l'appeler par son nom, appeler son nom, son prénom, tel qu'il s'appelle au moment où, s'il ne répond plus, c'est aussi qu'il répond en nous, au fond de notre cœur, en nous mais avant nous, en nous devant nous, en nous appelant, en nous rappelant : « à-Dieu ». Adieu, Emmanuel[3].

LE RECOURS AU RELIGIEUX

Avec le repli de toute espérance d'alternative sociétale, le politique reflue et le religieux, après une longue éclipse, reprend sa place au cœur de la Cité, en cette terre de la laïcité qu'est la France, qui avait refoulé l'interrogation religieuse au point de considérer qu'un clerc devait par définition être agnostique pour ne pas être accusé d'être un curé, un pasteur ou un rabbin masqué. Les désillusions suscitées par la découverte du totalitarisme, à l'origine de la « nouvelle philosophie », constellation réunie et sanctifiée par Maurice Clavel, ont fortement contribué à une relégitimation d'un religieux que l'on croyait historiquement dépassé, notamment

---

1. Lescourret, 1994.
2. Lévy, Benny, 1998.
3. Derrida [1995], 1997.

dans les mouvements maoïstes où certains, qui avaient abandonné Dieu pour le grand Timonier, abandonnent Mao pour retrouver les voies du divin. Le retournement le plus spectaculaire est celui de Benny Lévy, ex-dirigeant de la Gauche prolétarienne, qui se convertit au judaïsme. Philippe Nemo suit un parcours similaire. En 1975, il reprend les quatre discours tels que les avait définis Lacan lors de son séminaire de 1970, en déplaçant leur sens pour valoriser la position du discours du Maître. S'il reprend la terminologie lacanienne, c'est pour sortir du lacanisme par le haut, dans une perspective transcendantale : « L'homme comme âme est le contemporain de la transcendance qui le traverse : il est fils de Dieu[1]. » Le titre même de son ouvrage, *L'Homme structural*, atteste la volonté de son auteur de réconcilier une pensée de la structure et une pensée religieuse qui ne devrait plus être cherchée dans un ailleurs, mais à l'intérieur même de l'homme structural. Guy Lardreau et Christian Jambet, anciens maoïstes, évident le réel, qui ne serait que discours, et, sous la logique du manque lacanien, découvrent la Loi cachée de Dieu : « Nous retrouvons le détachement chrétien : mépris de toutes choses, oubli des parents, et horreur du monde lui-même[2]. »

Dans les années 1980, on constate une accélération du phénomène de désaffiliation, de sécularisation de la société et de désaffection des institutions religieuses. L'ensemble des pratiques et rituels religieux de la majorité catholique sont en chute libre. Le phénomène est général et affecte toutes les institutions, comme le montre le psychanalyste Gérard Mendel dans *54 millions d'individus sans appartenance*[3]. La pratique religieuse est particulièrement affectée par ce phénomène. Alors que 30 % des Français allaient encore à la messe tous les dimanches en 1950, ils ne sont plus que 10 % en 1994. Tous les indices de rattachement institutionnel au catholicisme sont en berne : les baptêmes, la catéchisation, la profession de foi, le mariage religieux. Seul l'enterrement religieux semble résister à cette érosion. Ce phénomène s'accompagne d'une crise des vocations, et donc du nombre

1. Nemo, 1975, p. 234.
2. Lardreau et Jambet, 1976 (a), p. 133.
3. Mendel, 1983.

d'ordinations, qui connaît une baisse de 43 % entre 1970 et 1991. En 1998, une enquête de l'Insee révèle qu'un Français sur quatre se déclare sans religion, et la même enquête montre que, si toutes les classes d'âge sont touchées, ce sont surtout les plus jeunes (quinze à vingt-cinq ans) qui ne se reconnaissent dans aucune famille religieuse : 40 %.

Parallèlement à cet effondrement, un phénomène de redécouverte de l'importance sociale et culturelle des faits religieux fait apparaître un paradoxe du religieux, pris entre demande et oubli, entre délitement et dissémination. Cette quête est attestée par les enquêtes menées par Danièle Hervieu-Léger, sociologue du religieux, qui parle de religion pour mémoire afin de désigner la nouvelle relation entre la société et sa part religieuse[1]. Elle révèle une anecdote qui caractérise bien cette tension entre demande et oubli. Elle se déroule dans un grand lycée parisien, le lycée Buffon, dans les années 1980. Danièle Hervieu-Léger y est présente en tant que mère d'élève. Lors de la rentrée scolaire, le proviseur du lycée fait visiter l'établissement aux nouveaux élèves de seconde, et s'arrête avec eux devant un tableau bien connu de Mantegna représentant saint Sébastien transpercé de flèches. Il demande aux élèves rassemblés s'ils peuvent expliquer la scène reproduite ; un élève, croyant connaître la réponse, avance que la scène doit se situer dans l'Ouest américain, car le personnage central du tableau semble victime d'une attaque d'Indiens. Le proviseur, quelque peu décontenancé par la réponse, décide d'en appeler à Danièle Hervieu-Léger en tant que spécialiste du domaine religieux afin d'envisager une solution à ce qu'il considère comme une perte de savoir préjudiciable et une menace pour le patrimoine culturel lui-même, qui risque de devenir indéchiffrable. Danièle Hervieu-Léger propose au proviseur de solliciter quelques spécialistes de son réseau de chercheurs et organise un cycle de conférences destinées à transmettre des rudiments de connaissances sur le christianisme, l'islam, le judaïsme… À la surprise générale, alors qu'elle s'attendait à n'accueillir qu'une petite poignée de curieux, ces conférences rassemblent une telle foule d'élèves et de parents d'élèves que la plus grande salle du lycée est mobilisée pour les tenir. Leur succès

---

1. Hervieu-Léger, 1993.

indique une demande pressante, à laquelle Danièle Hervieu-Léger donne un prolongement en les faisant paraître[1].

Alors que l'on pensait que la modernité avait assuré le triomphe de la raison contre la religion, définitivement reléguée aux oubliettes de l'histoire, refoulée et condamnée à l'insignifiance, Danièle Hervieu-Léger montre au contraire par ses enquêtes que, loin de mettre fin à la croyance, la modernité la fait proliférer. Certes, l'institution religieuse, dissimulée parmi d'autres dans la société moderne, n'est plus capable d'incarner à elle seule le fait social total que représente le phénomène du croire. En revanche, le processus de rationalisation, de désenchantement du monde et d'affirmation de l'autonomie de l'individu analysé par Max Weber n'entraîne nullement l'effondrement du croire ; ce qui est mis en crise est bien plutôt l'institution du croire, la régulation institutionnelle des croyances, non le croire qui prospère de manière dérégulée, éclatée. Des pratiques de bricolage entre les diverses croyances se substituent au dogme dans une quête de plus en plus individuelle d'un sens spirituel qui puisse convenir à la singularité de chacun, au moyen d'agencements souvent hétérodoxes au service de ceux que Danièle Hervieu-Léger appelle les « croyants baladeurs ». Selon une enquête sur les croyances religieuses, 25 % des populations d'Amérique du Nord et d'Europe, soit les territoires modernes marqués par le christianisme, croient à la réincarnation comme reprise possible de leur propre existence, la seconde étant caractérisée par la prise des bons embranchements. La quête de sens n'a nullement disparu, elle a simplement emprunté des cheminements plus individués, ce qu'atteste la progression de deux figures de croyants malgré la désaffection religieuse constatée : celle du pèlerin et celle du converti, procédant de choix qui s'écartent de l'héritage simplement légué par une famille spirituelle d'origine.

La demande de connaissances sur cette Atlantide qu'est le continent disparu du savoir religieux a des incidences sur la définition des programmes scolaires. Le ministre de l'Éducation nationale de l'époque, Lionel Jospin, confie à l'historien Philippe Joutard une mission d'enquête afin de fournir des propositions sur l'enseigne-

1. Id., 1990.

ment du religieux à l'école, au collège et au lycée. Le rapport Joutard, remis au ministre en septembre 1989, assigne quatre finalités
au renforcement de la place consacrée à l'enseignement de l'histoire du fait religieux à l'école publique. Il s'agit en premier lieu de
faire reculer l'ignorance, qui interdit de comprendre le patrimoine
culturel français, d'accorder une place importante au christianisme
latin occidental et de se référer au texte biblique envisagé sous
divers angles interprétatifs avec le souci d'une contextualisation
spatiale et historique. En deuxième lieu, il importe de contribuer
à une meilleure intelligibilité du monde contemporain, et donc
d'accorder une place majeure à l'islam pour mieux comprendre un
certain nombre de conflits qui se propagent ainsi qu'au protestantisme, religion dominante de la puissance américaine. En troisième
lieu, cette réévaluation du savoir religieux doit tenir compte des
diverses composantes religieuses présentes en France et donc faire
place à l'islam comme deuxième religion pratiquée sur le territoire.
Enfin, cet enseignement doit s'inscrire dans une perspective laïque
globale privilégiant la présentation d'une pluralité spirituelle et travaillant au dépassement de l'ancien conflit entre les deux France,
celle qui croit au ciel et celle qui n'y croit pas. Les programmes
d'enseignement du secondaire, tenant compte des prescriptions du
rapport Joutard, mettront l'accent sur la lutte « contre l'analphabétisme religieux », comme le dira l'un des deux concepteurs des
programmes, Dominique Borne[1].

Le tournant théologique pris par le courant phénoménologique
tel que le diagnostique de manière critique Dominique Janicaud
est significatif de la montée de l'interrogation du religieux dans
le domaine de la pensée. Janicaud réserve néanmoins à Ricœur
un traitement à part dans le paysage phénoménologique français : « Ricœur s'est bien gardé de franchir le pas. Ses scrupules
méthodologiques l'ont conduit à multiplier les précautions her-
méneutiques préalables à tout passage de la phénoménologie à la
théologie[2]. » En respectant à la lettre l'esprit husserlien, Ricœur est
parvenu à s'approprier un programme phénoménologique qui se
limite à l'apparaître des choses. À ce titre, la phénoménologie ne

---

1. BORNE, 2000.
2. JANICAUD, 1991, p. 13.

peut prétendre, en tant que traversée de l'expérience, être le tout de la philosophie, et encore moins englober son autre : « Là encore, Ricœur en a donné une formulation qui nous paraît heureuse : "Elle ne serait pas la philosophie, mais seulement son seuil"[1]. » Lisant *À l'école de la phénoménologie*, Dominique Janicaud est frappé par la rigueur méthodologique de Ricœur, qui permet au lecteur d'ignorer son engagement religieux, sans rien perdre de l'enseignement philosophique apporté. Jamais pris en défaut, Ricœur est donc le seul épargné par les critiques de Janicaud qui, parti d'une définition minimaliste du programme phénoménologique, s'en prend à ceux qui passent sans médiation à l'inapparent, s'opposant à leur embardée vers la métaphysique. Il passe en revue ce transport de la phénoménologie sur le terrain théologique chez Emmanuel Levinas, Jean-Luc Marion, Michel Henry et Jean-Louis Chrétien. Le philosophe Jean-Luc Marion, qui succédera à Ricœur à l'université de Chicago, conteste à la critique sa pertinence, sous-tendue par l'idée que la phénoménologie serait la théorie de la constitution de l'objet, une forme d'idéalisme transcendantal, alors que dès Husserl l'objet décisif de la phénoménologie est la description des phénomènes non objectifs : la temporalité, la chair, l'intersubjectivité… Or si, comme le postule Janicaud, théologique veut dire non objectivable, toute la tradition philosophique tombe sous le coup de ce qui se présente comme un acte d'accusation. Toute interrogation philosophique répond à des abstractions, que ce soit le doute hyperbolique, l'*ego cogito* ou le Je transcendantal de Kant. Considérant comme non recevable l'argument de Janicaud, Jean-Luc Marion invite Jean-François Courtine à consacrer une journée de son séminaire à cette relation entre phénoménologie et théologie et à en publier les actes[2]. La session se déroule aux Archives Husserl, rue d'Ulm, le 15 mai 1992. Il s'agit de confronter la phénoménologie à des phénomènes limites comme l'herméneutique de la religion, et de se demander si la phénoménologie de la religion est simple science ontique (régionale) ou si elle affecte « en sa visée centrale la phénoménologie elle-même, envisagée dans sa tâche et son style

---

1. *Ibid.*, p. 85 (citation de RICŒUR, 1986 [a], p. 77).
2. COURTINE (dir.), 1992, avec des textes de Jean-Louis Chrétien, Michel Henry, Jean-Luc Marion et Paul Ricœur.

propre[1] ». Le philosophe catholique Jean-Luc Marion estime que la restriction du programme phénoménologique aurait pour effet d'appauvrir la philosophie, qui s'interdirait d'investir des domaines laissés en pâture à une philosophie sauvage qui ne dirait pas son nom. Selon Marion, la philosophie doit au contraire s'emparer des questions du désir, de l'amour, de la mort : qu'il s'agisse de métaphysique ou de phénoménologie, elle ne peut se faire comme si les textes de la théologie révélée ne faisaient pas partie du monde et de l'horizon phénoménal.

La place grandissante acquise par la question du religieux dans le monde ne va cesser de s'imposer comme majeure et de reconsidérer le rapport avec le politique. En 1979, la révolution iranienne institue un pouvoir théologico-politique avec le retour à Téhéran de l'ayatollah Khomeyni. Si Michel Foucault a au départ été séduit par ce qu'il entrevoyait comme une insurrection populaire liant à ses aspirations politiques une dimension spirituelle, il a fallu déchanter devant un pouvoir totalitaire instrumentalisant le religieux pour tenir en laisse toute une population, réveillant un islam qui a trouvé, dans ce renversement d'un régime fortement soutenu par la puissante Amérique, l'occasion d'une revanche historique contre l'Occident. Dans le même temps, les islamistes, à Kaboul, mettent en difficulté la puissance soviétique, dont l'armée s'enlise dans un combat qu'elle perdra contre les talibans. On peut donc, dès ces années, diagnostiquer un « retour de l'islam », comme le fait Bernard Lewis[2], revenant ironiquement sur la longue tradition occidentale qui s'est refusée à reconnaître le fait islamique en tant que phénomène religieux et rappelant l'importance qu'a prise au XXe siècle l'organisation des Frères musulmans, constituée en Égypte sous la houlette d'un professeur de religion, Hasan al-Banna. Forts du caractère universel de leur message, les Frères musulmans ont acquis un poids grandissant et favorisé la naissance de toute une série de mouvements parallèles, par-delà le monde arabe. Ces années sont marquées par une progression spectaculaire et une pression de plus en plus forte des mouvements de réaffirmation du religieux dans le monde islamique sur les pouvoirs poli-

1. *Ibid.*, p. 10.
2. Lewis, 1981.

tiques, la multiplication des attentats terroristes au nom du djihad ainsi que de nouvelles tensions internationales. Ces mouvements contestent radicalement la modernité avec laquelle ont composé les pays musulmans et entendent revenir à un islam pur, éloigné de toute compromission avec les valeurs séculières de la modernité. Gilles Kepel souligne le rôle de guide spirituel d'un penseur isla-miste d'origine égyptienne qui s'est retrouvé en camp de concen-tration sous le régime de Nasser, Sayyid Qutb. Pour ce dernier, il n'existe plus de société que l'on puisse qualifier de musulmane : « Toutes les sociétés participent de la *Jahiliya*, concept coranique qui désigne l'univers de l'Arabie du VIIᵉ siècle, polythéiste et ido-lâtre, contre lequel Mahomet a combattu pour faire triompher ses propres conceptions politico-religieuses[1]. » Dans cette lignée, ces mouvements en appellent à reprendre le flambeau des combats du Prophète et à imposer les règles de l'islam sur les ruines de la *jahiliya*, ce qui peut prendre, comme le dit Gilles Kepel, plu-sieurs formes, notamment celle de révolutions islamiques ou celle d'assassinats, comme cela a été le cas pour le président égyptien Sadate.

Dans la communauté juive, aussi bien en Israël qu'en France, on assiste aussi à un réveil de la tradition religieuse. Les désillu-sions successives en provenance du monde totalitaire alimentent un retour au religieux. L'évolution de Benny Lévy est révéla-trice : intellectuel très intégré dans la société française, passé par le maoïsme, il finit par intégrer une yeshiva ; de même que celle de l'historienne Annette Wieviorka, militante de l'Orient rouge du président Mao devenue spécialiste de la mémoire juive des rescapés de la Shoah. « L'affirmation identitaire juive en France, dont on remarque aujourd'hui surtout les manifestations religieuses, semble bien aller en se renforçant, et nombre d'observateurs sont tentés de parler de "repli" vers la "communauté"[2]. » Une enquête de 1988 réalisée par Erik Cohen, sociologue israélien, révèle le rapport très fort qui existe entre cette affirmation identitaire et le lien de solidarité ressenti avec l'État d'Israël. La guerre des Six-Jours a joué un rôle séminal dans cette intensification identitaire.

1. KEPEL, 1990, p. 53.
2. COHEN, Martine, 1993, p. 101.

Dans les années 1970 et 1980, on assiste à une multiplication des organisations diffusant la culture juive, comme le centre Rachi, un grand centre communautaire moderne qui s'est ouvert à la fin de la guerre du Kippour. Les radios juives, profitant de la libéralisation des ondes, peuvent diffuser à Paris et en province à partir de 1981, tandis que de nouvelles revues, comme *Combat pour la Diaspora*, *Traces*, *Pardès*, etc. apparaissent. Dans cette affirmation identitaire, le problème de la transmission de la mémoire de la Shoah pour une communauté qui voit la génération des survivants la quitter tient aussi une place importante. Dans cette mutation, notons le rôle majeur joué par un jeune Franco-Israélien, alors âgé de vingt-sept ans, Shmuel Trigano, Juif originaire d'Algérie. Né à Blida, il est devenu assistant de sciences politiques à l'université de Jérusalem. Son *Récit de la disparue. Essai sur l'identité juive*, paru chez Gallimard en 1977, révèle un vaste mouvement de retour au texte biblique, notamment dans la communauté juive. Il s'opère alors une tentative historique, philosophique, de repenser le phénomène juif dans sa spécificité et sa positivité. Les études bibliques renaissent un peu partout. Afin de les accompagner, Shmuel Trigano fonde en 1985, avec Annie Kriegel, *Pardès*, une revue européenne d'études juives. Se pose alors la question de ce que l'on appellera le devoir de mémoire avec la multiplication des publications, expositions, films rappelant le génocide, dont l'exemple le plus spectaculaire est le film monumental de Claude Lanzmann, *Shoah*, qui sort en salles en 1985 et dont le titre donne son nom au génocide. Au même moment, les partis politiques laïcs israéliens sont contestés par des mouvements intégristes religieux comme le Shas, les « Séfarades gardiens de la Torah », qui assure sa progression en recrutant chez les Séfarades déçus par le Likoud : « Aujourd'hui, en Israël, le monde religieux connaît une prospérité sans précédent dans l'histoire juive récente[1]. ».

En 1978, l'élection d'un pape polonais, Jean-Paul II, permet à l'Église catholique, notamment en Pologne, de s'ériger comme force de résistance spirituelle au totalitarisme, comme elle le fit, de manière décisive, face aux dictatures latino-américaines. À l'heure où l'idéologie marxiste-léniniste s'effondre, les pratiques

1. Dieckhoff, 1990, p. 60.

religieuses contenues jusque-là par les interdits prennent vite le relais. Le cas le plus étonnant, évoqué par Krzysztof Pomian, est celui de la Bohême, en Tchécoslovaquie, pays d'Europe le plus sécularisé depuis le XVIIᵉ siècle, où le catholicisme était considéré comme une imposition étrangère, qui voit progresser un mouvement religieux de masse permettant au clergé de jouer un rôle de premier plan au niveau politique. On assiste ainsi un peu partout à « une relégitimation de ce que l'on pourrait appeler la culture de la religion[1] ». Incontestablement, le religieux prend ici et là le relais du politique, qui n'offre plus de perspective d'avenir. Il reporte l'espérance d'un futur meilleur dans un au-delà et apporte une réponse à la crise d'historicité, à la perte de confiance dans l'avenir, qui intensifie en retour le rapport à la tradition : « Le passé redevenant ce temps qui donne le sens, la religion, passéiste par nature, devait prendre une importance nouvelle[2]. » Quant à la communauté protestante, en dépit du fait que les réformés forment une toute petite minorité, elle est traversée par une vague d'engouement d'ampleur internationale pour les courants évangélistes.

Ce retour sur l'avant-scène du religieux n'ébranle pourtant pas les analyses de Marcel Gauchet, qui historicise le désenchantement du monde[3], considérant que le christianisme en tant que monothéisme transcendantal a libéré la logique sociale de son empreinte religieuse et assuré une sortie de la religion en Occident : « Ainsi le christianisme aura-t-il été *la religion de la sortie de la religion*[4]. » Marcel Gauchet convient toutefois du paradoxe d'une société dont la rupture avec la religion n'a pas contrarié la prolifération du religieux, qui reste un schème structurant en d'autres lieux que ceux réservés au culte : « On le repère principalement en effet à trois niveaux : il continue d'habiter les opérations de pensée, il préside à l'organisation de l'imaginaire, il gouverne les formes du problème de soi[5]. »

Esprit prend acte de la sortie du purgatoire de la référence religieuse. Jean-Louis Schlegel cite la couverture par la presse du

---

1. NORA, 1988, p. 159.
2. POMIAN, 1990 (a), p. 65.
3. GAUCHET, 1985.
4. *Ibid.*, p. II.
5. *Ibid.*, p. 293.

voyage du pape Jean-Paul II en France en octobre 1986 comme exemple de confirmation d'une nouvelle sensibilité au religieux en France[1]. À la fin de la décennie, toujours dans *Esprit*, Jean-Claude Eslin, Dominique Bourg et Alex Derczansky estiment que « depuis quinze ans les religions ont pris dans notre culture une place plus large, nous amenant à nous interroger à la fois sur leur occultation antérieure et sur la signification de l'intérêt qui leur est de nouveau porté[2] ». La référence chrétienne doit-elle devenir dans la société moderne sécularisée un simple supplément d'âme ? se demande la revue, qui y voit l'un des ressorts de la dimension du symbolique dans la société. Elle reconnaît bien la nécessité de modifier l'articulation entre modernité et religion et de faire place aux logiques des individus, à l'individualisme ambiant, capable de s'accommoder au regain d'intérêt pour les religions. Néanmoins, l'individu, moins soutenu et moins porté qu'autrefois par l'institution, doit mobiliser davantage de volonté personnelle.

Il est significatif que des revues très laïques comme *Commentaire* ou *Le Débat* ouvrent leurs colonnes respectives au cardinal Lustiger. *Commentaire* reconnaît d'ailleurs que faire l'ouverture de sa livraison de l'automne 1987 avec l'archevêque de Paris peut surprendre ses lecteurs. Rappelant que sa ligne n'a rien de confessionnel, comme quarante numéros précédents l'attestent, la rédaction publie une conférence sur l'Europe donnée à Fribourg, en Suisse, le 5 mai 1987 par le cardinal Jean-Marie Lustiger[3]. À l'orée du bicentenaire de la Révolution française et de la commémoration des valeurs de liberté, d'égalité et de fraternité, le cardinal Lustiger conteste la filiation généralement invoquée de ces grands principes, prétendument issus des Lumières philosophiques et émancipés du carcan religieux. Il les voit au contraire comme l'expression des idéaux chrétiens et en appelle à retrouver la source évangélique de leur contenu authentique, qui échappe aux responsables de la vie sociale, politique ou économique, et que l'on trouve dans les enseignements du Christ ou de saint Paul : « Je voudrais montrer que la fraternité, elle aussi, cette revendication d'ordre social et politique,

---

1. SCHLEGEL, 1987.
2. ESLIN, BOURG et DERCZANSKY, 1989.
3. LUSTIGER, 1987 (a).

ne peut être satisfaite si elle n'est pas référée religieusement à Dieu ou au moins si elle ne trouve pas quelques témoins qui assurent cette référence et en sont les garants[1]. » Quant au *Débat*, il publie un long entretien accordé par Jean-Marie Lustiger dès 1982, alors qu'il a été nommé archevêque de Paris l'année précédente, à un quotidien israélien, tout en précisant : « Aucun lecteur ne pourra rester indifférent à la volonté d'aller jusqu'au fond des choses, à l'autorité et la probité avec lesquelles cette question entre toutes difficile et douloureuse est ici traitée[2]. » À la fin de la décennie, Jean-Marie Lustiger fait de nouveau l'ouverture du *Débat* avec un grand entretien conduit par François Furet qui amorce l'ère commémorative de la Révolution de 1789[3].

1. *Ibid.*, p. 444.
2. ID., 1982.
3. ID., 1989.

18

Le moment 1989

LA FIN DU COMMUNISME

L'événement constitue par définition ce qui n'est pas attendu, programmé, et surprend par sa nouveauté. Il est une irruption intempestive, une brèche, une blessure temporelle qui déchire le fil continu du temps. Le jour où, le 9 novembre 1989, le mur de Berlin s'effondre sous les coups de marteau d'une population qui fuit le monde carcéral de la RDA, ce à quoi on assiste est bien davantage que l'explosion de joie de la liberté recouvrée et les retrouvailles entre les deux parties séparées de l'ancienne capitale allemande ; davantage encore que le débordement d'enthousiasme né de la réalisation d'espérances que l'on croyait inaccessibles ; c'est aussi symboliquement l'effondrement du totalitarisme, « la chute du mur » — faisant fonction de synecdoque.

Cet événement-rupture ouvre une ère nouvelle en même temps qu'il clôt une phase historique. Ce qui semblait hier inexpugnable, cette division émergente au cœur de l'Europe autour de 1947 qui aura duré plus de quarante ans, superposant à la frontière entre deux mondes la frontière des esprits, se dissout d'un coup et d'un seul avec une rapidité, une facilité qui semblent insensées. Dans un premier temps, l'événement sème le désarroi chez tous les gouvernants incrédules. Claude Lefort évoque l'événement libérateur du totalitarisme, la rupture qui déplace les lignes, créditant le chef d'État soviétique Gorbatchev de cette transformation : « C'est cette image de l'irréversible, imprimée dans le système totalitaire, que Gorbatchev a brisée. C'est en ce sens-là que sa politique nous paraît neuve, parce que la pétrification de l'histoire sous le pouvoir totalitaire s'est avérée impossible[1]. »

Cet événement qui clôt un siècle et en ouvre un autre constitue l'acmé d'un processus qui s'est accéléré durant l'automne 1989. Depuis quelques années, le dirigeant soviétique menait une nouvelle politique conjuguant la perestroïka et la glasnost, soit une politique de reconstruction économique et sociale s'appuyant sur la mise en transparence du système. Le fondateur de Solidarność, Lech Wałęsa, Prix Nobel en 1983, apparaît de plus en plus comme l'incarnation d'une alternative au pouvoir communiste. En avril 1989, le pouvoir polonais accepte le principe du pluralisme syndical et politique et Solidarność, hors la loi depuis le coup d'État de Jaruzelski en 1981, est de nouveau autorisé. Lors des premières élections libres, en juin 1989, l'opposition au régime l'emporte largement et les candidats de Solidarność obtiennent cent quatre-vingt-dix-neuf sièges sur les deux cents du Sénat et l'ensemble des sièges accordés aux indépendants à la Diète, soit cent soixante et un sièges, alors que deux cent quatre-vingt-dix-neuf sièges sont encore réservés au Poup (Parti ouvrier unifié polonais). En août, Tadeusz Mazowieski, membre de Solidarność, forme le premier gouvernement non communiste depuis la guerre, et Wałęsa transforme l'essai en se faisant élire président de la République en 1990.

La pression s'accentue aux frontières entre les pays du bloc de l'Est. En février, la session plénière du Comité central du PC hongrois, le plus avancé du bloc de l'Est dans la volonté de réformer en profondeur le système, accepte le principe du multipartisme : en mai 1989, les Hongrois viennent à bout des barbelés qui les séparaient des Autrichiens. La Cour suprême réhabilite l'ancien secrétaire du PC hongrois, à la tête de la révolution de 1956, Imre Nagy. Quant aux Allemands de l'Est, ils commencent à s'engouffrer dans ces brèches pour fuir leur régime, resté le plus stalinien du glacis soviétique, sous la férule d'Erich Honecker. Des dizaines de milliers d'Allemands de l'Est passent la frontière austro-hon-

1. Lefort [1990], 2007, p. 661.

groise à bord de leur Trabant, de leur Lada ou dans des autocars ou trains spéciaux affrétés par des organisations caritatives. En Tchécoslovaquie, en mai 1989, l'écrivain Václav Havel peut sortir de prison.

Au fil des mois d'octobre et novembre, la contestation en RDA monte. Erich Honecker est évincé du pouvoir et remplacé à la tête du PC et de l'État par Egon Krenz ; ce subterfuge ne convainc personne et la mobilisation grandit : trois cent mille manifestants à Leipzig le 23 octobre, et cinq cent mille le 30 octobre. Le 4 novembre, à Berlin, c'est une foule d'un million de personnes rassemblées qui exige la démission du gouvernement, qui survient le 6 novembre. Toute cette effervescence contestataire contre un régime honni débouche sur l'acte de bravoure des premiers jeunes qui, sous l'œil des caméras de télévision du monde entier, défient les *VoPos*, chargés à Berlin-Est de tirer à vue sur ceux qui bravent l'interdit du passage à l'Ouest. La police tente bien d'intimider les audacieux avec des canons à eau, mais elle ne s'attire que la risée de la foule et la détermination redoublée à passer le mur. Derrière ces quelques téméraires suit une cohorte de Berlinois de l'Est qui s'attaquent à la paroi à coups de burin et de marteau. Le mur effondré, la foule des Allemands de l'Est déferle dans Berlin-Ouest, pas moins de douze millions en quatre jours ! La RDA disparaît sans transition dans les poubelles de l'histoire et le chancelier de la RFA, Helmut Kohl, présente au Bundestag un plan en dix points pour la réunification de l'Allemagne dès la fin du mois de novembre.

L'effondrement du mur rouvre le champ des possibles et met un point final à l'expérience historique désastreuse du communisme en Europe et au-delà. Stupéfaits, les intellectuels français, qui ont dénoncé avec détermination le totalitarisme, ne peuvent que se réjouir de ce à quoi ils assistent avec stupéfaction et enthousiasme. L'éditorial d'*Esprit* du 20 novembre 1989 exprime la joie de toute la rédaction :

> L'événement est resté notre maître : la force révolutionnaire de 1789, la « raison dans l'histoire », comme dirait Hegel, s'est réalisée en 1989 à l'Est. Au nom de la liberté — et de l'égalité ! —, les peuples opprimés depuis des décennies ont renversé l'édifice

vermoulu et corrompu des sociétés communistes baptisées « démocraties populaires ». Nous ne marchanderons pas notre joie[1].

Esprit avait déjà, dès l'été 1989, diagnostiqué l'effondrement
du système communiste confronté à l'aspiration démocratique
des pays de l'Est. L'équipe rédactionnelle reconnaît néanmoins
son étonnement, tant cette ligne de clivage a structuré la vie
intellectuelle en France depuis l'après-guerre : « La fin du communisme nous prend au dépourvu[2]. » Au printemps 1990, *Le
Débat* consacre un dossier à « l'après-communisme : une troisième voie[3] ? ». Des spécialistes sont interrogés sur la possibilité d'une voie médiane entre le tout-État du totalitarisme et le
capitalisme classique, sachant que la question de la transition
d'un type de société à un autre va vite se poser. Dans les faits,
le désir de rompre radicalement avec tant d'années de joug totalitaire est à ce point puissant que, sitôt le mur tombé, la phase
de transition est oubliée au profit d'une simple adhésion aux
principes et valeurs du monde de l'Ouest, à la grande satisfaction du chancelier allemand Helmut Kohl, qui propose aussitôt
une réunification de la RDA et de la RFA. Moins d'une année
plus tard, le 3 octobre 1990, la réunification est accomplie et le
territoire de la RDA simplement absorbé par l'ancienne RFA.
Deux ans après la chute du mur, c'est l'URSS qui cesse d'exister. Ces révolutions s'accomplissent pacifiquement, sans affrontements sanglants. Si l'on peut essayer de discerner les causes
d'une telle rupture historique, celles-ci ne viennent jamais à bout
de l'irruption d'une nouveauté qui non seulement déborde ses
conditions de possibilité mais modifie aussi l'intelligibilité que
l'on peut avoir du passé. L'événement « chute du mur » modifie
en effet la mémoire en colorant le passé différemment, et 1989
prend place au bout d'une série de pré-événements : « On pourra
sélectionner sept "pré-événements" annonciateurs de l'Événement
[...] : la crise pétrolière (1973-1974), la signature des accords
d'Helsinki (1975), la révolution iranienne (1979), la révolution

1. *Esprit*, décembre 1989, p. 3.
2. *Esprit*, juillet-août 1989, p. 3.
3. *Le Débat*, n° 59, mars-avril 1990.

néolibérale (1979), Solidarité (1980), l'invasion de l'Afghanistan (1980), l'arrivée de Gorbatchev au pouvoir (1985)[1]. » Comme le remarque Olivier Mongin, ces lignes de fracture renvoient à deux phénomènes hétérogènes, la rupture culturaliste perceptible depuis la révolution iranienne de 1979, et la rupture de la mondialisation avec la centralité accordée aux phénomènes d'ordre économique.

Toujours en 1989, l'autre grand pays totalitaire, la Chine, devient l'objet d'une contestation montante : le Printemps de Pékin est d'abord le fait de trois cent mille étudiants qui défilent dans les rues de la capitale jusqu'à la place Tian'anmen, qu'ils occupent en mai 1989. Trois mille d'entre eux entament une grève de la faim pour contraindre le pouvoir à entendre leurs revendications. Les étudiants reçoivent le soutien de centaines de milliers d'habitants de Pékin : ouvriers, employés, ingénieurs, médecins, journalistes, chefs d'entreprise viennent temporairement se joindre à eux pour appuyer leur exigence de liberté et de démocratie. Le 19 mai, le pouvoir réagit en décrétant la loi martiale à Pékin, et le Premier ministre, Li Peng, fait appel à l'armée en espérant intimider ce mouvement de masse qui va croissant et occupe le centre de la capitale sous le regard inquiet des médias du monde entier. Ce recours à la force durcit encore la détermination et l'influence des étudiants, rejoints par une population qui fait écran entre les chars et le noyau le plus déterminé de la contestation. La situation reste très incertaine et tendue jusqu'à ce que, dans la nuit du 3 au 4 juin 1990, ordre soit donné à l'armée de reprendre la place Tian'anmen, ce qu'elle fait au prix de milliers de vies sans défense face aux chars qui avancent sur une foule désarmée, fauchée par des mitrailleuses lourdes. Une vague d'arrestations et d'exécutions sommaires s'ensuit sur fond d'appels à dénonciations et de rumeurs d'ingérence étrangère. Le 9 juin, Deng Xiaoping félicite l'armée d'avoir rétabli l'ordre « prolétarien ».

Si la fin du communisme trouve là ses limites, ce retour à l'ordre du Parti a un prix : la photographie d'un homme seul bravant les chars fait le tour du monde, faisant apparaître à tous la nature criminelle de ce régime comme une évidence. Il massacre une foule

1. Laïdi (dir.), 1997, pp. 26-27.

pacifique qui paie au prix fort ces quarante-neuf jours vécus dans une atmosphère de kermesse et de libre débat. Si l'ordre est rétabli, « le calme qui règne à Pékin est celui des cimetières[1] ». Cette fois, c'en est bien fini de cette imposture maoïste qui avait suscité un tel engouement dans les années 1960 chez nombre d'intellectuels français. On ne peut plus sérieusement se réclamer d'un imaginaire social inspiré par la société chinoise, même si le pouvoir réussira à assurer un rythme exceptionnel de croissance en conjuguant un régime totalitaire et un capitalisme sauvage.

Simon Leys, bien seul lors de la publication des *Habits neufs du président Mao* en 1971, voit cette fois son brûlot gagner un large public grâce à sa reparution en poche en 1989, avec une nouvelle préface : « Vingt ans après. De la Révolution culturelle aux massacres de Pékin ». Il dénonce une nouvelle fois un scénario devenu coutumier en Chine : « Sa machine sanglante se contente de broyer toujours plus brutalement une population de plus en plus assoiffée de liberté[2]. » Simon Leys est même surpris de la surprise des Occidentaux, qu'il juge significative, non d'un changement de nature du pouvoir chinois, mais de l'infléchissement du regard que porte l'Occident sur la Chine. Cette fois, le pouvoir n'a pas pu, comme on dit en Chine, « battre le chien derrière la porte close » : « Pour la première fois, la porte de la boucherie est demeurée grande ouverte (Peut-être est-ce là ce qu'on appelle "la politique de l'ouverture" ?)[3]. » Alors que jusque-là les centaines de milliers de victimes de la Révolution culturelle n'avaient été portées à la connaissance de l'opinion publique internationale que par quelques témoignages de survivants et d'exilés, les médias donnent en direct un retentissement planétaire au massacre, qui bouleverse des millions de téléspectateurs et modifie considérablement la représentation de ce régime.

L'abolition définitive de toute espérance communiste assure incontestablement la clôture d'une utopie qui a animé, pour la défendre ou pour la combattre, les engagements de cette seconde moitié du siècle : « 1989 ferme une époque : le XXᵉ siècle idéolo-

---

1. BÉJA, 1989, p. 6.
2. LEYS [1971], 1989, p. 5.
3. *Ibid.*, p. 10.

gique, politique et militaire. De celle qui a commencé, on discerne toujours mal les lignes de force[1]. » Après bien des scansions et des ruptures tout au long du second XXᵉ siècle, la crise d'historicité apparaît cette fois évidente. Le futur devient totalement opaque et l'horizon d'attente se dérobe pour laisser place à un présentisme condamné à recycler le passé revisité avec nostalgie. L'historien Reinhart Koselleck avait déjà repéré un basculement du régime d'historicité au cours du XVIIIᵉ siècle, qui instituait un rapport nouveau entre passé/présent et avenir. Jusque-là, le futur était pensé comme reproduction de l'espace d'expérience, simple respect et transmission de la tradition aux générations à venir. Avec la modernité, l'Occident se pense à partir d'un écart avec son passé, dans une attente du nouveau, porté par l'idée d'un progrès de la rationalité et du développement des forces productives, en rupture avec la tradition. Le présent se tourne alors vers le futur, qu'il soit eschatologique ou utopique, en un imaginaire social-historique qui projette le temps de la modernité vers un horizon d'attente. Ce régime moderne d'historicité, encore très prégnant durant toute la seconde moitié du XXᵉ siècle, subit cependant bien des déconvenues qui font refluer l'idée d'un futur sur l'espace d'expérience d'un présent étale. La rupture 1989 porte un coup fatal à cette dialectique temporelle. Avec elle, l'horizon disparaît au profit d'un présentisme et d'une opacification totale de l'avenir, faute de projet sociétal. Ambivalent, le moment 1989 symbolise à la fois la libération des peuples d'un régime d'asservissement et l'effondrement de tout projet alternatif au capitalisme. La fusion de l'horizon avec l'espace d'expérience entraîne la perte d'une dimension de projection essentielle à l'homme :

> Imaginer le non-lieu, c'est maintenir ouvert le champ du possible. Ou, pour garder la terminologie que nous avons adoptée dans notre méditation sur le sens de l'histoire, l'utopie est ce qui empêche l'horizon d'attente de fusionner avec le champ d'expérience. C'est ce qui maintient l'écart entre l'espérance et la tradition[2].

---

1. POMIAN, 2000 (b), p. 29.
2. RICŒUR, 1986 (b), pp. 390-391.

Pour préserver l'utopie d'un funeste destin, il revient aux sociétés de préserver cet écart en faisant prévaloir la *phronesis*, la *prudentia*, dans l'élaboration d'un projet collectif servant de cadre à la figuration d'une société autre :

> D'une part, il faut résister à la séduction d'attentes purement *utopiques* ; elles ne peuvent que désespérer l'action [...]. Oui, il faut empêcher l'horizon d'attente de fuir ; il faut le rapprocher du présent par un échelonnement de projets intermédiaires à portée d'action [...]. Il faut d'autre part résister au rétrécissement de l'espace d'expérience. Pour cela, il faut lutter contre la tendance à ne considérer le passé que sous l'angle de l'achevé, de l'inchangeable, du révolu[1].

Olivier Mongin, directeur d'*Esprit*, prend la mesure de l'événement-rupture de la chute du mur, qui efface les « marques » habituelles et éveille des comportements inconnus, inhabituels, faute des points d'appui usuels, tout en insistant sur ses limites : « La force symbolique de ce grand moment d'illusion lyrique fut de laisser croire, le temps d'une brève parenthèse, que l'on s'acheminait vers une victoire universelle de la démocratie[2]. » Cet événement intervient à la croisée de deux cycles : un cycle court lié au processus de modernisation de la France tel qu'il apparaît après 1945, et le cycle long du devenir de la démocratie. Il y a bien un effet percutant de l'événement tel qu'il a été porté à la connaissance de tous par les médias : « Au moment de Berlin, nous étions fascinés, l'œil rivé à l'écran, happés par les images de la liberté retrouvée[3]. » Cela aura été incontestablement un moment d'intense émotion, notamment pour tous ceux qui, d'Ouest en Est, luttaient depuis des années contre le totalitarisme. C'est aussi un moment d'innovation radicale, de création en acte de l'histoire en marche, de poésie transposée sur le terrain de l'événement. Au même moment, à distance de l'événement, on constate que cette illusion lyrique, ce moment de joie et d'émotion partagées s'est vite dissipé pour laisser place, non à un monde pacifié, mais à

---

1. ID. [1985], 1991, pp. 389-390.
2. MONGIN, 1998, p. 11.
3. *Ibid.*, p. 30.

la multiplication des conflits identitaires et à la construction de nouveaux murs.

Alors que l'on pensait la démocratie définitivement victorieuse du totalitarisme et que 1989 augurait un large mouvement d'universalisation du modèle démocratique, il s'avère assez vite que cette rupture rend au contraire évident un « divorce de la démocratie politique et du développement économique[1] ». La démocratie n'apparaît pas vraiment comme une condition de la croissance économique et de l'intégration face aux processus de mondialisation. En France, où le politique joue un rôle majeur et où le débat d'idées occupe une place exceptionnelle depuis 1945, cette double importance accordée à l'identitaire et au tout-économique est ressentie avec une particulière intensité. Dès 1990, le monde s'engage dans une autre guerre, celle du Golfe, sur des lignes de clivage qui ne relèvent plus de la guerre froide. Tous les repères sur lesquels s'était construit l'ordre mondial depuis 1945 s'en trouvent modifiés, et avec eux la dimension messianique qui animait l'espérance des intellectuels, communistes d'abord, plus largement de gauche et même bien au-delà, s'effondre. Il est significatif qu'un philosophe aussi éloigné de l'URSS qu'Emmanuel Levinas puisse écrire : « Aujourd'hui, nous avons vu disparaître l'horizon, qui apparaissait derrière le communisme, d'une espérance, d'une promesse de délivrance. Le temps promettait quelque chose. Avec l'effondrement du système soviétique, le trouble atteint les catégories très profondes de la conscience européenne[2]. » À partir de cet ébranlement incontestable, peut-on pourtant parler de « fin de l'histoire » ?

FAIM D'HISTOIRE ?

En cette année 1989, le sentiment de clôture d'un moment historique inspire à Francis Fukuyama un article porteur d'une thèse radicale et rédigé à la suite d'une conférence prononcée au Olin

---

1. *Ibid.*, pp. 80-81.
2. Levinas, 1992 (b).

Center de l'université de Chicago, puis publié par la revue *The National Interest* dans son numéro de l'été 1989. Cet article, paru avant même la chute du mur, repris par la revue *Commentaire* dans sa livraison de l'automne 1989 sous le titre « La fin de l'histoire[1] ? », devient vite objet d'un débat international. Fukuyama est professeur d'économie politique de l'université Johns-Hopkins à Baltimore. Lié à Paul Wolfowitz, avec qui il a travaillé au Département d'État auprès des spécialistes du complexe militaro-industriel américain, il voit dans l'effondrement du monde soviétisé de l'Est la victoire finale d'un des deux camps opposés durant la guerre froide, les États-Unis, modèle de société libérale et démocratique qui incarne seul l'imaginaire social-historique de toutes les nations aspirant au mieux-être économique et politique. Cet article sonne comme un long communiqué de victoire :

> « Il se peut bien que ce à quoi nous assistons, ce ne soit pas seulement la fin de la guerre froide ou d'une phase particulière de l'après-guerre, mais la fin de l'histoire en tant que telle : le point final de l'évolution idéologique de l'humanité et l'universalisation de la démocratie libérale occidentale comme forme finale de gouvernement humain[2]. »

Fukuyama reconnaît que ce thème de la fin de l'histoire n'est pas vraiment nouveau. S'il l'est comme diagnostic sur le monde réel, il se trouvait déjà au centre des philosophies hégélienne et marxiste, avec l'idée d'un dépassement dialectique continu dans un processus historique assurant progressivement le triomphe de la rationalité et de la transparence. Il appuie essentiellement sa thèse sur l'enseignement d'Alexandre Kojève, disciple de Hegel et admirateur de Staline, qui a enseigné à Paris et fortement influencé le monde intellectuel français. Kojève a ressuscité le passage de *La Phénoménologie de l'esprit* où Hegel déclare que l'histoire tout entière est contenue à Iéna en 1806, sur les épaules de Napoléon, incarnation de l'idéal révolutionnaire de 1789 d'un État réalisant les principes de liberté et d'égalité. À l'époque, Hegel, professeur

---

1. FUKUYAMA, 1989. Cet article sera vite développé et transformé en livre (ID. [1992], 2008).
2. ID., 1989, p. 458.

à l'université d'Iéna, assiste fasciné, non loin de lui, au passage de l'Empereur sur son cheval, alors que la bataille fait rage contre la Prusse : « J'ai vu l'Empereur — cette âme du monde — sortir de la ville pour aller en reconnaissance ; c'est effectivement une sensation merveilleuse de voir un pareil individu qui, concentré en un point, assis sur un cheval, s'étend sur le monde et le domine[1]. » À la manière du jeune Hegel réfléchissant à la signification de la bataille d'Iéna, Fukuyama voit dans l'effondrement du communisme l'universalisation de cette rationalité à l'œuvre dans l'histoire. Les facteurs matériels ont trop longtemps été invoqués pour expliquer l'histoire, alors que c'est la force de l'idée qui prédomine et se réalise dans la concrétude historique. Cette victoire de la société libérale peut néanmoins avoir un goût amer, convient Fukuyama, car cette fin du conflit frontal à vocation universelle qui caractérise la fin de l'histoire risque fort de faire naître un monde où règne l'ennui : « Il n'y aura plus que l'entretien perpétuel du musée de l'histoire de l'humanité. Je ressens moi-même, et je vois autour de moi d'autres ressentir, une nostalgie puissante de l'époque où l'histoire existait[2]. »

Dans l'ouvrage qu'il publie peu après cet article, Fukuyama développe sa thèse et répond aux multiples objections qui lui ont été faites. Il lève sans difficulté le malentendu entretenu par nombre de ses contradicteurs : fin de l'histoire ne signifie pas qu'il n'y aura plus d'événements ni de conflits après 1989. Il confirme en revanche qu'il n'existe pas d'idéologie alternative à celle du libre marché partout triomphant. Revenant à Hegel, il affirme que le ressort de l'histoire ne repose pas, tant s'en faut, sur la satisfaction des intérêts économiques, mais sur la lutte pour la reconnaissance. C'est même ce désir d'être reconnu dans sa singularité et sa dignité d'être humain qui définirait l'humanité par rapport à l'animalité. La condition de possibilité de reconnaissance d'autrui passe par l'acception platonicienne du *thumos*, l'estime de soi. C'est en ce sens que Hegel a vu dans la Révolution française un dépassement de la dialectique du maître et de l'esclave, instaurant une citoyenneté

---

1. Hegel, lettre à Niethammer, 13 octobre 1806, dans *Hegel. Correspondance*, traduction J. Carrère, « Tel », Gallimard, 1990, tome 1, pp. 114-115.
2. FUKUYAMA, 1989, p. 469.

qui reconnaît en chacun une égale dignité. Transposé sur le plan du choc des nationalismes, ce schéma de la reconnaissance conduit Kojève à considérer que l'État est en train d'achever sa construction comme « État universel et homogène », ce qui signifie que « pour nous, la démocratie libérale a définitivement résolu la question de la reconnaissance en remplaçant la relation du maître et de l'esclave par la reconnaissance universelle et égale[1] ». Fukuyama achève son livre en tempérant néanmoins l'optimisme de Hegel. Reprenant à son compte les *Considérations inactuelles* de Nietzsche sur le dernier homme, il interprète le succès de la démocratie moderne, non par l'émancipation des anciens esclaves, mais par la victoire de la mentalité servile. Dans le même ordre de pensée, Fukuyama se demande si une part de l'humanité, insatisfaite par l'avènement de la paix perpétuelle, ne chercherait pas au contraire l'audace, la lutte, le danger.

Commentaire, qui publie l'article de Fukuyama dans sa livraison de l'automne 1989, salue « la fin de l'histoire » comme un véritable événement intellectuel et la source d'un grand débat que la revue va orchestrer. Les collaborateurs de cette revue libérale se félicitent de cette thèse, qui corrobore leur conviction que la bataille idéologique est définitivement gagnée, et ouvrent leurs colonnes à des intellectuels étrangers[2]. Pierre Hassner se demande malgré tout s'il ne faut pas se montrer plus prudent, et considérer qu'il s'agit davantage d'une fin de cycle que de la fin de l'histoire. S'il juge que la thèse de Fukuyama est plus juste que fausse, il décrit l'intellectuel américain avec distance, regrettant qu'il se fraie « un chemin à coups de hache à travers le dédale des complexités politiques et philosophiques pour affirmer une thèse outrageusement provocante[3] ». De son côté, Jean-François Revel exprime son enthousiasme : « Je suis en accord complet avec le fond de la thèse de Francis Fukuyama[4]. »

---

1. Id. [1992], 2008, p. 22.
2. L'article de Fukuyama est commenté par Allan Bloom, Pierre Hassner, Alain Besançon, Gertrude Himmelfarb, Irving Kristol, Stephen Sestanovitch, Robert W. Tucker, Leon Wieseltier, Jean-François Revel, Stanley Hoffmann, Harvey C. Mansfield Jr., Alain-Gérard Slama, Samuel P. Huntington, Julien Cheverny, Anthony Hartley, Philippe Raynaud, Philippe Salin dans les livraisons de *Commentaire*, n°s 47, 48 et 49, 1989-1990.
3. HASSNER, 1989, p. 473.
4. REVEL, 1989-1990, p. 669.

Il émet une seule réserve, observant que la victoire du libéralisme proclamée par Fukuyama relève davantage de la victoire morale et virtuelle que des réalités concrètes, les lenteurs et les régressions prenant souvent le dessus : « Qu'on fasse mentalement un rapide tour du monde, et on s'apercevra que, fort souvent, la raison pratique tourne ainsi le dos à la raison pure[1]. » Alain-Gérard Slama adhère tout autant à la thèse de Fukuyama, estimant que la victoire du libéralisme dans les cerveaux est évidente, à défaut de l'être sur le terrain. Soulignant son mérite d'avoir rappelé le primat de l'Idée dans l'intelligibilité du processus historique, Slama reproche néanmoins à l'analyste américain d'ignorer la complexification du monde moderne, de s'appuyer sur des schémas binaires et de passer à côté de l'évolution des mouvements d'opinion et des mentalités vers des modes d'expression de plus en plus insaisissables. Il méconnaît par ailleurs « le rôle capital des techniques, qui suggère l'idée d'une *accélération* de l'histoire, plutôt que celle de sa *fin*[2] ».

À ces réserves s'en ajoutent quelques autres, plus fondamentales, qui touchent un angle mort de l'analyse de Fukuyama : la dimension culturaliste et les processus de reterritorialisation identitaire. Philippe Raynaud rappelle la force croissante d'un certain nombre de mouvements fondamentalistes : « Ce dont il faudrait prendre acte aujourd'hui, c'est de la fin de toute contestation consciente du "système" contemporain. Or, c'est là, me semble-t-il, que le propos de Fukuyama perd un peu de sa force, lorsqu'il conteste, par exemple, l'aptitude de l'Islam "intégriste" à se présenter comme une alternative globale à l'ordre moderne[3]. » Dans le même esprit, moins optimiste, celui qui thématisera plus tard la guerre entre civilisations, le choc des cultures, Samuel Huntington considère que, loin de pacifier les relations internationales, la fin de la guerre froide a toute chance de réveiller les conflits entre nationalités. Elle installe même « une instabilité, une imprévisibilité et une violence accrues dans les affaires internationales. Il se peut qu'elle signifie la fin de la longue paix[4] ».

1. *Ibid.*, p. 671.
2. Slama, 1990, p. 79.
3. Raynaud, 1989-1990.
4. Huntington, 1990, p. 66.

Si *Commentaire* relaie les thèses de Fukuyama avec ferveur, ce n'est pas le cas des autres revues, qui ne prennent pas vraiment au sérieux cette déclaration péremptoire. Olivier Mongin et Gérard Araud, dans *Esprit*, n'accordent à cette thèse qu'une brève dans leur rubrique « Controverse », s'étonnant d'une telle annonce et jugeant qu'il s'agit « moins de la fin de l'histoire que d'un essoufflement de l'histoire américaine [...]. La fin de l'histoire est une affaire très américaine[1] ». Ils rappellent que la construction historique des États-Unis est fondée sur la négation d'un passé européen marqué par les conflits, les persécutions, les crises et la misère.

Le Débat n'accorde pas non plus beaucoup d'importance à la thèse de Fukuyama, si ce n'est pour s'étonner, tel Krzysztof Pomian en mai 1990, de sa résonance : « La résurrection récente de l'idée de la fin de l'histoire, et le retentissement qu'elle vient de susciter dans les médias, est l'événement *a priori* le plus improbable de notre vie politico-intellectuelle[2]. » Il rappelle que cette idée saugrenue avait déjà été abandonnée par Hegel à la fin de sa vie ; il était en effet difficilement défendable que l'État prussien en construction puisse incarner l'histoire universelle. Quant à l'historien Jean-Noël Jeanneney, il fait part de son scepticisme devant cette thèse maintes fois proclamée dans le passé[3].

ADIEU 89, OU LA RÉVOLUTION EN BERNE

Situation paradoxale : au moment même où l'horizon révolutionnaire s'efface, la France s'apprête à fêter le bicentenaire de la Révolution française. Concordance ou discordance des temps ? 1989 a rendez-vous avec 1789 : en ce présent postmoderne et post-Goulag, quel regard porter sur une révolution fortement marquée par sa postérité bolchevique et le poids du destin funeste de la révolution d'octobre 1917 ? Dès 1983, Mona Ozouf, histo-

---

1. ARAUD et MONGIN, 1989, p. 143.
2. POMIAN, 1990 (b), p. 258.
3. JEANNENEY, 2001.

rienne spécialiste de la période, se pose frontalement la question :
« Peut-on commémorer la Révolution française[1] ? », exprimant le
malaise qu'elle ressent à l'idée qu'on célèbre un événement de
rupture, clivant, alors que la commémoration devrait renvoyer à
un consensus, à une mémoire irénique, une réconciliation. Comment célébrer l'idée même de révolution maintenant qu'on ne peut
ignorer la tragique fortune que sa filiation a connue : « Le mot de
révolution a, dans le désastre des expériences communistes, perdu
tout le crédit intellectuel qu'on lui a si longtemps accordé sur sa
mine. Bref, nous n'avons plus beaucoup d'entrain pour célébrer la
Révolution française comme un acquis et nous avons encore moins
envie de la célébrer comme une promesse[2]. » Puisque commémoration il y aura inéluctablement, Mona Ozouf souhaite que l'on
ne sacrifie pas certaines interrogations dérangeantes au nom d'un
rapport de piété avec l'héritage révolutionnaire.

François Furet a, dès 1978, radicalement pris ses distances, affirmant que 1789 ouvre une période de dérive de l'histoire[3]. Alors
que la défense de l'idée révolutionnaire devient de plus en plus
marginale, la célébration de la Révolution française se prépare
dans un contexte d'engouement sans précédent pour les commémorations, mais cette fois sur un contenu devenu problématique.
C'est à reculons que le pays se prépare à cette fête programmée : la
situation intérieure ne se prête nullement à la liesse populaire. Les
festivités de cette revisitation de la Révolution se déroulent dans le
climat tendu de la cohabitation entre un président socialiste, François Mitterrand, et un Premier ministre de droite, Jacques Chirac,
ce dernier s'opposant au grand projet du président d'organiser à
Paris une Exposition universelle. Pour faire contrepoids, il soutient
activement une commémoration alternative, celle de l'avènement
au pouvoir d'Hugues Capet en 987, qu'il entend célébrer avec faste.
Le millénaire capétien de 1987 a vocation à détourner l'attention
du bicentenaire à venir de 1789. L'historien Laurent Theis constate
avec étonnement que la préparation de l'événement commémoratif,
qui ne concernait jusque-là qu'un petit cénacle de médiévistes,

---

1. OZOUF, 1983.
2. *Ibid.*, p. 170.
3. FURET, 1978.

change de dimension : « Jusqu'au printemps 1986, il semble que
la commémoration de l'avènement d'Hugues Capet dût demeurer
confinée dans un cercle étroit[1]. » On assiste alors à une accélération du processus et à des initiatives de grande ampleur. L'événement a lieu à Amiens, et soixante-dix manifestations en Picardie
reçoivent le label du comité de pilotage du millénaire. Le chef de
l'État socialiste doit même se soumettre aux impératifs de ce gran-
diose millénaire en assistant, le 3 avril 1987, à une messe doublée
d'un spectacle de son et lumière dans la cathédrale d'Amiens, au
côté du comte de Paris. Symboliquement, par cet acte commémoratif, la République semble avoir réussi sa réconciliation avec le
passé monarchique de la France, à la plus grande joie de ceux qui
entendent nuancer la portée de la rupture révolutionnaire de 1789
et assurent que la France a désormais mille ans, rejoignant le général de Gaulle et la fameuse profession de foi de ses *Mémoires de
guerre* : « La France vient du fond des âges. »

Dans le même temps, la préparation du bicentenaire connaît
bien des mésaventures. Les deux premiers responsables de la commémoration disparaissent. Michel Baroin, nommé président de la
mission du bicentenaire en 1986, meurt dans un accident d'avion
en Afrique en 1987 ; Edgar Faure, qui lui succède, meurt à son tour
en 1988. Alors qu'une malédiction semblait peser sur le dossier
de la commémoration, le succès de la gauche en 1988 apporte une
éclaircie et rétablit l'équilibre entre exécutif et législatif. Jean-Noël
Jeanneney est nommé nouveau président de la mission. Sur le plan
universitaire, l'historiographie de la Révolution française est alors
entre les mains des historiens du PCF ou proches de celui-ci. C'est
un communiste, ouvert, novateur et bonhomme, Michel Vovelle,
qui dirige l'Institut d'histoire de la Révolution française à la Sorbonne. Il a néanmoins le sentiment en 1987 d'être « assiégé » et
dira plus tard : « Nous sommes en 1815[2] », soit à l'heure de la
Restauration.

S'achemine-t-on pour autant vers un procès de la Révolution ?
Le scepticisme et l'ironie prévalent, et l'on s'attend au pire. Ce sera
« Disneyland-sur-Seine », prévient Jean d'Ormesson, et TF1 de le

---

1. THEIS, 1994, p. 99.
2. VOVELLE, 1991, p. 10.

démontrer en confiant à Yves Mourousi une mise en scène grotesque du procès du roi diffusée le 12 décembre 1988, avec Jean-
Edern Hallier dans le rôle de l'accusateur public Fouquier-Tinville,
l'avocat Jacques Vergès dans celui du défenseur de Louis XVI et
Léon Zitrone, délaissant ses commentaires hippiques, pour présider
cette farce, au cours de laquelle Jean-Edern Hallier s'exclame :
« Capet, tu perds la tête » ! Dans *Le Figaro Magazine*, Louis
Pauwels se félicite du succès de la tradition hostile à la Révolution française qui, dans la lignée de Pierre Gaxotte, rejette en bloc
l'héritage de 1789 : « Pour en finir avec la Révolution française,
tout simplement », écrit-il dans son éditorial[1]. Toute une historiographie contre-révolutionnaire resurgit des décombres où l'avaient
ensevelie les compromissions du courant maurrassien avec l'occupant pendant la guerre. Les thèmes d'un régime de terreur né
de 1789 ou d'un génocide programmé en Vendée refont surface,
comme l'attestent un certain nombre de publications[2]. L'historien
Pierre Chaunu, sans être vraiment hostile à 1789, l'est beaucoup
plus à la terreur révolutionnaire : il crache par terre chaque fois
qu'il passe devant le lycée Carnot et se fait le chantre du combat
contre la commémoration du bicentenaire, dont l'organisation au
sommet le fait réagir de manière épidermique : « Je déteste les
commémorations d'État. J'ai la réaction de Diogène : "Ôte-toi de
mon soleil[3] !" » Dans ce courant critique de la commémoration,
la Révolution est décrite comme une machine infernale : « On
retrouve ce schéma chez Frédéric Bluche. Celui-ci ne décrit pas
seulement, dans septembre *1792*[4], les logiques d'un massacre, mais
l'aboutissement d'une logique révolutionnaire[5]. »

Ces thèses, très marquées politiquement, affectent le courant
dominant au moment du bicentenaire, celui des historiens engagés
à gauche et marqués par le destin sinistre de l'idée révolutionnaire
dans les pays totalitaires. L'itinéraire de l'historien François Furet,
spécialiste de la période révolutionnaire, est représentatif de cette
évolution qui l'a conduit à adhérer au PCF en 1947 puis à le quitter

1. PAUWELS, 1986.
2. Voir par exemple SÉCHER, 1986.
3. CHAUNU, 1994, p. 207.
4. BLUCHE, Frédéric, 1986.
5. BÉTOURNE et HARTIG, 1989, p. 168.

en 1956. À cette époque stalinienne, tenant un discours particulièrement sectaire, il considère que la notion de « sans-culottes parisiens » du maître de l'historiographie communiste, Albert Soboul,
est hétérodoxe au regard de la théorie marxiste. En 1965, après
sa rupture avec le PCF et sa découverte de l'école des Annales,
il publie avec son collègue Denis Richet un ouvrage qui devient
le fleuron du discours dit « révisionniste » par rapport à la vulgate marxiste, défendant la thèse du dérapage de la Révolution à
partir d'un événement extérieur, la guerre[1]. Dans cette lecture de
la Révolution, 1789 est une année heureuse qui cristallise le désir
et la réalisation de l'émancipation collective. Dans son ouvrage
de 1978[2], l'analyse de François Furet est tout autre. Cette fois,
la politique de la terreur est déjà là, avant le déclenchement de
la guerre, dans l'idée même de révolution, dès 1789 qui « ouvre
une période de dérive de l'histoire[3] ». S'appuyant sur Alexis de
Tocqueville et Augustin Cochin, il assume clairement une relecture de la Révolution contre le « catéchisme révolutionnaire » qui
tire les enseignements du totalitarisme : « Aujourd'hui, le Goulag
conduit à repenser la Terreur, en vertu d'une identité dans le projet.
Les deux révolutions restent liées[4]. » À partir de 1986, à l'orée du
bicentenaire, François Furet infléchit son discours, reconnaît la
force émancipatrice de 1789, qu'il revalorise, mais clôt en même
temps le cycle révolutionnaire et maintient sa conviction affirmée en 1978 que « la révolution est terminée ». Cette thèse moins
polémique et plus consensuelle permet à François Furet et à Mona
Ozouf de publier les ouvrages les plus marquants parmi ceux du
bicentenaire[5]. Ce recentrage donne une représentation ambivalente
de 1789, perçu cette fois comme moment inaugural de l'« *homo
democraticus* dans sa pureté moderne » ; « Je suis un grand admirateur de 1789[6]. »

Le bicentenaire s'inscrit dans ce contexte d'effondrement de
l'idéal révolutionnaire propice au sacre de Furet et à la marginali-

1. FURET et RICHET, 1965.
2. FURET, 1978.
3. *Ibid.*, p. 69.
4. *Ibid.*, p. 25.
5. ID., 1988 ; ID. et OZOUF (dir.), 1988.
6. FURET, 1988, p. 106 ; ID., 1986.

sation des lectures universitaires impulsées par l'Institut d'histoire de la Révolution française, animé par Michel Vovelle. Ce dernier aura déployé une énorme activité autour du bicentenaire, animant nombre de colloques, rencontres, publications, avec quelques moments forts comme le Congrès mondial pour le bicentenaire, tenu à la Sorbonne en juillet 1989 sous la présidence de François Mitterrand, qui vient clore une succession de sept cents manifestations scientifiques dans cinquante pays[1]. Cette histoire universitaire orchestrée par Michel Vovelle est étayée par les orientations des responsables de l'État : Régis Debray, chargé de mission auprès du président de la République, affirme le lien fort, identitaire, de la France avec le legs révolutionnaire, allant jusqu'à déclarer qu'enterrer la Révolution française reviendrait à déchirer notre carte d'identité. Quant à Jean-Noël Jeanneney, nouveau président de la mission du bicentenaire, ses soutiens vont sans ambiguïté aux travaux universitaires émanant de l'Institut d'histoire de la Révolution française. Nommé tardivement, en mai 1988, il est confronté à ce que l'historien Steve Kaplan désigne comme une « mission impossible[2] ». Il réussit cependant à assurer une célébration dont l'acmé est la fameuse parade de Jean-Paul Goude : le 14 juillet 1989 défilent des représentants de toutes les nations porteurs de leurs emblèmes et regroupés autour des valeurs universelles de la Révolution française. Chargé d'évoquer l'harmonie de la fête de la Fédération, Jean-Paul Goude élargit la portée du message révolutionnaire à l'échelle planétaire. Celui-ci, retransmis dans cent douze pays, revêt une forte charge symbolique et atteste que l'écho de 1789 continue à se faire entendre deux cents ans plus tard en tout point de la planète. À l'heure du défilé de Jean-Paul Goude, le totalitarisme chinois a nettoyé la place Tian'anmen de Pékin de ses étudiants contestataires qui chantaient *La Marseillaise*. Un char muet représentant la Chine ouvre le défilé sur les Champs-Élysées à la mémoire de ces étudiants ayant payé de leur vie la lutte pour la liberté. La commémoration trouve là son sens, celui de parler

1. Voir *Les Colloques du bicentenaire*, répertoire des rencontres scientifiques nationales et internationales présenté par Michel Vovelle, avec la collaboration de Danielle Le Monnier, coédition La Découverte, Institut d'histoire de la Révolution française, Société des études robespierristes, 1991.

2. KAPLAN, 1993, p. 295.

du passé au présent à partir des enjeux contemporains. Comme l'a analysé François Furet en soulignant le mouvement d'aller-retour entre ces deux événements[1], ce qui s'est produit avec cette commémoration est un rejeu inversé de 1917 sur 1789, qui s'émancipe des projections de la révolution russe. Il rappelle que toute la gauche, y compris socialiste, a vu dans la révolution russe de 1917 un accomplissement des idéaux de la Révolution française de 1789, et que la découverte du totalitarisme a permis de libérer 1789 du schéma bolchevique qui recouvrait ce moment libérateur, car porteur de l'universalité du respect des droits de l'homme : « Les hommes de 1789 donnent aux nouveaux principes un éclat exceptionnel, en faisant d'une des plus fameuses nations de l'époque le théâtre de l'universalité des droits. En cela, il n'est pas inexact ni excessif de tenir l'événement français pour fondateur et universel[2]. » Cette fois, 1789, pour Furet, n'inaugure plus un moment de dérive de l'histoire, et l'événement commémoré est évidé de sa composante révolutionnaire pour ne laisser subsister que la célébration de son message. Ce moment crépusculaire de l'idée de révolution tient pour Furet au fait que ses idéaux sont entrés dans l'espace politique et ont été assimilés. Le recours à l'idéal révolutionnaire devient à la fois inutile et dangereux. En 1989, on a fêté la démocratie, les droits de l'homme, pour mieux « oublier la révolution[3] ». « L'étoile d'Octobre qui s'efface refait voir celle de 1789 qu'elle avait cru éteindre [...]. Ce qui est sûr, au moins, c'est que la Révolution française se trouve à jamais émancipée de la tyrannie que la révolution russe a exercée sur elle pendant trois quarts de siècle. La voici deux cents ans après, comme rajeunie d'avoir été si longtemps recouverte[4]. »

L'autre volet de ce bicentenaire, moins visible mais plus profond, qui connaît un large succès, est celui de la commémoration locale. Dans sa thèse sur le bicentenaire de la Révolution française, Patrick Garcia insiste sur la vigueur de l'engouement populaire suscité par les manifestations dans les petites villes et les villages.

---

1. FURET, 1989.
2. *Ibid.*, p. 7.
3. *Ibid.*, p. 10.
4. *Ibid.*, p. 16.

Là encore, cet écho est révélateur d'une crise et d'un souci de réassurance identitaire par le resserrement des liens unissant les populations dans leur vie quotidienne, à l'heure où la mission structurante de la nation se dévitalise pour se transporter à une échelle européenne et mondiale. La demande de proximité qui en résulte trouve dans l'acte commémoratif l'occasion de s'exprimer : « Ce que la commémoration locale cherche à instituer, c'est le territoire vécu au quotidien, celui de la commune, du quartier[1]. » Ces regroupements festifs rassemblent les générations, et les habitants sortent de l'anonymat pour aller à la rencontre de leurs voisins. Ce désir de sociabilité et de convivialité se traduit par des banquets républicains et des plantations d'arbres de la Liberté dans vingt mille communes :

> Le succès de ce geste tient à ce que l'arbre fonctionne comme métaphore immédiate de la pérennité de la commune : ses racines évoquent le passé, son tronc le présent et son feuillage le futur. Il est, par là même, le support idéal pour exalter des généalogies fort diverses de l'arbre du Paradis perdu à celui du Golgotha, des combats pour la liberté au souci écologique et parfois le tout mêlé dans une évocation syncrétique selon l'inspiration de l'orateur[2].

Signe de fragilisation de l'identité nationale, cet engouement pour l'affirmation d'une identité locale apparaît comme une possible compensation de ce qui est en train de se perdre : « Il s'agit de transformer les habitants de Bobigny en Balbyniens, ceux de Saint-Denis en Dyonisiens, ceux de Saint-Dié en Déodatiens ou, pour changer d'échelle, les habitants de l'Île-de-France en Franciliens[3]. » Pas moins de vingt-sept mille communes ont ainsi fêté le bicentenaire, chacune choisissant ses chants, ses danses et ses spectacles dans le plaisir de l'affirmation d'un vivre-ensemble.

Les responsables politiques célèbrent donc l'événement 1789 à reculons, en valorisant le plus petit dénominateur commun entre des Français qui répondent à 86 % à un sondage CSA de 1989 que l'événement qui symbolise le mieux la Révolution française est la

---

1. GARCIA, 2000, p. 304.
2. ID., 1999.
3. *Ibid.*, p. 307.

Déclaration des droits de l'homme et du citoyen. La violence aura été expulsée des évocations de la Révolution dans une société pacifiée qui cherche à se rassurer et dont la seule vraie projection dans l'avenir passe par la redécouverte des voies d'un vivre-ensemble fraternel évidé de tout conflit. Les discours prononcés par les maires pour l'occasion sont symptomatiques de cette évacuation d'une violence qui, si elle est néanmoins évoquée, n'est jamais imputée à la logique même de la Révolution mais à ses adversaires intérieurs et extérieurs, qui l'auraient imposée. Les symboles de la violence révolutionnaire, comme la guillotine, sont neutralisés par leur usage ludique dans les démonstrations villageoises. Ils trônent dans les cortèges comme le rappel d'un instrument de mort définitivement disparu[1]. De manière significative, la commémoration de 1989 révèle que l'on ne craint plus vraiment une guerre civile entre citoyens et que l'inquiétude porte plutôt sur l'effritement du lien social, l'anomie grandissante d'une société des individus de plus en plus séparés les uns des autres, comme le signale François Mitterrand en juillet 1989 : « L'absence de convivialité disloque notre société[2]. »

En trois années presque consécutives, 1987, 1989 et 1990, la France aura successivement vécu trois commémorations majeures qui l'auront réconciliée avec son passé monarchique lors du millénaire capétien de 1987, puis révolutionnaire en 1989, et enfin gaulliste en 1990 avec la commémoration de l'appel du 18 juin 1940 qui intègre le général de Gaulle dans le patrimoine national.

LA CRISE DES MODÈLES EXPLICATIFS

Dans le domaine de l'épistémologie, ces années sont celles de la remise en question des grands paradigmes en -*ismes* (fonctionnalisme, structuralisme, marxisme) qui avaient prétention à réduire le réel à une explication déterminante. Une certaine forme de causalité

---

1. ID., 1995.
2. MITTERRAND, 1989.

mécanique, qui avait prévalu jusque-là, est contestée au nom d'une pluralité causale et du principe d'incomplétude. Le basculement de la situation épistémologique qui en résulte affecte notamment les sciences humaines. La division entre le sujet et l'objet, avec la position de surplomb qu'elle impliquait, laissait entendre que les sciences humaines pourraient parvenir à une situation de clôture de la connaissance dans laquelle le sujet pourrait saturer l'objet par l'enveloppe de son savoir. Le principe de sous-détermination, inspiré de Pierre Duhem[1], est devenu le fondement philosophique d'un nombre croissant d'études en sciences humaines, rendant vaine toute tentative de réduction monocausale. Ce principe trouve un prolongement dans les *Irréductions* de Bruno Latour[2]. En amont comme en aval, la fermeture causaliste renvoie à une aporie dans la mesure où il n'y a d'épreuves que singulières, pas d'équivalences mais des traductions, et à l'autre bout de la chaîne : « Rien n'est en soi dicible ou indicible, tout est interprété[3]. »

Par ailleurs, l'évolution des sciences physiques vers un redéploiement des niveaux d'explication selon un double plan micro et macro, avec une variation des relations causales de l'un à l'autre, contribue à l'ouverture générale des démarches scientifiques sur une indétermination pour savoir quel niveau a la priorité. Cela conduit à prendre en compte la complexité d'un réel composé de plusieurs strates, sans priorité évidente, pris dans des hiérarchies enchevêtrées, donnant lieu à de multiples descriptions possibles. Le tournant interprétatif adopté par ailleurs, sur le plan philosophique, permet d'échapper à la fausse alternative entre une scientificité qui renverrait à un schéma monocausal organisateur et une dérive esthétisante.

René Thom lance la controverse contre un courant épistémologique qui accorde trop d'importance, selon lui, à l'aléatoire, ce qu'il juge antiscientifique[4]. Il s'en prend aux publications récentes, *Le Hasard et la nécessité* de Jacques Monod, *La Méthode* d'Edgar Morin, *Entre le cristal et la fumée* d'Henri Atlan, *La Nouvelle*

---

1. Duhem, 1981.
2. Latour, 1984.
3. *Ibid.*, p. 202.
4. Thom, 1980.

Alliance d'Ilya Prigogine et Isabelle Stengers et *Naissance de la physique dans le texte de Lucrèce* de Michel Serres, qui ont en commun une apologie du hasard qui entend rompre avec la valorisation antérieure, dans les années 1960, de la constance, de l'invariance de la structure : « Je voudrais dire d'emblée que cette fascination de l'aléatoire témoigne d'une attitude antiscientifique par excellence[1]. » La charge est sévère puisque René Thom, qui voit dans la profusion de ces thèses la résurgence de l'antiscientisme des années 1880-1890, explique cette fascination pour la petite fluctuation aléatoire « par une certaine préciosité littéraire[2] ». Selon lui, le hasard est un concept vide et purement négatif, qui ne revêt aucun intérêt pour un scientifique, alors que le déterminisme est riche de pouvoirs heuristiques. Il épingle notamment les auteurs de *La Nouvelle Alliance* pour s'être aventurés à « danser la danse du scalp autour du cadavre du déterminisme[3] ». René Thom se demande pourquoi ces publications, qu'il qualifie d'épistémologie « populaire », obtiennent tant de succès dans un pays comme la France, où a prévalu une forte tradition épistémologique avec des chercheurs comme Poincaré, Duhem, Meyerson, Cavaillès ou Koyré.

Cet article déclenche, comme cela était prévisible, une polémique épistémologique dont la revue *Le Débat* se fait l'écho, donnant la parole aux thèses adverses. Edgar Morin, Jean Largeault, Antoine Danchin, Ilya Prigogine et Michel Serres répliquent successivement aux arguments de René Thom, qui lui-même ferme la marche en répondant aux arguments qui lui sont opposés[4]. Edgar Morin déplace l'alternative entre déterminisme et hasard, considérant que la tension se joue entre ordre et désordre. Il estime le qualificatif d'épistémologie « populaire » particulièrement approprié aux thèses de René Thom et se gausse de « la case vide de l'oncle Thom[5] » : s'il y a un dogme populaire qui porte sur l'essence de la science, c'est bien dans la conviction qu'elle peut dévoiler des déterminismes. Morin objecte à René Thom que les remises en

1. *Ibid.*, pp. 119-120.
2. ID., 1990, p. 71.
3. *Ibid.*, p. 75.
4. ID., 1981.
5. MORIN, 1990, p. 81.

question du déterminisme qu'il juge énigmatiques résultent simplement de l'évolution des sciences elles-mêmes, et notamment des sciences physiques et chimiques. Il ne s'agit pas d'abandonner la recherche d'invariants, mais de prendre la mesure de mécanismes plus complexes. Il juge la notion de désordre plus riche que celle de hasard en tant que « macroconcept ». Déjà présent dans l'univers physique depuis les découvertes de la thermodynamique, « le désordre s'est installé dans l'individualité microphysique[1] » ; Morin n'en fait pourtant pas un absolu ontologique, car le désordre est relationné à un observateur, à un concepteur, et donc lié à un ordre : « Toute déification/réification du Déterminisme ou du Hasard est pauvre et stérile[2]. »

Devenir le support de ce type de débat n'est pourtant pas chose facile, comme pourra le constater celui qui a pris l'initiative d'orchestrer cette controverse, Krzysztof Pomian. Il lui faut beaucoup de diplomatie pour organiser un vrai dialogue, car beaucoup se sentaient agressés, et lorsqu'il avance le projet d'un ouvrage collectif dans la collection « Le Débat », il se heurte longtemps à des réponses fuyantes de la part d'Ilya Prigogine. Il faut le hasard d'un congrès tenu à Florence, au cours duquel Prigogine prononce la leçon inaugurale pour les sciences de la nature, et Pomian pour les sciences humaines, pour que Prigogine reconnaisse qu'il ne s'agit pas d'un guet-apens et qu'il n'y aura pas de bordées d'injures ; il consent à communiquer sa contribution et l'ouvrage est publié en 1990[3].

Le 2 décembre 1993, Michel Serres remet à Isabelle Stengers le grand prix de philosophie de l'Académie française, récompensant l'itinéraire singulier d'une chercheuse peu académique qui s'est toujours refusée à toute forme d'enfermement dans un moule et cultive à plaisir le goût de la transversalité et du nomadisme. Franctireur d'une pensée éprise de liberté, elle dénonce sans relâche les tentatives de capture entre disciplines scientifiques. Butinant les parterres fleuris et piétinant les interdits, elle est, selon son ami Bruno Latour, « une sorcière [...], l'aiguillon et le caillou dans

1. *Ibid.*, p. 85.
2. *Ibid.*, p. 90.
3. *Ibid.*

le soulier. Tant qu'on n'a pas résolu un problème avec Isabelle, on n'a pas résolu la philosophie des sciences[1] ». Isabelle Stengers se situe aussi dans la filiation des orientations de Michel Serres, accomplissant dans les faits les fonctions d'Hermès, celles de la médiation et de la traduction. Chimiste de formation, elle découvre dans son cursus que les autres disciplines scientifiques, notamment la physique, considèrent la chimie comme périmée, en voie de disparition. Le fait de relever d'une science minoritaire, dont elle découvre l'état de « servitude », puissante matériellement mais idéologiquement dominée, rend Isabelle Stengers particulièrement sensible à ces batailles de légitimité entre disciplines. Elle en retient la notion essentielle de minorité qui traverse toute son œuvre, et se consacre, entre autres, à l'histoire de cette minorité, pour donner une voix à une science réduite au silence[2]. Au début des années 1970, elle choisit de s'inscrire en philosophie pour devenir philosophe des sciences. Une fois philosophe, Isabelle Stengers revient sur ses pas et retrouve son ancien maître Ilya Prigogine, qui n'a pas encore reçu le Nobel de chimie (1977). Il vient juste de terminer ses recherches scientifiques sur les structures dissipatives et s'interroge sur la diffusion de sa découverte. L'arrivée d'Isabelle Stengers, qu'il installe dans un bureau de son laboratoire, est une opportunité : il a besoin d'elle et de sa formation de philosophe pour mettre en mots les structures dissipatives.

Une collaboration commence, qui se traduit d'abord par des articles dans des revues spécialisées, puis par l'écriture à deux voix d'un ouvrage qui obtient un grand retentissement, *La Nouvelle Alliance*, qui paraît en 1979[3]. Dans ce livre, Stengers croise l'argumentation de Prigogine avec celle de Whitehead : « La tâche de la philosophie allait donc être, pour Whitehead, de réconcilier la permanence et le devenir, de penser les choses comme processus, de penser le devenir comme constitutif d'entités identifiables[4]. » Consciente que développer l'argumentation de Prigogine en invoquant une démonstration qui relève d'un tout autre registre com-

---

1. Bruno Latour, cité dans Spire, 1994.
2. Stengers et Bensaude-Vincent, 1993.
3. Prigogine et Stengers [1979], 1986.
4. *Ibid.*, p. 159.

porte un risque, Stengers entend mieux séparer les domaines afin
d'éviter les décrochages trompeurs d'un mode argumentatif à un
autre. La transdisciplinarité n'implique pas la confusion des genres.
C'est même contre celle-ci qu'elle s'insurge lorsqu'elle dénonce
les prétentions de la physique classique à incarner une vérité plus
générale et valide dans tous les autres champs du savoir, à commencer par le plus proche, la chimie. L'alliance préconisée entre
disciplines doit éviter l'écueil du réductionnisme. De ce point de
vue, l'ampleur de l'écho rencontré par *La Nouvelle Alliance* tient
à la mise en cause du modèle de la physique classique, mécanique.

Les travaux d'Ilya Prigogine sur la thermodynamique de
non-équilibre et sa théorie des structures dissipatives permettent
de réintroduire la flèche du temps dans le discours scientifique et
substituent à un modèle où l'invariance est signe de loi scientifique
celui de la reconnaissance de l'irréversibilité au sein même de la
matière, dépassant l'alternative séculaire entre le déterminisme
et l'aléatoire. La notion de loi constituée par la mécanique classique était déjà bousculée par les découvertes de Niels Bohr et de
Werner Heisenberg et la substitution de la mécanique quantique
au paradigme galiléen. Même si le modèle quantique ne doit pas
devenir un sésame permettant d'imposer un nouveau paradigme
valide dans tous les autres champs du savoir, force est de constater
qu'un certain nombre de découvertes ébranlent l'ancien modèle de
la physique classique et libèrent la scientificité d'une conception
étroite et erronée. L'abandon de la notion de trajectoire linéaire,
avec ce qu'elle impliquait de déterminisme, introduit au concept
d'opérateur et à la relation d'incertitude de Heisenberg : « L'objectivité classique identifie description objective du système "tel
qu'en lui-même" et description complète. En ce sens, la mécanique
quantique nous impose certes de redéfinir la notion d'objectivité[1]. »
C'est à la fois le rapport entre l'observateur et son objet et la relation au temps qui se trouvent transformés, ouvrant sur un large
champ de possibles.

Les problèmes classiques discutés par la philosophie ainsi que
la recherche en sciences humaines se posent en des termes nouveaux. Bernard d'Espagnat postule, en tant que physicien, que

---

1. *Ibid.*, p. 312.

l'on ne peut plus envisager l'observation des objets indépendam-
ment de la position de celui qui observe. La mécanique quantique
renverse le schéma de séparabilité entre un système d'éléments
étudié dans ses interactions intrinsèques et un observateur qui y
applique ses instruments de mesure[1]. Lorsque Bohr oppose terme
à terme le symbolique à l'intuitif, il désigne la question de l'élaboration des concepts. Il écrit dès 1928 : « L'état de choses actuel
montre une profonde analogie avec les difficultés générales de
la formation des concepts humains, fondées sur la séparation du
sujet et de l'objet[2]. » Le fondationnalisme sous toutes ses formes,
logiciste ou transcendantale, s'en trouve ébranlé, et donc, avec
lui, la conception kantienne de l'objectivité. Pour cette raison, « le
problème devient aussi celui de reconstruire un concept cohérent
de sujet[3] ». C'est dans cette direction que le physicien Bernard
d'Espagnat avance, considérant que la science est plus « objective » que ne le pensent des épistémologues des sciences comme
Kuhn ou Feyerabend, mais qu'il s'agit d'une objectivité faible, « ce
que j'appelle précisément l'intersubjectivité[4] ». Dans le débat que
l'on présente classiquement, et un peu caricaturalement, comme
celui qui oppose les thèses positivistes (Bohr) aux thèses réalistes
(Einstein), Bernard d'Espagnat se situe à mi-chemin et propose la
notion de « réalité voilée ».

Ces bouleversements propres aux découvertes des sciences de
la nature affectent, souvent à retardement, les sciences humaines.
Le déplacement épistémologique en cours à la fin des années 1980
appelle des interrogations transdisciplinaires sur les notions de
« chaos », de « complexité », d'auto-organisation. L'idéal déter-
ministe de Pierre-Simon de Laplace est sérieusement ébranlé, et
les sciences humaines se sentent autorisées à sortir d'un fatalisme
qu'elles avaient tendance à concevoir comme le critère même de
la scientificité. La prise en compte par les sciences dites dures des
notions d'événementialité, d'irréversibilité, de désordre créateur
ou d'interaction permet de réintroduire l'implication nécessaire

1. ESPAGNAT (D'), 1985.
2. Niels Bohr, cité dans CHEVALLEY, 1992, p. 75.
3. *Ibid.*, p. 76.
4. Bernard d'Espagnat, cité dans PESSIS-PASTERNAK, 1991, p. 119.

de l'observateur. Le schème interprétatif et le sens donné à l'agir humain trouvent là matière à consonances avec les récents apports des sciences de la nature.

Un chercheur comme Henri Atlan personnifie le refus du réductionnisme et la quête d'éthique de cette fin de siècle. Médecin, biologiste, théoricien de la complexité et de l'auto-organisation, il est aussi membre du Comité consultatif national d'éthique pour les sciences de la vie. Grand connaisseur du Talmud, il esquisse un dialogue entre la tradition juive et la réflexion scientifique : « C'est par les comparaisons et les différences que le dialogue peut être intéressant, plus que par les similitudes et les analogies[1]. » Selon Henri Atlan, la transdisciplinarité est une exigence essentielle et les nouveaux concepts mis au point par la biologie moléculaire et cellulaire doivent être élucidés par la philosophie, car les dilemmes classiques de l'histoire de la philosophie se posent de façon nouvelle. Cette interfécondation n'implique aucun réductionnisme ; pour Atlan, à la différence de Hilary Putnam, les relations entre valeurs et vérités sont à repenser comme ontologiquement différentes : « La vérité scientifique ne nous fournit aucune valeur morale. Ces valeurs sont toujours héritées[2]. » Cette césure acceptée doit permettre à la confrontation d'avoir lieu sur la place publique et de prendre la forme d'une « intercritique[3] » à partir de laquelle la méthode scientifique se distancie du mythe ; à l'inverse, la tradition doit être réactivée pour se distancier des nouvelles technologies mises au point par la science. De cette dialogique peut résulter un point de vue éthique émanant d'une communauté plurielle qui ne peut s'élaborer qu'au prix de compromis provisoires et pragmatiques.

La singularité des sciences est la condition d'échappement à toute entreprise réductionniste. Le discriminant essentiel qui caractérise les sciences humaines est l'implication des compétences inscrites chez l'individu agissant. Cette autonomie des sciences humaines trouve sa source, selon Max Weber, dans son objet spécifique, à savoir l'action dotée de sens, la compétence de symbolisation des individus. La transdisciplinarité assure une complexité supplé-

---

1. Henri Atlan, cité dans *ibid.*, p. 54.
2. ATLAN, 1991.
3. *Ibid.*

mentaire aux sciences humaines, rendant caduque toute entreprise causaliste mécaniste, et permet à ces dernières de se libérer de ce complexe d'infériorité qui leur a fait adopter un modèle, d'ailleurs dépassé, considéré comme propre aux sciences exactes. Non seulement la physique quantique bouleverse ce modèle, mais, pour Sylvain Auroux, qui rappelle que les sciences du langage remontent au tournant du troisième et du deuxième millénaire avant notre ère, le « privilège d'ancienneté, d'importance et de réussite des sciences de la nature est un leurre[1] ». C'est ainsi que, débarrassé de complexes surannés, Bruno Latour, définissant sa démarche à l'articulation du réel (la nature sans substantialisme), du narré (le discours sans narrativisme) et du collectif comme société (sans réification), se situe fermement à l'intérieur des sciences humaines. Certes, l'anthropologie des sciences est proche des sciences de la nature, s'introduit à l'intérieur des laboratoires des physiciens, chimistes, biologistes, prend en considération leurs instruments, leurs découvertes, mais dans la mesure où ceux-ci construisent du collectif. Elle ne vise donc pas quelque synthèse illusoire en recollant des éléments disparates : elle expérimente des concepts propres aux sciences humaines pour parvenir à une meilleure intelligibilité du social.

Partir du postulat de la différenciation de deux ontologies, celle des sciences de la nature et celle des sciences de l'homme, ne revient pas à récuser la transdisciplinarité, d'autant plus indispensable que certaines disciplines sont traversées de front par cette césure, telle l'anthropologie, qui se situe à la croisée d'une quête de l'esprit humain, des enceintes mentales, des invariants propres à l'espèce humaine et des singularités, des différences, des variations. Cette tension interne a toujours habité le discours anthropologique, qui a connu avec Lévi-Strauss la tentation d'un réalisme structural intégral, notamment dans la dernière partie de son œuvre, lorsqu'il postule une homologie entre la sémantique et la nature. La tendance lourde des décennies 1980 porte davantage l'anthropologie vers un horizon plus historique, une prise en compte du vécu, du contingent, du dire, même si les schémas explicatifs doivent en souffrir.

---

1. Auroux, 1993, p. 34.

L'EUROPE, NOUVEL HORIZON ?

Avec l'effondrement du communisme, 1989 signe la fin de la division entre les deux Europe. La nouvelle configuration qui se met en place permet de rouvrir quelque peu le futur sur le projet volontariste de la construction d'une Europe démocratique. De part et d'autre de l'ancien mur se fait sentir un désir d'Europe. Après avoir été une source de détestation ou d'indifférence pour la plupart des intellectuels, comme l'exprime Edgar Morin dans un livre, *Penser l'Europe*, où il expose sa conversion tardive à la cause européenne, l'Europe devient une source d'espérance et un projet culturel et historique susceptible de transcender sa réalité économique.

Pendant des siècles, l'idée européenne a renvoyé, pour les pays lointains, à la vision des vainqueurs, des colonisateurs, des exploiteurs, et sur le plan intérieur elle a été le lieu de sempiternelles guerres intestines, la cause des deux guerres mondiales du XXe siècle, et le lieu d'émergence de la barbarie avec le nazisme et Auschwitz. Le rejet de l'idée européenne était d'autant plus justifié qu'entre 1940 et 1945 Hitler se présentait comme le chantre d'une Europe purifiée de ses éléments allogènes. Edgar Morin commence son essai sur l'Europe, publié en 1987, par les souvenirs de l'antieuropéen qu'il a été. Au sortir de la guerre, le mot symbolisait le mensonge et l'ignominie, il rappelait l'« Europe nouvelle » de Hitler et « la brutalité effroyable des conquistadores du Mexique et du Pérou, l'Afrique esclavagisée et exploitée[1] ». Toujours porté vers la dimension universelle des problèmes posés, Morin reste indifférent à la formation du Conseil de l'Europe en 1949 ainsi qu'à la création de la Communauté européenne du charbon et de l'acier en 1951 (Ceca), qui lui semble rétrécir l'horizon. Dans les années 1950, son intérêt se tourne vers les pays du tiers-monde. Il faut attendre le choc pétrolier, qui frappe de plein fouet l'économie européenne, pour que Morin s'attache au sort d'une Europe soudain fragilisée, en position de faiblesse. En 1987, il exprime cette fois

---

1. MORIN, 1987, p. 9.

de fortes convictions. L'Europe retient son attention et devient la source d'un projet collectif de paix et d'émancipation des peuples dans lequel il retrouve les thèmes qu'il a toujours défendus : la multiplicité dans l'unité et la complexité qui donne à penser l'Europe à partir du principe d'une dialogique : « deux ou plusieurs "logiques" différentes sont liées en une unité, de façon complexe (complémentaire, concurrente et antagoniste) sans que la dualité se perde dans l'unité[1] ». Pour Morin, la rupture de 1989 a pour effet de renforcer l'idée « de nouvelle conscience européenne et de communauté de destin[2] ». Un futur imprévisible, encore inconçu, s'ouvre devant l'Europe, qui connaît en 1989 une nouvelle année zéro, à l'égal de l'Allemagne en voie de réunification. Délivrée de la menace de l'Empire soviétique, l'Europe nouvelle peut envisager l'avenir d'une identité en construction, grâce à un nouveau projet capable de soulever de nouveaux enthousiasmes. Pour Edgar Morin, l'Europe peut incarner un double message : contribuer par la problématisation à ouvrir la dialogique européenne sur l'extérieur, et « régénérer, ressourcer, développer et réincarner la démocratie[3] ».

La construction d'une Europe démocratique peut incarner une nouvelle utopie à l'orée du xxie siècle : c'est le pari que fait Dominique Wolton dans *La Dernière Utopie*[4]. La métamorphose d'une Europe technocratique en Europe démocratique ne se fera pas naturellement, elle présuppose « une fantastique révolution intellectuelle et culturelle[5] ». Les obstacles sont nombreux à la réalisation de ce rêve qui doit permettre de transcender des divisions historiquement ancrées et de motiver des populations restées jusque-là à l'écart de la construction d'une Europe qui est encore un nain politique. Si la sortie, après 1989, des tragédies et des massacres du xxe siècle semble possible grâce à cette identité européenne nouvelle, le dépassement d'un passé de conflits ne sera pas aisé et nécessitera le volontarisme d'une population meurtrie par une mémoire blessée et des plaies non encore cicatrisées.

Le contexte national et international de 1988-1989 est particu-

---

1. *Ibid.*, p. 28.
2. *Ibid.*, « Second prologue : le nouvel an zéro », p. 30.
3. *Ibid.*, p. 235.
4. WOLTON, Dominique, 1993.
5. *Ibid.*, p. 397.

lièrement propice à l'idée européenne : outre la fin de la division de l'Europe de part et d'autre d'un mur, il porte une nouvelle fois François Mitterrand, fervent partisan européen, à la tête de l'État en 1988, à l'heure où l'Europe a recouvré les moyens d'une croissance économique favorable au « grand dessein » fixé pour 1992, date à laquelle est prévue l'unité monétaire dans la Communauté européenne. Jacques Delors, bien décidé à relancer la construction européenne en panne, conduit une habile politique à la tête de la Commission européenne depuis le début de l'année 1985. À cinquante-neuf ans, il a déjà une longue expérience de syndicaliste de la CFDT et d'intellectuel chrétien, et il a été le conseiller du cabinet de Chaban-Delmas pour la « nouvelle société » au début des années 1970, avant de se rallier au nouveau PS de Mitterrand en 1974. Profond partisan de l'Europe, mais non fédéraliste, il entend préserver l'identité des États : « Je veux non seulement unir les peuples comme le souhaitait Jean Monnet, mais aussi associer les nations[1]. »

À peine nommé, Jacques Delors fait le tour des capitales pour les convaincre de surmonter les obstacles et pour réaliser un consensus autour d'une « réforme institutionnelle destinée à donner une solidité et une visibilité politique plus fortes à l'Europe ; une accélération en direction de l'union monétaire, à partir des acquis du système monétaire européen, une défense commune[2] ». Cet effort débouche sur l'adoption de l'Acte unique par le Conseil européen de Luxembourg en décembre 1985, sur une idée originelle de l'Italien Altiero Spinelli. Dans le catalogue de plus de deux cents mesures prévues, la plus importante mutation est la constitution d'un marché unique fondé sur la libre circulation des marchandises, des services, des capitaux et des personnes. Cet Acte unique élargit aussi les compétences de la Communauté à la monnaie. Il entre en vigueur après ratification par les douze États membres le 31 décembre 1987. L'Europe, qui avait perdu deux millions et demi d'emplois entre 1980 et 1984, en crée neuf millions entre 1985 et 1991. Fort de ce succès, Jacques Delors met en

---

1. Jacques Delors, discours prononcé à Bruges, mars 1989, cité dans ROTH, 2005, p. 123.
2. DELORS, 1995, p. 5.

œuvre une réflexion collective sur le projet de monnaie commune et de banque centrale européenne. Malgré le refus catégorique de Margaret Thatcher, qui n'entend en aucun cas abandonner la livre sterling, le projet est adopté en juin 1989.

Dans ce *trend* favorable, la rupture de novembre 1989 intervient comme un nouveau défi à relever : « 1989 a posé, en effet, à la génération qui était aux commandes la question : notre devoir n'est-il pas aujourd'hui d'étendre à l'ensemble de l'Europe les valeurs de paix et de reconnaissance mutuelle[1] ? » Pour Jacques Delors, la réponse ne fait aucun doute, elle est positive ; c'est un impératif absolu dont la responsabilité politique et historique revient pour l'essentiel à la France afin qu'elle renoue avec confiance dans sa capacité à peser sur le monde au titre de valeurs universalisantes. Si Jacques Delors fait avancer la construction de l'Europe en prenant pour moteur la réalisation de son unité monétaire et économique, son horizon reste fondamentalement de bâtir une société et un ensemble politique dont l'ambition est de devenir les garants de la paix et d'éviter des choix extrêmes et tragiques : « L'Europe, par rapport à d'autres grands blocs, c'est le continent de l'équilibre. L'équilibre entre la société et la personne, entre la convivialité et la solitude qui permet de se ressourcer. Sur le plan philosophique, c'est le continent du doute, de l'homme qui s'interroge[2]. » En 1990, les échanges avec le Royaume-Uni sont moins tendus et John Major, qui remplace Margaret Thatcher, déclare, peu après sa prise de fonction : « Je souhaite voir la Grande-Bretagne au cœur de l'Europe[3]. » Helmut Kohl, qui a mené tambour battant l'entreprise de réunification de l'Allemagne, entend situer celle-ci au cœur de la construction européenne. Enfin, François Mitterrand fait de la politique européenne la priorité de son second mandat.

Ces avancées dans la construction européenne se traduisent par la signature du traité de Maastricht. Ratifié par référendum en France en septembre 1992, ce traité sur l'Union européenne s'impose à partir du 1er janvier 1993. Celle-ci ne se fait pourtant pas sans mal et nombreux sont ceux qui s'y opposent, dénonçant

1. *Ibid.*, p. 11.
2. *Ibid.*, p. 21.
3. John Major, cité dans ROTH, 2005, p. 129.

une Europe des technocrates déployée dans le dos des peuples et dont les mécanismes démocratiques de contrôle des décisions échapperont de plus en plus aux citoyens. Certains craignent encore que la progression de l'union politique européenne oblige les institutions nationales à se soumettre aux décisions de Bruxelles. Un large débat s'engage alors dans lequel les intellectuels français expriment leur adhésion soit à un renforcement de l'intégration européenne, soit au maintien des prérogatives des États nationaux. Laurent Cohen-Tanugi, fervent partisan de l'Europe, souligne les fragilités du processus en cours[1]. L'Europe aurait compensé son absence d'identité commune et de pouvoir politique commun par une construction de nature essentiellement juridique. Selon lui, il convient de passer à la vitesse supérieure, celle d'une vraie politique européenne. Il met en cause les intellectuels restés pour la plupart extérieurs à la construction européenne, alors qu'elle fonde « la seule grande aventure collective de ce XXe siècle[2] ».

En cette fin de siècle, les intellectuels commencent cependant à sortir de cet état d'atonie : parmi beaucoup de publications consacrées à l'Europe naît une revue au titre évocateur, lancée par Alain Finkielkraut en 1987, *Le Messager européen*, avec un comité de patronage prestigieux[3]. L'ambition de la revue est de renouer au plus vite le dialogue des idées entre ces deux parties de l'Europe artificiellement séparées et de revivifier à l'Est l'esprit européen. Cette revue se donne pour ambition de « reconstituer ainsi une communauté européenne au sens premier de république des esprits[4] ». À la même époque, si l'on publie des synthèses nouvelles[5], on recherche aussi des bases historiques anciennes à l'idée européenne, comme en offre *L'Idée d'Europe dans l'histoire*, l'ouvrage de référence de l'historien Jean-Baptiste Duroselle[6].

---

1. COHEN-TANUGI, 1992 (b).
2. ID., 1992 (a), p. 6.
3. La revue dirigée par Alain Finkielkraut, au rythme de parution annuel, se dote d'un comité de patronage composé d'Élisabeth de Fontenay, François Furet, Pierre Hassner, Danilo Kiš, Milan Kundera, Octavio Paz, Philip Roth, Jacques Rupnik, Danièle Sallenave et Pierre Soulages.
4. FINKIELKRAUT, 1987, p. 11.
5. CARPENTIER et LEBRUN (dir.), 1992.
6. DUROSELLE [1965], 1985.

Le débat se cristallise entre les tenants d'un fédéralisme étendu et les défenseurs du cadre national. Cette confrontation oppose les forces politiques, mais divise aussi le monde intellectuel. Significatif de cette discussion ouverte, le numéro d'*Esprit* du mois de mai 1984 présente dans son éditorial deux contributions contradictoires : celle de Paul Thibaud stigmatise une Europe qui ne serait pas sortie du dérisoire, prise dans un débat de plus en plus opaque, coupée des opinions publiques et traversée d'intérêts contraires, comme ceux qui opposent la France et l'Angleterre sur la politique agricole commune : « Il y a une divergence fondamentale entre Anglais et Français : ils ont liquidé leur paysannerie il y a cent cinquante ans ; nous tenons à conserver la nôtre, même très réduite, et ceci pour des raisons qui touchent chez nous à l'identité nationale[1]. » Guillaume Malaurie, à l'inverse, titre : « L'Europe de toute urgence », et entend appuyer sur le levier européen pour extraire de son sommeil dogmatique l'idée même du politique.

En 1992, la confrontation se poursuit entre Paul Thibaud, qui a alors quitté la direction d'*Esprit*, et le philosophe Jean-Marc Ferry[2]. Les pays européens sont incontestablement engagés dans une aventure historique inédite au cours de laquelle ils doivent inventer des solutions d'ordre politique pour gérer le nouvel espace qu'ils sont en train de créer. Dans cette entreprise difficile, les responsables sont pris en tension entre le modèle fédéraliste et celui d'une Europe des nations. C'est le sens de la confrontation entre Thibaud et Ferry, où se jouent à la fois la question de la nature de l'identité politique et celle de la dimension restreinte ou continentale de l'Europe à construire. Paul Thibaud se tient à distance critique du processus d'intégration des nations dans l'Union européenne, qu'il accuse d'accroître l'entropie démocratique et de dessaisir les citoyens de leur pouvoir de contrôle, lequel ne peut s'effectuer selon lui que dans le cadre de l'État-nation. Il critique un processus technico-bureaucratique qui s'impose à tous à la manière d'un engrenage infernal au nom de la réalisation d'une Idée abstraite qui fait fi de l'adhésion citoyenne : « On voit actuellement que la logique pratique n'est pas seule en cause, qu'elle recouvre parfois

---

1. THIBAUD, 1984 (a), p. 3.
2. FERRY, Jean-Marc, et THIBAUD, 1992.

l'impérialisme de l'Idée. Cette prééminence de l'intention attribuée sur le consentement effectif, concernant le concret de la mise en œuvre, fait penser à l'autoritarisme d'un directeur de conscience abusif[1]. » Paul Thibaud, qui défend le cadre structurant de la nation, ne la considère pas pour autant comme un creuset de repli identitaire, mais comme moyen de préserver les conditions de possibilité d'exercice de la démocratie politique. Il opte donc pour une « européanisation des nations ». Au contraire, Jean-Marc Ferry considère que la progression d'un droit communautaire et l'adoption de mécanismes économiques communs supraétatiques ne remettent nullement en question le cadre structurant de la nation comme espace délibératif. Il préconise de « penser aujourd'hui, dès aujourd'hui, quelque chose comme le "politique européen"[2] », et compte sur l'avènement d'une culture partagée pour réaliser l'utopie européenne en prenant soin de distinguer le pouvoir communautaire compris comme pouvoir réglementaire et l'espace civique proprement dit comme espace délibératif.

Le sentiment d'appartenance européen qui s'exprime avec joie dans les retrouvailles entre les populations des deux blocs séparés depuis 1948 s'essouffle très vite ; l'enthousiasme suscité par la chute du mur retombe, laissant place à de nouvelles crispations identitaires, à des querelles de frontières et de légitimité qui déclenchent une nouvelle guerre, dans l'ex-Yougoslavie. Ces débordements identitaires mettent fin à ce qu'Olivier Mongin a qualifié d'illusion lyrique. Ce qui apparaissait comme la nouvelle grande utopie capable de porter le mouvement des peuples pour le XXIᵉ siècle perd de sa capacité mobilisatrice. La référence positive qui liait la défense de l'Europe à la défense des droits de l'homme trouve ses limites dans ce regain de revendications nationalitaires, ce désir de se reterritorialiser, fût-ce au prix d'un embrasement général. L'engouement européen se heurte à ses limites : « La référence à l'Europe est devenue plus juridique et morale que politique, elle renvoie à une "antipolitique", pour reprendre l'expression de Václav Havel ou de György Konrád[3] à l'époque de la

---

1. *Ibid.*, p. 15.
2. *Ibid.*, p. 137.
3. Konrád, 1987.

dissidence[1]. » On assiste à la montée de l'euroscepticisme, à des poussées populistes hostiles contestant les décisions de Bruxelles, stigmatisé comme repère de technocrates coupés des réalités et des vraies gens. Les identités nationales se raffermissent au rythme d'une crise qui s'aggrave et attise les conflits d'intérêts au lieu de les apaiser. Un temps réenchantée, l'Europe poursuit son chemin dans le désenchantement de ses opinions publiques, dont les votes manifestent une défiance croissante vis-à-vis des autorités européennes. Si le traité de Maastricht constitue une avancée certaine de l'Union économique, il relègue à l'arrière-plan les dimensions symbolique, culturelle et politique, encourageant en retour le repli sur la nation et aggravant la coupure entre experts et opinions publiques. Faute de projection politique, les électeurs expriment leur désir de se reterritorialiser pour mieux contrôler les processus de décision et répondre à leurs besoins sécuritaires. Olivier Mongin présente la double demande contradictoire qui en découle comme un retournement du paradoxe politique : on ne cherche plus à créer une communauté politique, mais simplement à prendre « acte d'une domination du politique pour imaginer des communautés apolitiques[2] ».

---

1. MONGIN, 1994, p. 146.
2. *Ibid.*, p. 150.

CONCLUSION

UNE FIN DE SIÈCLE
SANS BOUSSOLE

Avec les événements de 1989, l'époque bascule, on entre dans un nouveau régime d'historicité. La panne d'imaginaire social-historique, déjà latente, devient évidente, marquée par la disparition de tout futur pensable, laissant place au présentisme[1] et au ressassement du passé. Comme l'écrit Marcel Gauchet, dessinant les contours d'un nouveau monde qui a réussi à libérer la société des fers derrière lesquels l'enfermait l'État : « Plus d'entraves à la manifestation des pensées, si ce n'est que dans ce concert cacophonique où les voix se neutralisent, nulle orientation n'est plus en mesure de se dégager, nul jugement, même le mieux motivé, nul dessein, même le plus indispensable, ne sont en mesure de peser sur un devenir sans boussole[2]. » Dès 1993, à l'occasion d'un entretien avec Marc Weitzmann pour *L'Autre Journal*, Castoriadis fait ce constat :

> Il y a actuellement un temps imaginaire qui consiste en la négation du véritable passé et du véritable avenir ; un temps sans véritable mémoire et sans véritable projet […]. Il n'y a plus de scansion véritable, mais ce que vous appelez un perpétuel présent qui est plutôt une mélasse, une soupe vraiment homogène où tout est aplati, tout est mis au même niveau de signification et d'importance. Tout est pris dans cette coulée informe d'images ; et cela est d'un seul tenant avec la perte de l'avenir historique, la perte d'un projet, et la

1. Voir Hartog, 2003.
2. Gauchet, 2017, p. 375.

perte de la tradition, le fait que le passé est soit un objet d'érudition pour les excellents historiens que nous avons, soit un passé touristique : on visite l'Acropole comme on visite les chutes du Niagara[1].

Il diagnostique la fin de la phase triomphante du projet de maîtrise rationnelle du capitalisme à l'échelle mondiale et le refoulement de la quête d'autonomie au profit d'une privatisation d'individus ayant perdu toute notion du collectif. Il en résulte une perte de sens, une crise généralisée, et l'entrée des sociétés dans une phase de torpeur, de grand sommeil, où elles subissent le joug de forces supérieures et perdent peu à peu le contrôle sur les décisions à prendre pour construire un mode de vie en commun que l'aggravation des inégalités et des destructions environnementales rend de plus en plus problématique. Ce repli frileux sur le passé est régulièrement dénoncé par Castoriadis, qui y voit tous les signes d'une décadence, surtout dans cette Europe qui a jusque-là été l'aile marchante des avancées démocratiques. Un processus de décomposition généralisée des sociétés occidentales affecte désormais toutes les catégories sociales[2]. Cette incapacité à prendre son destin en main n'atteint pas seulement les exécutants, mais les catégories dirigeantes, elles aussi réduites à l'impuissance : « Superficialité, incohérence, stérilité des idées et versatilité des attitudes sont donc, à l'évidence, les traits caractéristiques des directions politiques occidentales[3]. »

MONTÉE DE L'INSIGNIFIANCE

Prenant acte de cette impuissance des dirigeants à maîtriser les processus en cours, les peuples se détournent de la politique, s'en désintéressent et se réfugient dans l'abstention. Les mouvements sociaux refluent, les partis qui exercent encore quelque influence sur les salariés perdent leurs repères et ne croient même plus en leur

---

1. CASTORIADIS [1993], 2011, p. 330.
2. ID. [1982], 2007, pp. 11-29.
3. *Ibid.*, p. 15.

propre langage, pénible litanie de corps qui « meurent d'inanition idéologique[1] ».

Il est certain que les grands chocs du XXᵉ siècle — les deux guerres mondiales, la Shoah, l'effondrement du système communiste — ont sérieusement ébranlé les visions téléologiques de l'histoire. Il faut ajouter qu'au cours de la seconde moitié du XXᵉ siècle les peuples du tiers-monde se sont réveillés pour rejeter le joug colonial et la greffe occidentale et faire valoir leurs propres intérêts. L'Occident, qui avait déjà perdu son *telos*, voit ses prétentions à l'universalisme mises à mal : « Tout se passe comme si, par un curieux phénomène de résonance négative, la découverte par les sociétés occidentales de leur spécificité historique achevait d'ébranler leur adhésion à ce qu'elles ont pu et voulu être, et, plus encore, leur volonté de savoir ce qu'elles veulent, dans l'avenir, être[2]. »

Alors que Castoriadis dénonce les effets désastreux de la privatisation des individus dans la montée de l'insignifiance, un certain nombre de sociologues y voient au contraire l'ouverture de l'éventail de choix dont dispose un individu libéré de ses corsets. C'est le sens de la démonstration que fait Gilles Lipovetsky dans son éloge des phénomènes de mode publié en 1987[3], postes de choix pour scruter la société contemporaine. Il s'étonne que la mode soit méprisée par les intellectuels et n'ait jamais fait l'objet d'une étude systématique, alors qu'elle est partout présente, dans la rue, dans les entreprises comme dans les médias. En rupture avec une sociologie de la distinction sociale qui explique le phénomène en termes de stratifications, comme le fait Bourdieu, Lipovetsky considère que la mode « est un de ces miroirs où se donne à voir ce qui fait notre destin historique le plus singulier[4] ». Il interprète le rôle de plus en plus grand que joue la mode comme l'expression d'une société émancipée faisant place à la singularité des individus. Autrefois relevant du frivole, elle est devenue l'un des principes fondamentaux de l'organisation de la vie collective.

Lipovetsky, loin de le déplorer ou de dénoncer des valeurs trom-

---

1. *Ibid.*, p. 18.
2. *Ibid.*, p. 29.
3. Lipovetsky, 1987.
4. *Ibid.*, p. 13.

peuses, fait au contraire l'apologie de la mode comme levier du bonheur : « Plus la séduction se déploie, plus les consciences se convertissent au réel ; plus le ludique l'emporte, plus l'ethos économique est réhabilité ; plus l'éphémère gagne, plus les démocraties sont stables, peu déchirées en profondeur, réconciliées avec leurs principes pluralistes[1]. » On ne compte plus chez lui les atouts de la mode, qui est tour à tour possible satisfaction de désirs du moment, école de tolérance, moyen de décrispation ou antidote efficace aux tentations du fanatisme et de l'obscurantisme. Avant tout conquête de l'individu dans son autonomie, elle consacre la primauté du présent sur le futur et le passé, l'apothéose du présent social : « La mode est notre loi parce que toute notre culture sacralise le Nouveau et consacre la dignité du présent[2]. » Les traditions perdent de leur lustre et se défont dans le libre choix au présent de ce que les individus conservent ou jettent aux orties. Quant aux pratiques coutumières, elles se dissolvent au rythme des progrès de la personnalisation, de l'individuation. Il en résulte un monde pacifié, climatisé et ouaté dans lequel l'idée même de conflit devient obsolète. Certes, reconnaît Lipovetsky, la société hyperindividualisée ne signe pas la disparition des conflits sociaux, mais ces derniers acquièrent un caractère de plus en plus dépolitisé et désidéologisé, sous-tendus par des revendications individualistes : « Le règne de l'Ego ne s'érige pas sur un désert social, il a colonisé la sphère des actions collectives elles-mêmes[3]. »

De son côté, Marcel Gauchet salue dans les mutations en cours la naissance d'une nouvelle subjectivité qui ne se heurte plus à son extériorité sociale, qu'elle a réussi à métaboliser. Dès lors, le sujet qui en résulte est à ce point détaché de toute institution, de toute appartenance, à un tel état d'apesanteur, qu'il est paradoxalement « sans objet, si l'on ose dire. Il se définit par la primauté de son expérience de lui-même et de ses propres représentations vis-à-vis de ce qui l'environne et de la sphère de l'objectivité[4] ».

Dans le même temps et chez le même éditeur, Gallimard, paraît

1. *Ibid.*, p. 17.
2. *Ibid.*, p. 317.
3. *Ibid.*, p. 329.
4. Gauchet, 2017, p. 620.

un ouvrage du sociologue Paul Yonnet qui entend démontrer les effets de l'amenuisement du critère de classe sociale sur les pratiques. Prenant pour objet d'étude la montée des pratiques ludiques et le triomphe de la société des loisirs, il scrute la place réservée au tiercé, au jogging, à la musique pop, à l'automobile, à la zoophilie et à la mode en général, et y reconnaît les manifestations d'une société enfin moderne faisant place aux désirs individuels. Avec la société de consommation, un pas civilisationnel décisif est accompli, qu'il situe au même niveau que celui observé avant lui par Norbert Elias avec la société de cour : « L'automobile a d'ores et déjà accompli son office historique transitionnel entre l'affleurement des préoccupations individualisantes sous l'empire de la contrainte et l'urbanité profondément individuée où nous entrons[1]. » À partir de ce constat d'un brouillage des signes d'appartenance sociale comme caractéristique de la société moderne, Yonnet conclut un peu vite que les clivages sociaux ne sont désormais plus pertinents.

Dans ce même registre optimiste, Pascale Weil, la directrice du planning stratégique de Publicis Conseil, réalise une étude sur l'imaginaire des Français au début des années 1990[2]. Elle utilise les distinctions établies par le spécialiste des structures de l'imaginaire, Gilbert Durand[3], qui différencie un imaginaire diurne d'opposition et d'exclusion qui sépare, oppose, tranche à l'aide d'un raisonnement binaire ; un imaginaire de fusion, d'intégration et de communion ; et enfin un imaginaire du lien, de la conciliation, de la négociation. Pascale Weil remarque qu'entre les années 1960 et les années 1990 un imaginaire d'opposition a cédé la place à un imaginaire de fusion, d'amalgame, dit de « postmodernité », entre 1975 et 1985, et enfin d'alliance. La caractéristique de ce dernier moment historique, qui voit triompher l'individu et s'effondrer les rêves de rupture, serait une quête incessante d'alliance à l'intérieur d'une société qui n'est plus objet de rejet, mais lieu de désir d'intégration : « les relations se négocient[4] ». Cette alliance caractéristique de la nouvelle période qui s'ouvre en 1989-1990 ne

---

1. YONNET, 1986, p. 290.
2. WEIL, 1993.
3. DURAND, 1960.
4. WEIL, 1993, p. 28.

signifie pas pour autant confusion, mais acceptation du paradoxe
que constituent l'existence de contradictions et la nécessité de les
articuler, sans pouvoir les dépasser : « L'alliance n'est ni métissage, ni amalgame, ni syncrétisme, elle est articulation dialectique
d'identités distinctes[1]. »

RÉSISTER AU SCEPTICISME

Face au désenchantement de l'histoire que génère l'opacification
de l'horizon d'attente, la tentation est grande de tourner le dos
au devenir social et politique pour cultiver son jardin. Si certains
intellectuels s'en félicitent qui y voient la réalisation des potentialités humaines et de la fin de l'histoire, d'autres s'en inquiètent et
rappellent la nécessité de maintenir une tension entre le singulier et
l'universel, entre la personne et le collectif, ainsi que les impératifs
propres aux avancées d'une société démocratique qui ne peut être
fondée sur la passivité croissante de ses citoyens. Parmi ces intellectuels qui en appellent à ne pas déserter l'univers démocratique
de la Cité, Olivier Mongin publie en 1994 un ouvrage au titre
évocateur : *Face au scepticisme*[2].

En janvier 1989, l'éditorial d'*Esprit* se prononce déjà « Contre
le scepticisme », au moment où la revue prend ses distances avec
sa filiation personnaliste et s'ouvre à un sérieux changement de
références théoriques. La revue stigmatise alors un « discours de
pacotille » sur l'individualisme « qui fait office de religion civile »
et oublie simplement que l'histoire ne peut se faire sans deux types
d'hommes : « l'homme tragique et l'homme comique[3] ». Les injustices subsistent, les fragilités de la société sont réelles, les périls
sont toujours là, et on ne peut baisser la garde en sacrifiant l'avenir au nom d'une passion du présent. S'il n'y a plus de message
universel à faire prévaloir partout, « nous avons foule de petits

1. *Ibid.*, p. 34.
2. MONGIN, 1994.
3. *Esprit*, janvier 1989, p. 7.

combats à mener en France, en Europe et à l'échelle du monde[1] ». La vigilance doit être maintenue, même à l'épreuve du ravissement, comme en novembre 1989 lors de la chute du mur. Olivier Mongin s'étonne du paradoxe qui voit les démocraties de l'Ouest douter d'elles-mêmes au moment même où les valeurs qu'elles incarnent triomphent. Une époque nouvelle s'ouvre, encore lourde de risques de dérapages ; Olivier Mongin observe avec inquiétude les processus de repli identitaire en Yougoslavie : « À travers ces divers phénomènes se pose la question de la fragilité de l'État. Nous avons critiqué le poids de l'État à l'Est, nous découvrons — et c'est tout le sens de la libanisation — le vide social qui s'ouvre quand la machine étatique se dérègle complètement[2]. »

Depuis le début des années 1980, Edgar Morin fait le constat d'une « déroute idéologique[3] ». Il reprend la métaphore des basses eaux à son ami Castoriadis pour qualifier l'état des mythologies politiques et des espoirs messianiques investis dans le prolétariat ou les peuples du tiers-monde. On ne croit plus non plus que les progrès de la technoscience puissent résoudre les problèmes sociaux et d'épuisement des ressources de la planète : « Nous sommes dans le nécessaire désenchantement. Nous devons vivre dans un monde désenchanté[4]. » Dans ce climat délétère, le risque est grand du découragement et du repli sur soi. Pour Edgar Morin, il faut réagir à cette tentation qui détournerait de toute action et de toute quête créative : « La démythification est nécessaire, mais elle doit aussi se réfléchir elle-même et découvrir ce problème énorme : le mythe fait partie de la réalité humaine et politique. J'ai dit, écrit, réécrirai ailleurs, que la notion même de réel a une composante imaginaire[5]. » En ce moment historique où le destin est devenu informe, après avoir rencontré l'Holocauste puis le Goulag au cours de ce siècle tragique, « c'est du fond de cette horreur et de cette indifférence, qu'il nous faut émerger[6] ». Fort de cette traversée, Edgar Morin en appelle à l'exigence de mieux penser le monde, à

---

1. *Ibid.*
2. MONGIN, 1990, p. 52.
3. MORIN, 1981, p. 67.
4. *Ibid.*, p. 78.
5. *Ibid.*, pp. 78-79.
6. *Ibid.*, p. 86.

un devoir d'intelligence comme d'autres en appellent à un devoir de mémoire : « Ce millénaire se meurt. Ce siècle est prématurément pourri, usé. *Il faut de toute urgence opérer la révision des deux mille[1].* »

À la fin des années 1980, le cardinal Jean-Marie Lustiger affirme de manière étonnante que « l'histoire est déjà sauvée, et la fin sera positive ». Invité à s'expliquer sur une appréciation aussi paradoxale, il rappelle que l'interrogation de ses vingt ans avait été de savoir si l'histoire a un sens. Il avait posé cette question au philosophe Raymond Aron comme à l'historien Henri-Irénée Marrou : « Nous avions alors en tête l'horizon des "lendemains qui chantent" dès ici-bas, c'est-à-dire l'horizon marxiste. Ceux que nous avons interrogés nous ont ramenés à plus de modestie[2]. » En même temps, alors que Jean-Marie Lustiger a l'impression d'avoir vu le pire, Emmanuel Mounier parle de « l'espoir des désespérés », d'« espérer contre toute espérance ». Le croire permet de ne pas sombrer dans la mélancolie, dans la désespérance, malgré Auschwitz, malgré le Goulag : « Espérer, c'est attester une rédemption possible de l'homme [...], c'est assurer qu'on ne désespérera jamais de l'homme puisque Dieu n'a pas désespéré de lui[3]. »

Une reconfiguration du débat intellectuel résulte du bouleversement de 1989, plus interrogative, plus ouverte sur l'étranger, comme l'atteste la création d'une revue, sous l'impulsion et la direction de Bernard-Henri Lévy, *La Règle du Jeu*, qui regroupe un certain nombre d'écrivains : « Cette sortie du communisme appelait, au-delà des euphories, un authentique effort de pensée. C'est ce que se sont dit, un matin de novembre 1989, lendemain de la chute de Berlin, les quelques écrivains qui ont voulu cette revue[4]. » Le titre sonne comme un double hommage à Michel Leiris et à Jean Renoir. L'ambition est de sortir de la ferveur suscitée par les dogmes pour mieux entrer en un siècle marqué par l'incroyance.

---

1. *Ibid.*, p. 87.
2. LUSTIGER, 1987 (b), p. 465.
3. *Ibid.*, p. 466.
4. *La Règle du Jeu*, n° 1, mai 1990 : directeur, Bernard-Henri Lévy ; rédacteur en chef, Guy Scarpetta.

VERS LE CHOC DES IDENTITÉS

À la fin des années 1980, des signes tangibles permettent de penser que la démocratie va triompher : la démocratisation des pays d'Europe de l'Est, celle de nombreux pays latino-américains libérés de leurs régimes dictatoriaux, la fin de l'apartheid en Afrique du Sud avec l'élection de Frédérik de Klerk, le retrait de l'Armée rouge de l'Afghanistan occupé depuis 1979... Il faut vite déchanter : la fin de la guerre dite froide entre les deux blocs ouvre immédiatement sur la contestation des frontières et l'explosion de revendications nationalitaires séparatistes. On passe de la guerre froide à la guerre chaude au sein même d'une Europe que l'on croyait pacifiée. L'ancienne union des Slaves du Sud en Yougoslavie implose en une guerre entre Serbes, Croates, Kosovars, Slovènes et Bosniaques, pendant que la Slovaquie se sépare de la République tchèque. Aux chocs entre nations dont l'exclusivisme se réveille avec leur sortie du carcan de l'Empire soviétique, il faut ajouter une situation internationale qui voit la progression et l'offensive de l'islamisme, qui porte le fer jusqu'en Occident, et se traduit par une vague d'attentats en France en 1986 et la création en Algérie en mars 1989 du Front islamique du salut (FIS) dirigé par Abbassi Madani, qui connaît un tel succès électoral que l'État algérien l'interdit, provoquant une très longue et cruelle guerre civile. Le début des années 1990 correspond aussi au moment d'une nouvelle guerre, la première guerre du Golfe, en 1991, contre le régime irakien de Saddam Hussein, qui a envahi le Koweït. Ce climat conflictuel est propice au succès des thèses culturalistes de Samuel Huntington, qui voit poindre dans l'avenir un choc entre les civilisations[1] et distingue plusieurs aires de civilisations exclusives les unes des autres, vouées à s'affronter pour des motivations essentiellement religieuses.

Dans ce contexte de montée des préoccupations identitaires, le Front national en France continue son inexorable ascension commencée au début des années 1980. Les échéances électorales

---

1. HUNTINGTON, 2000.

législatives de 1986 lui ouvrent les portes de l'Assemblée nationale grâce à l'adoption de la représentation à la proportionnelle des députés. Avec plus de deux millions et demi d'électeurs le 16 mars 1986, le FN forme un groupe parlementaire de 35 députés et compte 137 conseillers régionaux. Fort de cette implantation nationale et de son enracinement local, le parti d'extrême droite donne une vaste ampleur à ses campagnes contre l'immigration et pour le renforcement de la sécurité face à la délinquance. Cette percée dans la société n'est pas un signe de bonne santé, comme le remarque Pascal Perrineau en s'adossant aux analyses de Durkheim sur l'anomie sociale au XIXᵉ siècle : « À la fin du XXᵉ siècle, la poussée du FN et les angoisses qui la nourrissent sont aussi les symptômes pathologiques d'une désagrégation sociale et politique[1]. » Ce diagnostic concorde avec l'étude publiée par le démographe Hervé Le Bras sur le vote lepéniste : « Le vote Le Pen doit donc être pris au sérieux. Il indique une dégénérescence des formes politiques intermédiaires qui filtraient jusqu'alors les impulsions immédiates[2]. » L'irrésistible ascension se poursuit au fil des années 1980 et à l'élection présidentielle de 1988. Le Pen réunit sur son nom 14,4 % des suffrages exprimés, soit plus de quatre millions d'électeurs. Ce bon score est d'autant plus spectaculaire et stupéfiant qu'il est acquis malgré l'énorme provocation de Le Pen sur les ondes de RTL le 13 septembre 1987, où il déclare que les chambres à gaz ne sont qu'« un point de détail de l'histoire de la Deuxième Guerre mondiale ». L'émoi est général et « la plupart des proches de Jean-Marie Le Pen comprennent ce soir-là qu'il se détourne du pouvoir[3] ». Le Pen reprend à son compte les thèses négationnistes de Faurisson et d'autres. Il obtient néanmoins un score jamais atteint par l'extrême droite à une présidentielle. Il est cependant furieux, car les sondages le dotaient de 17 à 18 % des suffrages : « Ce que Le Pen ne reconnaîtra jamais jusqu'à sa mort, c'est le point de détail. Cela a été dévastateur. Cette affaire nous a brisé les jambes en termes de ralliement de notables. Nous nous sommes tiré une balle dans

---

1. PERRINEAU, 1993, p. 270.
2. LE BRAS [1986], 1993, p. 271.
3. ESLIN, 1984, p. 189.

chaque pied[1]. » La réintroduction du scrutin majoritaire a cependant pour effet mécanique de renvoyer le FN dans les marges de la vie politique française. N'ayant plus à court terme d'échéance capable d'affermir son pouvoir, le FN peut laisser libre cours à son idéologie raciste et antisémite. Existant alors à coups de scandales, Le Pen, en septembre 1988, s'en prend à la fin de l'université d'été de son mouvement à « M. Durafour-crématoire », et en 1989 il dénonce dans le journal *Présent* le rôle antinational de l'« internationale juive ». En septembre, le cinéaste et député européen FN Claude Autant-Lara déclare : « Bon, alors quand on me parle de génocide, je dis : en tout cas, ils ont raté la mère Veil [...]. La gauche actuelle étant dominée par la juiverie cinématographique internationale, par le cosmopolitisme et par l'internationalisme [...]. Le prétendu génocide [...][2]. » C'est dans ce climat nauséabond qu'éclate à la rentrée scolaire de l'automne 1989 l'affaire dite du foulard. Trois élèves d'un collège de Creil, dans l'Oise, refusent d'enlever leur foulard en cours, ce qui suscite un débat national sur le respect de la laïcité et la place du religieux dans l'espace public et scolaire qui donne lieu plus tard à une mission confiée à Bernard Stasi, puis à l'adoption en 2004 de la loi qui interdira le port de tout signe ostentatoire d'appartenance religieuse dans l'enceinte de l'école, au collège et au lycée. Entre-temps, cette affaire, qui fait l'objet d'une vive controverse sur ce que l'on peut admettre ou interdire, occupe toutes les familles politiques et les intellectuels pendant plusieurs semaines, et permet au FN d'en engranger, sans même faire de surenchère, les bénéfices politiques : en novembre 1989, à l'occasion de deux élections partielles, à Marseille et à Dreux, les deux candidates FN recueillent respectivement 33,04 % et 42,49 % des suffrages exprimés au premier tour. À Dreux, Marie-France Stirbois est largement élue au second tour avec 61,3 % des voix.

Ce que l'on appelle le retour du religieux, observable partout, prend dans certains pays la forme d'une crispation identitaire. Les groupes fondamentalistes prolifèrent, et certains vont verser dans le terrorisme. Daryush Shayegan, philosophe et romancier

---

1. Carl Lang, entretien avec Valérie Igounet, *ibid.*, p. 200.
2. Claude Autant-Lara, cité dans PERRINEAU, 1993, p. 286.

iranien, éminent indianiste, juge que ce retour du religieux, qui
peut être profitable en Occident sur le plan de la spiritualité, ne
l'est nullement en Orient : « Ce qui est enrichissement de l'être
en Occident devient chez nous régression pure et simple. Car en
Orient la religion est encore un volcan actif, et la rationalité n'y
a pas plongé assez de racines dans les esprits[1]. » On est loin en
1989 des espoirs exprimés par Michel Foucault en 1979 à propos
de la révolution iranienne, qui se disait fasciné par le regain de
spiritualité politique incarné par l'ayatollah Khomeyni. Ce dernier vient en effet de prononcer une fatwa qui vise l'auteur des
Versets sataniques, Salman Rushdie. En 1988, la publication de
l'ouvrage en langue anglaise suscite l'émoi des milieux religieux
du monde musulman, qui y dénoncent des propos blasphémant le
Prophète. L'ayatollah Khomeyni, qui se présente alors comme le
dirigeant de la communauté chiite depuis la révolution iranienne
de 1979, condamne ce qu'il qualifie d'apostasie et prononce une
sentence sans équivoque, la fameuse fatwa : « Au nom de Dieu
tout-puissant. Il n'y a qu'un Dieu à qui nous retournerons tous. Je
veux informer tous les musulmans que l'auteur du livre intitulé *Les
Versets sataniques*, qui a été écrit, imprimé et publié en opposition
à l'islam, au prophète et au Coran, aussi bien que ceux qui l'ont
publié ou connaissent son contenu, ont été condamnés à mort.
J'appelle tous les musulmans zélés à les exécuter rapidement, où
qu'ils les trouvent, afin que personne n'insulte les saintetés islamiques. Celui qui sera tué sur son chemin sera considéré comme
un martyr. C'est la volonté de Dieu. De plus, quiconque appro-
chera l'auteur du livre, sans avoir le pouvoir de l'exécuter, devra le
traduire devant le peuple afin qu'il soit puni pour ses actions. Que
Dieu vous bénisse tous. » C'est dans ce contexte d'intimidations et
d'extrême violence que l'éditeur Christian Bourgois prend la décision délicate de publier une version française du livre de Rushdie.
Lorsque la fatwa est révélée au public, les journalistes se pressent
chez Bourgois, qui a obtenu les droits de l'édition française. Il
dira en 1990 qu'il ne s'est jamais senti autant éditeur que le jour
où, prenant conscience de la fragilité de la liberté éditoriale et du
pouvoir subversif des livres, il a décidé de publier Rushdie. Face

---

1. SHAYEGAN, 1992, p. 281.

au risque qui expose tout le personnel de sa maison d'édition, ainsi que toute la chaîne du livre jusqu'aux libraires et aux lecteurs eux-mêmes, Bourgois ne veut pas se dédire, mais entend adopter une position responsable. Il décide le 15 février, dès le lendemain de la fatwa, de suspendre la publication en langue française de l'ouvrage, souhaitant susciter une réaction de la profession face au diktat iranien. Toute une série de quotidiens, d'hebdomadaires ainsi que de nombreuses maisons d'édition se disent prêts à s'engager dans la publication de l'ouvrage, tout en précisant qu'ils ne feront rien sans l'accord de Bourgois, seul détenteur des droits. Fort de ces soutiens, Bourgois décide alors d'accélérer la traduction des *Versets sataniques*, installant le traducteur dans un hôtel sous pseudonyme. Le livre est publié en septembre 1989 avec un premier tirage de soixante-cinq mille exemplaires, épuisé en quarante-huit heures. Il sera finalement vendu à deux cent soixante mille exemplaires. Les précautions nécessaires pour assurer leur sécurité sont lourdes à supporter pour la famille Bourgois, et tous les quinze jours un représentant des renseignements généraux leur indique ce qui va se passer. Toutes les nuits, ils sont harcelés et menacés au téléphone. Pierre Joxe, alors ministre de l'Intérieur, rassure Dominique, épouse de Christian Bourgois, lui indiquant que l'inquiétude ne sera justifiée que lorsqu'ils n'appelleront plus. Pendant toute cette période, les enfants Bourgois sont escortés à l'école ou au jardin public par des gardes du corps. Ce ne sont pas moins de cinq millions des francs de l'époque qui sont dépensés en frais de sécurité. Tout le personnel de la maison d'édition tremble de peur. Pierre Joxe, camarade de promotion de Bourgois, se montre très vigilant et lui envoie un commissaire spécialisé pour sécuriser ses bureaux. Les islamistes finissent par frapper en 1990, par un beau dimanche de Pentecôte : les entrepôts de la maison prennent feu, détruisant en deux heures quatorze millions de livres. Si l'incendie n'est pas revendiqué, on a retrouvé les preuves tangibles d'un acte criminel, manifestement lié à l'affaire Rushdie, en guise de représailles. Des autodafés se multiplient et Salman Rushdie doit se replier dans la plus stricte clandestinité pour échapper à un assassinat. Des attentats frappent des librairies qui ont osé exposer le livre en vitrine, les traducteurs japonais et italien de Rushdie seront poignardés en juillet 1991, et en 1993, à Oslo, son éditeur norvégien échappera de justesse à plusieurs coups de feu.

Au moins peut-on se réjouir en 1989 de ce dialogue renoué entre intellectuels de l'Ouest et de l'Est, de ces retrouvailles entre les deux parties d'un peuple européen artificiellement séparées. Cependant, là encore les déconvenues sont multiples. Pierre Hassner, qui a tant œuvré pour ce dialogue, du temps où le rideau de fer divisait le continent, au travers du séminaire qu'il animait depuis 1975 en organisant des échanges entre intellectuels des pays communistes, avec des personnalités comme Jacques Rupnik, Aleksander Smolar, Pierre Kende, Mihnea Berindei et des intellectuels, diplomates ou chercheurs français comme Marie Mendras, spécialiste de la Russie, exprime ses craintes et la déception réciproque des intellectuels des deux parties de l'Europe[1]. Quelques années plus tard, ses inquiétudes se confirment : loin de nouer un dialogue fécond, « les deux Europe ont cessé non seulement de s'intéresser l'une à l'autre, mais de croire en elles-mêmes ou dans l'Europe comme telle[2] ».

Décidément, de quelque côté que se porte le regard, on sent bien qu'un cycle est clos, que le XXᵉ siècle s'éloigne de l'horizon pour entrer dans un passé peu glorieux, essentiellement traumatisant, et le devenir reste bien obscur, incertain. La société se retrouve sans boussole, confrontée à une exaspération des antagonismes, à une montée de la haine et à un affaissement général de l'histoire. Pour le philosophe Jean-Luc Nancy, cet épuisement de l'historicité témoigne « de la dissolution, de la dislocation ou de la conflagration de la communauté[3] ». Il diagnostique lui aussi, comme certains sociologues ou démographes, la progression d'une anomie sociale là où certains, comme Lipovetsky ou Yonnet, croient assister à l'accomplissement de l'individu épanoui. Selon Jean-Luc Nancy, on ne fait pas un monde sans *clinamen*, sans un cadre sur lequel l'individu puisse s'appuyer : « L'individualisme est un atomisme inconséquent, qui oublie que l'enjeu de l'atome est celui d'un monde[4]. » Le philosophe insiste sur la valeur performative de l'historicité,

---

1. Hassner, 1990.
2. Id., 2010, p. 110.
3. Nancy [1986], 1999, p. 11.
4. *Ibid.*, p. 17.

autrement dit : que se passe-t-il quand on inaugure une nouvelle page d'histoire ? Le temps présent, celui de la fin des années 1980, est celui « du *suspens* de l'histoire — dans un sens à la fois rythmique et angoissant : l'histoire est suspendue, sans mouvement, et nous attendons, dans l'incertitude et l'anxiété, ce qui arrivera si elle reprend sa marche en avant[1] ». Ce *suspens* traduit la fin de toute forme de chronosophie. C'est un temps fuyant et ouvert sur l'incertitude et l'abîme. Pour remettre l'histoire en marche, il importe de recréer du commun, de l'être en commun, de l'être-ensemble, que Jean-Luc Nancy considère comme le propre de l'homme : « Je suis "je" (j'existe) seulement si je peux dire "nous"[2]. »

Cette entrée dans le XXIe siècle exige une mutation de la figure de l'intellectuel. Il peut contribuer à dépasser le clivage entre opinion et savoir, jouer activement un rôle d'approfondissement démocratique grâce à son activité de veilleur dans les conflits d'interprétations à l'intérieur d'une zone qu'Olivier Mongin qualifie d'intermédiaire entre *doxa* et *épistémè*, celle de l'opinion droite, déjà entrevue par Aristote sous le nom de *doxazein* :

> En rester à une opposition intransigeante entre la sphère de l'opinion (le préjugé, l'aliénation) et celle du savoir (le savoir neutre de l'État qui représente la volonté générale dans la République) pénalise doublement l'intellectuel et le soustrait au débat démocratique : celui-ci demeure prisonnier d'une attitude qui le tient à distance de la société et lui interdit d'être partie prenante de la discussion publique[3].

Cet intellectuel démocratique doit s'attacher à renforcer les médiations nécessaires à la transmission du savoir, renoncer à sa posture de surplomb, et éviter le dilemme trompeur entre éthique de conviction et éthique de responsabilité. Cet intellectuel de troisième type serait un médiateur critique refusant de se laisser prendre dans les illusions de la transparence de la communication tout en contribuant à sortir la culture d'expert de son ghetto pour la faire participer de plain-pied au débat démocratique. De cette

1. *Ibid*, p. 239.
2. *Ibid.*, p. 258.
3. Mongin, 1994, p. 363.

nouvelle configuration, deux priorités ressortissent à l'intellectuel :
celle, en amont, de discuter le savoir de l'expert et celle, en aval,
d'éclairer l'opinion sur ses propres démarches. C'est en réinvestis-
sant les ateliers de la raison pratique et en traversant notre espace
d'expérience que l'intellectuel est en mesure de reconstruire une
nouvelle espérance. C'est à cette condition que l'intellectuel peut
empêcher l'horizon d'attente de fuir et recréer les conditions d'une
espérance collective. Cette perspective présuppose néanmoins un
renoncement : celui d'une position de surplomb, et une exigence :
rouvrir les possibles non avérés du passé. Cette revisitation de la
mémoire tendue vers l'agir humain doit recréer à partir du présent
les fondements d'un projet sociétal ouvert et en débat rendant « nos
attentes plus déterminées et notre expérience plus indéterminée[1] ».
Raymond Aron appelait déjà en 1955 à cette leçon de modestie et à
renoncer à cette posture de prophète : « L'historien, le sociologue,
le juriste dégagent *les* sens des actes, des institutions, des lois. Ils
ne découvrent pas le sens du tout. L'histoire n'est pas absurde,
mais nul vivant n'en saisit *le* sens dernier[2]. »

En cette sortie du XXᵉ siècle, Edgar Morin n'est pas loin de
définir le même horizon pour l'intellectuel. Lui aussi se refuse à
entonner le chant du cygne et à enterrer la mission des intellectuels
au nom du cynisme et du scepticisme. En premier lieu, l'intellectuel se doit de pratiquer un travail d'autoréflexion dans sa quête
de la vérité et de l'action bonne. Il doit donc s'inclure à l'intérieur de ses propres observations et conceptions, et renoncer ainsi
à toute posture de maîtrise à partir de laquelle il pourrait trôner
en juge : « L'intellectuel doit opérer une rupture capitale. Il doit
quitter le site central (hélio-égocentrique) de la Vérité-soleil pour
entrer dans le mouvement de recherche de vérité qui n'a aucun site
fixe ni privilégié[3]. » La situation impose un recommencement, une
reconversion, au risque de « désespérer Saint-Germain-des-Prés,
désespérer la rue d'Ulm, pour cesser de s'illusionner sur Billancourt[4] ». Loin d'appeler l'intellectuel à démissionner de son rôle,

---

1. RICŒUR [1985], 1991, p. 390.
2. ARON [1955], 2002, p. 146.
3. MORIN, 2004, p. 256.
4. *Ibid.*, p. 263.

Morin l'exhorte à remplir pleinement sa « mission » faite d'une fonction critique en même temps que d'une fonction mythologique, en tension constante entre l'universel et le communautaire, entre l'abstraction et la concrétude de l'expérience. L'intellectuel doit s'assumer comme tel, et aspirer à l'idéal que serait un méta-intellectuel qui « essaierait sans cesse de lutter contre le prêtre mage qui tend toujours à revenir en lui[1] ». Ce méta-intellectuel, rompu à un travail réflexif sur lui-même, éviterait d'échouer sur les multiples écueils qui le guettent par l'adoption de postures systématiques de dénonciation, d'excommunication, de mépris ou d'auto-intoxication.

Le contraste est frappant. L'explosion existentialiste de 1945, moment de tous les espoirs d'une France libérée de la barbarie nazie, d'une France de tous les possibles, d'une France où abondent les imaginaires collectifs, a laissé place à 1989, et sa chape de plomb s'est abattue sur un futur lourd de menaces. Il n'est plus l'heure de refaire le monde, mais, comme l'a affirmé Albert Camus en 1957 à Stockholm, à l'occasion de la remise de son prix Nobel de littérature, d'empêcher qu'il « ne se défasse ». À un horizon d'attente nourri d'espérance s'est substitué un horizon d'angoisse, de peur d'une catastrophe pouvant mettre en péril l'ensemble de l'humanité. Compagnes de la peur, la crainte et la haine de l'autre ont progressé au fil de ces décennies de désespérance. L'avenir, faute d'utopie, s'est retrouvé rabattu sur la seule projection d'un présent perpétué. On a renoncé à dessiner des perspectives et assisté à l'abandon de toute alternative, au profit de la seule alternance. Le vouloir-vivre ensemble ne paraît plus reposer que sur le plus petit dénominateur commun.

Pourtant, une autre voie est possible qui récuse toute forme de scepticisme et de décadentisme si l'on considère 1989 comme clôture non de l'histoire mais du XXᵉ siècle, du siècle des illusions perdues. L'effondrement du monde communiste serait alors la rupture instauratrice capable de nourrir de nouvelles utopies concrètes fortes des enseignements tirés du destin funeste de mutations qui n'ont généré d'autres émancipations que celles, trompeuses, du

---

1. *Ibid.*, p. 265.

totalitarisme. Il reste au XXIᵉ siècle à incarner un être-ensemble, à l'inventer pour qu'il soit tourné vers la vie bonne dans des institutions justes. L'année 1989 pourrait devenir cette année zéro de la reprise de la marche de l'humanité vers une refondation de cet être-ensemble.

La sortie en 1989 de ce tragique XXᵉ siècle, devenu le cimetière des imaginaires sociaux-historiques du XIXᵉ siècle, si elle peut être vécue comme un moment de crise angoissant, comme c'est toujours le cas lorsqu'un monde ancien s'évanouit alors que le monde nouveau peine encore à naître, est l'occasion d'opérer un regard rétrospectif. C'est le projet de cette *Saga des intellectuels français*, dont l'intention n'est pas d'accompagner la nostalgie ou la mélancolie et de s'y complaire. Son ambition est de susciter le nécessaire travail de deuil des catégories de l'ancien monde et de faire place à une autoréflexion qui puisse, écartant les impasses du passé, jeter les bases d'un nouvel horizon d'attente et d'espérance, d'un avenir non tracé qui aurait retrouvé une boussole pour guider l'action de l'homme.

Ce legs intellectuel de la seconde moitié du XXᵉ siècle, malgré ses dérives, ses délires, ses excès, reste très riche. Il est celui d'une période particulièrement effervescente, créative de l'intelligentsia française, au point que ses œuvres, connues sous le nom de French Theory aux États-Unis, ont rayonné de par le monde. Si la période a été tragique, les intellectuels se sont donné pour tâche de la penser en s'appuyant sur les sciences sociales en pleine explosion. Les regards ethnologique, psychanalytique, la nouvelle manière de concevoir l'histoire ont profondément modifié notre vision de l'homme. Revisiter cette période, c'est en souligner les impasses ; c'est aussi exhumer ses lumières pour nourrir l'avenir. Nous vivons encore dans l'ombre portée par cette époque et les œuvres qu'elle a vu naître, sans lesquelles nous ne serions pas ce que nous sommes.

Comme le faisait remarquer Bernard de Chartres au XIIᵉ siècle dans une formule devenue célèbre, reprise par Newton comme par Blaise Pascal, il importe de s'appuyer sur les œuvres des grands penseurs du passé : nous ne sommes que « des nains sur des épaules de géants ». S'il n'y a pas de leçons du passé, il y a une sédimentation du savoir et un rôle de veille de l'intellectuel qui doit rappeler en quoi cet héritage nous permet de penser différemment.

Entre l'exaltation prophétique de 1945 et le sentiment de fin de l'histoire de 1989, il ne s'agit donc pas de choisir. Le détour réalisé par cette *Saga des intellectuels français* sur cette longue période est au contraire une invitation à nous prémunir contre les écueils, les excès de ces deux positions extrêmes, l'euphorie aveugle et le scepticisme décadentiste. Il convient au contraire de sortir de cette alternative réductrice et appauvrissante en s'ouvrant à un espace-temps médian capable de réarmer un désir d'émancipation collective. Le secret espoir de l'auteur est d'avoir construit un tombeau pour le mort afin d'assigner une place au passé qui permette, par le riche héritage qu'il nous a légué, de relancer les possibles d'un avenir délesté des errements du passé.

Certes, nous vivons un temps désorienté, et nous savons désormais que la raison n'est plus censée habiter le temps, mais une telle conviction doit susciter un surcroît de responsabilité qui incombe aux acteurs eux-mêmes afin qu'ils se saisissent du *kairos* qu'ils traversent dans leur expérience historique et redonnent un cap à l'histoire, la leur.

APPENDICES

APPENDICES

SOURCES CITÉES

ABÉLÈS, Marc (dir.), *Le Défi écologique*, L'Harmattan, 1993.

ABIRACHED, Robert (dir.), *La Décentralisation théâtrale*, III. *1968, le tournant*, Arles, Actes Sud, 1994.

ALBERT, Michel, *Le Pari français*, Éd. du Seuil, 1983.

ALTHUSSER, Louis, « Idéologie et appareils idéologiques d'État », *La Pensée*, nº 151, juin 1970 ; repris dans ID., *Positions (1964-1975)*, Éditions sociales, 1976.

AMOUROUX, Henri, *Monsieur Barre*, Robert Laffont, 1986.

ANDRIEU, René, « Les grandes orgues », *L'Humanité*, 15 février 1974.

ANTOINE, Monique, « Une histoire du MLAC », in *Le Féminisme et ses enjeux. Vingt-sept femmes parlent*, Édilig, 1988.

ARAGON, Louis, « Ce roman que je tiens pour une œuvre majeure », préface à KUNDERA, 1968.

—, « La valse des adieux », *Les Lettres françaises*, 11 octobre 1972.

—, « Théâtre/Roman », in ID., *Œuvres romanesques complètes*, Gallimard, « Bibliothèque de la Pléiade », t. V, 2012.

ARAUD, Gérard, MONGIN, Olivier, « Une fin de l'histoire... très américaine ! », *Esprit*, novembre 1989.

ARENDT, Hannah, « A Reply to Critics », *Dissent*, printemps 1957.

—, *Eichmann à Jérusalem*, Gallimard, 1966.

—, *La Condition de l'homme moderne*, préface de Paul Ricœur, Calmann-Lévy, 1983.

—, *Qu'est-ce que la politique ?*, Éd. du Seuil, 1995.

—, BLÜCHER, Heinrich, *Correspondance, 1936-1968*, Calmann-Lévy, 1999.

ARMEL, Aliette, *Michel Leiris*, Fayard, 1997.

ARON, Raymond, *L'Opium des intellectuels*, Calmann-Lévy, 1955 ; rééd. Hachette, « Pluriel », 2002.

—, *Le Figaro*, 8 mai 1968 (a).

—, « La crise de l'université : une mise en garde et un appel de Raymond Aron », *Le Figaro*, 11 juin 1968 (b).

—, *La Révolution introuvable*, Fayard, 1968 (c).

—, *Les Désillusions du progrès*, Calmann-Lévy, 1969.

—, « Tocqueville retrouvé », *The Tocqueville Review*, vol. I, n° 1, automne 1979.

—, *Mémoires*, Robert Laffont, 2003 ; rééd. « Bouquins », 2010.

ARTIÈRES, Philippe, *in* ARTIÈRES et ZANCARINI-FOURNEL (dir.), 2008.

—, QUÉRO, Laurent, ZANCARINI-FOURNEL, Michelle, « Le Groupe d'information sur les prisons : archives d'une lutte, 1970-1972 », Éd. de l'Imec, 2005.

—, ZANCARINI-FOURNEL, Michelle (dir.), *68. Une histoire collective (1962-1981)*, La Découverte, 2008.

ASGER, Jorn, « Discours aux pingouins », *Cobra*, n° 1, reproduit dans BERRÉBY Gérard (dir.), *Documents relatifs à la fondation de l'Internationale situationniste*, éd. Allia, 1985.

ATLAN, Henri, entretien, *Le Monde*, 19 novembre 1991.

ATTALI, Jacques, LÉVY, Bernard-Henry, « Réponse à Noam Chomsky : et Timor, et le Cambodge ? », *Le Matin de Paris*, 17 décembre 1979.

AUBERT, Claude, BIANCO, Lucien, CADART, Claude, DOMENACH, Jean-Marie, *Regards froids sur la Chine*, Éd. du Seuil, 1976.

AUBRAL, François, DELCOURT, Xavier, *Contre la nouvelle philosophie*, Gallimard, 1977.

AUDIER, Serge, *Tocqueville retrouvé. Genèse et enjeux du renouveau tocquevillien français*, Vrin, EHESS, 2004.

AUDRY, Colette, « Colette Audry explique sa collection Femme », *Femmes diplômées*, n° 51, 3ᵉ trimestre 1964, citée dans LIATARD, 2010.

AUGÉ, Marc, « Y a-t-il encore des idées de gauche ? », *Le Débat*, n° 42, novembre-décembre 1986.

AUROUX, Sylvain, entretien, *Sciences humaines*, n° 24, janvier 1993.

AVON, Dominique, ROCHER, Philippe, *Les Jésuites et la société française. XIXᵉ-XXᵉ siècles*, Privat, 2001.

Avortement, une loi en procès. L'affaire de Bobigny, avant-propos Gisèle Halimi. Préface Simone de Beauvoir, Gallimard, 1973.

BAECQUE (DE), Antoine, *Les « Cahiers du cinéma », histoire d'une revue*, II. *Cinéma, tours détours, 1959-1981*, Éd. des Cahiers du cinéma, 1991.

—, « De l'affaire Langlois au Festival de Cannes : le cinéma s'insurge », *in* ARTIÈRES et ZANCARINI-FOURNEL (dir.), 2008.

BAIR, Deirdre, *Simone de Beauvoir*, Fayard, 1990.

BALIBAR, Étienne, *Écrits pour Althusser*, La Découverte, 1991.

—, *Les Frontières de la démocratie*, La Découverte, 1992.

—, *La Philosophie de Marx*, La Découverte, 1993.

—, *La Crainte des masses. Politique et philosophie avant et après Marx*, Galilée, 1997.

BARD, Christine, « Été 1970 : la révolution MLF », *L'Histoire*, n° 352, avril 2010.

—, *Le Féminisme au-delà des idées reçues*, Le Cavalier bleu, 2012 (a).

— (dir.), *Les Féministes de la deuxième vague*, Presses universitaires de Rennes, 2012 (b).

BARDÈCHE, Maurice, *Nuremberg ou la Terre promise*, Les Sept Couleurs, 1948.

BARRAU, Grégory, *Le Mai 68 des catholiques*, Éd. de l'Atelier, 1998.

BARREAU, Jean-Claude, « Redéfinir l'héritage », *Le Monde*, 13 août 1983.

BARRET-KRIEGEL, Blandine, « La guerre et la crise des démocraties », *Le Débat*, dossier « De quoi l'avenir intellectuel sera-t-il fait ? », n° 4, septembre 1980.

BARTHES, Roland, *Tel Quel*, n° 47, 1971.

—, *Le Plaisir du texte*, Éd. du Seuil, 1973.

—, « La Chine, comme l'a vue Roland Barthes », *Le Monde*, 24 mai 1974, cité dans ARTIÈRES et ZANCARINI-FOURNEL (dir.), 2008.

—, *Roland Barthes par Roland Barthes*, Éd. du Seuil, 1975.

—, *Fragments d'un discours amoureux*, Éd. du Seuil, 1977.

—, *Leçon inaugurale au Collège de France*, 7 janvier 1977, *in* ID., *Leçon*, Éd. du Seuil, 1978.

—, entretien avec Jacques Henric, *Art Press*, mai 1977 ; repris dans ID., 1981.

—, Lettre de Roland Barthes à Bernard-Henri Lévy, 1977, cité dans COHEN, 2005.

—, entretien avec Philip Brooks, *Le Nouvel Observateur*, 14 avril 1980 (a).

—, *La Chambre claire. Note sur la photographie*, Gallimard, Éd. du Seuil, 1980 (b).

—, *Le Grain de la voix*, Éd. du Seuil, 1981.

BARTOŠEK, Karel, *Les Aveux des archives. Prague-Paris-Prague, 1948-1968*, Éd. du Seuil, 1996.

BASTAIRE, Jean, *Péguy, l'inchrétien*, Desclée de Brouwer, 1991.

BAUBÉROT, Jean, « Pour la création de maquis idéologiques », *Christianisme social*, n°s 11-12, 1967.

—, « Un exemple de mise en question des institutions ecclésiastiques : la revue *Le Semeur* (publiée par la FFACE) et la *crise* de "L'Alliance des équipes unionistes" », *in* Roger Mehl (dir.), *Crises et mutations institutionnelles dans le protestantisme français*, actes du 3e colloque de sociologie du protestantisme, Strasbourg, 1972, Librairie protestante et CPED, 1974.

—, *Le Pouvoir de contester*, Genève, Labor et Fides, 1983.

BAUDRILLARD, Jean, *Le Système des objets*, Gallimard, 1968.

—, « Fonction-signe et logique de classe », *Communications*, n° 13, 1969 ; repris dans ID., *Pour une critique de l'économie politique du signe* [1972], Gallimard, 1982.

—, « La gauche divine, I. La fin des passions historiques ? », *Le Monde*, 21 septembre 1983 ; repris dans *La Gauche divine*, Grasset, 1985.

—, *Cool Memories, 1980-1985*, Galilée, 1985.

—, entretien avec François Ewald, *Le Magazine littéraire*, n° 264, avril 1989.

—, *La guerre du Golfe n'a pas eu lieu*, Galilée, 1991.

BAVEREZ, Nicolas, *Raymond Aron*, Perrin, « Tempus », 2006.

BAYNAC, Jacques, *Mai retrouvé*, Laffont, 1978.

BEAUVOIR, Simone de, *Le Deuxième Sexe*, 2 vol., 1949.

—, « La femme révoltée », propos recueillis par Alice Schwarzer, *Le Nouvel Observateur*, 14 février 1972.

—, Choisir la cause des femmes. Le procès de Bobigny [1973], 2006.

BECKER, Jean-Jacques, « 1984 : la dernière bataille de l'école », *L'Histoire*, n° 135, juillet-août 1990.

BÉJA, Jean-Philippe, « L'ordre règne à Pékin », *Esprit*, juillet-août 1989.

BELO, Fernando, *Lecture matérialiste de l'Évangile de Marc*, Éd. du Cerf, 1974.

BENJAMIN, Walter, *Charles Baudelaire. Un poète lyrique à l'apogée du capitalisme*, préface et trad. J. Lacoste, Payot, 1982.

BENOIST (DE), Alain, *Europe-Action*, n° 36, décembre 1965.

—, *Vu de droite*, Copernic, 1977.

—, « Ce que nous disons », *Le Monde*, 29 septembre 1979 (a).

—, *Les Idées à l'endroit*, Hallier, 1979 (b).

—, *Nouvelle École*, n° 33, été 1979, cité dans CHEBEL D'APPOLLONIA, 1988.

—, *Comment peut-on être païen ?*, Albin Michel, 1981.

—, *Orientations pour des années décisives*, Le Labyrinthe, 1982.

—, conclusion d'une conférence prononcée le 24 novembre 1985 lors du XIXᵉ colloque national du Grece ; reprise dans *Une certaine idée de la France*, Grece / Le Labyrinthe, 1985, p. 87, et citée dans TAGUIEFF, 1994, p. 63.

—, « Pensée politique : l'implosion », *Krisis*, n° 1, été 1988.

BENSAÏD, Daniel, *Walter Benjamin. Sentinelle messianique*, Plon, 1990.

—, *Marx l'intempestif*, Fayard, 1995.

—, WEBER, Henri, *Mai 1968 : une répétition générale*, Maspero, 1968.

BERSTEIN, Serge, RIOUX, Jean-Pierre, *La France de l'expansion*, II. *L'apogée Pompidou, 1964-1974*, Éd. du Seuil, « Points », 1995.

BERTRAND-SABIANI, Julie, GERBOD, Françoise, LEROY, Géraldi, *La Réception de Charles Péguy en France et à l'étranger*, Orléans, 1991.

BESNIER, Jean-Michel, THOMAS, Jean-Paul, *Chronique des idées d'aujourd'hui*, PUF, 1987.

BÉTOURNÉ, Olivier, HARTIG, Aglaia I., *Penser l'histoire de la Révolution. Deux siècles de passion française*, La Découverte, 1989.

BIANCO, Lucien, *in* AUBERT, BIANCO, CADART et DOMENACH, 1976.

—, préface à FROLIC, 1982.

Bible au présent (La), Gallimard, 1982.

BIDENT, Christophe, *Maurice Blanchot, partenaire invisible. Essai biographique*, Champ Vallon, 1998.

BLANCHOT, Maurice, « Les intellectuels en question : ébauche d'une réflexion », *Le Débat*, n° 29, mars 1984.

BLOCH, Marc, *Apologie pour l'histoire*, Armand Colin, 1974.

BLONDEL, Éric, *Nietzsche. Le corps et la culture*, PUF, 1986.

BLOOM, Allan, *L'Âme désarmée. Essai sur le déclin de la culture générale*, Julliard, 1987 (a).

—, « La musique et l'âme des jeunes », *Commentaire*, n° 37, printemps 1987 (b).

BLUCHE, François, *Louis XIV*, Fayard, 1986.

BLUCHE, Frédéric, *Septembre 1792. Logiques d'un massacre*, préface de Jean Tulard, Laffont, 1986.

BODARD, Lucien, « Bernard-Henri Lévy ne veut pas être du côté du manche », *France Soir*, 6 juillet 1977.

BOGGIO, Philippe, « Le trouble », *Le Monde*, 2 septembre 1983.

BOLTANSKI, Luc, *L'Amour et la Justice comme compétences*, Métailié, 1990.

—, THÉVENOT, Laurent, *De la justification. Les économies de la grandeur*, Gallimard, 1991.

BONCENNE, Pierre, *Le Parapluie de Simon Leys*, Philippe Rey, 2015.

BONTÉ, Louis-Michel, DUCHADEUIL, Pascal, *Éloge de la volonté à l'usage d'une France incertaine*, Éd. universitaires, 1988.

BORNE, Dominique, « Lutter contre l'analphabétisme religieux », *Le Monde*, 28 septembre 2000.

BOSQUET, Alain, *Pas d'accord Soljenitsyne !*, Filipacchi, 1974.

BOUC, Alain, « Chine. Simon Leys, *Les Habits neufs du président Mao* », *Le Monde*, 19 novembre 1971.

BOUDIC, Goulven, *Esprit, 1944-1982. Les métamorphoses d'une revue*, Éd. de l'Imec, 2005.

BOUKOVSKI, Vladimir, *Une nouvelle maladie mentale en URSS : l'opposition*, Éd. du Seuil, 1971.

BOURDIEU, Pierre, « La mort du philosophe Michel Foucault. Le plaisir de savoir », *Le Monde*, 27 juin 1984.

BOURG, Dominique, FRAGNIÈRE, Augustin, *La Pensée écologique. Une anthologie*, PUF, 2014.

BOURRICAUD, François, *Le Bricolage idéologique. Essai sur les intellectuels et les passions démocratiques*, PUF, 1980.

—, *Le Retour de la droite*, Calmann-Lévy, 1986.

BOUTIER, Jean, JULIA, Dominique (dir.), *Passés recomposés. Champs et chantiers de l'histoire*, Autrement, 1995.

BOUYER, Christian, *Odéon est ouvert. Tribune libre*, Nouvelles Éditions Debresse, 1968.

BRAUMAN, Rony (dir.), *Le Tiers-mondisme en question*, Olivier Orban, 1986.

BRILLANT, Bernard, *Les Clercs de 68*, PUF, 2003.

BROYELLE, Claudie, *La Moitié du ciel. Le mouvement de libération des femmes aujourd'hui en Chine*, Denoël et Gonthier, 1973.

—, BROYELLE, Jacques, TSCHIRHART, Évelyne, *Deuxième Retour de Chine*, Éd. du Seuil, 1977.

BRUCKNER, Pascal, *Le Sanglot de l'homme blanc. Tiers-monde, culpabilité, haine de soi*, Éd. du Seuil, 1983 ; rééd. « Points », 1986.

BRUHAT, Jean, *Il n'est jamais trop tard. Souvenirs*, Albin Michel, 1983.

BRUNEAU, Ivan, « Quand des paysans deviennent "soixante-huitards" », *in* Dominique Damamme, Boris Gobille, Frédérique Matonti, Bernard Pudal (dir.), *Mai-Juin 68*, Éd. de l'Atelier, 2008.

BUCI-GLUCKSMANN, Christine, *L'Enjeu du beau. Musique et passion*, Galilée, 1992.

BURGUIÈRE, André, *Histoire et Structure*, 1971.

—, *in Le Tiers-monde et la gauche*, 1979.

BURNIER, Michel-Antoine, RAMBAUD, Patrick, *Le Roland-Barthes sans peine*, Balland, 1978.

CADART, Claude, *in* AUBERT, BIANCO, CADART et DOMENACH, 1976.

CALVET, Louis-Jean, *Roland Barthes*, Flammarion, 1990.

CAMUS, Albert, *Discours de Suède* [1957], Gallimard, « Folio », 1997.

CANS, Roger, *Petite Histoire du mouvement écolo en France*, Delachaux et Niestlé, 2006.

CARDONNEL, Jean, *Dieu est mort en Jésus-Christ*, Bordeaux, Ducros, 1968 (a).

—, « L'Évangile et la Révolution », *Cahiers du Témoignage chrétien*, n° 50, 1968 (b).

CAROUX, Jacques, « Glissements vers la xénophobie », *Esprit*, juin 1985.

CARPENTIER, Jean, LEBRUN, François (dir.), *Histoire de l'Europe*, Éd. du Seuil, 1992.

CASANOVA, Jean-Claude, « Pour Raymond Aron », *Commentaire*, n° 24, hiver 1983, p. 699, cité dans RIEFFEL, 1993.

—, « Après trois ans… », *Commentaire*, n° 27, automne 1984.

—, « Des anciens aux modernes : les raisons du renouveau libéral », *Commentaire*, n° 39, automne 1987.

CASTEL, Robert, *Le Psychanalysme*, Maspero, 1973 ; rééd. 10/18, 1976.

CASTORIADIS, Cornelius, « La Révolution anticipée » [1968] ; repris dans MORIN, LEFORT et ID., 2008.

—, *L'Institution imaginaire de la société*, Éd. du Seuil, 1975.

—, « Les divertisseurs », *Le Nouvel Observateur*, 20 juin 1977 ; repris dans ID., 1979.

—, « Le régime social de la Russie », *Esprit*, juillet-août 1978.

—, *La Société française*, 10/18, 1979.

—, « L'industrie du vide », *Le Nouvel Observateur*, 9 juillet 1979 ; repris dans ID. [1986], 1999.

—, « Transformation sociale et création culturelle », *Sociologie et sociétés*, vol. XI, n° 1, avril 1979 ; repris dans ID., *Fenêtre sur le chaos*, Éd. du Seuil, 2007.

—, *Devant la guerre*, Fayard, 1981 ; rééd. Hachette, « Biblio-essais », 1983.

—, « Illusions ne pas garder », *Libération*, 21 décembre 1981 ; repris dans ID. [1986], 1999.

—, « Pologne, notre défaite », préface à *Banque d'images pour la Pologne*, Limage, 2, 1982 ; repris dans ID. [1986], 1999.

—, « La crise des sociétés occidentales », *Politique internationale*, n° 15, printemps 1982 ; repris dans ID. [1996], 2007.

—, *Les Carrefours du labyrinthe*, II. *Domaines de l'homme*, Éd. du Seuil, 1986 ; rééd. « Points », 1999.

—, « Nous traversons une basse époque... », *Le Monde*, 12 juillet 1986 ; repris dans ID. [2005], 2011.

—, « Voie sans issue ? », *in* Albert Jacquard (dir.), *Les scientifiques parlent*, Hachette, 1987 ; repris dans ID. [1990], 2000.

—, « L'époque du conformisme généralisé » [1989] ; repris dans ID. [1990], 2000.

—, *Les Carrefours du labyrinthe*, III. *Le monde morcelé*, Éd. du Seuil, 1990 ; rééd. « Points », 2000.

—, « La force révolutionnaire de l'écologie », entretien [1992] ; repris dans ID. [2005], 2011 (a).

—, « L'écologie contre les marchands », *Le Nouvel Observateur*, 7-15 mai 1992 ; repris dans ID. [2005], 2011 (b).

—, « Une société à la dérive », entretien avec Marc Weitzmann, *L'Autre Journal*, n° 2, mars 1993 ; repris dans ID. [2005], 2011.

—, « La montée de l'insignifiance », entretien avec O. Morel, Radio Plurielle, 18 juin 1993 ; repris dans ID. [1996], 2007.

—, *Les Carrefours du labyrinthe*, IV. *La montée de l'insignifiance*, Éd. du Seuil, 1996 ; rééd. « Points », 2007.

—, *Une société à la dérive. Entretiens et débats, 1974-1997*, Éd. du Seuil, 2005 ; rééd. « Points », 2011.

—, COHN-BENDIT, Daniel, *De l'écologie à l'autonomie*, Éd. du Seuil, 1981.

CERTEAU, Michel de, « Pour une nouvelle culture : prendre la parole », *Études*, juin-juillet 1968 ; repris dans ID., *La Prise de parole. Pour une nouvelle culture*, DDB, 1968, et dans ID. et GIARD, *La Prise de parole et autres écrits politiques*, Éd. du Seuil, « Points », 1994.

—, « La culture dans la société », *Analyse et prévision,* numéro spécial *Prospective du développement culturel*, octobre 1973 ; repris dans *La Culture au pluriel*, UGE, 1974 ; rééd. « Points », 1993.

—, « Comme une goutte d'eau dans la mer », *in* ID. et DOMENACH, 1974.

—, *L'Invention du quotidien*, I. *Arts de faire*, Gallimard, « Folio », 1990.

—, *La Prise de parole et autres écrits politiques*, Éd. du Seuil, « Points », 1994.

—, DOMENACH, Jean-Marie, *Le Christianisme éclaté*, Éd. du Seuil, 1974.

—, GIARD, Luce, *L'Ordinaire de la communication*, Dalloz, 1983 ; repris dans ID. et GIARD, 1994.

CHALIAND, Gérard, *in* BRAUMAN (dir.), 1986.

CHANGEUX, Jean-Pierre, RICŒUR, Paul, *La Nature et la Règle*, Odile Jacob, 1998.

CHANTRE, Benoît, « La mystique républicaine de Charles Péguy et Simone Weil », *Esprit*, octobre 1999.

—, « Charles Péguy, à contre-courant », *Esprit*, janvier 2000.

CHAPERON, Sylvie, « Momone et les bonnes femmes, ou Beauvoir et le MLF », *in* BARD (dir.), 2012.

CHAPIER, Henri, « L'aveu de Costa-Gavras. Une religion trahie », *Combat*, 29 avril 1970.

CHAPSAL, Madeleine, « Œdipe connais plus », *L'Express*, 27 mars-2 avril 1972.

CHARBONNEAU, Bernard, *Le Jardin de Babylone*, Gallimard, 1969.

CHARPIER, Frédéric, *Génération Occident*, Éd. du Seuil, 2005.

CHARTIER, Anne-Marie, « Sur l'école », *Le Débat*, n° 31, septembre-octobre 1984.

CHÂTELET, François, « Le combat d'un nouveau Lucrèce », *Le Monde*, 28 avril 1972.

CHAUNU, Pierre, préface à Jean-François Fayard, *La Justice révolutionnaire*, Laffont, 1987.

—, *Le Grand Déclassement. À propos d'une commémoration*, Robert Laffont, 1989.

—, *L'Instant éclaté. Entretiens avec François Dosse*, Aubier, 1994.

CHAVARDÈS, Maurice, « Machiavel est-il de gauche ? », *Témoignage chrétien*, 6 septembre 1973.

—, « De la liberté pour chacun au socialisme pour tous », *Témoignage chrétien*, 7 février 1974.

CHEBEL D'APPOLLONIA, Ariane, *L'Extrême-Droite en France. De Maurras à Le Pen*, Bruxelles, Complexe, 1988.

CHESNEAUX, Jean, *Habiter le temps*, Bayard, 1996.

CHEVALLEY, Catherine, « Physique quantique et philosophie », *Le Débat*, n° 72, novembre-décembre 1992.

CHOMBART DE LAUWE, Marie-José, *Images de la femme dans la société*, CNRS, 1962.

CHRISTOFFERSON, Michael, *Les Intellectuels contre la gauche. L'idéologie antitotalitaire en France (1968-1981)*, Agone, 2009.

CIXOUS, Hélène, « Le rire de la méduse », *L'Arc*, n° 61, numéro spécial, *Simone de Beauvoir et la lutte des femmes*, 1975 ; repris dans *Le Rire de la méduse. Et autres ironies*, préface de Frédéric Regard, Galilée, 2010.

—, « Pré-histoire », *in* Jean-Michel Djian (dir.), *Vincennes. Une aventure de la pensée critique*, Flammarion, 2009.

CLAIR, Jean, « *Innovatio* et *Renovatio* : de l'avant-garde au postmoderne », *Le Débat*, n° 21, septembre 1982.

—, *Considérations sur l'État des Beaux-Arts. Critique de la modernité*, Gallimard, 1983.

CLASTRES, Pierre, *Chronique des Indiens Guayaki*, Plon, « Terre humaine », 1972.

—, *La Société contre l'État*, Éd. de Minuit, 1974.

« Liberté, Malencontre, Innommable », *in* LA BOÉTIE [1976], 1993.

CLAVEL, Maurice, *Les Paroissiens de Palente*, Grasset, 1974.

—, « Un inquiétant jeune homme », *Le Nouvel Observateur*, 5-16 décembre 1977.

CLÉMENT, Catherine, *Mémoire*, Stock, 2009.

CLÉVENOT, Michel, *Haut-le-pied. Itinéraire d'un homme de foi*, La Découverte, 1989.

CLOSETS (DE), François, *Toujours plus !*, Grasset, 1982.

—, *Tous ensemble*, Éd. du Seuil, 1985.

COHEN, Gerry, *Karl Marx's Theory of History. A Defence*, Princeton University Press, 1978.

COHEN, Martine, « Les Juifs de France : affirmations identitaires et évolution du modèle d'intégration », *Le Débat*, n° 75, mai-août 1993.

COHEN, Philippe, *BHL. Une biographie*, Fayard, 2005.

COHEN-SOLAL, Annie, *Sartre. 1905-1980*, Gallimard, 1985.

COHEN-TANUGI, Laurent, « L'engagement européen », *Le Débat*, n° 71, septembre-octobre 1992 (a).

—, *L'Europe en danger*, Fayard, 1992 (b).

COHN-BENDIT, Daniel, *Le Gauchisme. Remède à la maladie sénile du communisme*, Éd. du Seuil, 1968.

—, « Le bon plaisir de Castoriadis », *France Culture*, 20 avril 1996.

COINTET, Michèle, et RIEMENSCHNEIDER, Rainer, « Histoire, déontologie, médias : à propos de l'affaire Roques », *Revue d'histoire moderne et contemporaine*, vol. XXXIV, janvier-mars 1987.

COLLIN, Françoise, *L'Homme est-il devenu superflu ? Hannah Arendt*, Odile Jacob, 1999.

—, entretien avec Florence Rochefort et Danielle Haase-Dubosc, *Clio. Histoire, femmes et sociétés*, n° 13, *Intellectuelles*, 2001.

COLOMBEL, Jeannette, « Pour une défense de gauche de Soljenitsyne », *Libération*, 22 octobre 1973.

COMARIN, Elio, *Libération*, 12 janvier 1985.

COMBES, Patrick, *La Littérature et le Mouvement de Mai 1968*, Seghers, 1984.

COMTE-SPONVILLE, André, « Une éducation philosophique », *La Liberté de l'esprit*, n° 17, hiver 1988 ; repris dans *Une éducation philosophique*, PUF, 1989.

—, « Le Maître brisé », *Le Monde*, 24 octobre 1990.

COQ, Guy, MAYOL, Pierre, éditorial, « La paix scolaire est possible, si on la veut ! », *Esprit*, décembre 1983.

COURTINE, Jean-François (dir.), *Phénoménologie et théologie*, Critérion, 1992.

CRESPIN, Raoul, *Des protestants engagés. Le christianisme social, 1945-1970*, Les Bergers et les Mages, 1993.

CROUZET, Denis, « Sur le projet de "Très Grande Bibliothèque" », *Le Débat*, n° 55, mai-août 1989.

CUSSET, François, *La Décennie. Le grand cauchemar des années 1980*, La Découverte, 2006 ; rééd. « La Découverte Poche », 2008.

DAIX, Pierre, *Journal de Prague*, Julliard, 1968 (a).

—, « Le printemps de Prague : note pour comprendre les écrivains tchécoslovaques », *Les Lettres françaises*, 3-10 avril 1968 (b).

—, *Les Lettres françaises*, 21 mai 1969 ; repris dans ID., 1974.

—, *Les Lettres françaises*, 5 mai 1971 ; repris dans ID., 1974.

—, *Les Lettres françaises*, 25 août 1972 ; repris dans ID., 1974.

—, *Prague au cœur*, 10/18, 1974.

—, préface à l'édition française de *Listy*, 27 janvier 1974 ; reprise dans *Recherches croisées*, n° 14, 2013.

—, *J'ai cru au matin*, Robert Laffont, 1976.

—, « Pourquoi refuser l'existence de l'art moderne ? », *Le Débat*, n° 15, septembre-octobre 1981.

—, « Aragon et son journal », *Recherches croisées*, n° 14, 2013.

DANIEL, Jean, « L'archipel Europe », *Le Nouvel Observateur*, 18 février 1974.

—, « Les prophéties de Soljenitsyne », 20 avril 1975 ; repris dans ID., 2002.

—, « Une libération exemplaire », *Le Nouvel Observateur*, 19 janvier 1976 (a).

—, « Pliouchtch parmi nous », *Le Nouvel Observateur*, 16 février 1976 (b).

—, *L'Ère des ruptures*, Grasset, 1979.

—, « La passion de Michel Foucault », *Le Nouvel Observateur*, 29 juin 1984.

—, *Œuvres autobiographiques*, Grasset, 2002.

DAUBIER, Jean, « La Chine d'aujourd'hui », *Tel Quel*, n° 50, été 1972, cité dans PAQUET, 2016.

DAVID, Catherine, *Simone Signoret ou la Mémoire partagée*, Robert Laffont, 1990.

DEBEAUVAIS, Michel (dir.), *L'Université ouverte. Les dossiers de Vincennes*, Presses universitaires de Grenoble, 1976.

DEBORD, Guy, « Le commencement d'une époque », *Internationale situationniste*, n° 12, septembre 1969.

—, *Rapport sur la construction des situations et sur les conditions de l'organisation et de l'action de la tendance situationniste*, dans BERRÉBY Gérard (dir.), *Textes et documents situationnistes 1957-1960*, Allia, 2004.

DEBRAY, Régis, *La Guérilla du Che*, Éd. du Seuil, 1974.

—, *Le Pouvoir intellectuel en France*, Ramsay, 1979.

—, « République ou démocratie », *in* ID., *Contretemps. Éloges des idéaux perdus*, Gallimard, 1992.

—, *I.F. Suite et fin*, Gallimard, 2000.

—, NORA, Pierre, « Pourquoi des revues ? », réponses aux questions de Jean-Paul Enthoven [1980], *Le Débat*, n° 160, mai-août 2010.

DEFERT, Daniel, « L'émergence d'un nouveau front : les prisons », *in* ARTIÈRES, QUÉRO et ZANCARINI-FOURNEL, 2005.

DELACAMPAGNE, Christian, « Ce qu'Occident veut dire », *Le Débat*, dossier « De quoi l'avenir intellectuel sera-t-il fait ? », n° 4, septembre 1980.

DELACROIX, Christian, « La falaise et le rivage : histoire du tournant critique », *EspacesTemps*, n°s 59-60-61, *Le Temps réfléchi*, 1995.

—, DOSSE, François, GARCIA, Patrick, *Les Courants historiques en France. XIXe-XXe siècle*, Armand Colin, 1999.

DELANNOI, Gil, *Les Années utopiques. 1968-1978*, La Découverte, 1990.

DELEUZE, Gilles, *Différence et répétition*, PUF, 1968.

—, « Ce que les prisonniers attendent de nous », *Le Nouvel Observateur*, 31 janvier 1972 (a).

—, *Un nouvel archiviste*, Montpellier, Fata Morgana, 1972 (b).

—, « À propos des nouveaux philosophes et d'un problème plus général », *Minuit*, supplément au n° 24, mai 1977 ; repris dans *Deux Régimes de fous. Et autres textes (1975-1995)*, Éd. D. Lapoujade, Éd. de Minuit, 2003.

—, cours à Paris VIII, archives audiovisuelles de la BNF, 28 janvier 1986.

—, *L'Abécédaire de Gilles Deleuze*, avec Claire Parnet, produit et réalisé par Pierre-André Boutang, 3 cassettes vidéo VHS, Éd. Montparnasse, 1997.

—, *Pourparlers. 1972-1990*, Éd. de Minuit, « Reprise », 2003.

—, FOUCAULT, Michel, « Les intellectuels et le pouvoir », *L'Arc*, n° 49, 4 mars 1972 ; repris dans FOUCAULT, *Dits et Écrits. 1954-1988*, II. *1970-1975*, Gallimard, 1994.

—, GUATTARI, Félix, *L'Anti-Œdipe. Capitalisme et schizophrénie*, Éd. de Minuit, 1972.

—, « Entretien sur *L'Anti-Œdipe* », avec Catherine Backès-Clément, *L'Arc*, n° 49, 1972 ; repris dans DELEUZE, 2003.

—, *Mille Plateaux*, Éd. de Minuit, 1980.

—, *Anti-Oedipus. Capitalism and Schizophrenia*, préface de Michel Foucault, New York, Viking Press, 1977.

—, LYOTARD, Jean-François, tract diffusé en décembre 1974, repris dans DEBEAUVAIS (dir.), 1976.

DELI, Peter, *De Budapest à Prague. Les sursauts de la gauche française*, Anthropos, 1981.

DELORS, Jacques, « Le moment et la méthode », entretien, *Le Débat*, n° 83, janvier-février 1995.

DELPHY, Christine, *L'Ennemi principal*, 2 vol., Syllepse ; I. *Économie du patriarcat*, Syllepse, 1998 ; II. *Penser le genre*, 2001.

—, CHAPERON, Sylvie (dir.), *Cinquantenaire du « Deuxième Sexe »*, Syllepse, 2002.

DERRIDA, Jacques, *L'Écriture et la différence*, Éd. du Seuil, « Points », 1967.

—, *La Carte postale. De Socrate à Freud et au-delà*, Flammarion, 1979.

—, « Les morts de Roland Barthes », *Poétique*, n° 47, septembre 1981.

—, *Spectres de Marx*, Galilée, 1993.

—, « Adieu », *Libération*, 28 décembre 1995 ; texte intégral dans ID., *Adieu à Emmanuel Levinas*, Galilée, 1997.

DESCOMBES, Vincent, « Le besoin de philosophie », *Le Débat*, dossier « De quoi l'avenir intellectuel sera-t-il fait ? », n° 4, septembre 1980.

DÉSIR, Harlem, *Touche pas à mon pote*, Grasset, 1985.

DESPIN, Jean-Pierre, BARTHOLY, Marie-Claude, *Le Poisson rouge dans le Perrier. Enquête sur une école au-dessus de tout soupçon*, Critérion, 1983 ; rééd. 10/18, 1987.

DETIENNE, Marcel, *Comparer l'incomparable*, Éd. du Seuil, 2000.

DIBIE, Pascal, « Avertissement », *in* MOSCOVICI, 2002.

DIDI-HUBERMAN, Georges, *Ce que nous voyons, ce qui nous regarde*, Éd. de Minuit, 1992.

DIECKHOFF, Alain, « Y a-t-il un retour du religieux ? », débat, *Le Débat*, n° 59, mars-avril 1990.

Dix ans de combat culturel pour une renaissance, Grece, 1977.

DOMENACH, Jean-Marie, « La révolte des étudiants dans le monde », *Esprit*, mai 1969.

—, « Œdipe à l'usine », *Esprit*, décembre 1972.

—, lettre à Jean Daniel, *Le Nouvel Observateur*, 11 février 1974 (a).

—, « Le regain », *in* CERTEAU et DOMENACH, 1974 (b).

—, « Soljenitsyne et le destin de l'Europe », *Esprit*, mars 1974 (c).

—, « Avec quoi faut-il rompre ? », *Esprit*, novembre 1974 (d).

—, « Révolution et totalitarisme », *Esprit*, septembre 1976 (a).

—, « Sans adieu », *Esprit*, décembre 1976 (b).

—, *Enquête sur les idées contemporaines*, Éd. du Seuil, 1981.

—, (dir.), « Comment connaissons-nous la Chine ? », table ronde, *Esprit*, novembre 1972 ; repris dans AUBERT, BIANCO, CADART et DOMENACH, 1976.

DONNAT, Olivier, « Politique culturelle et débat sur la culture », *Esprit*, novembre 1988.

DONZELOT, Jacques, « Une anti-sociologie », *Esprit*, décembre 1972.

DORST, Jean, *Avant que nature meure. Pour que nature vive*, Delachaux et Niestlé, 1965.

DOSSE, François, *L'Histoire en miettes*, La Découverte, 1987 ; rééd. « La Découverte Poche », 2010.

—, *Histoire du stucturalisme*, t. II, *Le Chant du cygne. De 1967 à nos jours*, La Découverte, 1992.

—, *L'Empire du sens. L'humanisation des sciences humaines*, La Découverte, 1995 ; rééd. « La Découverte Poche », 1997.

—, *Paul Ricœur. Les sens d'une vie*, La Découverte, 1997 ; rééd. « La Découverte Poche », 2008.

—, *Le Pari biographique. Écrire une vie*, La Découverte, 2005.

—, *Gilles Deleuze, Félix Guattari. Biographie croisée*, La Découverte, 2007.

—, *Renaissance de l'événement. Un défi pour l'historien : entre sphinx et phénix*, PUF, 2010.

—, *Castoriadis. Une vie*, La Découverte, 2014.

Dossier de l'affaire Pasternak (Le). Archives du Comité central et du Politburo, trad. S. Benech, Gallimard, 1994.

DROIT, Roger-Pol, *Le Monde*, 15 novembre 1974.

DUBET, François, « SOS-Racisme et la revalorisation des valeurs », *Esprit*, novembre 1987.

DUBY, Georges, PERROT, Michelle, *Histoire des femmes en Occident*, 5 vol., Plon, 1990-1991.

DUFRENNE, Mikel, « Humaniste, je n'endosse pas la redingote de Monsieur Thiers », *Le Monde*, 30 novembre 1968.

DUHEM, Pierre, *La Théorie physique. Son objet, sa structure*, Vrin, 1981.

DUMONT, René, *L'Utopie ou la mort*, Éd. du Seuil, 1973.

—, ROSIER, Bernard, *Nous allons à la famine*, Éd. du Seuil, 1966.

DUMOUCHEL, Paul, DUPUY, Jean-Pierre (dir.), *L'Auto-organisation. De la physique au politique*, Éd. du Seuil, 1983.

DUMOULIN, Olivier, *Marc Bloch*, Presses de Sciences Po, 2000.

DUPRAT, François, *Les Mouvements d'extrême droite en France depuis 1944*, Albatros, 1972.

DUPUY, Jean-Pierre, *Ordres et désordres. Enquête sur un nouveau paradigme*, Éd. du Seuil, 1982.

—, « Libres propos sur l'égalité, la science et le racisme », *Le Débat*, n° 37, novembre-décembre 1985.

—, « D'Ivan Illich aux nanotechnologies », *Esprit*, février 2007.

DURAND, Gilbert, *Les Structures anthropologiques de l'imaginaire*, PUF, 1960.

DURANTON-CRABOL, Anne-Marie, *Visages de la nouvelle droite. Le GRECE et son histoire*, Presses de la Fondation nationale des sciences politiques, 1988.

DUROSELLE, Jean-Baptiste, *L'Idée d'Europe dans l'histoire*, préface de Jean Monnet, Denoël, 1965 ; rééd. 1985.

EDELMAN, Bernard, *Nietzsche. Un continent perdu*, PUF, 1999.

ELIAS, Norbert, *La Civilisation des mœurs* [1939], Calmann-Lévy, 1973.

ELLUL, Jacques, *La Technique ou l'Enjeu du siècle*, Armand Colin, 1954.

—, *L'Illusion politique*, Robert Laffont, 1965.

—, *De la révolution aux révoltes*, Calmann-Lévy, 1972.

ELSTER, Jon, *Karl Marx. Essai d'interprétation analytique*, PUF, 1989.

EMMANUELLI, Xavier, *Au vent du monde*, Flammarion, 1990.

ENGEL, Norbert, « Inauguration de la plaque Marc Bloch », *in* Pierre Deyon, Jean-Claude Richez et Léon Strauss (dir.), *Marc Bloch, l'historien et la cité*, Presses universitaires de Strasbourg, 1997.

ENTHOVEN, Jean-Paul, « Pour un ultime hommage au camarade Lacan », *Le Nouvel Observateur*, 29 octobre 1979.

ÉPISTÉMON (Didier Anzieu), *Ces idées qui ont ébranlé la France*, Fayard, 1968.

ÉRIBON, Didier, *Michel Foucault*, Flammarion, 1989.

ESLIN, Jean-Claude, « La perturbation Le Pen », *Esprit*, septembre 1984.

—, BOURG, Dominique, DERCZANSKY, Alex, « Les religions sur la scène publique », *Esprit*, janvier 1989.

ESPAGNAT (D'), Bernard, *Une incertaine réalité*, Gauthier-Villars, 1985.

ESPÉRANDIEU, Véronique, LION, Antoine, BÉNICHOU, Jean-Pierre, *Des illettrés en France : rapport au Premier ministre*, La Documentation française, 1984.

ÉTIEMBLE, « Un livre qui est l'aveu chinois », *Le Nouvel Observateur*, 13 décembre 1971.

EWALD, François, « Il y a tant d'aurores qui n'ont pas encore lui... », *Le Débat*, dossier « De quoi l'avenir intellectuel sera-t-il fait ? », n° 4, septembre 1980.

FAURISSON, Robert, « Le problème des chambres à gaz ou la rumeur d'Auschwitz », tribune libre, *Le Monde*, 29 décembre 1978.

—, *Mémoire en défense. Contre ceux qui m'accusent de falsifier l'histoire. La question des chambres à gaz*, La Vieille Taupe, 1980.

FERENCZI, Thomas, « M. Giscard étudie le nouveau projet de libéralisation de l'avortement », *Le Monde*, 25 octobre 1974.

—, « Responsabilité partagée », *Le Monde*, 19 août 1983.

FERRO, Marc, *Mes histoires parallèles. Entretiens avec Isabelle Veyrat-Masson*, Carnets Nord, 2011.

FERRY, Jean-Marc, *Les Puissances de l'expérience*, Éd. du Cerf, 1991.

—, THIBAUD, Paul, *Discussion sur l'Europe*, préface de Pierre Rosanvallon, Calmann-Lévy, 1992.

FERRY, Luc, « L'avant-garde se meurt », *L'Express*, 22-28 juillet 1988.

FESQUET, Henri, « La crise de l'Église romaine », *Le Monde*, 17 mai 1968.

FINKIELKRAUT, Alain, *La Sagesse de l'amour*, Gallimard, 1984.

—, « Y a-t-il encore des idées de gauche ? », *Le Débat*, n° 42, novembre-décembre 1986.

—, « Présentation », *Le Messager européen*, n° 1, 1987.

—, *La Défaite de la pensée*, Gallimard, 1987 ; rééd. « Folio », 1996.

—, *Le Mécontemporain. Péguy, lecteur du monde moderne*, Gallimard, 1992.

—, Gauchet, Marcel, « Malaise dans la démocratie. L'école, la culture, l'individualisme », *Le Débat*, n° 51, septembre-octobre 1988.

Forest, Philippe, *Histoire de Tel Quel. 1960-1982*, Éd. du Seuil, 1995.

—, *Aragon*, Gallimard, 2015.

Forestier, Patrick, « Les impostures du tiers-mondisme », *Paris Match*, 22 février 1985.

Foucault, Michel, *Les Mots et les Choses. Une archéologie des sciences humaines*, Gallimard, 1966.

—, *L'Archéologie du savoir*, Gallimard, 1969 (a).

—, « La naissance d'un monde. Entretien avec Jean-Michel Palmier », *Le Monde*, 3 mai 1969 (b).

—, « L'enseignement de la philosophie est-il trop orienté à Vincennes ? », *Le Monde*, 27 janvier 1970.

—, « Pouvoir et corps », entretien (juin 1975), *Quel Corps ?*, n° 2, septembre-octobre 1975 (a) ; repris dans Id., 1994 (a).

—, « Hospicios. Sexualidade. Prisoes », entretien, *Revista Versus*, n° 1, octobre 1975 (b) ; repris dans Id., 1994 (a).

—, *La Volonté de savoir. Histoire de la sexualité 1*, Gallimard, 1976.

—, « Cours au Collège de France », 7 janvier 1976 (a) » ; repris dans Id., 1994 (b).

—, « Intervista a Michel Foucault », entretien, juin 1976 (b), *in* Alessandro Fontana et Pasquale Pasquino (dir.), *Microfisica del potere. Interventi politici*, Turin, Einaudi, 1977 ; repris dans Id., 1994 (b).

—, « La grande colère des faits », *Le Nouvel Observateur*, 9-15 mai 1977.

—, entretien avec Bernard-Henri Lévy, *Le Nouvel Observateur*, 12 mars 1977, republié le 29 juin 1984.

—, préface à Deleuze et Guattari, 1977 ; repris dans Id., 1994 (b).

—, « À quoi rêvent les Iraniens ? », *Le Nouvel Observateur*, 16 octobre 1978 (a).

—, « Le chef mythique de la révolte », *Corriere della Sera*, 26 novembre 1978 (b).

—, *Herculine Barbin dite Alexina B.*, Gallimard, 1978 (c).

—, « Inutile de se soulever ? », *Le Monde*, 11-12 mai 1979 ; repris dans Id., 1994 (b).

—, entretien, *Libération*, 30 mai 1981.

—, entretien, *Le Nouvel Observateur*, 1er juin 1984 (a).

—, entretien, *Les Nouvelles littéraires*, 8 juin 1984 (b).

—, *L'Usage des plaisirs. Histoire de la sexualité 2*, Gallimard, 1984 (c).

—, *Le Souci de soi. Histoire de la sexualité 3*, Gallimard, 1984 (d).

—, *Dits et Écrits. 1954-1988*, II. *1970-1975*, Gallimard, 1994 (a).

—, *Dits et Écrits. 1954-1988*, III. *1976-1979*, Gallimard, 1994 (b).

—, *L'Herméneutique du sujet*, EHESS, Gallimard, Éd. du Seuil, « Hautes études », 2001.

—, *Le Gouvernement de soi et des autres*, I, EHESS, Gallimard, Éd. du Seuil, « Hautes études », 2008.

—, *Le Gouvernement de soi et des autres*, II, EHESS, Gallimard, Éd. du Seuil, « Hautes études », 2009.

—, *Subjectivité et vérité*, EHESS, Gallimard, Éd. du Seuil, « Hautes études », 2014.

—, *Les Aveux de la chair. Histoire de la sexualité 4*, Gallimard, 2018.

FOUCHET, Christian, *Au service du général de Gaulle. Londres 1940, Varsovie 1945, Alger 1962, Mai 1968*, Plon, 1971, cité dans BRILLANT, 2003.

FOUQUE, Antoinette, « Femmes en mouvements : hier, aujourd'hui, demain », entretien, *Le Débat*, n° 59, mars-avril 1990.

—, *Il y a deux sexes*, Gallimard, 1995.

—, *Qui êtes-vous ? Antoinette Fouque. Entretiens avec Christophe Bourseiller*, François Bourin, 2009.

FOURNIER, Pierre, *Hara-Kiri Hebdo*, 28 avril 1969, cité dans CANS, 2006.

FRANK, Bernard, « La dernière victime du général », *Le Nouvel Observateur*, 19 novembre 1964.

—, « Les petits frères de la Gestapo », *Le Matin de Paris*, 8 janvier 1982.

FRAPPAT, Bruno « "Laissez-les-vivre" maintient son hostilité à toute "loi qui autorise le meurtre" », *Le Monde*, 19 novembre 1974.

FRESCO, Nadine, *Fabrication d'un antisémite*, Éd. du Seuil, 1999.

FREUND, Julien, *La Fin de la Renaissance*, PUF, 1980.

FRIEDMAN, Milton, « Les pauvres ? Que l'État les laisse tranquilles ! », *Le Nouvel Observateur*, 14 septembre 1984.

FRODON, Jean-Michel, *L'Âge moderne du cinéma français. De la Nouvelle Vague à nos jours*, Flammarion, 1995.

FROIDEVAUX-METTERIE, Camille, *La Révolution du féminin*, Gallimard, 2015.

FROLIC, Michael B., *Le Peuple de Mao. Scènes de la vie en Chine révolutionnaire*, Gallimard, 1982.

FROSSARD, André, « La barbarie à visage humain », *Le Point*, 2-8 mai 1977.

FUKUYAMA, Francis, « La fin de l'histoire ? », *Commentaire*, n° 47, automne 1989.

—, *La Fin de l'histoire et le dernier homme*, Flammarion, 1992 ; rééd. « Champs-Flammarion », 2008.

FUMAROLI, Marc, « Une leçon des Ténèbres. Méditation au chevet d'une Reine morte : la littérature », *Commentaire*, n° 8, hiver 1979-1980.

—, « De Malraux à Lang : l'excroissance des Affaires culturelles », *Commentaire*, n° 18, été 1982.

—, *L'État culturel*, Éd. de Fallois, 1991.

—, « L'État, la culture et l'esprit », *Le Débat*, n° 70, mai-août 1992.

FURET, François (dir.), *L'Historien entre l'ethnologue et le futurologue*, actes du séminaire international organisé sous les auspices de l'Association internationale pour la liberté de la culture, de la Fondation Giovanni Agnelli et de la Fondation Giorgio Cini, La Haye, Mouton, 1971.

—, « Faut-il brûler Marx ? », *Le Nouvel Observateur*, 28 juillet 1975.

—, « Au centre de nos représentations politiques », *Esprit*, septembre 1976.

—, *Penser la Révolution française*, Gallimard, 1978.

—, « Une Révolution sans révolution », *Le Nouvel Observateur*, 28 février 1986.

—, *Histoire de France. La Révolution française*, Hachette, 1988.

—, « 1789-1917 : aller et retour », *Le Débat*, n° 57, novembre-décembre 1989.

—, JULLIARD, Jacques, ROSANVALLON, Pierre, *La République du centre. La fin de l'exception française*, Calmann-Lévy, 1988 ; rééd. Hachette, « Pluriel », 1989.

—, OZOUF, Mona (dir.), *Dictionnaire critique de la Révolution française*, Flammarion, 1988.

—, RICHET, Denis, *La Révolution française*, Fayard, 1965.

FURTOS, Jean, ROUSSILLON, René, « "L'Anti-Œdipe" : essai d'explication », *Esprit*, décembre 1972.

GALLO, Max, « Les intellectuels, la politique et la modernité », *Le Monde*, 26 juillet 1983.

—, *Le Monde diplomatique*, octobre 1988.

GARAUDY, Roger, entretien, *Le Nouvel Observateur*, 16-23 septembre 1968.

—, *Le Grand Tournant du socialisme*, Gallimard, 1969.

GARCIA, Patrick, « Bicentenaire de la Révolution française : la guerre civile n'a jamais eu lieu », *in* Jean-Clément Martin (dir.), *La Guerre civile entre histoire et mémoire*, Ouest Éditions, 1995.

—, « Le symptôme commémoratif : l'exemple du Bicentenaire de la Révolution française », *Cahiers de la Villa Gillet*, n° 10, *La Transmission*, novembre 1999.

—, *Le Bicentenaire de la Révolution française. Pratiques sociales d'une commémoration*, CNRS Éditions, 2000.

—, LÉVY, Jacques, MATTEI, Marie-Flore, *Révolutions, fin et suite*, Espaces-Temps, 1991.

GAUCHET, Marcel, « L'expérience totalitaire et la pensée de la politique », *Esprit*, juillet-août 1976.

—, « Les mystères du best-seller ou les fortunes de la vertu », *Le Débat*, n° 2, juin 1980 (a).

—, « Tocqueville, l'Amérique et nous », *Libre*, n° 7, 1980 (b).

—, « Les droits de l'homme ne sont pas une politique », *Le Débat*, n° 3, juillet-août 1980 ; repris dans *La Démocratie contre elle-même*, Gallimard, 2002.

—, *Le Désenchantement du monde*, Gallimard, 1985.

—, « L'école à l'école d'elle-même. Contraintes et contradictions de l'individualisme démocratique », *Le Débat*, n° 37, novembre 1985 (b).

—, « Changement de paradigme en sciences sociales », *Le Débat*, n° 50, mai-août 1988 (a).

—, « De l'esprit, encore de l'esprit », *Commentaire*, n° 41, printemps 1988 (b).

—, « Pacification démocratique, désertion civique », *Le Débat*, n° 60, mai-août 1990.

—, « Le mal démocratique », entretien, *Esprit*, octobre 1993.

—, Entretien avec Bénédicte Delorme, *in* ID., « La revue *Le Débat* : tradition nationale et valeurs contemporaines », mémoire de DEA, dir. Pierre Birnbaum, Paris I, 1994.

—, *L'Avènement de la démocratie*, IV. *Le nouveau monde*, Gallimard, 2017.

—, FINKIELKRAUT, Alain, « Malaise dans la démocratie. L'école, la culture, l'individualisme », *Le Débat*, n° 51, septembre-octobre 1988.

GAVI, Philippe, SARTRE, Jean-Paul, VICTOR, Pierre, *On a raison de se révolter. Discussions*, Gallimard, 1974.

GAYME, Laurent, « La commission des affaires culturelles du VIe Plan (1969-1971) », *in* GIRARD et GENTIL (dir.), 1995.

GEISMAR, Alain, JULY, Serge, MORANE, Erlyn, *Vers la guerre civile*, Éditions et Publications premières, 1969.

GENET, Jean, « Les maîtresses de Lénine », *Le Nouvel Observateur*, 30 mai 1968, cité dans Edmund White, *Jean Genet*, Gallimard, 1993.

GEORGE, François, *L'Effet 'yau de poêle. De Lacan et des lacaniens*, Hachette, 1979.

GEORGI, Frank, « Mai, le mouvement social et l'autogestion (1968-2007) », *Vingtième siècle. Revue d'histoire*, n° 98, 2008/2.

GIANINAZZI, Willy, *André Gorz. Une vie*, La Découverte, 2016.

GIRARD, Augustin, *Développement culturel. Expériences et politiques*, Unesco, 1972.

—, « Les enquêtes sur les pratiques culturelles », *in* Rioux, Jean-Pierre, et SIRINELLI, 1997.

—, *Trente Ans d'études au service de la vie culturelle*, publication du ministère de la Culture, 8 mars 1993, cité dans MOLLARD, 1999.

—, GENTIL, Geneviève (dir.), *Les Affaires culturelles au temps de Jacques Duhamel. 1971-1973*, actes des journées d'étude des 7 et 8 décembre 1993, La Documentation française, 1995.

GIRARD, René, *Mensonge romantique et vérité romanesque*, Grasset, 1961.

—, « Système du délire », *Critique*, novembre 1972.

GIRAUD, Henri-Christian, « En exclusivité : l'attitude des Français face à l'hégémonie russe », *Le Figaro Magazine*, 13 février 1982.

GIROUD, Françoise, « Le droit à la vie », *L'Express*, 20 novembre 1972.

GLUCKSMANN, André, « Le marxisme rend sourd », *Le Nouvel Observateur*, 4 mars 1974.

—, *La Cuisinière et le Mangeur d'hommes. Essai sur l'État, le marxisme, les camps de concentration*, Éd. du Seuil, 1975 ; rééd. « Points », 1976.

—, *Les Maîtres penseurs*, Grasset, 1977.

—, « La preuve par le Cambodge », *Le Nouvel Observateur*, 25 novembre 1979.

GOBILLE, Boris, *Le Mai 68 des écrivains. Crise politique et avant-gardes littéraires*, CNRS éditions, 2018.

GODET, Bernadette, « Se libérer des promoteurs », *Combat*, 8-9 juin 1968.

GOLDMAN, Pierre, *Souvenirs obscurs d'un juif polonais né en France*, Éd. du Seuil, 1975.

GORZ, André, *Le Socialisme difficile*, Éd. du Seuil, 1967.

—, *Réforme et Révolution*, Éd. du Seuil, 1969.

—, *Écologie politique*, Galilée, 1975 ; cité dans BOURG et FRAGNIÈRE, 2014.

—, *Adieux au prolétariat. Au-delà du socialisme*, Galilée, 1980.

—, *Les Chemins du paradis. L'agonie du capital*, Galilée, 1983.

—, *Métamorphoses du travail. Quête de sens*, Galilée, 1988.

—, « La vie, la nature, la technique » [1990], *in* ID., *Le Fil rouge de l'écologie. Entretiens inédits en français*, Éd. de l'EHESS, 2015.

—, *Ecologica*, Galilée, 2008.

—, BOSQUET, Michel, *Écologie et politique*, Galilée, 1975.

—, ID, *Écologie et liberté*, Galilée, 1977.

—, ID, *Le Nouvel Observateur*, 17 octobre 1981.

GRAPPIN, Pierre, *L'Île aux peupliers*, Presses universitaires de Nancy, 1993.

GRECE, Dix ans de combat culturel pour une renaissance, GRECE, 1977.

GREIMAS, Algirdas Julien, « Sur l'histoire événementielle et l'histoire fondamentale », *in* Reinhart Koselleck et Wolf-Dieter Stempel (dir.), *Geschichte. Ereignis und Erzählung*, Munich, Fink, 1973.

GRÉMION, Pierre, *Paris-Prague. 1968-1978*, Julliard, 1985.

—, « L'échec des élites modernisatrices », *Esprit*, novembre 1987.

—, *Intelligence de l'anticommunisme. Le Congrès pour la liberté de la culture à Paris (1950-1975)*, Fayard, 1995.

GRIMAUD, Maurice, *En Mai, fais ce qu'il te plaît*, Stock, 1977.

GRISONI, Dominique-Antoine, « Inter-influences de la philosophie contemporaine », *Le Magazine littéraire*, n° 125, juin 1977.

GROS, Frédéric (dir.), *Foucault. Le courage de la vérité*, PUF, 2002.

GUATTARI, Félix, « Extraits de discussion », 23 juin 1968 ; repris dans *Psychanalyse et transversalité. Essais d'analyse institutionnelle*, Maspero, 1972.

—, « La contre-révolution est une science qui s'apprend », *Tribune du 22 mars*, 5 juin 1968 ; repris dans *Psychanalyse et transversalité*, Maspero, 1972 ; rééd. La Découverte, 2003.

—, « Machine et structure », exposé de 1969, paru dans la revue *Change*, n° 12, 1972 ; repris dans ID., *Psychanalyse et transversalité*, Maspero, 1972 ; rééd. La Découverte, 2003.

—, *Les Années d'hiver. 1980-1985*, Barrault, 1986.

—, *Les Trois Écologies*, Galilée, 1989.

GUENÉE, Bernard, *Entre l'Église et l'État. Quatre vies de prélats français à la fin du Moyen Âge (XIIIe-XVe siècle)*, Gallimard, 1987.

GUÉRIN, Jeanyves, MAYOL, Pierre, MOURIER, Maurice, « Y a-t-il encore un roman français ? », table ronde, *Esprit*, mai 1985.

GUILLEBAUD, Jean-Claude, *Les Années orphelines*, Éd. du Seuil, 1978.

GUILLERMAZ, Jacques, « Six livres sur la Chine : Simon Leys, *Ombres chinoises* », *Le Monde*, 12 février 1975.

GUISNEL, Jean, *Libération. La biographie*, La Découverte, 1999.

GUITTON, Jean, *Un siècle, une vie*, Robert Laffont, 1988.

—, « Feltrinelli, Maspero, Wagenbach. Une nouvelle génération d'éditeurs politiques d'extrême gauche en Europe occidentale, 1955-1982 : histoire comparée, histoire croisée », thèse de doctorat, sous la direction de Jean-Yves Mollier, Saint-Quentin-en-Yvelines, 2010.

HALIMI, Gisèle, « Simone de Beauvoir, une femme engagée : de la guerre d'Algérie au procès de Bobigny », *in* DELPHY et CHAPERON (dir.), 2002.

HALLEREAU, Véronique, « Soljenitsyne et les médias : les premiers chocs médiatiques », mémoire de maîtrise sous la direction de Marie-Pierre Rey, université Paris I, 1999.

HAMON, Hervé, ROTMAN, Patrick, *Génération*, 2 vol., I. *Les années de rêve* ; II. *Les années de poudre*, Éd. du Seuil, 1987-1988.

Hannah Arendt, numéro spécial, *Esprit*, juin 1980.

—, *Les Cahiers du Grif*, n° 33, 1986 (a).

—, *Études phénoménologiques*, n° 2, 1986 (b).

—, *Les Cahiers de philosophie*, n° 4, 1987.

—, *Revue internationale de philosophie*, n° 208, 1999.

HARTOG, François, *Régimes d'historicité. Présentisme et expérience du temps*, Éd. du Seuil, 2003.

HASSNER, Pierre, « Prosaïque et puissante : l'URSS vue d'Europe occidentale », *Commentaire*, n° 8, hiver 1979-1980.

—, « Reconnaître la complexité sans tomber dans l'ambiguïté », *Le Débat*, n° 50, mai-août 1988.

—, « Fin de l'histoire ou phase d'un cycle ? », *Commentaire*, n° 47, automne 1989.

—, « Communisme impossible, démocratie improbable », *Esprit*, octobre 1990.

—, « Intellectuels de l'Est et de l'Ouest : un dialogue interrompu », *in* URFALINO et ZUBER (dir.), 2010.

HAYEK, Friedrich von, *Droit, législation et liberté*, I. *Règles et ordre*, PUF, 1980 ; II. *Le mirage de la justice sociale*, PUF, 1981.

—, *Droit, législation et liberté*, III. *L'ordre politique d'un peuple libre*, PUF, 1983, cité dans BESNIER et THOMAS, 1987.

—, *La Route de la servitude*, PUF, 1993.

HENRIC, Jacques, « *Le Chêne et le Veau* d'Alexandre Soljenitsyne », *Tel Quel*, n° 65, printemps 1976.

HÉRITIER, Françoise, *Masculin/féminin. La pensée de la différence*, Odile Jacob, 1996.

HERVIEU-LÉGER, Danièle, *Le Retour à la nature. Au fond de la forêt... l'État*, Éd. du Seuil, 1979.

—, *La Religion au lycée. Conférences au lycée Buffon, 1989-1990*, Éd. du Cerf, 1990.

—, *La Religion pour mémoire*, Éd. du Cerf, 1993.

Histoire et structure, numéro spécial, *Annales. Économies, Sociétés, Civilisations*, vol. XXVI, n°s 3-4, mai-août 1971.

HOFFMAN, Stanley, « Aron et Tocqueville », *Commentaire*, n° 28-29, hiver 1984.

HOLZER, Bernard, LENOIR, Frédéric, *Les Risques de la solidarité. Entretiens sur le CCFD*, Fayard, 1989.

HOURMANT, François, *Le Désenchantement des clercs. Figures de l'intellectuel dans l'après-68*, Presses universitaires de Rennes, 1997.

—, LECLERC, Arnauld (dir.), *Les Intellectuels et le pouvoir. Déclinaisons et mutations*, Presses universitaires de Rennes, 2012.

HUNTINGTON, Samuel P., « On ne sort pas de l'histoire : à propos de l'article de Francis Fukuyama », *Commentaire*, n° 49, printemps 1990.

—, *Le Choc des civilisations*, Odile Jacob, 2000.

HUYGUE, François-Bernard, et BARBÈS, Pierre, *La Soft-idéologie*, Robert Laffont, 1987.

IGOUNET, Valérie, *Histoire du négationnisme en France*, Éd. du Seuil, 2000.

—, *Robert Faurisson. Portrait d'un négationniste*, Denoël, 2012.

—, *Le Front national. De 1972 à nos jours. Le parti, les hommes, les idées*, Éd. du Seuil, 2014.

ILLICH, Ivan, *Libérer l'avenir*, Éd. du Seuil, 1971 (a).

—, *Une société sans école*, Éd. du Seuil, 1971 (b).

—, *La Convivialité*, Éd. du Seuil, 1973.

—, *Œuvres complètes*, II, Fayard, 2005.

IMBERT, Claude, « Résistez au prêt-à-penser », *Commentaire*, n° 41, printemps 1988.

L'Impératif culturel, ministère du Plan et de l'Aménagement du territoire, rapport du groupe de travail long terme culture, La Documentation française, 1983.

IRIGARAY, Luce, *Speculum. De l'autre femme*, Éd. de Minuit, 1974.

—, *Éthique de la différence sexuelle*, Éd. de Minuit, 1984.

Israël, le judaïsme et l'Europe, Gallimard, 1984.

JACCARD, Roland, « Salve contre Lacan », *Le Monde*, 21 septembre 1979.

JACOB, Jean, *Histoire de l'écologie politique*, Albin Michel, 1999.

JANICAUD, Dominique, *Le Tournant théologique de la phénoménologie française*, L'Éclat, 1991.

JANNOUD, Claude, *Le Figaro*, 16 mai 1977.

JARDIN, André, *Alexis de Tocqueville (1805-1859)*, Hachette, 1984.

JEANNENEY, Jean-Noël, *L'Histoire va-t-elle plus vite ?*, Gallimard, 2001.

JOFFRIN, Laurent, *La Gauche en voie de disparition. Comment changer sans trahir ?*, Éd. du Seuil, 1984.

JONAS, Hans, *Le Principe responsabilité*, Éd. du Cerf, 1990.

Joseph, Camille, « Les Éditions La Découverte : la gestion d'un héritage éditorial », thèse de doctorat en sociologie, sous la direction de Gisèle Sapiro, EHESS, 2010.

Jouffroy, Alain, « Il y a une première fois pour tout », *Opus international*, n° 8, octobre 1968.

Jouvenel (de), Bertrand, *Arcadie. Essais sur le mieux-vivre*, Gallimard, 1968.

Julliard, Jacques, « Le tiers-monde et la gauche », *Le Nouvel Observateur*, 5 juin 1978 ; repris dans *Le Tiers-monde et la gauche*, 1979.

—, « La nouvelle idole de la droite », *Le Nouvel Observateur*, 6 avril 1984.

—, *La Faute à Rousseau. Essai sur les conséquences historiques de l'idée de souveraineté populaire*, Éd. du Seuil, 1985.

—, « Laissez-la partir ! », *Le Nouvel Observateur*, dossier « France, ta culture fout le camp ? », 7-13 août 1987.

—, « Lettre ouverte au président de la République », *Le Nouvel Observateur*, 22-28 juin 1988.

July, Serge, « Gauchisme à vendre », *Libération*, 7 décembre 1974.

—, « Un démineur des lendemains », *Libération*, 26 juin 1984.

Jumilhac, Michel, *Le Massacre des innocents. France, que fais-tu de ta jeunesse ?* Plon, 1984.

Juquin, Pierre, *Aragon. Un destin français, 1939-1982*, La Martinière, 2013.

Kant, Emmanuel, *Le Conflit des facultés* dans *la philosophie de l'histoire*, Gonthier, 1964.

Kantorowicz, Ernst, *Les Deux Corps du Roi*, Gallimard, 1989.

Kaplan, Steve L., *Adieu 89*, Fayard, 1993.

Karol, K. S., « La tragédie de Louis Althusser », *Le Nouvel Observateur*, 24 novembre 1980.

Kepel, Gilles, « Y a-t-il un retour du religieux ? », débat, *Le Débat*, n° 59, mars-avril 1990.

Knibiehler, Yvonne, *Qui gardera les enfants ? Mémoire d'une féministe iconoclaste*, Calmann-Lévy, 2007.

Koedt, Anne, « Le mythe de l'orgasme vaginal », *Partisans*, n°ˢ 54-55, juillet-octobre 1970.

Konrád, György, *L'Antipolitique*, La Découverte, 1987.

Kouchner, Bernard, *L'Île de lumière*, Ramsay, 1980.

Koupernik, Cyrille, « Un délire intelligent mais gratuit », *Le Monde*, 28 avril 1972.

Kravetz, Marc, « Pierre Goldman, notre ami », *Libération*, 10 décembre 1974.

Kristeva, Julia, « Un nouveau type d'intellectuel : le dissident », *Tel Quel*, n° 74, hiver 1977.

—, « La réfutation du discours de gauche », *Tel Quel*, dossier « Sur la dissidence », n° 76, été 1978, citée dans Forest, 1995.

—, *Le Génie féminin. Hannah Arendt*, Fayard, 1999.

KUNDERA, *La Plaisanterie*, Gallimard, 1968.

—, *L'Art du roman*, Gallimard, 1986.

LA BOÉTIE, *Discours sur la servitude volontaire*, suivi de *La Boétie et la question du politique*, présentation par Miguel Abensour et Marcel Gauchet, Payot, 1976 ; rééd. « Petite bibliothèque Payot », 1993.

LACAN, séminaire du 15 janvier 1980, publié dans *Le Monde*, 26 janvier 1980.

LACOSTE, Yves, *La géographie, ça sert, d'abord, à faire la guerre*, Maspero, 1976.

—, *Contre les anti-tiers-mondistes et contre certains tiers-mondistes*, La Découverte, 1985.

LACOUTURE, Jean, « Cambodia : Corrections », *New York Review of Books*, 26 mai 1977, cité dans HOURMANT, 1997.

—, *Survive le peuple cambodgien*, Seuil, 1978.

—, « Pour répondre à quelques trouble-fête », *Le Nouvel Observateur*, 26 juin 1978 ; repris dans *Le Tiers-monde et la gauche*, 1979.

—, *De Gaulle, III. Le souverain*, Éd. du Seuil, 1986.

—, *Enquête sur l'auteur*, Arléa, 1989.

—, *Paul Flamand, éditeur. La grande aventure des Éditions du Seuil*, Les Arènes, 2010.

LACROIX, Bernard, *L'Utopie communautaire. Histoire sociale d'une révolte*, PUF, 1981.

LACROIX, Justine, PRANCHÈRE, Jean-Yves, *Le Procès des droits de l'homme*, Éd. du Seuil, 2016.

LAICHTER, Frantisek, *Péguy et ses Cahiers de la Quinzaine*, Éd. de la MSH, 1985.

LAÏDI, Zaki (dir.), *Le Temps mondial*, Complexe, 1997.

LALONDE, Brice, SIMONNET, Dominique, *Quand vous voudrez*, Jean-Jacques Pauvert, 1978.

LALONDE, Brice, MOSCOVICI, Serge, DUMONT, René, *Pourquoi les écologistes font-ils de la politique ?*, entretiens avec Jean-Paul Ribes, Éd. du Seuil, 1978.

LANDSBERG, Paul-Louis, « Réflexions sur l'engagement personnel », *Esprit*, novembre 1937.

LAPORTE, Roger, « Gilles Deleuze, Félix Guattari : capitalisme et schizophrénie, l'Anti-Œdipe », *Les Cahiers du chemin*, n° 16, 15 octobre 1972.

LARDREAU, Guy, « Ne pas céder sur la pensée », *Le Débat*, dossier « De quoi l'avenir intellectuel sera-t-il fait ? », n° 4, septembre 1980.

—, JAMBET, Christian, *L'Ange*, Grasset, 1976 (a).

—, *Le Magazine littéraire*, n°s 112-113, mai 1976 (b).

LASCH, Christopher, *Le Complexe de Narcisse. La nouvelle sensibilité américaine*, Robert Laffont, 1981.

LATOUCHE, Serge, *L'Occidentalisation du monde*, La Découverte, 1989.

LATOUR, Bruno, « Irréductions », *in* ID., *Les Microbes. Guerre et paix,* suivi de *Irréductions,* Métailié, 1984.

—, *Nous n'avons jamais été modernes. Essai d'anthropologie symétrique,* La Découverte, 1991.

LAUXEROIS, Jean, *L'Utopie Beaubourg vingt ans après,* Éd. du Centre Georges-Pompidou, 1996.

LE BRAS, Hervé, *Les Trois France,* Odile Jacob, 1986, cité dans PERRINEAU, 1993.

LECA, Jean, « Questions sur la citoyenneté », *Projet,* nᵒˢ 171-172, janvier-février 1983.

LECLAIRE, Serge, « La réalité du désir », in *Sexualité humaine,* Aubier, 1970.

LECLERC, Annie, *Parole de femme,* Grasset, 1974.

LECOURT, Dominique, *Pour une critique de l'épistémologie,* Maspero, 1972.

—, *Dissidence ou révolution,* Maspero, 1978.

LE DANTEC, Jean-Pierre, *Les Dangers du soleil,* Presses d'aujourd'hui, 1978.

—, « Une barbarie peut en cacher une autre », *Le Nouvel Observateur,* 22 juillet 1978, repris dans *Le Tiers-monde et la gauche,* 1979.

LEDUC, Victor, *Les Tribulations d'un idéologue,* Syros, 1985.

LEFORT, Claude, « Soljenitsyne », *Textures,* nᵒ 13, 1975 ; repris dans ID., *Un homme en trop. Essai sur « L'Archipel du Goulag »,* Éd. du Seuil, 1975.

—, entretien, *L'Anti-Mythes,* nᵒ 14, 19 avril 1975 ; repris dans ID., *Le Temps présent,* Belin, 2007.

—, « La question de la Révolution », *Esprit,* septembre 1976.

—, « Maintenant », *Libre,* nᵒ 1, 1977.

—, « Droits de l'homme et politique », *Libre,* nᵒ 7, 1980 ; repris dans *L'Invention démocratique,* Fayard, 1981 ; rééd. Hachette, « Biblio essais », 1983.

—, *Temps présent. Écrits (1945-2005),* Belin, 2007.

—, « Le désordre nouveau », *in* MORIN, ID. et CASTORIADIS, 2008.

LE GALLOU, Jean-Yves, *La Préférence nationale. Réponse à l'immigration,* Albin Michel, 1985.

LÉGER, Danièle, HERVIEU, Bertrand, *Le Retour à la nature. Au fond de la forêt... l'État,* Éd. du Seuil, 1979.

—, *Des communautés pour les temps difficiles. Néoruraux ou nouveaux moines,* Le Centurion, 1983.

LEGRAND, Henry, *Le Cercle amoureux,* Gallimard, 1979.

LENIAUD, Jean-Michel, *L'Utopie française. Essai sur le patrimoine,* Menges, 1992.

LENNE, Francine, *Le Chevêtre. Une lecture de Péguy,* Presses universitaires de Lyon, 1993.

LEPLAY, Michel, *Charles Péguy,* Desclée de Brouwer, 1998.

LEROY, Roland, « Une déclaration de Roland Leroy », *L'Humanité,* 28 janvier 1974.

LE ROY LADURIE, Emmanuel, leçon inaugurale au Collège de France, 30 novembre 1973, reprise dans ID., *Le Territoire de l'historien*, II, Gallimard, 1978.

—, « L'histoire immobile », *Annales. Économies, Sociétés, Civilisations*, vol. XXIX, n° 3, mai-juin 1974, repris dans *Le Territoire de l'historien*, II, Gallimard, 1978.

LESCOURRET, Marie-Anne, *Levinas*, Flammarion, 1994.

LESOURNE, Jacques, « L'immigration, une dimension majeure du XXIe siècle européen », *Le Débat*, n° 37, novembre 1985.

LEVINAS, Emmanuel, « Martin Heidegger et l'ontologie », *Revue philosophique de la France et de l'étranger*, vol. LXIII, janvier-juin 1932.

—, *Totalité et infini*, Nijhoff, 1971.

—, *Autrement qu'être ou au-delà de l'essence*, Martinus Nijhoff, La Haye, 1974.

—, « La pensée de Martin Buber, le judaïsme contemporain », *Hors sujet*, Fata Morgana, 1987.

—, entretiens avec François Poirié, La Manufacture, 1992 (a).

—, « Un entretien avec Emmanuel Levinas. "Il nous est impossible, à nous Occidentaux, de nous situer dans la perspective d'un temps prometteur », *Le Monde*, 2 juin 1992 (b).

LÉVI-STRAUSS, Claude, « Les lundis de l'histoire », *France Culture*, 25 janvier 1971.

—, entretien avec Raymond Bellour, 1972 ; repris dans *Claude Lévi-Strauss* (collectif), Idées-Gallimard, 1979.

—, « Le métier perdu », *Le Débat*, n° 10, mars 1981.

—, « Le dernier des sages », *L'Express*, 21-27 octobre 1983.

—, *De près et de loin*, Odile Jacob, 1988 (a).

—, « Le sens de l'équilibre », *Commentaires*, n° 81, X^e anniversaire, printemps 1988 (b).

LÉVY, Benny, *Visage continu. La pensée du retour chez Emmanuel Levinas*, Verdier, 1998.

LÉVY, Bernard-Henri, « Récits d'URSS », *Le Quotidien de Paris*, 28 mai 1974, cité dans COHEN, Philippe, 2005.

—, « Les nouveaux philosophes », *Les Nouvelles littéraires*, 10 juin 1976.

—, *La Barbarie à visage humain*, Grasset, 1977 ; repris dans Hachette, « Biblio-essais », 1985.

—, « Comme le condamné monte à l'échafaud », *Le Nouvel Observateur*, 18 juin 1979.

—, *L'Idéologie française*, Grasset, 1981.

LEWIS, Bernard, « Le retour de l'islam », *Le Débat*, n° 14, juill.-août 1981.

LEYRAC, Serge, « L'opération Soljenitsyne », *L'Humanité*, 23 janvier 1974.

LEYS, Simon, *Les Habits neufs du président Mao*, Champ libre, 1971 ; rééd. Hachette, « Biblio-essais », 1989.

—, *Images brisées*, Robert Laffont, 1976.

LIATARD, Séverine, *Colette Audry 1906-1990. Engagements et identités d'une intellectuelle*, PUR, 2010.

LINDENBERG, Daniel, « Logiques de la révolte : généalogie des *Cahiers* », *Esprit*, janvier 2000.

LINDGAARD, Jade, LA PORTE (DE), Xavier, *Le BA-BA du BHL. Enquête sur le plus grand intellectuel français*, La Découverte, 2004.

LINHART, Robert, « Gauchisme à vendre ? », *Libération*, 7 décembre 1974.

LIPIETZ, Alain, « Y a-t-il encore des idées de gauche ? », *Le Débat*, n° 42, novembre-décembre 1986.

LIPOVETSKY, Gilles, « Narcisse ou la stratégie du vide », *Le Débat*, n° 5, octobre 1980.

—, « La société humoristique », *Le Débat*, n° 10, mars 1981.

—, *L'Ère du vide. Essais sur l'individualisme contemporain*, Gallimard, 1983.

—, *L'Empire de l'éphémère*, Gallimard, 1987.

LOI, Michelle, *Pour Luxun (Lou Sin). Réponse à Pierre Ryckmans (Simon Leys)*, Lausanne, Alfred Eibel, 1975.

LONDON, Artur, *Aux sources de « L'Aveu »*, Gallimard, 1997.

LÖWIT, Valérie, « La pensée à huit clos », *Autrement*, « Prague : secrets et métamorphoses », n° 46, mai 1990.

LOYER, Emmanuelle, « Odéon, Villeurbanne, Avignon : la contestation par le théâtre en mai, juin et juillet 1968 », *in* ARTIÈRES et ZANCARINI-FOURNEL (dir.), 2008.

—, DE BAECQUE, Antoine, *Histoire du Festival d'Avignon*, Gallimard, 2007.

LUCIONI, Xavier, « Sur quelques événements en Chine », *Les Temps modernes*, n° 380, mars 1978.

LUSTIGER, Jean-Marie, « Puisqu'il le faut… », *Le Débat*, n° 20, mai 1982.

—, « La dimension spirituelle de l'Europe », *Commentaire*, n° 39, automne 1987 (a).

—, *Le Choix de Dieu. Entretiens avec Jean-Louis Missika et Dominique Wolton*, Éd. de Fallois, 1987 (b).

—, « L'Église, la Révolution et les droits de l'homme », entretien avec François Furet, *Le Débat*, n° 55, mai-août 1989.

LYOTARD, Jean-François, « Capitalisme énergumène », *Critique*, n° 306, novembre 1972 ; repris dans ID., *Des dispositifs pulsionnels*, 10/18, 1973.

—, *La Condition postmoderne*, Éd. de Minuit, 1979.

—, « Tombeau de l'intellectuel », *Le Monde*, 8 octobre 1983 ; repris dans *Tombeau de l'intellectuel et autres papiers*, Galilée, 1984.

—, *Le Postmoderne expliqué aux enfants*, Galilée, 1988.

MACCIOCCHI, Maria-Antonietta, *De la Chine*, Éd. du Seuil, 1971.

—, « Comment connaissons-nous la Chine ? », table ronde, *Esprit*, novembre 1972.

—, *Deux Mille Ans de bonheur*, Grasset, 1983.

MADÉLÉNAT, Daniel, « La biographie aujourd'hui », *Mesure*, n° 1, 1989.

MAGGIORI, Robert, *Libération*, 24 octobre 1990.

MANDELSTAM, Nadejda, *Contre tout espoir. Souvenirs*, trad. M. Minoustchine, Gallimard, t. I, 1972, t. II, 1974, t. III, 1975 ; rééd. « Tel », 3 vol., 2012-2013.

MANENT, Pierre, *Tocqueville et la nature de la démocratie*, Julliard, 1982 ; rééd. Fayard, 1993.

—, *Les Libéraux*, Gallimard, 1986.

MANIN, Bernard, « Éloge de la banalité », *Le Débat*, dossier « De quoi l'avenir intellectuel sera-t-il fait ? », n° 4, septembre 1980.

—, « Le libéralisme radical de Friedrich-August Hayek », *Commentaire*, n° 22, été 1983.

MARCUSE, Herbert, *Éros et civilisation. Contribution à Freud* [1955], trad. J.-G. Nény et B. Fraenkel, Éd. de Minuit, 1963.

—, *L'Homme unidimensionnel. Études sur l'idéologie de la société industrielle* [1964], trad. M. Wittig et l'auteur, Éd. de Minuit, 1968.

MARITAIN, Jacques, BAILLET, Louis, *Péguy au porche de l'Église*, Éd. du Cerf, 1997.

MARTIN, Laurent, *Jack Lang. Une vie entre culture et politique*, Bruxelles, Complexe, 2008.

MARZORATI, Jean-Louis, *Les Années Pompidou. 1969-1974*, François Bourin, 2012.

MATHON, Tania, MARIE, Jean-Jacques (dir.), *L'Affaire Pliouchtch*, Éd. du Seuil, 1976.

MATONTI, Frédérique, *Intellectuels communistes. Essai sur l'obéissance politique. « La Nouvelle Critique » (1967-1980)*, La Découverte, 2005.

MAURIAC, Claude, « L'Œdipe mis en accusation », *Le Figaro*, 1er avril 1972.

—, « Il ne faut pas tuer l'espérance », *Le Monde*, 6 juillet 1977.

—, *Le Temps immobile*, VI. *Le rire des pères dans les yeux des enfants*, Grasset, 1981.

—, *Mauriac et Fils*, Grasset, 1986.

—, *Le Temps immobile*, pages choisies et commentées par José Cabanis, Grasset, 1993.

MAURIAC, François, « Bloc-notes », *Le Figaro littéraire*, 14-23 juin 1968 (a).

—, « Bloc-notes », *Le Figaro littéraire*, 16-22 septembre 1968 (b).

—, *Bloc-notes*, V. *1968-1970*, Éd. du Seuil, 1993.

MAURY, Guillaume, *L'Église et la subversion. Le CCFD*, UNI, 1985.

MELMAN, Charles, *Ornicar ?*, n° 10, juillet 1977.

MENDEL, Gérard, *54 millions d'individus sans appartenance*, Robert Laffont, 1983.

MENDRAS, Henri, *La Fin des paysans*, Sédéis, 1967.

—, *La Seconde Révolution française*, Gallimard, 1988.

MENGER, Pierre-Michel, *Le Paradoxe du musicien*, Flammarion, 1983.

MÉNY, Yves (dir.), *Idéologies, partis politiques et groupes sociaux*, Presses de la Fondation nationale des sciences politiques, 1989.

MICHAUD, Yves, *L'Artiste et les commissaires*, Jacqueline Chambon, 1989.

MICHEL, Andrée, TEXIER, Geneviève, *La Condition de la Française d'aujourd'hui*, Femme, 1964.

MILLER, Judith, entretien avec Madeleine Chapsal et Michèle Manceaux, *L'Express*, 16 mars 1970.

MILLIEZ, Paul, *Médecin de la liberté*, Éd. du Seuil, 1980.

MILNER, Jean-Claude, *De l'école*, Éd. du Seuil, 1984.

MILZA, Pierre, *Fascisme français. Passé et présent*, 1987, Flammarion ; rééd. « Champs », 1991.

MINC, Alain, *L'Avenir en face*, Éd. du Seuil, 1984.

—, *La Machine égalitaire*, Grasset, 1987 ; rééd. Le Livre de Poche, 1989.

MISKÉ, Ahmed Baba, « Les nouveaux civilisateurs », *Le Nouvel Observateur*, 19 juin 1978 ; repris dans *Le Tiers-monde et la gauche*, 1979.

MISSAC, Pierre, *Passage de Walter Benjamin*, Éd. du Seuil, 1987.

MITTERRAND, *L'Unité*, 9 février 1974.

—, « La France endeuillée », cité dans *L'Humanité*, 25 décembre 1982.

—, entretien à *L'Express*, 14-20 juillet 1989.

MOI, Toril, *Simone de Beauvoir. Conflits d'une intellectuelle*, Diderot Éditeur, 1995.

MOLLARD, Claude, *Le 5ᵉ Pouvoir. La culture et l'État de Malraux à Lang*, Armand Colin, 1999.

MONGIN, Olivier, « Le politique en question », *Esprit*, juillet-août 1976.

—, « D'une vulgate à l'autre : à propos de la nouvelle philosophie », *Esprit*, décembre 1977.

—, « De la possibilité d'un avenir », *Le Débat*, n° 4, septembre 1980.

—, « Les infortunes du sens et de la vertu », *Esprit*, janvier 1983.

—, « Incertitudes françaises », *Esprit*, « Français/Immigrés », juin 1985.

—, « Le grand virage démocratique », *Esprit*, janvier 1990.

—, *Face au scepticisme. Les mutations du paysage intellectuel*, La Découverte, 1994.

—, *L'Après 1989. Les nouveaux langages du politique*, Hachette, 1998.

—, POUTHIER, Jean-Luc, « Libéralisme/socialisme : une confrontation manquée », *Esprit*, mars-avril 1988.

MONTARON, Georges, « Ça n'est plus comme avant », *Témoignage chrétien*, n° 1245, 16 mai 1968.

MONTEIL, Claudine, « Simone de Beauvoir et le mouvement des femmes. Un témoignage », *in* DELPHY et CHAPERON (dir.), 2002.

MOREAU, Yves, « Campagne orchestrée », *L'Humanité*, 30 août 1973.

MORIN, Edgar, « Une révolution sans visage : de la révolte étudiante à la contestation du pouvoir », *Le Monde*, 5 juin 1968 (a).

—, « Une révolution sans visage : conflit de générations et luttes de classes », *Le Monde*, 6 juin 1968 (b).

—, *Le Paradigme perdu : la nature humaine*, Éd. du Seuil, 1973.

—, *Pour sortir du vingtième siècle*, Nathan, 1981.

—, *Penser l'Europe*, Gallimard, « Folio actuel », 1987.

—, « Au-delà du déterminisme : le dialogue de l'ordre et du désordre », *in* POMIAN (dir.), 1990.

—, « Mes années Lefort », *in* Claude HABIB et Claude MOUCHARD (dir.), *La Démocratie à l'œuvre. Autour de Claude Lefort*, Éd. Esprit, 1993.

—, *Pour entrer dans le XXIᵉ siècle*, Éd. du Seuil, « Points », 2004.

—, LEFORT, Claude, CASTORIADIS, Cornelius, *Mai 68. La brèche*, suivi de *Vingt ans après*, Fayard, 2008.

MOSCOVICI, Serge, *La Société contre nature*, 10/18, 1972.

—, « La polymérisation de l'écologie », *in* ABÉLÈS (dir.), 1993 ; repris dans MOSCOVICI, 2002.

—, *De la nature. Pour penser l'écologie*, Métailié, 2002.

MOSÈS, Stéphane, *L'Ange de l'histoire. Rosenzweig, Benjamin, Scholem*, Éd. du Seuil, 1992.

MOSSUZ-LAVAU, Janine, « De Simone de Beauvoir à Virginie Despentes : les intellectuelles et la question du genre », *Modern & Contemporary France*, 9 avril 2009.

MOTHÉ, Daniel, *Journal d'un ouvrier*, Éd. de Minuit, 1958.

—, *Le Métier de militant*, Éd. du Seuil, 1972.

MOULIN, Raymonde, « Vivre sans vendre », *in Art et contestation* (collectif), Bruxelles, La Connaissance, 1968.

—, *L'Artiste, l'Institution et le Marché*, Flammarion, 1992.

MOUNIER, Emmanuel, *Qu'est-ce que le personnalisme ?*, Éd. du Seuil, 1947, cité dans RICŒUR, Paul [1983], 1992.

MURARD, Lion, ZYLBERMAN, Patrick, « La révolution du pessimisme », *Le Débat*, dossier « De quoi l'avenir intellectuel sera-t-il fait ? », n° 4, septembre 1980.

MUSIL, Robert, *L'Homme sans qualités*, Éd. du Seuil, 1957.

NANCY, Jean-Luc, *La Communauté désœuvrée* [1986], Christian Bourgois, 1999.

NÉMO, Philippe, *L'Homme structural*, Grasset, 1975.

NIETZSCHE, Friedrich, *Considérations inactuelles*, II [1874], Gallimard, « Folio essais », 1992.

NOBÉCOURT, Jacques, « La stupéfaction domine au Vatican », *Le Monde*, 1ᵉʳ août 1968, cité dans SEVEGRAND, 1995.

NOIROT, Paul, *La Mémoire ouverte*, Stock, 1976.

NORA, Pierre, « L'événement monstre », *Communications*, n° 18, 1972 ; repris et remanié sous le titre « Le retour de l'événement » dans ID. et LE GOFF (dir.), 1974, t. I.

—, « Avertissement de l'éditeur », *in* STERN, 1976.

—, « Que peuvent les intellectuels ? », *Le Débat*, n° 1, mai 1980 (a).

—, entretien avec Jacqueline Piatier, *Le Monde*, 2 mai 1980 (b).

—, « Un idéologue bien de chez nous », *Le Débat*, n° 13, juin 1981 ; repris dans ID., *Historien public*, Gallimard, 2011.

—, « Entre histoire et mémoire », », *in* ID. (dir.), t. I, 1984.

—, « Nos années Michel Foucault », *Le Nouvel Observateur*, 29 juin 1984 ; repris dans ID., *Historien public*, Gallimard, 2011.

—, « Relégitimation du religieux », *Le Débat*, n° 50, mai-août 1988.

—, « Dans le bon sens », *Le Débat*, n° 62, novembre-décembre 1990.

—, « De l'archive à l'emblème », *in* ID. (dir.), t. III, vol. 3, 1993.

—, « Avertissement de l'éditeur », *in* LONDON, 1997.

—, « Pierre Nora, éditeur », entretien avec Anne Simonin et Pascal Fouché, *Entreprises et histoire*, n° 24, juin 2000.

—, « Pour une histoire au second degré », *Le Débat*, n° 122, novembre-décembre 2002 ; repris dans *Présent, nation, mémoire*, Gallimard, 2011.

—, « L'explosion du patrimoine », *Revue de l'Institut national du patrimoine*, n° 2, 2006.

— (dir.), *Les Lieux de mémoire*, 7 vol., Gallimard, 1984-1993 ; I. *La République*, 1984 ; III. *Les France*, vol. 1, *Héritage – historiographie – paysages*, 1993 (a) ; vol. 3, *De l'archive à l'emblème*, 1993 (b).

—, LE GOFF, Jacques (dir.), *Faire de l'histoire*, 3 vol., I. *Nouveaux Problèmes*, II. *Nouvelles Approches,* III. *Nouveaux Objets*, Gallimard, 1974.

NOTIN, Bernard, « Le rôle des médias dans la vassalisation nationale : omnipotence ou impuissance ? », *Économies et sociétés*, hors-série n° 32, août 1989.

NOUDELMANN, François, *Le Génie du mensonge*, Max Milo, 2015.

ORMESSON (D'), Jean, « Tombeau pour un poète », *Le Figaro*, 25 décembre 1982.

OZOUF, Mona, « Peut-on commémorer la Révolution française ? », *Le Débat*, n° 26, septembre 1983.

PADOUL, Gilbert, « La Chine en débat », *Esprit*, avril 1975.

PALMIER, Jean-Michel, *Présentation d'Herbert Marcuse*, 10/18, 1968.

—, *Marcuse et la Nouvelle Gauche. Philosophie et révolution*, Belfond, 1973.

PAQUET, Philippe, *Simon Leys. Navigateur entre les mondes*, Gallimard, 2016.

PAQUOT, Thierry, préface à ILLICH, 2005.

—, *Introduction à Ivan Illich*, La Découverte, 2012.

PASSERON, Jean-Claude, *Le Raisonnement sociologique*, Nathan, 1991.

PATOČKA, Jan, *Le Monde naturel comme problème philosophique* [1936], trad. J. Danè et H. Declève, La Haye, Nijhoff, 1976.

—, *Essais hérétiques sur la philosophie de l'histoire* [1975], trad. E. Abrams, préface de Paul Ricœur, postface de Roman Jakobson, Lagrasse, Verdier, 1981.

PAUGAM, Jacques, *Génération perdue*, Robert Laffont, 1977.

PAUWELS, Louis, « Pour en finir avec la Révolution française, tout simplement », *Le Figaro Magazine*, 11 octobre 1986.

PAVARD, Bibia, *Les Éditions des femmes. Histoire des premières années, 1972-1979*, L'Harmattan, 2005.

—, *Si je veux, quand je veux. Contraception et avortement dans la société française (1956-1979)*, Presses universitaires de Rennes, 2012.

PAYEN, Guillaume, *Martin Heidegger*, Perrin, 2016.

PEETERS, Benoît, *Derrida*, Flammarion, 2010.

PÉGUY, Charles, *Œuvres en prose complètes*, II. *Période des « Cahiers de la Quinzaine » de la onzième à la quinzième et dernière série (1909-1914)*, Gallimard, « Bibliothèque de la Pléiade », 1992.

—, *Notre jeunesse*, précédé par *De la raison*, Gallimard, « Folio », 1993 (a).

—, *De Jean Coste*, Babel, 1993 (b).

PELLETIER, Denis, « 1985-1987 : une crise d'identité du tiers-mondisme catholique ? », *Le Mouvement social*, n° 177, octobre-décembre 1996.

—, *La Crise catholique*, Payot, 2002.

—, SCHLEGEL, Jean-Louis (dir.), *À la gauche du Christ. Les chrétiens de gauche en France de 1945 à nos jours*, Éd. du Seuil, 2012.

PERRINEAU, Pascal, « Le Front national : 1972-1992 », *in* WINOCK (dir.), 1993.

PERROT, Michelle, *Les Femmes ou les silences de l'histoire*, Flammarion, 1998.

PESSIS-PASTERNAK, Guitta, *Faut-il brûler Descartes ?*, La Découverte, 1991.

PETIT, Jean-François, *Histoire de la philosophie française au XXᵉ siècle*, Desclée de Brouwer, 2009.

PEYREFITTE, Alain, *Quand la Chine s'éveillera... Le monde tremblera*, Fayard, 1973.

PFISTER, Thierry, « La nouvelle droite s'installe », *Le Monde*, 22 juin 1979.

PHILONENKO, Alexis, *Nietzsche. Le rire et le tragique*, Le Livre de Poche, 1995.

PICQ, Françoise, *Libération des femmes. Les années-mouvement*, Éd. du Seuil, 1993.

PINTO, Diana, « Le socialisme et les intellectuels : le conflit caché », *Le Débat*, n° 18, janvier 1982.

—, « Sur l'immigration. Modèle américain, modèle français », *Le Débat*, n° 39, mars-mai 1986.

PIVIDAL, Rafaël, « Psychanalyse, schizophrénie, capitalisme », *Le Monde*, 28 avril 1972.

PLENEL, Edwy, « Le directeur général du CNRS sanctionne la publication d'un article raciste », *Le Monde*, 18-19 février 1990.

—, ROLLAT, Alain, *La République menacée*, Le Monde Éditions, 1992.

—, *La République inachevée*, Stock, 1997 ; rééd. Le Livre de Poche, 1999.

PLEYNET, Marcelin, « La poésie doit avoir pour but... », *Tel Quel. Théorie d'ensemble* [1968], Éd. du Seuil, 1980.

PLIOUCHTCH, Leonid, *Dans le carnaval de l'histoire. Mémoires*, trad. T. Plyushch, Éd. du Seuil, 1977.

POLACK, Jean-Claude, SIVADON-SABOURIN, Danielle, *La Borde ou le Droit à la folie*, Calmann-Lévy, 1976.

Politique et religion. Données et débats, Gallimard, 1981.

POMIAN, Krzysztof, « La crise de l'avenir », *Le Débat*, n° 7, décembre 1980.

—, « Les abattoirs de la mémoire ? », *Le Débat*, n° 55, mai-août 1989.

—, « Y a-t-il un retour du religieux ? », *Le Débat*, n° 59, mars-avril 1990 (a).

—, « La fin de l'histoire n'a pas eu lieu », *Le Débat*, n° 60, mai-août 1990 (b).

—, « Post- ou comment l'appeler ? », *Le Débat*, n° 60, mai-août 1990 (c).

—, « La querelle de l'"art moderne" », *Le Débat*, n° 110, mai-août 2000 (a).

—, « La vraie fin du XXᵉ siècle », *Le Débat*, n° 111, septembre-octobre 2000 (b).

— (dir.), *La Querelle du déterminisme. Philosophie de la science aujourd'hui*, Gallimard, 1990.

POMMIER, René, *Assez décodé*, Roblot, 1978.

PONCHAUD, François, « Le Cambodge neuf mois après : 1) un travail gigantesque ; 2) un nouveau type d'homme », *Le Monde*, 17 et 18 février 1976.

—, *Cambodge année zéro*, Julliard, 1977.

POUILLON, Jean, « Réconcilier Sartre et Lévi-Strauss », *Le Monde*, 30 novembre 1968.

POUJADE, Robert, *Le Ministère de l'impossible*, Calmann-Lévy, 1975.

POUTHIER, Jean-Luc, « Libéralisme : voilà l'ennemi ! », *in* MONGIN et POUTHIER, 1988.

PRIGOGINE, Ilya, STENGERS, Isabelle, *La Nouvelle Alliance. Métamorphose de la science*, Gallimard, 1979 ; rééd. « Folio essais », 1986.

Procès de Bobigny (Le). Choisir la cause des femmes [1973], Gallimard, 2006.

PROCHASSON, Christophe, *François Furet. Les chemins de la mélancolie*, 2013.

PROST, Antoine, « Le discours de restauration : essai d'interprétation », *Le Débat*, n° 31, septembre-octobre 1984.

PROUST, Françoise, *L'Histoire à contretemps*, Éd. du Cerf, 1994 ; rééd. Le Livre de Poche, 1999.

Querelle du déterminisme (La). Philosophie de la science aujourd'hui, dossier réuni par Krzysztof Pomian, avec les contributions de Stephan Amsterdanski, Henri Atlan, Antoine Danchin, Ivar Ekeland, Jean Largeault, Edgar Morin, Jean Petitot, Krzysztof Pomian, Ilya Prigogine, David Ruelle, Isabelle Stengers et René Thom, Gallimard, « Le Débat », 1990.

RAISON DU CLEUZIOU, Yann, « À la fois prêts et surpris : les chrétiens en Mai 1968 », *in* PELLETIER et SCHLEGEL (dir.), 2012.

RANGEL, Carlos, *Du bon sauvage au bon révolutionnaire*, préface de Jean-François Revel, Robert Laffont, 1976.

—, *L'Occident et le Tiers-monde*, Robert Laffont, 1982.

RASSINIER, Paul, *Le Mensonge d'Ulysse. Regard sur la littérature concentrationnaire*, Bourg-en-Bresse, Éd. bressanes, 1950.

—, *Ulysse trahi par les siens. Complément au « Mensonge d'Ulysse »*, Documents et témoignages, 1961.

—, *Le Véritable Procès Eichmann ou les Vainqueurs incorrigibles*, Les Sept Couleurs, 1962.

—, *Le Drame des juifs européens*, Les Sept Couleurs, 1964.

RAVIGNANT, Patrick, *La Prise de l'Odéon*, Stock, 1968.

RAYMOND, Didier, *Nietzsche ou la Grande Santé*, L'Harmattan, 1999.

RAYNAUD, Philippe, « Pour l'école républicaine », *Esprit*, juillet-août 1984.

—, « Un problème philosophique sérieux », *Commentaire*, n° 48, hiver 1989-1990.

REBÉRIOUX, Madeleine (dir.), *L'Extrême Droite en questions*, Études et documentation internationales, 1991.

—, SCHWARTZ, Laurent, « Le dilemme vietnamien », *Le Monde*, 17-18 décembre 1978.

RÉMOND, René, *Vivre notre histoire. Aimé Savard interroge R. Rémond*, Le Centurion, 1976.

—, *La Règle et le Consentement*, Fayard, 1979.

—, « Évolution des droites », *Le Débat*, n° 33, janvier 1985.

—, *Pour une histoire politique*, Éd. du Seuil, 1988.

RENAN, Ernest, « Qu'est-ce qu'une nation ? », conférence faite en Sorbonne le 11 mars 1882, Presses-Pocket, « Agora », 1992.

REPAIRE, Sébastien, *Sartre et Benny Lévy. Une amitié intellectuelle, du maoïsme triomphant au crépuscule de la révolution*, L'Harmattan, 2013.

REVEL, Jean-François, *La Tentation totalitaire*, Robert Laffont, 1976 (a).

—, préface à RANGEL, 1976 (b).

—, « Revenons à l'instruction publique », *Le Point*, 21 mai 1984.

—, « Démocratie et développement », *in* BRAUMAN (dir.), 1986.

—, « Socialistes-communistes : l'exception française », *Le Point*, 3 octobre 1988.

—, « Raison pure et raison pratique : à propos de la fin de l'histoire », *Commentaire*, n° 48, hiver 1989-1990.

REY, Jean-Michel, *Colère de Péguy*, Hachette, 1987.

RIALS, Stéphane, « La droite ou l'horreur de la volonté », *Le Débat*, n° 33, janvier 1985.

RIBES, Bruno, éditorial (daté du 2 juin), *Études*, juin-juillet 1968.

RICHIR, Marc, « L'aporie révolutionnaire », *Esprit*, septembre 1976.

RICŒUR, Paul, « Le paradoxe politique », *Esprit*, mai 1957 ; repris dans ID., 1964.

—, *Philosophie de la volonté*, t. II. *Finitude et culpabilité*, vol. 1, *L'homme faillible* [1960], Aubier, 1988 (a).

—, *Ibid.*, vol. 2, *La symbolique du mal* [1960], Aubier, 1988 (b).

—, « Faire l'université », *Esprit*, mai-juin 1964 ; repris dans ID., 1991.

—, « Commentaire eucharistique », reconstitué de mémoire par un des participants, *Christianisme social*, n°ˢ 7-10, 1968.

—, « Réforme et révolution dans l'université », *Le Monde*, 9, 11 et 12 juin 1968 ; repris dans ID., 1991.

—, « Un communiqué du doyen », *Le Monde*, 4 mars 1970.

—, préface à PATOČKA [1975], 1981 ; reprise dans ID., 1991.

—, « Jan Patocka, le philosophe résistant », *Le Monde*, 19 mars 1977 ; repris dans ID., 1991.

—, « Meurt le personnalisme, revient la personne », *Esprit*, janvier 1983 ; repris dans ID., 1992.

—, *Temps et récit*, III. *Le temps raconté*, Éd. du Seuil, 1985 ; rééd. « Points », 1991.

—, *À l'école de la phénoménologie*, Vrin, 1986 (a).

—, *Du texte à l'action. Essai d'herméneutique II*, Éd. du Seuil, 1986 (b).

—, « Emmanuel Levinas, penseur du témoignage » [1989], repris dans ID., 1994.

—, *Lectures I. Autour du politique*, Éd. du Seuil, 1991.

—, *Lectures II. La contrée des philosophes*, Éd. du Seuil, 1992.

—, *Lectures III. Aux frontières de la philosophie*, Éd. du Seuil, 1994.

—, *Réflexion faite. Autobiographie intellectuelle*, Éd. Esprit, 1995.

—, *La Nature et la Règle*, Odile Jacob, 1998.

—, *La Mémoire, l'Histoire, l'Oubli*, Seuil, 2000.

RIEFFEL, Rémy, *La Tribu des clercs. Les intellectuels sous la Ve République*, Calmann-Lévy, 1993.

RIGAUD, Jacques, *La Culture pour vivre*, Gallimard, 1975.

RIGOULOT, Pierre, « Le Goulag et la crise du marxisme », *Les Temps modernes*, n° 360, juillet 1976.

—, *Les Paupières lourdes. Les Français face au Goulag : aveuglements et indignations*, Éd. universitaires, 1991.

RIOUX, Jean-Pierre, « Des clandestins aux activistes (1945-1965) », *in* WINOCK (dir.), 1993.

—, SIRINELLI, Jean-François (dir.), *Pour une histoire culturelle*, Éd. du Seuil, 1997.

RIOUX, Lucien, *« Le Nouvel Observateur » des bons et des mauvais jours*, Hachette, 1982.

—, BACKMANN, René, *L'Explosion de Mai*, Robert Laffont, 1968.

RIQUET, Michel (s.j.), « L'enseignement traditionnel de l'Église maintenu et précisé », *Le Figaro*, 30 juillet 1968.

ROBIN, Régine, GUILHAUMOU, Jacques, « L'identité retrouvée », *Dialectiques*, n°s 15-16, 1976.

ROCHEFORT, Christiane, *Le Repos du guerrier*, Grasset, 1958.

—, « Le mythe de la frigidité féminine », *Partisans*, n°s 54-55, juillet-octobre 1970.

ROCHEFORT, Florence, « L'insurrection féministe », *in* ARTIÈRES et ZANCARINI-FOURNEL (dir.), 2008.

ROGERS, Rebecca, « Rencontres, appropriations et zones d'ombre : les étapes d'un dialogue franco-américain sur l'histoire des femmes et du genre », *Revue d'histoire des sciences humaines*, n° 11, 2004.

ROGNON, Frédéric, *Génération Ellul. Soixante héritiers de la pensée de Jacques Ellul*, Labor et Fides, 2012.

ROLLAND, Jacques (dir.), *Les Cahiers de la nuit surveillée. Emmanuel Levinas*, Verdier, 1984,

ROLLAT, Alain, *Les Hommes de l'extrême droite*, Calmann-Lévy, 1985.

ROMAN, Joël, « La vie intellectuelle au regard de l'université, de l'édition et des médias », *Esprit*, mars-avril 2000.

ROMILLY (DE), Jacqueline, *L'Enseignement en détresse*, Julliard, 1984.

ROQUEPLO, Philippe, *Le Partage du savoir. Science, culture, vulgarisation*, Éd. du Seuil, 1974.

ROQUES, Henri, dans Philippe Bernard, « Les mandarins déconfits », *Le Monde*, 25-26 mai 1986.

ROSANVALLON, Pierre, *L'Âge de l'autogestion ou la Politique au poste de commandement*, Éd. du Seuil, 1976.

—, *La Crise de l'État providence*, Éd. du Seuil, 1981 ; rééd. « Points », 1992.

—, *Le Moment Guizot*, Gallimard, 1985.

—, « Le politique », *in* Jacques REVEL et Nathan WACHTEL (dir.), *Une école pour les sciences sociales*, Éd. du Cerf, Éd. de l'EHESS, 1996.

—, entretien, *Raisons politiques*, n° 1, février-avril 2001.

—, VIVERET, Patrick, *Pour une nouvelle culture politique*, Éd. du Seuil, 1977.

ROSENBERG, Harold, *La Tradition du nouveau* [1959], trad. A. Marchand, Éd. de Minuit, 1962.

ROSS, George, « Fragmentation du marché intellectuel et disparition de l'intellectuel de gauche », *in* MÉNY (dir.), 1989.

ROTH, François, *L'Invention de l'Europe*, Armand Colin, 2005.

ROUDINESCO, Élisabeth, *Histoire de la psychanalyse en France*, II. *La bataille de cent ans, 1925-1985*, Éd. du Seuil, 1986.

—, *Jacques Lacan. Esquisse d'une vie, histoire d'un système de pensée*, Fayard, 1993.

ROUDY, Yvette, « De l'influence de Simone de Beauvoir sur le ministère des Droits de la femme (1981-1986) », *in* DELPHY et CHAPERON (dir.), 2002.

ROUSSEAU, Sabine, « Les cathos de gauche : l'engagement dans les luttes politiques », *in* ARTIÈRES et ZANCARINI-FOURNEL (dir.), 2008.

ROUSSO, Henry, *Le Syndrome de Vichy*, Éd. du Seuil, 1987 ; rééd. « Points », 1990.

—, *Vichy, un passé qui ne passe pas*, Fayard, 1994 ; rééd. Gallimard, « Folio histoire », 1996.

—, *La Hantise du passé*, Textuel, 1997.

ROUSTANG, François, *Un destin si funeste*, Éd. de Minuit, 1976.

ROUYER, Muriel, « Éditorial », *Raisons politiques*, n° 1, 2001.

ROY, Claude, « Des Chinois pas comme les autres », *Le Nouvel Observateur*, 27 décembre 1976.

RUBIN, Jerry, *Do it*, Éd. du Seuil, 1971.

RUMNEY, Ralph, *Le Consul*, Allia, 1999.

RUPNIK, Jacques, « Paris-Prague », *in* URFALINO et ZUBER (dir.), 2010.

SAKHAROV, Andreï, *Mon Pays et le Monde*, Éd. du Seuil, 1975.

SALINI, Laurent, « Le langage de Jean Daniel », *L'Humanité*, 30 août 1971.

SALO, Marcia, et McAFFEE, Kathie, « Histoire d'une longue marche », *Partisans*, nos 54-55, juillet-octobre 1970.

SAMOYAULT, Tiphaine, *Roland Barthes*, Éd. du Seuil, 2015.

SARTRE, Jean-Paul, « Les Bastilles de Raymond Aron », *Le Nouvel Observateur*, 19-25 juin 1968 (a).

—, « L'imagination au pouvoir. Une interview de Daniel Cohn-Bendit par Jean-Paul Sartre », *Le Nouvel Observateur*, 20 mai 1968 (b).

—, avant-propos à Michèle Manceaux, *Les Maos en France*, Gallimard, 1972.

—, LÉVY, Benny, « L'espoir maintenant », *Le Nouvel Observateur*, 10, 17 et 24 mars 1980 ; repris dans *L'Espoir maintenant. Les entretiens de 1980*, Verdier, 1991.

SCHLEGEL, Jean-Louis, « Comment parler de l'immigration ? », *Esprit*, juin 1985.

—, « Devenir de la sécularisation ? », *Esprit*, avril-mai 1986.

—, « La visibilité retrouvée du catholicisme », *Esprit*, janvier 1987.

—, « La révolution dans l'Église », *Esprit*, mai 2008.

SCHWARTZ, Laurent, « Un "fou" exemplaire : Leonid Pliouchtch », *Le Nouvel Observateur*, 21 avril 1975.

SÉCHER, Reynald, *Le Génocide franco-français. La Vendée-Vengé*, PUF, 1986.

SENNETT, Richard, *Les Tyrannies de l'intimité*, Éd. du Seuil, 1979.

SERROU, Robert, *Dieu n'est pas conservateur*, Robert Laffont, 1968.

SEVEGRAND, Martine, *Les Enfants du bon Dieu. Les catholiques français et la procréation au XXe siècle*, Albin Michel, 1995.

SHAYEGAN, Daryush, *Sous les ciels du monde. Entretiens avec Ramin Jahanbegloo*, Éd. du Félin, 1992.

SIRINELLI, Jean-François, *Génération intellectuelle. Khâgneux et normaliens dans l'entre-deux-guerres*, Fayard, 1988.

—, *Intellectuels et passions françaises. Manifestes et pétitions au XXe siècle*, Fayard, 1990 ; rééd. Gallimard, « Folio histoire », 1996.

—, « Les élites culturelles », *in* RIOUX et SIRINELLI (dir.), 1997.

—, « Les enfants de l'éclipse », *Le Débat*, n° 103, janvier-février 1999.

SLAMA, Alain-Gérard, « Le triomphe de l'idée », *Commentaire*, n° 49, printemps 1990.

SOLÉ, Robert, « Ivan Illich, prophète ou rêveur ? », *Le Monde*, 8 mars 1974.

SOLJENITSYNE, Alexandre, *L'Archipel du Goulag*, Éd. du Seuil, 1974.

SOLLERS, Philippe, « Contestation ou révolution ? », *Tel Quel*, n° 34, été 1968.

—, « Écriture et révolution » [1968], entretien avec Jacques Henric, *Tel Quel. Théorie d'ensemble*, Éd. du Seuil, 1980.

—, « M. Sollers n'ira pas à la Fête de l'Humanité », *Le Monde*, 11 septembre 1971.

—, « À propos du maoïsme », *Tel Quel*, n° 68, hiver 1976.

—, « Marx et Octobre : les intellectuels européens et la crise », *Le Monde*, 12 novembre 1977.

SORMAN, Guy, *La Révolution conservatrice américaine*, Fayard, 1983.

—, « Sa solution libérale embarrasse toute la classe politique : "Pour moi, le vrai libéralisme, c'est ça" », *Le Figaro Magazine*, 22 septembre 1984 (a).

—, *La Solution libérale*, Fayard, 1984 (b).

SOULAGES, Pierre, « Le prétendu métier perdu », *Le Débat*, n° 14, juillet-août 1981.

SOULIÉ, Charles, « Le destin d'une institution d'avant-garde : histoire du département de philosophie de Paris VIII », *Histoire de l'éducation*, n° 77, janvier 1998.

— (dir.), *Un mythe à détruire ? Origines et destin du Centre universitaire expérimental de Vincennes*, Presses universitaires de Vincennes, 2012.

SPIRE, Antoine, *Le Bon Plaisir d'Isabelle Stengers*, France Culture, 5 mars 1994.

STENGERS, Isabelle, BENSAUDE-VINCENT, Bernadette, *Histoire de la chimie*, La Découverte, 1993.

STERN, August, *Un procès « ordinaire » en URSS*, Gallimard, « Témoins », 1976.

STORTI, Martine, « L'internationale des bourgeoises : des hôtesses en tailleurs bleus pour ces dames », *Libération*, 3-4 mars 1975 ; repris dans ID., *Je suis une femme, pourquoi pas vous ?*, Michel de Maule, 2010.

—, « À la télévision, l'année de la Femme, c'est fini », *Libération*, 2 janvier 1976 ; repris dans ID., 2010.

SUFFERT, Georges, *Les Intellectuels en chaise longue*, Plon, 1974.

SULLEROT, Évelyne, *Demain les femmes*, Robert Laffont, 1965.

—, *Histoire et sociologie du travail féminin*, Gonthier, 1968.

SZCZEPANSKI-HUILLERY, Maxime, « L'idéologie tiers-mondiste : constructions et usages d'une catégorie intellectuelle en crise », *Raisons politiques*, n° 18, mai 2005.

TABET, Alexeï, « La pensée d'Ivan Illich en France : essai d'histoire intellectuelle », mémoire de master, Paris I, sous la direction de Pascal Ory, 2012.

TAGUIEFF, Pierre-André, *La Force du préjugé. Essai sur le racisme et ses doubles*, La Découverte, 1988.

—, *Sur la Nouvelle droite. Jalons d'une analyse critique*, Descartes & Cie, 1994.

TAMINIAUX, Jacques, « Arendt, disciple de Heidegger ? », *Études phénoménologiques*, n° 2, 1985.

TASSIN, Étienne, *Le Trésor perdu. Hannah Arendt, l'intelligence de l'action politique*, Payot, 1999.

TESTART, Alain, *Essai d'épistémologie. Pour les sciences sociales*, Christian Bourgois, 1991.

THALMANN, Rita, *Tout commença à Nuremberg*, Berg, 2004.

THÉBAUD, Françoise, *Écrire l'histoire des femmes*, Fontenay-aux-Roses, ENS Éd., 1998.

—, « L'aventure intellectuelle de l'histoire des femmes en France », *in* Nicole RACINE et Michel TREBITSCH (dir.), *Intellectuelles. Du genre en histoire des intellectuelles*, Bruxelles, Complexe, 2004.

THEIS, Laurent, « Le temps et le Roi. Sur la commémoration du millénaire capétien », *Le Débat*, n° 78, janvier-février 1994, p. 99.

THIBAUD, Paul, « Créativité sociale et révolution », *Esprit*, septembre 1976.

—, « Un anniversaire prophétique », *Esprit*, janvier 1977.

—, présentation, dossier « Les fissures du totalitarisme et la démocratie en germes », *Esprit*, juillet-août 1978.

—, « L'autre modernité », dossier « Que penser ? que dire ? qu'imaginer ? », *Esprit*, septembre-octobre 1979.

—, « La gauche pour quoi faire ? », *Esprit*, octobre-novembre 1981.

—, « Le christianisme d'*Esprit* : ferment ou latence ? », *Esprit*, numéro cinquantenaire, janvier 1983.

—, éditorial, « L'Europe : sortir du dérisoire », *Esprit*, mai 1984 (a).

—, « Faux procès et vraies questions », *Esprit*, juillet-août 1984 (b).

—, « Dérives françaises », *Esprit*, novembre 1987.

—, « Rendre plus sobre », *Le Débat*, n° 50, mai-août 1988.

THIBAUDEAU, Jean, *Mes années* Tel Quel, Écriture, 1994.

THION, Serge, *Réflexions sur quelques ouvrages concernant le Vietnam. 1974-1975*, Nanterre, Groupe de recherches sociologiques, Paris X, 1977.

—, *Vérité historique ou vérité politique ?*, La Vieille Taupe, 1980.

THOM, René, « Halte au hasard, silence au bruit », *Le Débat*, n° 3, juill.-août 1980.

—, « En guise de conclusion », *Le Débat*, n° 15, septembre-octobre 1981.

—, « Halte au hasard, silence au bruit », *in* POMIAN (dir.), 1990.

THUILLIER, Pierre, *Socrate fonctionnaire. Essai sur (et contre) l'enseignement de la philosophie à l'université*, Robert Laffont, 1970.

TIEDEMANN, Rolf, *Études sur la philosophie de Walter Benjamin*, Actes Sud, 1987.

Tiers-monde et la gauche (Le), présenté par *Le Nouvel Observateur*, Éd. du Seuil, 1979.

TIGRID, Pavel, *Le Printemps de Prague*, Éd. du Seuil, 1968.

—, *La Chute irrésistible d'Alexandre Dubček*, Calmann-Lévy, 1969.

TILLETTE, Xavier, « Le féminisme et les problèmes de la femme », *Études*, mai 1965.

TOCQUEVILLE (DE), Alexis, *De la démocratie en Amérique* [1835], Garnier-Flammarion, 2010.

—, *L'Ancien Régime et la Révolution* [1856], Gallimard, 1967.

TODD, Olivier, *André Malraux. Une vie* [2001], Gallimard, « Folio », 2002.

TOURAINE, Alain, *Le Mouvement de Mai ou le Communisme utopique*, Éd. du Seuil, 1968.

— et al., *Au-delà de la crise*, Éd. du Seuil, 1976.

—, *L'Après-socialisme*, Grasset, 1980.

—, « Y a-t-il encore des idées de gauche ? », *Le Débat*, n° 42, novembre-décembre 1986.

—, *Critique de la modernité*, Fayard 1992.

TRESPEUCH-BERTHELOT, Anna, *L'Internationale situationniste. De l'histoire au mythe (1948-2013)*, PUF, 2015.

URFALINO, Philippe, *L'Invention de la politique culturelle*, La Documentation française, 1996.

—, ZUBER, Martha (dir.), *Intelligences de la France. Onze essais sur la politique et la culture*, Presses de Sciences Po, 2010.

VALLAEYS, Anne, *Médecins sans frontières. La biographie*, Fayard, 2004.

VAN PARIJS, Philippe, *Qu'est-ce qu'une société juste ?*, Éd. du Seuil, 1992.

VENNER, Dominique, *Europe-Action*, n° 38, février 1966.

VERNANT, Jean-Pierre, *Les Origines de la pensée grecque*, PUF, 1962.

—, *Mythe et pensée chez les Grecs* [1965], Maspero, « PCM », 2 vol., 1971.

—, *Il Mito greco*, Atti del convegno internazionale, Edizioni de l'ateneobizoni, 1973.

—, entretien avec Judith Miller, *L'Âne*, janvier-mars 1987.

—, *Entre mythe et politique*, Éd. du Seuil, 1996 ; rééd. « Points », 2000.

—, *La Traversée des frontières*, Éd. du Seuil, 2004.

VERNY, Françoise, *Le Plus Beau Métier du monde*, Olivier Orban, 1990.

VEYNE, Paul, « Le bon plaisir », *France Culture*, 2 juillet 1988.

—, *Foucault. Sa pensée, sa personne*, Albin Michel, 2008.

VIANSSON-PONTÉ, Pierre, *in* Jacques Paugam, *Génération perdue*, Robert Laffont, 1977.

VIDAL-NAQUET, Pierre, « Pierre Vidal-Naquet à la rédaction du *Nouvel Observateur* », *Le Nouvel Observateur*, 18 juin 1979.

—, « Un Eichmann de papier », *Esprit*, septembre *1980* ; repris dans ID. [1987], 2005.

—, *Les Assassins de la mémoire. « Un Eichmann de papier » et autres essais sur le révisionnisme*, La Découverte, 1987 ; rééd. « La Découverte Poche », 2005.

VIÉNET, René, *Enragés et situationnistes dans le mouvement des occupations*, Gallimard, 1968.

VIGARELLO, Georges, « Le deuxième âge de l'individualisme », *Esprit*, juillet-août 1984.

VIGNA, Xavier, *L'Insubordination ouvrière dans les années 68. Essai d'histoire politique des usines*, Presses universitaires de Rennes, 2007.

VIGREUX, Jean, *Croissance et contestations. 1958-1981*, Éd. du Seuil, 2014.

VILGIER, Philippe (dir.), *La Droite en mouvement. Nationaux et nationalistes, 1962-1981*, Vastra, 1981, cité dans PERRINEAU, 1993.

VIVERET, Patrick, *Attention Illich !*, Éd. du Cerf, 1976.

VOVELLE, Michel, préface à GARCIA, LÉVY et MATTEI, 1991.

WAECHTER, Antoine, *Dessine-moi une planète. L'écologie, maintenant ou jamais*, Albin Michel, 1990.

—, DASKE, Daniel, *Vosges vivantes*, Saep, 1972.

—, *Animaux d'Alsace*, Mars et Mercure, 1974.

WAHL, François, « La Chine sans utopie », *Le Monde*, 15-19 juin 1974.

WAHL, Jean, *Tableau de la philosophie française* [1946], Gallimard, « Idées », 1962.

WEIL, Pascale, *À quoi rêvent les années 90 ?*, Éd. du Seuil, 1993.

WIEVIORKA, Michel, *La Démocratie à l'épreuve. Nationalisme, populisme, ethnicité*, La Découverte, 1993.

WINOCK, Michel (dir.), *Histoire de l'extrême droite en France*, Éd. du Seuil, 1993.

WITTIG, Monique, *L'Opoponax*, Éd. de Minuit, 1964.

—, *La Pensée straight* [1980], Balland, 2001.

WOLTON, Dominique, *La Dernière Utopie. Naissance de l'Europe démocratique*, Flammarion, 1993.

WOLTON, Thierry, « Une leçon d'optimisme », *Les Temps modernes*, n°s 376-377, novembre-décembre 1977.

YERUSHALMI, Yosef Hayim, *Zakhor. Histoire juive et mémoire juive*, La Découverte, 1984.

YONNET, Paul, *Jeux, Modes et Masses*, Gallimard, 1986.

YOUNG-BRUEHL, Elisabeth, *Hannah Arendt*, Calmann-Lévy, 1999.

ZAMOYSKA, Hélène, « L'archipel du Goulag », *Esprit*, juillet-août 1974.

ZANCARINI-FOURNEL, Michelle, « Histoire(s) du MLAC, 1973-1975 », *Clio. Histoires, femmes et sociétés*, n° 18, 2003.

—, « Histoire des femmes, histoire du genre », *in* Christian DELACROIX, François DOSSE, Patrick GARCIA, Nicolas OFFENSTADT (dir.), *Historiographies. Concepts et débats*, t. I, Gallimard, « Folio », 2010.

ZELENSKY-TRISTAN, Anne, *Histoire de vivre. Mémoires d'une féministe*, Calmann-Lévy, 2005.

INDEX DES NOMS

III
UN FUTUR OPAQUE

CONCLUSION
UNE FIN DE SIÈCLE SANS BOUSSOLE — 615

APPENDICES

DU MÊME AUTEUR

LE PHILOSOPHE ET LE PRÉSIDENT. RICŒUR & MACRON, *Stock*, 2017.

CASTORIADIS. UNE VIE, *La Découverte*, 2014.

LES HOMMES DE L'OMBRE. PORTRAITS D'ÉDITEURS, *Perrin*, 2014.

PAUL RICŒUR. PENSER LA MÉMOIRE, *codirigé avec Catherine Goldenstein, Éd. du Seuil*, 2013.

PAUL RICŒUR. UN PHILOSOPHE DANS SON SIÈCLE, *Armand Colin*, 2012.

PIERRE NORA. HOMO HISTORICUS, *Perrin*, 2013.

HISTORIOGRAPHIES. CONCEPTS ET DÉBATS, *codirigé avec Christian Delacroix, Patrick Garcia et Nicolas Offenstadt, 2 vol., Gallimard, « Folio histoire inédit »*, 2010.

RENAISSANCE DE L'ÉVÉNEMENT. UN DÉFI POUR L'HISTORIEN : ENTRE SPHINX ET PHÉNIX, *Presses universitaires de France*, 2010.

HISTORICITÉS, *codirigé avec Christian Delacroix et Patrick Garcia, La Découverte*, 2009.

GILLES DELEUZE ET LES IMAGES, *codirigé avec Jean-Michel Frodon, Éd. des Cahiers du cinéma*, 2008.

GILLES DELEUZE ET FÉLIX GUATTARI. BIOGRAPHIE CROISÉE, *La Découverte*, 2007.

PAUL RICŒUR ET LES SCIENCES HUMAINES, *codirigé avec Christian Delacroix et Patrick Garcia, La Découverte*, 2007.

LA MÉMOIRE, POUR QUOI FAIRE ?, *avec Jean-Claude Guillebaud et Alain Finkielkraut, Éd. de l'Atelier*, 2006.

PAUL RICŒUR ET MICHEL DE CERTEAU. L'HISTOIRE ENTRE LE DIRE ET LE FAIRE, *Éditions de L'Herne*, 2006.

LE PARI BIOGRAPHIQUE. ÉCRIRE UNE VIE, *La Découverte*, 2005 ; *rééd. « La Découverte-poche »*, 2011.

HISTOIRE ET HISTORIENS EN FRANCE DEPUIS 1945, *avec Christian Delacroix et Patrick Garcia, ADPF*, 2003.

LA MARCHE DES IDÉES. HISTOIRE DES INTELLECTUELS, HISTOIRE INTELLEC-TUELLE, *La Découverte*, 2003.

MICHEL DE CERTEAU. LES CHEMINS D'HISTOIRE, *codirigé avec Christian Delacroix, Patrick Garcia et Michel Trebitsch, Complexe*, 2002.

MICHEL DE CERTEAU. LE MARCHEUR BLESSÉ, *La Découverte*, 2002 ; *rééd. « La Découverte-poche »*, 2007.

L'HISTOIRE, *Armand Colin*, 2000 ; *rééd. actualisée*, 2010.

L'HISTOIRE, OU LE TEMPS RÉFLÉCHI, *Hatier*, 1999.

LES COURANTS HISTORIQUES EN FRANCE, XIXᵉ-XXᵉ SIÈCLE, *avec Christian Delacroix et Patrick Garcia, Armand Colin*, 1999 ; *rééd., Gallimard, « Folio »*, 2007.

PAUL RICŒUR. LES SENS D'UNE VIE, *La Découverte*, 1997 ; *rééd. actualisée, « La Découverte-poche »*, 2008.

L'EMPIRE DU SENS. L'HUMANISATION DES SCIENCES HUMAINES, *La Découverte*, 1995.

L'INSTANT ÉCLATÉ. ENTRETIENS AVEC PIERRE CHAUNU, *Aubier*, 1994.

HISTOIRE DU STRUCTURALISME. I. LE CHAMP DU SIGNE, 1945-1966, *La Découverte*, 1991 ; *rééd. Hachette, « Le Livre de poche »*, 1995. II. LE CHANT DU CYGNE, 1967 À NOS JOURS, *La Découverte*, 1992 ; *rééd. Hachette, « Le Livre de poche »*, 1995.

L'HISTOIRE EN MIETTES. DES ANNALES À LA NOUVELLE HISTOIRE, *La Découverte*, 1987 ; *rééd. « La Découverte-poche »*, 2010.

Composition Nord Compo
Achevé d'imprimer par Normandie Roto Impression s.a.s.
En juillet 2018.
Dépôt légal : juillet 2018.
Numéro d'imprimeur : 1803000

ISBN : 978-2-07-278966-3 / Imprimé en France.

333865